중국음식
문화사

중국음식문화사

정중지변(鼎中之變) - 곡물, 부엌에서 식탁까지

자오룽광 趙榮光 지음

헬스레터

세 나라 사람이 손을 맞잡고 함께 가다 (聯袂三人行)

한글 번역 서문은 834쪽

: 자오룽광趙榮光

我任主席的年会制亚洲食学论坛，每临春节都要例行有献词，感谢、问候国际食学界同仁，祝福地球村民餐桌美好，新一年幸福。我祈盼，同一个地球村民应当同一片晴天，祈盼八十亿人都命运吉祥。

2023年伊始，春节即将来临之际，我获悉拙著三卷本《中华饮食文化史》的第二卷即将在大韩民国韩文出版，这是个吉兆。由衷感动HEALTH LETTER出版社黄润亿社长及同仁的慧眼，感谢译者沈挨昊先生的辛勤出色努力。中华民族有悠久、深厚的饮食文化历史积淀，但20世纪中叶以后饮食文化研究却滞后于韩国、日本。孔子说"三人行必有我师焉"，韩、日、中是东亚历史的最佳三人行，而韩、日因率先饮食文化研究，成为中国同道之师。

80年代伊始，我在中国最先开始饮食史、饮食文化、饮食民俗、食学研究与教学，相继提出并界定了三百余个食学领域的专业术语，并且是第一位应邀赴日、韩的大陆中国饮食文化学者。那时韩、中两国还未正式建交，航线只能从北京南飞到香港再中转北飞首尔(那时还称汉城)，我在演讲开始时向不久前逝世的著名食学家李盛雨先生致敬。此后，我曾三十余次赴韩交流，做过"我的饮食文化讲究""面食""酱""泡菜""竹笋""厨房""清宫御膳"等主题演讲，同时在中国多次与贵国学者交流，并且受聘为《汤勺里的秘密》(MBC纪录片)、《面条之路》(KBS纪录片)等文化项目的学术顾问。韩国泡菜申遗工程，我曾被作为专家邀请赴韩发表意见。事实上韩国食学领域的许多重要活动，我都有幸应邀参与。我还撰写过韩餐研究的专著(《"韩流"冲击波现象考察与文化研究》，2008)。四十年前，许多中国餐饮人问我如何评价日餐、韩餐，我回答："中、韩、日，中国人口味习惯的亲和度，应当更近韩餐。"《随园食单》的韩译本(申桂淑译)就是我推介的结果。大韩民国食生活文化学会的历任会长都与我声气相求，深有情谊，我有很多韩国学界的朋友，他(她)们都是很有名气的学者，我因而获益多多。2017年的第七届亚洲食学论坛就是由梨花女子大学承办的。

国民整体的自信、自觉、自主、自立、自强是大韩民国强盛并赢得国际尊重的原动力，也必然是国家更辉煌前途和给世界重要影响的永恒力，韩国的食学研究意义亦复如此。学习韩国同仁，应当是中国，乃至国际食学界应有的自觉，我就一直是这样。恳切希望听到韩国学者与读者的批评。

－2023年1月21日，杭州诚公斋书寓

목
차

◆ **제6장**

중화민족 식기 문화 ~
미식보다 미기美器

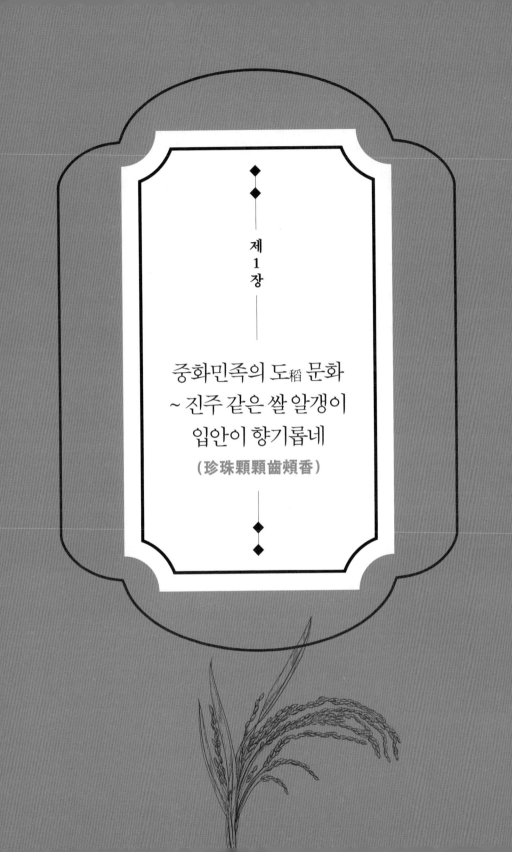

제
1
장

중화민족의 도稻 문화
~ 진주 같은 쌀 알갱이
입안이 향기롭네
(珍珠顆顆齒頰香)

'적자생존'은 식물학에서도 당연한 기본 법칙이다. 동물이 간섭하여 작용하기 전까지 어떤 식물이나 원래 토양에서 "기회나 시기에 따라 생겨난다." 그 최초의 '선택' 및 대자연의 역량에 따다 결정되는 생존 형태는 식물에 의지하여 살아가는 동물의 생존 번영을 판가름한다. 그래서 땅에 의존하는 식물 군체와 그것에 의지하여 살아가는 동물 군체는 원생지에 국한되어 점점 발전하기 시작한다. 인류의 최초 생존 활동 역시 이와 같다. 중국 속담에 이런 말이 있다. "산에 의지하여 산에서 사는 것을 먹고, 바다에 의지하여 바다에서 나는 것을 먹는다." "그 지방의 풍토는 그 지방의 사람을 기른다." 물론 이는 이러한 특징이 가장 생동적이고 적절한 지리학, 인류학, 민속학 등의 입장에서 말한 것이다. "남쪽은 쌀, 북쪽은 밀(南稻北麥)"이라는 말이 있는데, 이는 중국에서 선사시대에 이미 기본 구조였다. 또한 중국은 남북조 시대에 "쌀을 중시하고 밀을 포함한 잡곡을 경시하는" 기본적인 관념이 생겨났다. 명나라 말기 유명한 과학자인 송응성宋應星(1590~1650년)은 당시 자신이 직접 관찰하고 들었던 식생활과 식량생산의 실제 상황에 근거하여 다음과 같이 말했다.

> "현재 전국에서 백성들이 먹는 양식 가운데 쌀이 열에 일곱을 점하고 소맥小麥(밀)과 대맥大麥(보리), 서黍(기장), 직稷(기장 또는 조)이 열에 셋을 차지하고 있다. 그리고 마와 콩 두 가지는 채소, 고병糕餠(떡), 유지油脂 등 부식으로 사용되고 있다."[1]

---

1 송응성, 『천공개물天工開物·내립제일乃粒第一·총명總名』

송응성이 태어나 살았던 강서江西 지방은 논밭이 줄지어 있는 곳으로 사람들이 모두 쌀을 주식으로 삼았다. 하지만 그의 견문은 강남에만 머문 것이 아니다. 그는 만력 44년(1616년)부터 숭정 4년(1631년)까지 다섯 차례에 걸쳐 회시會試를 보기 위해 경사로 올라가면서 호북(악鄂), 안휘(환晥), 절강, 강소, 산동, 하남(예豫), 하북(기冀) 등 여러 성을 지났으며, 이외에도 산서山西(진晉), 사천(천川), 광동(월粤) 등을 간 적이 있다. 백성들의 고통에 관심을 두고 경제를 중시한 박학한 학자이자 과학자로서 송응성이 관측한 내용, 즉 당시 사람들의 식생활에서 쌀이 차지하는 비율이 70%이고 밀과 조 등 잡곡이 차지하는 비율이 30%라는 발언은 당시 그가 살았던 시대의 식량 생산과 식생활의 실정에 부합한다고 말할 수 있다. 이런 면에서 볼 때 중화민족은 기본적으로 쌀을 주식으로 삼는 민족이라고 할 수 있다.

| 한대 화상전畵像磚 〈농경도〉

1. 중국 도작稻作의 기원과 분포

중국인은 기본적으로 쌀을 주식으로 하는 민족이다. 이는 다음 몇 가지 근거에 기인한다.

첫째, 고고학적으로 이미 중국인의 원시농업이 야생 벼를 순화시키는 데에서 시작했다는 사실이 증명되었다. 둘째, 농업문명 시대로 진입한 이후로 중화민족은 줄곧 쌀을 가장 중요한 양식 가운데 하나로 삼았다. 셋째, 대략 한나라 이후로 쌀은 중화민족에게 가장 중요한 양식이 되었다. 넷째, 적어도 1천여 년 넘게 쌀은 중화민족 절대 다수의 사람들을 먹여 살렸다. 다섯째, 쌀의 중요성은 앞으로도 변함없이 강화될 것이다. 여섯째, 쌀의 가공 잠재력은 문화적 장력과 마찬가지로 점차 증강하는 추세에 있다.

중국의 도작稻作 문화는 이미 수많은 고고학적 발굴과 연구 성과로 찬란하게 빛나고 있다. 아시아 대륙에서 야생 벼는 주로 열대와 아열대 지역에 광범위하게 분포한다. 아시아의 도작 문화는 이러한 야생 벼를 순화시키는 데에서 비롯했다. 벼는 중국 남방의 선사시대 유물 가운데 가장 많이 발견되는 것 가운데 하나이다. 현재까지 출토된 도작 관련 유적지는 이미 200여 곳을 넘어섰다. 일련의 유적지와 유물에서 우리는 다음 세 가지를 주목할 필요가 있다.

우선 유적지 대부분이 주로 장강 중, 하류에 집중되어 있다는 점이다. 그곳의 선사시대 유적지의 경우 많든 적든 간에 거의 모든 곳에서 탄화된 벼의 흔적이 발견되었다. 벼의 순화 및 재배 시기는 대략 지금으로부터 1만 년 전이다. 강서江西 만년선인동萬年仙人洞, 적통환吊桶環 유적지에서 발견된 벼 규산염체硅酸鹽體와 화분花粉 유물, 호남 영주시永州市 도현道縣 옥섬암玉蟾岩 유적지에서 발견된 도규산체와 벼 껍질 유물, 광동 영덕시英德市 우란동牛欄洞 유적지 제2, 3기 문화 퇴적층 등에서 발견된 도규산체의 연대가 확정된다면 중국의 벼 재배 역사는 1만년 이상이 된다. 지금으로부터 1만년에서 8천 5백 년 전 절강 포강현浦江縣 상산上山 유적지, 8천 8백년 전후의 호남 풍현澧縣 팔십당八十壋 유적, 7,8천 년 전 절강 항주시 소산구蕭山區 과호교跨湖橋 유적지 등은 선사시대의 벼 재배를 확인할 수 있는 전형적인 증거이다. 물론 현재 벼 유물이 가장 많이 출토된 곳은 지금으로부터 6,7천 년 전인 절강 여요餘姚의 하모도河姆渡 유적지이다.

이상으로 근 반세기에 걸친 고고학적 발굴의 역사는 과거의 진실을 재현하고 있다. 하지만 문자기록의 역사가 이것과 정확하게 부합하는 것은 아니다. 알다시피 중국의 문자는 황하 유역에서 기원하였으며, 벼농사에 대한 문자기록은 상주商周 시대에 처음 보인다. 다시 말해 벼농사에 대한 문자기록은 대략 3천 년 전 황하유역에서 살았던 이들이 인식하고 있던 장강 유역의 상황이라는 뜻이다.『시경』에 '도稻'와 '도稌'를 노래하는 작품이 적지 않다. 예를 들어 "풍년이라 기장과 벼가 가득하니,……술과 단술을 빚어 조부와 조모에게 올려 두루 예를 갖추니, 모두에게 복을 내려주시네."²라는 구절이 나오는데, 여기에서 '도稌'는 고대 황하 유역에서 '벼(稻)'의 별칭이다. 하지만 '도'는 벼의 찰기(糯) 유무를 구분하지 않은 것이다.

서진西晉 시대 최표崔豹는『고금주古今注·초목草木』에서 이렇게 말했다. "벼 가운데 찰기가 있는 것을 서黍(기장)라고 하는데, 도稌를 서라고 부르기도 한다." 북방사람들은 왜 "벼 가운데 찰기가 있는 것을 서"라고 했는가? 서는 황하 유역에서 가장 맛있는 곡물로 찰기가 있는 속粟이기 때문이다. 앞서『시경』에서 "다서다도多黍多稌"라고 하여 서黍와 도稌를 병렬했는데, 이는 외관상 양자가 서로 다른 곡물이기 때문이다. 양자는 황색과 백색으로 색깔이 다르지만 찰기가 있다는 점에서 똑같다. 그렇기 때문에 그것의 중요한 용도는 "조부와 조모"를 위해 "술과

---

2 『시경·주송周頌·신공지십臣工之什·풍년』, "豐年多黍多稌,……爲酒爲醴, 蒸畀祖妣, 以洽百禮, 降福孔偕." 역주: 본서는 일반적으로 인용문 주석을 원전과 쪽수까지 자세히 적어놓으나 일부는 그냥 인용문만 적거나 별도의 표시 없이 처리한 경우도 있다. 번역하면서 저자와 제목을 찾아 주석 처리했으며, 별도의 원전이나 쪽수는 표시하지 않았다.

단술을 빚었다."는 점에서 일치한다. 이는 『시경』의 기록뿐만 아니라 『주례』의 기록도 마찬가지이다. 『주례』는 왕정의 음식제도에 관한 명확한 규정을 보여주고 있다.

> "무릇 육선六膳(여섯가지 고기음식)과 육식六食(여섯가지 주식)을 알맞게 조화시키는 방법으로 소는 마땅히 도稌(찰벼)와 같이 먹고, 양은 마땅히 서黍(기장)와 같이 먹는다.……"[3]

『시경』 등의 전적에 기재된 稌나 稻는 주로 유도糯稻, 즉 찰기가 있는 벼를 말한다. 인용문에 나오는 '예醴'는 당연히 도미稌米로 빚은 첨주甜酒, 즉 단술을 말한다. 춘추시대에 이미 '稻'를 지명으로 삼은 기록이 나온다. 춘추 시절 진晉나라에서 오吳나라의 일로 인해 제후들이 회맹하는데, 회맹의 장소가 바로 오나라의 '선도善道'이다. '선도'는 『춘추곡량전』에 '선도善稻'[4]라고 적혀 있다. "오나라에서는 선을 이伊, 도를 완緩이라고 부르는데, 지명은 중국(中國, 중원의 여러 제후국)을 따르나 인명은 주인主人이 부르는 방식을 따른다."[5] 연구에 따르면, '완暖(nuǎn과 발음이 같다)'과 '나糯(nuò)'는 쌍성雙聲(두 음절 이상의 단어에서 각 음절의 첫 보

---

3 『주례·천관총재·형인亨人」, "凡會膳食之宜, 牛宜稌, 羊宜黍……." 『십삼경주소』본, 북경, 중화서
  국, 1980년, 667쪽.
4 『춘추곡량전春秋穀梁傳·양공양公5년」, 위의 책, 2302쪽.
5 [남송] 정공설程公說 찬撰, 『춘추분기春秋分記·서12書十二·강리서疆理書제6·오지석명吳地釋名』,
  『문연각사고전서文淵閣四庫全書』제154책, 대북臺北, 대만臺灣 상무인서관商務印書館" 1984년,
  325쪽.

音輔音이 같은 것)의 음가가 변화한 것이다.

수도水稻, 즉 논벼는 남쪽에서 북쪽으로 전파되었으니 '도稻'자는 당연히 남쪽 지방의 호칭으로 북방의 하언夏言(중원의 언어)일 수 없다. 그래서 왕성광王星光 등은 기후가 따뜻해지면서 논벼 재배 지역이 북쪽으로 올라갔다는 점을 주목함과 동시에 북쪽으로 전파된 논벼의 품종이 나도糯稻, 즉 찰벼라고 지적했다. 이는 선진시대 북방 문헌에서 도稻에 대해 언급하면서 찰기가 있음을 지적한 원인이기도 하다.

황하와 회하 유역의 예豫(하남), 진晉(산서), 섬陝(섬서), 감甘(감숙), 소蘇(강소), 노魯(산동), 환皖(안휘) 등 여러 성에서 발견되고 있는 도稻 관련 선사시대 유적지는 모두 도작 농업과 속작粟作 농업이 교차하는 지역이다.[6] 상술한 유적지 가운데 시간적으로 가장 오래된 것은 지금으로부터 8천여 년 전 배리강裴李崗 문화와 대지만大地灣 문화에서 발견된 벼 유물이며, 앙소 문화 말기에 속하는 감숙 서봉西峰 남좌南佐 유적지는 기존에 알려져 있는 선사시대 도작 분포에서 가장 서쪽 지점이다. 최북단은 용산 문화 시기에 속하는 산동 서하栖霞 양가권楊家圈 유적지로 북위 37도 18분이다. 산동 남쪽 지역은 용산 문화 시기에 이미 벼 농사가 위주였기 때문에 산동 일조日照 요왕성堯王城, 양성진兩城鎭, 등주滕州 장리서莊里西 등 유적지에서 모두 비교적 많은 볍씨 유물이 출토되었다. 예를 들어 일조 양성진의 경우 570알의 탄화된 곡물이 출토되

---

6 왕성광王星光, 서허徐栩, 『신석기시대 조와 벼 혼작 지역 초탐(新石器時代粟稻混作區初探)』, 『중국농사中國農史』, 2003년, 3기, 3—9쪽.

었는데, 그 가운데 볍씨가 454개이고 조는 98개, 기장은 6개에 불과했다. 산동 남쪽 지역에서 출토된 볍씨 유물을 감정한 결과 건조하고 서늘한 기후에 비교적 강한 메벼로 밝혀졌다.[7] 조, 기장, 보리 등 기타 곡물에 비해 벼의 생산량이 가장 높은 것은 선사시대 인류가 먹거리에 대한 자각적인 선택과정을 거치면서 벼가 자연스럽게 생존할 수 있는 공간이 점차 확대되었다는 것을 뜻한다. 이는 선사시대 고고학과 이후 문헌기록에서도 재차 실증된 중국 도작 역사의 실제이기도 하다. 뿐만 아니라 북쪽 지역으로 전파된 것은 주로 찰벼 품종이었는데, 이는 고대 찰벼 재배가 찰기가 없는 메벼보다 훨씬 많았기 때문이다.[8]

자연에 대한 인간의 간섭이 점차 확연해지면서 인류가 먹을 수 있는 식물의 생존분포 상황이 그 자체에 의해 결정되는 것이 아니라 인류의 생존의 수요에 의해 결정되기 시작했다. 일반적으로 1헥타르에 벼를 재배할 경우 5.63명이 살아갈 수 있는 식량이 생산되지만 밀의 경우는 3.67명에 불과하다.[9] 이렇듯 논벼는 세계에서 가장 효율성이 좋은 농작물이다. 이로 인해 벼는 중국인의 먹거리에서 특수할뿐더러 결코 대체할 수 없는 지위에 오르게 되었다. 또한 바로 이러한 이유로 자연경제~오랜 봉건전제의 완만한 추진과정을 거치면서 중국의 논벼 경작

---

7 켈리 크로포드((Kelly Crawford), 「산동 일조시 양성진 유적지 용산문화 식물 잔존물 초보 분석(山東日照市兩城鎭遺址龍山文化植物遺存的初步分析)」, 『고고考古』, 2004년, 제9기, 80쪽.
8 유수령游修齡, 『중국도작문화사中國稻作文化史』, 상해, 인민출판사, 2010년, 416~417쪽.
9 [미] 펠리페 페르난데스아르메스토(Felipe Ferdinandez Armesto) 저, 하서평何舒苹 역, 『식물의 역사食物的歷史』, 북경, 중신출판사中信出版社, 2005년, 111쪽. 한국에서 『음식의 세계사 여덟 번의 혁명』으로 번역 출간됨.

범위가 오늘날과 같이 거의 모든 지역으로 확대될 수 있었던 것이다.

2. 중국 도작의 동쪽 전래

엄격하게 말해서 중국 도작의 전파 문제는 경내境內 확산과 역외域外 전파의 두 가지 측면을 모두 포함시켜야 한다. 다만 경내 확산 문제는 앞서 논술했기 때문에 더 이상 부언하지 않겠다. 중국 도작이 동전東傳, 즉 동쪽으로 전래된 것은 세계 농업사에서 중요한 주제이다. 장기간 국내외 여러 학자들이 이에 대해 관심을 갖고 연구한 바 있다.

  현재까지 연구 결과에 따르면, 벼농사가 동쪽으로 전래된 것은 선진 시대로 거슬러 올라간다. 초나라가 진秦에 의해 멸망된 후 초나라 땅에 살고 있는 일부 월인越人들이 바다를 건너 일본으로 넘어갔다. 생존을 위해 피난길에 오른 월인들은 볍씨 종자와 논벼 재배기술을 지니고 있었으며, 일본에 도착하여 논벼를 재배하기 시작했다. 『설문해자說文解字』에 따르면, "나稉(糯), 패국沛國에서 도稻라고 부르는 것이 바로 나糯이다." 패국은 지금의 안휘성 숙현宿縣 일대로 춘추시절 오나라에 속했다. 오와 월은 언어나 풍속이 같았다. 오월 사람들은 나미糯米, 즉 찰벼를 주식으로 삼았기 때문에 그들이 일본으로 가지고 간 것 역시 찰벼였다.

  일본의 고고학적 발굴 역시 중국 도작稻作의 동전東傳이라는 기본적인 맥락을 인증하고 있다. 일본 야요이(彌生) 시대의 가장 큰 특징은 도작을 중심으로 한 농경경제와 금속 기물 사용이다. 야요이 시대에 일본은 중국의 영향으로 도작 기술과 도작 관련 농경 예의禮儀 및 금속 기물을 대표로 하는 복합 문화를 통해 생산력 발전을 촉진할 수 있었다. 그리고 이로 인해 채집과 수렵을 위주로 하는 조몬(繩文) 시대가 마감되었다. 고고학, 문화인류학, 물후학物候學(동식물 등을 포함한 자연환경의 계절 변화를 대상으로 하는 기상학의 한 분야), 지리학, 생물학 등 여러 학과의 연구 성과에 따라 수도의 전래에 관해 다음 세 가지 대표적인 학설이 제시되었다.

첫째, '북로학설北路學說'. 중국의 수도, 즉 논벼가 북방으로 끊임없이 확산되는 과정에서 점차 위도가 높은 지역의 기후 조건에 적응했으며, 이후 산동반도와 요동반도, 조선반도 서해안을 경유하여 바다 건너 일본 북구주北九州 지역으로 전래되었다.

둘째, '해로 경로설'. 해로를 통해 조선반도 남부지역과 일본 북구주 지역으로 동시에 전파되었다.

셋째, '서남해도西南海島 경로설'. 중국 화남일대에서 도작을 시작한 원주민들이 대만을 거쳐 일본 서남쪽 여러 섬을 거쳐 북상하여 최종적으로 북구주에 이르렀다.

비록 약간의 차이가 있기는 하지만 결론적으로 일본의 도작 농경이 중국의 장강 삼각주 일대에 근원을 두고 있으며, 먼저 북구주에 상륙한 후에 점차 일본 내 다른 지역으로 보급되었다고 말할 수 있다.

중국인의 쌀밥 전통

1. 중국인의 쌀밥 역사

1) 번서燔黍, 자미炙米

중국인이 논벼를 식용하는 가장 오래되고 기본적인 방식은 알곡으로 밥을 해먹는 것이다. 그렇기 때문에 중국인의 쌀밥 전통에 착안하여 과연 쌀을 어떻게 이용했는지 살펴보는 것이 필요하다. 우선 『예기·예운禮運』을 살펴보도록 하자.

"무릇 예의 시초는 음식에서 시작되었다. 그들은 기장을 소석燒石 위에 얹어서 굽고 돼지고기를 찢어 익혀 먹었으며, 땅을 파서 웅덩이를 만들어 물을 담고 손으로 떠마셨다. 풀과 흙을 섞어 북채를 만들고 흙을 쌓아 만든 북을 쳤다. 비록 구차했으나 귀신에게 공경하는 마음을 바칠 수 있었다."

동한의 경학가인 정현은 이에 대해 다음과 같이 해석했다.

"그 제물이 비록 소략해도 재계하고 공경하는 마음이 있다면 귀신에게 올릴 수 있다. 귀신은 덕을 흠향하지 맛을 흠향하지 않는다. 고대에는 아직 쌀을 찧고 고기를 굽는 솥과 시루가 없어서 돌 위에 불을 가하여 그 쌀과 고기를 먹었다. 지금의 북적北狄은 여전히 그렇게 먹는다. 와준污尊은 땅을 파서 그릇을 삼는다는 뜻이다. 부음抔飮은 손으로 그것을 움켜잡는다는 뜻이다.……흙을 뭉쳐 북채를 만들었다는 말이다. 토고土鼓는 흙을 쌓아 북으로 삼았다는 뜻이다."[10]

괴蕢는 흙덩이를 말하는데, 흙을 뭉쳐서 북채로 썼다는 뜻이다. 토고土鼓는 흙을 쌓아서 만든 북이다. 정현은 비록 예禮에 대해 언급한 것이지만 과거 사실의 해석 역시 정확하다. 낟알의 껍질을 벗겨 쌀을 얻은 후 이를 뜨거운 돌에 올려 구워 먹었다는 뜻이다. 「예운」편에서 말한 '석미釋米'는 질그릇에 넣고 불을 때어 삶아 먹었다는 뜻으로 해석해서는 안 된다. "석釋은 절미淅米, 즉 쌀을 일다"의 뜻으로 해석할 수 없다는 뜻이다. 한대 학자들은 『시경·대아大雅·생민生民』에서 "쌀을 쓱쓱

---

10 [청] 완원阮元, 「예기정의·예운」, "夫禮之初, 始諸飮食, 其燔黍捭豚, 汚尊而抔飮, 蕢桴而土鼓, 猶若可以致其敬於鬼神." 『십삼경주소十三經注疏』, 북경, 중화서국, 1980년. 1415쪽.

일어 모락모락 찐다(釋之叟叟, 烝之浮浮)"고 하여 '석'을 쌀을 씻는다는 뜻으로 해석했다. 하지만 「예운」편에 나오는 '석미'는 「생민」편에서 묘사되고 있는 주나라 초기에 비해 적어도 5천년 이전의 일이다. 따라서 굳이 풀이하자면 가장 원시적인 '초미炒米', 즉 구운 돌판에 낱알을 올려놓고 타지 않도록 잘 익힌 것이라고 할 수 있다. 다만 지금 우리가 말하는 '초炒', 즉 활활 타오르는 불길에 기름을 넣고 재빨리 익히는 '볶음'의 뜻은 아니다. 이렇게 볼 때 『예기』 원문에 나오는 '번서'는 정현이 해석한 '자미炙米'나 '고미烤米'의 뜻으로 해석하는 것이 보다 적절하다.

'번서'와 '적미'를 통해 곡물을 구워 익히는 문제를 해결했다. 이렇게 가공한 음식물은 다음 몇 가지 장점이 있다. 우선 편하게 음식을 먹을 수 있으며, 향내가 나는 가운데 배고픔을 참고 견딜 수 있다. 또한 휴대에 편하고 저장하기도 좋다. 하지만 단점도 있다. 우선 소화흡수에 도움이 되지 않기 때문에 노약자가 먹기에 적합지 않다. 그래서 사람들은 삶는 방법을 알게 되면서 삶는 데 편리한 도기를 발명하였다. 이로써 인류 음식사는 '도팽시대陶烹時代', 즉 도기에 삶아먹는 시기로 접어들게 된다.

2) 구糗(볶은 쌀), 비糒(말린 밥)

'구'와 '비'는 중국 선진시대 전적에서 같이 사용되는 경우가 흔하다. 고대 문헌에서 가장 빈번하게 나오는 식품 가운데 하나가 '구'인데, 서주시기에 이미 문자 기록이 보인다. 그렇다면 '구'는 과연 어떤 음식인가? 사전적 정의만 가지고는 정확하게 그 뜻을 파악하기 힘들다. 사실 '구'는 두 가지 뜻과 더불어 이중적인 의미를 지닌다. 구는 굽는 작업을 통해 만든 낱알 형태의 마른 식량이거나 연마 과정을 거쳐 만든 말린 가루를 말한다. 전자는 '번서'나 '적미'와 같은 형태로 지금의 볶은 알곡에 가깝다. 따라서 '구'는 옛 사람들이 번서나 적미를 말할 때 쓰는 단어라고 할 수 있다. 후자는 분말 형태인데, 형태로 볼 때 후세의 '초면炒麵(볶은 면)'과 거의 같으니 고대의 '초면' 또는 '볶은 쌀가루'라고 불러도 좋을 듯하다. 하지만 자세히 생각해보면 온당치 않은 부분이 있다. 우선 현대 한어에 나오는 '초면', 즉 '차오몐'은 의미가 아주 분명하고 구체적이어서 이미 고정된 관념이 존재하며 그 느낌이나 인상이 비교적 강렬하다. 그래서 '차오몐'이라고 하면 밀가루를 주원료로 삼아 볶아 만든 음식을 뜻한다는 생각이 떠오르기 마련이다.

'구'의 두 번째 의미는 "곡식 가루를 약한 불에 굽는다(배곡분焙穀粉)"는 뜻이다. '곡穀'은 각종 곡물을 말하는데, 선진 문헌에 자주 나오는 '오곡', '육곡六穀', '구곡', '백곡' 등이 그것이다. 주로 당시 주식으로 삼았던 속粟(조), 서黍(기장), 맥麥(보리), 도稻(벼), 숙菽(콩), 마麻(삼) 등을 말한다. 이렇듯 '배곡분'은 곡물을 약한 불에 구운 후 갈아서 만든 가루이다. 따라서 '초미분炒米粉'이라고 말하기 어렵고 '초면분炒麵粉'이라고 말할 수도 없다. 『주례周禮·천관천관·변인籩人』에 "구이분자糗餌粉餈"라는 말이 나온다. 손이양孫詒讓은 『예기정의·내칙內則』 주注에서 "구糗는 곡물을 찧어 볶는 것이다.……쌀보리를 볶아 익히고 다시 찧어 가루를 만든다."라고 말했다. 아직까지 우리는 남북조 이전에 '초미炒米'나 '초면

炒麵^{炒麵}과 같은 볶는 기술이 있었는지 정확히 알 수 없다. '초미'에 필요한 도구의 존재를 증명할 만한 근거를 아직 발견한 적이 없다.

다음으로 이중의 뜻이 있다는 것은 '구'의 낱알 형태와 분말 형태가 역사적으로 시간적인 차이가 있기 때문이다. 다시 말해 사람들이 가장 이른 시기에 이용한 것은 번燔이나 적炙과 같이 구워서 익히는 방식이다. 이후에야 비로소 익히고 갈아서 가루를 만들기 시작했다. 물론 말린 가루는 직접 식용하기에 적합하지 않기 때문에 물을 넣어 반죽하거나 끓는 물을 섞는 등 보조적인 과정을 거쳐야 한다. 그러나 시간적으로 순서가 있다고 했으나 후자가 출현한 후에 곧 바로 전자를 완전히 대체했다는 것을 의미하지는 않는다. 실제 상황은 두 가지 방식이 공존했다는 것인데 몽골 초원에서 지금도 여전히 사용되고 있는 '초미'가 이를 증명한다. 아마도 이런 이유로 말미암아 청대 훈고학자 계복桂馥(1736~1805년)은 『설문해자의증說文解字義證』에서 '구糗'에 대해 이렇게 말한 것이다.

> "쌀이나 보리를 불에 구우면 향기가 난다. 그래서 구糗라고 했다.……
> 찧은 것이든 찧지 않은 것이든 관계가 없다."

이런 점에서 볼 때 낱알 상태로 이용하는 '구'가 중국에서 곡물을 식용할 때 익혀 먹는 가장 오래된 형태라고 말할 수 있다. 물론 도기가 발병하기 이전의 일이다. 낱알 형태의 '구'를 갈아 분말로 만들어 이용하는 것은 당연히 오랜 시간 이후의 일일 것이다. 갈아서 분말로 만든

'구'는 특별히 '구糗'라고 부르는데 익혀서 말린 쌀가루라는 뜻이다. 『설문해자·미부米部』에 따르면, "구糗는 용구舂糗, 즉 찧은 구이다." 단옥재段玉裁(1735~1815년)는 주에서 이렇게 말했다.

> "쌀이나 보리가 익으면 그것을 빻아 체에 걸러(사籭) 발㪍을 만드는데
>
> 이른바 도분搗粉, 즉 찧어 가루로 만들어 떡을 만들 수 있다."

단옥재의 해석은 자신의 생활 경험에서 반추하여 나온 것일 가능성이 크다. 그래서 그는 중고中古시대 이전까지 존재하지 않았던 "가루로 만들어 떡을 만들 수 있다"는 내용을 첨가한 것이다. 사실 중고시대 이전의 '구'는 쌀을 구워 가루로 만든 것이고, 상고 시대의 '구'는 쌀을 구운 것이다. 중고시대 이후부터 단옥재가 살았던 18세기에 이르러서야 떡이나 과자처럼 보다 정교하고 세심한 기술이 요구되는 식품이 등장하면서 비로소 잘 갈아 만든 '초미'나 '초면'이 등장할 수 있었다. 당시 '초炒'는 체로 걸러 보다 고운 가루를 얻는 것이니, 이를 '발㪍'이라고 했던 것이다. 여기서 한 가지 간과할 수 없는 것은 단옥재가 강소성 금단金壇 사람이니 그가 보고 들은 것들이 모두 쌀을 경작하는 지역의 상황이라는 점이다.

'구'는 마른 상태의 낱알이기 때문에 저장하기 편리하고 그 상태 그대로 씹어 먹을 수도 있다. 그렇기 때문에 다른 곳으로 이동할 때, 특히 군대에서 식량으로 사용할 수 있었다. 『맹자』에 따르면, "순이 마른 곡식이나 먹고 풀을 뜯어 먹을 때는 평생 그럴 것 같았다(舜之飯糗茹草

也, 若將終身焉)." 주에 따르면, "구반糗飯은 말린 밥이다(干糒)."[11]

하상夏商 시절 주나라 선조인 공류公劉가 사람들을 이끌고 태邰(지금의 섬서성 무공현武功縣 서남쪽)에서 빈豳(섬서성 순읍旬邑 서쪽)으로 이주할 당시 휴대한 것이 바로 '구'와 같은 말린 양식이었다. 『시경·대아大雅·공류公劉』에 이와 관련된 기록이 보인다.

신실한 공류께서 편안히 거하실 겨를도 없이

땅을 고르시어 노적을 쌓아 창고에 거둬들이고

말린 밥과 식량을 자루와 전대에 넣고

평화롭게 빛남을 생각하시며 활과 화살을 당겨보며

방패와 창, 도끼를 들고 비로소 길을 떠나셨다.[12]

원대 학자 주공천朱公遷의 주에 따르면, "후식량糇食糧은 구糧, 즉 말린 곡식이다." 원대 사람 동정董鼎의 『서전집록찬주書傳輯錄纂注』에도 "후糇는 말린 식량으로 곡식이다."[13]라고 했다. 역사 문헌에 따르면 삼대 이후 남북조 시대까지 이런 말린 식량이 주로 군용으로 사용되었다. 『사기』에 보면 "대장군이 장사長史를 시켜 비료糒醪(말린 식량과 탁주)를 이광李廣에게 보냈다."[14]는 구절이 나온다. 『집운集韻·후운侯韻』에 따르면, "후

---

11 『맹자·진심장구하』, 『십삼경주소十三經注疏』본, 북경, 중화서국, 1980년. 2773쪽.
12 「모시·대아·공류公劉」, "篤公劉, 匪居匪康. 乃場乃疆. 乃積乃倉. 乃裹餱糧, 于橐于囊. 思輯用光, 弓矢斯張. 干戈戚揚, 爰方啓行."『십삼경주소十三經注疏』본, 북경, 중화서국, 1980년. 541쪽.
13 [원] 주공찬朱公遷 찬, 『시경소의회통詩經疏義會通·가악사장假樂四章』, 『문연각사고전서』, 앞의 책, 437쪽.
14 『사기·이장군열전李將軍列傳』, 북경, 중화서국, 1959년, 2875쪽.

는『설문해자』에서 말린 식량이라고 했다. 미를 따른다." '후糇'와 '후
餱'는 서로 통한다.

낱알 형태의 '구'를 식용하는 방법은 아주 간단하다. 직접 입에 집어
넣어 씹어 먹으면 되기 때문이다. 이외에도 물이나 미음, 죽과 같은
유동식과 같이 먹을 수도 있다. 분말 상태인 '구'는 더욱 간단하여 물
에 타서 죽이나 미음처럼 들이마실 수도 있다. 물은 제일 좋기로는 끓
는 물이지만 여건이 여의치 않다면 온수나 냉수도 무방하다. 사실 역
사적으로 일반 대중들은 주로 냉수나 생수에 타서 먹었다. 불에 익힌
후에 재가공한 분말이지 말린 낱알로 직접 만든 가루가 아니기 때문
이다. 그렇기 때문에 '구'는 마땅히 알곡으로 밥을 해먹는 방식으로 진
화하는 형태라고 보아야 한다. 다만 '구'의 원료는 각종 곡물이다. 그
렇기 때문에 쌀로 만든 '미병米餠(쌀떡)'은 별도의 고유 명사로 '교粆'라고
부른다.『광운·효운肴韻』에 따르면, "교주粆糊는 미병米餠이다." '교'는 특
히 쌀떡을 말하는데, 쌀을 익힌 다음 찧어서 만든 떡이다. '주'와 같은
뜻이며 종종 함께 쓰인다.

'비糒'는 구糇와 가공수단이나 형태가 매우 다른 식품이다. '비'는 쌀
을 찐 다음에 다시 말려서 만든 '밥'을 말한다. 그래서『설문해자』은
"비糒는 말린 밥(乾飯)이다"라고 했으며『옥편玉篇·미부米部』역시 "비糒는
건반乾飯이다"라고 했다. '비'와 '구' 양자의 가공수단이나 형태가 서로
크게 다른데 어떤 이유로 선진시대나 한대 문헌에서 양자를 함께 쓰고
쓰거나 심지어 같은 글자로 해석한 것일까? 원인은 무엇보다 당시 사
람들의 식품(특히 주식의 경우)에 대한 가치판단이 주로 실용성에 기반

을 두었기 때문이다. '비'와 '구'는 모두 시간적으로 차이가 있고 공간적으로 서로 다른 지역성을 지니고 있지만 불에 익혀 말린 다음 갈아서 만든 말린 가루이고, 다른 하나는 쪄서 말린 낱알이다. 그렇기 때문에 그것들은 당시 사람들이 외출하여 일을 하거나 여행, 또는 군대 행군이나 작전 등과 같이 집을 떠나 있거나 이동하는 상황에서 보다 쉽게 선택하고 휴대가 편리하며 저장이 가능한 식품으로 이른바 '건량乾糧'의 대표이다. 당연히 특별한 역사적 의의를 지닌다. 군려軍旅 생활이라는 특별한 상황에서 '건량'은 자연스럽게 비축과 응급에 중요한 식품이 되었다.

3) 자餈

교주校糒 이전까지 '자'는 '도병稻餅', 즉 쌀떡을 지칭하는 전용명사였다. 『설문해자·식부食部』에 따르면, "자餈(자餈)는 도병이다. 자粢는 자餈로 미米를 따른다." 단옥재는 "『방언方言』에서 이르길, '이餌를 고糕, 또는 자粢라고 말하며 때로 영舲, 업䬣, 원䭃이라고 부른다.' 모두 쌀로 만든 떡, 미병米餅이다."라고 했다. 삼대 이후 당송시대까지 근 2천여 년 동안 곡물을 가공한 후의 다양한 형태에 대해 수많은 한자를 새롭게 만들어 보다 세밀하고 상세하게 구분했다. 이는 의심할 바 없이 알곡으로 밥을 해먹는 습관이 보편화되면서 사람들이 이에 더욱 의존하고 중요하게 여겼음을 반영하는 것이다.

4) 삼穇

맷돌을 이용하거나 절구로 빻아 곡물의 껍질을 제거하는 과정에서 부스러기나 가루가 생겨나는 것은 당연하다. 하지만 극소량의 부산품을 단독으로 분류하여 별도의 명칭을 부여할 수는 없다. 굳이 칭하자면 '곡물의 가루 부스러기'라고 할 수 있다. 곡물 가루 찌꺼기를 단독으로 사용하려면 이에 상응하는 별도의 조리 기구가 있어야 한다. 신석기 시대 말기에 출현한 도증陶甑(시루)은 곡물을 찌는데 사용하는 전용 기구이지만 용도는 주로 낱알의 '밥'을 찌는 것이지 가루를 반죽하여 만든 '만두' 같은 것은 찔 수 없다. 초기의 '도팽陶烹'은 낱알을 삶거나 각종 원료를 혼합해서 삶는 방법이다. 처음에 곡물의 껍질을 제거하는 과정에서 어쩔 수 없이 나오게 되는 가루 부스러기는 아마도 사람들에게 그다지 환영을 받지 못했을 것이다. '가루 부스러기(분설粉屑)'라고 합쳐서 부르기는 하지만 사실 중국인들에게 '분(가루)'과 '설(부스러기)'은 뜻이 다를뿐더러 각기 다른 전용명사를 별도로 가지고 있다.

예를 들어 '격䄫'은 고대 자서의 해석에 따르면 '미설(米屑)', 즉 쌀 부스러기를 말한다. '격'은 전형적인 회의자會意字로 쌀 미米에 솥 격鬲을 합쳐서 만들었다. 선사시대의 도기는 단지 유동식流動食을 가공할 때만 사용했는데, '격'은 신석기 시대에 음식물을 삶는데 사용한 가장 전형적인 도기이다. 격의 특징은 다리가 세 개라는 점이다. 이는 선사시대 인류의 지혜를 그대로 보여주고 있다. 이렇게 설계함으로써 내용물을 많이 담을 수 있을 뿐만 아니라 보다 빨리 익혀 연료를 절약할 수 있으며, 안정감을 확보할 수 있기 때문이다.

격은 부缶(장군)나 부釜(가마솥) 등 아랫부분이 비교적 평평하고 미끄러운 도기에 비해 가공식품에 대한 제한이 엄격하다. 다시 말해 수분이 훨씬 많아야 하고 음식이 도기의 벽면에 붙는 힘도 당연히 적어야 한다. 그렇기 때문에 '격鬲'은 단순히 일반적인 쌀 부스러기가 아니라 훨씬 잘게 부서진 '가루 부스러기(粉屑)'의 의미임을 알 수 있다. 이렇게 볼 때, '격鬲'이란 글자는 격鬲으로 가공할 식품의 정보를 나타낼 뿐만 아니라 선사시대에 쌀 부스러기를 식용하는 방법이나 곡물 가공과 이용방식 등 여러 가지 가치 있는 정보를 제공해준다고 말할 수 있다.

'서糈'는 일반적으로 쌀 싸라기를 말한다. 쌀 싸라기는 '살糤(찧을 살)' 또는 '패粺' 등 특별한 명칭이 있는데, 보통 낱알과 섞어 죽을 만들거나 쪄서 밥을 만들지만 미설米屑, 즉 쌀 부스러기는 보통 가루와 같이 삶거나 찐다. 물론 당시 사람들이 싸라기나 낱알, 쌀 부스러기와 쌀가루를 특별히 구분하여 이용한 것은 아니다. 가루 부스러기는 쌀 낱알에 비해 삶거나 찌는 데 불편하여 갱羹(국이나 죽)에 넣고 삶아 먹었기 때문이다. 그렇기 때문에 분설, 즉 가루 부스러기는 패糐라는 별도의 명칭으로 부르기도 했다.

『집운集韻·대운隊韻』에 따르면 "패는 삼糁이다."『육서고六書故·식물2植物二』에 따르면, "패는 쌀을 갈아 만든 죽이다." 한대 이전 문헌에는 '미분米粉'에 관한 언급이 거의 보이지 않으며 나중에야 '초粆'라는 글자가 나왔다.『집운·소운小韻』에 따르면, "초는 쌀가루(粉)이다." '완梡'은 '쌀가루로 만든 떡'이다. 삼대三代(하상주) 시기에 '갱羹'은 당시 사람들이 일상적으로 먹는 가장 기본적인 음식으로 거의 매끼마다 먹었는데, '완'을 넣은 갱은 주식이 아니라 부식이다. 그렇기 때문에 곡물의 분설을 삶아 만드는 음식인 '삼대갱三代羹'은 알곡으로 밥을 해먹는(입식粒食) 습관이나 전통의 연속선상에 놓여 있는 것으로 '입식 문화의 확장'이라고 말할 수 있다. 물론 '곡물의 분설'은 특히 그 가운데 순수한 가루만을 뜻한다. 이러한 가루를 먹는 '분식粉食'의 역사는 비록 원시형태이기는 하지만 바로 여기에서 시작되었다고 해도 과언이 아니다.

2. 입식粒食 형태의 역사적 변천

1) 변䊆과 픽熇

『광운·선운銑韻』에 따르면, '변'은 "벼를 태워 쌀을 만드는 것이다." 또한 『집운·선운』에 따르면, "변䊆은 벼를 태워 쌀을 얻는 것을 말한다." 이렇듯 '변'은 곡물의 낟알의 껍질을 벗기고 열을 가하는 두 가지 효과를 겸한다. 필자는 어린 시절 시골에 갔다가 밭에서 푸른 벼이삭이나 보리이삭을 태워서 먹었던 기억이 있다. 논이나 밭을 태우는 것은 농민들이 논밭을 보호하기 위해 전통적으로 행하던 방법 가운데 하나이다. 주운 쌀이나 보리 이삭을 건초더미에 뿌린 다음 불을 붙이는데 이삭이 충분히 타도록 주의한다. 낟알의 껍질이 벗겨지면 자연히 잿더미에 떨어지는데 아직 완전히 탄화된 상태에 이르지는 않는다. 불이 꺼지면 재를 휘저어 낟알을 꺼내 손바닥에 올려놓고 힘껏 비비고 입으로 바람을 불어 재 부스러기를 털어버린 다음 입에 넣고 씹어 먹는다.

햅쌀의 향기롭고 고소한 맛이 입안에 가득하게 퍼진다. 특히 배가 고플 때 먹으면 더욱 맛있다. 처음으로 곡물이 이처럼 맛있다는 것을 알았다. 이러한 방법은 민속학이나 문화인류학, 고고학 등에서 이미 확인한 바 있다. 인류는 초기에 이미 이러한 방법을 알고 있었다는 뜻이다. 먼 옛날의 '번곡燔穀' 또는 '번도燔稻'의 방식이 바로 그것인데, 낟알이 달려 있는 곡물의 줄기를 잘라 직접 구워 먹는 방식이다. 물론 이는 정현이 말한 "낟알의 껍질을 벗겨 쌀을 얻은 후 이를 뜨거운 돌에 올려 구워 먹었다"는 시절 이전의 일이다.

'픽熚'은 불에 말린다는 뜻이다. 『옥편·화부火部』에 따르면 "픽은 불에 말리는 것이다." 하지만 픽은 요리 방식이 아니라 식물 원료를 가공하는 과정으로 요리를 하기 이전의 수단이라고 할 수 있다. 이는 오랜 옛날 '번곡'과 '번도' 과정에서 나온 것이거나 '변糒'의 또 다른 뜻이다. 이후 '변'과 '픽'은 서로 구별되어 '변'은 불에 태우는 방식으로 곡식의 껍질을 벗겨 쌀을 얻는 것을 말한다. 곡물의 껍질을 벗기는 수단이라는 점에서 손으로 또는 디딜방아로 절구를 찧는 것과 동일하다. '픽'은 불을 이용하여 아직 덜 마른 쌀을 말리는 것이다.

오랜 옛날부터 중국인들은 '픽미熚米', 즉 말린 쌀을 식용했는데, 이러한 습관은 지금까지 이어져오고 있다. 불로 말린 픽미는 찰기가 있는 찰벼이지만 끈적거리지 않고 식감이 약간 질긴 듯 찰지면서도 맛이 좋고 색깔이 아름답다. 그래서 밥을 해먹거나 죽을 끓여먹으면 더욱 맛이 있다. 중국인들이 이렇듯 픽미를 좋아하는 또 하나의 까닭은 중국의 전통적인 본초학 이론 때문이다. 본초학에 따르면, 픽미는 위장을 튼튼하게 하는 데 특별한 효과가 있다. 중국인들은 오랜 옛날부터 멥쌀의 경우 "날 것은 차갑고 구운 것은 뜨겁다"고 여겼다. 그래서 "강남 사람들은 화도火稻(밭벼)를 거두어 창고에 저장한 후 불로 불로 까끄라기를 제거한 후 봄이 되면 절구질하여 먹었다. 그래야만 병에 걸리지 않고 비장과 위장을 따스하게 하여 허한 기를 다스리고, 신장을 보호한다." 본초학은 멥쌀의 경우 "햅쌀은 화를 돋우며 2년이 지난 멥쌀도 병을 초래한다."고 했다. 멥쌀은 햅쌀을 먹는 것보다 한 해 지난 후에 먹는 것이 좋으나 2년 동안 묵힌 쌀은 오히려 좋지 않다는 뜻이다.[15] 물론 픽미를 일상적으로 식용하는 경우는 그리 보편적이지 않았으며, 별미나 또는 사치스러운 일로 간주되었다.

청조 만족滿族의 귀족들은 사치스러운 음식을 추구했다. 애신각라愛新覺羅(청조 황족의 성) 황족들은 음식에 대한 욕망이 끝이 없어 산해진미를 나열하여 식욕을 채웠다. 다른 한편으로 삼라만상을 모두 포함한다는 이념에서 청조의 황제들은 오곡五穀은 물론이고 온갖 잡곡을 마다하지 않았는데, 그 중에 픽미도 포함되었다. 픽미는 통상 죽을 끓여 먹었다. 예를 들어 청조가 와해되기 직전인 광서光緖 34년(1908년) 정월 초하루 덕종 애신각라 재첨載湉의 여러 차례 어선御膳에서 두 차례나 픽미로 만든 죽이 나왔다. 한 번은 조선早膳(황제의 조찬)이고 다른 한 번은 만용晩用이었다. 당시 중병이 들어 죽을 날이 멀지 않은 황제가 새해

---

15 「명明」 이시진李時珍(1518~1593년), 『본초강목本草綱目·곡부穀部·갱경粳』에 인용된 손사막孫思邈(581~682년), 맹선孟詵(621~713년)의 말이다. 북경, 인민위생출판사, 1982년, 1466~1467쪽.

초하루에 먹은 주식의 선보膳譜를 보면 당시 중국 상층사회의 '입식粒食' 습관을 이해하는데 도움이 될 것이다.

> 조점무點: "인정이각寅正二刻(새벽 4시 30분) 돼지고기와 시금치를 소로 넣어 익힌 발발餑餑(만족이 즐겨 먹었던 면 음식의 총칭)(물만두)을 먹는다."

> 양심전養心殿 '조선무膳'의 주식 종류: 대만수大饅首, 조당고棗糖糕, 교맥 노서미탕蕎麥老鼠尾湯, 노미선老米膳, 한도갱미죽旱稻粳米粥, 한도갱미선 旱稻粳米膳, 두부장죽豆腐漿粥, 픽미죽煏米粥, 과자죽果子粥. 이 가운데 입 식은 최소 4가지로 주식 가운데 절반을 차지하고 있다.

> 양심전 '만선晚膳'의 주식 종류: 백육대만수白肉大饅首, 백봉고白蜂糕, 원 보과元寶瓜, 노미선老米膳, 한도갱미죽旱稻粳米粥, 한도갱미선旱稻粳米膳, 두부장죽, 고량미죽高粱米粥, 하엽죽荷葉粥. 이 가운데 입식은 5가지로 전체 주식 종류 가운데 60%를 차지하고 있다.

> '만용'의 주식 종류: 노미선, 한도미죽旱稻米粥, 한도갱미선, 픽미죽, 과 자죽, 고량미죽. 이상 6가지가 모두 입식이다.

청조의 황제는 매일 조점무點, 조선무膳, 만선晚膳, 만용晚用 등 4찬四餐 이 '평소' 규칙이다. 새벽의 조점 이외에 나머지 삼찬은 정중하게 차려 지는데 만용의 주식이나 부식은 통상 10가지 내외이다. 하지만 대외적으로는 강희제가 한족 대신들에게 말한 것처럼 매일 2찬을 하는 것으로 알려졌다. 각족 명목의 경축일이나 명절이 되면 하루 4찬이라는 '평소' 규칙을 벗어나기 일쑤였다. 광서 34년 정월 초하루를 예로 들면 4찬 이외에도 정오에 건청궁乾淸宮에서 '종친연宗親宴'이 열려 "성모황태후聖母皇太后가 만세조선萬歲早膳과 만선晩膳 각기 한 상을 하사했다."(이는 황제의 절차에 따른 선식膳食 제도 이외의 것이다) 또한 "첨안조선添安早膳 한 상을 올렸다."(이는 황제의 선식 제도에 포함된다) "유정이각酉正二刻(오후 6시 30분) 과탁果桌 한 상을 올렸다." "첨안만선添安晩膳 한 상을 올렸다."(이는 모두 선식 제도에 포함된다) 이처럼 하루에 '평소' 4찬 이외에 각종 연회활동에 들어가는 주식 종류는 다음과 같다.

삶은 물만두(煮餑餑), 조고糟糕, 당삼각糖三角, 백탕유고白糖油糕, 목숙고苜蓿糕, 평과만수苹果饅首, 여의권如意卷. 이외에 한 음식에 부가되는 '극식

| 서태후의 식사

克食'이 포함된다. 황제는 이렇듯 하루를 각종 명목의 연회 행사로 소
모하였으니 그 때마다 어선御膳이 준비된 것은 말할 것도 없다. 이렇듯
청조 통치자들은 음식생활이 극도로 사치스러웠다.

　물론 이렇게 많은 주식을 황제가 다 먹을 수는 없었을 것이다.

2) 반飯

　'반'은 여러 가지 뜻이 있다. 우선 현대 한어의 경우 크게 네 가지 뜻
이 있다. 첫째, 광의의 식품을 이르는 말이다. 예를 들어 중국인들은
습관적으로 "밥 먹었냐?(吃飯了馬)" "밥을 배불리 먹지 못했다(吃不飽
飯)." "밥 먹을 시간이 되었다(到吃飯時間了)."라고 말하는데, '반'은 바로
이런 뜻이다. 둘째, 주식主食의 뜻이다. 속담에 대상에 따라 적합한 조
처를 취한다는 뜻으로 "반찬에 맞추어 밥을 먹고, 몸에 맞게 옷을 마
름질한다(看菜吃飯, 量體裁衣)."는 말이 있는데, 여기에 나오는 '반'이 바
로 주식의 뜻이다. 셋째, 협의의 뜻으로 각종 곡물의 알곡을 원료로 만
든 '건반乾飯'이다. 넷째, 쌀알로 만든 건반이다. 고대 한어의 '반'은 현
대 한어에서 협의의 '반'과 뜻이 같다. 동한 사람 유희劉熙의 『석명釋名·
석음식釋飮食』에 따르면, "반은 분分이다. 낱알이 각기 절로 나누어진 것
이다." 낱알 상태의 주식이란 뜻이다. 동한 시대 왕충王充(27~97년쯤)은
'반'의 형성과정에 대해 이렇게 말한 바 있다.

　　"곡식이 막 익었을 때를 속粟(찧지 않은 곡물)이라고 하는데, 이를 절구
　　에 넣고 찧어 쭉정이를 까불린 다음 증甑(시루)에 찌고 아궁이에 불을

때서 익히면 '반'이 된다."[16]

왕충은 회계會稽 상우上虞(지금의 절강 상우) 사람이니 그가 말한 내용은 당시 사람들의 일반적인 습속이자 기본적인 인식이라고 할 수 있다. 왕충이 말한 '속粟'은 각종 곡물로 아직 찧지 않은 것을 말한다. 『상서·무성武成』에 따르면, "(무왕은) 녹대에 재물을 풀고 거교에 곡식을 내놓았다(散鹿臺之財, 發鉅橋之粟)." 『설문해자』에 따르면, 속은 "좋은 곡식(嘉穀)이 실한 것을 말한다." 단옥재는 "고대 사람들이 먹는 것 가운데 벼나 기장만큼 소중한 것이 없다. 그래서 '가곡嘉穀'이라고 했다. 곡은 백곡의 총칭이다."라고 주를 달았다. 다시 말해 고금을 막론하고 각종 곡물을 원료로 만든 낱알 형태의 식품을 '반'이라고 했으며, 이것이 '반'의 기본 뜻이다.

'반'은 한위漢魏 이후의 명칭이다. 그 이전에는 '비糒'라고 했다. 『설문해자·미부米部』에 따르면, "비는 건반乾飯이다." 삼대부터 양한시기까지 '건반'은 후세의 뜻과 다르며 현대의 의미와도 크게 다르다. 유희는 『석명·석음식』에서 "건반은 밥을 지어 햇살에 말린 것이다."고 했다. 쪄서 익힌 밥을 늘어놓고 햇볕에 말린낱알 음식이란 뜻이다. 북조 북위 정광正光 2년(521년) 군주인 척발후拓跋詡(510~528년)가 연연蠕蠕[17]의 왕 아나괴阿那瓌(?~552년, 일명 阿那瓌)가 귀국할 때 많은 재물을 주었는

---

16 [동한] 왕충王忠, 『논형論衡·양지편量知篇』, 『제자집성諸子集成』본, 북경, 중화서국, 1954년, 123쪽.
17 역주: 몽골 초원에 살던 유목민이 5세기 초엽에 만든 왕국, 유연柔然이라고도 한다. 555년 돌궐에 의해 멸망했다.

데 그 가운데 "신건반新乾飯 1백 석, 맥초麥麨(보릿가루) 8석, 진초榛麨 5석……속粟 20만 석"[18] 등이 포함되어 있었다. 인용문에 나오는 신건반, 맥초, 진초 등은 모두 '건반'의 일종이며, 특히 '맥초'와 '진초'는 볶은 후에 직접 식용할 수 있는 양식으로 멀리 여행하거나 행군할 때 요긴하게 사용할 수 있다. '신건반'은 두 가지로 해석할 수 있다. 하나는 햇곡을 가공한 건반이고 다른 하나는 특별히 아나귀 일행을 위해 만든 건반이다. 그 일이 있었던 것은 정월이니 후자의 의미일 가능성이 크다. 쪄서 잘 가공한 '반'은 상당기간 저장한 건반에 비해 상대적으로 맛이 좋아 입맛에 맞고 소화에도 이롭다는 장점이 있다. 그렇기 때문에 특별히 '신新'이란 말을 붙였다. 삼대 및 남북조 시대의 '건반'은 지금 사람들에게 왠지 낯선 느낌이다. 그렇다면 왜 이런 '건반'을 애용했을까? 먹는 방법은 또 어떤 것일까? 특정한 역사시기에 대해 알지 못하면 '건반'에 대해 이해하기 힘들 것이다. 그렇기 때문에 이를 이해하려면 다음 다섯 가지를 정확히 알아야 한다.

첫째, '건반'의 특징과 효용

① 건반은 즉석에서 먹는 음식이 아니기 때문에 일단 밥을 지은 후 햇볕에 말린다. ② 건반은 비축용 식품이다. ③ 건반은 저장에 편리한 식품이다. ④ 건반은 휴대에 편한 여행(군려軍旅, 상려商旅, 역려役旅, 행려行旅) 식품이다. ⑤ 건반은 허기를 채우는 음식이다. 이를 통해 삼대에서 남북조 시기까지 '건반'이 시대의 요구에 부합하여 적절하게 이용되었

---

18 『위서魏書·연연전蠕蠕傳』, 북경, 중화서국, 1974년, 2300쪽.

음을 알 수 있다. 다만 즉석에서 끓여 먹는 밥에 비한다면 맛에 차이가 있고, 소화 흡수에 불편하다는 분명한 한계가 있다.

둘째, '건반'은 주로 여행할 때 사용하는 식품이지 일정한 지역에 정주하고 있는 농민들의 일상 식품이 아니다. 이는 당시 군사 활동이나 요역徭役, 징발, 상려商旅나 여행 등이 빈번했음을 말해주는 것이기도 하다. 그래서 건반이라는 여행용 식품이 평소에도 대량으로 필요할 수밖에 없었던 것이다.

셋째, 여기서 알 수 있다시피 가루음식, 즉 분식粉食은 당시 밀로 이용할 수 있는 주된 형식이 아니었다.

넷째, 이로써 삼대부터 위진대魏晉代까지 낱알음식, 즉 입식이 주식의 주된 형태였음을 알 수 있다.

다섯째, 통상적으로 이러한 '건량乾糧'은 그냥 씹어 먹거나 물에 타서 먹었다.

'건반'은 상술한 것처럼 약간의 한계를 지니고 있기 때문에 시대적 또는 사회적 요구에 따라 또 다른 변화된 형태가 출현하게 된다. 예를 들어 '후餱'는 건반의 변화 형태 가운데 하나이다. '후餱'는 '후糇(말린 밥)'라고 쓰기도 하는데『광운·후운侯韻』에 따르면 "후는 건식乾食, 즉 말린 음식이다." 앞서 인용한『시경·대아·공류』에서 그 흔적을 엿볼 수 있는데, 주로 기장 쌀로 만든 건량이다. 이후에 '초糙'가 생겨났는데, 이는 쌀과 보리 등을 볶은 후에 갈아 만든 건량이다.『옥편·맥부麥部』에 따르면 '초'는 '구糗'이다. 이시진은『본초강목』에서 당대 사람 소공蘇恭의 말을 인용하여 "초는 쌀과 보리를 찌고 볶은 다음 갈아서 만든다."고 했으며,

역시 당대 사람 진장기陳藏器의 말을 인용하여 다음과 같이 말했다.

> "하동河東(황하 동쪽, 지금의 산서성) 사람들은 보리로 초麨를 만들고, 북
> 쪽 사람들은 속粟(조)으로 만들고, 동쪽 사람들은 갱미로 만드는데, 건
> 반을 볶은 후에 갈아 만든다. 비교적 굵은 것은 건구량(乾糗糧)이다."[19]

이는 당시 하동 사람들을 비롯하여 북인, 동인 등 각지의 사람들이
먼저 불에 익힌 후 갈아서 곡물의 가루를 만드는 방법을 취했음을 의
미한다. 책粃(싸라기 밥)은 말랑말랑하게 증기로 쪄서 익힌 밥으로 만든
떡이다. 이러한 것들을 모두 통칭하여 '건량'이라고 했다. '건량'이라는
명칭은 고대부터 지금까지 3천여 년 동안 특히 북방 지역에서 지속적
으로 사용되었다. 다만 그 내용이 크게 변했을 따름이다.

3) 입식과 분식 중에서 입식 위주

중국 음식사의 중요 문제를 논의하기 위해 우리는 고대 곡물 가공
도구에 관심을 가지지 않을 수 없다. 한대 이후로 연마 도구가 점차 보
급되기는 했지만 이는 상층 사회나 부자들이나 사용할 수 있었다. 생
산량이 많지 않은 소맥(밀)은 주로 상층 사회 사람들이나 먹는 것이었
기 때문이다. 일부 일본 학자들은 바로 이러한 점에 주목한 바 있다.[20]

---

19 이시진, 『본초강목·곡부·초麨』, 앞의 책, 1540쪽.
20 [일본] 니시지마 사다오西嶋定生, 「맷돌의 발자취를 찾아서(碾磑尋踪)─화북농업 2년 3모작의
   발생(華北農業兩年三作制的產生)」 『일본학자의 중국사 연구 논저 선역(日本學者研究中國史論著
   選譯)』4, 북경, 중화서국, 1992년, 358~377쪽.

입식과 분식 중에서 입식이 위주였다는 것은 중국 음식의 기본적인 특징이다. 하지만 이는 구체적인 시공간의 특질을 간과한 부분이 있다. 각기 다른 역사 단계, 서로 다른 지역 및 구체적인 품종이 달랐기 때문에 모든 것을 일괄적으로 간단하게 단정 지을 수 없다. 보다 구체적으로 다음 몇 가지를 주목할 필요가 있다.

1) 중국인이 곡물을 이용한 음식에서 처음으로 사용한 것은 입식 형태이다.

2) 입식의 곡물은 쌀, 기장, 보리 등 모든 품종을 포함한다.

3) 엄격한 의미에서 분식 품종이 출현한 한대 이전까지 중국인의 주식은 기본적으로 입식 또는 그 변화된 형태의 품종이었다.

4) 엄격한 의미에서 분식 품종이 출현한 이후에도 입식은 여전히 각종 곡물 식료 품종의 중요 형태였다.

5) 한대 이후로 맥류麥類(보리, 밀 등) 곡물이 점차 입식 대열에서 물러나면서 중국인들의 분식의 중요 곡물로 자리 잡았으며, 그 가운데 가장 중요한 것이 소맥, 즉 밀이다.

6) 쌀의 식용 형태는 줄곧 입식 위주였다.

7) 입식 위주라는 기본적인 형세 속에서 쌀의 분식 품종과 소비량이 완만한 상승세를 보였다.

8) 20세기 말 이래로 논농사 재배면적이 북방으로 점차 확대되었다. 이로 인해 전통적으로 밀을 포함한 잡곡을 주식으로 하는 중국 북방에서 점차 쌀 소비가 증가했다.

9) 장기적으로 볼 때 쌀 입식 위주의 기존적인 전통이 지속적으로

유지될 것이다.

10) 품질이 좋고 생산량이 많은 품종의 쌀이 장래에도 중국인들이
요구하는 중요 입식 원료가 될 것이다.

제3절
벼 가공

1. 벼 가공 도구

1) 수공 연자매

곡물의 껍질을 벗기려면 도구가 필요하다. 현재까지 발견된 선사시대 유적지에서 출토된 대량의 돌 연자매는 비교적 초기의 곡물 가공 도구이다. 돌로 만든 연자매는 돌자반(밑돌)과 절굿공이 또는 윗돌로 이루어져 있다. 그 형태나 규격으로 볼 때 주로 비비거나 갈고 문지르는 데 사용되었음을 알 수 있다. 특히 그 형태면에서 당시 사람들이 연자매로 낟알을 누르고 지나면서 껍질을 벗기거나 파쇄하고 또는 갈아서 가루를 만들었음을 추론할 수 있다. 돌로 만든 연자매는 시루가 출현하기 이전 3천여 년 동안 격鬲에 유동식을 조리하던 시기의 시대적 요구를 반영한 것이다.

2) 절굿공이와 절구(杵臼)

절구와 절굿공이는 연자매가 출현한 이후에 나온 곡물의 껍질을 벗기기 위한 가공 도구이다. 절구의 등장이 연자매에 비해 한참 늦은 것은 아니다. 절구를 발명하게 된 최초의 목적은 곡물의 껍질을 벗기는 것이다. 연자매에 비해 손실되는 곡물의 양이 현저하게 적기 때문이다. 그러나 앞서 지적한 바대로 절구와 절굿공이로 곡물을 가공하게 되면 필연적으로 조糙(현미)~적당하게 껍질만 벗긴 쌀, 서秕~싸라기 쌀(분쇄된 정도에 따라 다르다), 분粉~완전히 가루가 된 쌀, 정精~현미에 비해 껍질을 더 벗긴 쌀 등 여러 가지 형태가 나오기 마련이다. 절구는 곡물의 껍질을 벗기거나 가루를 만드는 데만 사용되는 것이 아니다. 곡물 이외에도 다른 식품을 가공할 때도 사용한다. '구糗'는 익혀서 말린 가루를 말하는데, 불에 익힌 쌀가루를 절구에 넣고 찧어서 가루를 만드는 것이다. 나중에 "떡을 칠 때"도 절구나 그 개량 형태인 방아(대碓: 말방아, 소방아, 물레방아, 디딜방아 등)를 이용하여 가공했다.

3) 방아

방아는 절구와 절굿공이에서 한 걸음 더 나아가 크게 발전시킨 형태이다. 처음에는 사람의 힘을 썼는데, 이를 답대踏碓, 즉 디딜방아라고 한다. 이후 소나 말 등 가축의 힘을 빌리거나 수력이나 풍력을 이용하기도 했다. 한대에 가장 중요한 가공 도구는 절구와 그것의 발전 형태인 방아였다. 방아는 곡물의 껍질을 벗기는 데 유효한 도구이다. 방아가 출현한 것은 그만큼 일상적, 보편적으로 또한 대규모로 사회적 수요가 있었기 때문이다. 동한 시대 학자 환담桓譚은 방아에 대해 상당히 중요한 기록을 남겼다. "후세에 더욱 공교로워져서 힘을 늘리기 위해 체중을 빌어 방아를 밟았는데(踏碓), 이로써 절구로 찧을 수 있는 양이 열배나 늘어났다."[21] 여기서 '후세'라는 것은 한나라로 들어온 이후를 말하며, '답대'라고 한 것은 다리로 밟았다는 뜻이니, 디딜방아를 말한다. "열배나 늘어났다"는 말은 전통적으로 두 손을 이용한 절구질에 비해 그렇다는 뜻이다. 디딜방아가 나온 이후로 사람들은 노새나 나귀, 말, 소 등 가축의 힘을 빌리거나 물의 낙차를 이용한 물레방아 등을 고안하여 사용했다. 인력이든 아니면 가축의 힘이든 어떤 것을 사용하든지 간에 방아의 주된 목적은 곡물의 껍질을 벗기는 일이다. 물론 곡물의 가루를 만드는 데 사용되기도 했지만 당시에는 곡물의 가루(특히 밀가루)를 식용하는 이가 극소수였기 때문에 사회적으로 소비되는 밀가루 총량이 극히 적었으며, 당시 사람들은 여전히 '맥반麥飯'이라는 입식 전통에서 벗어나지 않은 상태였다. 방아의 발명과 보편화는 상당히 중요한 의의를 지니고 있으며, 절구에 비해 사회적 실효성이 훨씬 뛰어나다. 그 중요성은 다음 세 가지로 요약할 수 있다. 첫 번째 노동자의 지력과 체력의 창조성 발휘이다. 두 번째는 자연력을 충분히 활용했다는 점이고, 마지막 세 번째는 노동의 효율성과 생산력을 크게 향상시켰다는 점이다.

---

21 [동한] 환담桓譚(23~50년), 『신론新論』, 상해, 인민출판사, 1977년, 46쪽.

4) 전碾(맷돌)

맷돌 역시 껍질을 제거하는 데 사용하는 도구이다. "쌀은 맷돌, 면麵은 애磑"라고 한다. 맷돌은 선사시대 손을 이용한 연자매의 연장선상에 있는데, 그것은 마치 방아와 절구의 관계와 비슷하다. 맷돌은 처음에는 인력을 사용하다 점차 가축의 힘을 빌리거나 수력 또는 풍력을 이용했다. 북방 속담에 이런 말이 있다. "맷돌을 밀어 연자매를 돌리고, 키질을 하여 풍구질하며 농사일에 못하는 것이 없다." 이는 온갖 농사일에 정통한 농민을 뜻하는 말이지만 동시에 맷돌을 밀어 연자매를 돌리는 일이 대다수 농민들의 가장 기본적인 작업이라는 뜻이기도 하다. 필자는 농촌 현장 조사에서 이러한 전통적인 방식이 지금도 여전히 존재하고 있음을 발견했다. 맷돌은 주로 탈곡에 사용된다. 맷돌은 일반적으로 돌로 만든 원판, 즉 아랫돌에 원통형의 윗돌을 올려놓은 형태로 손으로 돌리는 연자방아 받침돌을 확대한 것이다. 하지만 후대로 넘어오면서 서로 다른 형태의 맷돌이 등장했는데, 필자가

| 호북에서 출토된 동한시대 명기明器(부장품 일명 명기冥器)인 '동인추마銅人推磨'. 맷돌질하는 모습

절강의 한 농촌에서 발견한 맷돌 가운데 직경이 120cm, 두께가 30cm 정도인 둥근 석판을 세우고 고정된 나무 기둥에 횡목을 끼워 연결한 다음 돌로 만든 통 안에서 석판을 돌리는 형태도 있었다. 탈곡할 곡식을 통 안에 넣고 맷돌을 돌리면 압착되어 껍질이 분리되는 효과를 이용한 것이다. 동력은 인력은 물론이고 가축의 도움을 받거나 수력을 이용할 수도 있다. 절구나 방아처럼 껍질 제거는 물론이고 분쇄하여 가루를 만드는 데도 유용하다.

5) 마磨(맷돌)

마는 애磑라고 부르기도 하는데 곡물을 갈아 분쇄하는 도구이다. 한대 사류史游가 편찬한 아동을 위한 식자識字 교본인 『급취편急就篇』 제3장에 "대애선용파양碓磑扇舂簸揚(방아 대, 맷돌 애, 맷돌 선, 찧을 용, 키질할 파, 날릴 양)."이란 구절이 나온다. 당대 대자은사大慈恩寺에서 역경을 번역한 승려 현응玄應은 『일체경음의一切經音義』 권14에서 이렇게 말했다.

> "용마舂磨, 곽박郭璞은 『방언方言』에 주를 달면서 '애磑가 곧 마磨이다'라고 했다. 『세본世本』에 따르면, '수반輸班(춘추 말기 노魯나라 사람, 노반魯班이라고 부르기도 한다)이 애를 만들었다.' 북쪽 지방의 호칭이고, 강남에서는 마磨라고 부른다."

또한 『육서고六書故・지리地理2』에 따르면, "애는 톱니처럼 갈은 두 개의 돌을 합쳐서 곡물을 가는 기물이다." 주로 맥분麥粉이 중요 가공품

이다. 송대 황정견黃庭堅의 시 「쌍정차를 자첨(소식)에게 보내며(雙井茶
送子瞻)」을 보면 "강남 우리 가향에서 따온 운유(고산에서 나는 찻잎) 애
(맷돌)에 가니 눈송이 나부끼는 듯 다른 것과 비할 수 없네."[22]라는 대
목이 나온다. 이렇듯 맷돌은 곡물을 갈 때 사용하는 기물이지 곡물의
껍질을 벗기는 데 사용하는 것이 아니다.

고고학 자료나 그 밖의 관련 자료로 볼 때 마는 중국 삼대 말기, 즉
전국시대에 출현한 것으로 보인다. 1956년 하남 낙양에서 출토된 전
국시대 석마石磨와 1965년 진나라 도성인 역양櫟陽 유적지에 출토된 석
마가 그 예증이다. 그러나 진나라 도성에서 발견된 석마선石磨扇(위짝과
아래짝이 있는 맷돌)부터 가장 대표적인 의의가 있는 만성滿城 서한 유승
劉勝의 묘에서 발굴된 돌 맷돌까지 여러 가지 맷돌의 형태로 볼 때 당시
맷돌은 마른 곡물을 가는 것이 아니라 물을 부어 가는 수마水磨였던 것
으로 보인다.[23] 전국시대에 이미 맷돌이 출현했다고[24] 하나 한대 이전
맷돌의 출토 갯수는 극소수에 불과하다. 이런 점에서 맷돌이 곡물을
제분하는 도구로 보편적으로 사용된 것은 한대, 특히 서한 중엽 이후
의 일이라고 볼 수 있다.

맷돌을 긁어내고 파내어 표면을 거칠게 했기 때문에 초기에 맷돌의

---

22 황정견黃庭堅, 「쌍정다송자첨雙井茶送子瞻」, "我家江南摘雲腴, 落硙霏霏雪不如."
23 중국사회과학원고고연구소, 「만성한묘발굴보고滿城漢墓發掘報告」상上, 북경, 문물출판사1980
   년. 제143쪽. 중국사회과학원고고연구소「만성한묘발굴보고」하下, 북경, 문물출판사, 1980년.
   106쪽. 조영광趙榮光, 「양한기 식량 가공, 면식 발표기술 개설(兩漢期粮食加工, 麵食發酵技術槪
   說)」 조영광『중국음식사론』, 하얼빈, 흑룡강과학기술출판사, 1990년, 219～239쪽.
24 섬서성문물관리위원회, 「진도 역양 유적지 초보 탐사기(秦都櫟陽遺址初步勘探記)」『문물』, 1966
   년, 제1기, 14,17쪽.

받침돌에 문질러 가공하는 것과 효과가 사뭇 달랐다. 이는 오랜 경험 축적과 고도의 기술이 요구되는 작업일뿐더러 경도가 비교적 높은 금속 공구가 필요한 일이기 때문에 상당히 어려운 문제였다. 속담에 "석수장이가 돌을 다듬으면 대장장이가 절반의 돈을 번다."고 한 것처럼 만약 제철업이나 제철기술이 상응하여 발전하지 않았다면 맷돌의 발명이나 보편적인 사용도 불가능했을 것이다. 그렇기 때문에 선진은 물론이고 심지어 한대의 사적史籍에서 상류사회 일부 사람들이 매번 '탈속脫粟(현미)'을 먹어 식량을 절약했다는 기록이 보이는 것도 전혀 이상한 일이 아니다.[25]

6) 농礱

역사적으로 중국의 벼농사 재배 지역에서 벼 껍질을 벗기는 전문적인 도구는 '농'이다. 형태로 볼 때 농은 애礳에서 파생된 것으로 보인다. 『옥편·석부石部』에 따르면, "농, 곡물을 가는 것을 농이라고 한다." 나무나 대나무로 만들며 벼를 갈아 껍질을 제거하는 도구이다. 그 형태나 효능에 대해 송응성宋應星은 자신의 『천공개물天工開物』에서 다음과 같이 말했다.

"벼의 왕겨(겉겨)를 제거하는데 사용하는 것이 농이고, 얇은 껍질을 제거하는 데 사용하는 것은 용舂 또는 전碾이다. 하지만 물레방아로

---

25 조영광『중국음식문화사』, 상해, 상해인민출판사 2006년판, 228쪽.

찧는 것도 농의 작용을 한다. 말린 벼를 맷돌을 이용하여 가공하면 굳이 용을 사용할 필요가 없다. 용은 두 가지 종류가 있다. 하나는 나무로 만든 목농木礱인데 한 자 정도의 원목을 잘라 만드는데 주로 소나무를 사용한다. 커다란 맷돌 형태로 자르고 위짝과 아래짝 모두 톱니처럼 주름지게 판다. 맷돌 아래짝에 굴대를 안장하여 위짝에 집어넣고 연결시킨 다음 위짝 중간에 구멍을 파고 벼를 집어넣어 돌려서 껍질을 벗긴다. 나무로 만든 농은 2천 석 정도를 가공하면 더 이상 사용할 수 없다. 목농은 잘 마르지 않은 벼라도 부스러지는 경우가 드물다. 그렇기 때문에 공출하는 군량이나 관량官糧은 물론이고 대량으로 운송하거나 저장해야 하는 벼의 경우 주로 목농으로 가공한다. 다른 하나는 토롱土礱으로 대나무를 쪼개서 엮은 둥근 광주리를 만들고 그 안에 깨끗한 황토를 집어넣어 위아래 짝에 대나무로 톱니를 만들고 위짝에 대오리(대쪽)로 만든 깔때기를 설치한 다음 벼를 집어넣는다. 벼를 위짝에서 대오리로 둘러싸인 구멍(깔때기)으로 집어넣는데, 토롱에 넣을 수 있는 곡식의 양은 목농의 2배 정도이다. 벼가 제대로 마르지 않아 습한 경우 토롱을 사용하면 잘게 부스러진다. 토롱은 2백 석 정도를 가공하면 망가져 더 이상 사용할 수 없다. 무릇 목농을 사용하려면 신체 강건한 남자의 노동력이 있어야 하지만 토롱은 허약한 부녀자나 아동들도 능히 감당할 수 있다. 일반 서민들이 먹는 쌀은 모두 토롱으로 가공했다."[26]

---

26 [명] 송응성, 『천공개물天工開物·수정제4粹精第四·공도攻稻』, 앞의 책, 237~238쪽.

2. 벼 가공 등급

중국인들은 알곡을 진주처럼 귀하게 여기는 전통이 있기 때문에 벼의 가공기술 역시 대단히 중시되었다. 이는 중국 도작문화의 역사적 특징이기도 하다. 한대『구장산술九章算術』에 미곡의 기본 등급에 대한 다음과 같은 말이 나온다.

"여미糲米 삼십三十, 패미粺米 이십칠, 착미繫米 이십사, 어미御米 이십일."

(『설문해자·미부』 단옥재 주에서 인용)

이렇듯 중국 고대 자서字書에 각기 다른 쌀알 가공 상태에 대한 숫자가 나오는 것을 보면 이를 확인할 수 있다.

1) 조糙, 여糲

'조糙'는 겉겨만 벗기고 아직 정미精米하지 않은 쌀, 즉 현미를 말한다.『옥편·미부』에 따르면, "조는 조미粗米로 찧지 않은 것이다."『정자통正字通·미부』는 "조, 정미하지 않은 쌀을 조라고 한다."고 했다. '여糲'는 거친 쌀, 즉 조미糙米의 뜻이다.『광운·태운泰韻』에 따르면, "여는 조미粗米이다." 물론 '조'의 등급도 각기 차이가 있다. 예를 들어 산糤은 절구질을 했으나 아직 정미라고 할 수 없는 쌀이다.『집운·간운諫韻』에 따르면, "산은 쌀을 한 번 찧은 것이다." 그러나 나중에는 "다시 찧다"는 뜻으로 사용되었다. 명대 양신楊慎의『예림벌산藝林伐山』권18에 따르면,

"찧고 다시 찧은 것을 산糤이라고 한다." 조미糙米는 습관적으로 '탈속脫粟(현미)'이라고도 하는데, 일반인들이 먹는 최저 수준으로 가공한 쌀을 말한다.

2) 서粞, 설糲

서와 설은 모두 쌀이나 보리를 가공하는 과정에서 나오는 싸라기를 말한다. 『옥편·미부』에 따르면, "서粞는 쇄미碎米이다." "설糲은 쇄미이다." 『광운·설운屑韻』에 따르면, "설은 쌀이나 보리가 부서진 것이다." 『집운·설운』, "설은 찧고 남은 것이다." 비슷한 의미로 명糢, 살糨, 면粔 등이 있다. 서와 설은 모두 가공에 실패한 결과물로 결코 원하던 것이 아니다. 소식蘇軾(1037~1101년)은 「오중(절강 일대) 밭일하는 아낙네의 탄식(吳中田婦嘆)」에서 이렇게 읊었다.

금년에는 메벼가 늦게 여물어

그저 서리 내리고 바람 부는 계절만 바라고 있었는데.

서릿바람 불 때 큰비 쏟아지니

고무래 자루에 곰팡이 피고 낫은 녹슬었네.

눈물조차 다 말라버렸는데 비는 그치지 않고

흙탕에 쓰러진 누런 이삭 차마 볼 수 없다.

한 달 내내 띠로 거죽삼아 논둑에서 잠들다

날이 개니 벼 거두어 수레에 싣고 왔네.

어깨 멍들고 온몸에 땀 흘리며 시장에 내다 파니

쌀 주고받은 돈 강서糠秕나 다를 바 없네.

소 팔아 세금 내고 지붕이엉 뜯어 밥 지으니

당장 먹을 것 없어 명년 굶을 걱정조차 못하네.

관아官衙에선 쌀 대신 돈 내라 하며

서북 강인羌人과 친해지는 데 쓴다고 말하는구나.

공황龔黃 같은 좋은 관리 많다하나

백성은 힘들기만 하여 물에 빠져죽는 것만도 못하네.[27]

인용시에 나오는 '강서糠秕'가 쇄미, 즉 싸라기이다. 흉년이 든 해는 곡식이 제대로 여물지 않아 맷돌에 돌리면 부스러지는 경우가 많기 때문에 쌀을 내다 팔아도 가격을 제대로 받을 수 없다. "풍년에는 쌀, 흉년에는 쌀겨"라는 속어가 있다시피 풍년에는 수확한 쌀의 품질이 좋고 쌀겨는 흉년이 오히려 좋다는 말이다. 흉년이 든 해의 겨에는 쌀 성분이 많기 때문이다. 장강 하류에 사는 이들은 "겨울에 찧은 쌀"을 저장해두는 경우가 많은데, 다음과 같은 원인이 있다. "봄기운이 완연하면 쌀눈이 생겨나면서 알곡이 견실하지 않기 때문에 쌀을 찧으면 부스러져 싸라기가 되니 손실이 클 수밖에 없다. 이에 비해 겨울에는 쌀이 튼실하고 손실이 적으니 겨울에 찧기 마련이다."[28]

---

27 소식,『동파전집』권4,「오중전부탄吳中田婦嘆」. "今年粳稻熟苦遲, 庶見霜風來幾時. 霜風來時雨如瀉, 杷頭出菌鎌生衣. 眼枯淚盡雨不盡, 忍見黃穗臥靑泥. 茅苫一月壠上宿, 天晴穫稻隨車歸. 汗流肩赬載入市, 價賤乞與如糠秕. 賣牛納稅拆屋炊, 慮淺不及明年飢. 官今要錢不要米, 西北萬里招羌兒. 龔黃滿朝人更苦, 不如却作河伯婦." 『문연각사고전서』제1107책, 앞의 책, 92쪽. 역주: 공황龔黃은 한대 순리循吏였던 공수龔遂와 황패黃霸를 지칭한다.

28 육용陸容,『숙원잡기菽園雜記』권2, 북경, 중화서국, 1985년, 제19쪽.

육유陸游(1125~1210년)는 「겨울밤 사서를 읽고 느낌이 있어(冬夜讀史有感)」에서 이렇게 읊었다.

등잔 기름 다했는데 여전히 밤중

예전 일이며 사람들에 대한 감흥 아직 다하지 않았다.

술은 스스로 절제하고

바둑 성패는 옆에서 구경할 따름일세.

쌀 부스러기로 밥 해먹어도 평생 배부르고,

베 마름질하여 웃옷 만드니 넉넉하기만 하다.

세상의 괜한 걱정 많다고 하나

조금도 미간 찌푸리지 않네.[29]

이렇듯 부스러기 쌀(斷栖)이라도 밥을 해서 기근을 면하는 것이 예전 민중들의 바람이었다.

3) 정精, 찬粲

'정精'은 질이 좋고 순정한 쌀을 말한다. 『설문해자·미부』에 "정은 택擇이다."라고 했는데 벼를 찧은 후에 잘 골라낸 쌀이라는 뜻이다. 『논어·향당鄕黨』에 "밥은 정미를 싫어하지 않으셨고, 회膾는 가는 것을 싫

29 육유, 『검남시고劍南詩稿』권49, 「동야독사유감冬夜讀史有感」. "短檠膏涸夜將殘. 感事懷人興未闌. 酌酒淺深須自度, 圍棋成敗有傍觀. 斷栖作飯終年飽, 大布裁袍稱意寬. 世上閑愁千萬斛, 不教一點上眉端." 상해, 고적출판사, 1985년, 2964쪽.

어하지 않으셨다."라고 했는데, 유보남劉寶楠은 정의正義에서 "정精은 좋은 쌀(善米)이다."라고 주를 달았다.『천공개물·수정粹精』에 "키질하여 좋은 쌀을 얻어 겨와 섞임이 없는 것을 고른다(播精而擇粹)."는 말이 나온다. '찬粲'은 특별히 쌀 가운데 잘 쓿은 쌀, 즉 정미精米를 말하는데 가장 좋은 백미白米이다.『설문해자·미부』에 따르면, "찬粲, 벼 한 섬에서 속粟(쓿지 않은 벼) 이십 두斗나 쌀 열 두가 들어있는 것을 훼毇라고 하고 쌀이 반두半斗를 넘는 것을 찬粲이라고 한다." 단옥재는 주에서 이렇게 말했다.

> "도미稻米(쌀) 아홉 두를 찧어 여덟 두가 되는 것을 훼라고 하며, 여덟 두를 찧어 여섯 두로 절반이 넘는 것을 찬이라고 한다. 벼나 기장을 찧어 쌀 일곱 두가 되는 것을 시어侍御(제왕에게 공급되는 쌀)라고 하는 것과 같다. 화서미禾黍米에서 시어侍御에 이르기까지, 도미稻米에서 찬粲에 이르기까지 모든 것이 지극히 정미하다."

'착鑿'은 방아나 맷돌로 찧은 쌀을 말한다.『설문해자·훼부毇部』에 따르면, "착鑿, 여미糲米 일곡一斛(열 말)을 찧으면 아홉 두가 되는 것을 훼라고 한다." 이렇듯 정미精米가 사회적으로 크게 중시되고 가공 기술이나 정도가 세밀하게 구분되었기 때문에 정미를 의미하는 단어도 상당히 많았다. 예를 들어 공粽은『옥편·미부』에 '정미精米'라고 했다. 하지만 일상적으로 식량이 부족했던 일반 백성들의 지난한 삶과 알곡을 진주처럼 귀하게 여겼던 대중들의 관념에서 볼 때 이처럼 정제된 쌀은 일부 특수한 계층만이 향수할 수 있었던 것이기 때문에 지나치게 사치스러운 일이었다. 그렇기 때문에 정미나 찬미粲米를 즐겨먹던 상층부 사람들 가운데 정미가 덜 된 조미粗米나 여미糲米(현미)를 먹을 경우 대단한 미덕처럼 여겨지기도 했다. 예를 들어 양무제梁武帝는 부처를 모신다고 욕망을 줄여 밥도 찬粲(정미)을 거절했으며, "하루에 한 끼만 먹고 반찬도 생선이나 육류 없이 오로지 콩국이나 현미밥을 먹었다."[30]

---

30 『양서梁書·무제본기하武帝本紀下』권3, 북경, 중화서국, 1973년, 97쪽.

쌀 식품의 역사 형태

중국 역대 문헌에 나오는 쌀의 품종은 셀 수 없을 정도로 많다. 하지만 찰기가 있는지 여부만을 가지고 구분한다면 간단하게 두 가지(찰밥과 메밥)로 나눌 수 있다. 그 가운데 찰지지 않은 쌀은 습관적으로 선미秈米(쌀알이 길고 가늘다)와 갱미粳米(쌀알이 작고 거칠다) 두 가지로 나눈다. 식용방법이 다르고 인지의 차이로 인해 중국인들은 찰밥과 메밥이라는 서로 다른 쌀밥 식용행위와 사회문화현상이 생겨났다.

1. 메벼 식품과 그 역사 형태

"백성들은 먹는 것이 어렵다." 이는 역대 국가 정권이 가장 고심하던 문제였다. 자급자족의 소농경제 하에서 식생활을 영위하는 중국인들에게 곡물에 대한 가치판단의 첫 번째 요소는 생산량이다. 그것은 중국인들의 뱃가죽을 든든하게 할 가장 중요한 능력이었다. 일단 배가 부른 후에야 입의 감각, 즉 맛이나 입맛, 또는 몸의 감각(노동 강도)이 생겨나기 마련이다. 벼, 특히 논벼는 단위 생산량이 전통적인 오곡五穀 가운데 가장 높기 때문에 중국인들이 가장 많이 재배하는 곡물이 될 수밖에 없었다. 논벼는 기온이 적합한 지역의 경우 이모작은 물론이고 심지어 삼모작도 가능하다. 그런 지역은 1년에 한 번만 수확하는 북부 지역보다 비할 수 없을 정도로 많은 양을 수확할 수 있다.

중국인의 쌀 섭취는 정현이 말한 "낟알의 껍질을 벗겨 쌀을 얻은 후 이를 뜨거운 돌에 올려 구워 먹었다"는 원시 초미炒米 단계를 거쳤지만 이를 '번서燔黍'라고 말하기보다 더욱 정확하게 '번도燔稻'라고 하는 것이 옳다. 다만 아직까지 이에 상응하는 문자 기록을 발견하지 못했을 뿐이다. 이후 격鬲에 죽을 끓이거나 증甑(시루)에 밥을 쪄서 먹었으며, 이 외에도 구糗(볶은 쌀), 미분米粉(쌀가루), 미고米糕(쌀떡), 미선米線(쌀국수) 등이 계속해서 중국인의 밥상에 올랐다. 이런 품종은 각기 시간 순서에 따라 나왔지만 이후 병존하면서 미식米食 품종을 더욱 풍부하고 다채롭게 만들었다.

1) 죽粥

원시인들은 불에 태우거나 굽는 방법으로 벼를 익혀 먹다가 도기陶器를 이용하여 죽을 끓여 먹기 시작했다. 초기에 사용했던 도기는 분盆(밥을 짓는 그릇, 동이) 형태의 '부缶'와 '부釜', 그리고 다리가 달린 '격鬲'이었다. 앞서 언급한 바대로 최초의 도기는 주로 유동식을 가공하는데 사용되었기 때문에 선택의 여지없이 죽을 쑤어 먹는 수밖에 없었다. 흥미로운 점은 최초에 죽이 생겨난 이래로 지금까지 중국인의 밥상에서 죽이 사라진 적이 없었으며, 그 영향력 또한 전혀 감소하지 않았다는 것이다.

> "쌀은 메벼를 쓰는데 향도香稻(알곡이 크고 맛있는 향미香米)가 으뜸이다. 늦벼는 성질이 연하여 취할 만하다. 올벼는 그 다음이다. 창고에 오래 묵힌 쌀은 윤기가 부족하다. 추곡秋穀을 새로 찧은 것은 향기가 좋다. 탈곡한 지 오래되면 점차 묵은내가 난다. 양식은 반드시 바람이 잘 통하는 곳에 걸어놓고 필요할 때마다 찧는 것이 좋다. 때로 백미를 볶거나 가마에 태우면 윤기가 부족하게 된다. 향기롭고 마른 기운은 습기를 제거하고 식욕을 증진시킨다."[31]

특히 다치거나 병에 든 이들은 밥보다 죽을 선호하는데, 사실상 남녀노소를 막론하고 모든 이들에게 죽은 좋을뿐더러 좋아하는 음식이다. 중국인에게 죽은 여러 가지 장점을 지닌 음식이다. 우선 죽은 쌀을 절약하는 방법 가운데 하나이다. 다음으로 한기를 몰아내고 비위脾胃를 좋게 하며 소화하기 쉽고 양생에 도움이 된다.

---

31 조정동曹庭棟, 『양생수필養生隨筆·죽보粥譜·택미제1擇米第一』, 상해, 상해서점, 1981년, 100쪽. 역주: 적절한 인용문이 아닌 듯하다. 죽보에 나오는 말이기는 하나 택미에 관한 내용이기 때문이다.

2) 밥飯

쌀밥은 중국인들의 식생활에서 가장 기본적인 주식이다. "곳간에 식량이 가득하고 솥에 쌀이 항상 그득하며 밥그릇에 언제나 밥이 들어있다." 이것이야말로 중국의 일반 백성들이 부지런히 일하고 애쓰는 목적이 아닐 수 없다. 쌀을 주식으로 하는 장강 유역의 백성들은 물론이고 잡곡을 먹는 북방 지역의 사람들도 예외가 아니다. 북방 사람들은 쌀을 밀가루와 동일한 가치를 부여하여 '세량細糧'이라고 부르며 나머지 잡곡은 '조량粗糧'이라고 부른다.

질그릇 시루가 출현하고 금속으로 만든 솥이 나오기 전까지 밥을 하는 방법은 기본적으로 '증蒸', 즉 찌는 것이었다. 나중에 솥이 나온 후에도 증반蒸飯, 즉 밥을 쪄서 먹는 방법은 여전히 중국인의 식생활에서 입식粒食 전통의 기본 방법이었다. 금속 솥이나 그 밖의 도구를 이용한 '민반燜飯', 즉 뜸을 들여 밥을 하는 방법은 현대사회에 들어온 이후의 일이다.

유의경劉義慶(403~444년)의 『세설신어世說新語·숙혜夙惠』에 다음과 같은 이야기가 나온다.

"어떤 손님이 진태구陳太丘(동한 시절 관리 진식陳寔)를 방문하여 머물게 되었는데, 태구가 원방元方(진식의 아들 진기陳紀)과 계방季方(진심陳諶)에게 밥을 짓도록 했다. 손님이 태구와 담론하자 두 사람은 불을 때다가 함께 하던 일을 내버려두고 그들의 말을 엿듣느라 밥할 때 대나무 발(저비箄簟)을 올려놓는 것을 잊어버려 그만 쌀이 솥 안으로 떨어지고 말았다. 태구가 묻길, '밥을 짓는데 왜 뜸을 들이지 않느냐'고 하자 원방이 몸을 세운 채 꿇어앉아 답하기를 '아버님께서 손님과 말씀하시는 것을 몰래 엿듣느라 쌀을 대나무 발위에 올려놓는 것을 잊어버리는 바람에 지금 죽이 되고 말았습니다.'라고 했다. 태구가 말하길, '너희들은 자못 알아들은 바가 있느냐'고 하자 두 아들이 함께 이야기하면서 서로 번갈아 고쳐주거나 보충하니 빠뜨리거나 잘못된 말이 없었다. 태구가 말하길, '이처럼 잘 알아들었으니 죽이라도 괜찮다. 굳이 밥일 필요가 있겠느냐'고 했다."[32]

필자는 5, 60년대에 중국에서 밥을 찌는 전통적인 방식을 직접 본 적이 있다. 그 순서는 다음과 같다. 먼저 좋은 쌀을 물에 씻은 후 8할 정도 삶은 다음 조리로 쌀을 건져낸 후 뜨거운 물을 부어 거른 다음 둥근 그릇 안에 집어넣고 쌀을 흩어놓는다.(주로 젓가락을 사용한다) 이어서 솥을 깨끗이 씻은 후 그 안에 적당량의 깨끗한 물을 붓고, 물 위에 '정井'자 또는 'Y'자 형태의 받침대를 올려놓은 다음 그 위에 쌀이 담긴 그릇을 올려놓는다. 그런 다음 솥뚜껑을 닫고 싼 불로 물을 끓인다. 수증기로 쌀이 충분히 쪄지면 솥뚜껑을 열고 먹는다.

이렇게 찐 밥은 부드럽고 맛있으며 소화 흡수가 잘된다. 끓인 미음米飮은 식사할 때 보조 음료로 사용되며 차갑게 식혀 놔두면 언제라도 마실 수 있다. 하지만 통상적으로 미음에 야채를 넣어 일종의 야채스프를 만들어 먹는데, 이는 양식을 절약하는 효과가 있을 뿐만 아니라 야

---

32 유의경劉義慶, 『세설신어·숙혜』, 상해, 고적출판사, 1982년, 37쪽.

채의 즙이 첨가되면서 걸쭉하니 맛이 좋다.

　위 인용문을 도구사道具史의 문맥에서 본다면 다음과 같다. 두 아들이 부친과 손님이 나누는 이야기에 도취하여 쌀을 건져낼 때를 놓치고 말았다. 넉넉한 물에 쌀을 집어넣어 끓인 다음 건져내지 않으면 찔 수가 없다. 부친은 손님에게 '밥'을 대접하려고 했는데 자식의 실수로 미麋, 즉 된죽(조죽稠粥)이 되고 말았다. 당시만 해도 이는 일종의 푸대접이자 실례였으니 부친에게 꾸지람을 듣는 것이 당연하다. 하지만 두 아들은 썩은 것을 신기한 것으로 바꾼다는 말처럼 적절한 답변으로 예의에서 벗어난 곤혹스러움을 면하고 오히려 칭찬을 받았다. 진태구陳太丘(태구太丘의 현령을 역임했기 때문에 얻은 호칭)는 동한 시대 영천潁川 허현許縣(지금의 하남 허창許昌) 사람이다. 당시 생활수준은 지금의 중산층에 해당한다. 진씨 집안의 주식은 증반蒸飯, 즉 찐 밥이고, 도구는 질그릇으로 만든 부釜, 즉 솥이다. 찐 밥을 만드는 순서는 다음과 같다.

　먼저 쌀에 물을 붓고 8할 정도 익힌 다음 건져내 뜨거운 물로 미끈미끈한 미즙米汁을 씻겨낸 다음 솥에 새로 맑은 물을 붓고 폐箄(시루 밑에 까는 발)를 올려놓는다(쌀이 아래로 떨어지지 않도록 촘촘하게 만든 발). 그런 다음 폐에 쌀을 놓고 솥에 뚜껑(나무뚜껑 또는 질그릇)을 닫고 불을 땐다. 이렇게 해서 밥이 '류餾(뜸들 류)', 즉 뜸이 들도록 한다. 이렇게 볼 때 위 인용문에서 "밥할 때 대나무 발을 올려놓는 것을 잊었다(炊忘箸箄)"고 한 것은 쌀을 건져내어 폐에 올려놓지 못했다는 뜻이다.

3) 고糕(떡)

쌀떡은 기원이 상당히 오래 되었다. 『초사楚辭』에 '거여粔籹'라는 떡 이름이 나오는데 쌀을 원료로 만든 차가운 음식이다.[33] 다만 당시 '거여'가 낱알을 사용했는지 아니면 쌀가루를 사용했는지 정확하지 않다. 필자가 생각하기에 최초의 쌀떡은 절구나 방아로 익힌 쌀을 찧어 만든 것 같다. 엄격한 의미에서 쌀떡은 생쌀 가루를 원료로 하여 발효 과정을 거쳐 만들어야 한다. 당대 시인 설봉薛逢(생졸미상)은 「9일 비오는 날 생각을 토로하며(九日雨中言懷)」에서 "떡과 과자 가득하니 절로 시름 더하는데, 비바람마저 도주刀州(사천 익주益州의 별칭)로 가는 길 막는구나."[34]라고 읊었는데, 시구에 나오는 '고糕'는 당연히 쌀가루로 만든 것이다.

『몽양록夢粱錄』에 보면 남송의 도성인 항주杭州의 시장이 번성한 모습을 묘사한 부분이 나온다. 이에 따르면, 각종 주루나 음식점 외에도 전문적으로 육류나 야채로 조리한 점심點心을 파는 '종식점從食店'이 있는데, 주로 간단하게 먹을 수 있는 간식인 점심을 수십 종이나 만들어 팔았다. 그 중에 쌀로 만든 떡이 분명한 것은 풍당고豊糖糕(풍고豊糕라고 부르기도 한다), 유고乳糕, 속고粟糕, 경면고鏡麵糕, 중양고重陽糕, 조고棗糕, 육사고肉絲糕 등이다.[35] 쌀로 만든 떡은 벼농사 재배 및 소비지역의 중요

---

33 왕일王逸, 「초사장구楚辭章句·초혼招魂」, 홍흥조洪興祖, 『초사보주楚辭補注』, 북경, 중화서국, 1983년, 208쪽.

34 [당] 설봉薛逢, 「구일우중언회九日雨中言懷」, "糕果盈前益自愁, 那堪風雨滯刀州." 『전당시全唐詩』권548, 북경, 중화서국, 1960년, 6328쪽.

35 [남송] 오자목吳自牧, 「몽양록夢粱錄·훈소종식점葷素從食店」, 『문연각사고전서』제590책, 앞의 책, 132쪽.

한 식품이다. 문헌 기록에 따르면 멥쌀의 기본 용도는 바로 떡이다. "백미를 세밀하게 갈아 주재료로 삼고 쪄서 부드러운 떡을 만들거나 구워서 딱딱한 떡을 만든다." 또한 방아로 찧어 가루를 만들기도 하는데, "돌절구로 곱게 갈면 부드러운 떡이나 딱딱한 떡을 만드는 데 적합하다. 떡의 풍미는 쌀가루에 따라 다르다." 다시 말해 떡을 만드는 방법은 찜통에 넣고 찌거나 굽는 방법 두 가지가 있는데 쌀가루를 가공하는 방법이 다르기 때문에 떡의 풍미에 직접적인 영향을 준다는 뜻이다. 당연히 쌀가루의 품질에 따라 떡의 풍미가 달라질 수밖에 없다. 예를 들어 황미분黃米粉(기장쌀 가루)의 경우 "겨울에 오래된 쌀을 갈아 팔진八珍(여덟가지 약재)이나 탕(糖, 엿)과 섞으면 좋다."[36] 지금도 봉고蜂糕, 당고糖糕, 조고棗糕, 경구, 수고壽糕(때로 각종 복숭아 형태로 만든다), 중양고重陽糕 등 여러 가지 떡이 전승되고 있다.

4) 미선米線과 미분米粉

입식粒食은 선미秈米나 갱미粳米, 즉 메벼의 주된 식용 방식이다. 『집운集韻·옥운屋韻』에 따르면, "척糲은 오나라의 습속으로 쌀을 오랫동안 끓여 만든 식품이다." '척'은 '찰떡'과 유사한 식품인데, 지금도 유행하고 있는 미분米粉, 떡, 미선 등 쌀가루 제품은 모두 그 변화된 형태이다. 미선은 단순히 형태만을 뜻하는 것이 아니다. 예를 들어 '나가색면喇

---

36 왕사정王士禎(1634~1711년), 『식헌홍비食憲鴻秘·분지속粉之屬·황미분黃米粉』, 동경, 일본정부 도서日本政府圖書 천초문고淺草文庫 영인본, 14쪽.

家素麵'이 황하 유역의 국수를 대표하는 '국식國食'이라면 미선은 남방의 국수라고 말할 수 있다. 지역에 따라 규격이나 형태가 각기 다르기는 하지만 이 역시 미선에서 파생된 것일 따름이다.

2. 찹쌀 식품과 그 역사 형태

쌀을 식용하는 방법 가운데 가장 다양한 것은 멥쌀이 아니라 찹쌀이다. 이는 찹쌀의 품질에 의해 결정된다. 국제 농업사 연구자들은 '찹쌀 문화권'이라는 관점을 제시하면서 "문화의 시각에서 볼 때 멥쌀을 재배하는 지역에 사는 이들은 그들 특유의 문화현상을 형성하고 있다."고 주장했다.[37] 이시진은 『본초강목』에서 찹쌀의 효능에 대해 이렇게 말하고 있다.

"찹쌀은 남방의 논에서 주로 재배한다. 성질이 찰지기 때문에 술을 빚을 수도 있고, 제사용 곡물을 만들 수도 있으며, 떡을 찔 수도 있고 엿을 고아도 되며 볶아 먹을 수도 있다. 그 종류도 다양한데 껍질은 색깔이 붉은 것과 흰 것 두 가지가 있으며, 털이 있는 것도 있고 없는 것도 있다. 쌀알 역시 붉거나 흰 색 두 가지이다. 붉은 것은 술을 빚으면 지게미는 적다.……옛 사람들은 술을 빚을 때 주로 출秫(차조)을 썼다.

---

37 유수령游修齡, 『농사연구문집農史研究文集』, 북경, 중국농업출판사, 1999년, 309쪽.

출秫은 나속糯粟, 즉 차조이다."[38]

이는 명대에 찹쌀을 어떻게 이용했는가에 관한 일반적인 설명이다. 역사 발전과정에서 볼 때 찹쌀은 대략 다음과 같은 일종의 단계를 거쳐 발전했다.

처음에는 격鬲에 죽을 끓여 먹고, 다음으로 시루에 밥을 쪄서 먹고, 기장밥을 쪄서 둥글게 말아 먹었다(粢飯團). 이후 종자粽子, 서糈, 비糒, 가마에 뜸을 들인 밥(爛飯), 편煸(볶음밥), 연고年糕(설떡), 원소元宵(새알심처럼 생긴 원소떡), 탕단湯團(경단), 파파粑粑(떡의 일종), 이괴餌塊(과자의 일종) 등의 형태로 발전했다. 찹쌀 식품은 오랜 세월을 거치면서 일련의 발전과정을 거쳤을 뿐만 아니라 식품의 종류 또한 풍부하다. 그러나 세발 솥(鬲)이나 시루로 곡물을 끓여 먹던 시절에는 찹쌀로 죽을 만들거나 찌는 것이 멥쌀보다 훨씬 힘들었다. 찹쌀은 거의 100% 아밀로펙틴 성분을 함유하고 있어 점성이 특히 강해 솥이나 시루의 벽에 붙은 것을 떼어내기가 어렵고 또한 고온으로 인해 솥이나 시루가 훼손될 확률이 크다. 그래서 초기에는 아마도 멥쌀이나 그 밖의 다른 것을 섞어 죽을 끓이거나 쪘을 것이다. 찹쌀은 천연적으로 분식에 적합한 곡물이다. 찹쌀은 입식粒食의 한계가 비교적 크다. 하지만 중국인들은 기어코 중국에서 가장 대표적인 입식 식품인 종자粽子를 통해 찬란한 찹쌀 입식문화를 창조했다.

---

38 이시진, 『본초강목·곡부·도稻』, 북경, 인민위생출판사, 1982년, 1463쪽.

1) 찹쌀죽

행위나 행태의 각도에서 볼 때, 찹쌀로 죽을 끓여 먹기 시작한 것은 다른 곡물의 경우와 크게 차이가 없다. 질그릇이 주방 용기로 사용되기 시작하면서 처음에는 모든 곡물을 끓여서 유동식으로 만들어먹었을 것이다. 하지만 찹쌀은 중국인들에 거의 절대적인 죽의 원류이다. 무엇보다 중국인들은 습관적으로 '기름지고 부드러움(니활膩滑)'을 죽의 입맛을 따지는 중요한 척도로 삼고 있기 때문이다. 또한 중국인들은 전통적으로 찰기가 있는 찹쌀죽, 찰수수죽(秫米粥), 기장죽이 "기운을 보충하고 허한증이나 설사, 구토 증세를 치료하는 도움을 주는"[39] 등 양생이나 식이요법에 효과가 있다고 믿고 있다. 찹쌀죽 가운데 가장 유명한 것은 역시 '납팔죽臘八粥'과 '팔보죽八寶粥' 등이다.

한나라 시절에 이미 하력夏曆으로 12월 초여드레를 '납제일臘祭日'로 삼았다.[40] 불교가 중국에 전래된 이래로 전통적인 '납제' 풍속을 빌어 '납팔臘八(음력 섣달 초파일. 석가모니가 도를 이룬 날을 기념하여 절에서 법회를 연다)'을 경축한다. '납팔죽'을 먹기 시작한 것은 송나라 시절이다.

"여러 큰 사원에서 부처님을 목욕시키는 욕불회浴佛會를 주재하면서 칠보七寶 오미五味를 문도들에게 나누어주었으며 이를 '납팔죽'이라 불렀다."[41]

---

39 조정동曹庭棟, 『양생수필養生隨筆·죽보粥譜·택미제1擇米第一』, 상해, 상해서점, 1981년, 100쪽.
40 종름宗懍, 『형초세시기荊楚歲時記』, 태원太原, 산서山西 인민출판사, 1987년, 65쪽.
41 맹원로孟元老 찬撰, 등지성鄧之誠 주注『동경몽화록東京夢華錄·십이월十二月』, 북경, 중화서국, 1982년, 249쪽.

"그 달(12월) 초여드레를 사원에서 '납팔'이라고 불렀으며, 여러 큰 사찰에서 오미죽五味粥를 준비하였는데, 이를 납팔죽이라고 했다."[42]

"초여드레에 시장과 사원, 개인집에서 호도와 잣, 우유, 버섯, 감, 밤 등을 넣고 죽을 만들었는데, 이를 납팔죽이라고 했다."[43]

납팔죽은 사원에서 불교를 선양하고 부처의 보우를 받고자 하는 일반 대중들의 심리를 활용하기 위해 '불죽佛粥'이란 별칭을 사용하기도 했다. 하지만 송대 납팔죽은 이미 민간의 음식 습관이 되었다. 원나라 시절에도 이러한 습속이 계속 이어져 "12월 8일에 백관들에게 죽을 하사하고……쌀과 과일을 섞어 만들었다. 들어가는 재료가 많은 것을 좋아했으며, 이는 송나라 시절의 습속을 따른 것이다."[44] 청조 역시 명대의 식습관을 계승하여 매번 납팔일이 되면 궁내에서 납팔죽을 끓이고 라마승과 승려들에게 독경讀經을 청했으며, 의식이 끝나면 죽을 왕공대신들에게 나누어주었다. "매해 납월 초여드레가 되면 옹화궁雍和宮에서 죽을 끓였는데, 정해진 법도에 따르는지 대신들을 보내 감시하여 황상에게 올렸다."[45] 청나라 사람들의 기록을 보면 납팔죽이 당시 북경의 전형적인 식문화의 하나였음을 여실히 보여준다.

42 오자목, 『몽양록·십이월十二月』, 『문연각사고전서』 제590책, 앞의 책, 52쪽.
43 주밀周密, 『무림구사武林舊事·세만절물歲晚節物』, 『문연각사고전서』, 위의 책, 206쪽.
44 손국칙孫國敉, 『연도유람지燕都游覽志』, 이가서李家瑞, 『북평풍속유징北平風俗類徵·세시歲時』, 상해, 상무인서관, 1937년, 110쪽.
45 『광서순천부지光緖順天府志』, 이가서, 위의 책, 110쪽.

"12월 8일 민간에서 쌀과 콩을 섞어 끓인 후 호도, 개암나무 열매, 잣, 대추, 밤 등을 섞어 죽을 만들어 그릇에 담은 후 위에 건과나 사탕을 뿌려 '납팔죽'이라 부르고 부처에게 올렸다. 부자들은 경쟁하듯이 사치를 부려 과당果糖으로 아름답게 치장하고 가자哥瓷나 여자汝瓷[46]에 담은 후 온갖 떡 등을 같이 넣어 친구들에게 선물로 보내니 그저 한 번 먹는 것에 불과했다."[47]

민간의 절기 풍습에 불과했으나 이렇듯 빈부에 따라 차이가 컸다. "부자들이 경쟁하듯이 사치를 부렸다"는 말은 당시 북경의 왕공귀족들이 서로 다투어 값비싼 죽을 선물로 보내는 풍습이 있었음을 뜻한다. 이렇듯 납팔죽은 당시 통치계급이었던 만주족이 자신들의 문화를 과시하는 하나의 수단이 되었으며, 절로 명품과 더불어 집안마다 서로 다른 풍격이 나타나기 시작했다. 청나라 시절 납팔죽은 '칠보죽七寶粥' 또는 '오미죽五味粥'이라고 부르기도 했는데 재료는 정해진 숫자가 따로 있는 것이 아니었다. 납팔죽이 날이 갈수록 정교하고 아름답게 된 것은 당시 북경 만주족의 향락추구와 무관치 않다. 이는 당시 사람들의 기록에서도 엿볼 수 있다.

"납팔죽은 황미, 백미, 강미江米(참쌀), 줍쌀, 능각미菱角米(마름열매 속

---

46 역주: 가자哥瓷는 가요哥窯에서 제작된 도자기로 송대 5대 도자기 가운데 하나이고, 여자汝瓷는 하남성 여주汝州에서 당나라 시절부터 만들기 시작한 유명한 도자기이다.
47 양렴讓廉, 『경도풍속지京都風俗志』, 이가서, 『북평풍속유징北平風俗類徵·세시歲時』, 위의 책, 110쪽.

살), 붉은 팥, 껍질을 벗긴 조니_{棗泥}(대추를 삶아 껍질과 씨를 제거하고 짓이겨서 만든 소) 등을 물에 넣고 끓인 다음 호두, 은행, 호박씨, 땅콩, 개암나무 줄기, 잣 및 백설탕, 흑설탕, 건포도 등을 넣어 물을 들인다."

만주족은 납팔죽을 만드는 경험이 풍부했다.

"절대로 연밥, 제비콩, 율무, 용안_{龍眼} 등은 넣지 않는다. 만약 이를 사용하면 맛을 버린다. 매해 납월 이레가 되면 과일을 깎고 그릇을 닦은 후 밤을 새워 죽을 끓여 다음 날 아침이면 죽이 알맞게 쑤어진다. 먼저 제를 지내며 부처님에게 올리는 것 외에도 친지나 친구들에게 나누어 주되 정오를 넘기면 안 된다."[48]

그들이 사용한 원료만도 이미 10여 종에 달한다. 이후 납팔죽은 음식점에서 만들어 팔게 되면서 시간적으로 납월 여드레에만 먹는다는 전통이 깨지고 평시에도 즐겨 먹는 음식이 되었다. 그리하여 팔보죽은 지방마다 각기 다른 품종이 생겨나면서 다양한 풍격을 갖추게 되었다. 하지만 명칭의 한계를 완전히 벗어나지 못하고 '팔보_{八寶}'라는 말이 여덟 가지 재료를 사용하는 것으로 확정되었다. 이는 또한 지나치지도 않고 모자라지도 않는다는 뜻이기도 하다. 각종 팔보죽에 들어가는 재료를 살펴보면 대략 다음과 같다.

---

48 [만청] 부찰돈숭富察敦崇, 『연경세식燕京歲時記』, 북경, 고적출판사, 1983년, 92쪽.

찹쌀, 멥쌀, 옥수수, 진주미珍珠米(옥수수), 율무, 밀알, 수수쌀, 기장쌀, 흑미, 좁쌀, 가시연밥 등 각종 곡물. 콩, 팥, 붉은팥, 동부콩, 강낭콩, 황두, 잠두蠶豆, 흑두 등 각종 콩류. 연밥, 땅콩, 백합百合, 계원육桂圓肉(용안의 과육), 백과白果(은행), 대추, 건포도, 말린 살구, 호박씨, 호두의 속살, 잣, 딸기, 밤, 묘향苗香, 여지육荔枝肉, 곶감, 청홍사青紅絲(과일껍질을 잘게 잘라 만든 붉거나 푸른 식재료), 설탕에 절인 계화桂花 등 각종 신선한 과실류. 붉은 고구마, 두부, 무, 올방개 뿌리, 소귀나물, 토마토, 목이버섯, 청채青菜, 팽이버섯 등 다양한 채소류. 흰설탕, 흑설탕, 청염青鹽(청해성 염호에서 나는 소금), 산초, 생강 등 조미료. 이렇듯 재료가 다양하고 풍부하다. 그러나 일반적으로 소비자들이 가장 선호하는 팔보죽의 재료는 주로 찹쌀, 연밥, 계원육, 강낭콩, 땅콩, 붉은 대추, 가시연밥 열매, 율무, 호두 등이다. 물론 설탕이 없어서는 안 된다.

2) 찹쌀밥

찹쌀은 다시 찌기가 쉽지 않다. 그래서 찹쌀은 멥쌀이나 그 밖의 찰기가 없는 곡물에 비해 시루에 밥을 찌는 데 적합하지 않다. 물론 양자의 적합 여부는 상대적인 것일 뿐 식용할 수 없다는 뜻은 아니다. 도기陶器 시대에 찹쌀을 찐다는 것은 떡을 찌는 것과 같았다. 금속 솥이 취사에 사용되면서 찹쌀밥을 지을 때 뜸을 들이는 기술이 활용되었다. 찹쌀은 멥쌀에 비해 소화하기가 쉽지 않아 비교적 오랫동안 허기를 견딜 수 있기 때문에 육체노동자들의 주식이 되곤 했다. 이는 남방이나 북방 모두 일치하는 풍속 습관이다. 북방 속담에 "밭고랑을 따라 찐빵을 찾아 먹는다."는 말이 있는데, 북방의 농토에서 재배되는 곡물 가운데 기장쌀이 으뜸이라는 뜻이다. 이렇듯 농민들이 가장 중시하는 주식이 바로 콩이나 팥으로 만든 떡소(일반적으로 붉은 팥이나 넝쿨팥을 사용하며 녹두가 가장 좋다)를 기장쌀가루와 밀가루로 싸서 찐 음식, 즉 찐빵이다. 그러나 찹쌀밥에도 가장 환대받는 음식이 있으니 바로 '팔보반八寶飯'이다.

팔보반은 이미 일련의 계열이 있다고 할 정도로 다양하게 발전했으며, 명칭 또한 번다할 정도로 많다. 전통적인 팔보반에 들어가는 재료는 찹쌀과 꿀에 잰 대추, 연밥, 호두, 설탕에 절인 과일, 호박씨, 구기자, 청홍사, 팥소, 설탕, 기름 등 다양하다. 만드는 방법은 다음과 같다.

1) 찹쌀을 잘 씻어 물에 불린 다음 찌거나 삶는다.

2) 뜨거울 때 기름과 설탕을 넣어 잘 젓는다. 한족은 전통적으로 돼지기름을 넣었으나 지금은 식물성 기름을 넣는다.

3) 큰 그릇 내벽에 기름을 칠하고 꿀에 잰 대추를 올려놓는다(껍질을 깐 호두를 잘라서 놓기도 한다).

4) 잘 찐 찹쌀밥을 그릇 안에 깔아놓는다. 반시간 정도 지난 후 팥소를 넣고 다시 쌀밥을 그릇 가득 넣는다. 솥에 올려놓고 10분 정도 찐 다음 온갖 조미료로 맛을 낸다.

5) 찐밥을 꺼내 쟁반에 엎어놓는다.

흥미로운 점은 팔보반이 요기를 하거나 배를 채우는 '밥'이 아니라 일종의 점심이라는 사실이다. 심지어 술자리에서 요리 가운데 하나로 제공되기도 한다.

3) 자반단粢飯團(찹쌀로 만든 주먹밥)

자반단과 종자는 지금도 중국인들이 여전히 좋아하는 찹쌀 음식이다. 하지만 자반단과 종자의 연원과 내포된 의미를 제대로 알고 있는 이는 그리 많지 않다. 자반단은 시루를 이용하여 쪄서 만든 최초의 찹쌀밥이고, 종자는 이후에 출현한 음식이다. 명성이 자자하고 사람들이 두루 좋아하는 종자는 자반단이 발전하여 나온 결과물이라는 뜻이다. 중국인의 음식도구에 대한 정확한 역사적 인식이 가능하다면, 적어도 2천여 년 전 중국인이 '밥'을 먹을 때 기본적으로 손을 이용했다는 점과 더불어 찰기를 지닌 곡물, 예를 들어 북방의 경우 기장쌀이나 수수쌀, 남방은 찹쌀 등을 쪄서 만든 밥을 왜 손으로 둥글게 만들어 먹었는지 이해할 수 있을 것이다. 옛 선조들이 손으로 주물럭거려 만든 찹쌀 덩어리는 지금의 자반단을 먹는 법과 거의 일치한다. 물론 지금 우리가 먹는 자반단은 예전 것에 비해 크게 변화했다. 그렇기 때문에

| 자반단粢飯團(주먹밥의 일종)과 종자粽子

사람들은 역사적으로 아주 오래된 음식처럼 느낄 따름이다.

4) 종자粽子

종자는 중화민족 선조들이 창조한 첫 번째 예술성을 띤 특별한 식품이자 중국음식사에서 셀 수 없이 많은 음식들 가운데 문화적 축적이 가장 두텁고 민족정신이 가장 도드라진 식품이다. 시간적으로 매우 오래 전에 출현했고, 맛이 좋으며, 형태가 특별날뿐더러 영양가도 풍부하다는 점에서 종자는 '중화민족의 역사에서 제일의 미식'이라고 칭하기에 충분하다. 종자는 지금 사람들에게 이미 낯선 명칭이 된 '각서角黍'라는 별칭이 있다. 중국인이 종자를 식용하기 시작한 것은 대략 3천 년 전의 일인데, 당연히 자반단의 역사는 그보다 더 오래되었다. 남북조 시절 종자는 '책糉'이라고 불렸다.

| 청대 궁정화가 서양徐揚의 〈단양고사도端陽故事圖〉에 나오는 각서角黍 만드는 그림

『남사南史』에 따르면, "영명永明 9년 (황제가) 태묘太廟에서 사시제四時祭를 지내라는 조서를 내렸다.……소황후昭皇后께서 명책적어茗栅炙魚(차, 종자, 구운 고기, 물고기)를 헌상했다."[49] 당대 시인들의 시가에도 보인다.

향기로운 초란椒蘭에서 향내 물씬 풍기고
정책精栅(정교하게 만든 종자)이 가지런히 나열되어 있다.[50]

이렇듯 종자를 '책栅'이라고 칭한 것은 그것을 싸는 방식이나 형태와 관련이 있다. 종자의 또 다른 호칭인 '동糭'도 마찬가지이다. 역사적으로 '서稰'와 '비糒' 역시 흔히 볼 수 있는 찹쌀 입식粒食 품종이다. 하지만 전체 역사를 살펴볼 때 점성黏性, 즉 찰기가 있는 쌀의 위상이 훨씬 높다. 왜냐하면 북방의 찰기가 있는 쌀과 기장, 수수나 남방의 찹쌀이 모두 즐겨 먹는 식량이자 제사에서 중요하게 사용되는 미식이기 때문이다. 그렇기 때문에 선사시대 인류가 귀신에게 올렸던 가장 좋은 '건반乾飯'은 당연히 자반단이었을 것이다. 그리고 자반단을 보다 좋게 포장하면서 마침내 '각서角黍'가 등장하게 된다. 각서가 바로 오늘날의 종자의 최초 형태이다. 하지만 자반단이 각서로 발전하는 데 중요한 계기가 있었다. 그것은 제사의 일종의 태뢰太牢, 즉 소를 희생으로 사용하는 제사 때문이다. 『예기』에 따르면, "중하지월仲夏之月(여름의 두 번째 달

---

49 『남사南史·후비전상后妃傳上』, 북경, 중화서국, 1973년, 328쪽.
50 육구몽陸龜蒙, 「장마에 든 오중에서 1백운으로 습미(皮日休) 선배에게 화답하며(奉酬襲美先輩吳中苦雨一百韻)」, 『전당시』권617, 앞의 책, 7111쪽.

인 음력 5월)……농관農官이 막 익은 기장을 올린다. 그 달에 천자는 병아리에 기장밥을 넣어 침묘寢廟(제왕의 분묘와 사당)에 바치고 앵도를 올린다."[51]

주周 천자는 음력 5월에 새로 거둔 기장으로 밥을 만들어 선조에게 바쳤다. 이것이 각서가 기장을 대체하게 된 유래이다. 각角은 소를 대표한다. 소를 죽여 제사에 바치는 것은 가장 성대한 태뢰의 예이다. 주나라 사람들은 선조 제사에 이러한 제례를 사용했다. 『시경』의 기록에 따르면, 주 천자는 추수 후에 토신과 곡신에게 제사를 올렸다.

> 입술이 검은 수소를 잡으니, 굽은 두 뿔이 아름답구나.
> 길이길이 제사를 모시어 고인의 예의를 계승하리라.[52]

시에 따르면, 오랜 전통에 따라 긴 뿔에 입술이 검은 황소를 잡아 토신과 곡신에게 제사를 지냈다. 소를 잡아 제사를 지내는 것은 귀신에 대한 가장 성대하고 공경스러운 예의이다. 그러나 소는 또한 사람들이 생존하는데 없어서는 안 되는 귀한 생산도구이다. 그래서 소를 상징하는 뿔을 취해 '각서角黍'가 생겨나기에 이른 것이다. 그러나 요즘 사람들은 각서의 연원을 제대로 알지 못하고, 종자가 굴원과 관계가 있다고 굳게 믿고 있을 뿐이다. 굴원과 종자를 연계시킨 것은 한대 이

---

51 『예기·월령月令』, 『십삼경주소十三經注疏』본, 앞의 책, 1370쪽.
52 『모시·주송·양사良耜』, "殺時犉牡, 有捄其角. 以似以續, 續古之人." 『십삼경주소』본, 앞의 책, 603쪽.

후 사람들의 창조적 발상이다. 물론 이를 통해 보다 감동적인 이야기가 부가되면서 종자는 인성과 인격, 그리고 민족정신을 발양하는 독특한 음식이 되었다.

5) 자糍(쌀떡), 파粑(구운 음식)

'자'는 '자파糍粑'라고 부르기도 한다. 찹쌀을 찐 후 절구나 방아에 넣고 찧어서 만든다. 하지만 '자'를 단순히 '자파'와 동일시해서는 안 된다. '자'와 '파'는 두 가지 서로 다른 음식이었기 때문이다. 양자 사이에는 과도기적인 식품 형태가 있는데, 그것이 바로 '판板(싸라기 떡)'이다. 『옥편·미부』에 따르면, "판板은 쌀떡이다."[53] 쌀로 만든 떡이지 쌀가루로 만든 떡이 아니다. 물론 '판'을 만들 때 특별한 기술이 요구되는 것이 아니기 때문에 완전한 형태의 낱알만을 고집하지는 않았을 것이다. 사실 비교적 완전한 형태의 낱알이라면 밥을 만드는 데 적합하기 때문에 굳이 떡을 만들 때 사용할 이유가 없다. 도기 시대의 찐밥이나 민밥(燜飯), 즉 뜸을 들인 밥을 만들 때 사용했다는 뜻이다. 그렇기 때문에 낱알이 완전하지 않거나 형태가 일정치 않은 싸라기로 때로 판을 만들었다. 『광운·완운緩韻』, "판板은 싸라기 쌀로 만든 떡이다." 익糫 역시 싸라기 떡이다. 『집운·맥운陌韻』에 따르면, "익糫은 가루 떡(粉餌)이다." 동의어로 부粰(경단), 자餈, 정䴲 등이 있다. 이는 모두 쌀로 만든 것

---

53 [당] 혜림慧琳, 『일체경음의一切經音義·마麻』에 인용된 진인晉人 갈홍葛洪의 『요용자원要用字苑』의 말이다. 상해, 고적출판사, 1986년, 2892쪽.

들이다. 이러한 쌀떡은 '떡' 형태의 '자糍' 또는 '자반단粢飯團'과 상대적으로 '자반병糍飯餅'이라고 부를 수 있다. 다만 옛 사람들은 이런 명칭을 사용하지 않고 당시 특별한 언어 환경에서 그냥 '판', 즉 쌀떡이라고 불렀을 따름이다.

'파'는 쌀을 원료로 만든 떡의 일종이다. 쌀로 밥을 만들어 찧어 만든 것으로 후세의 '찰떡'이다. 나중에는 물에 불린 쌀을 갈아서 풀죽으로 가공하여 만들었다. 낱알과 가루의 구분이 점차 모호해지면서 '파粑'는 떡 형태의 음식을 뜻하는 명사가 되었다. 예를 들어 당파糖粑, 옥미파파玉米粑粑 등이 그것이다. 유사한 식품이 상당히 많은데, 그런 까닭에 호칭도 다양하며 풍부한 문자 기록이 이를 인증하고 있다. 예를 들어 책粣은 찰기가 있는 밥으로 만든 떡인데『집운集韻·맥운陌韻』에 따르면 "부스러기 쌀로 만든 밥이다."『제민요술齊民要術』에 따르면, "식객이 많으면 싸라기 밥(명책糗粣)을 짓는다."

6) 과粿

'과粿'는 쌀과 보리의 분말이다. 쌀로 만든 음식이라는 점에서 '과餜(떡, 경단)'와 의미가 상통한다.『옥편·식부食部』에 따르면, "과는 병자餅子, 즉 떡이다." 청나라 사람 옹휘동翁輝東의『조산방언潮汕方言·석식釋食』에 따르면, "세속사람들은 제사를 중시하여 부녀자들이 과품粿品을 많이 만들었는데, 가운데 녹두나 조미된 음식물을 넣어 싼 것을 일러 과함粿餡이라고 한다." 지금도 복건, 광동, 해남에 '과'라고 부르는 각종 쌀떡 종류의 음식이 있다. '과'는 형태로 볼 때 '파粑'에서 나온 것으로 보인다.

7) 원소元宵, 탕단湯團

원소와 탕단은 예나 지금이나 사람들에게 가장 익숙하고 또한 즐겨 찾는 찹쌀 음식이다. '원소'는 민속 절기인 정월 보름, 즉 원소절에 먹는 전통적인 절기 식품이다. 원소절은 고대 민간에서 횃불을 들고 사악한 귀신을 쫓아내는 의식에서 기원했다고 하나 원소가 전형적인 절기 식품이 된 것은 당나라 시절이다. 백거이는 「한식날 대추경단 가게를 지나며(寒食日過棗團店)」에서 이렇게 읊었다.

한식날 대추경단 가게, 봄에 들어 버드나무 가지 휘어졌네.
술 익는 향내에 손님 발길 머물고, 꾀꼬리 소리는 내 시에 화답하네.
힘들게 꽃 따느라 한참 서 있어 어기적거리다 말 타는 것도 늦었네.……[54]

당대 원소절에 먹는 절기 음식인 '분과粉果', '유화명주油畫明珠(볶음밥의 일종)' 등에 사용된 재료는 아마도 찹쌀 가루였을 것이다.[55] '탕단'은 원소의 별칭이다. 물론 원소와 탕단은 미세한 차이가 있다. 탕단은 대중들이 평소에 먹는 점심의 일종이지 절기 음식이 아니다. 따라서 원소절에 먹는 음식이라고 말할 수 없다. 탕단의 크기나 형태는 일정한 형식이 따로 있는 것이 아니며, 전통적으로 안에 집어넣는 소의 재료는

---

54 [당] 백거이白居易(772~846년), 「한식일고조단점寒食日過棗團店」, "寒食棗團店, 春低楊柳枝. 酒香留客住, 鶯語和人詩. 困立攀花久, 慵行上馬遲.……" 『전당시全唐詩』 권462, 북경, 중화서국, 1960년, 5260쪽.
55 조영광, 『중국음식문화개론』, 북경, 고등교육출판사, 2008년, 160쪽.

돼지기름에 넣은 참깨(저유지마猪油芝麻), 계화를 넣은 팥소(계화두사桂花豆沙), 으깨어 사탕에 절인 대추(사당조니砂糖棗泥) 등이다. 원소와 탕단은 모두 찹쌀가루로 피皮를 만드는데, 끓이거나 삶으며, 기름에 튀기기도 한다. 특히 영파寧波 지역의 탕단(영파탕단寧波湯團)이 유명하여 "달콤하고 찹쌀이 가득하다"는 찬사를 받고 있기도 하다.

찹쌀가루를 식용하는데 자못 흥미로운 방식이 있다. 예를 들어 객가인客家人은 자신들의 '토위자土圍子(흙이나 돌로 담을 둘러친 마을이나 거주지. 여기서는 객가인들의 토루土樓를 말한다)'의 두터운 내벽에 방부제 대용으로 약초와 찹쌀가루, 잡곡 등으로 진흙처럼 만들어 발라놓는다. 이는 예상치 못한 일로 오랫동안 고립되어 식량이 떨어졌을 경우를 대비한 조치이다. 전하는 바에 따르면 찹쌀가루, 흑설탕, 달걀이나 오리알의 흰자를 섞어 벽에 발라놓은 뒤 먹을 것이 떨어지면 그것을 떼어내어 물에 타서 삶아먹었다고 한다. 이외에도 당과糖果, 점심 등 음식이나 약품을 쌀 때 사용하는 '찹쌀 종이(糯米紙)'도 있는데, 이는 찹쌀로 만든 음식문화 영역에서 나름 특별한 효용을 지닌 것이라 할 수 있다.

8) 찹쌀꽃糯米花

『집운·옥운屋韻』에 따르면, "녹粶은 화폭미火爆米, 즉 튀밥을 말한다." 폭미화爆米花는 역사가 유구한 튀겨 만든 식품이다. 요즘은 주로 옥수수를 재료로 삼는다. 하지만 옥수수가 중국에 들어온 것은 명대 중엽이기 때문에 그 이전에는 남방 지역을 중심으로 찹쌀을 주로 사용했다. 찹쌀을 튀긴 것을 일러 '패루孛婁'라고 했다. 송대 시인 범성대范成大

는『오군지吳郡志』에서 이렇게 말했다.

"오중(吳中, 강소성 소주 일대)에는 예로부터 호칭이 번다했다.……상원절
上元節에 밝히는 영등影燈灯은 섬세하고 아름다워 다른 마을은 따라올
수 없다.……솥에 찹쌀을 넣고 튀긴 것을 패루라고 하며, 쌀꽃(米花)라
고도 한다. 사람들마다 자신이 직접 튀겨서 한 해의 길흉을 점친다."[56]

그는「오중의 상원절 선물에 관해 우스개삼아 32운을 적다(上元紀吳
中節物俳諧體三十二韻)」에서 당시 습속에 대해 이렇게 읊은 바 있다.

달달한 음식 가운데 가장 맛난 것은 거여粔籹이고

사탕 가운데 가장 맛난 것은 오니烏膩라네.

쌀가루를 주무르니 경단을 만드는 듯

찹쌀 볶으니 튀밥(오부熬稃) 터지는 소리.[57]

범성대가 묘사한 송대 오중 지역의 상원절 풍속 네 가지가 모두 찹
쌀과 관련이 있다. 또한 절구나 맷돌 등 찹쌀을 가공하는 수단, 낱알이
나 분말을 가공한 결과, 볶거나 삶는 방법 및 전통 식품의 각종 형태에

---

56 [남송] 범성대范成大(1126~1193년), 『오군지吳郡志·풍속風俗』, 상해, 박고재博古齋, 민국10년
    (1921년), 영인본, 5쪽.
57 범성대, 「상원기오중절물배해체삼십이운上元紀吳中節物俳諧體三十二韻」, "……寶糖珍炬妝, 烏膩
    美飴錫, 捻粉團欒意, 熬稃腷膊聲.……"『문연각사고전서』제1159책, 앞의 책, 770쪽. 역주: 거여
    粔籹는 도너츠처럼 생긴 과자이고 오니烏膩는 흰 물엿 또는 검고 반들반들한 사탕을 지칭한다.

대해 개괄적으로 묘사하고 있다. 그 가운데 "찹쌀 볶으니 튀밥 터지는 소리(오부픽박성熬稃膈膊聲)"에서 '오부'가 바로 '패루', 우리가 흔히 말하는 '뻥튀기'이다. 범성대는 이에 대해 특별히 주를 달아 "찹쌀을 볶아 점을 치는데 이를 '패루'라고 부른다. 북방 사람들은 이를 '찹쌀꽃(糯米花)'이라고 부른다."고 했다. 범성대는 오중 사람이니 점을 치는 풍속에 대한 그의 발언은 가히 믿을 만하다.

3. 주양酒釀과 소흥주紹興酒

1) 주양酒釀

양주釀酒, 즉 술을 빚는 것은 찹쌀의 가장 중요한 용도 가운데 하나이다. 중국인은 상당히 오랜 옛날부터 찹쌀로 술을 빚기 시작했다. 『시경』에 이런 구절이 나온다. "풍년에 서黍(기장)도 많고 도稌(벼)도 많아……술을 담고 단술(醴)도 담네."[58] 서, 즉 기장은 북방의 찰진 곡물이고 도, 즉 벼는 남방의 찰진 곡물이다. 기장은 찰기가 있고 두 가지 형태를 지니는데, 속칭 대황미大黃米와 소황미小黃米가 바로 그것이다. 『천공개물·내립乃粒·도稻』에 따르면, "무릇 벼는 종류가 가장 많다.……찰진 것으로 벼는 도稌, 쌀은 나糯라고 한다." '도稌'가 바로 찹쌀이라는 뜻이다. 『천공개물·내립·도』에는 또 이런 말도 나온다. "남방에는 찰진 기장이 없기

---

58 『모시·주송·풍년豊年』, 『십삼경주소』본, 북경, 중화서국, 1980년, 594쪽.

때문에 술을 모두 찹쌀로 담는다." 나미糯米의 '나糯'는 때로 찹쌀로 만든 술을 지칭하기도 한다. 예를 들어 『요재지이·신녀神女』에 보면, "어떤 손님이 고나苦糯(찹쌀주)를 주었는데, 공자公子가 이를 마시고 맛이 있어 백 잔을 다 마시니 안색이 불그레했다."라는 대목이 나온다.

주양酒釀은 속칭 '주랑酒娘'이라고 한다. 역시 찹쌀로 만드는 것으로 원대에 이미 문헌기록이 나온다. 남방 사람들이 즐겨 먹는 전통적인 조미료인 '주두시酒豆豉(콩을 발효시켜 만든 향신료의 일종)'는 주랑과 불가분의 관계를 지닌다.

> "주두시를 만드는 방법: 황자黃子(누런 콩) 1말 5되를 체로 쳐서 껍질을 벗기고 깨끗하게 씻는다. 가지 5근, 오이 12근, 생강 14량兩, 귤사橘絲 (귤의 속과 껍질 사이의 섬유질, 귤락橘絡) 약간, 소회향小茴香 1되, 볶은 소 금 4근 6량, 풋고추 1근 등을 한꺼번에 뒤섞어 단지에 넣어놓는다. 금 화주金華酒[59]나 주랑酒娘을 넉넉하게 넣어 재료들이 푹 잠기게 한 후 2 치 정도의 종이노끈이나 댓가지로 잘 묶고 진흙을 발라 봉인하여 상 온에서 49일 동안 숙성시킨다. 단지 위에 '동'과 '서'자를 적어 번갈아 가며 햇볕을 받도록 하고, 때가 되면 큰 항아리에 붓고 햇볕에 한 번 말린 다음 짚으로 만든 발을 덮어 놓는다."[60]

---

59 역주: 고대에 금화군金華郡 일대에서 생산되던 황주의 총칭이다.
60 [원] 도종의陶宗儀(1329~1421년쯤), 『설부說郛·주두시방酒豆豉方』, 『문연각사고전서』제881책, 앞의 책, 412쪽.

명대까지 이런 풍습이 여전히 지속되었으며, 주두시를 만드는 방법 또한 전혀 변하지 않았다.[61]

주랑은 남방 사람들이 좋아했기 때문에 이를 만들어 파는 이들 또한 상당히 많았다. 청대 시인 사신행査慎行의 시에도 '주랑'이 나온다.

원가袁家 오리, 설가薛家 양고기 유명하다는데
주막에서 주랑酒娘 파느냐 묻지도 않았네.
행여 가을에 국화 볼 수 없을까 걱정하며
초인楚人 배에 올라 중양절을 보내네.[62]

주랑은 점심點心, 즉 간단한 요깃거리이자 음료이기도 하며 조미료로도 사용되는데 지금도 남방 사람들이 즐겨 먹는 음식이다. 주랑은 만드는 방법이 아주 간단하여 자신이 직접 만들 수도 있다. 먼저 한약방에서 주모酒母(술누룩, 주약酒藥이라고도 한다)를 사다가 잘게 부수어 준비해둔다. 찹쌀밥을 충분히 찐 다음 열기를 빼내 4,50℃까지 식힌다. 잘게 부순 누룩과 찹쌀밥을 잘 섞은 후(만약 조금 달게 하려면 약간의 빙탕冰糖을 넣는다) 깨끗이 닦아 말린 유리병에 집어넣고 1주일 정도 밀봉 보관한다. 이윽고 흰색의 액체가 나오면 주랑이 완성된 것이다.

61 [명] 고렴高濂(생졸미상), 『준생팔전遵生八箋·음찬복식전飮饌服食箋·주두시방』, 동경, 일본정부도서 천초문고 영인본, 85쪽.
62 [청] 사신행査慎行(1650~1727년), 『경업당시집敬業堂詩集』권16, 「진회에서 다시 머무르며(重泊秦淮)二首」 가운데 제1수, "袁家我酬鴨薛家羊, 不問當壚賣酒娘. 懊惱一秋無菊看, 楚人船上過重陽." 『문연각사고전서』제1326책, 앞의 책, 210쪽.

2) 소흥주紹興酒

『시경』시대부터 청대를 거쳐 지금에 이르기까지 찹쌀은 중국술, 특히 황주黃酒의 양대 계통 가운데 하나인 '소주紹酒'의 중요 원료이다. '소주'는 남방 황주의 대표이며, 북방 황주를 대표하는 것은 산동 즉묵卽墨의 '노주老酒'이다. 노주는 기장(황미黃米)을 원료로 한다. 소흥주의 역사는 상당히 오래되어 하모도河姆渡 유적에서 발견된 술 문화 관련 유적과도 관련이 있다. 월인越人들은 복수를 위해 생육을 장려했는데, 이역시 술과 관련이 깊다.

> "장성한 젊은이가 늙은 여자를 취하거나 늙은이가 젊은 여자를 취하지 못하도록 명령을 내렸다. 여자가 17세까지 시집을 가지 않으면 부모에게 죄를 물었고, 남자가 20세가 되도록 장가를 가지 않아도 그부모에게 죄를 물었다. 임산부가 해산이 임박했음을 고하면 관부에서 의사를 보내 보호했다. 사내아이를 낳으면 술 2병과 개 1마리를 하사하고, 여자아이를 낳으면 술 2 병과 돼지 1마리를 주었으며, 셋째 아이(일설에는 세쌍둥이)를 낳으면 관부에서 보모를 파견하고, 둘째 아이(일설에는 쌍둥이)를 낳으면 관부에서 식량을 주었다."[63]

월왕이 생육을 장려하는 정책을 펼치면서 사용했던 술은 당연히 찹

---

63 [삼국 오吳] 위소韋昭(204~273년) 주注, 『국어國語·월어상越語上』, 『문연각사고전서』제406책, 앞의 책, 178~179쪽.

쌀술이었는데, 후세 소흥주는 바로 여기에서 시작된 것으로 알려져 있다. 월나라 술의 중요 산지가 바로 소흥이었기 때문이다. 다만 문헌에서 소흥주라는 명칭이 보이기 시작한 것은 송대이다. 품질이 우수하고 양이 많았기 때문에 양송시대에 공히 '소흥주무紹興酒務'(원문은 소흥주관紹興酒官)를 설치하여 국가가 전매하면서 상당한 세금을 거두었다.[64] 이후 청말에 이르기까지 소흥주는 줄곧 명성을 이어가면서 공사를 막론하고 제일 선호하는 술이 되었다. 명청 양대에는 소흥주를 약칭으로 '소주紹酒', 심지어 '소紹'라고 부르기도 했다. 하지만 소흥주 또는 소주는 처음에 생산 지명에서 따온 호칭이었으나 점차 지역과 구분 없이 일종의 술 만드는 기법이나 풍격의 의미로 불리기 시작했다. 오늘날 '용정차龍井茶'가 용정 마을 한 곳에서 생산되는 것이 아닌 것처럼 산지 명칭의 제한에서 벗어났다는 뜻이다.

시장경제에서 브랜드 효과는 고금이나 다를 바가 없다. '소흥'이든 아니면 '소'이든 간에 이는 이미 소흥주의 통칭이 되었으며, 그 가운데 '여주女酒'와 '화조花雕' 등이 전통적인 명주이다.

> "남방 사람들은 여자아이가 몇 살이 되면 술을 빚는다. 술을 거른 후 겨울에 연못이 마르면 술항아리를 잘 밀봉한 후 물가에 묻어둔다. 봄에 물이 연못에 가득 차도 꺼내지 않는다. 여자가 시집을 갈 때가 되

---

64 [남송] 구양수도歐陽守道(1208~1272년), 『손재문집巽齋文集·서엽감주경원봉사書葉監酒慶元封事』, 『문연각사고전서』제1183책, 위의 책, 665쪽. [남송] 홍자기洪咨夔 『평제집平齋集·낭적공묘지명郎廸功墓志銘』, 『문연각사고전서』제1175책, 위의 책, 325쪽.

면 물가에서 항아리를 꺼내 술을 따르고 하객들에게 제공한다. 이를 일러 '여주'라고 하니 그 맛이 일품이다."[65]

이러한 풍습은 위진시대 문헌에서도 볼 수 있다. '여주'는 '여아주女兒酒'라고도 하는데 청나라 시절 그 명성이 자자했다. 일찍이 내각중서內閣中書를 역임한 항주 사람 양소임梁紹壬은 자못 성취를 이룬 학자로 천성이 술을 좋아했다. 가경 18년(1813년) 그가 서호西湖 도광사韜光寺의 노승 치허致虛와 맺은 술 인연에 관한 이야기가 자못 흥미롭다.

"노승이 상냥하고 온화하게 맞이하여 이야기를 나누었는데 자못 의기가 투합하고 시문을 지을 줄도 알았다. 한참 앉아 있다가 산을 내려가려고 하는데, 노승이 말했다. '혹여 허기가 들지는 않으신지요. 소찬에 술이라도 한 잔 하시겠습니까?' 내가 사양하려는데 노승은 이미 문도들에게 이포연伊蒲筵(절에서 야채 요리로 차린 술상)을 마련하고 진흙으로 봉한 술단지를 개봉하도록 했다. 술 향내가 방안에 가득한 것이 내가 술을 좋아한다는 것을 미리 알고 있는 듯했다. 한 잔을 입에 넣으니 달콤하고 향기로우며 맑고 깨끗하여 술병(酒病)이 가시는 듯 했으며, 술의 아름다움을 갖추지 않음이 없었다. 물어보니 노승이 답하길, '이 술은 본시 산의 맑은 샘물로 빚어 5년간 숙성한 것입니다. 소승이 양조법에 대해 아는 것은 적습니다만 미즙선米汁禪(酒禪)을 이

---

65 [서진] 혜함嵇含(263~306년), 『남방초목상南方草木狀·초국草麴』, 『문연각사고전서』제589책, 위의 책, 4쪽.

야기하길 좋아합니다. 이 술은 평소 제가 마십니다만 보관했다가 손님을 대접하기도 하지요.' 이리하여 서로 주거니 받거니 술을 마셨다. 땅거미가 질 무렵 헤어지면서 술 한 병을 얻어들고 산 아래로 내려와 저녁에 간단히 한잔했다. 다음날 노승이 다시 한 병을 주어 집으로 돌아와 마셨는데, 술맛이 좋은지라 감탄을 그칠 수 없었다. 20년 동안 마음이 끌렸으니 어찌 아흐레로 향내가 그치겠는가. 이는 내가 평생 처음으로 마셨던 좋은 술이다. 이외에도 산서의 분주汾酒와 노주潞酒를 찬양하지 않을 수 없다. 하지만 술의 품성이 워낙 강렬하여 약한 것을 부끄럽게 여기기 때문에 남방 사람들은 숭상하지 않는다. 그리하여 소홍의 여아주女兒酒를 추천하지 않을 수 없다. 여아주는 시골 사람들이 딸이 처음 태어난 해에 술을 담갔다가 출가할 때 비로소 개봉하여 사용한다. 집안마다 술을 담글 뿐 판매되지는 않는다. 꽃무늬 등을 조각한 단지에 넣어 파는 술(花罈大酒)은 모두 가짜다. 근자에 향리에 민가가 줄어들면서 술(여아주)을 빚는 이들도 줄어들었다. 진정으로 동포東浦(소홍시 인근 지명. 술도가로 유명하다)의 물로 골骨(정수精髓)을 삼아(동포의 물로 담은 술을 말한다) 3, 4년 묵힌 술이야말로 '무등등주無等等咒[66]'이다."[67]

양씨는 또 도광 4년(1824년) 가경 5년(1800년)에 담가 대략 20여 년이

66 역주: 무등등주無等等咒는 반야바라밀다심경般若波羅蜜多心經에 나오는 말로 여기서는 좋은 술에 대한 예찬의 뜻이다.
67 [청] 양소임梁紹壬(1792~?), 『양반추우암수필兩般秋雨庵隨筆』, 상해, 고적출판사, 1982년.

나 묵힌 소흥주를 마셨던 경험을 기록하고 있기도 하다.

"처음 꺼낼 때 남아 있는 술이 단지의 절반에 그쳤다. 간재簡齋 선생(청
조 건가乾嘉 연간의 대표 시인 원매袁枚)이 '석 자짜리 항아리에 술은 한 자
높이, 주혼酒魂은 죄다 없어지고 주백酒魄만 남았네'라고 한 말이 딱 맞
다. 색깔이며 향기가 모두 아름답고 맛 또한 담백하여 입에 맞는다.
사방에서 새로 좋은 술을 꺼내니 좋은 향기가 뇌리까지 스며든다. 걸
쭉한 맥아당이 잔 아래 깔리니 농밀한 것이 도광주韜光酒를 능가하
나 약간 쓰고 그리 맑지 않다. 이런 작은 결점이 있어 내가 평생 맛본
술 가운데 두 번째로 좋은 술이라 할만하다. 나는 누룩만 보면 침을
흘리는 사람인지라 술이 있는 곳이라면 그냥 지나치는 법이 없는데,
'분우奔牛(지명, 강소 무진현武進縣으로 좋은 술로 유명한 곳)의 술을 마시
지 않았다면 강호를 헛되이 돌아다닌 것이다'라는 말을 들은 적이 있
다.……그 술의 품격으로 논하자면 소주蘇州의 복정福貞, 혜천惠泉의 삼
백三白, 의흥宜興의 홍우紅友, 양주揚州의 목과木瓜, 진강鎭江의 고로苦露,
소보邵寶의 백화百花, 초계苕溪의 하약下若 등과 같으나 그 달고 기름진
것은 역시 훨씬 뛰어나니 진정 취향醉鄕의 마도魔道라 할 만하다."[68]

---

68 양소임梁紹壬, 『양반추우암수필兩般秋雨庵隨筆·품주品酒, "始發之, 所存止及壇之半. 正簡齋先
生所謂壇高三尺酒一尺, 去盡酒魂存酒魄'是也. 色香俱美, 味則淡如. 因以好新酒四方挽之, 則芳
香透腦, 胶餳蓋底, 其濃厚有過於韜光酒, 而微苦不冽. 自其小病, 此生平所嘗第二次好酒也, 僕逢
曲流涎, 到處不肯輕過, 聞之人語云, '不契奔牛酒, 枉在江湖走.' ……論其品格, 亦止如蘇州之福
貞, 惠泉之三白, 宜興之紅友, 揚州之木瓜, 鎭江之苦露, 邵寶之百花, 苕溪之下若, 而其甜其膩則
又過之, 此眞醉鄕之魔道也." 위의 책, 104~105쪽.

소흥주는 술을 빚는 집안 또는 술도가마다 나름의 독특한 비법이 있어 풍미가 각기 다르다. 인용문에 기술한 바와 같이 비록 한 사람이 마시고 느낀 것이긴 하되 두루 경험을 하면서 다른 술과 비교하였으니 가히 삼매三昧의 경지에 이르렀다고 할 수 있다. 소흥주의 상품上品은 '화조주花雕酒'인데, 청대에 이미 명성이 자자하였으며, 간칭하여 '화조花雕'라고 불렀다. 청대 사람 양장거梁章鉅(1775~1849년)는 이에 대해 상세한 기록을 남겼다.

"요즘 소흥주가 국내에 유통되는데 가히 술 가운데 정종正宗(정통)이라고 할 수 있다. 그러나 뜻밖에도 트집을 잡는 이들도 있고 소흥주가 최고라고 하는 이들도 있는데, 사실 그들은 모두 제대로 맛을 보지 못한 것일 수도 있다. 세상 사람들은 매번 소흥에 '삼통행', 즉 세 가지 유행하는 것이 있는데 모두 실제에 비해 명성이 과하다고 비웃는다. 예를 들어 형명刑名이나 전곡錢穀(부세賦稅 또는 회계나 재정)에 관한 학문처럼 사람들마다 모두 뛰어난 학식이나 재주를 가진 것이 아니라 나

| 소흥紹興의 화조주花彫酒

름으로 여러 직성直省(중앙에 직속된 여러 성)을 돌아다니다보니 마치 진
짜로 비전秘傳이 있는 것처럼 보이는 것이다.……소흥주 역시 일반적
인 술에 불과하다. 다만 전국적으로 유통되어 멀리 신강新疆 지역까
지 팔려나간다. 냉정하게 말해서……술의 유통에 관한 한 다른 술은
족히 필적할 만한 것이 없다. 산음山陰과 회계會稽의 물은 술을 빚는
데 가장 적합하다. 지역이 바뀌면 좋은 술이 나올 수 없다. 그래서 다
른 지역에서 소흥 사람이 똑같이 술을 빚는다고 할지라도 물이 다르
기 때문에 술맛도 떨어진다. 소흥 현지에서 좋은 술을 구하는 것이 쉽
지 않다. 먼 곳에 판매되는 것일수록 좋을 수밖에 없으니, 술맛이 좋
다는 말이 없으면 멀리까지 유통될 수 없기 때문이다. 나는 감롱甘隴
(지금의 감숙성)의 포정사布政使, 계림桂林(지금의 광서廣西)의 순무巡撫를
지낸 적이 있는데, 그곳에서 먹어본 술은 모두 맛이 좋았다. 듣자하지
가욕관嘉峪關 밖의 술은 더욱 좋다고 한다. 중토中土(내지)에서 가까운
곳의 술은 오랫동안 저장한 것이 아니면 마시기에 좋지 않다. 가장 좋
은 술은 여아주女兒酒인데 전하는 바에 따르면, 부잣집에서 여자아이
가 태어나면 태어난 지 한 달만에 술을 빚어 몇 항아리 담아 놓았다
가 딸이 출가할 때 잔치 술로 내놓는다고 하니 적어도 십 수 년을 묵
힌 셈이다. 술항아리에 채색을 했기 때문에 화조花雕라고 부른다. 최
근에는 위조품이 많아 꽃무늬를 그린 항아리에 일반 술을 집어넣어
속이기도 한다. 제대로 된 소흥주를 구분하는 방법은 우선 항아리가
가벼운 것이 귀한 술이다. 대개 술은 오래 묵을수록 줄어들기 때문인
데, 심지어 절반 가까이 줄어드는 경우도 있다. 항아리 옆구리를 나무

방망이로 두들겨보면 소리가 경쾌해야 한다. 가짜이거나 상한 술은 소리가 울리지 않는다. 심지어 작은 송곳으로 항아리를 뚫어 좋은 술을 빼내고 대신 물을 집어넣은 것도 있는데 겉모습은 그럴 듯하게 꽃 모양으로 채색했으나 한 푼의 값어치도 없다. 술을 저장하는 방법은 반드시 평지를 택하여 나무판대기를 안에다 받쳐야 한다. 만약 푸석 푸석한 땅인 경우 계속 흔들려 채 한 달이 가기도 전에 상하고 만다. 또한 축축한 습지도 금기이니 오래두면 술맛이 변하기 쉽기 때문이다."[69]

양장거는 복건 장락長樂 사람으로 강소 순무巡撫 겸 양강총독兩江總督을 지냈다. 그는 주로 복건, 광동, 강소, 절강 등 소흥주의 중요 산지를 두루 돌아다니면서 봉강대리封疆大吏(총독이나 순무 등 고위관리)로서 숱한 연회 경험과 학자의 안목으로 남북과 동서 비교를 겸했다. 그렇기 때문에 그의 소흥주에 대한 견식은 자못 합리적이고 이치에 부합한다.

---

69 [청] 양장거梁章鉅, 『낭적속담浪迹續談·소흥주紹興酒』, "今紹興酒通行海內, 可謂酒之正宗, 而亦有橫生訾議者, 其於紹興酒之致佳者, 實未曾到口也. 世人每笑紹興有'三通行', 皆名過其實者. 如刑名錢谷之學, 本非人人皆擅絕技, 而竟以此橫行各直省, 恰似眞有秘傳……卽酒亦不過常酒, 而販運竟遍寰區, 且遠達於新疆絕域. 平心而論……至酒之通行, 則實無他酒足以相抗, 蓋山陽, 會稽之間水最宜酒, 易地則不能爲良, 故他府皆有紹興人如法制釀, 而水旣不同, 味卽遠遜. 卽紹興本地, 佳酒亦不易得, 惟所販愈遠則愈佳, 非致佳音, 亦不能行遠. 餘嘗藩甘隴, 撫桂林, 所得酒皆絕美, 閩嘉峪關以外則益佳. 若中土近地, 則非藏蓄數年者, 不堪入口. 最佳者名女兒酒, 相傳富家養女, 初彌月, 卽開釀數壇, 直至此女出門, 卽以此酒陪嫁, 則至近亦十許年, 其壇率以采繪, 名曰花雕. 近作僞者多, 竟有用花壇裝凡酒以欺人者. 凡辨酒之法, 壇以輕爲貴, 蓋酒愈陳則愈縮斂, 甚有縮至半壇者. 從壇旁以椎敲之, 眞者, 其聲必輕越, 僞而敗者, 其響必不揚. 甚有以小錐刺壇, 斟出好酒, 而以水灌之, 視其外依然花雕, 而一文不値矣. 凡蓄酒之法, 必擇平實之地, 用木板襯之, 若在浮地, 屢搖之, 則逾月卽壞. 又忌居濕地, 久則酒味易變." 『속사고전서續修四庫全書』1179책, 상해, 고적출판사, 1995년, 284쪽.

물론 찹쌀주의 대표인 소흥주의 역사를 찹쌀을 주원료로 삼는 양조의 전체 역사를 포함하는 것이 아니며 찹쌀주의 생산과 소비 전체를 뜻하는 것이 될 수도 없다. 예를 들어 '여주'를 빚는 곳은 남방의 광범위한 지역의 풍속으로 소흥이나 절강 일대에 국한된 것이 아니다. 송대 문헌의 기록에 따르면, "광남廣南(운남성 광남현)의 부유한 집안에서 여자아이가 태어나면 술을 빚어 밭에 저장했다가 시집을 갈 때 꺼내 마신다. 이를 여주女酒라고 한다."[70] 여주는 '봉항주封缸酒'라고도 하는데, 이 역시 찹쌀로 빚은 명주로 문헌기록이 오래되었다. 남북조 시대 북위 효문제가 유조劉藻를 통수統帥로 삼아 남정을 시작했다. 군대가 출진하기에 앞서 군신들이 이별을 고할 때 고조(효문제)가 말했다.

"경과 석두성에서 만나기로 하겠소. 유조가 말하길, '신은 비록 재주가 옛 사람들만 못하나 적군을 남김없이 무찔러 폐하께 바치고 곡아의 술을 걸러 백관을 대접하겠나이다.' 효문제가 크게 웃으며 말했다. '아직 곡아에 이르지 않았지만 짐이 우선 하동河東의 술 몇 섬을 경에게 하사하노라.'"[71]

여기에 나오는 '곡아曲阿'와 '하동河東'은 황주로서 남과 북을 대표하는

---

70 장계유莊季裕, 『계륵편鷄肋編』권하 『문연각사고전서』제1039책, 앞의 책, 205쪽.
71 『위서魏書·유조전劉藻傳』, "與卿石頭相見. 劉藻對曰, 臣雖才非古人, 庶亦不留賊虜而遺陛下. 輒當醨曲阿之酒以待百官. 孝文帝大笑曰, 今未至曲阿, 且以河東數石賜卿." 북경, 중화서국, 1974년, 1550쪽.

명주이다. '곡아의 술'은 봉항주封缸酒의 전신인데, 곡아는 지금의 강소성 단양丹陽이다.

4. 찹쌀의 다른 용도

찹쌀은 식용 이외에 여러 가지 다른 용도로 사용되었다. 예를 들어 성벽이나 담장을 쌓을 때 찹쌀을 사용했고, 풀칠을 하거나 표구를 할 때도 유용하게 사용했다. 찹쌀의 다른 용도는 당연히 찹쌀 문화에 속하는 것일 뿐만 아니라 중국 역사상 극히 중요한 문화이기도 하다. 다만 이는 '음'이나 '식'의 범주를 벗어난다. 찹쌀의 다른 용도는 음식문화 영역에 속하지는 않지만 찹쌀 문화의 영역에 포함된다. 또한 이로 말미암아 독특한 중화민족의 찹쌀문화와 중화민족의 역사문화를 형성했다.

1) 건축접합제

중국 고대에 건축물의 벽돌을 접합할 때 찹쌀로 만든 미음을 사용했다. 군용에 필요한 축성이나 망루 건설은 물론이고 민간의 가옥이나 분묘에도 찹쌀 풀을 접합제로 사용했다.

2) 표구 풀의 원료

찹쌀은 중국 서화를 표구할 때 반드시 필요한 원료이다. 전통적인 서화 표구 방식은 지금도 여전히 사용되고 있지만 역사적으로 보편화되고 또한 의미심장한 여러 가지 표구 풀 사용 방식이 모두 남아 있는 것은 아니다. 예를 들어 집집마다 문창호지를 바를 때 언제나 찹쌀로 풀을 만들어 사용했다. 또한 '타협백打鞋帛'이란 것이 있는데, 전통 헝겊신의 밑바닥과 신발 양면을 만들 때 찹쌀 풀로 헝겊을 층층으로 풀칠하여 딱딱한 판형을 만드는 것을 말한다. 옷을 세탁하여 풀을 먹일 때도 마찬가지로 찹쌀 풀을 사용했다. 이는 집안에서 뿐만 아니라 도시의 경우 전문적으로 옷을 세장洗漿(세탁하여 풀을 먹임)하는 점포가 있을 정도였다. 원대 희곡에 보면 이런 풍속을 엿볼 수 있다. "그 집안은 세강포洗糨鋪(장糨은 강糨과 뜻이 통한다. 세탁하여 풀을 먹이는 점포)를 열어 사람들의 좋은 옷을 깨끗이 세탁하거나 고려의 겸사縑絲(명주)를 반복해서 빨아 처음처럼 윤기가 나게 만들었다. 쇠다리미로 다림질을 하다가 태워먹기도 했다."[72]

3) 기타

사람들은 찹쌀의 낱알을 충분히 이용했을 뿐만 아니라 찰벼의 볏단도 적절하게 활용했다. 이시진의 말에 따르면, "본초本草에서는 나糯(찰벼)를 지칭하여 도稻(벼)라고 한다." 이는 중국 전통의학에서 특히 나도糯稻, 즉 찰벼의 약성藥性을 중시하여 도미稻米(찹쌀), 쌀뜨물, 나도화糯稻花, 볏짚(도양稻穰, 도간稻稈), 까끄라기(곡영穀穎, 망芒), 찹쌀겨(나강糯糠) 등을

72 『주사담적수부구기잡극朱砂擔滴水浮漚記雜劇』第三折, [명] 장무순臧懋循, 『원곡선元曲選』, 항주, 절강고적출판사, 1998년, 193쪽.

모두 약으로 썼다. 『본초강목』은 찰벼의 볏짚이 지닌 약성과 효과에 대해 이렇게 적고 있다.

"기미氣味는 맵고 달며, 열이 많으나 독성은 없다. 주로 황금처럼 얼굴이 노랗게 변하는 황달을 치료하는데 끓여서 즙을 내어 마시거나 까끄라기를 볶아 분말을 낸 후 술에 섞어 마신다."

볏짚을 태워 남은 재도 "추락하거나 부딪혀 다친 곳을 치료하고" 물에 개어 먹으면 "소갈消渴이 그치고" "치질에 바르면 효과가 있다." 찹쌀의 뿌리는 아미노산, 다당류 및 무기염류를 함유하고 있다. 그렇기 때문에 중국 전통의학에서 약용으로 사용한 것도 나름의 근거가 있다. 이시진은 이외에도 "볏짚을 주물러 신발 밑에 깔면 발을 따스하게 하고, 한기와 습기를 제거한다."고 말하기도 했다.[73]

또한 찰벼의 볏짚은 보드랍고 질기기 때문에 짚신을 삼는 주요 재료로 이용되었다. 일반적으로 '초리草履'라고 부르는 짚신은 모두 이것으로 만들었다. 물론 짚신 외에도 짚으로 만드는 공예품에도 찰벼의 볏짚이 사용되었다. 이렇듯 찹쌀 문화는 음식에만 그치는 것이 아니라 다양한 공간으로 확대되고 발전해갔다.

---

73 [명] 이시진, 『본초강목·곡부·도稻』, 앞의 책, 1462, 1465쪽.

현대 중국의
쌀 생산과 소비

1. 현대 중국 쌀 소비의 기본 특징

20세기 80년대 이래로 중국의 쌀 생산과 소비는 시대적 특징이 뚜렷하다. 새로운 시대의 특징은 매우 빠르게 진행되었을 뿐만 아니라 영향도 광범위하고 사회적 함의도 상당히 깊어 인구가 많은 중국의 식생활과 음식문화의 미래에 대해 영향력을 과소평가할 수 없다. 주요 특징은 다음 4가지이다. 쌀을 주식으로 하는 인구의 증가, 쌀 생산지역의 확대, '건강식품'을 추구하는 세태에 따른 쌀 소비 확대, 쌀밥을 기본으로 하는 식품 형태. 중국은 오랜 세월 음식과 의술을 합일시켜 음식을 통한 양생이라는 전통적인 관념이자 이론을 유지해왔다. 아울러 양생의 측면에서 쌀의 가치와 의의가 날로 중요시되고 있다.

연구에 따르면, 쌀에 포함된 영양분은 탄수화물 75%, 단백질

7~8%, 지방 1.3%~1.8% 그리고 비타민B 등이다. 쌀에 있는 탄수화물은 주로 녹말이며 주식으로 인체를 유지하기 위한 열량의 중요 공급원이다. 멥쌀 500g의 열량은 대략 1755kcal이다. 쌀에 들어 있는 단백질은 주로 프롤라민(Prolamin)과 글로블린(Globulin, 구형단백질)인데 함량은 많지 않지만 생물가_{生物價}(동물이 섭취한 영양소 중에서 동물의 유지와 성장에 사용한 부분의 비율)와 아미노산의 비율이 밀이나 보리, 좁쌀, 옥수수에 비해 훨씬 높다. 또한 소화율 역시 일반적으로 66.8%~83.1%로 곡류 단백질 가운데 비교적 높은 편이다. 그렇기 때문에 쌀을 식용하면 영양가가 높다고 말할 수 있다. 곡류 단백질에는 라이신(lysine, 단백질의 가수분해로 얻어지는 염기성 아미노산)의 함량이 비교적 적기 때문에 영양가는 동물성 단백질에 비해 현저하게 떨어진다. 하지만 영양과잉을 걱정해야 하는 요즘, 특히 도시 소비자들의 입장에서 말하자면, 쌀이나 기타 곡물의 영양성분 결핍이라는 근본적인 제한이 소비 선택을 제한하는 요인이 되지는 않는다. 사람들이 보다 관심을 가지고 있는 것은 식물 원료의 일반적인 가치표준 밖의 의미이기 때문에 더욱 그러하다.

쌀에는 지방이 비교적 적다. 하지만 쌀의 지방은 필수지방산(리놀렌산, 오메가3)이 비교적 풍부하여 일반적으로 전체 지방의 34%에 달한다. 이는 유채기름이나 다유_{茶油}보다 각기 2배와 5배에 달하는 양이다. 『본초강목』에 따르면, "멥쌀죽은 맛은 달고 성질은 따스하다. 소변에 도움을 주며 번갈_{煩渴}을 그치게 하며 위장을 보양한다." 중국 의학 처방 가운데 '곡아_{穀芽}(발아한 벼)'란 말이 자주 나오는데, 곡아는 맛이 달고 성질이 고르며 독이 없다. 비위脾胃를 튼튼하게 하고, 흥분을 가라앉히고 소화에 효과가 있다. 특히 소화에 도움을 주면서도 위를 상하게 하지 않는다. 또한 곡아에는 비타민B1이 풍부하기 때문에 각기병을 치료하는데 효과가 있다. 쌀의 영양소는 대부분 쌀겨나 배아에 분포되어 있다. 그래서 백미의 영양소는 현미만 못하다. 만약 평상시에 백미만을 먹는다면 비타민B1 결핍증, 즉 각기병을 유발할 수 있다. 이외에도 쌀겨에는 식이섬유가 풍부하게 들어 있어 배변을 촉진하고 체내 독소를 배출하는데 도움을 준다. 또한 콜레스테롤을 낮추고 비만을 억제하는 등 여러 가지 좋은 점이 있다.

쌀을 씻고 남은 물을 미감수米泔水, 즉 쌀뜨물이라고 한다. 여기에는 단백질분해 효소인 프로테아제(Protease)와 전분 효소인 디아스타제(Diastase) 등이 들어 있어 소화기능을 강화하는 효과가 있어 위통, 설사, 식후팽창, 소화불량 등에 도움을 준다. 쌀뜨물은 두 번째나 세 번째 쌀 씻은 물이 가장 좋다. 쌀뜨물로 세안을 하면 미용효과가 있다. 과거에는 그냥 버렸던 쌀겨도 지금은 유용하게 사용하고 있다. 쌀겨 안에서 미강유米糠油를 추출하여 이용하는 것인데, 이는 콩기름이나 면화자유 등 식용유보다 영양가가 높다. 미강유는 마가린이나 쇼트닝 등을 만드는 원료가 되기도 한다. 통계자료에 따르면, 현재 중국의 쌀 재배 면적은 세계에서 두 번째이고, 쌀 생산량은 첫 번째이다. 전국 인구 가운데 60% 이상이 쌀을 주식으로 하고 있다는 점에서 쌀은 중국인의 음식문화에서 매우 중요한 위치를 차지하고 있다. 쌀을 주식으로 하는 사람들이 매일 필요한 60%~80%의 열량과 50%~70%의 단백질이 바로 쌀에서 나온다.

현재 쌀가루, 떡, 미선米線(쌀국수) 등은 일반 사람들의 세끼 식사에 빠질 수 없는 음식이자 시중의 음식점에서 가장 많이 팔리는 전통적인 식품이다. 대다수 소비자들은 불량한 음식습관으로 인한 고혈압, 고지혈증, 비만 등 생명과 건강에 지장을 주는 질병에 대해 염려하고 있다. 쌀은 밀에 비해 당분 함량이 적고, 성질이 차가운 특징이 있다는 사실을 인지하고 있는 이들이 점점 많아지면서 쌀 소비시장의 잠재력은 더욱 커질 수밖에 없다. 줄곧 옥수수 가루를 기본 재료로 삼고 있는 산동의 대전병大煎餠의 경우 기존의 전통적인 방식에서 벗어나 옥수수가루는 물론이고 좁쌀가루, 수수가루, 메밀가루, 밀가루, 쌀가루 등 각종 곡물의 가루를 사용하고 있기도 하다. 이는 소비자들의 기호에 따른 새로운 변화라고 할 수 있다.

2. 쌀가루 식품의 풍미와 전통 공예

현재 쌀가루로 만드는 대중적인 식품은 미선米線과 미분米粉 두 가지이다. 기본 품종으로 만드는 방법은 다음과 같다.

(1) 미선 제작 방법:

① 쌀을 나무통에 집어넣고 차가운 물을 부어 30분 담가놓아 불린 후 물을 버리고 말린 다음 맷돌이나 분쇄기로 갈아서 쌀가루를

만든다.

② 쌀가루에 차가운 물을 부어 반죽을 만든다. 물과 쌀가루를 비율에 맞게 반죽하여 표면이 자연스럽게 평면이 되면 적당하니 가루가 엉기지 않도록 원소면元宵麵보다 약간 묽게 만든다.

③ 잘 섞어 만든 반죽을 미선 압착기(예전에는 수동으로 매우 무겁고 큰 기계를 사용했다)에 넣는다. 15분이 지나면 잘 익은 미선이 만들어진다. 미선을 24시간 햇살에 말린다. 먹기 전에 물에 담그면 부드럽게 풀어진다. 광서廣西 사람들은 미선을 좋아하기로 유명한데, 특히 '계림미분桂林米粉'을 많이 먹는다. 이외에 유주柳州의 '나사분螺螄粉', 남녕南寧의 '노우분老友粉'과 '생자미분生榨米粉' 등도 유명하다. 그래서 광서에는 "사흘 동안 미분을 먹지 않으면 입맛이 떨어져 뭘 먹어도 맛이 없다."는 속어가 있을 정도이다.

(2) 하분河粉(미분) 제작 방법:

쌀을 잘 씻은 후 가루로 만든 다음 물을 부어 걸쭉하게 반죽한 후 납작한 형태로 찜통에 넣어 찐다. 식힌 후에 길게 자르면 된다. 손으로 직접 만든 하분의 색깔은 백색인데, 근래에 들어와 음식점에서 여러 가지 채소즙이나 과일즙을 첨가하여 다양한 색깔을 내기도 한다. '초하분炒河粉'이 가장 유명한 품종이다. 원료는 하분, 우육, 어육, 오징어, 물고기, 당근, 목이, 양배추, 돼지나 닭을 곤 국물, 소금, 향유 등이다. 만드는 방법은 다음과 같다. 우육, 어육, 당근, 목이, 양배추 등을 모두 잘라 조각을 내고, 하분도 잘게 자른다. 오징어는 칼로 잘라 꽃모양

을 낸다. 돼지나 닭을 곤 국물에 식재료를 넣어 5분 정도 끓인 후에 소
금과 향유를 넣어 조미한다.

3. 중국 쌀 생산의 현재와 미래

벼, 소맥, 옥수수, 고량, 콩류, 감자 등 중요 식품의 파종 면적과 생산
량, 분포 등을 비교하고 아울러 국제 곡물시장에서 벼의 위상과 그 변
화와 추세 등은 중국 쌀 문화의 미래를 이해하는데 매우 중요한 요소
이다.

| 경직도에 묘사된 고대 농민들이 관개하는 모습을 그린 모사도.
 원화는 남송 소흥紹興 연간의 화가 누숙樓璹이 그렸다.

데이터 통계와 분석은 때로 가장 설득력이 있다. 관련 통계 분석에 따르면, 1978년부터 2006까지 29년간 중국 볍씨 연간 생산량은 기본적으로 상승 추세를 보였는데, 13693만 톤에서 18257.2만 톤으로 4564만 2천 톤이 증가하여 33.3%가 넘는 성장률을 이룩했다. 29년 간 벼농사 면적은 3442.1만 헥타르에서 2929.5만 헥타르로 512.6만 헥타르 감소하여 하락폭이 14.9%였다. 옥수수 재배 면적은 1996.1만 헥타르에서 2697.1만 헥타르로 701만 헥타르 증가했으며, 증가폭은 35.1%이다.[74] 옥수수 생산량 증가는 북방의 광대한 평원 지대 및 중부와 서남쪽 및 산간 지대에서 여전히 보편적으로 재배되고 있다는 것을 보여줌과 동시에 벼 재배의 잠재적인 공간이 매우 크다는 것을 보여준다. 벼농사 재배 면적이 줄어든 이유는 비교적 복잡하다. 첫째, 생산량이 증가하여 토지가 예전보다 덜 필요하게 되었다. 둘째, 대량의 농지가 타용도로 바뀌었다. 각 성과 구區의 벼 재배 면적 데이터의 변화는 더욱 시사하는 바가 크다. 우선 벼 재배 지역이 확대되고 있다. 과거에는 벼농사가 매우 드물었던 동북지역도 중요한 벼 재배 지역이 되었다. 1980년부터 2000년까지 내수內需가 완화되고 소비의 여력이 생기면서 수출이 그만큼 늘어났다. 국제 곡물시장의 수요로 인해 쌀은 중국의 수출 식량이 되었다. 이는 벼의 재배 면적이 그만큼 더 늘어날 것임을 예고하는 것이다.

지난 반세기가 넘는 기간 동안 세계의 볍씨 배양 기술은 네 차례의

---

74 중화인민공화국국가 통계국 『중국통계년감』, 북경, 중국통계출판사, 2007년, 474,478쪽.

중대한 혁명을 이룩했다. 재래식 벼에서 '슈퍼 벼'로 발전하여 1무당 단위 생산량이 400~420kg에 이르렀다. 찰벼의 1무당 단위 생산량도 700kg이라는 신기록을 세웠다. '교잡 벼의 아버지'라 칭하는 위안룽핑(袁隆平)의 '슈퍼 교잡 벼' 프로젝트는 1무당 단위 생산량 1000kg을 목표로 현재 순조롭게 진행되고 있다. 전문가들의 추산에 따르면, 중국의 현재 교잡 벼 파종 면적은 대략 2억 묘이다. 만약 모두 '슈퍼 벼'를 재배할 수 있다면 1무당 150킬로그램의 증산이 가능하며, 추가 생산량으로 7500만 명을 더 먹여 살릴 수 있을 것이다. 대중의 일상 소비량이 제고되고 양조업과 제과, 식품보건 등의 지속적인 발전 수요로 인해 중국 벼 재배 면적이 계속 확대되어 평년 재배 면적이 2,000만 무(畝) 이상을 기록하고 찰벼 재배와 소비도 상승 추세에 있다.

제
2
장

중화민족의 밀 문화
~무수한 꽃처럼
천태만태일세
(千姿百態如繁英)

·제1절·
중국 밀麥의 시작

고고학 연구에 따르면, 용산龍山 시대에 이미 황하 유역의 밀 재배가
보편적이었으며,[75] 밀을 먹기 시작한 것은 그보다 더 오래되었다.
멀리는 지금으로부터 7000년 정도로 앙소仰韶 문화시기에 속하는
하남河南 섬현陝縣 동관묘東關廟 저구底溝(낮은 도랑)의 신석기시대 유적
에서 홍소토紅燒土(고대 인류가 살던 일종의 토방이 무너진 후 퇴적되어 생
긴 흙) 위에 "맥류麥類의 흔적"이 발견되었다. 이와 유사한 발견은 한
두 곳이 아니다. 문자가 생겨난 후 '맥사麥事'가 기록되기 시작했으
며, 갑골문과 금문에 '맥'에 관한 기록이 풍부하게 남아 있다. 놀랍
게도 맥의 품종, 성질, 시기, 지역 등의 차이로 호칭이 달라 갑골문

---

75 이번李璠, 『중국 재배식물 기원과 발전 간론中國栽培植物起源與發展簡論』, 『농업고고』, 1993년 제1기.

이나 금문의 '맥'자는 대동소이한 글자체가 모두 80여 종이나 된다. 이후 진秦나라의 전적에 보면 '맥'에 관한 기록이 셀 수 없을 정도로 많다.

고고학적으로 발굴된 유물, 방대한 양의 문헌기록과 측량, 실험 등 다양한 증거를 통해 중국이 세계 밀의 발생지 가운데 한 곳이자 밀의 다양한 품종이 재배된 곳 가운데 하나라는 것을 확인할 수 있다. 밀 품종의 다양성에 영향을 미치는 중요한 요소는 지세, 토양, 기후 등의 조건이 서로 다르고 경작 조건 또한 다양하기 때문인데, 중국의 밀 재배는 야생에서 재배로 넘어가는 장기간에 걸친 과정에서 많은 변이를 일으켜 수많은 변종이 만들어졌다. 통계에 따르면 중국의 밀 품종은 대략 6000여 개로 그중에 86개가 변종이다. 지역 품종과 변이 품종이 이렇게 많은 것은 세계적으로 극히 드문 일이다. 이는 중국 야생 밀의 광범위한 분포와 매우 중요한 관계를 지닌다.

황하 유역은 중국 밀의 중요한 발생지 가운데 하나이다. 황하 유역의 광활한 지역에는 양초羊草(개보리풀), 흑맥黑麥(호밀), 아관초鵝冠草(개밀) 속屬으로 밀과 연관이 있는 많은 식물들이 자라고 있다. 오랜 세월이 흐르면서 생명력이 비교적 강한 품종이 서서히 생겨났다. 이후 사람들이 끊임없이 우월한 품종을 선택하면서 유리한 변이가 이루어져 마침내 원시적인 밀이 나타났다. 1955년 중국 안휘 박주亳州 어대魚臺에서 서주시대 완전한 알갱이 형태의 탄화밀이 발굴되었다. 원산지 검정을 거쳐 중국에서 가장 오래되고 완전한 일반 밀로 증명되어 '중국의 옛 밀'로 불리게 되었다.[76] 프랑스의 저명한 식물학자인 캉돌(Augustin Pyrame de Candolle)은 200여 년 전 『식물 재배의 기원(Origine des plantes cultivées)』에서 중국은 밀 원산지 가운데 한 곳이라고 기록했다. 그는 중국에서 유프라테스 강 유역 일대는 기후가 기후가 비슷하여 선사시대에 밀을 재배했던 지역이었을 것이라고 했다. 생물학자 다윈은 한 걸음 더 나아가 중국에서 세 개의 신종 밀이 유럽에 전해졌는데, 이는 모두 중국 밀의 원시 種종이라고 말했다. 역사 초기에 중국의 밀이 스위스 호반으로 전해지고, 이후 천연적인 교잡交雜을 통해 유럽 밀의 기원이 되었다는 것이다. 중국 밀의 기원에 관해 국내외 학계에는 여전히 중국의 초기 밀이 서아시아에서 전래되었다는 '서래설西來說'를 믿고 있기도 하다.[77]

전국시대에 이르러 사람들은 이미 '맥'의 종속種屬과 품종간의 구별에 주목하여 소맥小麥(밀)과 대맥大麥(보리)을 구분하기 시작했고, '대맥', 즉 보리에 관한 기록을 남겼다.[78] 근래에 중국 과학원 서장西藏(티베트) 종합 고찰대가 서장 지역에서 야생 소맥과 대맥이 동시에 존재하고 있음을 발견하여 선진 시대 전적에 나오는 '맥'에 관한 기록의 과학성을 증명한 바 있다. 춘추시기에 사람들은 이미 맥을 동맥冬麥과 춘맥春

---

76 안휘성 박물관, 「안휘 신석기시대 유적지 조사(安徽新石器時代遺址的調查)」, 『고고학보』1957년, 제1기, 27쪽. 건방建芳 「안휘의 어대에서 출토된 밀의 연대 검토(安徽的魚臺出土小麥年代商権)」, 『고고』1963년, 11기, 630—631쪽.
77 진은지陳恩志, 「중국 육배체 보통 밀가루 독립 기원설(中國六倍體普通小麥獨立起源說)」, 『농업고고農業考古』, 1989년, 제1기, 74쪽.
78 『여씨춘추呂氏春秋·사용론士容論·임지任地』, 『제자집성』본, 북경, 중화서국, 1954년, 334쪽.

麥으로 구분하여 재배하기 시작했으며, 동맥 재배를 통해 1년에 두 번 수확할 수 있게 되었다. 고대에는 곡물 생산량이 그리 많지 않았는데, '맥'을 두 번씩이나 수확할 수 있었기 때문에 묵은 곡식이 다 떨어지고 햇곡식이 아직 수확되지 않은 춘궁기의 식량 수요에 적절하게 대응할 수 있었다. 이는 당시 사람들에게 매우 중요한 문제였기 때문에 당시 관방 자료에 '맥'의 수확(흉년과 풍년)에 관해 자세하게 기록했다. 1972년 호남 장사長沙 마왕퇴馬王堆 한묘漢墓에서 인공으로 재배한 밀의 실물이 출토되었다. 이는 중국 선진시대에 이미 밀을 재배했다는 증거일 뿐만 아니라 아무리 늦어도 서한 초기에 밀 재배가 장강 중류 이남까지 확대되어 상당히 광범위한 지역에서 이루어졌음을 알 수 있다.[79]

79 호남농학원湖南農學院, 중국과학원 동물연구소, 중국과학원 식물연구소 등 『장사 마왕퇴 1호 한묘에서 출토된 동식물 표본 연구(長沙馬王堆一號漢墓出土動植物標本的研究』, 북경, 문물출판사, 1978년, 4—5쪽.

처음에 밀과 보리의 식용은 다른 곡물들처럼 알곡으로 밥을 해먹는 형태였다. 사서에도 '맥반'에 관한 기록이 상당히 많다. '맥'의 식용 역사는 현재까지 고고학 발굴과 역사 문헌 연구의 성과로 볼 때 격류鬲類(솥)의 조리기구 발명 및 사용 역사와 대체적으로 일치한다. 다시 말해 당시 '오곡' 또는 '백곡' 등 여러 곡물과 마찬가지로 밀 역시 죽처럼 끓여서 먹었다는 뜻이다.

물론 '자맥炙麥', 즉 밀을 구워서 먹었을 가능성을 완전히 배제할 수는 없지만 대체적으로 삶거나 끓여먹었다고 말할 수 있다. 한대에는 보리나 밀 알갱이를 끓여 먹는 것이 가장 기본적인 방법이었으며, 병이餅餌(밀이나 보리떡)나 맥반, 감두갱甘豆羹(팥죽)이 백성들의 일상적인 음식이었다. 서한 시대『급취편急就篇』을 보면 이를 확인할 수 있다.

"맥반은 밀을 껍질과 함께 갈아서 지은 밥이다. 감두갱은 쌀뜨물과 팥을 삶은 것이다. 팥으로 죽을 만들면 식초를 넣지 않아도 맛이 달다. 그래서 감두갱이라고 한다. 맥반, 두갱은 모두 일반 사람들이나 농부들이 먹는 음식이다."[80]

알갱이로 밥을 지어 먹는 것은 가장 편리한 요리법이므로 응급 취사에 적합했다. 신망新莽(왕망의 신나라) 시절 유수劉秀가 여러 장수들을 데리고 전쟁터를 누빌 때 맥반으로 허기를 달랬다는 기록도 남아 있다.

"남궁南宮에 이르러 큰 비바람을 만나자 광무光武(유수)가 수레를 끌고 길가 빈집으로 들어갔다. 풍이馮異가 땔감을 구해와 등우鄧禹가 불을 지피자 광무가 부엌에서 옷을 말렸다. 풍이가 다시 맥반과 새삼(菟肩, 식용식물의 일종)을 올렸다."[81]

한대 이전에는 맥을 포함한 곡물을 절굿공이로 찧어 만든 떡을 먹는 것이 일반적이고 한대 이후로 분식이 유행했지만 맥반도 장기간 유지되었다.

동한 말기 정치가이자 문학가로 '건안칠자建安七子' 가운데 한 명인 공융孔融은 이런 글을 남겼다.

80 [서한] 사유史游, 『급취편』권2, 장사, 악록서사岳麓書社, 1989년, 132─133쪽.
81 『후한서·풍이전馮異傳』, 앞의 책, 1965년, 641쪽.

"모친이 병에 걸렸다가 잠시 차도가 있자 햇밀을 드시고 싶어 하셨는

데, 집에 없어서 몰래 훔쳐다가 익혀 드렸다.……"[82]

사람이 오랫동안 앓다가 낫기 시작하면 예전에 가장 맛있게 먹던 음
식이 생각나기 마련이다. 이는 환자가 건강을 회복할 때 생기는 보편
적인 생리, 심리반응이다. 공융의 말을 들어보면, 당시 맥반이 중, 상
층 사람들의 일상적인 음식이었음을 알 수 있다. 햇밀로 밥을 하면 부
드럽고 윤기가 흐르며 향이 좋을뿐더러 제철 음식이기 때문이다. 소
식의 시에 이런 구절이 나온다. "성 서쪽에서 친구가 온다는 기별이 있
어 황급히 집안을 소제하고 맥반을 지었네."[83] 또 육유의 시에도 '맥반'
이 나온다. "날은 길고 곳곳마다 앵무새 소리, 풍년 들어 집집마다 맥
반 향기."[84] 이렇듯 맥반은 민간에서 흔히 먹던 음식으로 제사에 올리
는 제수祭需 음식이기도 했다. 이외에도 "한당漢唐의 옛 능침에는 맥반
이 없고(제사 지내는 이가 없다는 뜻), 산 계곡, 들판에 배꽃만 가득."[85] "남
릉은 비바람을 피하지 못하니 어찌 맥반을 자손에게 부탁할까."[86] "기

82 [청] 혜동惠棟, 『후한서보주後漢書補注·공융·전孔融傳』, 『총서집성초편叢書集成初編』제3770책,
    북경, 중화서국, 1985년, 745쪽.
83 [북송] 소식, 「장관인 양좌장(국고國庫 관리) 양중통을 전송한 자유의 시에 화답하여(和子由送將
    官梁左藏仲通)」, "城西忽報故人來, 急掃風軒炊麥飯." 『동파전집』권9 『문연각사고전서』제1107책,
    앞의 책, 159쪽.
84 [남송] 육유, 「시골살이를 희롱삼아 읊다(戲咏村居)」, "日長處處鶯聲美, 歲樂家家麥飯香." 『검남
    시고』권24, 상해, 고적출판사, 1986년, 1757쪽.
85 [남송] 유극장劉克莊, 「한식청명寒食明」제1수, "漢寢唐陵武麥飯, 山溪野徑有梨花." 『후촌집後
    村集』권9 『문연각사고전서』제1180책, 앞의 책, 102쪽.
86 [원] 황석옹黃石翁, 「한식객중寒食客中」제2수, "南陵不可避風雨, 麥飯如何托子孫." 『원시선元詩
    選』2집, 권25, 상해, 고적출판사, 1993년, 198쪽.

| 갈대로 만든 삿갓을 쓰고 밭일을 하고 있는 농민 벽화(돈황 22굴 당대 벽화)

련곡起輦谷(산 계곡 이름으로 칭기즈 칸의 무덤이 있다고 한다) 앞에서 말발굽을 떼고 흰풀 가득 인적 드문 곳에서 맥반에 물을 붓네."[87] 등등은 송, 원, 명대 세 명의 시인들이 읊은 시인데, 모두 '맥반'이란 말이 나온다.

물에 불린 밀 알갱이를 끓여 밥이나 죽을 만들면 특히 신선한 밀 향내가 물씬 풍기고 매끄러운 미각과 식감이 있기 때문에 오늘날까지 보리 산지의 농민들은 여전히 이런 방식을 사용하고 있다. 사실 작물이 익기 직전에 '교청咬靑(막 익으려고 할 때 추수하여 먹는 것)'하거나 처음 나왔을 때 '상신嘗新(햇곡을 맛봄)'하는 습속은 중국 농촌사회에서 흔히

---

87 [명] 고계高啓, 「목릉행穆陵行」, "起輦谷前馬蹄散, 白草無人澆麥飯." 『대전집大全集』권9 『문연각 사고전서』제1230책, 앞의 책, 116쪽.

볼 수 있는 보편적인 습속이자 오래된 신앙과 같은 것이다. 역사적으로 중국 농민들은 생존을 위해 끊임없이 힘들고 어려운 노동을 이어왔다. 그럼에도 그들의 생활은 검소하고 또한 매우 단조롭다. 오곡을 매해 풍성하게 거두어들인다는 것이야말로 농민들이 직접 밭두렁을 갈고 땀방울을 흘리는 까닭이자 희망이며, 극빈의 삶에서 누릴 수 있는 유일한 즐거움이니, '교청'이나 '상신'은 노동의 대가이자 1년 농사의 희망과 수확의 기쁨이다. 농업사회로 오랜 세월 이어져온 중국에는 시절에 맞춰 일하고 천도에 순응하면서 순조로운 날씨와 평온한 나날을 기원하는 우주관이 형성되었다. "봄기운이 퍼지면 온갖 초목이 자라고, 가을이 되면 온갖 보물이 생겨난다. 무릇 봄이나 가을에 어찌 그렇지 않을 수 있겠는가? 이는 모두 천도가 그리 행하는 것일 따름이다."[88] 때에 맞춰 먹으면 마음이 평안하고, 때를 잃은 것은 상서롭지 못하다는 오랜 천도 신앙은 위로 황제부터 아래로 일반 백성에 이르기까지 공유하고 있던 사회 이데올로기였다. 이로 인해 보리나 밀을 재료로 한 분식粉食이 2천년 동안 중국인들이 굳게 지켜온 식생활의 전통이자 기본 방식이며, 동시에 끊임없이 이어져온 오래된 맥반 식법食法의 심층적인 심리요인이 형성되었다.

여기서 주목할 점은 맥반이 예로부터 일반적인 명칭인지라 엄격하게 보리나 밀알만을 사용한 것이 아니라는 점이다. 많은 경우 다른

---

88 『장자집해·잡편·경상초庚桑楚』, "夫春氣發而百草生, 正得秋而萬寶成. 夫春與秋, 豈無得而然哉. 天道已行矣." 『제자집성』본, 앞의 책, 145~146쪽.

| 맥반麥飯

곡류와 섞어서 밥을 지었는데, 주로 콩과 섞어 먹었다. 청대 풍속 관계 서적을 보면 "보리알갱이와 콩을 삶은 것을 일러 '맥반'이라고 한다.……여름철 보양식이다."라는 구절이 나온다. 중국은 대두大豆, 즉 콩의 본고장이다. 중화민족 역사에서 일반 대중들은 주로 숙류菽類(콩류) 작물로 기초 건강을 유지했다. 각종 콩밥, 콩죽, 콩국(豆羹) 등이 바로 그런 음식형태이다.[89] 보리와 콩을 섞어 삶는 것도 일반적이었다.

당 현종玄宗 15년(756년) 안록산安祿山이 장안을 침범하자 현종은 수레를 타고 함양咸陽으로 도피했다. 도중에 일행이 몹시 굶주리자 "백성들이 앞 다투어 밀과 콩을 섞은 현미밥(糲飯)을 헌상했다. 황손들이 경쟁하듯이 손으로 집어먹어 순식간에 다 없어졌는데 여전히 배를 채울 수

---

89 [청] 계복桂馥, 『찰박札樸·향리구문鄕里舊聞』, 『속수사고전서續修四庫全書』제1156책, 상해, 고적출판사, 1995년, 185쪽.

없었다.……여러 사람들이 모두 울음을 터뜨리자 황상께서도 눈물을 닦으셨다."[90] 밀과 콩을 섞어 지은 밥은 하층민들이 주로 먹는 '여반糲飯(거친 밥)'이다. 밀 알갱이(또는 다른 곡물과 섞어서)를 찌거나 끓여서 익힌 밥을 '맥반'이라고 한다. 그 중에서 물을 많이 넣고 끓인 것은 '맥죽麥粥'이라고 한다. "소맥小麥, 즉 밀가루와 콩을 삶은 것을 맥죽이라고 하는데 겨울날 조식에 주로 올린다."[91] 밥을 짓거나 죽을 끓이는 것 외에도 더욱 원시적이고 조잡한 요리법도 있다. 바로 구워먹는 방식이다. 옥수수나 풋콩을 구워먹는 것처럼 밀이나 보리 알갱이를 굽는 도구에 올려놓고 잘 구워서 먹거나 이삭을 불에 태워 익혀 먹는 경우이다. 그러나 이런 방식은 햇밀이 나오기 직전에 농민들이 밭에서 취식할 때 사용했을 뿐 그리 많이 쓴 것은 아니다.

90 [북송] 사마광司馬光, 『자치통감資治統鑒·당기34唐紀三十四』, 북경, 중화서국, 1956년, 6972쪽.
91 [청] 계복, 『찰박·향리구문』, 앞의 책, 185쪽.

맥반은 처음에
죽으로 끓어먹었다

밀알은 껍질이 단단하고 밀가루는 점성이 있기 때문에 찌거나 삶으면 쉽게 문드러지지 않는다. 그렇기 때문에 밀가루는 소화흡수에 좋지 않아 가루로 만들어 먹어야 밀의 장점을 높이고 단점을 피할 수 있다. 중국인들은 언제부터 밀가루를 먹기 시작했는가? 문헌 기록이나 실물 증명이 부족하기 때문에 현재로서는 확실하게 말하기 어렵다. 그러나 한 가지 의심할 여지가 없는 것은 사람들이 좁쌀이나 벼 등의 곡물을 빻아 가루로 만든 경험이 있은 후에야 비로소 밀가루를 식용하기 시작했다는 점이다. 상고 시대 문화유적에서 돌로 만든 맷돌(석연반石碾盤)이 출토된 것이 한두 번이 아니다. 요녕성 심양沈陽 신락新樂에서 지금부터 7천여 년 전 유적지의 한 집터에서 돌로 만든 맷돌 6점이 출토되었다.

고고학계에서는 습관적으로 이런 종류의 돌 연마기를 '마반磨盤(맷돌)'이라고 부르는데 이는 그다지 적절한 용어가 아닌 것 같다. 왜냐하면 유적지에서 출토된 유물은 가공하는 방식이 아래로 힘을 주어 앞뒤로 밀치는 형태의 연碾으로 원형의 궤적을 따라 돌려가며 곡물 등을 연마하는 것(지금의 맷돌)이 아니기 때문이다.

많은 연구자들이 이러한 연반이나 연봉碾棒(봉처럼 생긴 돌로 만든 기물), 돌이나 나무로 만든 절굿공이나 절구의 용도에 대해 가루를 만드는 도구라고 주장하고 있다. 그러나 그렇게 보면 안 된다. 왜냐하면 자칫 뭉뚱그려 개괄하거나 지나치게 단편적인 오류에 빠지기 쉽기 때문이다. 사실 제분을 위한 전용 도구는 마磨, 즉 맷돌이다. 이것이 출현한 후에야 비로소 제분을 위한 도구가 생겨났다. 앞서 언급한 연봉碾棒이나 연반 및 절굿공이나 절구 등은 주로 탈곡脫穀, 즉 곡물의 껍질을 벗기는 도구로 발명되고 이용되었다. 선진시대 전적에 빈번하게 보이는 식품 '구糗(일종의 볶은 쌀)'는 서주西周 시대에 이미 나타났다. '구'는 곡물을 먼저 쪄서 가공한 후 여행이나 군사 행군용으로 장기간 보존하기 위해 절구로 찧어 일정한 형태로 만든 '병이餠餌(떡)' 또는 건량乾糧이다.

'구'는 먼저 익힌 후에 찧어 가루로 만든 것이지 낱알을 직접 말려서 만든 것이 아니다. 물론 곡물의 껍질을 벗기거나 절굿공이로 껍질을 찧는 과정에서 약간의 쌀 부스러기나 마른 가루가 나오는 것은 불가피하겠지만, 그것은 아주 적은 양의 부산물일 뿐 별도로 사용할 수 없다. 이 점에 관하여 우리는 조리기구의 발전 과정을 살펴보지 않을 수 없다. 곡물 가루를 단독으로 사용하려면 반드시 이에 상응하는 조리기구가 있어야하기 때문이다. 신석기 시대 말기에 나타난 도증陶甑(진흙을 구워 만든 시루)은 비록 전용 찜기이기는 하지만 그 용도는 주로 낱알을 쪄서 '밥'을 만드는 것이지 가루를 쪄서 '만두' 등과 같은 식품을 만드는 것이 아니다.

초기의 도팽陶烹은 낱알이나 각종 원료를 삶거나 찌는 혼합 방식이었다. 처음 곡물을 탈곡하는 과정에서 불가피하게 나오는 가루는 사람들에게 그다지 환영을 받지 못했을 것이다. 낱알에 비해 찌거나 삶는 것이 불편했기 때문이다. 그래서 잘게 부스러진 찌꺼기나 가루는 일반적으로 갱(羹, 국)에 넣어 끓인 후 식용했다. 갱羹은 일상 음식 생활에서 '첫 번째 요리'로 거의 매일 식사 때마다 필수적인 음식이 되었다. 어떤 학자는『시경·패邶風·백주柏舟』에 나오는 "내 마음은 돌이 아니니 이리저리 구를 수 없고(我心匪石, 不可轉也)."라는 구절을 들어 중국에서 춘추 시대 이전에 이미 맷돌이 발명되어 곡물을 가는 용도로 사용했다고 주장하기도 했다.[92] 하지만 이 역시 성립될 수 없다. "불가전야"에 나오는 '전轉'은 위치를 바꾸거나 이동한다는 뜻이지 후세의 맷돌처럼 윗돌이 끊임없이 움직인다는 뜻이 아니기 때문이다. 앞서 지적한 바대로 전국시대에 이미 맷돌이 출현한 것은 분명한 사실이다. 1956년 하남 낙양에서 출토된 전국시대 맷돌과 1965년 진나라 도성이었던 역양櫟陽 유적지에서 출토된 맷돌 등이 유력한 실물 증거이다.

곡물제분, 특히 밀 제분은 양한 시기에 장족의 발전을 이루면서 밀가루 음식의 품종이 급증하는 등 오색찬란한 양상을 보였다. 후세의 만두饅頭(소가 없는 만두), 떡, 국수, 심지어 혼돈餛飩(얇은 밀가루피에 고기

---

92 증종야曾縱野,『중국음찬사中國飮饌史』, 북경, 중국상업출판사, 1998년, 125쪽.

와 채소로 소를 넣고 싸서 찌거나 끓여서 먹는 음식), 포자包子(소가 든 만두), 교자餃子(소가 든 만두로 주로 북부지방에서 많이 먹는 음식) 등 밀가루 음식의 대종과 주요 품종의 초기 형태가 바로 이 시기에 경쟁하듯이 나타났으며, 이에 따라 밀가루 발효 기술도 발명되었다. 그 가운데 국수는 역사가 유구한 '국식國食'의 전형적인 대표 식품이다.

중국은 세계적으로 '국수의 창시국'으로 널리 알려져 있다. 대표적인 면류麵類는 이미 1천여 년 전부터 국경을 넘어 동남아 각국으로 퍼져나가면서 독특한 음식으로 자리 잡았다. 중국은 "면을 먹는 민족이다."라고 하는데, 이른바 '밀 문화'는 양한 시대에 이미 그러한 국면이 형성되었으며, 토대가 마련되었다. 한대 시절에 이미 세계 면류 음식 사상 처음으로 점심點心(간식이나 가벼운 식사), 즉 '한구寒具'가 있었다. 한대 이후 2천여 년 이래로 전국에 걸쳐 밀 재배가 이루어졌으며, 면류 식품이 더욱 다양해져 끊임없이 기이함과 아름다움을 다투기에 이르렀고, 그야말로 밀을 심지 않는 땅이 없고, 면류 음식을 먹지 않는 이가 없다고 말할 정도였다. 물론 이는 광범위한 재배 지역과 보편적인 식용을 두고 한 말이다. 봉건사회에서 기본적으로 주식의 구조가 남방은 벼, 북방은 밀이 우세한 형세를 이루었는데, 심지어 속粟(조)의 위상을 뛰어넘었다. 송대 이후로 '남도북맥南稻北麥', 즉 남방은 쌀, 북방은 밀이라는 말이 생겨났다.

밀가루 발효법의 발명과 이용

면식麵食(밀가루 음식, 분식) 발효 기술은 중국 식품과학사에서 가장 큰 주제인데, 어떤 문제는 아직까지 그다지 중시되지 않고 있으며, 제대로 해결되지 않은 것도 있다. 동한東漢 시대 최식崔寔의 『사민월령四民月令』에 보며 이런 구절이 나온다.

> "오월······입추立秋(8월 6일 전후)까지 저병煮餅과 수수병水溲餅(밀가루에 물을 섞어 만든 떡)을 먹어서는 안 된다(五月······距立秋, 毋食煮餅及水溲餅)."

5월에서 입추 때까지 물에 삶은 면이나 아직 발효되지 않은 사면병死麵餅(발효시키지 않은 밀가루 반죽으로 구워 만든 떡)을 먹어서는 안 된다는 뜻이다. 계속해서 그는 다음과 같이 말했다.

"여름철에 물을 마실 때 저병, 수수병과 같이 마시면 딱딱해서 소화하기 힘들다. 오래된 것을 먹게 되면 불행히도 상한병傷寒病에 걸린다."

"다만 술을 떡에 넣게 되면 흐물흐물해진다(발효된다는 뜻)."

인용문에서 "술을 떡에 넣는다."는 말은 술로 밀가루를 발효시켜 음식을 만든다는 뜻이다. 최식은 동한 말기 사람으로 한나라 영제靈帝 건녕建寧(168~172년)에 죽었다. 그렇다면 밀가루에 술을 넣어 발효시켰다는 기록은 늦어도 동한 중엽, 즉 1세기 전후에 이루어진 것으로 보인다. 현존하는 사료로 볼 때 술로 발효시킨 것은 그보다 더 이른 삼대三代(夏商周) 시대로 거슬러 올라간다.

중국인들은 이미 1만 년 전에 술을 빚기 시작했으며, 요조醪糟(탁주와 지게미)를 먹는 전통을 가지고 있었다. 그렇게 때문에 술로 발효시키는 방법을 이미 터득하고 있었다고 추론할 수 있다. 귀족 집안에서 탈곡하는 과정에서 필연적으로 나오기 마련인 곡물의 가루를 모아서 가공할 때 가루에 술을 섞는 일이 생겨났을 것이다. 주나라 왕실에 '해인醢人'이란 직책이 있었다. 『주례·천관·醢人』에 보면, "수두羞豆에 담는 것으로 이식酏食, 삼식糝食이 있다."[93]고 했다. 한대 경학가 정현鄭玄의 주에 따르면, "이식은 기장 술(酒酏)이다." 당대 가공언賈公彦은 소疏에서 "이

---

93 『주례·천관·해인』, "羞豆之實, 酏食, 糝食." 역주: 종묘 제사에서 구헌九獻을 올리고 나서 술을 더 올리기 전에 변籩과 두豆에 음식을 담아 올리는 것을 '수변', '수두羞豆'라고 한다.

식은 기장 술로 떡을 만드는 것이다. 이醴는 죽粥이다. 주이酒酏로 떡을 만들면 지금의 교胶(효酵, 술밑, 효모)로 만든 떡과 같아진다."[94]라고 했다. 정현이나 가공언이 굳이 없는 일을 꿰맞춘 것은 아닐 것이다. 그렇다면 적어도 주대周代 사람들에게 밀가루에 술을 넣어 발효하는 방법은 이미 익히 알고 있는 생활 상식이었다고 할 수 있다.

다만 보다 구체적인 방법에 대한 최초의 기록은 북위北魏 초년 최호崔浩의 『식경食經』이다. 북위 가사협賈思勰의 『제민요술齊民要術』(대략 6세기 30년대에 저술함)에 『식경』에 나오는 내용이 인용되어 있다.

"백병白餅(흰떡)을 만드는 방법: 밀가루 한 섬, 백미 일고여덟 되로 죽을 쑨 다음 백주白酒 예닐곱 되와 섞어 술밑을 만들어 불에 올린다. 술에 물고기 눈알만한 기포가 생길 정도로 끓으면 찌꺼기를 걸러내고 밀가루와 섞는다. 밀가루가 부풀어 오르면 백병을 만들 수 있다."[95]

인용문에 나오는 '백주白酒'는 백료주白醪酒(쌀이나 차좁쌀, 누룩으로 빚은 술) 따위로 빚은 감주䤖酒로 후세에 일반적으로 말하는 증류주가 아니다. 그래서 "찌꺼기를 걸러낸다."고 말한 것이다.

술로 면을 발효시키는 방법 외에도 두 가지 발효법이 한대 문헌에

---

94 『주례·천관·해인』, 『십삼경주소』본, 북경, 중화서국, 1980년판, 675쪽.
95 [북위] 가사협, 『제민요술·병법餠法·작백병법作白餠法』, 북경, 농업출판사, 1982년, 509쪽. 최식, 『사민월령』, 『전상고삼대진한삼국육조문』권47, 앞의 책, 730쪽. "作白餠法, 麵一石, 白米七八升, 作粥, 以白酒六七升酵中, 著火上, 酒魚眼沸, 絞去滓, 以和麵, 麵起可作."

나온다. 하나는 산장酸漿, 즉 꽈리로 발효시키는 방법이다. 이 역시 최호의『식경』에 나오며『제민요술』에도 기록되어 있다.

"병餠을 발효시키는 법: 꽈리 한 말을 끓여 일곱 되의 꽈리 물을 얻는다. 멥쌀 한 되를 꽈리 물에 넣고 약한 불로 죽을 쑤듯이 끓인다. 6월에는 밀가루 한 섬을 반죽할 때 산장을 끓인 죽물 두 되를 쓰고 겨울에는 (기온이 낮기 때문에) 네 되를 써서 만든다."[96]

『식경』의 기록이나 가사협의 인용 순서로 볼 때 산장을 이용한 발효법은 늦어도 진위晉魏(북위北魏) 시절에 이미 습관적으로 사용되었던 밀가루 발효 방법으로 보인다. 다만 논리적으로 볼 때 이러한 발효법은 그보다 더 이른 시절부터 시작되었을 것이다. 이는 중국 곡물을 이용한 양주釀酒의 역사나 '고주苦酒(쉬어버린 술)'나 '혜醯(식초)'의 발명을 이해한다면 쉽게 이해할 수 있다. 초기의 술은 양조 과정에서 쉽게 쉬거나 부패하여 고주가 되어 식초와 술이 "하나이면서도 둘인" 특수한 관계였을 것이다. 식초는 삼대 시대의 옛 사람들이 자신들의 기량을 유감없이 발휘하여 만들어낸 특수한 역사의 산물이다. 옛 사람들이 '초酢(식초)'를 마시기 시작한 역사가 오래되었기 때문에 산장으로 밀가루를 발효시키는 방법을 알게 된 것은 분식을 시작하고 얼마 되지 않은 시

---

96 가사협, 위의 책, "作餠酒酵法 : 酸漿(醬)一斗, 煎取七升. 用粳米一升煑著醬, 遲下火, 如作粥. 六月時, 溲一石麵, 著二升. 冬時, 著四升作."

기였을 것이다. 그렇기 때문에 산장으로 발효하는 방법은 술로 발효하는 것과 마찬가지로『식경』이나『사민월령四民月令』의 저자가 발명한 것이 아니며, 단지 유구한 역사 전통의 생활 경험을 기술한 것일 따름이다.

또 하나의 발효법은 '효면酵麵(이미 발효시킨 밀가루 반죽)'으로 밀가루를 발효시키는 방법이다. 후세 사람들이 흔히 '면비麵肥'라고 부르는 방법으로 발효시킨 밀가루를 남겨두었다가 다음에 만들 때 발효 재료로 사용하는 것을 말한다. 현재 과학기술사 학계의 일반적인 관점에 따르면, 효면 발효법은 대략 12세기에 발명되었다고 한다. 필자는 기존의 관점에 약간의 논의가 필요하다고 생각한다.

우선 송대 정대창程大昌(1123~1195년)의『연번로演繁露』에 보면 진晉나라 혜제惠帝 영평永平 원년(291년)[97] 태묘太廟 제사에 '기면병(起麵餅, 발효시켜 부풀어 오른 떡)'을 올리라는 조서를 내렸다. "부풀어 오른 것은 밀가루에 효모를 집어넣어 보슬보슬하게 만든 것이다."[98]『남제서南齊書』에도 제 무제 영명永明 9년(491년) 정월 태묘 사시四時 제사에 대해 다음과 같이 기록한 바 있다.

"齊 무제武帝가 조칙을 내려, 태묘太廟의 사시 제사에 선제宣帝는 기면병起麵餅과 압최鴨腫(오리 고깃국)를 올리고, 효황후孝皇后에게는 죽순(筍)과 오리알鴨卵, 고황후高皇后에게는 육회肉膾와 저린 채소 국(저갱菹羹), 소

---

97 '영평永平'은 양준楊駿이 집정하면서 고쳤는데 몇 달 되지 않아 양준이 주살되면서 '원강元康'으로 바뀌었다. 그래서『자치통감』등 사서에는 '영평'이라고 쓰지 않았다.
98 정대창程大昌,『연번로演繁露』, "起者, 入教(酵)麵中, 令松松然也."

황후昭皇后에게는 차(명茗)와 나물죽(책糊), 생선구이(적어炙魚)를 올리라고
했는데, 이는 모두 평소에 좋아하는 음식이었다."[99]

호삼성胡三省(1230~1302년)은 『자치통감』관련 내용에 주를 달면서 이
렇게 말했다.

"부풀어 오른 밀가루 병餅은 북방 사람들이 잘 만든다. 밀가루 떡이
들뜨고 부드러워 고기를 넣고 말아서 먹기 때문에 권병卷餅이라고 한
다."[100]

이상의 사료는 이미 연구자들이 인용한 바 있다. 하지만 기존 연구
자들은 정대창과 호삼성 두 사람이 '효면'에 대해 주석한 것을 두고 마
치 그들이 살았던 시대에 비로소 '효면'의 방법이 생겨난 것처럼 생각
하고 있다. 정대창은 송나라 사람이고, 호삼성은 원대 사람이다. 그래
서 어떤 학자는 효면법이 정대창이 살았던 시대인 12세기의 산물이라
고 단정하고 있다. 하지만 필자의 생각은 전혀 다르다. 생각건대, 정
대창과 호삼성은 의심할 바 없이 진 혜재 영평 원년과 제 무제 영명 9
년에 있었던 '기면병'을 '효면', 즉 발효시킨 떡으로 인정했다. 이에 대
해 필자는 연구자들이 아직 살펴보지 못한 세 가지 사료를 통해 증명

99 [북송] 사마광, 『자치통감·제기齊紀』, 앞의 책, 4305쪽. "薦宣皇帝, 起麵餅, 鴨脠, 孝皇后, 筍, 鴨
　　卵. 高皇帝, 肉膾, 菹羹. 昭皇后, 茗, 糊, 炙魚, 皆所嗜也." 『남사』권11, 「이연수李延壽傳」에 나온다.
100 [원] 호삼성胡三省, 『자치통감음주資治通鑑音注』. "起麵餅, 今北人能爲之. 其餅浮軟, 以卷肉啖
　　之, 亦謂之卷餅."

하고자 한다.

(1)『진서晉書·식화지食貨志』에 이런 내용이 나온다.

"회제懷帝(사마치司馬熾)가 유요劉曜에게 포위되어 왕의 군사가 거듭 패하자 국고가 고갈되고 모든 관리들이 기아에 허덕이고 즐비한 가옥들에서 밥 짓는 연기를 볼 수 없으니 굶주린 백성들이 서로 잡아먹는 지경에 이르렀다. 민제(사마업司馬鄴)의 서쪽 저택에 아사하는 이가 많았는데 쌀 한 말이 황금 두 냥이나 되어 죽는 자가 태반이었다. 유요가 군사를 풀어 성 안팎을 단절시키자 '십병지국'을 부수어 황제에게 바치니 군신이 서로 바라보며 눈물을 훔치지 않을 수 없었다."[101]

인용문에 나오는 '십병지국+餅之麴'은 바람으로 말린 발효한 밀가루 덩어리(麵酵團)가 분명하다. '십+'자는 '하탁罅坼', 즉 십자 모양으로 균열이 생겼다는 뜻이다. 유희劉熙의『석명釋名·석음식釋飮食』에 따르면, '국麴'은 "썩힌 것이다. 오랫동안 쌓아 두어 곰팡이가 생겨 썩은 것이다(朽也, 鬱之使生衣朽敗也)." 생활 경험이나 미생물학의 지식에서 알 수 있다시피 '쪄서(증蒸)' 살균 처리 과정을 거친 '증병蒸餅'은 잘 말려 수분을 없애면 쉽게 "썩어 곰팡이가 생기지" 않는다. "초목이며 소나 말의 털마저 다 없어지고" "사람들이 서로 잡아먹는" 처참한 상황에서 포위된

---

101 『진서晉書·식화지食貨志』. "懷帝爲劉曜所圍, 王師累敗, 府帑旣竭, 百官饑甚, 比屋不見火煙, 饑人自相啖食. 愍(湣)皇室西宅, 餒饉弘多, 斗米二金, 死者太半. 劉曜陳兵, 內外斷絕, 十餅之麴, 屑而供帝, 君臣相顧, 莫不揮弟."

성안에서 증병을 먹었던 기억을 사람들이 잊을 수 있을까? 따라서 당시 진 회제와 여러 신하들이 오랫동안 굶주린 상태에서 요행 '효면'을 구하자 이를 가루로 만들어 가련한 황제에게 올린 상황을 묘사한 것이라고 보는 것이 정황상 비교적 합리적인 해석이라 할 수 있다. 이미 곰팡이가 낀 발효 떡은 코를 막을 정도로 심하게 냄새가 났을 것이나 막다른 골목에 다다른 황제 역시 억지로라도 먹지 않을 수 없었을 것이다. 그래서 "군신들이 서로 돌아보며 눈물을 훔치지 않을 수 없었다."고 한 것이다.

(2)『진서晉書·효민제기孝愍帝紀』에 이런 내용이 나온다.

> "4년……동冬 10월 경사에 심한 기근이 들자 쌀 한 말이 황금 두 냥에 달할 지경에 이르러 사람들이 서로 잡아먹으니 죽는 자가 태반이었다. 태창에 국麴 수십 병餅이 있었는데 영군장군領軍將軍 국윤麴允이 이를 가루로 만들어 죽을 끓여 황제에게 바쳤으나 그것마저도 다 떨어지고 말았다.……11월 을미乙未에 시중 송창宋敝에게 유요한테 서신을 보내도록 했다.……민제가 관을 수레에 싣고 와서 항복했다."[102]

서진은 이렇게 멸망하고 말았다.

(3)『자치통감·진기晉紀·민제건흥사년愍帝建興四年』에는 이런 내용이 나온다.

---

102 『진서晉書·효민제기孝愍帝紀』, "四年……冬十月, 京師饑甚, 斗米金二兩, 人相食, 死者太半. 太倉有麴數十餅, 麴允屑爲粥以供帝, 至是復盡.……十一月乙未, 使侍中宋敝送箋於曜……輿櫬出降."

"유요가 장안 외성을 함락하자 국윤, 색림이 후퇴하여 작은 성을 고수했다. 성 안팎이 단절되어 성 안에서 굶주림이 심하여 쌀 한 말이 황금 2냥에 달할 정도였다. 사람들이 서로 잡아먹어 죽는 자가 태반이었고, 도망치더라도 막을 수가 없었다.······태창에 국이 수십 병이 있어 국윤이 이를 가루로 만들어 죽을 끓여 황제에게 올렸으나 그것마저도 다 떨어지고 말았다."[103]

이상 세 가지 인용문은 모두 한 가지 상황을 묘사하고 있다.『자치통감』의 내용은 의심할 바 없이『진서·효민제孝愍帝』의 내용을 인용한 것이다. 앞선 두 가지 사료에서 볼 때 '국'이 관아에서 술을 빚을 때 사용하는 주국酒麴일 가능성은 거의 없고 '효면'의 국임에 틀림없다. 이러한 결론은 본의에 부합할뿐더러 다음 몇 가지 추론의 토대가 된다.

(1) 주국酒麴은 말려도 딱딱해지지 않으며 물을 부어 삶으면 융해되어 풀어진다.

(2) 주국은 찰진 점성黏性이 없다. 설사 삶거나 끓여도 '죽'이 될 수 없다.

(3) 주국은 술 냄새가 나며, 말리면 참기 힘들 정도로 냄새가 나지는 않는다. '서주생西周生(필명)'이 썼다는 청대 소설『성세인연전醒世姻緣傳』제57회 '고아는 죽으려다 은인을 만나고, 흉악한 노인네는 귀신에게 빌지만 나쁜 업보를 만난다(孤兒將死遇恩人, 凶老禱神逢

103『자치통감·진기晉紀·민제건흥사년愍帝建興四年』, "曜攻陷長安外城, 麴允.索琳退保小城以自固. 內外斷絕, 城中饑甚, 米斗直金二兩, 人相食, 死者太半, 亡逃不可制······太倉有麴數十餅, 麴允屑之爲粥以供帝, 既而亦盡."

惡報)'에 보면 어떤 집 문 앞에 말리고 있는 주국을 거지들이 훔쳐 먹는 대목이 나오는데, 이것으로 능히 증명할 수 있다.

(4) 효면酵麵은 수분을 증발시키면 매우 단단해진다. 그래서 무거운 맷돌이 아니면 가루내기가 힘들다. 사용하려면 반드시 '가루(屑)'를 내야한다.

(5) 효면酵麵은 가루를 낸 후에 익히면 틀림없이 '죽粥'이 된다.

(6) 효면을 어쩔 수 없이 먹게 된다면 반드시 삶아서 '죽'으로 먹어야 한다.

(7) 특히 중요한 점은 술이나 산장으로 발효시킨 밀가루 반죽이다. 이는 다음에 밀가루를 반죽할 때 사용할 수 있는 효면이다. 앞서 두 가지 방법으로 발효시킨 것이 있어야 세 번째 '효면'이 마치 "기회와 시운에 따라 생겨나는 것"처럼 생겨날 수 있다는 뜻이다.

앞선 두 가지 발효 방법이 일상 음식생활에서 오랫동안 이용되면서 의도적이든 또는 무의식적이든 간에 자연스럽게 사람들이 효면법을 활용하게 되었다고 보는 것이 비교적 합리적인 추론일 것이다. 그렇다면 서진西晉시대는 물론이고 그 보다 앞선 시기(설사 조비가 위나라를 건국한 때부터 서진이 멸망할 때까지로 본다고 해도 대략 1백 년 전)에 이미 사람들이 효면법에 주목하고 사용하기 시작했다고 말할 수 있다. 그렇다면 중국에서 효면으로 발효하는 방법이 12세기에 비로소 생겨났다는 기존이 학설은 실제 역사보다 1천 년이나 늦은 것이 아닐 수 없다. 여기서 또 하나 설명할 것은 효면법에 사용할 발효시킨 면 반죽이 재사용하기 전까지 시간이 걸리기 때문에 때로 앞선 인용문에서 서술한 것처럼 변질되거나 딱딱하게 굳는, 이른바 '효건酵乾'이 될 수 있다는 점이다. 따라서 양자는 동일한 방법으로 지금도 북방 민가에서 흔히 사용하는 '면비麵肥'의 방식이다.[104]

앞서 말한 발효법 이후로 사람들의 생활 경험이 부단히 축적되고 과학기술의 수준이 완만하게 진보하면서 현대에 들어와 베이킹 소다나 베이킹 파우더로 발효시키는 방법 등이 점차 이용되기 시작했다. 그러나 사람들이 가장 먼저 터득하고 또한 오랜 역사에서 기본적인 방법으로 활용된 것은 앞서 말한 산장법, 술 발효법, 그리고 면효법 세 가지이다. 이러한 발효 방법이 발명되고 또한 널리 이용되었기 때문에 밀가루가 주식의 하나로 사람들이 삶을 영위하기 위한 중요한 역할을 할 수 있었으며, 또한 중화민족이 밀가루의 다양한 가소성可塑性을 응용하여 밀 문화를 보다 찬란하게 발전시킬 수 있었던 것이다.

---

104 맥분 가공과 발효 문제는 조영광의 「양한 시기 식량 가공과 면식 발효 기술 개설(兩漢期糧食加工麵食發酵技術概說)」, 조영광, 『중국음식사론』, 앞의 책, 219~239쪽을 참조하시오.

'점심點心'의 명과 실, 그리고 '한구寒具'

무엇이 '점심'인가? 다시 말해 '점심'이란 말의 함의는 무엇인가? 이
는 점심의 유래를 알기에 앞서 반드시 짚고 넘어가야 할 부분이다. 중
국 음식사와 음식문화의 중요한 술어 가운데 하나인 점심을 엄밀하게
정의하자면, "정찬正餐 외에 보조적이면서 또한 정교하게 만든 주식이
다."라고 할 수 있다. 이는 다음 네 가지 함의를 지닌다.

(1) 점심은 주식에 속한다. 기본적인 원료는 밀가루를 위주로 한 분식
    외에도 각종 곡류를 원료로 하여 만든 알곡류 식품을 포함한다.

(2) 점심은 보조적인 주식이다. 일상적으로 먹는 주식의 주체 또는
    주도적인 식사에 속하지 않는다. 일상적인 삼찬三餐의 습관에 따
    라 식용하는 것과 다른 쌀밥, 죽, 만두, 포자, 병餅, 국수 등이며
    또한 제사나 명절에 흔히 먹는 미식과도 다르다.

(3) 점심은 정교한 음식이다. 일반적으로 형체가 비교적 작고 정교

하게 만들었으며, 수량 역시 정찬에 비해 그리 많지 않다

(4) 점심은 통상 정찬 이외(정찬 앞뒤 또는 두 차례 정찬 사이)에 먹는 간식(영식零食)이거나 술자리나 연회에서 중간에 먹는 간단한 음식인 '소흘小吃'이다.

보다 정확하게 알려면 '점심'과 '면점麵點', '고점糕點'을 적절하게 구별할 필요가 있다. 그래야만 '점심'의 유래와 변천을 탐색하는데 편리하다.

'점심'이란 말은 송대에 통행되기 시작했다. "세속의 예에 따르면 아침에 간단하게 먹는 것을 점심이라고 한다." 물론 '점심'이란 말이 처음 나온 것은 당대이지만 당시 '점심'은 지금처럼 명사가 아니라 동사로 사용되었다.

"세속에서는 이른 아침에 먹는 소식을 점심이라고 하는데, 당대에 이미 이런 말이 있었다. 당대 정참鄭修이 강회江淮 유후留后(절도사나 관찰사가 공석일 때 대리하는 관직)로 있을 때 집안 노복이 부인을 위해 아침밥을 준비했는데, 부인이 동생을 돌아보며 말했다. '치장이 끝나지 않아 식사를 할 수 없으니 너나 점심하도록 해라.' 동생이 사발을 들자곧 바닥이 드러났다. 잠시 후 여복이 식량 창고 열쇠를 청하여 부인을 위해 점심을 만들었다."[105]

---

105 [남송] 오증吳曾, 『능개재만록能改齋漫錄·점심點心』, "世俗例以早晨小食爲點心, 自唐時已有此語. 唐人鄭修爲江淮留後, 家人備夫人晨饌, 夫人顧其弟曰, '治妝未畢, 我未及餐, 爾且可點心.' 其弟舉甌已罄, 俄而女僕請飯庫鑰匙, 備夫人點心." 상해, 고적출판사, 1979년, 34~35쪽. 「점심」은 「사시이事始二」에 있는 항목이다.

"삼낭자三娘子가 먼저 등불을 켠 후 새로 구운 소병燒餅을 식탁에 내놓으며 손님과 점심했다."[106]

"선화 연간에……이미 상황上皇의 어가御駕가 도착하여 여러 궁전을 두루 찾아가 향을 피웠다. 마지막으로 소전小殿에 이르렀는데, 이미 해가 높이 뜨고 엎드려 배례를 드린 지가 오래되어 상황께서 약간 시장기를 느끼셨다. 손孫이 이를 보더니 증병蒸餠을 품에서 꺼내면서 말했다. '점심하시지요.' 상황이 의아하게 여기고 받지 않았다."[107]

"승상 조온숙趙溫叔은 체구가 크고 흰칠했으며 행동거지가 사나웠다. 황상이 평소에 그를 좋아했는데, 그가 평소 식사량이 일반 사람의 몇 배는 족히 된다는 말을 들었다.……그러던 어느 날 황상이 그를 불러 나지막이 물었다. '듣자하니 경이 잘 먹는다고 하던데 짐이 점심을 조금 마련하여 그대를 청하려고 하는데 어떤가?' 조홍숙이 황망히 몸을 일으키며 사례했다. 황상이 중귀인中貴人(여관女官이나 환관)을 시켜 옥해玉海(술 석 되를 담을 수 있는 옥으로 만든 큰 잔)에 술 예닐곱 사발을 부어 주자 한 번에 다 마셨다. 다시 금 쟁반에 농취籠炊(만두 등 안주) 1백여 개를 받쳐 주도록 하자 거의 절반을 다 먹어버렸다. 황상이 웃으며 말했다. '다 먹을 수 있겠는가?' 그러자 그가 남은 것을 마저 비웠

106 [북송] 이방李昉, 『태평광기太平廣記』에 인용된 『하동기河東記·판교삼낭자板橋三娘子』에 나옴, 북경, 중화서국, 1961년, 2280쪽.
107 [남송] 장계유莊季裕, 『계륵편雞肋編』권하 『총서집성초편叢書集成初編』제2867책, 앞의 책, 77쪽.

다. 황상이 그것을 보고 웃었다."[108]

이상 네 가지 자료에서 알 수 있다시피 '점심'은 당대와 송대에 아침에 '소식小食'을 올리는 행위를 뜻했다. 물론 '정찬 이외'라는 뜻도 이미 포함되어 있다. '소식'이 구체적인 종류에 관해서는 두 번째 인용문에 '소병'을 언급하고 있으며, 첫 번째 인용문에서 "사발을 들자 곧 바닥이 드러났다."는 말에서 사발안에 들어 있는 음식이 곡미를 삶아 만든 죽이나 곡물 가루로 만든 유동식임을 알 수 있다. 당대에는 도시에 음식점이 상당히 많고 각양각색의 먹을 것이 매우 풍부하여 중국 식문화의 흥성기라고 할 수 있다. 당시에 이미 '점심'에 찌거나 삶고, 굽거나 지지고 튀긴 국수, 죽을 비롯한 여러 음식이 모두 갖추어져 있었다. 마지막 사료에 나오는 '농취籠炊'는 증식蒸食, 즉 쪄서 먹는 음식, 주로 만두나 요즘의 소롱포자小籠包子와 같은 것들이다. 이는 송대 음식에 대한 사실적 묘사이다.

비록 '점심'이란 말이 당대에 이미 나오기는 했으나 그것이 당대에 비로소 시작된 것은 결코 아니다. 이미 한나라 이전부터 다양한 병餅을 만드는데 밀가루가 광범위하게 사용되었기 때문에 '점심' 역시 한대에 이미 보편적으로 존재했음을 추론할 수 있다. 한대에는 병류餅類

---

108 [남송] 주밀周密, 『계신잡식癸辛雜識·건담健啖』, 북경, 중화서국, 1988년, 20쪽. 『송사宋史·조웅전趙雄傳』, 앞의 책, 12073~12075쪽. "趙溫叔丞相形體魁梧, 進趨甚伟, 阜陵素喜之, 且聞其飮啖數倍常人……一日, 召對便殿, 從容問之日, '聞卿健啖, 朕欲作小點心相請, 如何' 趙速然起謝. 遂命中貴人捧玉海賜酒, 至六七, 皆飮釂, 繼以金柈捧籠炊百枚, 遂食其半. 上笑日, '卿可盡之.' 於是復盡其餘, 上爲之一笑."

의 종류가 상당히 많았는데, 예를 들면 다음과 같다. 백병白餅, 소병燒餅, 수병饊餅, 고환膏環, 계압자병鷄鴨子餅, 세환병細環餅, 절병截餅, 수인水引, 박탁餺飥, 기자면棋子麵, 분병粉餅, 돈피병豚皮餅, 삭병索餅, 돈돈, 종자粽子, 자명煮糗 등등. 다만 점심으로 사용된 다양한 음식들이 '정찬 이외'의 보조적인 음식인지는 확실치 않다. 물론 그것이 사실일 가능성을 완전히 배제할 수는 없다. 여기서 주목할 것은 '환병環餅'이란 음식이다. 가사협은 이를 '한구寒具'라고 칭하면서 만드는 방법이 '절병截餅'과 비슷하다고 했다.

> "모두 물에 꿀을 타서 밀가루 반죽을 해야 한다. 만약 꿀이 없으면 대추를 삶은 즙을 쓰고, 소나 양의 젖을 써도 좋다. 떡을 맛있고 부드럽게 해 준다. 절병截餅을 순수 젖으로만 반죽한 경우 입에 들어가자마자 부서져서 눈처럼 녹는다."[109]

그것의 특징은 '미취美脆', 즉 아삭하고 맛이 좋다는 것인데, 입에 넣기가 무섭게 바스라진다. 이는 절대로 찌거나 삶는 방법으로 만든 것일 수 없다. 위 인용문에 나오는 '호환膏環'의 설명을 살펴보면, '한구'를 제작할 때도 "기름으로 익히는" 튀김 방식이 사용되었으며, 그 형태 역시 그다지 다르지 않다는 것을 알 수 있다. '호환'은 현재 북경에

---

109 [북위] 가사협, 『제민요술·병법83』, 앞의 책, 510쪽. "皆須以蜜調水溲麵. 若無蜜, 煮棗取汁. 牛羊脂膏亦得, 用牛羊乳亦好. 令餅美脆. 截餅純用乳溲者, 入口卽碎, 脆如凌雪."

서 일반 시민들이 즐겨 찾는 간식거리로 바삭하고 고소한 '쟈오추안(焦圈)'과 매우 유사하다. 『본초강목』권25 '한구寒具'조에 보면 송대 사람 임홍林洪의 『산가청공山家清供』의 내용이 인용되어 있다.

"한구는 꼬아 만든 것이다. 찹쌀가루와 밀가루를 반죽하여 참기름으로 지지면 되는데 엿을 발라 먹는다. 한 달여 동안 보존할 수 있어 한식에 불을 금할 때 이용하기에 좋다."[110]

또한 이시진李時珍은 '한구'에 대해 이렇게 말했다.

"겨울에서 봄까지 몇 개월이나 보존할 수 있어 한식날에 불을 쓸 수 없을 때 사용한다. 그래서 '한구'라고 했다."[111]

이렇듯 한대의 '한구'는 이미 '정찬 이외'의 보조적인 음식이라는 것을 알 수 있다. 그래서 이를 비교적 이른 시기의 '점심'으로 보는 관점 또한 성립될 수 있다.

그렇다면 왜 한대에는 '환병'을 '한구'라고 칭했을까? '한구'라는 명칭은 어디에서 유래한 것일까? 이는 '점심'의 최초 근원과 관련이 있기 때문에 거슬러 살펴보는 것이 반드시 필요하다. '한구'는 "한식寒食에

---

110 『본초강목』권25 '한구寒具'에 인용된 「남송」임홍林洪의 『산가청공山家清供』, "寒具, 捻頭也. 以糯粉和麵, 麻油煎成, 以糖食之. 可留月餘, 宜禁烟用."
111 [명] 이시진李時珍, 『본초강목』, "冬春可留數月, 及寒食禁烟用之, 故名寒具."

불을 금한 것"과 관련이 있다. 다시 말해 한식에 불로 취사하는 음식을 먹는 것이 금지되었기 때문에 이런 이름이 붙여졌다는 뜻이다.

『주례周禮·사훤씨司烜氏』에 따르면, "사훤씨……중춘에 목탁을 두드려 나라 안에서 불을 금할 것을 알렸다(司烜氏……中春以木鐸修火禁於國中)." 불을 금하는 날은 청명절 하루 전날(일절에는 이틀 또는 사흘 전날)이다. 불을 금하면 국내의 모든 불을 꺼야 한다. '구화舊火(낡은 불씨)'를 완전히 끈 후 다시 새로운 불씨를 취하니 이를 '신화新火'라고 한다. 『논어』에 나오는 "부싯돌로 불씨를 얻을 때 쓰는 나무도 바꾼다(鑽燧改火)"[112]는 말이 바로 이런 의미이다. 동한 경학가 마융馬融(79~166년)은 이에 대해 다음과 같이 해설하고 있다.

> 『주서周書·월령月令』에 불씨 바꾸기와 관련된 기사가 나온다. 이에 따르면, 봄에는 느릅나무와 버드나무에서 불씨를 취했고, 여름에는 대추나무와 은행나무, 늦여름에는 뽕나무와 산뽕나무, 가을에는 조롱나무와 졸참나무, 겨울에는 느티나무와 박달나무에서 불씨를 취했다. 1년 동안 각기 다른 나무로 불씨를 얻는 것을 일러 개화改火(불씨 바꾸기)라고 한다."[113]

처음 불을 금할 때 사람들은 평소에 말린 밥이나 볶은 쌀, 전죽饘粥

---

112 『논어·양화陽貨』, 『십삼경주소』본, 북경, 중화서국, 1980년. 252쪽.
113 하안何晏의 『논어집해』에 인용된 마융馬融의 말이다. "有更火之文. 春取榆柳之火, 夏取棗杏之火, 季夏取桑柘之火, 秋取柞楢之火, 冬取槐檀之火. 一年之中, 鑽燧異木, 故曰改火也."

(죽) 등의 차가운 음식을 준비해두었는데, 먹기가 불편하고 소화가 잘 되지 않았기 때문에 특히 노인들이나 허약한 이들에게는 적합하지 않았다. 그래서 귀족 집안에서는 보관하기 쉽고 차가운 음식 중에서 맛난 식품을 미리 만들어 두었다. 이는 평소에 먹는 음식과 다른 주식류였다. 『초사楚辭·초혼招魂』의 "거여는 달콤하고 유과와 엿도 있구나(粔籹蜜餌, 有餦餭些)."라는 구절에 나오는 거장(꿀에 쌀가루를 끓여서 만든 둥근떡)이나 장황(유과와 엿)이 이에 속한다. 허신許愼(58~147년쯤)의 『설문해자說文解字』에 따르면, "거여粔籹는 호환膏環이다." 가사협 역시 같은 말을 하고 있다.

> "호환은 일명 거여라고 한다. 찹쌀가루에 물과 꿀을 섞어 반죽한다. 단단하고 촉촉한 정도는 탕병면湯餅麵(일종의 수제비) 반죽처럼 한다. 손으로 반죽덩이를 이겨 8치 정도로 잡아 당겨서 양끝이 서로 맞닿게 구부린 다음 기름에 튀긴다."[114]

그렇다면 '한구'는 한대 이전에 이미 존재했으며, '점심'의 시작 역시 아무리 늦어도 춘추전국 시대의 '거여粔籹'로 거슬러 올라갈 수 있을 것이다.

---

114 가사협, 『제민요술』권9, "用秫稻米屑, 水蜜溲之, 强澤如湯餅麵. 手搦團, 可長八寸許, 屈令兩頭相就, 膏油煑之."

'병_餠', '탕병_{湯餠}', '수인_{水引}', '삭면_{索麵}'

병_餠은 오랜 세월 밀가루 음식의 총칭이었다. 한대 유희_{劉熙}의 『석명_{釋名}·석음식_{釋飮食}』의 석병_{釋餠}에 따르면, "병_餠은 병_幷으로 밀가루를 물에 개어 합병_{合幷}(반죽)한 것을 말한다." 여기서 알 수 있다시피 한대 사람들은 모양이나 만드는 방법과 무관하게 밀가루를 반죽하여 만든 것을 통칭하여 '병'이라고 했다. 병이 주식으로 일상적인 음식이 된 것은 의심할 바 없이 한나라 이전이다. 한대 이전의 병은 기본적으로 쪄서 만들었다. 병은 '이_餌'나 '자_餈'가 나온 후에 기존의 찌는 방식에 따라 만들었기 때문이다. 그래서 한대 원제 시절 황문령_{黃門令}이었던 사유_{史游}의 문자 교본인 『급취편_{急就篇}』은 병과 이_餌, 맥반을 병합해서 다루었다.[115] 안사고의 주에 따르면, "밀가루를 반죽하여 찐 것을 일러 병이라고 한

---

115 [서한] 사유史游, 『급취편』권2, 장사, 악록서사, 1989년, 132—133쪽.

다." 한나라에 들어와서야 비로소 삶거나 화로에 구워 만든 각종 병이 출현하기 시작했다. 하지만 그렇다고 한나라 때 병이 나온 것은 아니다. 늦어도 춘추 시대에 이미 출현한 것으로 보인다. 예를 들어 『묵자·경주耕柱』에 보면, "사람이 떡(병)을 만드는 것을 보면 눈독을 들이고 있다가 훔쳐 먹는다(見人之作餅, 則還然竊之)."라는 구절이 나온다. 이렇듯 이미 오래 전부터 병은 각종 밀가루 음식의 범칭이었던 것이다. 이후 만드는 방법이나 모양에 따라 구분하여 '증병蒸餅', '탕병湯餅', '호병胡餅' 및 '갈병蝎餅'과 '삭병素餅' 등 구체적인 이름이 생겨났다. 그래서 송나라 사람 황조영黃朝英에 따르면, "무릇 밀가루로 만든 음식을 모두 병이라고 한다. 불로 구워 먹는 것은 소병燒餅, 물에 삶아 먹는 것은 탕병湯餅, 소쿠리에 쪄서 먹는 것은 증병蒸餅, 만두饅頭처럼 만들어 먹는 것은 농병籠餅이라고 하는 것이 적절하다."[116]

고대 문학작품 가운데 '탕병湯餅'을 노래한 것으로 가장 뛰어나고 인구에 회자하며 신기할 정도로 탁월하게 묘사한 것은 진晉 나라 속석束晳의 「병부餅賦」이다.

『예기』에서 말하길, 중춘仲春 2월(음력 2월)에 천자는 보리(麥)음식을 먹는다. 조정에서 일이 있을 때 대나무로 만든 식기에 넣는 것은 보리죽이다. 『내칙』에 언급된 여러 가지 음식 가운데 병餅은 보이지 않는다. 이로 보건대 병이 출현한 것은 근래의 일이다. 안건安乾(꽈배기처럼

---

116 [북송] 황조영黃朝英, 『정강상소잡기靖康湘素雜記·탕병湯餅』, 상해, 고적출판사, 1986년, 17쪽.

생긴 유밀과), 거여粔籹(유밀과의 일종), 돈이豚耳, 구설狗舌과 같은 것이나 검대劍帶, 안성案盛, 배주餢餉(발효시킨 떡), 수촉髓燭 등은 주로 저잣거리에서 나온 음식 이름이거나 일반적으로 특별한 습속에서 나온 것들이다. 초봄이 되면 음양이 교차하면서 차가운 기운이 사라지고, 날씨가 온난하여 덥지 않으니 이럴 때 먹는 음식으로 만두(고기를 다져 소를 넣은 포자)가 가장 적합하다. 오회吳回(전설에 나오는 불의 신)가 남방을 주관하여 더운 여름날이 되면 양기가 확산되어 홑옷을 입으며 찬물을 마셔 음기를 받아들여 시원하게 하는데, 이럴 때는 병餅을 먹는다. 박장薄壯(박병薄餅)처럼 얇게 만든 병이 가장 좋다. 상풍商風(가을바람)이 맹렬해지고 대화大火(이십팔수 가운데 하나인 심수心宿, 전갈자리)가 서쪽으로 이동하여 날씨가 시원해지면 새나 짐승의 털이 가늘어지고 나무도 가지가 성겨지기 시작한다. 음식도 뜨거운 것이 좋아지기 시작하니 밀가루 반죽을 발효시켜 병을 만드는 것이 가을철 음식으로 제격이다. 겨울은 엄동설한인지라 새벽에 모임에 나가려면 콧물이 콧구멍에서 얼고 숨을 내쉬면 서리가 생긴다. 이럴 때는 허기를 채우고 추위를 푸는데 탕병湯餅(물에 끓인 밀가루 음식)이 딱 어울린다. 음식물은 이렇듯 계절에 따르는 것이 좋으니 절기에 맞춰 먹어야만 몸에도 좋다. 만약 순서가 틀리면 좋지 않다.

겨울에서 여름까지 매년 식용하고 사시사철 언제 먹어도 좋은 것은 뇌환(牢丸, 일설에는 증병이라고 한다. 탕단湯團, 오늘날의 포자, 교자와 비슷하다)밖에 없다. (뇌환을 만들려면) 가느다란 체로 맥부麥麩(밀기울)를 체질하니 날라 다니는 밀가루가 백설 같고, 밀가루를 물에 잘 개어 반죽하면 부드럽고 탄성이 있으며, 밀가루 향내는 향긋하며 희고 윤택이 난다. 고기소는 반드시 양 넓적다리나 돼지의 갈빗대를 사용해야 한다. 살이 너무 많거나 적지 않은 것을 골라 고기를 지렁이 머리(蚯蚓頭)처럼 크기에 맞게 잘라 모아 놓으면 진주가 서로 연결되어 있는 듯하고, 풀어두면 돌들이 흩어져 있는 것 같다. 생강, 파, 쑥갓, 오이 등을 잘게 자르고, 계피를 절구에 갈아 분말을 만들어 초란椒蘭(화초花椒, 산초)으로 조미한 후에 마지막으로 소금과 두시豆豉를 넣어 잘 반죽한다.

이 때 화롯불이 활활 타오르고 솥 안에 물이 쩔쩔 끓어오르면서 증기가 푹푹 새어나오면 소매를 걷어 올리고 손바닥을 털고 반죽을 쥐었다가 누르고 어루만지다가 다시 잡아 치대기 시작한다. 반죽이 손끝에서 점점 멀어지는가 싶더니 두 손이 빙글빙글 돌며 교차하니, 그 모습이 마치 말이 치달리는 것 같고 마치 화성이 사방에 빛을 발하고 차가운 우박이 떨어지는 듯하다.

대그릇에 고기소가 붙지 않도록 하고, 병은 반죽이 흐르지 않도록 한다. 잘 찐 병은 마치 즐거운 미인이 작은 입을 살포시 열고 누군가와 이야기하려는 듯하다. 피는 얇지만 터지지 않고, 동글동글하고 빵빵하며 육즙이 가득 들어 있으며, 영롱하여 속이 비칠 정도여서 마치 봄 누에실로 만든 비단처럼 부드럽고, 가을 비단(흰 비단)처럼 희디 희다. 짙은 향내가 도처로 퍼지고 발산하는 향기가 멀리까지 전해지니, 길 가던 행인이 바람결에 냄새를 맡고 침을 흘리고, 어린 아이들은 괜히 쩝쩝거리며 자꾸 흘낏흘낏 쳐다보고, 그릇을 들고 있는 이는 끊임없이 입맛을 다시며, 주인 옆에 선 종복은 군침만 내리 삼킨다.

마침내 뇌환이 다 익으니 육장(해醢)으로 조미하고 상아로 만든 젓가락을 든다. 허리를 반듯하게 펴고 무릎을 꿇고 한 쪽에 자리한다. 뇌환 한 접시를 탁자에 올리면 순식간에 다 없어지고 만다. 요리사는 정신 없이 바빠 손을 바꿀 수조차 없을 정도인데, 손님이 또 다시 요리를 달라고 한다. 입맛에 맞고 삼키기 좋으니 한 번에 세 소쿠리를 먹어도 여전히 미진하기만 하다.[117]

「병부」에 나오는 안간女乾, 거여粔籹, 돈이豚耳, 구설狗舌, 검대劍帶, 안성案盛, 부주餢飳, 수촉䭔燭, 만두曼頭, 박장薄壯, 뇌환牢丸 등은 모두 여러 가지 병의 이름이다. 그것들은 모양이 생동적이고 비속어가 포함된 재미있는 명칭인지라 "저잣거리에서 나온 음식 이름이라"고 했으며, 민간의 독특한 풍정을 풍기는 독창적인 이름이기에 "특별한 습속에서 나온 것들이다."고 말한 것이다. 병은 종류에 따라 절기에 적합한 것

117 [서진] 속석束晳, 「병부」. "禮, 仲春之月, 天子食麥, 而朝事之籩, 煮麥爲麷. 內則諸饌不說餅, 然則離云食麥, 而未有餅. 餅之作也, 其來近矣. 若夫安乾, 粔籹之倫, 豚耳,狗舌之屬, 劍帶, 案盛, 餢飳,䭔燭, 或名生於里巷, 或法出乎殊俗. 三春之初, 陰陽交際, 寒氣旣消, 溫不至熱, 於時享宴, 則曼頭宜設. 吳回司方, 純陽布埛, 服飲水, 隨陽而涼. 此時爲餅, 莫若薄壯. 商風旣厲, 大火西移, 鳥獸(甬+毛)毛, 樹木疏落, 肴饌尙溫, 則起溲可施. 玄冬猛寒, 淸晨之會, 涕凍鼻中, 霜成口外, 充虛解戰, 湯餅爲最. 然皆用之有時, 所適者便. 苟錯其次, 則不能斯善. 其可以通冬達夏, 終歲常施, 四時從用, 無所不宜, 惟牢丸乎! 爾乃重羅之, 塵飛雪白, 胶粘筋黍刀, 腸淏柔澤. 肉則羊膀豕肋, 脂膚相半, 籩若繩首, 珠連礫布, 薑株葱本, 莘口切判, 口口鉹米, 椒蘭是畔, 和鹽漉豉, 攬合樛亂, 於是火盛湯涌, 猛氣蒸作, 攘衣振掌, 握捐拊搏, 麵彌離於指端, 手縈回而交錯, 紛紛馺馺, 星分蜚落, 籠無迸肉, 餅無流麵. 姝媮咽欶, 薄而不綻, 崇崇和和, 膿色外見, 弱如春綿, 白如秋練, 氣拂鬱以揚布, 香飛散而遠遍, 行人失涎於下風, 童僕空嚼而斜眄, 擎器者呕唇, 立侍者干咽. 爾乃濯以玄醢, 鈔以象箸, 伸要虎丈, 叩膝偏据, 槃案財投而輒盡, 庖人參潭而促遽, 手未及換, 增禮復至, 唇齒旣調, 口㸌咽利, 三籠之后, 轉更有次." 『전상고삼대진한삼국육조문』권87, 앞의 책, 1962~1963쪽.

이 있고 사시사철 어울리는 것도 있다. 어떤 것은 허기를 채우거나 추위를 몰아내기 위해 먹고 또 어떤 것은 그냥 맛있어서 먹기도 하니 각기 나름의 특색이 있다.

만드는 방법도 각기 다른데, 탕약湯瀹, 농증籠蒸, 노배爐焙(화로에 굽는 방식이다. 이외에 발효방법도 있다. 이렇게 본다면 빵이 이미 있었음을 알 수 있다), 유작油炸, 부구釜炙 등등 이름이 각기 다르다. 또한 모양도 각기 달라 어떤 것은 돼지 귀, 개의 혀, 칼의 요대(劍帶, 기름에 튀긴 삭병索餅)처럼 생겼다. '만한漫汗', 즉 아주 큰 것으로 안성案盛(큰 호병胡餅)이 있고, 둥글둥글한 곤탕滾湯은 각기 원圓, 단團, 박薄, 조粗, 세細, 장長, 단短 등 다양한 용기에 담는다. 재료는 흰 밀가루와 양과 돼지고기, 향료 등이 사용되고, 불의 세기나 끓는 정도는 물론이고 칼 솜씨에 대한 묘사도 눈이 어지러울 정도로 현란하여 각각의 장점을 잘 살렸다.

'부賦'라는 문체의 특성이나 문자의 제한으로 말미암아 「병부」한 편에 모든 '병'을 죄다 망라할 수 없었으며, 각종 밀가루 음식의 구체적인 제조법을 모두 상세하게 기록할 수 없었을 것이다. 하지만 문자로 마치 그림을 그리듯이 사물을 묘사하고 교묘한 형상을 통해 전신傳神하는 중국 문학전통에 충실한 작품이라고 하기에 충분하다.

속석束晳은 삼국을 거쳐 서진西晉시대에 살았던 문인이다. 그가 묘사한 내용은 마치 실록처럼 당시의 문화 풍모를 그대로 반영하고 있을 뿐만 아니라 한말과 그리 멀리 떨어지지 않은 시대에 살았기 때문에 한대의 유풍을 그대로 보여주고 있다. 「병부」에서 누락된 부분은 이후 가사협이 자신의 『제민요술』에서 좀 더 풍부하게 다루었다.

한대 사람들이 저술한 『급취편急就篇』, 『방언方言』, 『석명釋名』, 『설문해자說文解字』, 『광아廣雅』, 『사민월령』 및 「병부」와 『제민요술』 등 이후의 문헌에서 볼 때, 한나라 시절에 이미 우리가 익히 알고 있는 국수(麵條), 면편麵片, 유병油餠, 소병燒餠, 수병酥餠, 증병蒸餠, 만두, 포자包子, 탕단湯團 등 각종 식품이 존재했다는 것은 의심할 여지가 없다. 물론 대부분은 초기 형태인데, 특히 오늘날 즐겨 먹는 혼돈餛飩이나 교자 역시 초기 형태이되 한대에 이미 있었음이 분명하다. 『제민요술』에 나오는 '혼돈병渾沌餠', 즉 북제北齊 시절 안지추顔之推가 "반달처럼 생겼다(形如偃月)"고 말했던 '혼돈'은 당시 "천하 사람들이 즐겨먹는 보편적인" 미식이었다. 혼돈이 반달처럼 생겼다고 했으니 지금의 교자와 비슷할 것이다. 이를 통해 양자, 즉 혼돈과 교자가 이미 분리된 상태이며, 교자가 나중에 나왔음을 알 수 있다.

의미심장한 것은 「병부」에 한인들에게 이미 익숙한 '혼돈'이란 글자가 누락되어 있다는 점인데, 이는 이해하기 힘들다. 아마도 속석의 글에서 소를 넣어 만든 밀가루 음식이라고 한 것은 후세의 혼돈이나 교자와 비슷한 것인 듯하다.

다음으로 '탕병湯餠', 즉 밀가루 반죽을 삶아서 만드는 국수의 명칭과 그 발전과정에 대해 살펴보고자 한다.

세계 식문화나 식품 과학기술사 학계에서 공인하고 있다시피 "국수는 중국에서 시작되었다." 우선 『제민요술』에 나오는 '수인면水引麵'을 만드는 방법에 대해 살펴보자.

"고운 비단 체로 친 밀가루를 쓰는데, 간을 맞춰 끓인 고기 국물을 식혀서 반죽에 사용한다. 수인水引(국수)은 반죽을 주물러 젓가락 굵기로 만들고 1자 길이로 잘라 쟁반에 물을 붓고 담근다. 적당한 상태가 되면 납작하고 밑이 평평한 솥(鐺) 위에서 손으로 눌러 부추 잎처럼 얇은 납작한 면발을 만들어 끓는 물에 넣어 삶는다."[118]

잘 반죽한 면을 부드럽게 치대어 가늘고 긴 면발을 만든 다음 다시 1자 길이로 자른 다음 맑은 물이 가득 들어 있는 쟁반에 담근다. 솥에 물이 끓어오르면 그 옆에서 면발을 밀어 부추 잎처럼 얇고 납작한 형태로 만들어 끓는 물속에 집어넣는다. 이는 '수인면'을 만드는 방법이다. 나름의 규격이 분명하며 맛이 어떨지 능히 짐작할 수 있다.

5세기에서 가사협이 『제민요술』을 편찬한 6세기(대략 30년대)까지 민간에서 나무나 대나무로 만든 젓가락은 보통 길이가 25~30cm, 직경이 0.5~0.6cm의 원기둥처럼 가늘고 긴 형태였다.[119] 『제민요술』이 편찬되었을 당시의 '척尺'은 대략 30.9cm였다. 그렇다면 가사협이 묘사한 '수인면', 즉 국수의 길이나 두께를 대략 짐작할 수 있다. 오늘날의 경험과 당시 조건, 그리고 역사 문화에 대한 우리의 이해를 토대로 모의실험을 실시하여 '수인면'의 길이나 두께를 살펴본 결과 길이는 대

---

118 [북위] 가사협, 『제민요술·병법餅法제82』, "細絹篩麵, 以成調肉臛汁, 待冷溲之. 挼如箸大, 一尺一斷, 盤中盛水浸. 宜以手臨鐺上, 挼令薄如韭葉, 逐沸煮." 앞의 책, 510쪽.
119 조영광, 「젓가락과 중국음식문화(箸與中國飮食文化)」, 조영광, 『조영광식문화논집』, 앞의 책, 339~362쪽.

략 75cm, 두께는 1cm 정도로 그가 말한 것처럼 "부추 잎처럼 얇은" 상태까지 이르지는 못했다. 그러나 이는 단순히 기술적인 측면에서 살펴본 것일 뿐이니 좀 더 엄격하게 역사적 사실에 접근하여 가사협이 살았던 시대의 사람들의 식사 습관이나 애호 여부를 고려하지 않을 수 없다. 이 점이 매우 중요하다.

가사협이 말한 것처럼 '수인면'을 만드는 방법에서 기술적으로 매우 중요한 관건이자 특징은 반죽을 물에 불리면서 재차 주물러 길게 끌어당긴 다음 솥 바로 옆에서 끓는 물속에 집어넣는다는 것이다. 밀가루 반죽을 반복해서 주무르고 힘껏 치대기 때문에 글루텐 그물구조가 더욱 치밀하게 형성되어 매우 탄성이 있고 쫄깃쫄깃하며 표면이 윤기가 나고 부드러워진다. 게다가 밀가루 반죽을 여러 차례 치대고 주물러서 길게 만든 것으로 오늘날처럼 칼로 잘라 국수 형태를 만든 것이 아니기 때문에 글루텐의 그물구조가 치밀해져 힘줄 같은 탄성이 오늘날 식당에서 흔히 내세우고 있는 '수간면手擀麵(손으로 직접 치대어 만든 국수)'보다 윗길이다. 반죽을 맑은 물에 약간 담가 충분히 수분을 흡수하고 들러붙은 마른 밀가루를 제거하는데, 이렇기 때문에 더욱 유연하고 점성이 있으며, 매끄럽고 밝게 빛난다. 또한 아주 얇은 형태를 만드는 데 편리하다. 면 반죽을 끓는 물에 삶으면 외관이 백옥처럼 희고 맛이 좋으며 향내 또한 일품이다. 다만 복잡한 수작업으로 이루어져 만드는데 시간이 많이 걸리고 그만큼 효율성이 떨어지기 때문에 시장에 널리 보급되기 힘들었을 것인데, 일반 하층민들의 경우 '수인면'을 소비할 정도의 경제력이 없기 때문에 더욱 더 그러했을 것이다.

'수인면'과 재료나 만드는 방법이 유사하되 좀 더 간편하게 만들 수 있는 것이 바로 '박탁餺飥(수제비)'이다. 박탁餺飥을 만드는 방법은 다음과 같다.

"반죽을 주무르고 비벼서 엄지손가락 굵기로 만들어 2치 정도 길이로 자른 다음 동이에 물을 붓고 담근다. 적당한 상태가 되면 동이 옆에서 손으로 주물러 아주 얇게 만들어 아주 센 불에서 물이 끓어오르면 넣어 삶는다."

이렇게 면을 삶아 내놓으면, "새하얗게 윤기가 있어 좋을 뿐만 아니라 부드럽고 맛있다."[120] 모의실험을 통해 살펴본 바에 따르면, 밀가루 반죽을 길게 늘이면 대략 길이 20cm, 폭 10cm 정도의 크고 납작한 면판을 만들 수 있다. 아마도 이것이 속석이 「병부」에서 말한 '구설狗舌'인 것 같다. 팔팔 끓는 탕 속에서 요동치는 면판의 모습이 마치 더운 여름날 헐떡이는 개의 혀처럼 보였기 때문이다. 그러나 만약 이러한 박탁을 길이 20cm, 폭 10cm 정도의 납작한 형태로 만드는 것이 아니라 최대한 길게 늘인다면 이론적으로 대략 길이 70~80cm, 폭 1~1.5cm의 기다란 면발이 될 것이다. 오늘날의 습관이나 관념으로 본다면 가히 '거대함(大)' 또는 '최고'의 수식어가 붙을 만하다.

사실 이러한 옛 풍습은 지금도 여전히 살아 있다. 북방의 여러 지역

---

120 [북위] 가사협, 『제민요술·병법제82』, 앞의 책, 510쪽.

의 '수랍면手拉麵(수타면으로 면발을 길게 늘인 면)'이나 서북 지역의 '납조 자拉條子'가 연원적으로 관련이 있다. 다만 다른 점은 일반적으로 밀가루 반죽을 엄지손가락 굵기로 한정하지 않는다는 점과 맑은 물에 담가 놓는 과정이 없다는 것이다. 이는 매우 중요한 부분이다. 왜냐하면 통일된 반죽 규격과 물에 담그는 과정이 최종적으로 만든 면발이 "극히 얇다"는 특징을 결정하기 때문이다. 면발을 더욱 부드럽고 또한 길게 늘어나게 하려면 물에 담그는 과정을 거쳐야만 하는데, 나름의 기술이 없으면 이렇게 정교하고 획일적으로 자신이 마음먹은 대로 제작하기가 쉽지 않다.

이렇게 볼 때 「병부」는 비록 문학작품이기는 하지만 또한 사학史學 작품이라고 해도 과언이 아니다. 「병부」에서 "화롯불이 활활 타오르고 솥 안에 물이 쩔쩔 끓어오르면서 증기가 푹푹 새어나오면 소매를 걷어올리고 손바닥을 털고 반죽을 쥐었다가 누르고 어루만지다가 다시 잡아 치대기 시작한다. 반죽이 손끝에서 점점 멀어지는가 싶더니 두 손이 빙글빙글 돌며 교차한다."라고 묘사한 대목이야말로 1500년 전 수인면을 만드는 생생한 모습을 담고 있기 때문이다.

「병부」를 쓴 속석과 동시대 사람인 부현傅玄이 쓴 부賦 「칠모七謨」에도 '수인면'에 대한 사실적 묘사가 나온다.

"이에 소와 양, 돼지의 국물에 말은 것이 단오절에 즐겨 먹는 국수이다. 홀연 물속에서 노닐며 길게 늘어지니 날아오르는 새의 깃털처럼 얇게 펼쳐져 마치 촉 땅의 누에고치에서 나오는 실처럼 가늘고, 노魯

땅에서 나오는 흰 명주처럼 얇다."[121]

이렇듯 국수의 모습이나 국수를 만드는 기교를 핍진하게 묘사하고 있다. 인용문에 나오는 "물속에서 노닐며 길게 늘어진다."는 말은 '수인면'에 대한 묘사임에 틀림없다. 바람도 없는데 마치 공중에서 유영하는 새의 깃털처럼 얇은 면발은 거의 무게가 없는 듯 가볍기만 하다. 길게 늘여낸 면발은 균일하면서도 가늘고 또한 길고 길다. 마치 촉 땅에서 나오는 누에고치의 실처럼 가느다랗고 노 땅에서 나오는 흰 명주의 실처럼 얇다. 특히 후반의 묘사는 문학적 극치라 할 수 있다.

여기서 우리는 다음과 두 가지를 확인할 수 있다. 하나는 면발이 가늘고 긴 것을 추구했다는 점이고, 다른 하나는 잠사蠶絲나 견사絹絲처럼 생겼다는 점이다. 그렇기 때문에 길게 늘여서 만든 국수 면발의 단면이 가사협이 말한 것처럼 "부추처럼 얇은(薄如韭葉)" 평면형이 아니라 원형의 가느란 실처럼 생겼다는 것을 알 수 있다. 면을 가늘고 길게 뽑으려면 가는 선의 형태가 될 수밖에 없다. 그렇지 않으면 질적인 한계로 인해 실처럼 끊임없이 이어질 수 없기 때문이다. 이처럼 극치極致에 달하고자 했던 것은 중국 고대 귀족들의 사치와 욕망, 물욕을 추구하는 삶의 역사이자 당시 그들이 지닌 보편적인 관념이었다. 따라서 사방 한 자 되는 식탁에 음식을 가득 차려놓고 종을 쳐서 식구들을 모

---

121 [서진] 부현傅玄, 「칠모七謨」, "乃有三牲之和羹, 蕤賓之時麵, 忽游水而長引, 進飛羽之薄衍, 細如蜀茧之緒, 靡如魯縞之線."『전상고삼대진한삼국육조문』권46, 앞의 책, 1723쪽.

아 솥을 늘어놓고 식사를 했다(鍾鳴鼎食)는 말처럼 사치스럽고 호화로운 식생활을 하던 그들에게 이는 당연한 일이 아닐 수 없다. 게다가 음식을 중시하고 물욕과 향락을 추구했던 위진 시기였으니 딱히 이상할 것도 없다.

이런 수인면은 소나 양, 돼지를 직접 끓여 만든 고깃국에 넣어 삶았기 때문에 냄새가 좋을뿐더러 맛 또한 일품이 아닐 수 없다. 속석과 부현보다 조금 늦은 시대의 저명한 문사 유천庾闡은 자신의 집에서 친구 범자상范子常을 초대하여 맛있는 탕병湯餅을 대접한 후 겸손하게도 악병惡餅이란 이름을 붙여 「악병부惡餅賦」를 지은 바 있다.

"동로董盧는 화사華肆(호화로운 음식점)에서 이름을 날리고 화균和均은 속전俗廛(저잣거리의 음식점)에서 절묘한 기교를 뽐내는데, 왕손王孫(귀공자를 지칭함)은 가느다랗게 이어진 면발에 경탄하고, 속자束子(속석)는 춘면春綿보다 약하다고 읊었네. 색깔은 필시 서리나 눈처럼 희고, 고기는 비단처럼 다채로우며 구름처럼 부드러우리라."[122]

부賦에 나오는 '동로'나 '화균'은 전고가 무엇이고 정확하게 어떤 뜻인지 정확하지 않다. 다만 "속자는 춘면보다 약하다고 읊었네."라는 구절은 속석의 「병부」에 나오는 "약여춘면弱如春綿"에서 따온 말이 분명하

---

122 [서진] 유천庾闡, 「악병부병서惡餅賦幷序」. "若乃董盧飛名於華肆, 和均絕技於俗廛. 王孫驚刻美於曳緒, 束子賦弱於春綿. 色必霜葩雪皓, 肉則錦彩雲嫺." 『전상고삼대진한삼국육조문』권38, 앞의 책, 1680쪽.

다. 「악병부」는 비록 짧기는 하지만 손님을 맞이하여 정성껏 대접하는 문사 유천의 겸손하면서도 풍류를 갖춘 모습이 잘 표현되고 있다. 그는 자신이 손님에게 대접한 면류 음식이 황도皇都(제왕의 도읍지)의 화려한 음식점이나 작은 읍내의 가게에서 파는 면류보다 크게 떨어진다고 말하고 있다. 왜냐하면 저잣거리의 크고 작은 음식점에서 만드는 탕병은 전문 요리사가 실처럼 끊기지 않고 가느다란 면발로 만들기 때문이다. 그들이 만드는 탕병은 마치 부드러운 솜처럼 가느랗고 무녀가 춤을 추는 것처럼 가볍게 너풀거린다. 요리사가 음식을 만드는 기술은 마치 잡기雜技(일종의 서커스)나 마술처럼 자신만만하고 놀랍기만 하여 주변의 귀공자들도 눈을 크게 놀라며 감탄하지 않음이 없다. 이로 보건대, 탕병은 늦어도 진대晉代에 이미 중원 여러 지역의 음식점에서 보편적으로 팔리는 음식이었으며, 면발이 가늘고 긴 것을 최상으로 여겼음을 알 수 있다. 속석이나 부현, 유천 등은 모두 세가世家의 자손으로 누대로 관직에 있었던 집안사람들로 위 문제 조비曹丕가 "다섯 세대 내내 장수한 집안사람만이 음식을 안다(五世長者知飮食)."[123]라고 한 부류에 속하는 이들이다.

특히 주목할 점은 속석이나 부현이 모두 위진魏晉 교체기에 살았던 이들로 가사협의 『제민요술』이 나오기 전인 3세기 시대에 살았던 사람들이라는 사실이다. 동한이 멸망한 220년에서 겨우 반세기 정도가 지

---

123 조비曹丕의 「군신들과 복식에 대해 논한 글(與羣臣論被服書)」에 나온다. 관련 대목은 다음과 같다. "삼 세대에 걸쳐 장수한 집안사람만이 의복을 적절하게 입을 줄 알고, 다섯 세대에 걸쳐 장수한 집안 사람만이 음식을 절검할 줄 안다(三世長者知被服, 五世長者知飮食)."

난 후이다. 동한 말년 사람인 유희劉熙의 『석명釋名』에 보면 '삭병索餠'에 관한 글이 나오는데, 이 또한 흥미를 끈다.

"증병蒸餠, 탕병湯餠, 갈병蝎餠, 수병髓餠, 금병金餠, 삭병索餠 등은 모두 형태에 따라 이름을 지은 것들이다."

동한 말년의 삭병은 독특한 형태로 인해 이름을 얻은 여러 가지 병餠 가운데 하나이다. 그렇다면 삭병은 어떤 음식인가? 청대 보응寶應(지금의 강소성)의 학자 성용경成蓉鏡은 『석명보증釋名補證』에서 이렇게 말했다.

"삭병은 수인병水引餠인 것 같은데 지금의 강회江淮 지역에서는 절면切麵이라고 부른다."

그는 동한 말의 '삭병'이 청대 중엽 장강 하류 지역에서 유행하는 '절면'이 되었다고 했다. 구체적인 근거가 없어 애매하고 경솔한 부분이 없지 않으나 나름 합리적인 부분도 있다. 삭병이 물에 밀가루를 넣어 끓인 음식이라는 기본적인 속성을 정확하게 지적하고 있기 때문이다. 바로 이런 이유로 그는 동한 말년의 삭병과 북위北魏 말년의 수인면, 그리고 청대의 절면 등 세 가지를 같은 종류로 연계시킨 것이다. 그러나 이 세 가지는 같으면서도 다르다. 심지어 아주 많은 차이가 있다고 말할 수도 있다. 우선 절면은 물에 담그는 과정이 없다. 다음으로 절면은 또한 가사협이 말한 주물러 길게 끌어당기는 '뇌挼'의 기술

| 청대 화가 서양의 고소번화도姑蘇繁華圖에 나오는
밭에서 일하는 농민들과 물고기 잡는 어부, 양떼를 모는 목부

이 필요 없다. 세 번째로 절면은 칼로 잘라 만들었다.(청대 중엽에는 아
직 면을 자르는 기계가 없었다) 그러나 수인면은 오로지 손으로 반죽하고
치대야만 한다. 네 번째로 절면은 일단 반죽을 전부 성형한 다음에 끓
는 물에 넣어 만드는데 반해 수인면은 성형하면서 끓는 물에 넣는 방
식이다. 그래서 전자는 이미 만들어놓은 것이 많기 때문에 비교적 많

은 이들에게 제공할 수 있으나 후자는 음식을 만드는 과정이 비교적 길고 한 번에 만드는 양이 적기 때문에 개인 또는 몇 사람이 순서대로 먹어야만 한다.

삭병과 수인면, 그리고 절면 중에서 삭병과 수인면은 오히려 같은 점이 많다. 이것이 바로 우리가 토론해야할 문제인데, 특히 동한 말에 삭병의 형태와 제작 도구가 무엇이었는가를 밝히는 것이 중요하다. 삭병은 앞서 유희劉熙가 말한 바와 같이 "형태에 따라 이름을 지었다." 고 하였으니 '삭索'자에서 명명의 이유를 찾을 수 있을 것이다. 그렇다면 우선 '삭'자의 의미를 정확히 파악해야 한다. 다시 말해 동한 말년의 '삭병'이라는 명칭이 당시 '삭'자와 어떤 이유로 결합했는가를 살펴야 한다는 뜻이다.

'삭索'자는 갑골문에도 보이는데 다양한 형태를 지니고 있다. 주로 새끼줄의 형태를 본 뜬 것으로 상단에 갈라져 있는 부분은 마치 끄트머리를 묶은 듯하고 또는 좌우 손으로 새끼줄을 잡고 있는 것과 같은 형태이다. 서주西周 시대 문헌에 보면 '삭'자가 명사로서 '승삭繩索(작은 것은 승, 큰 것은 삭)' 외에도 동사로서 새끼를 꼰다는 뜻으로 사용되었음을 알 수 있다. 『시경』에 보면 서주시대 농민들이 힘들게 일하는 모습이 잘 묘사되고 있는데, 특히 낮에는 풀을 베어오고 밤에는 새끼를 꼬아 초가를 수리하는 내용이 나온다.

낮에는 띠를 베어오고
밤이면 새끼 꼬아

서둘러 지붕을 이어야 하리.[124]

이외에도 『설문해자·시부市部』에 따르면, "삭素은 줄기(莖葉)가 있는 풀로 새끼를 꼴 수 있다." 단옥재는 "새끼를 말한다."고 주를 달았다. 『옥편玉篇·삭부素部』는 "규승糾繩(가느다란 새끼를 꼰 것)을 삭이라고 한다." 고 했다. '삭'자를 동사로 사용하는 경우도 보편적이었다. 예를 들어 『초사楚辭』는 "계수나무 가지에 혜초蕙草를 꿰고, 호승胡繩(향초)을 새끼로 꼬아놓으니 길고 아름답기만 하다."[125] 『회남자淮南子』는 "하나라 걸임금은 힘이 세서 짐승의 뿔을 꺾고 쇠갈고리를 폈으며, 쇠를 비틀고 금을 쭈그러뜨렸다." 고유高誘는 "삭素은 교絞(비틀다)이다."[126]라고 주를 달았다. 이로 보건대, 삭병이라는 이름은 '삭'자의 명사 또는 동사의 뜻과 관련이 있는 것처럼 보이는데, 좀 더 분석해보면 '삭'의 동사적 용법과 관련이 있을 가능성이 더욱 크다. 아마도 시간적으로는 동한 말년보다 훨씬 이전일 것이니 당시 삭병의 재료는 적어도 속석의 「병부」가 나온 시절보다 훨씬 굵었을 가능성이 크다. 그래서 사람들은 비교적 작은 '승繩' 대신 좀 더 큰 '삭'으로 이름을 지었던 것이다. 따라서 처음 삭병이란 이름을 지었을 당시에는 분명 굵기가 제법 되었을 것이나 그렇다고 새끼를 꼬아 만든 '삭'처럼 크지는 않았을 것이다. 왜냐하

---

124 『모시·빈풍豳風·칠월七月』, "晝爾於茅, 宵爾索綯, 亟其乘屋." 『십삼경주소』본, 앞의 책, 391쪽.
125 굴원, 「이소」, "矯菌桂以纫蕙兮, 索胡繩之纚纚." [송] 홍흥조洪興祖 찬撰, 백화문白話文 등 교점點校 『초사보주·이소離騷』, 북경, 중화서국, 1983년, 13쪽.
126 [서한] 유안劉安, 『회남자·주술훈主術訓』, 『제자집성』본, 북경, 중화서국, 1954년, 131~132쪽. "桀之力, 制觡伸鉤, 索鐵歙金."

면 그 정도의 굵기였다면 만드는 데 연료가 많이 드는 것은 물론이고 익히는 것도 쉽지 않고 먹는 것도 또한 불편하였을 것이고 입맛에도 맞지 않았을 것이기 때문이다.

이에 근거해 볼 때 '삭병'이란 이름은 '삭'자의 동사적 의미, 즉 새끼를 꼬는 동작에서 뜻을 취한 것으로 보인다. 이는 손으로 교자를 만들 때 먼저 반죽에서 작은 덩어리를 떼어내어 비비거나 꼬아 가닥을 만드는 동작과 같다. 과연 우리가 이렇게 이해하는 것이 고인들의 마음에 들까? 알다시피 볏짚이든 아니면 띠든 간에 굵은 새끼를 만들려면 세기나 형태가 비슷한 두 가닥(또는 그 이상)의 얇은 새끼를 꼬아야만 한다. 그래서 『옥편』은 "규승糾繩, 즉 가느다란 새끼를 꼬은 것을 '삭'이라고 한다."고 풀이했다.

'규糾'자는 두 가지 서로 다른 해석이 있다. 『설문해자·구부口部』에 따르면, "규는 가느다란 새끼를 세 번 합친 것(三合)이다." 반면에 『자림字林』은 "규는 가느다란 새끼(繩)를 두 번 합친 것이고, 묵纆은 가느다란 새끼를 세 번 합친 것이다."라고 했으며 『한서음의漢書音義』는 "두 가닥(二股)을 규, 세 가닥을 묵이라고 한다."고 했다. 그러나 '양합'이나 '삼합' 또는 '이고二股'나 '삼고'를 막론하고 '삭병'의 '삭'과는 관계가 없다. 왜냐하면 삭병은 유작마화油炸麻花, 즉 기름에 튀긴 꽈배기와 달리 물에 넣고 끓이기 때문이다. 따라서 꽈배기처럼 여러 겹 꼬아서 만들 수 없으며 단지 타래처럼 꼬아서 서로 합쳐지지 않게 만들 뿐이다. 『사기』 권84 「굴원가생열전屈原賈生列傳」에 나오는 배인裴駰의 집해集解(『사기집해』) 주에 따르면, "규糾는 교絞이고 묵纆은 삭索이다." 또한 사마정司馬貞

의 색인索引에 따르면, "『통속문通俗文』에서 말하길, '승繩을 합친 것을 규糾라고 한다'고 했다." 그렇다면 '삭병'의 '삭'은 '합승合繩'하기 전에 비벼서 꼬는 동작이나 또는 그 과정을 말하는 것일 터이다. 바로 이런 과정을 통해 면의 가락이 점점 가늘고 길게 늘어나 끓는 물에 넣을 정도가 될 때 끝나게 되는 것이다.

전종서錢鍾書 선생은 속석의 「병부」에 대해 언급하면서 "국수를 삶는데 반죽 덩어리나 얇고 납작한 조각을 넣은 것이지 가느다란 삭면素麵까지는 아직 이르지 않았다."고 말하고, "마땅히 유천庾闡이나 부현傳玄의 문장에 나오는 '서緖'나 '선線'으로 보충해야 한다."고 주장했다."[127] 사실 속석은 구체적인 형태에 대해 묘사한 적은 없으나 '가느다단 삭면(細絲素麵)'을 빠뜨린 것은 아니다. 다만 전종서 선생이 '삭면', 즉 동한 말년에 유희가 『석명釋名』에서 말했던 '삭병'이 유천의 「악병부」에 나오는 '서緖'나 부현의 「칠모七謨」에 나오는 '서緖'가 '선線'과 이름만 다를 뿐 같은 뜻이라고 한 것은 탁견이 아닐 수 없다.

이상을 종합하면 우리는 다음과 같은 결론에 도달할 수 있다.

(1) 중국 역사에서 가장 이른 시기에 나온 물에 삶은 국수는 동한 말년 유희가 『석명』(늦어도 3세기 20년대)에서 말한 '삭병'이지 북위 말년 가사협이 『제민요술』(6세기 30년대)에서 말한 '수인면'이 아니다.

---

127 전종서錢鍾書, 「관추편管錐編」(3), 북경, 중화서국, 1979년, 1168쪽. [서진] 속석束晳, 「병부餠賦」, 「전상고삼대진한삼국육조문」권87, 앞의 책, 1962~1963쪽.

(2) 동한 시기의 '삭병'은 칼을 사용하지 않고 손으로 직접 주물러서 길고 가늘게 만든 면발 형태이다.

(3) 당시의 '삭병'은 주방에서 요리사가 직접 만들어 끓는 물에 넣어 삶았다.

(4) 당시 국수를 삶는 탕 가운데 가장 좋은 것은 "삼생三牲(소, 돼지, 양)을 삶은 국물" 등과 같은 고기국물이며, 적어도 상류사회나 시장에서 영업할 때는 이런 국물을 사용했다.

(5) 중국 고대 문헌의 기록에 따르면, 동한에서 위진남북조까지 대략 5,6세기 동안 '삭병'을 시작으로 '수인면'이 전형적인 국수의 대표 자리를 이었으며, 줄곧 모든 이들이 즐겨 먹는 미식이 되었다. 이는 '탕병湯餠(국수를 삶은 식품)' 가운데 가장 대표적이고 보편적인 민족 식품 가운데 하나였다.

(6) 현재 우리가 볼 수 있는 '삭병'과 관계된 문헌 자료는 동한 말년의 『석명』이며, 당시에 이미 면발을 물에 넣어 삶는 형태였다. 다만 이것이 중국에서 국수가 출현한 가장 이른 시기가 동한 말년이라는 결론을 의미하는 것은 결코 아니다. 분명 그 보다 더 이전에 나왔을 가능성이 크다. 일찍이 물에 면을 삶아 먹는 초급 형태의 음식은 '탕병', 즉 '병'으로 통칭되던 동한 중엽 이전, 어쩌면 서한 시대에 이미 존재했는지도 모른다. 왜냐하면 당시 면을 물에 삶아 먹는 방식이 이미 통상적인 일이었기 때문이다. 다만 음식 조리방법 측면에서 면의 형태에 따라 약간의 구별이나 선택이 있었을 뿐이며, 그 차이 또한 그리 크지 않았다.

(7) 이상 여섯 가지 내용은 필자가 중국음식사를 연구하면서 얻은 나름의 결론이다. 이는 필자의 강의 또는 논문을 통해 널리 알려졌으며, 아울러 2002년 청해성 신석기 시대 고고학적 발굴을 통해 입증되었다. 제가齊家 문화층에 속하는 나가喇家 유적지에서 4천년 전 국수 한 그릇이 출토되었기 때문이다. 당시 그릇에 담긴 국수의 길이는 50cm, 직경은 0.3mm로 굵기가 균일하고 좁쌀과 기장을 섞은 것이었다. 필자는 이것의 정확한 명칭은 '나가삭면喇家索麵'으로 해야 한다고 생각한다. 이는 인류가 발견한 최초의 국수 실물로 중국 국수의 시작은 "한대보다 이전"이며 "중국 최초의 국수 형태는 마땅히 '삭면'이지 '수인면'이 아니다."라는 필자의 의견이 정확함을 증명하는 것이기도 하다.

혼돈餛飩과 교자餃子

혼돈과 교자는 국수 뒤를 이어 나온 것으로 중화민족의 '국식國食'이자 '동방미식東方美食'으로 병칭되는 오랜 전통의 밀가루 음식이다. 혼돈과 교자가 어떤 음식인가에 대해서는 민속학에서 이미 많은 기록과 자료를 제공하고 있기 때문에 굳이 부언할 필요가 없을 것이다. 우리가 관심을 갖는 부분은 식품과학기술사와 역사 문화적 각도에서 혼돈과 교자의 연원 관계를 살펴보고, 그 형태와 명실名實의 변천과정을 상세하게 고찰하여 중화 음식문화사에서 매우 중요한 두 가지 음식에 대해 정확하게 인식하는 일이다. 물론 이에 대해 언급한 이들이 많기는 하지만 여전히 불충분한 부분이 적지 않기 때문이다.

오늘날 혼돈과 교자는 매우 명확하게 구분된다. 양자는 다음 몇 가지로 구분된다.

우선 양자는 소를 싸는 밀가루 반죽의 작은 덩어리, 즉 '피皮'의 형태나 만드는 방식이 다르다. 혼돈의 경우 일반적으로 물과 가루(때로 반죽할 때 계란을 넣기도 한다)를 섞어 잘 반죽한 후 적당한 양을 떼어내어 방망이로 얇게 밀어 균일한 형태의 얇은 피를 만든다. 그런 다음에 사다리꼴로 적당한 크기로 잘라내면 혼돈 피가 완성된다. 교자 피는 이와 다르다. 우선 물과 가루를 반죽하여 잠시 놔둔다. 이후 반죽을 주물러 가늘고 길게 만들고 다시 작은 덩어리로 잘라낸 다음 손으로 주무르고 눌러 경단처럼 납작하게 만들고 이를 방망이로 얇게 밀어 피를 만든다. 교자피는 가운데는 두텁고 끝 쪽으로 갈수록 얇다. 중심에서 사방으로 퍼져나가면서 점차 얇아지는 원형을 이룬다. 결론적으로 말해서 교자피는 혼돈피보다 두텁고 너무 얇아서는 안 된다.

다음으로 양자는 형태도 다르다. 혼돈을 만드는 방법은 왼손에 피를 잡고 오른손으로 젓가락(또는 소를 넣는 전용 도구)으로 약간의 소(돼지고기소)를 집어 피 안쪽으로 집어넣으면서 피를 말아 문지른다. 그런 다음 양쪽 끄트머리를 합쳐 오므리면서 원보元寶(역대 화폐의 일종으로 말굽은을 말한다)나 또는 수녀 모자 형태로 만들면 완성된다. 교자를 만드는 방법은 다르다. 우선 왼손으로 피를 잡고 오른 손으로 젓가락(서민들은 주로 소의 갈비뼈나 길이 20cm 정도의 전용 숟가락인 교자시餃子匙를 사용한다)을 사용하여 적당량의 소를 피 중간에 넣는다. 피의 양쪽을 오므린 다음 끄트머리를 눌러 조개모양으로 만든다.

교자나 혼돈 안에 넣는 소의 재료도 서로 다르다. 혼돈에 넣는 소는 전통적으로 각종 육류이다. 그래서 습관적으로 '육혼돈肉餛飩'이라고 부른다. 소의 용량 역시 교자보다 적다. 요즘은 고기 소를 넣는 것 외에도 '채혼돈菜餛飩', 즉 잘게 다진 고기와 채소를 반죽하여 소를 만들기도 한다. 다만 역사 문헌에는 이런 기록이 거의 나오지 않는다. 교자소의 경우는 혼돈보다 훨씬 다양하다. 각종 육류는 물론이고 다양한 채소도 널리 사용된다. 통상 교자의 소는 혼돈보다 훨씬 많다.

다음 형태면에서 교자의 피는 일반적으로 작은 원형의 면병麵餅이다. 음식점의 경우 밀가루 1근으로 60개의 교자 피를 만들 수 있다. 혼돈은 이와 달리 사다리꼴이고 정방형이나 삼각형도 있다. 물론 완성한 혼돈의 형태는 원보의 형태이다.

다음으로 양자는 넣고 끓이는 탕수湯水도 다르다. 혼돈은 일반적으로 닭고기 탕이나 돼지, 소의 뼈다귀를 넣은 탕, 그리고 고탕高湯 등의 탕수에 넣어 끓인다. 이에 반해 교자는 주로 맑은 물에 넣어 삶는다.

마지막으로 혼돈과 교자는 먹는 방법도 다르다. 혼돈은 탕에 넣어 잘 삶은 후 그릇(비교적 큰 그릇)에 담고 조미료(고수(원수芫荽) 분말, 후추 분말, 감미료味精, 정제된 소금 등)를 탕에 넣은 다음 수저로 떠먹는다. 그러나 교자는 맑은 물에서 잘 익힌 후 구멍이 뚫린 국자로 퍼내어 넓적한 큰 그릇에 담는다. 건져낼 때 가능한 국물이 없도록 한다. 식사를 할 때는 젓가락으로 교자를 집어 향초香醋나 참기름, 장유醬油 또는 각기 식성에 맞는 조미료에 담갔다가 먹는다. 북방 사람들은 교자를 먹을 때 마늘가루, 마늘쪽, 고추기름, 겨잣가루기름(芥末油), 겨잣가루풀(芥末糊) 등 매운 맛의 조미료를 첨가하여 먹기도 한다.

오늘날 혼돈과 교자의 구별은 상술한 것처럼 분명하다. 다만 이렇게 분명해질 수 있었던 까닭은 오랜 세월 불명확한 것들이 점차 변화하면서 가능해졌기 때문이다. 고대 여러 가지 병餅 가운데 하나였던 혼돈은 비교적 일찍 출현했고, 교자는 이후에 혼돈의 초기 형태가 변화하면서 독립적인 식품으로 발전했다. 양자는 이후 장기간에 걸쳐 명칭이나 형태가 확정되는 과정을 거쳐 비로소 앞서 말한 것과 같은 전형적인 식품으로 자리하게 되었다.

고대 문헌에서 '혼돈'이 처음 나온 것은 삼국시대 위나라 박사 장읍張揖의『광아廣雅』의 "혼돈은 병餅이다."라는 말이다. 이보다 이른 동한 시절 양웅揚雄의『방언方言』을 보면, "병餅은 돈飩이라고 말하거나 또는 장餦이나 혼餛이라고 말한다."[128]는 구절이 나온다. 하지만 동한에서 남북조 시대까지 5,6세기 동안 '혼돈'이란 글자는 시대마다 또는 문헌마다 차이가 있다. 예를 들어 송대 정도丁度 등이 편찬한『집운集韻』이나 사마광司馬光 등이 편찬한『유편類篇』에 인용된『광아』에 보면 '혼순腥肫'(양자는 모두 고기 육肉 변邊으로 혼돈의 소는 반드시 고기를 사용한다는 뜻을 나타낸다)이라고 썼고『식경食經』은 '혼돈混沌', 진대 갈홍葛洪의『자원字苑』은 '운돈餫飩'이라고 썼다. 당대 은공로段公路의『북호록北戶錄』권2「식목食目」에 인용된『제민요술』에는 '혼돈병渾沌餅'이라고 적혀 있는데, 당대 최구도崔龜圖의『북호록』주注에 인용된 북제北齊 안지추顏之推의 말에 따르면, "지금의 혼돈餛飩은 형태가 언월偃月(반달)처럼 생겼으며 천하

128 [북송] 이방李昉 등,『태평어람』권860에 인용된『방언方言』,『문연각사고전서』제900책, 앞의 책, 573쪽. 현재 전해지는 금본『방언方言』에는 '돈飩'이 '탁飥'으로 되어 있다. 학자들의 연구에 따르면 '탁'자는 '돈'자가 와전된 것이다. 전역錢繹『방언전소方言箋疏』권13, 상해, 고적출판사, 1989년, 978쪽.

에 유통되는 음식이다." 당대 단성식段成式의『유양잡조酉陽雜俎』는 지금
처럼 혼돈餛飩이라고 썼다. 이처럼 동음이자 또는 한 글자만 달리 쓰는
현상에 대해 학자들은 "뜻은 혼돈과 서로 유사하니 혼돈의 첩운疊韻인
형용사는 원래 정해진 글자가 없다."[129]고 이유를 밝혔다. 대략 남북조
이후에 '혼돈'이란 글자로 점차 통일되기 시작했다. 다만 중국 고대 서
생이나 문사들 가운데 의고擬古에 빠져 기이한 것을 찾거나 고상한 취
미를 지닌 이들이 예전의 글자를 찾아 사용하곤 했다. 그래서 명청시
대로 넘어와 '혼돈'이란 말이 이미 정착되었음에도 불구하고 이시진은
『본초강목』에서 여전히 '운돈餫飩'[130]이라고 썼으며, 조인曹寅은 「제화題
畫·능릉菱」시에서 '운둔餫屯'이라고 썼다.

　당대는 중국역사에서 문화적으로 크게 발달하고 흥성하던 시기로
중국 고대 음식문화 역시 일찍이 있어본 적이 없다고 할 정도로 번영
하기 시작했다. 또한 사회적으로 명가名家를 찾아다니고 명식名食을 좋
아하는 기풍이 크게 일었다. 당대 중엽 단성식의『유양잡조』에 보면 이
런 구절이 나온다. "의관가의 유명한 음식으로 소가蕭家 혼돈이 있다.
탕에 기름기를 제거하니 국물로 차를 끓일 수 있다."[131] 혼돈은 원래
고기가 들어가는 음식이다. 당연히 탕에 '비肥', 즉 기름기가 있을 수밖
에 없다. 중당 시절 음식점인 의관가衣冠家는 정교한 미식美食을 추구하

---

129 [청] 전역錢繹, 『방언전소方言箋疏』 권13, 상해, 고적출판사, 1989년, 979쪽.
130 [명] 이시진, 『본초강목』 권3, 앞의 책, 1985년, 176쪽.
131 [당] 단성식段成式(803~863년), 『유양잡조酉陽雜俎·주식酒食』, "今衣冠家名食, 有蕭家餛飩,
　　漉去湯肥, 可以瀹茗." 북경, 중화서국, 1981년, 71쪽.

| 1959년 신강 투르판 (吐魯番) 아스타나 (阿斯塔那) 에 있는 당대 초기 분묘에서 출토된
혼돈餛飩(왼쪽) 과 교자餃子(가운데) 167쪽

기로 유명했는데, 본래 상승上乘 음식인 혼돈에 별도의 공력을 들여 다음과 같은 수준에 도달했다. 우선 혼돈 피皮의 질이 뛰어나 끓는 탕에 집어넣어도 녹거나 풀어지지 않았다. 혼돈의 반죽이 잘 되었기 때문에 아무리 끓여도 고기즙이 전혀 새어나오지 않았다. 혼돈을 끓이는 고기국물이 신선하고 맑았다. 혼돈을 맑은 물에 끓여 잘 익은 후에 끄집어낸 후 다시 준비한 탕에 넣어 손님상에 내놓았다. 물론 인용문에서 "차를 끓일 수 있다(可以瀹茗)."는 말은 진짜로 혼돈탕에 차를 끓였다는 뜻이 아니라 혼돈탕이 그만큼 순정하고 맑았다는 뜻이다. 다행스러운 일은 당대의 혼돈이나 교자가 과연 어떤 형태인지 굳이 문헌을 뒤져보거나 자구를 통해 짐작할 필요가 없다는 점이다. 고고학적 발굴을 통해 의심할 바 없는 역사적 근거를 확보할 수 있었기 때문이다.

1959년 신강 투르판(吐魯番) 아스타나(阿斯塔那)에 있는 당대 초기 분묘에서 혼돈과 교자가 출토되었다. 혼돈의 형태는 현대인의 귀처럼 생겼는데, 길이는 3cm, 너비는 1.9cm이다. 교자의 형태는 초승달처

| 중국의 전통적인 간식인 점심點心

럼 생겼으며, 길이는 5cm, 가운데 너비는 1.5cm이다. 피는 밀가루로 만들었다. 1986년 재차 8개의 교자가 발굴되었다. 길이는 5.7cm, 너비는 2.4cm이다.[132] 지난 십몇 세기 이전의 혼돈과 교자 실물은 이미 지금의 그것과 형태가 유사했다. 이를 통해 당대 투르판 지역에 이러한 형태의 밀가루 음식이 널리 유행했음을 능히 짐작할 수 있다. 투르판 분지 일대는 북조 시절부터 당대까지 고창국高昌國이 자리했는데, 군주의 성씨는 국씨麴氏였다. 흥성하던 시절에는 남쪽으로 하남河南(나포박羅布泊 이남 토곡혼吐谷渾 경내), 동쪽으로 돈황敦煌, 서쪽으로 구자龜玆(지

---

132 신강新疆 위구르 자치구 박물관, 「신강 투르판 아스타나 북구 묘장 발굴 보고서(新疆吐魯番阿斯塔那北區墓葬發掘簡報)」「문물」, 1960년, 제6기, 21쪽.

금의 쿠차庫車 일대), 북쪽으로 칙륵敕勒(지금의 천산天山 북록北麓)과 접했다. 경내에는 한위漢魏 이래로 서역을 방위하던 한인의 후예들이 많이 살 았기 때문에 언어나 풍속이 중원 지역과 서로 비슷했다. 1966년부터 1972년까지 아스타나 당대 분묘에서 출토된 매화, 국화 등 각종 정형 화된 점심(간식) 및 '인형면식人形麵食', '국수', 정제된 면병麵餅 등은 고창 문화와 중원문화가 서로 같았다는 유력한 증거물이다. 출토된 점심, 즉 간식은 주로 밀가루로 만들었으며, 원형으로 직경이 5~6cm 정도 이다. 조형미가 뛰어나고 정교하게 만들어져 현대의 것과 크게 차이 가 없었다.[133] 이로 보건대, 일반적으로 혼돈과 교자는 중원의 분식 문 화라는 기존의 관점과 달리 십몇 세기 이전에 이미 서역까지 널리 퍼 져있던 중화민족 공통의 식문화였다고 말할 수 있다.

고고학적 발굴을 통해 당대에 이미 지금과 별 차이가 없는 교자가 존재했다는 것을 확인할 수 있으나 '교자'라는 명칭이 확정된 것은 훨 씬 뒤의 일이다. '교자'라는 말이 확정적으로 사용된 것은 명대 이후이 다. 청대 북경의 고관귀족은 물론이고 일반 서민들도 교자를 즐겨 먹 었다. 교자는 특히 '연年'중 미식이었다.

"정월에 원일元日부터 5일까지를 '파오破五'라고 하는데 예전 관습에 따라 5일 동안 물만두(水餃子)를 먹는다. 이때 먹는 물만두를 자발발

---

133 오진吳震, 「투르판 아스타나 당나라 묘소에서 발견된 중요한 유물(吐魯番阿斯塔那唐墓中有重 要發現)」「고고」, 1959년 제12기, 689쪽. 신강 위구르 자치구 박물관, 「신강 투르판 아스타나 북 구 묘장 발굴 보고서」, 앞의 책, 21쪽.

煮餑餑이라고 한다."[134]

　'자발발'은 만족 등 북방민족이 물에 교자를 넣고 끓여 먹는 음식(우리식으로 말하면 물만두)을 한인들이 부르는 이름이다. 청대 북경사람들이 물만두를 자발발이라고 부른 것은 일종의 문화현상으로 만족을 대표로 하는 북방민족이 17세기에 중원으로 진입한 후 중원의 전통 음식문화에 대해 충분히 공감했음을 나타내는 한편 당시 북경 사회가 만족 위주의 청 제국이 권력집단의 귀족계층의 관념이나 기호를 적극적으로 추종했음을 반영하는 것이다.[135]

　송대 문헌에서는 교자를 '각자角子'라고 칭하고 있다. 『몽양록夢粱錄』을 보면 남송 조정에서 황제의 수연壽宴을 묘사한 부분이 나온다.

　"어선御膳(황제의 음식)을 올릴 때 어주御廚(황실의 요리사)는 용을 수놓은 보자기(상보床褓)를 덮어 어전에 진수珍饈(진수성찬)를 올린다. 내시가 앞서 음식을 맛보는데 두 사람이 함께 음식을 집어 규범에 맞는지 직접 살핀다. 무릇 어연御宴은 세 번째 잔을 올릴 때 하주下酒(안주의 통칭)로 함시鹹豉(발효시킨 다음 간을 하여 말린 콩)와 타봉각자駝峰角子(기름

---

134 [청] 서가徐珂(1869~1928년), 『청패유초淸稗類鈔·음식飮食·경사식품京師食品』, 북경, 중화서국, 1986년, 6246쪽.
135 만한滿漢 식문화와 중원 전통 식문화의 상호 관계에 대해서는 조영광의 『만한식문화변천과 만한전석 문제 연구(滿族食文化變遷與滿漢全席問題研究)』와 『만한전석 원류 고찰(滿漢全席源流考述)』(북경, 곤륜출판사昆侖出版社, 2003년)을 참고하시오.

에 튀긴 각자)를 올린다."[136]

'교자'는 '각자'를 보다 통속적이고 규범화하여 부르는 이름이다. '각자'라는 명칭은 형태에서 이름을 취한 것이다. 소나 양, 사슴 등의 머리에 처음 난 뿔과 형태가 비슷하기 때문이다. '각자'는 '수각水角' 또는 그냥 '각角'이라고도 하는데, 상당히 오랜 기간 동안 이처럼 습관적으로 연용했다.

청대 초기 포송령蒲松齡의 『요재지이聊齋志異·사문랑司文郎』에 보면 이런 구절이 나온다.

"왕평자王平子가 크게 기뻐하면서 스승에 대한 예로 그를 대접했다. 주방의 요리사에게 자당蔗糖(사탕수수 즙을 끓여 만든 사탕)으로 물만두(水角)를 만들도록 했다. 송생宋生이 물만두를 먹어보니 매우 달았다."

이렇듯 청말에도 '각자'라는 호칭이나 표기가 여전히 존재했다.

"경사京師 사람들은 원단元旦을 대년초일大年初一이라고 부른다.……그날이 되면 빈부귀천을 막론하고 흰 밀가루로 각角을 만들어 먹었는데, 이를 자발발煮餑餑이라고 불렀다. 온 나라가 모두 그러하여 같지

---

136 [남송] 오자목, 『몽양록·재집친왕남반백관입내상수사연宰執親王南班百官入內上壽賜宴』. "進御膳, 御廚以綉龍袱蓋合上進御前珍饌, 內侍進前供上食, 雙雙奉拓, 直過頭, 凡御宴至第三盞方進下酒咸豉, 雙下駝峰角子." 『문연각사고전서』 제590책, 앞의 책, 27쪽.

않은 곳이 없었다."[137]

아마도 '각'자 표기의 의미가 분명치 않아 '분각粉角' 또는 그냥 '교餃'라고 쓰기 시작한 것 같다. 방이지方以智는 『통아通雅·음식飲食』에서 "『설문해자說文』에 따르면, '이餌는 분병粉餅이다.'라고 했는데, 이餌를 나중에 분각粉角이라고 칭했다. 북방 사람들은 각角을 교矯로 읽기 때문에 '교이餃餌'가 되었다."고 했다. 명말청초 사람 장자열張自烈이 편찬한 『정자통正字通·식부食部』에 보면 이런 구절이 나온다.

"교餃⋯⋯요즘 세간에서 말하는 교이餃餌인데, 쌀가루에 엿을 가미하며 만드는데, 크기나 형태, 마르고 습한 것이 서로 다르다. 수교이水餃餌는 단성식段成式이 말한 '탕중의 뇌환(湯中牢丸)'이다. 혹자는 이를 분각粉角이라고 부른다. 북방 사람들은 각을 교라고 읽기 때문에 교이餃餌라고 했으며, 이것이 와전되어 '교아餃兒'가 되었다."[138]

혼돈과 교자 사이의 연원관계나 각각의 형태 변화를 보다 명확하게 이해하려면 속석의 「병부餅賦」에 나오는 '뇌환牢丸'이 과연 어떤 음식이고 어떻게 생겼는지 정확하게 알아야 한다. "겨울에서 여름까지 매년

---

137 [청] 부찰돈숭富察敦崇, 『연경세시기燕京歲時記』, 북경, 북경고적출판사, 1983년, 45쪽.
138 [명말청초] 장자열張自烈, 『정자통』, "今俗餃餌, 屑米麪和飴爲之, 乾濕大小不一, 或謂之'粉角', 北人說角如矯, 實即餃耳. 唐人謂之'牢丸', 段成式'食品有'湯中牢丸', 即今水餃子." 역주: 본서 인용문은 원서의 내용과 약간 차이가 있다.

식용하고 사시사철 언제 먹어도 좋은 것은 뇌환牢丸밖에 없다(其可以通冬達夏, 終歲常施, 四時從用, 無所不宜, 惟牢丸乎)." 속석이 볼 때 '병餠' 부류에 속하는 여러 가지 면류 식품 가운데 오직 '뇌환'만이 사시사철, 명절은 물론 어느 날에나 먹을 수 있는 미식이다. 다시 말해서 속석이 살던 시대에 뇌환은 사람들이 일상적으로 먹는 분식으로 요즘의 교자처럼 상시 먹는 밀가루 음식이었다는 뜻이다. 뇌환은 글자로 볼 때 밀가루로 만든 피에 고기소를 넣은 둥근 형태의 음식이다. 고대 제사에 사용되는 소, 양, 돼지 등 삼생三牲을 뇌牢라고 한다. "소와 양, 돼지를 각기 한 마리씩을 일뢰로 한다."[139] 이는 태뢰太牢를 말하는 것이고, 소는 잡지 않고 양이나 돼지 한 마리씩 잡는 것은 소뢰少牢이다. 물론 이 말은 뇌환에 소와 양, 돼지 등 삼생의 고기소가 모두 들어간다는 뜻이 아니다. 그 가운데 하나만 들어가도 '뇌牢'라고 할 수 있다. 여하간 '뇌환'이란 명칭은 피에 들어가 있는 소가 삼생의 고기이기 때문이다. 어쩌면 예전 뇌례牢禮 제사를 지낸 후에 희생으로 사용된 고기를 소로 삼는 습관에 따른 것일 수도 있고, 또는 소나 양, 돼지 등이 뇌례 제사의 중요한 희생물이기 때문에 '뇌환'이란 이름을 쓴 것일 수도 있다.

다음으로 그 형태는 반드시 원형일 것이다. 그러나 '뇌환'은 삼생의 고기로 만든 작은 고기완자가 아니라 고기소를 피로 싼 음식, 즉 '병'의 일종일 것이다. 상상컨대, 뇌환은 끓는 탕에 삶을 때 고기소가 밖으로 나오지 않도록 잘 반죽한 피로 쌌을 것이고, 쉽게 삶기 위해 면피의 두

---

139 『춘추좌전春秋左傳·희공15년僖公十五年』 "牛羊豕各一爲一牢." 『십삼경주소소』본, 앞의 책, 1808쪽.

께를 조절했을 것이다. 동시에 미관을 위해 뇌환의 크기를 일치시켰을 것이며(이는 조리에도 편하다) 가능한 둥글게 만들었을 것이다. 아마도 요즘 시장에서 판매하는 원소元宵나 탕원湯圓과 비슷했을 가능성이 크다.

중당 이후 사람인 단성식은 부친인 단문창段文昌이 원화元和(806~820년) 말년에 재상을 지냈을 정도로 명문세가 출신인데, 특히 부중府中의 주방이나 요리를 포함한 여러 가지 잡사를 기록한 필기소설『유양잡조』로 역사에 이름을 남겼다. 단성식이 남긴 기록 가운데 중당 시절에 유명했던 특식으로 '농상뇌환籠上牢丸'과 '탕중뇌환'이 있는데, 하나는 찐 것이고 다른 하나는 삶은 것이다.[140] 여기서 주의할 점은 진대晉代 문헌에 나오는 '뇌환'이라는 명칭이 송대 이전 대략 7세기 무렵부터 '혼돈'이란 명사와 함께 사용되기 시작했으며, '각아角兒', '각자角子', '교餃', '교자餃子'라는 명칭이 나오면서 '뇌환'이라는 말이 점차 사라지고 말았다는 점이다. 뇌환이란 말이 속석의「병부」등 진대 문헌에서 처음 보인 것이라면『방언』에서 '돈飩', '장혼餦餛(혼돈)'이란 말을 썼던 양웅이 살았던 동한 시절부터 불과 반세기밖에 차이가 나지 않는다. 그렇다면 적어도 현재 남아 있는 문헌자료로 볼 때 '혼돈餛飩'이라는 명칭이 나오고 얼마 되지 않아 '뇌환'이란 말이 그 뒤를 따라서 나왔다고 말할 수 있다. 이는 다시 말해 뇌환이 초기형태의 혼돈 가운데 가장 섬세한 형태라는 뜻이다. 최초의 혼돈은 분명 지금과 같은 형태가 아니었

---

140 [당] 단성식段成式,『서양잡조酉陽雜組·주식酒食』, 북경, 중화서국, 1981년, 70쪽.

으며, 아마도 면피麵皮로 싸서 만든 요즘의 포자包子(바오즈)나 소매燒賣 (샤오마이, 찐만두의 일종)와 비슷했을 것이다. 물론 면피를 봉합한 곳은 간극이 없도록 했다. 그렇지 않을 경우 탕즙이 흘러나오거나 삶을 때 터지기 때문이다. 역사적으로 초기 형태의 혼돈이 가죽 주머니처럼 탱탱한 북의 형태라고 했는데, 이는 결코 억측이 아니다. 옛날 중국인 들은 양이나 소의 가죽을 완전히 벗겨내 모두 봉합한 후 다리 한 쪽 구 멍에 공기를 불어넣어 팽팽하게 만들어서 강을 건너는 도구로 사용했 다. 그런데 이를 '피혼돈皮餛飩'이라고 불렀다. 여러 문헌에서 이를 확인 할 수 있다.

> "혼돈餛飩은 『원사元史』에 나오는 혁낭革囊(가죽 주머니)이다. 털을 제거 하지 않고 영양羚羊의 가죽을 벗겨내어 세 다리를 단단히 묶고 한 다 리 구멍에 바람을 불어넣어 팽창시킨 다음 올라타고 강을 건넌다. 이 는 본래 몽골 사람들이 강을 건너는 방법인데, 피혼돈皮餛飩이라고 부 른다."[141]

이런 혁낭을 '피벌皮筏(통가죽 뗏목)'이라고 불렀다. 황하 상류 인근 난 주蘭州나 서녕西寧 일대 사람들은 지금도 여전히 이를 사용하고 있는데, 속칭 '혼탈渾脫'이라고 부른다. 인용문에서 『원사』에 기록되었다고 한

---

141 [청] 서경원餘慶遠, 『유서견문록維西見聞錄』, 『총서집성초편叢書集成初編』제3142책, 상해, 고 적출판사, 1995년.

것은 「석말안지전石抹按只傳」에 나오는 내용을 말한다.

> "석말안지石抹按只는 거란인(契丹人)이다.……기미년己未年(1259년)에
> ……서주叙州(지금의 사천 의빈宜賓)를 지키는 장수로 강진江津으로 건너
> 가야 했는데 군사들이 건너지 못하고 있었다. 이에 안지按只가 군중의
> 소가죽을 모아 혼탈渾脫과 피선皮船을 만들어 이를 타고 건너가 적군
> 을 격파하고 나루터를 빼앗았다. 이후 부교를 만들어 군사들이 건너
> 갈 수 있도록 했다."[142]

이처럼 혼탈이나 혁낭을 발명하여 강을 건너는 도구로 사용한 것은
북방 사람들이다. 처음에는 아마도 물이나 음료를 담는 것으로 사용
했을 것이다. 북송 시대에는 이런 혁낭의 용량이 자못 커졌다.

> "하북도河北道를 방문해 들어보니 예전에는 양혼탈羊渾脫(양가죽으로 만
> 든 혼탈)을 만들어 가동할 수 있는 것이 천 개를 헤아렸다고 한다. 혼
> 탈은 군대가 행군할 때 물이 부족하거나 강을 건너야 하는데 배가 없
> 을 경우에 주로 사용한다."[143]

혁낭은 완전히 빼내고 뽑아낸다는 점에서 '혼탈'이라고 부르는 것도

---

142 『원사元史·석말안지전石抹按只傳』. "石抹按只, 契丹人……己未……叙州守將橫截江津, 軍不得
渡, 按只聚軍中牛皮, 作渾脱及皮船, 乘之與戰, 破其軍, 奪其渡口, 爲浮橋以濟師." 북경, 중화서
국, 1976년, 3641~3642쪽.
143 [송] 소철蘇轍, 『청호부복삼사제안찰자請户部復三司諸案札子』, 『문연각사고전서』, 앞의 책, 474쪽.

일리가 있다. 명대 엽자기葉子奇의 『초목자草木子·잡조雜組』를 보면 이를 확인할 수 있다.

"북인北人은 작은 소를 잡을 때 등에 구멍을 파고 안에 있는 두골이며 뼈다귀, 고기 등을 모두 파내어 외피를 온전하게 남긴 다음 부드럽게 주물러 그 안에 유락乳酪(요쿠르트의 일종)이나 주동酒湩(젖술奶酒, 소나 말의 젖을 발효시켜 만든 술)을 담아 쓰는데, 이를 일러 혼탈이라고 한다."[144]

'피혼돈'은 해음諧音을 해학적으로 사용한 것으로 '혼탈' 이후에 나온 명칭이다. 하지만 혁낭인 '혼탈'을 '피혼돈'이라고 부른 것 역시 그것의 형태가 비슷하기 때문일 것이다. "혁낭을 때로 피혼돈이라고 부르는데, 이는 세간의 호칭이다."[145]

우리는 혼탈, 즉 혁낭의 속칭인 '피혼돈'에서 당시 혼돈의 형태를 대략 유추해볼 수 있다. 그것은 지금의 규범화된 혼돈보다 훨씬 둥근 북처럼 통통했을 것이다. 그 형태는 앞서 추론한 대로 입구 쪽을 잘 봉합한 사오마이(燒賣, 찐만두)나 아직 다 자라지 않은 작은 석류와 같았을 것이다. 뇌환은 둥근 북처럼 통통한 혼돈과 같은 형태였으며, 다른 점

---

144 [명] 엽자기葉子奇, 『초목자草木子·잡조雜組』, 『문연각사고전서』제866책, 위의 책, 795쪽.
145 [청] 완규생阮葵生, 『다여객화茶餘客話』권13 『총서집성초편』제2826책, 앞의 책.

은 손으로 빚은 후에 남은 면피로 마치 한 다발처럼 만든 부분이 없다는 것이다. 이는 동한부터 위진남북조를 거쳐 당대 이전까지 혼돈과 뇌환을 구별하는 방법이다. 확실히 뇌환은 혼돈이 형태면에서 진일보 섬세해졌다고 말할 수 있다. 사람들이 애써 반죽을 주물러 뇌환을 둥글게 만들다가 크기나 규격이 일치하는 작고 얇은 병餠을 반으로 접어서 합치는 방식으로 바꾼 후에 비로소 오늘날 규범적인 형태의 '교자'가 탄생했다. "지금의 혼돈餛飩은 형태가 언월偃月(반달)처럼 생겼으며 천하에 유통되는 음식이다."[146] 반달처럼 생긴 혼돈이라고 했는데, 보다 정확하게 말한다면 반달처럼 생긴 뇌환이라고 해야 맞는다. 이것이 바로 지금의 규범화된 교자이다. 위 인용문은 당대 사람이 북제北齊 안지추顔之推의 말을 인용한 것이다. 안지추, 자는 개介, 낭야琅琊 임기臨沂(지금의 산동 임기) 사람으로 유명한 『안씨가훈』의 저자이다. 안씨의 발언을 통해 우리는 다음 두 가지를 확인할 수 있다.

첫째, 늦어도 남북조 시대에 오늘날 통행하는 교자의 표준 형태가 이미 형성되었으며, '천하'에 통일된 형태로 유통되었다. 둘째, 교자는 사실 훨씬 이전부터 존재했으며, 다만 그 명칭이 '혼돈'이었을 따름이다.

흥미로운 부분은 안씨가 "반달처럼 생겼다."고 한 식품을 여전히 '혼돈'이라고 칭하고, 이미 오랫동안 불러온 '뇌환'으로 부르지 않았다는 점이다. 이는 다음 몇 가지로 해석할 수 있을 것이다.

---

146 [당] 단공로段公路, 『북호록北戶錄·식목食目·혼돈병餛飩餅』, 『문연각사고전서』제589책, 앞의 책, 49쪽.

첫째, '반달'의 형태와 '환丸'의 형태가 서로 다르기 때문이다. 반달처럼 생긴 혼돈이나 환丸, 즉 알처럼 생긴 혼돈은 형태만 다를 뿐 모두 혼돈의 부류에 속한다. 그래서 '뇌환'이 아니라 '혼돈'이라고 불렀던 것이다.

둘째, 남북조 이후로 '뇌환'의 형태가 점차 달라지면서 상대적으로 '반달'이 혼돈의 형태로 자리 잡았다.

셋째, 안씨는 강남 사람이다. 그렇기 때문에 뇌환보다는 혼돈을 더 중시했다. 이는 지금의 북방 사람들은 교자를 좋아하고 남방 사람들은 혼돈을 더 좋아하는 것과 마찬가지이다. 이러한 음식문화의 전통은 오랜 세월 변함없이 이어져왔다.

이상을 통해 우리는 다음 몇 가지 결론을 도출할 수 있다.

(1) 혼돈류 식품은 일찍이 동한시대부터 유행했던 밀가루 음식으로 이미 지금의 형태와 유사하여 삶는 법이나 먹는 법이 지금까지 계속 이어져왔다. 게다가 호칭 역시 불변하여 2천여 년 동안 지속적으로 사용되었다.

(2) 교자는 혼돈에서 점차 분화하여 독립된 형태이며, 뇌환은 그 과정에서 과도기에 속하는 음식이다. 물론 여기서 과도기라고 한 것은 전후로 승계했다는 뜻이 아니라 끊임없이 교차했다는 뜻이다.

(3) 교자의 최초 형태는 혼돈의 초기 단계에서 아직 규범화하지 않은 여러 가지 형태에 속한다. 혼돈류의 식품 가운데 교자의 반월 모양은 늦어도 남북조 시대에 이미 규범화한 형태로 확정되었다.

혼돈과 교자의 구체적인 제작 방법에 대한 명대 사람의 기록이 남아 있다. 이를 살펴보면 다음과 같다.

"혼돈을 만드는 방법(혼돈방餛飩方): 밀가루 한 근에 소금 석 전錢을 넣고 삭면素麵을 만들 듯이 물을 자주 넣으면서 반죽하여 병餅처럼 덩어리를 만든다. 잠깐 동안 백 번 정도 주물러 작은 덩어리로 떼어낸다. 녹두가루를 뿌리고 반죽 덩어리로 피를 만드는데 사방을 얇게 하여 그 안에 잘게 갈은 고기를 넣되 비계는 넣지 않는다. 파를 사용하려면 먼저 기름에 볶아 익히면 고기 비린내가 나지 않는다. 화초(산초)나 생강가루, 행인杏仁, 사인砂仁(축사밀縮砂䉽의 씨), 장醬을 적절하게 넣어 조미한 다음 죽순이나 데친 순무(채복菜菔)나 등나무 꽃(등화藤花) 등을 넣으면 좋고, 또는 새우살이나 게살, 그리고 여러 생선고기를 넣으면 더욱 묘한 맛이 난다. 솥에 넣고 익힐 때 먼저 대나무 가지를 뜨거운 물에 넣고 휘젓는다. 탕이 끓어오르면 자주 물을 붓는다. 탕을 물고기가 숨을 쉬는 것처럼 기포가 떠오를 때까지 끓여야 피가 터지지 않고 단단하고 매끄럽게 된다."[147]

"수명각아 만드는 방법(수명각아방水明角兒方): 밀가루 한 근을 끓는 물에 천천히 뿌리면서 계속 손으로 휘저어 풀처럼 걸쭉하게 만든다. 10덩

---

147 [명] 대희戴義, 『양여월령養餘月令·팽제烹制』, "餛飩方, 白麵一斤 鹽三錢, 和如落索麵, 更頻入水, 搜(溲)和爲餅劑, 少頃, 操百遍, 爲小鬼(塊), 捍開, 綠豆粉爲餕(米+字), 其皮堅脆, 四邊要薄, 入餡精肉, 不可搭脂. 若用葱白, 先以油炒熟, 則不葷氣. 花椒薑末, 杏仁砂仁醬, 調和得所, 更宜笋菜煠過菜菔藤花之類, 或虾蟹, 及魚肉尤妙. 下鍋煮時, 先用湯覺動, 置竹篠在湯內沸(拂), 頻頻麗水, 令湯常如魚津樣滾, 則不破其皮, 堅而滑." 명明 숭정崇禎6년(1633년)각본刻本, 11~12쪽.

이에서 20덩이 정도로 나누어서 찬물에 넣어 눈처럼 하얗게 되면 탁자 위에 놓고 손으로 짜서 물을 빼고 콩가루를 1대1 비율로 넣어 손을 눌려 얇은 피를 만든다. 안에 탕과를 넣어 소를 만들고 소쿠리에 올려 쪄서 먹으면 맛이 심히 묘하다."[148]

　　명대 수명교水明餃를 만드는 방법은 의심할 바 없이 전통적인 물에 삶아먹는 교자 제작방식의 변통이다. 수명교는 끓는 물에 밀가루 반죽을 삶은 다음 쪄서 먹는 것이기 때문에 물에 삶아 먹는 것과 다르다. 그러나 혼돈과 수명교를 만드는 방법은 비록 명청시대부터 지금에 이르기까지 전혀 바뀐 것이 없다. 중화민족의 대표적인 밀가루 음식인 혼돈과 교자가 오랜 역사 속에서 경험을 축적하면서 이미 상당한 지경에 올랐음을 알 수 있다.

---

148 [명] 대희, 『양여월령·팽제』, "水明角兒方: 麵一斤, 用滾湯內, 逐漸散下, 不住手, 攪成稠糊, 分作一二十块, 冷水浸至雪白, 放卓上, 捅水, 入豆粉對配, 搜(溲)作薄皮, 内加糖果作餡, 籠蒸食之, 妙甚." 위의 책, 10쪽.

'호병胡餅'의 명칭과 실상

호병은 중국 음식사와 식품과학기술사에서 자못 흥미를 끄는 명칭이다. '호병'이란 말이 문헌에서 처음 보이는 것은 동한 말기이니 명칭이 나온 것은 그보다 이른 것이 분명하다. 『후한서』에 보면 동한 말년에 경조京兆 장릉長陵(지금의 섬서 함양) 사람 조기趙岐가 중상시中常侍(환관 직급) 당형唐衡의 형인 당현唐玹의 박해를 피하기 위해 연희延熹 원년(1558년, 당시 당현이 경조윤京兆尹을 맡았다) "사방으로 도피하느라 강江(장강), 회淮(회하), 해海(발해), 대岱(태산) 등 돌아다니지 않은 곳이 없었다. 자신이 이름을 숨긴 채 북해北海 시장에서 병餅을 팔았다."[149] 조기가 판 것이 바로 호병이다. 이는 배송지裴松之의 발언을 통해 확인할 수 있다. 조기는 "집안에 우환이 있다는 소식을 듣고 관사에서 나와 하간河間으

---

149 『후한서·조기전趙岐傳』, 북경, 중화서국, 1965년, 2122쪽.

로 도주하여 이름을 바꾸었으며, 다시 북해에 이르러 벙거지(솜모자)를 쓰고 베로 만든 바지를 입고 시장에서 호병을 팔았다."[150] 인용문에 나오는 '북해北海'는 지금의 산동 수광壽光 일대이고, '하간'은 하북 헌현獻縣 일대이다. 그렇다면 늦어도 동한 중엽에 섬서, 하남, 하북, 산동 등지 민간에서 호병을 먹었다고 할 수 있다. 민간뿐만 아니라 구중궁궐에서도 호병을 즐겨 먹었다. "영제靈帝가 호병을 좋아하여 경사 사람들이 모두 호병을 먹었다."[151] 동한 말년에 크게 유행한 호병에 대해 당시 학자 유희는『석명·석음식釋飮食』에서 이렇게 말했다. "호병은 무지크고 위에 호마胡麻(참깨)를 뿌린다." 호병은 당시에 보편적으로 먹었던 증병, 탕병, 갈병, 수병, 금병, 삭병 등과 같은 유형이었으되 다만 "형태에 따라 이름을 달리한 것일 따름이다." 정현鄭玄은 "호는 하遐(멂), 원遠이다."[152]라고 했으니 '호'는 '원遠(멂)', '대大'의 뜻이다. 호병은 당시 비슷한 병에 비해 훨씬 컸으며, 위에 호마, 즉 지마芝麻(참깨)를 뿌렸다. 호마의 명칭이 처음 보이는 것은『신농본초경神農本草經』이다. 참깨를 호마라고 부르게 된 연유에는 "원래 대원大宛(중앙아시아 동부 페르가나 지역)에서 나기 때문에 호마라고 불렀다."는 설과 "호는 큰 것을 말하는데, 잎이 마麻(삼)보다 크기 때문에 그런 이름을 지었다."는 설 두 가지가 있다. 분명한 것은 호병이라는 명칭은 위에 호마, 즉 참깨를 뿌린

---

150 『삼국지三國志·위서魏書·염온전閻溫傳』, 북경, 중화서국, 1982년, 552쪽.
151 [서진] 사마표司馬彪, 『속한서續漢書』에 인용된 『고금사물고古今事物考·호병胡餠』에 나오는 말이다. 『총서집성초편』제1217책, 앞의 책, 147쪽.
152 『의례儀禮·사관례士冠禮』, 『십삼경주소』본, 앞의 책, 957쪽.

것과 관계가 있다.[153]

그러나 이런 관계는 역시 문화적 표상으로 당시 민속이나 사회적 의의가 보다 심층적이라는 점에서 '호지胡地', '호인胡人'의 풍습으로 현지 사람들의 음식조리법과 관계가 있다고 보는 것이 타당하다. 후세 사람들이 영제가 호병을 좋아하자 경사에 사는 이들이 이를 본받아 즐겨 먹게 된 것을 호인들이 반란을 일으키려는 일종의 '기이한 조짐'(이후에 발생한 동탁의 난을 말한다)으로 간주한 것을 보면 호병은 호인들이 좋아하는 호지의 음식이기 때문에 붙여진 이름일 것이다.

동탁董卓은 농서隴西 임조臨洮(지금의 감숙 민현岷縣) 사람으로 어려서부터 강중羌中(지금의 감숙, 청해성 일대로 강인羌人들이 주로 사는 곳)을 오갔기 때문에 성격이나 기질이 '호인'과 자못 닮아 교활하고 흉포하여 중원의 사대부들과 영 달랐다. 또한 휘하 부하들도 강인을 비롯하여 호인이 많았다. '호'라는 말은 중국 고대 중원 지역 사람들이 북방과 서방의 여러 민족을 칭하는 말이다. 그래서 그들의 사물에 대해서도 '호'자를 붙였다. 예를 들면 호도胡桃, 호초胡椒(후추), 호금胡琴 등이 그러하다. '호'라는 호칭에는 때로 업신여기거나 무시하는 뜻이 담겨 있기 때문에 소수민족들은 이렇게 불리는 것을 꺼린다. 아마도 이런 이유로 십육국 시대에 후조後趙 정권을 세운 석륵石勒은 재위시절 "'호'자를 꺼려 호자가 붙은 물건을 모두 개명하여 호병은 마병麻餅, 호수胡綏(고수)는 향수香綏, 호두胡豆는 국두國豆라고 불렀다."

153 [당] 구양순歐陽詢, 『예문유취藝文類聚』권85, 상해, 고적출판사, 1982년, 1453쪽.

그러나 호병이란 호칭은 이로 인해 완전히 폐지되지 않았다. 오히려 상고尚古 정서가 농후하고 전통에 의탁하길 좋아하는 중국 역대 문사들의 시문에 그대로 남아 지금까지 전해지고 있다. 예를 들어 『진서』에 광한廣漢 처현郪縣(지금의 사천 삼대현三臺縣 남쪽) 사람 왕장문王長文은 박학하고 재주가 있었으나 기질이 "방탕불기放蕩不羈(제멋대로 살며 얽매임을 싫어함)" 하여 주별가州別駕(종4품 아래 벼슬)로 좌천된 후 "평복을 입고 몰래 민가로 나갔지만 사람들이 아무도 몰랐다. 나중에 (어떤 사람이 보았더니) 성도 시장에서 쭈그리고 앉아 호병을 깨물어먹고 있었다."[154] 『진서』는 당나라 초기에 당대 이전 진晉 나라 사서 20여 종을 참조하여 편집한 것으로 특히 필기소설의 내용을 많이 담고 있다. 역사적 사실은 진대의 것이지만 문장의 풍격이나 문화적 풍모는 오히려 후대의 분위기에서 자유로울 수 없다. 또한 왕은王隱의 『진서』를 보면 이런 내용이 적혀 있다.

"왕희지王羲之는 어려서부터 나름의 풍조風操가 있었다. 치우경郗虞卿이 왕씨 집안의 여러 자식들이 모두 준수하다는 말을 듣고 사위를 찾기 위해 사람을 보냈다. 여러 자식들이 한껏 치장한 채 손님을 맞이하였지만 유독 왕희지는 배를 드러낸 채 동쪽 침상에 누워 호병胡餅을 먹고 있었는데 참으로 태연자약했다."[155]

---

154 『진서晉書·왕장문전王長文傳』, 북경, 중화서국, 1974년, 2138쪽.
155 [북송] 이방 등, 『태평어람』권860에 인용된 왕은王隱 『진서晉書』의 말이다. 『문연각사고전서』제900책, 앞의 책, 571쪽. "王羲之幼有風操, 郗虞卿聞王氏諸子皆俊, 令使選婚, 諸子皆飾容以待客, 羲之獨坦腹東床, 食胡餅, 神色自若."

여기서 주목할 부분은 동위東魏 초년(6세기 30년대 좌우)에 만들어진 『제민요술』에 나오는 '병법餠法'에 관한 문장에 '호병'이란 글자가 나온 다는 점이다. 이치대로 하자면 편찬자인 가사협이 고양高陽(지금의 산동 임치臨淄) 태수를 지낸 적이 있고, 선비족 정권이 임명한 관리이기 때문 에 당연히 '호'라는 글자를 기피해야 마땅하다. 일단 원문을 살펴보면 다음과 같다.

> "수병을 만드는 방법: 수지髓脂와 꿀을 섞어 밀가루와 반죽한다. 두 께는 네다섯 분分, 너비는 예닐곱 치이다. 호병로胡餠爐에 붙여놓고 익히며 뒤집지 않는다. 병은 두텁고 맛이 좋으며 오랫동안 보관할 수 있다."[156]

인용문에 나오는 '수병髓餠'은 한나라 때 문헌에 기록된 '수병'과 동일 한 것이 아닌 것 같다. 한인의 문헌에 나오는 수병은 원료가 동물의 골 수에서 나온 유지로 일반적인 유지와 다르다. 원료로 수지와 꿀, 밀가 루만 사용하거나, 심지어 꿀은 사용하지 않고 수지와 밀가루만 사용 하기 때문이다.[157] 다시 말해서 이러한 수병髓餠은 매우 소박한 '백병白 餠'에 약간의 수지를 넣은 것으로 원료 면에서 '소병燒餠'이나 '환병環餠', '절병截餠' 등에 비해 훨씬 단조롭다는 뜻이다. 하지만 가사협이 특별히

---

156 [북위] 가사협, 『제민요술·병법제82』, "髓餠法, 以髓脂蜜, 合和麵. 厚四五分, 廣六七寸. 便著胡 餠爐中, 令熟, 勿令反覆. 餠肥美, 可經久." 앞의 책, 509쪽.
157 『석명·석음식』, 상해, 고적출판사, 1989년, 1052쪽.

수병의 제작 방법을 언급한 것은 그것이 찌거나 삶는 것도 아니고 지져먹는 것도 아니며, 또한 당시 중원의 한인들의 일반적인 조리 방식인 자炙, 즉 구워먹는 방식도 아니었기 때문이다. 이러한 수병의 제작 방식은 "호병로에 붙여서 익히는 것이다." 그래서 그는 '호병'은 언급하지 않고 '호병로'를 말했던 것이다. 이 점은 확실히 흥미롭고 또한 주목할 만한 부분이다.

이치대로 말하자면 호병의 식습관은 늦어도 동한 중엽에 황하유역 및 중원지역에 점차 보급되기 시작하였으며, 동한 말년에는 위로 궁중의 천자부터 아래로 경기 지역의 일반 백성들까지 먹지 않는 이가 없을 정도로 널리 유행하던 음식이다. 따라서 가사협의 '병록餠錄'에 이를 빠뜨리고 언급하지 않을 이유가 없다. 석륵石勒이 '호'자를 피휘하라고 한 것은 단지 '호'의 명칭에 관한 것이지 그런 사물을 금지한다는 뜻이 아니었다. 다시 말해 호병이란 명칭이 공개적으로 유행한 것은 아니지만(특히 공문서나 사대부의 문장에서는 신중하게 피휘避諱해야만 했다) 호병은 여전히 실제로 존재했다는 뜻이다. 석륵의 후조後趙 정권이 무너지고 적어도 2백년 넘게 황하유역에는 여전히 호병이 널리 유행했으니 『제민요술』에서 이를 누락할 이유가 없었을 것이며, 실제로 가사협은 이를 빠뜨리지 않았다. 이렇듯 그가 학자로서 제 몫을 다해주었기에 우리는 당시 그가 살았던 시대의 진실한 역사적 기록을 얻게 된 셈이다. 그러나 그가 기록할 당시의 호병은 동한 말년에 유행하던 것이나 또는 석륵이 재세했을 당시의 호병과 형태가 같다고 말할 수 없다. 생각건대 3백년 또는 그보다 더 긴 세월 동안 유전되는 과정에서 초기의 호병 형태에 변화가 있었을 가능성이 크다. 가사협이 기록한 것은 그런 연변 과정에 있는 호병으로 앞서 말한 '수병'이 바로 그것이다.

한대 기록에 따르면, '수병'은 '자炙'의 방법으로 만드는 여러 가지 '병'의 일종이다. 한대 학자들이 이해하고 있는 '자'는 음식을 직접 불에 올려놓아 요리하는 방법, 즉 "자는 굽는다는 뜻이다. 불 위에 올려놓고 굽는다."[158]는 뜻 외에도 "자炙, 소燒이다."[159]는 말처럼 불에 익힌다는 뜻도 있으며, 불에 직접 올려놓지 않고 불을 쬐어 말린다는 뜻도 있다.[160] 한대의 수병 만드는 방법은 당연히 직접 불에 올려놓지 않고 불에 쬐어 말리는 방법, 즉 홍고烘烤이다. 『시경』에 보면 "토끼 한 마리가 있어 털을 그슬리고 굽는다(有兔斯首, 燔之炙之)."라는 구절이 나오는데, 여기에 나오는 '자지炙之'가 바로 홍고의 방식이다. 음식재료를 직접 불에 올려놓지 않고 거리를 두고 조리하는 '자'의 방식은 예전 선인들이 화력을 조절하여 음식을 요리할 줄 알았다는 것을 의미한다.

"불에 쬐어 말리는 것을 자炙라고 한다.……무릇 토끼를 요리할 때 적합한 방법은 신선한 것은 털이 있는 상태에서 그슬리고 부드러운 것은 불에 쬐고, 마른 고기는 굽는 것이다."[161]

---

158 [북송] 이방李昉 등, 『태평어람』권860에 인용된 『식경食經』, "炙, 炙也, 炙於火上也." 『문연각사고전서』제900책, 앞의 책 598쪽.
159 『옥편玉篇·자부炙部』, 『문연각사고전서』제224책, 위의 책, 176쪽.
160 [동한] 왕충, 『논형·봉우편逢遇篇』, 『문연각사고전서』제862책, 위의 책, 7~14쪽.
161 『모시정의·소아·호엽瓠葉』, "炕火日炙.……凡治兔之宜, 鮮者毛炮之, 柔者炙之, 乾者燔之." [청] 완원阮元 『십삼경주소』, 앞의 책, 499쪽.

| 감숙성 가욕관嘉峪關 신성新城 위진 6호 분묘에서 출토된 벽돌 그림 〈고육도烤肉圖〉.
지금의 양꼬치의 형태가 연상된다.

『모시정의毛詩正義』는 이렇게 말하고 있다.

"항炕은 들다(擧)의 뜻이다. 음식물을 꿰어서 불 위에 들고 굽는 것을 말한다.……토끼를 요리하는데 적합한 것을 말하자면, 신선하게 살아 있는 것을 잡았을 때는 털이 있는 상태에서 불에 그슬리고 잘게 잘라 부드러운 고기(柔者)는 저며서 꼬치로 꿰어 불에 쬐어 익히니 지금의 자육炙肉과 같다. 말린 것은 포랍脯臘이라고 하는데, 이를 불 위에 올려 놓고 구운 것은 지금의 소건비와 같다. 부드럽다(柔)는 말은 잡은 지 며

칠이 되어 아직 마르지 않은 것을 말한다."[162]

인용문에서 알 수 있다시피 수병은 한대에 주로 사용했던 비교적 일반적이고 간단한 '백병'과 크게 다르지 않다. 다만 한대 사람들처럼 불에 굽는 방식이 아니라 "호병로에 붙여서 익히는 방식이다." 사실 이것은 호병이나 다를 바 없다. 재료 면에서 호병은 별도의 엄격한 규정이 없으며, 반죽하여 떼어낸 덩어리 형태도 한인들이 굽거나 지져먹던 병보다 약간 크다. 따라서 결정적인 차이는 특별한 조리기구 및 그것에 따른 가공방식이다. 바로 이점이 호병 문화풍격의 '호'를 결정짓는 것이다. 늦어도 춘추시대부터 시작하여 가사협이 살았던 시대에 이르기까지 황하 유역에 사는 이들이 먹었던 병은 물에 삶거나 찐 것이 아니라 금속 재질의 '당' 등과 같은 조리기구로 만든 것이다. 『제민요술』에 보면 '찬粲', '고환膏環', '계압자병鷄鴨子餅', '돈피병豚皮餅' 등 여러가지 병을 만드는 방법에 대해 서술하면서 '당鐺'과 같은 가공용 도구를 언급하고 있다. 지금도 많은 지역에서 이러한 '당'을 사용하고 있는데, 모두 예전의 '당'에서 변화 발전한 것이다. 다만 과학기술이 발전하고 조리 경험이 풍부해지면서 요리에 따라 형태가 보다 전문화되고, 제작기법이 달라졌다는 점이 다를 뿐이다. '당'은 기본적으로 병을

---

162 『모시정의·소아·호엽』, "炕, 擧也, 謂以物貫之而擧於火上以炙之……凡治兔之所宜, 言凡治兔之所宜, 若鮮明而新殺者, 合毛炮之. 若割截而柔者, 則懷貫而炙之, 若今炙肉也. 乾者謂脯臘, 則加則加之火上炙之, 若今燒乾脾也. 柔, 謂殺已多日而未乾也." [청] 완원 『십삼경주소』, 위의 책, 400쪽.

지지거나 채소를 익히는데 사용되는 조리도구이다. 수많은 역사 문헌에 실려 있는 실물 그림을 통해 이를 확인할 수 있다.

송대 사람이 쓴 글 가운데 이와 관련한 흥미로운 문장이 있어 인용한다.

북제北齊 고제高帝는 근신들과 술자리를 즐겼다. 하루는 고조가 말했다. "내가 그대들에게 수수께끼를 내겠으니 한 번 맞혀보도록 하라. '졸률갈답卒律葛答(북방 돌궐족의 말로 전화식병煎火食餠이다)'이 무엇인가?" 여러 신하들이 알아맞히지 못했다. 누군가 자전子箭이라고 하자 고조가 아니라고 했다. 그때 석동동石動筒이 말했다. "신은 알겠습니다." 고조가 물었다. "무슨 물건인고?" "전병煎餠입니다." 고조가 웃으며 말했다. "석동동이 알아맞혔다." 고조가 다시 말했다. "이제 그대들이 나에게 수수께끼를 내보도록 하라. 내가 한 번 맞춰 보겠노라." 신하들이 우물쭈물하며 차마 수수께끼를 내지 못하고 있을 때 석동동이 다시 말했다. "졸률갈답이 무엇이겠습니까?" 고조가 알아맞히지 못하고 그에게 물었다. "그것이 무슨 물건인고?" "전병입니다." 고조가 다시 물었다. "내가 처음에 그것으로 수수께끼를 냈는데 어찌 다시 내는고?" 석동동이 말했다. "대가大家(고조)의 뜨거운 당자두鐺子頭를 빌려 한 개를 더 구웠습니다." 고조가 껄껄 크게 웃었다.[163]

---

163 『태평광기太平廣記』에 인용된 『방언方言』에 나온다. 『문연각사고전서』제1044책, 앞의 책, 596쪽.

인용문에서 알 수 있다시피 '당'은 주로 병을 굽는데 사용하는 도구이다. 그러나 인용문에 나오는 '전병'은 요즘 사람들에게 익숙한 '산둥 전병(山東煎餠)'처럼 명사로 사용된 것이 아니라 동사와 목적어로 구성된 것이다. 다시 말해 앞에 나오는 '전'자가 동사로 쓰였다는 뜻이다. 청대 사람 전역錢繹의 『방언전소方言箋疏』에 따르면, "오熬, 초爨, 전煎, 벽熚, 공㸆은 불로 말리는 것이다. 무릇 불로 오곡을 말리는 것을 말하는데, 산동, 제초齊楚는 오熬, 관서關西, 농기隴冀는 벽熚, 진진秦晉 사이는 초爨라고 한다. 즙汁이 있는 음식을 말리는 것은 전煎이라고 하며 동제東齊에서는 공㸆이라고 한다."[164] 이렇듯 '전'은 불로 말린다는 뜻의 동사로 사용되었다. 이러한 방식은 앞선 인용문에서 호병로에서는 "뒤집지 않는다."라고 한 것과 판연하게 다르다. 여기서 주목할 부분은 지금도 이러한 도구가 여전히 사용되고 있다는 점이다. 우선 신강新疆을 비롯한 서북 지역에서 널리 사용되는 '양갱饢坑'이 그러하고, 이외에 여러 지역에서 사용되는 '고병로烤餠爐'가 그러하다. 특히 후자는 철판으로 만든 큰 통 안에 진흙을 발라 만든 것으로 서북 소수민족들이 사용하는 '양갱'이 변화된 형태이다. 양자는 모두 고대 '호병로'에서 나왔다.

농업사 전문가인 석성탄石聲漢 선생은 이점에 주목하여 가사협이 말한 "호병로 안에 붙인다(便著胡餠爐中)."는 구절을 "병을 굽는 화로에 넣어 붙인다."는 말로 해석했다. 자못 역사적 견식이 있는 해석이다. 그러나 석 선생은 가사협이 말한 '호병로'를 "병을 굽는 화로에 붙이는

---

164 [청] 전역錢繹, 『방언전소方言箋疏(상)』권7, 상해, 고적출판사, 1984년, 438쪽.

| 소병燒餅

것"으로 해석하여 양자의 차이점을 무시했다.[165] 재미있는 사실은 가사협이 쓴 내용을 보면, 수지髓脂를 섞은 '백병白餅'을 당이 아닌 '호병로'에 넣어 익혀 먹는 것으로 간주하여 한대 이래로 있어온 '수병'의 명칭을 제멋대로 대체했다는 점이다. 이런 까닭에 '호병'이 은연중에 '수병'의 명칭 속에 들어가고 말았다. 이렇듯 한대 이래로 널리 알려진 수병이 '당'을 버리고 '로'로 들어가면서 『제민요술』에서 이름은 남고 실질은 사라지는 결과를 만들고 말았다.

그러나 사물의 형태는 오랜 역사 과정에서 발생하는 미세한 변화의 누적을 결코 소홀히 간과해서는 안 된다. 양자를 비교하면 지금까지 유전되는 서북의 '양갱'이 오히려 가사협이 말한 '수병'의 뜻이다. 이와 달리 내륙에서 고병로에서 구워내는 병은 오히려 요즘의 '조로吊爐'나 '평로平爐' 또는 아래쪽이 평평한 '당'에서 구워내는 소병燒餅과 유사하

---

165 [북위] 가사협, 석성한石聲漢 역, 『제민요술』(음식 부분), 북경, 중국상업출판사, 1984년, 177쪽.

다. 허기를 달래는 작은 병 하나가 이렇듯 복잡한 역사적 변천의 과정을 겪었기 때문에 그 형태변화를 탐색할 때 보다 예리한 관찰력과 판단력을 지니지 않을 수 없다. 역사적 사실이 증명하듯이 당송 이래로 '호병'의 명칭과 실질의 변화양태는 지금 우리가 상상하는 것보다 훨씬 복잡할 수 있다.

앞서 인용한 동진 서예가 왕희지의 젊은 시절 미담에 나오는 '호병'이 서역에서 사용되던 초기 '양饟'과 관련이 있다면[166] 적어도 당대 이후의 '호병'을 모두 같은 것으로 취급하여 논할 수 없다. 당대 문헌을 자세히 살펴보면, '호병'과 관련하여 미세한 변화를 발견할 수 있다. 당대 현종은 안록산의 난리가 일어나자 창졸간에 도피하지 않을 수 없었다. 함양에 이르렀을 때 심히 허기가 들었지만 주위에 음식을 가져다주는 이가 없었다.

"중사中使(내시)가 사람들을 소집했으나 관리든 백성이든 응하는 이가 없었다. 해가 중천에 떴는데 황상께서 아직 식사를 하지 못했다."
"양국충楊國忠이 시장으로 가서 옷소매에 호병을 가득 담아 가지고 와서 상황上皇에게 올렸다."[167]

옷소매에 넣었다는 '호병'은 화로에서 구운 것이든 아니면 '당'에서

166 [북송] 이방李昉 등, 『태평어람太平御覽』권860에 인용된 왕은王隱의 『진서晉書』, 『문연각사고전서』제900책, 앞의 책, 571쪽.
167 [북송] 사마광, 『자치통감』권218, 앞의 책, 6972쪽.

지진 것이든지 간에 동물성 수지를 사용한 것이 아님은 분명하다. 또한 병에 기름을 바른 것도 아니었을 것이다. 그렇지 않다면 양국충이 소매에 넣고 왔을 리가 없다. 그렇다면 당대의 '호병'은 지금의 '소병燒餅'과 같을 수 없다. 따라서 고대의 호병을 일괄적으로 지금의 소병으로 간주하거나 해석하는 것은 타당치 않다.

당나라는 동한 말년 이래로 주변의 여러 소수민족들과 교류하면서 번영을 구가했다. 특히 황하유역을 중심으로 한 북방은 더욱 더 그러했다. 호풍胡風의 문화와 염황炎黃의 문화가 자유롭게 왕래하는 상황에서 각종 '호식胡食'이 이전보다 훨씬 많이 유행하기에 이르렀다.

사서의 기록에 따르면, 현종 시절 "태상太常(궁중의 종묘의례 등을 관리하는 관직)의 악공이 호곡胡曲을 연주하고 귀인의 어찬御饌에 모두 호식胡食이 올랐으며, 사녀士女들도 모두 호복胡服을 입었다."[168] 일본 승려 원인圓仁의 『입당구법순례기入唐求法巡예기』에 보면 작가가 직접 목도한 여러 가지 사회 풍습을 기록하고 있는데, 그 가운데 이런 구절이 나온다. 개성開成 6년(회창會昌 원년, 841년) 정월 6일 "입춘 절기에 황상께서 호병胡餅, 사죽寺粥을 하사했다. 당시 호병胡餅이 유행하여 속가俗家에서도 모두 그러했다."[169] "속가에서도 모두 그러했다."는 말은 당시 사회 각 계층의 사람들이 모두 즐겨 먹었다는 뜻이다. 황제가 불문제자들에게 하사했다는 호병은 당연히 동물 수지를 넣어 만든 것이 아닐 것이다.

---

168 『구당서·여복지輿服志』, 북경, 중화서국, 1975년, 1958쪽.
169 [일본] 원인圓仁, 『입당구법순례행기入唐求法巡禮行記』권3, 상해, 고적출판사, 1986년, 146쪽.

이를 보더라도 호병이 소병과 다르다는 것을 알 수 있다. 이외에도 또 다른 예증이 있다.

북송 시대 왕당王讜의 『당어림唐語林』에 따르면, 당대 중엽 "권세 있는 부잣집 사람들이 식사를 할 때 양고기 한 근으로 소를 만들어 특대 호병에 넓게 깔고 호병 사이에 산초(椒)와 두시豆豉를 끼워 반들반들하고 매끄럽게 반죽한 후 이를 화로 안에 넣고 불에 쬐어 양고기가 반쯤 익으면 먹었는데, 이를 고루자古樓子라고 불렀다."[170] '고루자'를 만드는 방법은 『제민요술』에 나오는 '호병법燒餠法'과 거의 똑같다.[171] 이는 당시 호병이 다른 부재료를 넣지 않은 소면素麪에 속한다는 것을 설명해 주는 것이기도 하다.

당대 승려 혜림慧琳(속성은 배裴, 서역 소륵국疏勒國 사람으로 대흥선사大興善寺 승려)은 당시 유행하던 '호식胡食'에 부주餢飳(기름에 튀긴 밀떡), 필라饆饠(볶은 밥의 일종), 소병, 호병, 탑납搭納 등 여러 가지 품종이 있지만 "중국에서 이를 본받아 약간 바꾼 것에 불과하다."[172]고 했다. 혜림의 발언을 통해 우리는 다음 몇 가지를 추론해볼 수 있다.

첫 번째로 '호식'은 중원 밖 서역 등지, 즉 호지胡地에서 호인들이 먹던 음식이다. 두 번째로 중원에 들어오면서 "약간 바뀌었다." 세 번째로 '호병'은 일반적으로 '소병'과 다르다. 마지막으로 가장 중요한 네 번째는 '소병'과 '호병' 모두 '호식'으로 칭해졌다는 점이다. 이 역시 앞

---

170 [북송] 왕당王讜, 『당어림唐語林』권6, 『문연각사고전서』제1038책, 앞의 책, 148쪽.
171 [북위] 가사협, 『제민요술·병법제82』, 앞의 책, 509쪽.
172 [당] 혜림慧琳, 『일체경음의一切經音義』권37, 앞의 책, 1481쪽.

서 말한 '호병로'에 넣고 굽는 방식이 '호'의 가장 중요한 특징임을 인증하는 것이다. 설사 중원에서 전통적으로 당을 이용하는 방식에 쓰이는 면 반죽일지라도 호병로에서 가공해야만 '호식'의 풍격, 즉 호병이나 '호'식의 소병이라는 뜻이다. 같은 '호식胡食'일지라도, 호병로에서 구운 호병이나 소병의 구별은 호마胡麻를 위에 놓았는지 여부에 따라 갈라지는 것 같다. 동한 말 유희가 『석명』에서 호병은 "호마를 위에 올려놓은 것이다."라고 말한 까닭이 바로 여기에 있다. 백거이의 「호병을 만주자사 양경지楊敬之에게 보내며(寄胡餅與楊萬州)」라는 시는 이에 관한 생동감 넘치는 예증이다.

> 호마병을 만드는 것은 경도(장안)에서 배웠는데
> 방금 화로에서 나와 바삭바삭하고 향기롭소.
> 식탐 많은 양대사(양경지)에게 보내오니
> 보흥방輔興坊(장안에서 호마병을 잘 만들기로 유명한 곳)의 것과 다름없는
> 지 맛보시지요.[173]

시에 나오는 '호마병'은 "호마를 위에 올려놓았다."는 설을 실증하는 좋은 예이다. 다만 '면취麵脆'라고 한 것을 보면 동물성 유지를 섞은 것 같으니 가사협이 말한 '수병髓餅'일 가능성이 크다. 결론적으로 "바삭바

---

173 백거이, 「기호병여양만주寄胡餅與楊萬州」, "胡麻餅樣學京都, 麵脆油香新出爐, 寄與饑饞楊大使, 嘗看得似輔興無." 『전당시』권441, 북경, 중화서국, 1960년, 4918쪽.

삭하고 향기롭다(麵脆油香)."고 한 것으로 보아 양국충이 함양 저잣거리에서 사서 "옷소매에 가득 채워 가져온" 것과는 다른 것으로 보인다.

송대, 특히 남송으로 진입한 이후 초원에서 생활하는 민족들의 언어가 강세를 보이면서 한인들이 소수민족이라고 칭하는, 특히 북방 초원을 주 무대로 삼는 민족에 대한 두려움이 커져가면서 '호'라는 글자나 호칭도 점차 사라지기 시작했다. 아울러 예전에 두루 사용되던 '호병'이란 말도 점차 '노병爐餠' 또는 '소병燒餠'으로 대체되기 시작했다. 때로 '호병'이란 말이 사용되기는 했으나, 이는 줄 문인들이 고상함을 드러내기 위한 의고주의에 기인한 것이지 실제 사실을 지적하는 것은 아니었다. '병'이나 '병이餠餌'와 같은 면류 식품은 기본적으로 물에 삶거나 기름에 끓이고 소쿠리에 넣고 찌며 화로에 넣어 익히는 등 조리 방식으로 구별되었을 뿐 '호'라는 호칭은 이미 사라지고 말았다. 다만 서로 나누기 어려운 역사 문화적 융합만 남았을 뿐이다.

'호병'에 관해 추가로 설명해야 할, 한 가지 간과할 수 없는 문제는 '지마芝麻(참깨)'와 '호마胡麻'의 명실名實(명칭과 실질)과 동이同異에 관한 것이다.

앞서 말한 바대로 양자는 '호병'의 명실과 밀접한 관련이 있다. '호마'라는 명실의 혼란으로 인해 '호병'의 명칭에 대한 의문이 생기기 때문이다. 중국에서 현재 재배되고 있는 마류麻類 작물은 대마大麻, 지마, 아마亞麻 세 가지인데, '호병'과 역사적인 면에서 의구심을 불러일으키는 것은 지마와 아마이다. 그렇기 때문에 본문에서는 양자를 중심으로 논의하고자 한다.

대마는 자웅雌雄 두 가지로 구분하는데, 대마 수그루는 '시枲', '시마枲麻

麻', '빈마牝麻'라고 부르고, 암그루는 '저마苴麻', '자마子麻', '저마孶麻', '소마小麻' 등으로 부른다. 시마는 섬유질이 질겨서 오랜 세월 주로 마포麻布나 어망, 밧줄, 제지製紙 원료로 사용되었으며, 저마씨는 주식 외에도 식용 기름으로 사용되고, 기름을 짜고 남은 찌꺼기는 사료로 사용되었으며, 마인麻仁(삼씨)은 약으로 쓰였다. 신석기 시대 유적지에서 대마가 대량으로 발견된 것으로 보아 기원전 원시 농업사회에서 대마가 중요한 식용 및 섬유질을 얻기 위한 작물이었음을 확인할 수 있다.[174] 또한 남북조 이전까지만 해도 대마는 백성들이 중시하는 오곡 가운데 하나였다. 지마芝麻, 즉 참깨는 중국에서 전통적으로 식물기름의 원료가 되는 작물이다. 종자의 기름 함유율은 53%에 달하기 때문에 다른 유지油脂 작물보다 훨씬 높다. 지마는 고대 문헌에서 '호마胡麻', '거승巨勝', '방경方莖', '구슬狗虱', '홍장鴻藏'[175], '지마芝麻', '교마交麻', '지마脂麻'[176], '유마油麻'[177], '수보水寶'[178] 등이란 이름으로 불렸다. 송대 이후 문헌의 경우 호마, 지마芝麻, 지마脂麻 등이 가장 많이 쓰였다. 소식은 「호마를 먹고 쓰다(服胡麻賦)·서序」에서 "무엇이 호마인가?……지마가 그것이다(何者爲胡麻……脂麻是也)."[179]라고 했고, 왕정王禎은 『농서農書』에서 "호마

---

174 서안반파박물관, 『서안반파』, 북경, 문물출판사, 1982년, 7쪽. 오문신吳文信, 「오현 초혜산 유적지 발굴(吳縣草鞋山遺址的發掘)」, 『광명일보』, 1973년 6월 6일, 3판. 왕제영汪濟英 등, 「오흥 전산양 유적지 발굴(關於吳興錢山漾遺址的發掘)」, 『고고』, 1980년 4기, 354~356쪽.

175 『신농본초경神農本草經·호마胡麻』, 북경, 중의고적출판사中醫古籍出版社, 1980년, 140쪽.

176 『사물이명록事物異名錄』권24, 「교마交麻」조條에 인용된 『사물원시事物原始』, 『지마곡보芝麻穀譜』에 나오는 말이다. 양주揚州, 광릉고적각인사江蘇廣陵古籍刻印社, 1989년, 256쪽.

177 [당] 한악韓鄂, 『사시찬요四時纂要·종호마種胡麻』, 북경, 농업출판사, 1981년, 54쪽.

178 『사물이명록事物異名錄』권24에 인용된 『운급칠첨云笈七籤』에 나온다. 앞의 책, 256쪽.

179 [북송] 소동파蘇東坡, 「복호마부병서服胡麻賦并序」, 『동파전집』권33, 『문연각사고전서』제1107책, 앞의 책, 468쪽.

는 곧 지금의 지마脂麻이다.''[180]라고 했다. 20세기 50년대 말 절강 오흥현吳興縣 전산양錢山漾 일대 양저良渚 문화유적지에서 지마芝麻를 포함한 여러 가지 식물 종자가 발견되었다. 고고학적 발굴에 따른 실제 유물이 발견됨으로써 중국 선조들이 지마를 재배한 역사가 적어도 5천 년 이상이라는 사실이 확인되었다.[181] 그렇기 때문에 '호마'의 '호'는 고대 문헌에서 지칭하는 소수민족이 사는 지역이나 역외域外의 뜻과 같지 않음을 알 수 있다.

하지만 중국 역사에서 '호마'가 변경지역 또는 그 넘어 지역에서 왔다는 설이 분명히 존재한다.

오늘날 소급하여 볼 수 있는 문헌에 따르면, 가장 먼저 이러한 관점을 제시한 이는 가사협이다. "『한서』에 따르면, 장건張騫이 외국에서 호마를 얻었다."[182] 가사협 이후에도 남조 도홍경陶弘景, 북송 심괄沈括 등도 이러한 주장을 그대로 따랐다.

"본래 대완에서 나왔기 때문에 호마라고 부른다."[183]

"장건이 처음 대완에서 마유麻油의 종자를 얻었는데 그것 역시 마麻라고 불렀다. 그래서 '호마'와 구분하기 위해 한마는 '대마'라고 부른다."[184]

그러나 이러한 주장은 실제 유물이 출토되어 선사시대에 이미 마를

---

180 [원] 왕정王禎, 『농서農書·호마胡麻』, 『문연각사고전서』제730책, 위의 책, 365쪽.
181 절강문물관리회, 「오흥 전산양 유적지 제1,2차 발굴 보고서(吳興錢山漾遺址第一,二次發掘報告)」(부록1), 『고고학보』, 앞의 책, 85, 89쪽.
182 [북위] 가사협, 『제민요술·호마胡麻제13』, 앞의 책, 108쪽.
183 [명] 이시진, 『본초강목·곡부·호마胡麻』, 앞의 책, 1435쪽.
184 [북송] 심괄沈括, 「몽계필담夢溪筆談·약의藥議」, 『총서집성초편』제282책, 앞의 책, 178쪽.

재배했음을 증명한 것과 서로 배치된다. 게다가 가사협 등의 주장을 뒷받침할 문헌 근거도 희박하다. 가사협은 『한서』에 기록되었다고 말했지만 사실 이는 억측일 따름이다. 왜냐하면 반고의 『한서』 및 한대의 믿을 만한 사료로 인정할 만한 문헌 어느 곳에도 이러한 기록이 나오지 않기 때문이다. 물론 가사협이 완전히 사실을 날조한 것은 아니다. 『제민요술』이 편찬된 것은 대략 6세기 30년대로 '호'문화와 '호'를 숭상하는 기풍이 약 4세기 동안 지속되었고, 황하 유역은 그야말로 '호'의 천하였기 때문이다. 또한 깊이 파고들지 않고 피상적인 논의를 좋아하는 일부 독서인들은 원래 기이한 사물을 역외域外의 것으로 돌리는 나쁜 습관이 있는데, 어쩌면 가씨가 책을 쓸 때도 바로 그런 설이 있어 나름의 근거로 삼았을 수도 있다.

서한 말년에 나온 『사승지서汜勝之書』는 당시 농민들이 오랜 경험을 축적하여 지마를 대량으로 재배하게 된 것에 대해 서술하고 있다.

"호마는 서로 한 자씩 떨어뜨려 심는다. 일정한 거리를 두고 땅을 파서 종자를 심는데, 날씨가 가물면 물을 대준다. 그렇게 하면 한 무畝에 1백 곡斛(열말)을 수확할 수 있다."

농업사 전문가인 만국정萬國鼎 선생은 『사승지서집석汜勝之書輯釋』에서 "호마는 바로 지마脂麻이니 지금은 통상 지마芝麻라고 한다."[185]고 했다. 그러나 전체 4백여 년에 달하는 양한 시대에 '호병'의 명칭은 주로 병의 형태가 비교적 크다는 뜻이었다. 이는 유희劉熙의 『석명釋名』에서 "호

185 만국정萬國鼎, 『사승지서집석汜勝之書輯釋』, 북경, 農業出版社1963년, 68쪽.

병胡餠은 무지 크게 만든다."라고 한 것이 근거이다. 또한 "호마를 그 위에 올려놓는 것을 말한다."는 것 역시 증거로 삼을 수 있는 또 하나의 설이다.

아마亞麻는 속칭 '호마'라고 부르는데, 고대에는 지마와 통칭되었다. 용도에 따라 섬유용, 기름채취용, 섬유와 기름채취 겸용 세 가지 유형으로 나눈다. 다만 중국에서 섬유용과 기름채취용은 재배역사가 비교적 짧고 기름채취용 아마는 늦어도 양한 시절에 서북 지역까지 확대된 것으로 보인다. 이에 대한 역사 기록은 이미 한간漢簡에 나오며[186], 이후의 기록은 더욱 많다. 예를 들어 도홍경은 아마의 형태를 비교하여 다음과 같이 말하고 있다. "줄기가 네모난 것은 거승巨勝이고 둥근 것은 호마胡麻이다."[187] 줄기가 둥근 것이 바로 기름을 짜는데 사용하는 아마의 형태이다. 송대 사람 소송蘇頌의 『도경본초圖經本草』, 구종석寇宗奭의 『본초연의本草衍義』에서 묘사된 '호마'의 줄기와 잎사귀, 색과 맛 및 약성으로 보건데 기름용 아마가 틀림없다.[188] 이시진은 색과 형체에 근거하여 이를 '벽슬호마壁虱胡麻'라고 정확하게 지칭했다.[189] 기름용 아마와 지마의 종자를 비교해보면 다른 점을 어렵지 않게 찾을 수 있다.

지마(참깨)와 아마를 비교해 보면 양자 사이에 다음과 같은 미세한 차이가 있음을 알 수 있다. 우선 아마 씨는 참깨 씨보다 약간 크다. 후

---

186 중국사회과학원 고고연구소, 『거연한간居延漢簡』갑을편甲乙編 하책下册, 북경, 중화서국, 1980년. 86쪽.
187 [명] 이시진, 『본초강목·谷部·胡麻』, 북경, 人民衛生出版社1986년, 제1435쪽.
188 [북송] 구종석寇宗奭, 『본초연의本草衍義·호마胡麻』, 『총서집성초편』제1430책, 앞의 책, 113쪽.
189 [명] 이시진, 『본초강목·곡부·호마』, 앞의 책, 1436쪽.

자는 날카롭고 짧으며, 아마 씨는 날카롭고 길며 한쪽으로 구부러져 있다. 고대 사람들은 이를 형상적으로 '구슬狗虱'과 '벽슬壁虱'로 구분했는데, 매우 정확한 말이다. 이는 고대 '호마'라는 호칭이 참깨와 기름용 아마 양자를 포괄한다는 사실을 보여준다. 서로 비슷한 것을 혼동하는 것은 매우 자연스러운 일로 쉽게 이해할 수 있다. 사실 이런 현상은 경험으로 판별하던 시대뿐만 아니라 요즘 일상생활에서도 자주, 그리고 많이 나타난다. 참깨와 기름용 아마는 모두 기름 함유율이 높아 중요한 착유 원료이다. 양자의 씨앗은 서로 맛이나 향기가 다르며 또한 오래 전부터 '병'을 포함한 여러 음식에 향이나 색깔을 내는데 사용되었다. 양자의 구별이 미세하기 때문에 역사 문헌에서 오기나 오해가 생기는 것도 기이한 일이 아니며 또한 이해하기 어려운 것도 아니다.

그렇기 때문에 우리는 '호마'의 '호'는 형태가 크다는 의미에서 생겨났으며, "위에 호마를 뿌려놓기" 때문에 생겨났다는 설도 있음을 알 수 있다. '호병'은 초기에 황하유역 및 서북지구 사람들(사서에서 말하는 역내, 역외의 호인을 말한다)이 즐겨 먹는 음식이었으며, 한대 이후로 형태가 점차 작아졌고, 수당 시기에 병餅에 참깨를 뿌리거나 아마 씨 기름을 사용한 노병爐餅이 있었다는 것을 알 수 있다.[190]

---

190 '호마胡麻'에 관해 많은 학자들이 논의한 바 있다. 양희의楊希義, 「대마와 지마, 아마의 재배 역사(大麻,芝麻與亞麻栽培歷史)」, 『농업고고』, 1991년 3기.

'하루河漏'에 관하여

혼돈, 뇌환牢丸, 교자, 삭병, 수인水引 등 다양한 분식은 오랜 세월 동안 중국 중상류 사회 사람들의 일상적인 음식이었다. 하지만 일반 서민 대중은 명절이나 특별한 날이 되어야 비로소 먹을 수 있었다. 이런 점에서 밀가루 음식은 중국에서 부유한 계층이 먹던 식품이다. 이와 상대적으로 북방(중국 역사에서 북방은 주로 분식을 애용했다)에서 기본적으로 서민대중들이 즐겨먹던 분식이 있는데, 이것이 바로 '하루河漏'이다.

'하루'라는 명칭이 가장 처음 나온 문헌은 원대 저명한 농학자인 왕정王禎의 『농서農書』(1314년 발행)이다.

"교맥蕎麥(메밀) : 북방 산 뒤쪽 여러 군郡에서 많이 심는다. 껍질을 제거하고 갈아서 가루를 내고 펼쳐서 전병을 만들며 마늘을 곁들여 먹는다. 때로 탕병湯餅을 만들기도 하는데 이를 '하루河漏'라고 부른다.

| 국수를 만드는 기구인 하루상河漏床

밀가루처럼 부드럽고 가늘어 밀가루에 버금가니 백성들이 좋아하여
일상적인 음식이 되었다."[191]

이후 명, 청대 문헌에서도 이와 유사한 내용이 나온다. 명대 의학자
이자 약학자인 이시진은 『본초강목』에서 이렇게 말하고 있다.

"교맥蕎麥(메밀)은 남방과 북방에 모두 나온다. 입추 전후로 씨앗을 뿌
려 8,9월에 수확하는데 서리를 피해야 한다. 싹은 1,2자 정도이고, 붉

---

191 [원] 왕정王禎, 『농서農書』권7, "蕎麥, 北方山后諸郡多種, 治去皮壳, 磨而爲麵, 攤作煎餠, 配蒜
而食. 或作湯餠, 謂之'河漏', 滑細如粉, 亞於麥麵. 風俗所尙, 供爲常食." 『문연각사고전서』제730
책, 앞의 책, 365쪽.

은 줄기에 잎은 녹색으로 오구烏桕나무 잎처럼 생겼다. 작고 흰 꽃이 피는데 밀집형태로 활짝 피어 눈부시게 찬란하다. 열매가 다닥다닥 붙은 것이 마치 양의 발굽처럼 생겼으며, 열매는 삼각형이고, 익으면 검은 색으로 변한다. 왕정의 『농서』에서 말하길, '북방에서 많이 심는 다. 갈아서 가루를 내어 전병을 만드는데 마늘을 곁들인다. 때로 탕 병을 만들기도 하는데 이를 하루河漏라고 한다. 일상적으로 먹는 음식 이며, 밀가루처럼 부드럽고 가늘어 밀가루에 버금간다.' 남방에서도 재배하지만 분이粉餌(경단, 단자)를 만들어 먹으며, 농가에서는 겨울을 나는 곡물이다."[192]

청 중엽 명신인 악이태鄂爾泰의 증손인 서청西淸이 저술한『흑룡강외 기黑龍江外記』에 보면 이런 내용이 나온다.

"교맥은 흑룡강에서 나오는 것이 특히 좋다. 가루는 전병을 만들거나 하루를 만들기에 적합한데 달고 부드러우며 흰색으로 다른 곳에는 이런 교맥(메밀)이 없다. 하루는 마른 국수(괘면掛麵)류로 속칭 합락合絡 이라고 부른다. '하루河漏'라는 두 글자는 『본초강목』에 보인다."[193]

---

192 [명] 이시진, 『본초강목·곡부·교맥蕎麥』, "蕎麥南北皆有. 立秋前後下種. 八九月收刈. 性最畏霜. 苗高一二尺. 赤莖綠葉. 如麦樹葉. 開小白花. 繁密粲粲然. 結實累累如羊蹄. 實有三棱. 老則烏黑 色. 農書云. 北方多種. 磨而爲面. 作煎餅. 配蒜食. 或作湯餅. 謂之河漏. 以供常食. 滑細如粉. 亞 於麥麵. 南方亦種. 但作粉餌食. 乃農家居冬穀也." 앞의 책, 1459쪽.

193 [청] 서청西淸, 『흑룡강외기黑龍江外記』권8, "蕎麥. 出黑龍江省尤佳. 麵宜煎餅. 宜河漏. 甘滑潔 白. 他處所無. 河漏. 挂麵類. 俗稱合絡. '河漏' 二字見本草綱目." 『속수사고전서續修四庫全書』제 731책, 상해, 고적출판사, 1995년, 758쪽.

이상의 자료에서 알 수 있다시피 '하루'는 중국에서 장기간에 걸쳐 메밀의 주요 산지인 북방에서 주로 먹는 마른 국수 형태와 유사한 메밀면 음식이다. 메밀은 질적으로나 맛 면에서 "밀가루에 버금가며" 생장이 비교적 짧고 큰 밭에서 대량으로 경작하는 작물이다. 메밀은 주로 자연재해로 인해 농사철을 놓쳤을 때 심는 대체작물이기 때문에 역사적으로 밀이나 보리 이외의 '잡맥雜麥'으로 간주되었다. 명대 과학자인 송응성은 당시의 풍속을 서술하면서 이렇게 말했다. "일반 백성들은 식량이 없어 힘들 때 (메밀로) 아침밥을 해먹었지만 귀족들은 그러지 않았다."[194] 당연히 메밀은 주로 서민들의 음식이었는데, 이는 명대부터 그러한 것이 아니라 이전부터 줄곧 그러했다.

송대 사람 부굉傅肱은 『해보蟹譜』에서 남방과 북방 사람들이 음식습관을 가지고 서로 조롱하는 이야기를 싣고 있다. 북방인들은 남방인들에게 "예전에는 생선을 먹더니 나중에는 방게를 먹으니 뱀을 잡고 전갈을 가지고 노는 것 같다."고 비웃었고, 남방인들은 북방인들에게 "예전에는 유락(유즙)을 먹더니 나중에는 메밀 경단을 먹으니 피고름을 빨아 먹는 것과 같다."고 조롱했다.[195] 메밀가루를 찌면 색깔이 옅은 갈색으로 변하기 때문에 북방 사람들이 누런 유락과 붉은 메밀 경단을 먹는 것을 보고 피고름을 먹는 듯하다고 비웃었던 것이다.

현대 작가인 이계李季의 장편 서사시 「왕귀와 이향향(王貴與李香香)」은

---

194 [명] 송응성, 『천공개물·내립제일乃粒第一·맥麥』, "閭閻作苦以充朝膳, 而貴介不與焉." 앞의 책, 233쪽.
195 [북송] 부굉傅肱, 『해보蟹譜』권하, "先吃鱔魚, 后吃螃蟹, 一似拈蛇弄蝎.""先吃乳酪, 后吃蕎團, 似嘬膿灌血."『문연각사고전서』제847책, 앞의 책, 698쪽.

당시 서북 지구의 풍속을 반영하고 있는데, 주인공인 이향향은 부자에게 구혼을 받지만 그녀는 오히려 가난한 왕귀를 마음에 두고 있다. 이에 화가 치민 부자가 이렇게 말한다.

"흰 밀가루(白麵)를 놔두고 메밀(협락飴餎)을 먹겠다는 뜻이로구나. 왕 귀에게 반하다니 네가 나를 마음에 안 들어 하는 까닭을 알겠다."

메밀을 식용하려면 일반적으로 메일을 갈아 각종 병류餅類로 만들어야 한다. 송응성은 이렇게 말한 바 있다. "메밀은 사실 맥류麥類가 아니지만 그 가루로 요기를 할 수 있다. 그래서 맥이라고 이름을 붙여 그냥 맥으로 부른 것일 따름이다."[196] 이렇듯 메밀은 주로 '전병'을 만들어 먹거나 쪄서 먹는 권자卷子나 소를 넣은 교자를 만들어 먹는다. 그러나 가장 주된 것은 역시 '탕병'이다. 하지만 이는 고대에 흔히 말하는 광의의 '탕병'이 아니라 끓는 물에 국수를 삶아 먹는 탕병을 말한다. 이러한 메밀국수를 특칭하여 '하루' 또는 '합락合絡', '합락合酪', '협락飴餎' 등으로 부른다. 이런 호칭은 청대 사람 반영폐潘榮陛의 『제경세시기승帝京歲時紀勝』에 나오는 경사京師의 9월 음식에 관한 소개 글에서도 보인다.

"새로 추수한 황미黃米(기장쌀)에 붉은 대추를 넣어 전고煎糕를 만들고, 메밀가루와 진초秦椒(산초)를 섞어 합락合酪을 만든다. 판압板鴨(소금에

196 [명] 송응성, 『천공개물·내립제일·맥』, 앞의 책, 233쪽.

절여 납작하게 눌러 건조시킨 오리고기)을 맑은 물에 끓이고 게를 술지게 미에 넣어 부드럽게 만든다. 초교草橋의 올방개(발제荸薺)는 잔보다 크고, 위수衛水의 은어는 옥처럼 희다."[197]

정제된 메밀면인 '협락餄餎'은 명절에 즐겨 먹는 음식이 되었다. 메밀가루는 글루텐이 없기 때문에 밀가루처럼 손으로 반죽하여 길고 가는 국수를 만들어낼 수 없다. 그래서 사람들은 특별한 가공 도구인 '하루상河漏床'[198]을 만들어 '눌러(壓)' 국수를 만들었다. 청대 사람 고윤생高潤生(1858~1937년)은 협락을 눌러서 만드는 방법을 자못 자세하게 기록한 바 있다.

"지금 상황에서 본다면 메밀은 북방 농가에서 일상적으로 먹는 음식이다. 하루를 만드는 방법은 다음과 같다. 물에 메밀가루를 섞어 반죽을 만든 다음 나무로 만든 기계에 넣고 압축하여 국수를 빼낸다. 나무 기계는 암수 각기 한 개씩으로 이루어져 있는데, 활축活軸으로 연결되어 손으로 올렸다가 내렸다 할 수 있다. 밖에 상을 펼쳐 놓고 사용할 때 기계를 솥 위에 장치하고 반죽 덩어리를 기계의 암컷에 채워 넣는다. 암컷의 밑바닥에는 촘촘하게 구멍이 뚫린 쇠판이 붙어 있기 때문에 기계의 수컷을 내려 누르면 메밀면이 구멍을 따라 내려오면서

---

197 [청] 반영폐潘榮陛, 『제경세시기승帝京歲時紀勝』, 북경, 북경고적출판사, 1983년, 34쪽.
198 역주: 한국에서는 면자기麵榨機라고 부른다.

가느다란 국수가 솥으로 곧장 떨어진다. 이를 삶아서 먹으면 부드럽고 맛있다. 이 나무 기계의 이름을 '하루상'이라고 한다."[199]

고씨가 기록하고 있는 나무로 만든 하루상은 중국 역사에서 상당히 오랜 세월 사용되었으며, 20세기 80년대에도 중국 서북, 화북, 동북 등지의 농촌이나 산촌의 일반 사람들이 여전히 사용하고 있다. 고씨는 "암수 각기 한 개씩"으로 이루어진 나무 기계라고 했는데, 하루상은 이렇듯 지렛대 원리를 이용한 비교적 간단한 기계이다. 사람들이 이용하기에 가장 간편하고 경제적인 재료는 당연히 목재이다. 고씨가 말한 하루상은 역사적으로 가장 표준적인 기계 형태였을 것이다. 왜냐하면 더욱 간단하게 "암수 각기 한 개씩" 두 개의 나무를 결합하여 만든 것도 있기 때문이다. 하지만 고씨가 말한 표준적인 형태의 하루상은 그보다 더 실용적이고 힘이 덜 들며, 보다 많은 이들에게 제공할 수 있을 정도로 많은 양을 만들 수 있는 형태이다. 보다 효율성을 높이기 위해 기계의 수컷에 해당하는 둥근 몽둥이를 깔고 앉아 온힘을 다해 반죽덩어리를 누르기도 한다. 지금도 이미 천여 년의 역사를 가진 이런 가공 도구가 여전히 사용되고 있다. 다만 목제가 철제로 바뀐 것이 다를 뿐이다. 이는 모두 수공으로 제작한 것들로 비교적 간단하고 조잡한 것들이다. 다만 지금은 국수나 냉면(조선식 냉면)을 파는 음식점

---

199 [청] 고윤생高潤生, 『이아곡명고爾雅穀名考·입원고농학총서笠園古農學叢書·갑부甲部』, 1915년, 연인본鉛印本, 30–31쪽.

에서는 보편적으로 강철로 만든 제면기 또는 면자기가 이를 대체하고 있는 상황이다. 그러나 이처럼 '현대화'된 기계로 압축하여 만드는 것들은 메밀국수가 아니라 정제된 밀가루나 전분 등을 섞어 입맛에 맞게 변화시킨 것들이다. 하루의 재료는 단지 메밀에 그치는 것이 아니다. 메밀처럼 글루텐이 부족하거나 없는 수수나 옥수수로 면을 만들 때도 있다.

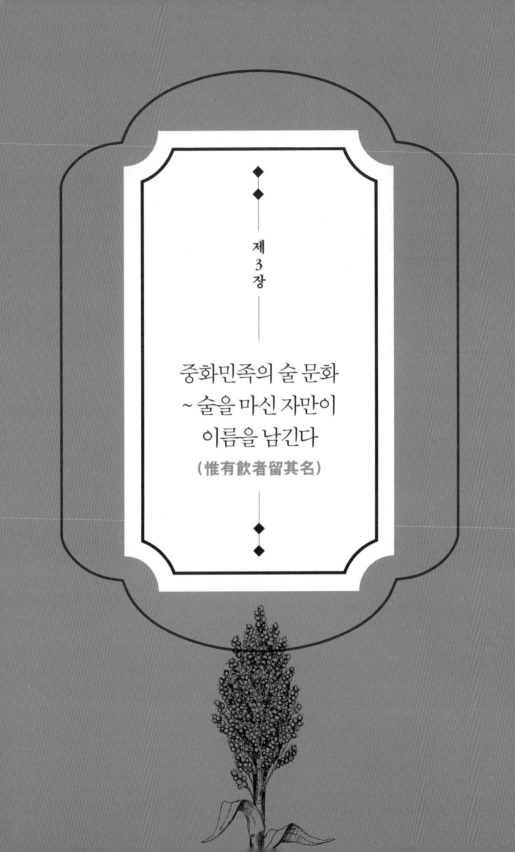

제 3 장

중화민족의 술 문화
~ 술을 마신 자만이
이름을 남긴다
(惟有飮者留其名)

· 제1절 ·
술의 기원과 발전

중국은 세계에서 비교적 일찍부터 술을 빚은 나라 중 하나이다. 중국 술의 발명자는 과연 누구일까? 예로부터 연구자들의 의견이 분분하여 일치된 결론을 내리지 못했다. 사실 이는 단지 민속학이나 문화학의 의문일 뿐 역사학의 문제가 아니다. 인류 역사상 수많은 '발명'이 있었지만 이는 결코 혼자만의 일도 아니고 하루아침에 이루어진 것 또한 아니다. 이런 점에서 술을 발명한 '최초의 발명자' 또는 '첫 번째 발명자'를 찾는다는 것은 우문이 아닐 수 없다.

진인晉人 강통江統(?~310년)은 「주고酒誥」에서 이렇게 말했다.

"술이 생겨난 것은 상황上皇(복희씨伏羲氏, 수인씨燧人氏, 신농씨神農氏)에서 비롯되었다. 혹자는 의적儀狄이 만들었다고 하고 두강杜康을 언급하기도 한다. 밥이 많아 다 먹지 못하면 남은 밥을 뽕나무 구멍 안에 넣어

두었는데 오랫동안 놔두면 발효되어 맛(신맛)이 좋고 향내가 났다. 이렇듯 우연히 나온 것이니 무슨 기이한 방술로 말미암은 것이 아니다. 역대로 오랜 세월이 오랜 세월이 흘렀다.(缺文) 오제를 상고할 수 있으며, 위로 삼왕까지 거슬러 올라갈 수 있다. 성현일지라도 모두 그 맛을 보았다."[200]

의적과 두강은 고대 전설상의 인물이다. 만약 그들이 실제로 살았다면 대략 하우夏禹(하나라 우임금)와 동시대이거나 조금 늦은 시대일 것이다. 의적이 처음으로 술을 빚었다는 전설은 『여씨춘추』, 『전국책』, 『세본世本』 등 선진先秦 전적에 나오는데, 그 내용을 살펴보면 다음과 같다.

"의적이 술을 빚었다."[201] "옛날 제녀帝女(요임금의 딸)가 의적에게 술을 빚도록 했는데 그 맛이 좋았다. 이에 우 임금이 마셔보고 그 맛이 좋아 의적을 멀리하고 맛난 술을 끊고 이렇게 말했다. '후세에 필시 술로 나라를 망치는 이가 있을 것이다.'"[202] "예전에 제녀가 의적에게 주료酒醪를 만들도록 했는데, 다섯 가지 맛으로 변했다."[203]

이렇듯 의적은 중화문명사에서 문자로 기록된 최초의 양주사釀酒師이다.

---

200 [서진] 강통江統, 「주고酒誥」, "酒之所興, 乃自上皇. 或云儀狄, 一曰杜康. 有飯不盡, 委餘空桑, 鬱結成味, 久蓄氣芳. 本出於此, 不由奇方. 歷代悠遠, 經(缺)彌長. 稽古五帝, 上邁三王. 雖曰賢聖, 亦咸斯嘗." [명] 매정조梅鼎祚 『서진문기西晉文紀』권19, 『문연각사고전서』제1398책, 앞의 책, 432쪽.
201 『여씨춘추·심분람審分覽·물궁勿躬』, 『제자집성』본, 북경, 중화서국, 1954년, 206쪽.
202 『전국책戰國策·위책2魏策二』, 상해, 고적출판사, 1985년, 846~847쪽.
203 [한] 송충宋衷, 주注, [청] 묘반림茆泮林 집집輯 『세본世本』, 『총서집성초편』제3698책, 앞의 책, 2쪽.

하나라는 기원전 21세기에 세워졌으니 전설 시대의 의적은 대략 4천여 년 전에 살았던 셈이다. 물론 중화민족 선조의 양조 역사는 이보다 더 오래되어 대략 7천여 년 전으로 거슬러 올라간다. 술을 발명하여 처음으로 사용한 것은 귀신을 즐겁게 하기 위한 제사용이었으며, 지금처럼 사람의 향락을 위한 것이 아니었다. 옛 사람들은 술이라는 특수한 액체에 대한 미신 숭배로 인해 젖이 있는 여인이 양조 일을 맡아야 한다고 생각했다. 이런 의미에서 의적은 중국 발효 식품과 양조에 가장 대표적인 인물로 간주할 수 있다.

두강이 술을 빚었다는 기록은『세본』과 조조曹操(155~220년)의 「단가행短歌行」에 나온다.

무엇으로 근심을 풀 것인가?

오직 두강杜康(술의 이칭)만 있을 따름이다.[204]

『설문해자』는 두강을 소강少康이라 불렀다. 연구자들에 따르면, "두강이 어느 시대 사람인지 알 수 없다. 하지만 고금에 걸쳐 처음 술을 빚은 인물로 간주되었는데, 일설에는 소강이 출주秫酒(기장으로 만든 술)를 빚었다고 한다."[205] 이렇듯 역사적으로 이미 고찰하기 힘들다. 이외에 다른 주장도 있다.『사고전서총목제요』의 경우는 "주周와 진秦 연간

204 조조, 「단가행」, "何以解憂? 唯有杜康."
205 [청] 진몽뢰陳夢雷,『고금도서집성古今圖書集成·식화전食貨典』권276, 북경, 중화서국, 1934년 영인본.

의 사람이다."고 했다. 또한 유명한 의전醫典인 『소문素問』에 보면, 황제黃帝와 기백岐伯이 "오곡으로 만든 탕액湯液과 요례醪醴"에 대해 논했다는 기록이 나온다. 황제는 헌원씨軒轅氏(일명 유웅씨有熊氏) 부락의 수령으로 나중에 염황炎黃 부락과 연맹을 맺은 당사자이다. 그의 시대는 대우大禹나 의적 이전이다. 이외에도 순舜의 부친인 고수瞽瞍가 술로 순을 해치려고 했다는 이야기도 있다.[206] 순은 우보다 먼저 살았던 인물이니 이런 전설은 의적이 술을 빚었다는 이야기와 서로 모순된다. 사실 술에 대한 지식은 선민들이 당糖을 함유한 야생과일을 저장하면서 자연 발효하여 술이 되는 과정을 통해 습득한 것이다. 후세에 사람들이 즐겨 마신 황주黃酒, 백주白酒, 포도주, 맥주 등은 기원이나 발전과정이 서로 다르다. 이제 나누어 살펴보고자 한다.

1. 황주의 기원과 발전

황주는 중국 특유의 양조주이다. 중국의 현대 황주는 대부분 찹쌀을 원료로 하지만 멥쌀이나 기장, 옥수수를 원료로 삼기도 한다.

우선 원료를 잘 쪄낸 다음 술밑(酒麴) 또는 술누룩(酒藥)을 넣고 당화糖化, 발효를 거친 후 압착하여 만든다. 알코올 도수는 일반적으로 16~18도이다. 황주는 중국에서 가장 오래된 술이지만 구체적으로 언

---

206 [당] 육구몽陸龜蒙(?~881년), 『입택총서笠澤叢書』권1 『문연각사고전서』제1083책, 앞의 책, 238쪽.

제 시작되었는지 고증하기 어렵다. 현존하는 고대 문헌인 『세본世本·작편作篇·주고酒誥』에 따르면, 황주는 의적 또는 두강이 처음 만든 것으로 나온다. 그러나 신석기 시대 대문구大汶口 문화시기의 도기 중에 이미 전용 주기酒器가 발굴된 바 있다. 그 중에는 호壺, 배杯, 고觚 외에도 어귀가 큰 대구존大口尊, 항아리인 옹瓮, 아래쪽에 구멍이 있어 술을 거르는 데 사용하는 도기 등이 있다. 그것들은 주로 술을 당화, 발효, 저장은 물론이고 술을 거르는 데 사용하는 기구이다. 이로 보건대 4,5천 년 전 대문구 문화시기에 이미 사람들이 술을 빚었음을 알 수 있다.

하夏, 상商을 거치면서 양주 기술이 크게 발전했다. 상왕商王 무정武丁 시기(기원전 1250~1192년)에 이미 독창적인 당화 또는 발효하여 만드는 황주 양조 기술이 선보였다. 남북조 시대에 가사협賈思勰이 편찬한 『제민요술齊民要術』에 보리와 밀을 이용하여 황주를 만드는 방법이 기록되어 있으며, 북송 정화政和 7년(11178년) 주익중朱翼中은 세 권짜리 『북산주경北山酒經』에서 쌀로 황주를 빚었던 경험을 기록하고 있다. 『북산주경』의 내용에 따르면, 『제민요술』의 양조기술보다 훨씬 개선되었음을 알 수 있다. 복건의 홍곡주紅曲酒(황주의 일종으로 복건, 대만 등지에서 생산됨)인 오월홍五月紅은 중국 제일의 황주로 불렸다. 남송 이후 소흥의 황주 양조 기술이 점차 발달하여 명청 양대에 이미 장강 남북에서 널리 판매되었다.

현대 황주 시장에서 가장 유명한 상표는 절강 소흥 황주, 복건 용암龍岩 침강주沉缸酒, 강소 단양丹陽 봉항주封缸酒, 강서 구강九江 봉항주封缸酒, 산동 즉묵卽墨 노주老酒, 강소 노주老酒, 무석無錫 노오황주老廒黃酒, 난릉蘭陵 미주美酒, 복건 노주 등이다. 그 중에서 즉묵의 노주는 북방 황주의 대표격으로 기장이나 차조(秫, 속칭 황미黃米)를 주원료로 한다. '황주'라는 이름은 여기에서 유래했다.

2. 백주의 기원과 발전

오늘날 대중들이 흔히 '백주白酒'라고 부르는 술은 중국 전통 증류주이다. '백주'라는 명칭은 중국에서 통용되는 말이다. 문자 기록에 따르면, 당나라 때 처음으로 '백주'라는 명칭이 나오지만 당시 백주는 지금의 백주와 다르다. 당나라 사람들이 말하는 백주는 황주의 황색, 약주의 갈색, 과실주의 여러 가지 색깔과 달리 흰색이라는 뜻이다. 요즘으로 치면 감주의 흰색, 즉 우유빛이나 쌀뜨물의 흰색을 띤다는 뜻이다. 아직까지 학계에서는 당대에 증류주가 있었다는 믿을 만한 증거를 제시하지 못하고 있다. 송,원 시대에 이미 증류주가 있었지만, 이를 백주라고 부르지는 않았다. 오늘날의 백주는 증류주인데, 순정한 증류주는 자연수보다 맑은 무색無色이다. 이처럼 무색투명하고 물보다 맑은 술이 '백주'인데, 그렇다면 옛 사람들이 상식에 어긋나는 착오를 저질렀단 말인가? 아니다. 그렇지 않다. '백'자는 희다는 뜻 외에도 맑음, 깨끗함, 비어 있음의 의미를 지닌다. 따라서 백주의 '백'은 깨끗하고 맑아 마치 아무 것도 없는 것 같다는 뜻이다. 따라서 중국인이 말하는 백주의 '백'은 매우 순일한 술(醇酒)이라는 뜻이다. 그래서 백주를 '간주幹

酒’, ‘백간주白幹酒’, ‘노백간주老白幹酒’라고 칭한다.

백주는 곡물 및 감자나 고구마 등 전분이 풍부한 작물을 원료로 당화, 발효, 증류를 거쳐 만들어진다. 알코올 도수는 보통 40도 이상이고 현재는 40도 이하의 낮은 도수의 백주도 생산된다. 중국 백주는 황주에서 진화한 것이다. 비록 중국은 이미 오래 전에 주국酒麴(누룩)과 주약酒藥(누룩)으로 술을 빚었지만, 증류기구가 등장하기 전에는 알코올 도수가 낮은 황주를 양조할 수밖에 없었다. 증류기구가 출현한 후에야 누룩으로 빚은 술을 다시 증류하여 알코올 도수가 높은 증류주인 백주를 얻을 수 있었다.

학계의 연구 결과에 따르면, 백주의 기원은 원나라 시절 아랍에서 전래되었다는 설과 동한 기원설, 당송 기원설 등 세 가지 추론이 있다. 원대 기원설은 이시진李時珍의『본초강목』에 나오는 다음 구절에서 기인한다. “소주는 예전에 술을 빚는 방법이 아니라 원대에 비로소 창안된 방법이다.”[207] 그래서 ‘소주燒酒’를 ‘아랄길주阿剌吉酒(아랍어로 증류란 뜻인 아라키에서 기원하며 몽골어이다)’라고 부르기도 한다. 이시진의 기록은 원대『음선정요飮膳正要』에서 인용한 것인데『음선정요』에 따르면, “좋은 술을 오랫동안 끓이면 이슬처럼 맑은 액체가 생기는데 이를 모은 것이 아랄길阿剌吉이다.”[208]

당나라 이전 문헌에는 백주 생산에 대한 기록이 나오지 않는다. 당

---

207 [명] 이시진,『본초강목·谷部·燒酒』, 앞의 책, 1567쪽.
208 [원] 홀사혜忽思慧,『음선정요飮膳正要·아랄길주阿剌吉酒』, 북경, 인민위생출판사, 1986년, 1쪽.

송대에 이르러서야 비로소 백주라는 말이 시문에 자주 보인다. 일부 연구자들은 이를 근거로 삼아 당송대에 증류주가 있었다고 주장하는데, 이는 그다지 신중치 못한 결론이다.

1975년 12월 하북에서 금나라 세종 대종大定 연간(1161~1189년)에 제작된 동으로 만든 소주 제작용 솥(燒酒鍋)이 출토되었는데, 비록 학계에서 이견이 있기는 하지만 중국 남송 시절에 이미 백주가 있었다는 것은 믿을 만하다. 또 어떤 학자들은 동한 시대 휴대용 청동 증류기(상해 자연박물관 소장)를 근거로 동한 시대에 이미 증류주가 있었다고 주장하고 있는데, 기구의 조합이나 기능에 관한 이견이 적지 않다.[209] 중국의 백주 양조 기술은 상당히 오랜 기간에 걸쳐 대대로 이어졌으며, 주로 수공업 방식으로 이루어졌다. 1949년 이후로 수공업에서 기계

[표 3-1] 역대 국가 명주(백주 부문)

연도	술 이름
1952년	귀주貴州 모태주茅臺酒, 산서山西 분주汾酒, 노주대곡瀘州大曲, 서봉주西鳳酒
1963년	모태주, 오량액五粮液, 고정공주古井貢酒, 노주노교특곡瀘州老窖特曲, 전흥대곡全興大曲, 서봉주, 분주汾酒, 동주董酒
1979년	모태주, 분주, 오량액, 노주노교특곡, 고정공주, 동주, 검남춘劍南春, 양하대곡洋河大曲
1984년	모태주, 서봉주, 분주, 노주노교특곡, 오량액, 전흥대곡, 양하대곡, 쌍구대곡雙溝大曲, 검남춘, 특제황학루주特制黃鶴樓酒, 고정공주, 낭주郎酒, 동주
1988년	모태주, 노주노교특곡, 분주, 전흥대곡, 오량액, 쌍구대곡, 양하대곡, 특제황학루주, 검남춘, 낭주, 고정공주, 무릉주武陵酒, 동주, 보풍주寶豊酒, 서봉주, 송하량액宋河粮液, 타패곡주沱牌曲酒

---

209 상해 사회과학원 역사연구소의 고故 오덕택吳德鐸 선생은 항해 자연박물관에 소장된 조합형 청동 증류기가 술을 증류하는데 사용되었다고 주장했다. 필자는 이에 대해 그와 토론하고 해부도 사진 한 장을 받았다.

| 중국 각지의 술(현대)

설비를 통한 양조로 바뀌기는 했지만 대다수 명주 생산의 중요 공정에
는 여전히 수작업의 전통이 이어지고 있다.

중국 백주 생산은 역사가 유구하고 생산지 또한 상당히 많다. 각지
에서 다양한 백주가 발전하면서 소비자들의 환영을 받는 명주가 생겨
났다. 전국 주류 품평회에서 국가 명주로 선정된 백주는 다음과 같다.

3. 포도주의 기원과 발전

포도주는 포도를 원료로 하여 양조하여 만든 술로 알코올 도수는 일반적으로 8~22도로 비교적 낮다. 포도는 원래 아시아의 남서쪽 소아시아 지역이 원산지이며, 이후 세계 각지로 널리 퍼졌다. 한 무제 건원建元 3년(기원전 138년) 장건張騫이 사신으로 서역으로 나가 유라시아 품종

| 1892년 장유張裕가 창업한 산동성 옌타이(煙臺) 포도주 양조장. 218쪽

의 포도를 내륙으로 들여왔으며, 동시에 양조 기술자를 불러들여 중국에서도 서양 양조법에 따른 포도주가 만들어지기 시작했다 난생蘭生, 옥해玉薤는 한 무제 시절 유명한 포도주이다.

서양에서 전래된 양조법으로 포도주를 생산했다는 최초의 기록은 당대의 『책부원구册府元龜』에 보인다. 당 정관貞觀 14년(640년), 당 태종 이세민李世民은 고창高昌(지금의 투르판)에서 마유馬乳 포도 종자와 현지의 양조법을 수입하여 어화원御花園에서 포도를 재배하고 친히 양조법에 따라 술을 빚었다.

청조 광서光緖 18년(19892년) 화교華僑 장필사張弼士가 산동 연대烟臺에서 장유포도양주회사(張裕葡萄釀酒公司)를 차린 것이 중국에서 첫 번째로 대규모 현대 설비를 갖춘 포도주 양조장이다. 그는 서구 유럽에서 우량 포도 품종을 들여오고 순종 포도단지를 일구는 한편 유럽의 현대적인 양조기술로 품질 좋은 포도주를 생산했다. 이후 태원太原, 청도靑島, 북경, 통화通化 등지에 계속해서 포도원과 포도주 양조장이 설립되어 다양한 포도주를 생산했다. 20세기 50년대에 들어와 중국 포도주 생산은 급격히 발전했다.

장기간에 걸친 발전 과정에서 소비자들을 만족시킬 만한 포도주 유명 브랜드가 출현했다. 1952년 제1회 전국 주류 품평대회에서 장미향(玫瑰香) 홍포도주(연대烟臺 레드와인)와 미미사味美思 포도주(연대 미미사 포도주)가 8대 명주로 선정되었다. 이후 1963년, 1979년, 1993년 개최된 제2, 3, 4회 전국 주류 품평대회에서 중국 홍포도주, 청도 백포도주, 민권民權 백포도주, 장성長城 간백幹白 포도주, 왕조王朝 반간백半幹白

포도주가 앞뒤로 국가 명주의 칭호를 획득했다.

4. 맥주의 기원과 발전

맥주는 보리를 주원료로 맥아효소의 작용으로 보리의 전분을 당화糖化한 후 홉(한어로는 맥주꽃啤酒花 또는 사마화蛇麻花라고 한다)을 넣어 효모를 발효시켜 만든다. 알코올 도수는 일반적으로 2%~7.5%(질량 대비)이다. 다종의 아미노산, 비타민, 탄산가스를 함유하고 있다. 맥주의 역사는 지금으로부터 8000여 년이나 되었으며, 메소포타미아 평원(현재 이라크)에서 처음 출현했다. 중국인들은 아주 오래 전부터 자신들이 발명한 맥주를 마셨다. 선진시대 문헌에 나오는 '예醴'가 바로 초기 맥주이다. 상왕商王 무정武丁이 부열傅說을 재상으로 삼으면서 이렇게 말했다.

> "술과 단술을 만드는 것으로 비유한다면 너는 국과 얼麴糵(술밑, 누룩)이 되도록 하라."[210]

『석명釋名』에 따르면, "얼糵은 결缺(이지러짐, 발효를 뜻한다)이다. 보리를 물에 담구기를 거듭하면 발아하고 이지러진다." 전분 효소(디아스타제Diastase)가 배유胚乳의 전분을 분해하면 보리 알갱이 속에 있는 효소가

---

210 『상서·상서商書·설명說命』, "若作酒醴, 爾惟麴糵." 『십삼경주소』본, 앞의 책, 175쪽.

활성화하여 전분이 포도당으로 분해되고, 공기 중에 있는 효모균의 작용으로 술이 된다. 초기 또는 원시적인 형태의 맥주는 이렇게 해서 발명되었다. 이렇듯 중국은 인류 역사상 맥주를 발명하여 오랫동안 마셔온 나라 가운데 하나라고 할 수 있다. 대략 송대에 들어와 누룩으로 술을 빚는 방식이 애용되면서 맛이 옅고 저장하기가 쉽지 않은 예醴는 점차 사람들에게 잊히고 말았다. 『천공개물天工開物』에 이와 관련한 기록이 나온다. "예로부터 누룩(麴)으로 술을 빚고 얼蘖로 예醴를 빚었는데, 후세 사람들이 예의 술맛이 옅은 것을 싫어하여 결국 전래되지 않기에 이르렀고, 얼법蘖法 역시 없어졌다."[211] 오늘날 중국인들이 많이 마시는 맥주는 근대에 외국에서 들여온 것이다. 맥주는 중국의 여러 주류 가운데 가장 젊은 술로 단지 100년의 역사를 지니고 있을 따름이다. 1900년 러시아인들이 하얼빈에 중국 최초의 맥주 공장을 세운 것이 그 시작이다. 이어서 영국, 독일, 체코, 그리고 일본인들이 잇따라 동북삼성(요녕, 흑룡강, 길림성), 천진, 상해, 북경, 산동 등지에 맥주 공장을 지었다. 예를 들어 산동에서 1903년 영국과 독일의 합자한 맥주 공장(지금의 청도맥주)이 그러하다. 중국인이 자기 자본으로 설립한 최초의 맥주공장은 1904년 하얼빈에 설립한 동북삼성 맥주공장이다. 중국에서 맥주를 생산한 역사는 비록 짧지만 각 지방에서 양질의 맥주가 생산되고 있다. 1963년 제2회 전국 주류 품평회에서 청도맥주가 국가 명주로 선정되었으며, 1984년 제4회 전국 주류 품평회에서

---

211 [명] 송응성, 『천공개물·국얼麴蘖』, 앞의 책, 309쪽.

청도맥주, 특제 북경맥주, 특제 상해맥주가 동시에 국가 명주로 선정

되었다.

주인酒人, 주덕酒德, 주례酒禮, 상정觴政, 주령酒令

1. 주인

'주인酒人'이란 말이 문헌에 처음 나온 것은 『사기史記』에 나오는 다음 구절인 듯하다. "형가가 비록 주인酒人(술꾼)들과 놀았으나 그 사람됨이 침착하고 책을 좋아했다(荊軻雖游於酒人乎, 然其爲人沈深好書)."[212] 한나라 초기의 관점에서 본다면, '주인'은 일반적으로 술을 마시는 사람이 아니라 술을 좋아하는 이로 책을 읽을 줄 알며 나름 인격을 갖춘 인물이다. 그러나 사마천이 살았던 시대나 오랜 중국 봉건시대에 "술을 마시는 사람(飮酒之人)"[213]은 일반적으로 농부나 하층 평민이 아니었을

---

212 『사기·자객열전刺客列傳』, 북경, 중화서국, 1959년, 2528쪽.
213 『사기·자객열전』, 위의 책, 2528쪽.

것이다. 그들 대다수는 일정한 학식을 갖춘 문화인, 즉 '문화소양을 갖춘 술꾼(文化酒人)' 또는 '술 문화인(酒文化人)' 정도로 부를 수 있을 것이다. 그들은 음주를 좋아하여 아예 습관으로 삼고, 항시 술을 마셔 버릇이 되었으니, 술을 즐거움으로 여기고 술을 일로 삼아 술이 없을 수 없으니, 술이 없는 것보다 심한 일이 없다고 여긴다. 술이 없으면 그 사람이라 할 수 없으니, 그 사람에 대해 이야기하려면 반드시 술을 말하지 않을 수 없다. 이런 정도가 되어야 비로소 '주인'이라고 말할 수 있다. 이로 보건대, '주인'은 모든 애주가, 기주가嗜酒家의 통칭이라 할 만하다. 하지만 중국역사에서 술에 관한 일은 그야말로 많고 많으며 또한 복잡하고, 주인들 또한 천태만상, 다양하기 이를 데 없어 간단하게 하나의 품계나 등급으로 통일시킬 수 없다.

만약 주덕酒德, 음주행태, 품격 등으로 논한다면, 역대 주인을 개략적으로 상, 중, 하, 삼등三等으로 나누고 다시 각기 삼급三級으로 나누어 삼등구품三等九品으로 구분할 수 있을 듯하다. 상등은 '아雅'와 '청淸'이라 할 수 있으니 술을 좋아하는 것을 우아한 일(雅事)로 여기고, 술을 마셔도 정신이나 의지가 맑고 분명한 이들이다. 중등은 '속俗'과 '탁濁'이나 술에 탐닉하여 세속의 분위기에 빠지고, 기질이나 성격이 평범한데다 혼탁한 이들이다. 하등은 '악惡'과 '오汚'를 특징으로 삼을 수 있으니, 술에 취해 말이나 행동을 함부로 하여 도덕이나 풍기를 문란하게 만들고 추악하고 더러운 짓거리에 빠지는 이들이다. 수천 년 중국 술 문화사를 종관하면서 이러한 표준에 따라 유명한 주인들을 열거해보면 다음과 같다.

1) 상상품上上品

상상품은 당연히 '주성酒聖'에 속한다. 이백李白(701~762년)은 「월하독작月下獨酌」에서 이렇게 읊었다. "술이 성인임을 알겠으니 술이 거나하면 마음이 절로 열린다."[214]

이백, 자는 태백太白, 호는 청련거사靑蓮居士이다. 원적은 농서隴西 성기成紀(지금의 감숙성 태안秦安 서북쪽)이며, 수나라 말기 선조들이 쇄엽碎葉(지금의 키르기스스탄 공화국 토크마크 부근)으로 이주하여 그곳에서 태어났다. 이백은 봉건시대 사인士人의 전통에 따라 출세하여 평범한 이들과 다른 삶을 추구하려는 큰 뜻을 품었다. 하지만 그는 기질이 오만하다고 할 정도로 도도하고 재주로 사람들을 압도하여 정치적으로 영달하지 못하고 몇 번이나 환난을 겪어야만 했다. 그래서 그는 술로 세속에 저항하고 정치적 속박이나 정신적 고통을 풀어 다음과 같은 심리상태, 정신적 경계에 이르렀다.

> 듣기에 청주는 성인과 같고, 탁주를 일러 현인과 같다하니.
> 성현을 이미 다 마셨는데 신선을 구해 무엇하리.
> 석 잔이면 대도와 통하고, 한 말 술로 자연과 하나가 되니.
> 취하여 얻는 정취를 술 깬 자에게 전하지 마시라.[215]

---

214 [당] 이백李白, 「월하독작月下獨酌」, "所以知酒聖, 酒酣心自開." 『전당시全唐詩』권182, 북경, 중화서국, 1960년, 1853쪽.
215 [당] 이백, 「월하독작」2, "已聞淸比聖, 復道濁如賢. 聖賢旣已飮, 何必求神仙. 三盃通大道, 一斗合自然. 俱得醉中趣, 勿謂醒者傳." 『전당시』권182, 북경, 중화서국, 1960년, 1853쪽.

| 이백李白의 시 《술잔 들고 달에게 묻다把酒問月》가 적혀 있는 시의도詩意圖

바로 이런 경계 속에서 그는 비로소 기이한 언어를 토해내고 절창을 노래하여 중화민족에게 주옥처럼 찬란한 위대한 시 작품을 선사했다. 이처럼 술의 힘을 빌어 본래의 참됨으로 돌아가서 자아를 실현하고 비범한 업적을 창조해낸 주인을 '주성'이라 일컫는데 전혀 손색이 없을 것이다. 이백은「술을 올리며(將進酒)」라는 시에서 "하늘이 나를 낳았을 때는 필시 쓰임이 있었을 것이다(天生我材必有用)."라고 읊었는데, 술이야말로 그가 자아를 실현하여 위대한 업적을 남기는 데 필수불가결한 요소였다. 술은 또한 그가 자아를 초월하여 권력과 부귀에 아첨하지 않고 솔직하고 대범하며, 진정한 명성과 업적을 이룩하고자 했던 중화中華 학인學人들의 모범이 되었으며, 중국 사인이나 문인들이 스스로 견주고자 했던 인물 형상으로 우뚝 섰다. 그래서 사론史論에서 그를 '취성醉聖'이라 부르기도 했다.

"이백은 술을 좋아하여 자질구레한 일에 얽매이지 않았으나 술에 거나하게 취했어도 문장을 짓는데 착오가 있은 적이 없고, 취하지 않은 이와 상대하여 일을 논할 때에도 태백 자신의 견해에서 벗어남이 없었다. 당시 사람들은 그를 일러 '취성'이라고 했다."[216]

도잠陶潛(365~427년), 자는 연명淵明이다. 일설에는 이름이 연명이고 자는 원량元亮이라고 한다. 심양潯陽 시상柴桑(지금의 강서 구강시九江市 서쪽) 사람으로 주중성인酒中聖人이라 칭한다. 도잠은 뜻이 크고 재주 많은 사람이었다. 『진서·도잠전』에 보면 그는 이런 사람이었다.

"평소 기뻐하거나 성내는 기색이 전혀 없고 그저 술을 보면 마시고, 술이 없으면 시를 읊조리길 그치지 않았다."

"매번 한 번 취하면 크게 즐거워하며 화평했다."

"일찍이 말하길, '여름 달밤 공허하고 한적한데, 높다란 북창 아래 누우니 맑은 바람 불어오누나. 내 스스로 희황羲皇(복희씨伏羲氏)시절 사람(은자를 비유함)이라 하네.'라고 했다. 본디 음률을 이해하지 못하면서도 평범한 금琴 한 대를 늘 곁에 두었는데, 줄도 없고 기러기발도 온전치 않았다. 벗들과 술 모임을 가질 때마다 금을 안고 화답하며 이르길, '금의 정취만 알면 되지, 무엇하러 힘들여 소리를 내려하는가?'라고 했다."[217]

---

216 [오대五代] 왕인유王仁裕, 『개원천보유사開元天寶遺事·천보하天寶下·취성취성醉聖』, 북경, 중화서국, 2006년, 56쪽.
217 『진서晉書·도잠전陶潛傳』, "未嘗有喜慍之色, 惟遇酒則飮, 時或無酒, 亦雅咏不輟綴." "每一醉, 則大適融然." "嘗言夏月虛閑, 高臥北窓之下, 淸風颯至, 自謂羲皇上人, 性不解音, 而畜素琴一張, 絃徽不具, 每朋酒之會, 則撫而和之, 曰, 但識琴中趣, 何勞絃上聲." 북경, 중화서국, 1974년, 2462~2463쪽.

이렇듯 그는 "초연히 세속과 단절한(超然絶俗)" 고아하고 뛰어난 선비이자 걸출한 주인酒人이었다. 역사적으로 '주성'에 속할 만한 문인, 사상가들이 적다고 말할 수 없다. 그들은 술을 마시되 본성을 잃지 않았으며, 술에 취해도 덕성에 위배되지 않았다. 오히려 술로 인해 자신의 정서적 위용이나 품격의 맑고 준수함이 돋보이고 자신의 사업 성취에 도움이 되었다. 그러나 진정으로 범속을 초월하여 주성의 경지에 오른 이들은 손꼽을 정도이다. 왜냐하면 음주로 인해 일을 그르친 경우는 많고 이룬 것은 적으며, 음주로 성인의 반열에 오른 이는 적고 또 적었기 때문이다.

2) 상중품上中品

상중품은 '주선酒仙', '주일酒逸'이라 칭할 수 있다. '주선'은 술을 많이 마셔도 예에 어긋남이 없으며, 본성을 잃지 아니하고, 모습이나 행동이 소쇄瀟灑하며 구속받지 않아 대범하고 호방한 주인을 말한다. 두보杜甫(712~770년)는 「음중팔선가飮中八仙歌」에서 이렇게 읊었다.

| 두보杜甫의 〈음중팔선가飮中八仙歌〉가 적혀 있는 시의도

하지장은 술에 취해 말을 타면 흔들흔들 배를 탄 듯하고

취한 눈 몽롱하여 우물에 빠져도 물속에서 그냥 잠들었다.

여양왕 이진李璡은 서 말 술을 마셔야 조정에 나가고

길에서 누룩 실은 수레만 봐도 입에 침이 돌아

주천酒泉(물맛이 술 같다는 주천군)을 봉지封地로 얻지 못함을 한스러워 했다.

좌상左相 이적지李適之는 하루 주흥을 위해 만 냥을 쓰고

마실 때는 큰고래가 온갖 강물을 빨아들이듯 하며

술잔을 들면 청주를 즐기고 탁주를 싫어했다.

최종지崔宗之는 말쑥한 미소년으로

술잔 들고 백안白眼으로 흘기듯 푸른 하늘을 쳐다보면

준수한 자태 옥수玉樹가 바람 앞에 서 있는 듯하다.

소진蘇晉은 부처 앞에서 재계하고 채식만 하지만

술에 취하면 종종 참선을 작파하곤 했다.

이백은 술 한말에 백편의 시를 짓고

장안 저자거리의 술집에서 잠드는데

황제가 불러도 배에 오르지 않고

자칭 '신은 주중선'이라 말한다.

장욱은 석 잔을 마셔야 붓글씨를 쓰는데 초성草聖(초서의 성인)이라 불렸으며

거리낌이 없어 모자 벗고 맨 머리로 왕공 앞에 나서

일필휘지하면 구름 연기 피어오르는 듯 필력이 넘친다.

초수焦遂(생평 미상)는 다섯 말을 마셔야 비로소 의기가 올라

고담웅변으로 좌중을 놀라게 한다.[218]

시에 나오는 '팔선八仙'은 하지장賀知章, 이진李璡, 이적지李適之, 최종지崔宗之, 소진蘇晉, 이백李白, 장욱張旭, 초수焦遂 등 여덟 명이다. 시를 읊은 두보 역시 상품의 주인이다. 그는 이백을 '주선'의 반열에 올렸다. 그가 거론한 여덟 명은 모두 소탈하고 호방한 풍류 주인이자 성격이 분방하여 어디에도 구속됨이 없는 술꾼들이다. 그러나 이백은 '신선(仙)'과 '성인(聖)'을 겸하여 신선을 능가하고 지성至聖에 오른 이였다.

3) 상하품

상하품은 '주현酒賢', '주동酒童'이라 칭할 수 있다. 공자는 "오직 술만은 양껏 마셔도 취해서 어지러운 지경에 이르지 않았다(唯酒無量不及亂)." 이는 '주현'의 규범이자 가장 전형적인 특징이다. 즐겨 마시면서도 절제할 줄 알고 어쩌다 취해도 도를 넘지 않아 어투나 행동거지가 법도에 맞았으니, 고상한 유사儒士, 행동거지가 단정하고 겸손한 군자의 풍모이다. 그래서 『예기』는 이렇게 말했다.

"군자가 임금 앞에서 술을 마실 때 한 잔을 받아 마시면 태도가 엄숙

---

218 [당] 두보, 「음중팔선가飮中八仙歌」, "知章騎馬似乘船, 眼花落井水底眠. 汝陽三斗始朝天, 道逢麴車口流涎, 恨不移封向酒泉. 左相日興費萬錢, 飮如長鯨吸百川, 銜杯樂聖稱避賢. 宗之瀟灑美少年, 擧觴白眼望靑天, 皎如玉樹臨風前. 蘇晉長齋繡佛前, 醉中往往愛逃禪. 李白一斗詩百篇, 長安市上酒家眠. 天子呼來不上船, 自稱臣是酒中仙. 張旭三杯草聖傳, 脫帽露頂王公前, 揮毫落紙如雲煙. 焦遂五斗方卓然, 高談雄辯驚四筵." 『전당시』권216, 앞의 책, 2259~2260쪽.

하고, 두 잔을 받아 마시면 온순하고 공경하며, 예에 따라 세 잔을 받아 마시면 그만 마시고 공경한 마음으로 물러나서 앉는다."²¹⁹

나가고 들어감에 절도가 있고, 말하는 태도나 어투가 예에 부합하는 것을 일러 '주덕'이라고 하는데 술의 삼매三昧에 심취하여 음주의 정취(酒中趣)를 아는 자라고 할 수 있다. 동파거사(소동파), 공안公安 사람 원중랑袁中郎(1568~1610년, 공안삼원公安三袁 가운데 둘째인 원굉도袁宏道) 등은 비록 "술의 힘을 이길 수 없더라도 늦은 밤까지 계속되는 주연에서 흥취가 가시지 않는 자"들로 이에 속한다. 송대 사람 소순흠蘇舜欽(1008~1048년)도 이런 부류이다.

"어려서부터 정의감이 강해 불의를 보고 분개했으며 큰 뜻을 지녔다(少慷慨有大志)."
"소주蘇州에서 수석을 사다가 창랑정滄浪亭을 꾸미고, 독서에 열중했으며, 때로 울분을 시가에 실어 분출했다. 시의 풍격이 호방하여 때로 사람들을 놀라게 할 정도였다. 초서를 잘 써서 매번 술에 취하면 붓을 들었는데 사람들이 다투어 가져가 후세에 전하게 되었다."²²⁰

이런 이가 '주현'의 전형적인 인물이다. 이러한 주인酒人의 또 다른

219 『예기정의·옥조玉藻』, "君子之飮酒也, 受一爵而色酒如也, 二爵而言言斯, 禮已三爵而油油, 以退, 退則坐." [청] 완원阮元, 『십삼경주소』본, 앞의 책, 1476쪽.
220 『송사宋史·소순흠전蘇舜欽傳』, 북경, 중화서국, 1977년, 13073, 13081쪽.

유형은 술맛이나 품질 감별에 정통한 '주동酒董'이다. 조설근曹雪芹(대략 1715~1763년)의 부친인 조인曹寅은 산동을 지나면서 지은 「남원잡시南轅雜詩」 제8수에서 이렇게 읊었다.

> 누강婁江(강소성의 강 이름)의 주동(술 감별사)은 술의 시고 단 맛을 구별
> 한다는데
> 제일 좋은 청제(산동성)를 2, 3위로 떨어뜨렸네.[221]

사실 술을 마시는 이들 가운데 품평에 정통한 이가 상당히 많다. 그러니 주인이 될 수 있는 일반적인 표준은 역시 술과 관련한 수양이나 풍도에 있다고 말할 수 있다. 주현, 주동과 같은 주인 역시 바로 이러한 문화적 특징을 체현하는 전형적인 인물들이다.

4) 중삼품

중삼품은 '주치酒痴'라고 할 수 있다. 이런 부류는 술에 탐닉하여 이성을 잃고 정신이 나가 헤어 나올 수 없는 지경에 이른 이들이다. 진대 사람 장한張翰(258~319쯤)이 대표적인 인물이다. 장한, 자는 계응季鷹, 오吳(지금의 강소 소주) 사람이다.

---

221 [청] 조인曹寅, 「남원잡시南轅雜詩」 제8수, "婁江酒董別酸甜, 上第靑齊落二三." 『연정집楝亭集』 권5, 북경, 북경도서관출판사, 241쪽. 역주: 그는 자주自注에서 노백露白이 최고라고 말했는데, 노백은 산동에서 나오는 추로백주秋露白酒를 말한다.

"천하가 혼란하여 재난이 그치지 않으니 천하의 명사들 또한 진퇴양

난이었다.……가을바람이 불어오자 오중吳中(고향)의 별미인 고채菰菜

와 순갱蓴羹(순채를 넣어 끓인 국), 노어회鱸魚膾(농어회)가 생각나, "'인생

은 자신의 뜻에 맞는 것을 귀하게 여기니 어찌 명성이나 관직 때문에

수 천리 밖에서 벼슬살이에 얽매일 수 있겠는가?'라고 말하며 관직을

내던지고 일어나 귀향하고 말았다.……그러자 이렇게 말했다. '죽은 뒤

에 명성이 지금 마시는 술 한 잔만 못하네.'"[222]

    동한 말년의 저명한 문인인 채옹蔡邕(133~192년) 역시 이러한 부류

이다. 채옹의 자는 백개伯喈, 진류어陳留圉(지금의 하남 기현杞縣 남쪽) 사람

이다. 동한 말년의 문학가이자 서예가로 박학다식하고 술을 좋아하

여 매일 술을 마시는데 거리낌이 없었다. 항상 "한 말을 마셨으며" "취

하여 길가에 누워 잠이 들었는데" 당시 사람들이 이를 보고 농담 삼아

'취룡醉龍'[223]이라 호를 붙였다. 이런 부류의 술꾼들은 술에 탐닉하여 이

미 몸과 마음이 상할 지경에 이르렀음에도 자각하거나 스스로 절제하

지 못하는 지경에 이른 이들이다. 이러한 중품의 술꾼들이 보여주는

문화적 특징 가운데 하나는 술의 피해를 입기는 하였으나 기본적으로

자신에 국한되었을 뿐 공무나 국사에까지 이르지는 않았다는 점이다.

---

222 『진서晉書·장한전張翰傳』, "天下紛紛, 禍難未已. 夫有四海之名者, 求退良難.……翰因見秋風起,
    乃思吳中菰菜蓴羹鱸魚膾, 曰, 人生貴得適志, 何能羈宦數千裏以要名爵乎. 遂命駕而歸.……使我
    有身後名, 不如即時一杯酒." 앞의 책, 2384쪽.
223 [청] 하수방夏樹芳 집집輯, 『주전酒顛·취룡醉龍』, 『고금설부총서』제9집, 상해, 국학부륜사國學扶
    輪社, 청清 선통宣統2년(1910년), 연인본鉛印本, 5쪽.

5) 중중품

중중품은 '주전酒顚', 즉 술주정꾼이나 술에 미친 '주광酒狂'의 부류이다. 이들 대부분은 미친 듯이 술을 퍼마시고 잔뜩 취한 후 세상의 인정이나 상리에 어긋나는 짓을 하기 마련이다. 진대晉代 완적阮籍(210~263년)이나 유령劉伶(대략 221~300년쯤)이 대표적인 인물이다. 완적의 자는 사종嗣宗, 진류위씨陳留尉氏(하남 개봉 위씨현) 사람이다.

"완적은 본디 세상을 구하겠다는 뜻이 있었다. 위진 시대에 천하에 변고가 많아 명사들 가운데 온전한 이가 없었다. 이로 말미암아 그는 세속의 일에 관여치 않고 결국 음주를 일상으로 삼았다. 문제(사마소司馬昭)가 처음에 자신의 장자인 무제(사마염司馬炎)을 위해 완적의 딸을 간택하려고 연락을 취했는데, 장장 60일간이나 술에 취해 인사불성이 되었다가 더 이상 말하지 않자 그제야 그쳤다.……또한 그는 청안과 백안을 구분할 줄 알았는데, 예속지사를 만나면 백안으로 대했다."[224]

"완적은 술을 좋아하고 방종하여 관을 벗어 머리를 그대로 노출하고 머리카락을 풀어헤치거나 어깨를 드러내놓고 다리를 쭉 뻗고 앉아 있곤 했다. 이후 귀족의 자제들 중에서 완첨阮瞻, 왕증王澄, 사곤謝鯤, 호무보지胡母輔之의 무리들이 모두 완적을 숭배하고 따르며 완적이 대도

---

224 『진서晉書·완적전阮籍傳』. "籍本有濟世志, 屬魏晉之際, 天下多故, 名士少有全者. 籍由是不與世事, 遂酣飮爲常. 文帝初欲爲武帝求婚於籍, 籍醉六十日, 不得言而止.……籍又能爲靑白眼, 見禮俗之士, 以白眼對之." 앞의 책, 1326~1361쪽.

의 근본을 얻었다고 말했다. 그들은 일부러 관을 쓰지 않고 의복을 벗어던지는 등 추태를 드러내 금수와 같았다. 제일 심한 자를 일러 '통'이라고 하고, 버금가는 자를 일러 '달'이라고 했다."[225]

유령은 자가 백륜伯倫이고 패국沛國(지금의 안휘 숙주宿州) 사람으로 죽림칠현 가운데 한 명이며 특히 미친 듯이 통음한 술꾼으로 유명하다. 사서의 기록에 따르면, 유령은 이런 인물이다.

"몸집이 왜소한데다 용모 또한 그리 잘 생긴 편이 아니어서 다른 명사들과 크게 달랐다. 그러나 어느 한 곳에 얽매임이 없이 자유분방하고 우주宇宙조차 좁다고 여길 정도로 호방하여 가산이 얼마나 있는지도 전혀 관심이 없었다. 늘 작은 수레를 타고 술 한 병을 차고 다니면서 시종에게 삽을 메고 따라오도록 했는데, 그에게 '내가 죽거든 그 즉시 땅을 파고 묻어라'라고 일렀다. 그가 형해形骸를 버림이 이와 같았다. 목이 마를 정도로 술 생각이 간절하여 아내에게 술을 청했다. 아내가 술을 땅바닥에 쏟아버리고 술잔을 깨버린 후 울면서 말했다. '당신은 술이 너무 지나쳐 섭생의 도리가 아니니 부디 술을 끊으세요.' 유령이 아내에게 말했다. '좋소! 나는 스스로 술을 끊을 수 없으니 귀신에게 맹세하는 수밖에 없겠소. 당신이 술과 고기를 준비해주시오.' 아내가

225 [남조송南朝宋] 유의경劉義慶, 『세설신어世說新語·덕행德行』에 인용된 왕은王隱의 『진서晉書』, "魏末阮籍, 嗜酒荒放, 露頭散髮, 裸袒箕踞. 其後貴游子弟阮瞻, 王澄, 胡毋輔之之徒, 皆祖述於籍, 謂得大道之本, 故去巾幘, 脫衣服, 露醜惡, 同禽獸. 甚者名之爲通, 次者名之爲達也." 상해, 고적출판사, 1982년, 6쪽.

그의 말에 따라 술과 고기를 준비하자 유령이 무릎을 꿇고 앉아 축문을 읽었다. '하늘이 저 유령을 낳으시면서 술로 이름이 나게 하셨나이다. 한 번 마시면 열 말(一斛)을 마시는데 다섯 말을 마시면 숙취가 해소되나이다. 하여 부녀자(아내)가 하는 말을 삼가 들어줄 수 없나이다.' 이렇게 말하고는 술을 끌어당기고 고기를 먹고는 정신을 차리지 못할 정도로 또 취하고 말았다. 한 번은 술에 취해서 속인(俗人)과 시비가 붙었는데 그 사람이 소매를 떨치고 주먹을 흔들며 다가왔다. 유령이 느긋하게 말했다. '(내 가슴은) 닭갈비처럼 하찮은데 귀하신 분의 주먹에 맞는 것이 가당키나 하겠습니까?' 그러자 그 사람은 그냥 웃고 말았다."[226]

명청 교체기에 살았던 팔대산인(八大山人) 주탑(朱耷)은 술을 좋아하고 글을 잘 썼는데 필치가 자유분방했으며, 서화에 일가를 이루어 세상 사람들이 귀하게 여겼다. 가난한 선비나 시장에서 술이나 고기를 파는 이들이 그를 초청하면 "기꺼이 가서 술을 마시고 취했다. 취한 후에 오히려 필적이 거침이 없어 호쾌하였는데 (그린 작품을 주고도) 또한 심히 애석하게 생각하지 않았다." 이는 "가슴속에 격한 감정과 울분이

---

226 『진서晉書·유령전劉伶傳』, "劉伶, 字伯倫, 沛國人也. 身長六尺, 容貌甚陋. 放情肆志, 常以細宇宙齊萬物爲心. 澹默少言, 不妄交遊, 與阮籍嵇康相遇, 欣然神解, 攜手入林. 初不以家産有無介意. 常乘鹿車, 攜一壺酒, 使人荷鍤而隨之, 謂曰, '死便埋我.' 其遺形骸如此. 嘗渴甚, 求酒於其妻. 妻捐酒毀器, 涕泣諫曰, '君酒太過, 非攝生之道, 必宜斷之.' 伶曰, '善, 吾不能自禁, 惟當祝鬼神自誓耳. 便可具酒肉.' 妻從之. 伶跪祝曰, '天生劉伶, 以酒爲名. 一飮一斛, 五斗解酲. 婦兒之言, 愼不可聽.' 仍引酒御肉, 隗然復醉. 嘗醉與俗人相忤, 其人攘袂奮拳而往. 伶徐曰, '雞肋不足以安尊拳.' 其人笑而止." 앞의 책, 1375~1376쪽.

쌓여 스스로 해소할 수 없었기 때문이다." 그의 행동거지는 일반적인 정리情理에 어긋나는 부분이 많았으며, 제멋대로 술을 마시기 시작하면 자신을 제어할 수 없었다.[227]

6) 중하품

중하품은 '주황酒荒', 즉 술에 환장한 부류이다. 이런 이들은 술에 완전히 빠져 본업도 팽개치고 때로 벌컥 화를 내거나 인정에 어긋난 행동을 하기도 한다. 삼국시대 유염劉琰은 "품성이 공허空虛하고 품행이 경박한데다 술에 병적으로 집착했다."[228] 진晉 건무장군建武將軍 왕침王忱도 이런 부류의 주인이었다.

"성격이 활달하여 구속됨이 없었으며 말년에 특히 술을 좋아하여 한 번 마시면 한 달 내내 술에 취해 있었다. 때로 나체로 돌아다니거나 삼일 동안 술을 마시지 않으면 몸과 마음이 따로 노는 것 같다고 탄식할 정도였다. 부부婦父(장인) 집에 상이 났는데 왕침은 술에 취한 상태로 문상하러 갔다. 장인이 통곡하자 왕침은 상객 십여 명과 함께 머리를 풀고 옷을 벗은 채로 안으로 들어가 세 번 돌고는 나와 버렸다. 그의 행동은 이런 경우가 많았다."[229]

진인晉人 호무보지胡毌輔之, 사곤謝鯤, 광맹조光孟祖 등이 모두 이런 부류들이다.

---

227 [청] 진정陳鼎, 『팔대산인전八大山人傳』, 양주揚州, 광릉고적각인사, 1984년 영인본.
228 『삼국지·촉지·유염전劉琰傳』, 북경, 중화서국, 1982년, 1001~1002쪽.
229 『진서·왕담전王湛傳』, 앞의 책, 1973쪽.

7) 하상품下上品

하상품은 '주도酒徒' 무리인데, 술을 먹으면 반드시 과음하여 주사酒事에 빠지고 선행을 하는 일이 드물어 주인 중에 하류에 속한다. 일찍이 돼지들과 함께 술을 마셨다고 하여 '시음豕飮'이란 말의 주인공인 완함阮咸은 언제나 취해 깨어있는 적이 없었다. 하루는 술에 취해 말을 타고 이리저리 흔들리며 길을 가며 "파도가 치는데 배를 탄 것과 같다."고 말하기도 했다. 이런 술꾼 완함과 동시대의 사람인 왕공王恭, 삼국시대 정천鄭泉 등도 모두 비슷한 이들이다. 술에 탐닉하여 도덕이나 인정조차 무시하고 사회를 위태롭게 만들며 공공장소에서도 부끄러움을 모른다. 이것이 하품 술꾼의 특징이다.

8) 하중품

하중품은 고대 문헌에서 '주풍酒疯', '주두酒頭', '주마두酒魔頭', '주조두酒糟頭'로 칭해지는 무리들이다. 통칭하면 '주귀酒鬼', 즉 술을 목숨만큼이나 좋아하고 술을 마시느라 생명도 아쉬워하지 않으며, 술에 취하면 엉망진창이 되어 미친 짓거리를 꺼리지 않고, 심지어 술로 인해 목숨을 잃는 이들이다. 현대 사회에도 이런 술꾼들이 적지 않다. 그들은 목숨만큼이나 술을 좋아하여 술을 마시기도 전에 추태를 보이며, 일단 술만 보면 무조건 마셔야하고 마시면 반드시 취해야 한다. 그 모습이 가히 볼만하다. 얼굴을 불그레하고 눈은 곤두섰으며, 벌건 코는 비뚤어지고 입에서 나오는 말마다 욕설인데다 사방에 침을 튀기기 일쑤이고, 방향감각을 잃어 몸이 제멋대로 움직이는 데다 행동거지가 외설스럽기 이를 데 없으니 타인에게 구역질을 유발하는 행태가 한두 가지가 아니다.

9) 하하품

하하품은 '주적酒賊'의 무리들이다. 술꾼 가운데 가장 못난 말종이
자 최하품이다. 이런 부류는 인품은 말할 것도 없고 행태 역시 천박하
기 이를 데 없다. 술로 인해 품행이 최악이고 사회 기풍을 해친다. 또
한 술로 인해 크게는 나랏일을 어긋나게 만들며 작게는 공사公事나 개
인의 집안까지 엉망으로 만든다. 이런 부류의 사람들은 광명정대하지
못하고 부정한 수단으로 사람들의 고혈을 빨며 나라에 피해를 주니 더
러운 술, 순수하지 않은 술을 마셔 행패가 심한 것이 도적과 같은 지라
'적賊'이라 부른다. 마땅히 없어져야 할 무리들이다.

2. 주덕酒德

'주덕'이란 말이 처음 나온 문헌은 『상서·무일無逸』이다.

> "은나라 임금 수受처럼 미혹하고 어지러워 술에 탐닉하지 말아야할 것
> 이니 이것이 우리의 덕이로다."[230]

---

230 『상서·무일無逸』, "無若殷王受之迷亂, 酗於酒, 德哉." 『십삼경주소』본, 앞의 책, 222쪽.

고대 문장은 표점부호가 없기 때문에 지금까지 많은 이들이 "은나라 임금 수(紂王)처럼 미혹하고 어지러워 주덕에 탐닉하지 말지어다(無若殷王受之迷亂, 酗於酒德哉)"라고 하여 '주'와 '덕'자를 붙여서 읽었는데, 이는 잘못이다. 사람들은 이미 술에서 벗어날 수 없고 통제하기 어려울 정도로 의존하고 있으며, 주사酒事에 대한 인식도 상당히 복잡하기 때문에 '주덕'의 함의는 마치 "어진 자만이 어짊을 보고, 지혜로운 자만이 지혜로움을 본다."는 말처럼 알 수 있는 이만 아는 상황이 되었다. 어떤 문화이든 생태적인 역설을 포함하고 있다. 사람에게 술의 경우도 마찬가지이다. 술이 인류에게 끼친 영향은 어떠했는가? 왜 그렇게 되었는가? 인류의 음주 생활은 어떠했는가? 아주 오래 전 사람들 역시 다음과 같은 생각을 하면서 곤혹스러웠을 것이다. "온갖 맛난 음식을 맛보는 기쁨을 향유하면서 이로 인해 야기하는 번뇌에서 벗어날 수 있는 방법은 없는가?" 그렇다. 인류는 끊임없이 이런 추론을 하고 있었다. 실제로 고대 로마제국은 술을 인류가 가장 황홀하게 만드는 음식으로 격상시키고자 했으나 끝내 아무런 답도 얻지 못했다.

중화민족 역시 이미 오래 전부터 술에 관해 나름대로 고민을 하고 있었다. 술에 대해 신선하고 숭고한 도의적 가치를 설정하고 음주를 반드시 지켜야할 규범 안에 집어넣었다. 그리고 술을 마시는 이들에게 반드시 인생을 즐겁게 만들고 긍정적으로 향상시키는 방향과 제한을 일러주고 이로움만을 취할 뿐 그 폐해를 피할 것을 다짐시켰다. 그렇기 때문에 우리가 말하는 '주덕'은 유가의 '비덕比德'의 경우처럼 술에 견주어 덕을 설명하면서 음주자의 이성적이고 적절한 이해와 실천을 통해 술이 인류에게 좋은 점만을 찾도록 하려는 것이다. 음주자가 이를 알 수 있다면 "음주에도 덕이 있음(飮酒有德)"을 아는 것이고, "술을 먹고 덕이 없어진다면" 술로 인해 일을 그르치고 재앙을 불러오게 되는 것이니, 이는 모두 술에 취한 자의 책임이자 과실이라는 사실을 체득함이다.

서한西漢 사람 초간焦干의 『초씨역림焦氏易林·태兌』에 따르면, "술은 으뜸가는 즐거움(歡伯)이니, 우환을 없애고 즐거움을 가져온다. 복락과 기쁨이 집안으로 들어오니 그대와 함께 찾다보면 나도 얻게 된다."[231] 금원金元 양대에 살았던 원호문元好問(1190~1257년)은 「유월헌留月軒」에서 이렇게 읊었다.

장실丈室(절의 주지가 사는 방)에 있는 것이 무엔고?

금琴 하나와 책 몇 권.

꽃과 대나무로 사방의 이웃을 맺으니

우거진 그늘에 향내 진동한다.

거마 드나들지 않는 한가로운 문에

밝은 달만 아름다운 손님일세.

세 사람이 해후하여

환백(술의 이칭)까지 얻었나니.

환백은 나에게 노래 청하고

---

231 [서한] 焦干, 『초씨역림焦氏易林·태兌』, "酒爲歡伯, 除憂來樂, 福喜入門, 與君相索, 使我有得."

섬토蟾兔(달에 사는 토끼, 달의 이칭)는 주변 경색을 바꾸는구나.

상성商聲에는 금석金石이 숨겨있고

계수나무에 바람 솔솔 불어온다.

천지의 달이 나와 함께 하니

빛이 사라지고 혼백이 생겨난다.

원정元精이 그 사이를 관통하니

어찌 하늘과 땅이 멀리 떨어져 있다하겠는가?[232]

　술을 마시는 것은 단지 그 이로움을 얻이 즐거움을 다하면 그뿐이다. 이러한 목표와 경계가 바로 '덕', 다시 말해 '주덕'이다. 당대 시인 맹교孟郊(751~814년)는「주덕酒德」에서 이렇게 읊었다.

술은 오래된 명경明鏡인지라

소인小人의 마음을 드러내보인다.

취하면 이상한 행동이 보이고

취하면 이상한 소리가 들린다.

술의 공功이 이처럼 많고

술에 굴복됨이 이처럼 깊다.

죄인도 술로 인한 죄는 면제되나니

---

232 [원] 원호문,「유월헌留月軒」. "丈室何所有? 琴一書數册. 花竹结四隣, 繁陽散芳澤. 閑門無车馬, 明月即佳客. 三人成邂逅, 又復得欢伯. 欢伯屬我歌, 蟾兔爲動色. 商聲隱金石, 桂樹風索索. 乾坤月與我, 光滅即生魄. 元精貫當中, 寧有天壤隔."

오히려 이를 경계의 뜻으로 삼아야 하리라.[233]

황정견黃庭堅(1045~1105년)은 「두 분의 문선聞善 형에게 감사하며 답하는 9수의 절구(謝答聞善二兄九絕句)」 가운데 제8수에서 이렇게 읊었다.

도령陶令(도연명)의 집에 명주가 있어
부로父老(동네 어른)들이 술잔을 기울이지 않는 날이 없었나니.
사방으로 둘러앉아 흔연히 주덕酒德을 살피니
등불 깜빡일 때마다 시가 쓰여지네.[234]

이상은 당송 시대에 '주공酒功'과 '주덕酒德'을 읊은 시가들이다. 술이 지닌 효과에 대한 언급이 도드라진다. 술을 마시면 일부러 꾸미지 않은 진정한 감정, 본성이 드러난다. 마치 밝은 거울에 비춰본 것처럼 사회에서 나름의 각색에 따라 움직이는 사람들의 진정한 면모, 감정, 생각, 신분 등이 자연스럽게 표출된다는 뜻이다. 술을 마시면 군자는 더욱 군자다워지나 소인은 본색이 나타나기 마련이다. 뿐만 아니라 술은 사람을 감정적이고 예민하게 만들며 경직된 사고에서 벗어나 기발한 상상과 의외의 창견을 만들어내기도 한다. 이른바 주덕의 근본정신은 이처럼 사실에 근거하되 창조적인 생각을 발현하는 것이다.

---

233 [당] 맹교孟郊, 「주덕酒德」, 『전당시』권374, "酒是古明鏡, 輟開小人心. 醉見異擧止, 醉聞異聲音. 酒功如此多, 酒屈亦以深. 罪人免罪酒, 如此可爲箴." 북경, 중화서국, 1960년, 4200~4201쪽.
234 [송] 황정견, 『산곡집山谷集』권7, 『문연각사고전서』제1113책, "陶令舍中有名酒, 無日不爲父老傾. 四座歡忻次觀酒德, 一燈明暗又詩成." 앞의 책, 54~55쪽.

그러나 반대로 음주가 지나쳐 혼란스럽고 실례失禮하게 되면 '주후무덕酒后無德', 즉 술을 마셔 덕을 잃은 꼴이 되고 만다. 위진 이후 술꾼들은 주덕을 이렇게 이해했다. 그보다 더 오래 전의 사람들의 '주덕'에 대한 이해는 이와 크게 다르다. 예를 들어 앞서 인용한 「무일」에 나오는 '주덕酒德'을 '후주酗酒(술을 탐닉함)'로 이해한 것이 대표적이다.

「무일」의 내용은 주공周公의 말로 알려져 있다. 주공은 전대(은나라)의 실패를 교훈 삼아 경국經國의 계획을 도모한 정치가로 전전긍긍하는 심정으로 은상殷商 패망의 원인을 살피고 이를 바탕으로 새로이 나라를 안정시키고 오랫동안 유지할 수 있는 치국의 도리를 찾고자 했다. 그는 정치는 사람에게 달려 있으니 무엇보다 대권을 장악하여 모든 책임을 한 몸에 지닌 국가 원수 자신의 '덕'이 관건이라고 여겼다. 따라서 임금은 제멋대로 탐욕을 부리지 않고 반드시 '무일無逸'해야만 한다. 사람의 욕심은 다양하지만 가장 두려운 것은 술에 탐닉하여 혼란을 야기하는 일이다. 술에 대한 욕망이 발동하면 모든 것이 어그러지고 만다. 그래서 주공은 은상이 무너진 가장 큰 원인을 은나라 주 임금이 "마음이 혼미해지고 정치가 혼란한 것은 후주酗酒를 덕으로 여겼기" 때문이라고 생각했다. 「무일」에 나오는 문장을 주소가註疏家들은 '주'와 '덕'을 연결시켜 "은나라 임금 수受(주왕紂王)처럼 미혹하고 어지러워 주덕에 탐닉하지 말지어다."라고 해석했다. 그러나 필자가 생각하기에 '주'와 '덕' 사이에 쉼표를 넣어 별개로 해석해야만 문장의 전체 맥락과 발언자의 본의에 부합한다. 따라서 이를 좀 더 쉽게 풀이하면 다음과 같다.

"대대로 후계자들이 은나라 주왕이 술에 탐닉하여 나라를 망친 것을 교훈 삼는다면 이는 우리 주나라의 행운일 것이다."

잠시 주소가注疏家들의 해석을 좀 더 살펴보기로 하자.

"임금은 마땅히 정사에 힘쓰고 은나라 임금 수(紂王)처럼 국정을 혼란스
럽게 만들고 주덕에 탐닉하지 말아야 한다는 뜻이다. 은나라 주왕은 술
로 인해 흉포해졌으니 술을 덕으로 여겨 결국 나라를 잃고 말았다. 임금
은 마땅히 주 임금의 사례를 경계로 삼아 그렇게 하지 말아야 한다.'235

과연 어떻게 "술이 덕이 된다(以酒爲德)."는 말이 가능한가? 아무래
도 이상하다. 그래서 주소가들은 '덕'을 '득得'으로 해석했다. 그러나 이
런 해석 역시 억지스러워 이해하기 어렵다. 하지만 후인들은 여전히
'주'와 '덕' 두 글자를 연용하면서 '흉凶'의 뜻으로 해석하여 '후酗', 즉 술
에 탐닉하거나 술을 먹고 주정하는 것으로 여겼다. 酒와 凶을 가까운
것으로 보고 술이 지나치면 '후'가 되는 것으로 간주한 것이다. 이렇게
해석한다면 '술'은 마치 사탄이나 악마처럼 본래 악한 것이어서 아주
지혜롭고 막강하며 자비로운 얼굴로 오히려 사람에게 악행을 교사하
는 것이 되고 만다.

『진서晉書·주의전周顗傳』에 따르면, 진나라 사람 주의周顗는 "여론을 불
러일으켰는데, 특히 그의 주덕酒德 때문에 그러했다. 『예경禮經』에서 말

---

235 『상서·무일無逸』, 공영달孔穎達 소疏, "王當自勤政事, 莫如殷王受之迷亂國政, 酗酓於酒德哉.
殷紂借酒爲凶, 以酒爲德, 由是喪亡殷國. 王當以紂爲戒, 無得如之."『십삼경주소』본, 앞의 책,
222쪽.

한 것처럼 '옥의 티가 옥의 광채를 가리지 못하니, 그 아름다움을 가릴 수 없기 때문이다(瑕不掩瑜, 未足韜其美也)'."

인용문에 나오는 '주덕'은 폄사貶辭로 부정적인 뜻을 지닌다. 주의周顗(269~322년)의 자는 백인伯仁, 여남汝南 안성安成(지금의 하남 여남) 사람이다. "어린 시절부터 명예를 중시하고" "평소 덕망이 있었다." 하지만 "술에 빠져 추태를 부리고(荒醉失儀)", "여러 차례 술로 인해 실수를 하는 바람에 관아에 갇히는 신세가 되고 말았다." 하루는 술친구를 만나 "술 두 섬을 나누어 마시고 각기 대취했다. 주의가 술에서 깨어나 같이 마셨던 친구를 살펴보니 이미 옆구리가 썩어 죽은 상태였다." 인용문에서 볼 수 있다시피 주의의 '주덕' 역시 폄사로 좋지 않은 뜻이다. 이렇듯 중세 이전까지 사람들이 말하는 '주덕'은 술꾼이 술에 취해 행패를 부리는 짓거리를 나타내는 말로 비난의 뜻이었다.

유령劉伶의 「주덕송」은 시간적으로 상고와 중세 시대의 주덕에 대한 함의가 변화하는 모습을 보여준다. 문화적 함의나 사상적인 측면에서 볼 때 그가 말한 '주덕'은 후세 사람들이 능히 이해할 수 있는 함의를 포괄하고 있다. 일단 전문을 살펴보겠다.

대인선생 있었으니, 그는 천기가 개벽한 이래로 유구한 시간을 하루 아침으로 여기고 만 년의 세월을 잠깐인 양 생각했으며, 해와 달을 자기 집의 창문으로 삼고, 광활한 천지사방을 정원의 작은 오솔길로 여겼다. 다닐 때는 흔적을 남기지 않았으며, 거처할 집도 따로 없어 그저 하늘을 천막 삼고 땅을 자리 삼아 마음 내키는 대로 오갔다. 머물러 있을 때는 되는대로 술잔을 잡고, 움직일 때는 아예 술통을 끌고 가거나 술병을 들고 오로지 술만 마셔댔으니 나머지 일을 어찌 알겠는가? 귀개공자貴介公子(귀공자)나 진신처사縉紳處士(벼슬아치나 재야의 사인)들이 내 소문을 듣고 그 까닭에 대해 의론하더니 이내 소매를 떨치고 일어나 옷깃을 휘날리며 눈살을 찌푸리고 이를 갈면서 예법을 늘어놓으며 벌떼처럼 웅웅거리며 시비를 따졌다. 그러할 때 선생은 술잔을 받쳐 들고 탁주를 입에 머금더니 수염을 쓰다듬고 두 다리를 쭉 뻗고 앉아 있다가 누룩을 베개 삼고 술지게미 위에 누워 아무 근심이나 생각조차 없이 희희낙락하고 있었다. 부지불식간에 취했다가 홀연히 깨어나니 아무리 조용히 들어봐도 우레 소리조차 듣지 못하고, 아무리 애써 보아도 태산의 형체마저 보지 못한다. 하여 추위나 더위가 피부에 와 닿는 것도 느끼지 못하고, 이익과 욕망도 성정에 느낌을 주지 못했다. 세상 만물을 굽어보더니 강물에 떠가는 부평초인양 어지럽게만 느꼈고, 귀공자며 사대부들이 옆에 서 있는 모습이 마치 푸른 나방 유충을 업은 나나니벌처럼 보였다.[236]

유령이 유명한 것은 단순히 그의 「주덕송」 때문만이 아니다. 하지만 그의 이름이 사서에 남은 것은 「주덕송」이라는 문장 때문이라고 해도

---

236 [당] 방현령房玄齡 등, 『진서·완적열전阮籍列傳』 권49, "有大人先生, 以天地爲一朝, 萬期爲須臾, 日月爲扃牖, 八荒爲庭衢, 行無轍迹, 居無室廬, 幕天席地, 縱意所如. 止則操卮執觚, 動則挈榼提壺, 唯酒是務, 焉知其餘. 有貴介公子, 搢紳處士, 聞吾風聲, 議其所以, 乃奮袂攘衿, 怒目切齒, 陳設禮法, 是非鋒起. 先生於是, 方捧罌承槽, 銜盃漱醪, 奮髯踑踞, 枕麴藉糟, 無思無慮, 其樂陶陶. 兀然而醉, 恍爾而醒. 靜聽不聞雷霆之聲, 熟視不見泰山之形, 不覺寒暑之切肌, 嗜慾之感情. 俯觀萬物擾擾焉, 如江漢之浮萍, 二豪侍側焉, 如蜾蠃之螟蛉." 북경, 중화서국, 1974년, 1376쪽.

과언이 아니다. 그는 난세에 태어나 피폐함이 극에 이르러 술로 정신을 마비시키고, 술로 자신의 몸을 망쳤다. 그는 황당하게도 술만 먹으면 옷을 다 벗어던지고 발가벗은 채로 집안에 있곤 했다. 사람들이 이를 보고 비웃자 그는 큰 소리로 이렇게 외쳤다. "나는 천지를 거처로 삼고 집을 속옷으로 삼고 있는데, 그대들이 어찌하여 나의 속옷 안으로 들어오신 게요?" 『세설신어』에 나오는 이 구절을 읽다보면 한편으로 통쾌하면서도 무한한 연민의 정이 생기게 만든다. 여하간 이러한 행위를 당시 논자들이 그냥 놔두었을 리가 없다. 그러니 어찌 후세 술꾼들이 이를 법도로 삼을 수 있겠는가?

그런 까닭에 주덕은 상등 주인酒人이 보여주는 모범적인 모습이어야 할 것이다. 다시 말해 과하게 취하지 말 것이고, 혼란에 이르지 않으며, 일을 그치지지 않고, 본성을 잃지 않으며, 몸을 상하게 하지 않고 또한 신중하게 생각하고, 민첩하게 행동하며, 일을 처리하는데 과감할 수 있는 정도가 되어야 비로소 주덕이라고 할 수 있다는 뜻이다. "오직 술만은 양이 정해지지 않았으되 혼란에 이르지는 않았다(惟酒無量, 不及亂)." 공자가 이미 제대로 말한 셈이다.

술꾼으로 유명한 시인 백거이는 「주공찬酒功贊」(병서並序)에서 이렇게 말했다.

진晉 건위장군建威將軍 유백륜劉伯倫(유령)이 술을 좋아하여 「주덕송酒德頌」을 지어 세상에 전했다. 당나라 태자의 빈객인 백낙천白樂天 역시 술을 좋아하여 「주공찬」으로 이를 잇고자 하니 그 내용은 다음과 같다.

꽃부리마냥 질 좋은 누룩, 순수한 미천의 물.

합쳐져 술이 되나니 조화를 품고 신령함을 낳네.

조화를 품은 것은 무엇인가?

탁주 한 단지이니, 서리 끼고 눈 내린 밤에 추위를 거두고 온기를 내주네.

신령함을 낳은 것은 무엇인가?

청주 한 잔이니 이별하거나 좌천된 이의 근심을 즐거움으로 바꿔준다네.

혀를 넘어 목구멍으로 들어오니 거침없이 흐르고 흘러

제호醍醐(불가 최고의 음료인 감로)와 항해沆瀣(선가仙家에서 으뜸인 음료)나

다름없네.

가슴을 비옥하게 하니 즐겁기 그지없고 단비에 부드러운 바람 부는

듯하네.

온갖 걱정 근심 사라지니, 이럴 때가 바로 술의 덕이고,

온갖 인연 모두 공허해지니, 이럴 때가 바로 술의 공적일세.

내 일찍이 종일토록 아무 것도 먹지 않고 밤새 잠도 아니 자고

아무 도움 없는 것들을 생각했으나 차라리 한 잔 마시는 것만 못하더

라."237

이 역시 긍정적인 의미에서 술을 이해하고 찬미하는 내용이니, '주

---

237 [당] 백거이白居易, 「주공찬酒功贊」『백씨장경집白氏長慶集』권70, 『문연각사고전서』제1080책,
앞의 책, 767쪽. "晉建威將軍劉伯倫嗜酒, 有『酒德頌』傳於世. 唐太子賓客白樂天亦嗜酒, 作『酒功
贊』以繼之. 其詞云, 麥曲之英, 米泉之精. 作合爲酒, 孕和産靈. 孕和者何, 濁醪一樽. 霜天雪夜,
變寒爲溫. 産靈者何, 淸醑一酌. 離人遷客, 轉憂爲樂. 納諸喉舌之內, 淳淳泄世, 醍醐沆瀣, 沃諸
心胸之中, 熙熙融融, 膏澤和風, 百慮齊息, 時乃之德. 萬緣皆空, 時乃之功. 吾嘗終日不食, 終夜
不寢. 以思無益, 不如且飮."

덕'의 긍정적인 의미가 점차 명확해지고 있음을 알 수 있다.

3. 주도酒道

중국 고대 지식인들은 만물의 유무, 생사 변화는 나름의 '도'가 있으며, 사람의 각종 심리, 정서, 관념, 주장, 행위에도 '도'가 있다고 여겼다. 그러니 음주에도 당연히 '주도酒道'가 있지 않겠는가?

중국 고대 주도는 근본적으로 '중화中和'를 추구했다. "중이란 아직 발하지 않은 것이다(未發, 謂之中)." 비유컨대 술에 대해 좋아하거나 마시고 싶은 마음이 없는 상태이다. 장자가 말한 '무루無累(얽매임이 없음)'이니 탐내지도 좋아하지도 않음이다. "얽매임이 없으면 바르고 평안해진다(無累則正平)." 술이 없으면 술 생각을 하지 않고, 술이 있어도 술을 탐하지 않는다. "발하되 절도에 맞으니, 이를 일러 화라고 한다(發而皆中節, 謂之和)." 술이 있으면 마시거나 또는 마실 수 있다. 그러나 마시되 지나치지 않고 마시되 탐욕을 부리지 않으며, 마셔도 마시지 않음과 같으니 절대로 어지러움에 이르지 않는다. 그래서 '화'라고 한 것이다. '화'는 평화롭고 조화로움이자 어느 한 쪽에 치우치지 않고 지나치거나 모자라지 않은 것을 말한다. 이는 술을 마셔도 신심에 영향을 주지 않으며 일상생활이나 생각에도 영향을 주지 않을 정도로 적당하여 부정적이거나 불량한 결과나 영향을 끼치지 않는다는 뜻으로 풀이할 수 있다.

'주도'에 대한 이해는 음주 후의 효과에 착안한 것이자 주사酒事에 관한 모든 것일 수 있다. "서민은 즐거움을 생각하고 군자는 예를 생각한다."[238]는 말이 있다시피 예에 부합하는 것이 주도의 기본 원칙이다. 하지만 '예'는 시공을 초월한 영원불변의 것이 아니라 역사 발전이나 시대 변화에 따라 부단히 변화한다. 다만 '예'가 희박해지고 변화하더라도 '도'는 오히려 더욱 현실화, 과학화의 길로 나아간다.

예컨대 전통적인 '음유사飮惟祀', 즉 제사를 지낼 때만 술을 마신다는 습속은 천지신명에게 경건함을 보이는 것인데, 이후 윗사람에 대한 존경, 손님에 대한 대접 등으로 변하게 되었다. "멀리서 붕우朋友가 찾아오니 또한 기쁘지 아니한가(有朋自遠方來, 不亦樂乎)."라는 말에서 알 수 있다시피 유가는 뜻을 같이하는 벗을 환대했다. 좋은 술을 대접하며 손님에게 먼저 들도록 하거나 함께 마시는 것(절대로 손님보다 먼저 마시지 않는다)은 결코 지나침이 아니다. 중국 고대에는 존비, 장유, 친소의 구분이 있었기 때문에 연회의 자리나 음주의 순서를 정할 때도 그러한 구분이나 명분을 어지럽히지 않도록 유의했다. 물론 지금처럼 민주주의 사회에서 더 이상의 신분 차별이나 등급은 존재하지 않지만 경로사상과 심리가 여전히 뿌리 깊게 자리하고 있기 때문에 술을 마시면서 윗사람에게 먼저 경주敬酒(술을 권함)하는 습관이 여전하다. 그러나 윗사람이 술을 다 마신 후에야 아랫사람들이 순서에 따라 술을 마실

---

238 [한] 추양鄒陽(기원전 206~129년쯤), 「주부酒賦」, "庶民以爲歡, 君子以爲禮." [한] 유흠劉歆(생졸미상) 찬, [동진] 『갈홍집葛洪集』, 『서경잡기西京雜記』권4, 상해, 고적출판사, 1991년, 181쪽.

수 있다는 뜻은 아니다. 다만 윗사람에 대한 겸양, 공경의 뜻일 따름이다. 공경하니 당연히 음주를 강요할 수 없으며, 각자의 주량이나 기호에 따라 마시면서 "즐거움을 다할 따름이다." '환'은 즐거움, 유쾌함의 뜻이지 부어라마셔라, 큰 소리를 치고 춤을 춰가며 '통음'하는 것을 의미하지 않는다. 여럿이 함께 모여 우의를 다지고 축하 또는 공경을 보이기 위한 술자리나 또는 홀로 마시면서 나름의 즐거움을 얻는 경우라 할지라도 결코 '피주被酒', 즉 술에 녹초가 되어서는 안 된다. 이렇듯 술을 마시되 탐욕을 부리지 않고 술에 빠지지 않는 것이 전통적인 주도의 핵심으로서 '중화'이니, 한 마디로 말하자면 '의宜', 즉 마땅함이다.

이렇듯 '예'에 근원을 둔 중국 전통 주도는 앞서 말한 '경敬', '환歡', '의宜' 세 글자로 개괄할 수 있다.

4. 주례

'주례酒禮'는 술을 마실 때 반드시 지켜야할 규칙을 의미했으나 이후 공식적인 연회나 술자리에서 준수해야할 예의의 뜻이 되었다. 중국은 예로부터 "술로써 예를 완성한다(酒以成禮)."고 했다. 『좌전』에 나오는 말인데, 관련 대목은 다음과 같다.

"군자는 이렇게 말했다. '술로 예를 완성하는 것이니, 무절제하게 계속 마셔대지 않는 것이 바로 의이다. 군주와 함께 술을 마시며 예를 완성하는 것이니, 지나치게 마시는 것을 용인하지 않음이 바로 인이다."[239]

"술로써 예를 완성한다."는 말은 고대의 습속에서 기인한다. 선사시대에는 양조 기술이 형편없어 술 생산량도 극히 적었기 때문에 일반 사람들은 술을 마실 기회가 거의 없었다. 다만 천지신명이나 조상을 숭배하는 제사 의식을 행하면서 정해진 순서에 따라 술을 마실 수 있었다. 당연히 술은 사람이 아닌 귀신에게 먼저 올려야만 했다. 이렇듯 술을 마신다는 것은 장엄하고 신비한 제사와 연계되면서 귀신과 함께 접하는 것을 의미했으며, 자연스럽게 '예'의 일부가 되었다. 이렇게 음주는 '예'를 표현하는 중요한 차례이자 중요한 근거가 되었으며, 무엇보다 '예'의 중요한 수단이 되었다.

주공은 여러 신하들에게 엄하게 훈계했다. "제사를 지낼 때만 술을 마시는 것이니 덕장은 취하지 않는다(飮惟祀, 德將無醉)." 제사 때 술을 마실 수 있다고 하여 지나친 음주를 용인한 것은 아니다. 옛 사람들이 생각하기에 술이란 제사 활동 자체나 다름없었으니 자못 신비하고 장엄한 색채를 띠었다. 술을 빚는 것은 제사에 사용하기 위함이자 사람이 하늘에 감사와 존경을 표시하는 일이다. 이런 근본적인 취지를 위배하고 일반 백성들이 제멋대로 술을 빚는다면 이보다 큰 죄가 있을 수 없다. 개인이 이리하면 덕행을 어지럽히는 것이고, 나라가 이리하면 혼란하여 사직을 끊는 일이다. 이것이 바로 "술은 제사를 위함이지

---

239 『춘추좌전·장공22년莊公二十二年』, "君子曰, 酒以成禮, 不繼以淫, 義也. 以君成禮, 弗納於淫, 仁也." 『십삼경주소』본, 앞의 책, 1775쪽.

마시고 취하기 위함이 아니다."라는 말의 본뜻이다. 술을 마시기 전에 반드시 예를 올려야 한다는 것은 『세설신어』에서도 확인할 수 있다.

"공문거孔文擧는 아들이 두 명이었는데, 형은 6살, 동생은 5살이었다. 대낮에 부친이 낮잠을 자고 있었는데, 어린 것이 상에서 술을 몰래 훔쳐 먹었다. 그러자 큰 애가 말하길, '왜 배례를 하지 않느냐?'고 하자 어린 것이 답하길, '훔쳐 마시는데 무슨 예를 행하느냐!'고 했다."[240]

"종육鍾毓 형제가 어렸을 적에 부친이 낮잠을 자고 있을 때 함께 약주藥酒를 훔쳐 먹었다. 그때 부친은 이미 깨어 있었지만 잠든 척하고 그들을 지켜보았다. 종육은 배례를 한 다음 마셨으나 종회鍾會는 마시기만 할 뿐 배례를 하지 않았다. 나중에 부친이 종육에게 묻자 종육이 대답했다. '술로써 예를 완성한다고 하였으니 감히 배례하지 않을 수 없었습니다.' 다시 종회에게 묻자 그가 답했다. '훔치는 것은 본시 예가 아닌 까닭에 배례하지 않았습니다.'"[241]

이후 정치가 분산되고 권력이 하향하며, 경제가 발전하면서 술에 대한 관념이나 기풍 역시 크게 달라져 제약이나 두려움이 크게 약화되었다. 이리하여 술을 마시기 전에 배례하는 습속도 점차 사라져 상징적인 것이 되고 말았다. 최초에 엄격한 규정이었던 '음유사'의 '사祀'는 천

---

240 [남조송] 유의경, 『세설신어·언어』, 앞의 책, 14쪽.
241 [남조송] 유의경, 『세설신어·언어』, 위의 책, 17쪽.

지, 귀신에게 예배를 드리는 일이다. 이러한 주사酒祀는 삼대 이후에도 귀신을 배례하는 제사로 여전히 지켜졌지만 제사와 관계없이 술을 먹는 일이 더욱 더 많아졌다.

고대의 음주 예법은 점차 상징적인 의식이자 쉽게 행할 수 있는 예절 정도로 바뀌었다. 술을 마시기 전에 먼저 배례하고, 그런 다음에 마시는 것은 상징적인 의식으로 선왕이 남긴 덕의德義를 잊지 않고 '취함이 없도록 하라(無醉)'는 훈계를 따르겠다는 뜻이다. 행할 수 있는 예절이라면 따르는 것이 좋다. 특히 특정한 의례나 엄숙한 연회의 경우라면 마땅히 그래야 한다. 후세의 주례는 주로 연회에서 지켜야할 예절이나 차례에 편중되고 있다는 느낌이 든다. 예를 들어 초청장 발송, 환영, 자리배정, 술 따르기, 술 권하기, 축배, 치사致謝, 송별 등등이 그러하다. 연회가 성황리에 진행되면서 술잔이 오가는 가운데 주례가 함께 하니 연회는 즐거움이 넘쳐나되 또한 절제가 있기 마련이고, 호방하면서도 문아文雅하여 질서를 잃지 않고 분수를 넘지 않는다. 중국은 역사가 유구하고 지역이 광활한데다 문화적 구성 역시 상당히 복잡하여 서로 다른 풍속과 인정의 영향 하에 시대, 지역, 민족에 따라 표현형식이나 특질이 서로 다른 주례가 존재한다.

5. 상정觴政

상정은 옛 사람들이 모여 술을 마실 때 일종의 규칙으로 벌주놀이인 주령酒令과 유사하다. 상정이란 말이 처음 나온 것은 서한 유향劉向이 쓴 『설원說苑·선설善說』이다. 이에 따르면, "위문후魏文侯가 대부들과 술을 마시면서 공승불인公乘不仁에게 상정觴政을 맡게 했다." 하지만 당시 상정은 주령 또는 행주령行酒令을 의미했다. 명대 문학가인 원굉도袁宏道는 "진실한 마음을 독자적으로 풀어내고 상투적인 표현에 얽매이지 말라(獨抒性靈, 不拘格套)"는 이른바 성령설性靈說을 주장하면서 형인 원종도袁宗道, 동생인 원중도袁中道(1570~1623년)와 더불어 '공안삼원公安三袁'으로 이름을 날렸다. 그는 「상정觴政」이라는 제목의 문장에서 중화의 주연 문화, 주령의 방법 등에 대해 언급한 바 있다. 그 일단을 살펴보면 다음과 같다.

"나는 파초 잎처럼 생긴 술잔에 담은 술조차 다 마실 수 없을 정도로 주량이 형편없지만 주막에서 술잔 오가는 소리만 들어도 그 즉시 펄쩍 뛰며 달려간다. 술친구들과 어울리면 밤을 새지 않으면 그만두지 않는다. 하여 오랫동안 친하게 지낸 친구가 아니면 내가 주량이 적다는 것을 모른다. 마을에 요즘 술을 좋아하는 주도酒徒들이 무척 많아졌으나 상정觴政을 익히지 못해 음주 태도가 좋지 않고 언행이 거칠다. 무릇 조구糟丘(술지게미로 이루어진 언덕. 술꾼을 비유함)를 관리한다고 하면서 주법을 만들지 않은 것은 또한 영장令長(마을의 장자, 자신을 지칭함)의 책임이다. 하여 이제 고대 전적에서 음주에 관해 간결하고 실용적인 예절을 찾아내고 새로운 조항을 첨가하여 「상정」이라 이름을 지었다. 주객들이 각기 한 부씩 거두어 간직한다면 취향醉鄉의 좋은 법령이 될 것이다."[242]

"마을에 요즘 술을 좋아하는 주도酒徒들이 많아졌다."고 한 것은 명대의 술 문화의 일단을 보여주는 대목이고, "고대 전적에서 음주에 관해 간결하고 실용적인 예절을 찾아내고 새로운 조항을 첨가했다"고 한 것은 원굉도가 기존의 여러 가지 경험과 자료를 취함하고 새롭게 정비했다는 뜻이다.

6. 주령酒令

주령은 행령음주行令飮酒(술을 마실 때 지켜야 할 명령)라고 말하기도 하는데, 술을 마실 때 흥을 돋우기 위한 일종의 유희이다. 먼저 명령을 내리는 영관令官을 선출하고 나머지는 그 명령에 따르기로 하는데, 일정한 규칙이나 획권劃拳, 시매猜枚,[243] 또는 교묘한 글짓기를 비롯한 여러 가지 유희에 따라 내기에 지거나 명령을 위반하고 또는 제대로 완성하지 못한 이가 벌주를 마시는 것이다. 만약 기쁘거나 축하할 일이

---

242 [명] 원굉도, 「상정觴政」, "餘飮不能一蕉葉, 每聞垆聲, 輒踊躍, 與酒客與留連, 飮不竟夜不休. 非久相狎者, 不知餘之無酒腸也. 社中近饒飮徒, 而觴容不習, 大覺鹵莽. 夫提衡糟丘, 而酒憲不修, 是亦令長之責也. 今采古科之簡正者, 附以新條, 名曰, 觴政. 凡爲飮客者, 各收一帙, 亦醉鄕之甲令也."

243 역주: 획권劃拳(화취안)은 두 사람이 동시에 손가락을 내밀면서 각기 한 숫자를 말하는데, 말하는 숫자가 쌍방이 내민 손가락의 총수와 부합하면 이기는 것으로 지는 이가 벌주를 마시는 놀이이다. 시매猜枚(차이메이)는 손에 수박이나 호박 따위의 씨나 연밥, 잣, 바둑돌 등을 쥐고 그것의 수량이나 빛깔 또는 짝수, 홀수 등을 알아맞히는 놀이이다.

있으면 함께 축하하는데, 이를 일러 권음勸飮(술을 마시라고 권함)이라고 하며, 장려의 뜻을 지닌다. 주령은 나름 공평한 권주 수단으로 누군가 힘이 있다고 약한 자를 괴롭히는 경우를 피할 수 있으며, 여러 사람들이 훈수를 두어가며 예측하거나 속셈을 하기 마련이니 지혜와 운수에 기대게 된다. 이렇듯 주령은 술을 마시면서 나름대로 예를 갖추는 중요한 수단이다.

주령이 생겨난 것은 멀리 동주東周 시대로 거슬러 올라간다. '화사첨족畫蛇添足'이란 성어가 그 예증이다. 『전국책·제책齊策2』에 보면 이런 이야기가 나온다.

"초나라에 어떤 사람이 제사를 지낸 후 여러 사인舍人들에게 큰 잔에 술을 따라주었다. 사인들이 서로 말하길, '여러 사람이 나누어 마시기에는 부족하고 한 사람이 마시면 남음이 있으니, 땅바닥에 뱀을 한 마리씩 그리기로 하여 먼저 그린 사람이 혼자 다 마시기로 하자'고 했다. 가장 먼저 뱀을 그린 사람이 술잔을 당겨 마시려고 하다가 왼손에 술잔을 들고 오른손으로 뱀을 다시 그리기 시작하면서 말하길, '나는 뱀의 다리도 그릴 수 있다'고 했다. 발을 다 그리기도 전에 다른 사람이 뱀을 다 그린 후 술잔을 빼앗으며 '뱀은 본래 다리가 없는데 자네는 어찌하여 발을 그렸는가!'라고 말하면서 술을 마셔버렸다. 뱀의 다리(蛇足)를 그린 사람은 결국 술을 마실 수 없었다."[244]

---

244 『전국책·제책齊策·소양위초벌위昭陽爲楚伐魏』, 상해, 고적출판사, 1985년, 356쪽.

이는 가장 오래된 음주와 관련된 이야기이다. 『전국책』은 서한 시절 유향劉向이 전국 말년부터 당시 유세遊說하던 사인들의 언행을 담은 여러 자료들을 모아 편집한 책으로 대략 2천여 년 전의 역사를 담고 있다.

이외에 『한시외전韓詩外傳』에도 전국시대에 주령과 관련된 이야기가 실려 있다.

"제환공齊桓公이 여러 제후, 대부들에게 주령酒令을 정하고 말했다. '늦게 온 자는 경정經程(술잔 이름)으로 벌주 한 잔을 마신다.' 관중이 늦게 도착하여 경정으로 한 잔을 마시게 되었는데, 절반만 마시고 나머지를 버렸다.……관중이 말했다. '몸을 버리느니 차라리 술을 버리겠습니다.'"[245]

제환공과 관중은 모두 동주 초엽의 사람들이다. 그들의 이야기는 2600여 년 전에 이미 주령이라는 놀이가 있었음을 증거한다. 한나라는 통일제국으로 이전에 비할 바 없을 정도로 경제가 발전하고 생활이 안정되면서 술을 마시면서 주령 놀이를 하는 기풍이 크게 성행했다. 그래서 동한 시절에 이미 가규賈逵가 편찬한 『주령酒令』이라는 전문 서적까지 출현했다.

하지만 역시 주령이 가장 성한 때는 당대이다. 정관지치貞觀之治로 유명한 당 태조 이세민李世民이 치세하던 시절 번영과 안정을 구가하면서

---

245 [서한] 한영韓嬰, 『한시외전韓詩外傳』권10, 『문연각사고전서』제89책, 앞의 책, 858쪽.

후대에 유행하는 온갖 종류의 주령이 모두 그 시절부터 시작되었다고 해도 과언이 아니다. 주령은 종류가 다양하고 각기 특색이 있어 몇 가지로 분류하여 살펴보고자 한다.

1) 유상전화流觴傳花

곡수유상曲水流觴[246]은 옛 사람들이 행하던 놀이이자 미신 색채가 다분한 음주 오락 활동이다. 가장 유명한 곡수유상은 353년 3월 3일 소흥紹興 난정蘭亭 모임에서 이루어졌다. 저명한 서예가인 왕희지와 여러 문인들이 구곡의 흐르는 물가에 모여서 각자 자리를 잡고 앉았다. 흐르는 물 위에 술잔을 올려놓으니 흔들거리며 흘러간다. 술잔은 구불

| 산동 제남齊南의 유명한 샘물인 박돌천趵突泉에서 명나라 융경隆慶 연간에 산동 좌포정사左布政使이자 시인인 왕종목王宗沐이 주최한 곡수유상曲水流觴 활동을 묘사한 그림.

---

246 역주: 매년 음력 3월 3일 여러 사람이 구불구불 흐르는 구곡九曲의 흐르는 물에 둘러 앉아 술잔을 띄워 놓고, 술잔이 흐르다 멈추면 그 앞에 앉은 사람이 술을 마시는 놀이를 말한다.

거리는 수로를 따라 아래로 흘러가다 누군가 앞에 정지하면 그 사람이 술잔을 들어 마시고 시를 읊었다.

때로 술잔 대신 꽃을 사용하는 경우도 있는데, 꽃을 차례대로 옆으로 전달하는 것이 구불구불 흐르는 물을 상징한다. 꽃을 전달하는 동안 계속해서 북이 울리는데, 북소리가 멈추면 꽃 전달도 멈춘다. 그 때 꽃을 가진 사람이 마치 둥둥 떠가는 술잔이 자기 자리에서 멈춘 것처럼 벌주를 마신다. 곡수유상에 비해 북을 치면서 꽃을 돌리는 것은 단순한 음주 오락 활동으로 야외의 날씨와 상관없이 어떤 술자리에서든 진행할 수 있다. 송대 손종감孫宗鑒(1077~1123년)의『동고잡록東皐雜錄』에 이와 관련한 당대 시 한 편이 수록되어 있다.

성벽 위에서 북을 울려 꽃가지를 전달하니
술자리에서 잣알을 쥐고 벌주놀이 하네.[247]

이렇듯 당대에 이미 북을 치면서 꽃을 돌리는 주령이 유행했음을 알 수 있다. 어떤 놀이기구를 사용하든 문인들이 술자리에서 벌주놀이를 할 때면 시구를 읊조리는 일이 빠지지 않았다. 곡수유상은 원래 오래 전부터 이어져온 민속놀이였는데 후세에 점차 주령에 널리 활용되기 시작했다. 이런 점에서 중국 주령의 효시가 바로 곡수유상이라고 해

---

247 [북송] 손종감孫宗鑒, 『동고잡록東皐雜錄』권3, "城頭催鼓傳花枝, 席上搏拳握松子." 상해, 상무인서관, 1930년, 11쪽. 역주: 작가, 제목 미상이다.

도 과언이 아닐 것이다.

2) 손짓

획권劃拳(화취안)은 할권搳拳, 할권豁拳(한어로 모두 같은 발음), 무전拇戰이라고도 하는데 일종의 손짓으로 하는 주령이다. 두 사람이 동시에 손을 내밀어 손가락의 숫자를 맞추는 자가 승리한다. 서로 알아맞춘다는 의미로 시권猜拳(차이취안)이라고도 한다. 획권은 간단하게 놀 수 있기 때문에 비교적 널리 알려지고 또한 오랫동안 성행했다. 그렇기 때문에 주령 가운데 가장 많은 이들이 행하는 놀이 가운데 하나이다. 예를 들어 시권령猜拳令 가운데 하나는 이렇다. 주령에 따라 두 사람이 각기 손을 내밀면서 동시에 숫자를 외친다. 두 사람이 내민 손가락의 숫자를 알아맞히는 것인데, 맞춘 이가 승자이고 틀린 이는 패자로 벌주를 마셔야 한다. 만약 두 사람이 모두 맞추면 각기 한 잔씩 마시고, 두 사람 모두 틀리면 다시 한 번 손을 내밀며 숫자를 외친다. 각기 손가락 다섯 개를 모두 펴면 전체 숫자가 십十이 된다. 시권령은 시대나 지역에 따라 약간씩 차이가 있다. 영사슈詞(주령 놀이를 하면서 하는 말)도 많은데 예를 들면 다음과 같다.

一點兒(아주 작음)

哥倆好(형제의 정이 도탑다는 뜻)

三指頭(세 손가락 또는 삼성조三星照는 길상의 뜻)

四季財(사계절 재물이 많음, 四敬財).

五魁首(오경五經의 으뜸, 과거에 급제하라는 뜻)

六六六(六六順, 군의君儀, 신행臣行, 부자父慈, 자효子孝, 형우兄友, 제공弟恭의 순

조로움)

七個巧(칠월칠석七月七夕의 뜻)

八匹馬(주周나라 목왕穆王의 팔준마八駿馬와 관련이 있음)

快喝酒(또는 久久久, 九常有 등 장수를 축원하는 뜻도 있음)

全來到(모두 모여 원만하다는 뜻)

시권을 할 때는 때로 '와哇'나 '아啊'와 같은 어기사를 넣어가며 박자
를 맞추면서 낭랑하게 읊기도 한다. 또한 "가위(剪子), 바위(石頭), 보
(布)" 등 손짓으로 내기하는 수세권手勢拳도 있다.

3) 투자骰子(주사위)

투자骰子, 즉 주사위는 각각의 모서리 길이가 5mm 정도인 입방체로
동물의 뼈나 옥석 등으로 만든다. 흰색이고 육면체에 각기 1부터 6까
지 숫자를 새겨 넣었다. 술자리에서 이를 주령의 도구로 삼았다. 주사
위의 숫자 가운데 4는 붉은 색으로 칠하고(근대에 들어와 1에 붉은 색을
칠한 것도 있다) 나머지는 모두 검은 색을 칠한다. 손에 주사위를 쥐고
있다가 놀이판에 던져 뒹굴도록 하거나 주사위를 그릇 안에 집어넣고
뚜껑을 덮어 흔들기도 한다. 주사위가 멈추면 놀이 규칙에 따라 숫자
나 색깔로 승부를 내기 때문에 '색자色子'라고 부르기도 한다.

4) 시매猜枚(차이메이)

시매는 주흥을 돋우는 놀이로 일종의 주령이다. 주령을 관장하는 사람(영관令官)이 바둑알이나 동전, 연밥, 호박씨 등을 손에 쥐고 사람들에게 숫자를 알아맞히도록 하는 놀이이다. 처음에는 짝수와 홀수, 두 번째는 수량, 세 번째는 빛깔을 알아맞히도록 하여 틀린 이가 벌주를 마신다.

5) 주籌(산가지)

주籌, 즉 산가지는 숫자를 세는 도구였으나 후대에 들어와 술자리에서 주령의 도구로 사용되면서 '굉주觥籌' 또는 '주주酒籌'라고 불렀다. 산가지를 이용한 주령 방법은 두 가지이다. 하나는 숫자를 세는 것인데, 이미 마신 술의 수량을 계산하는 방식이다. 당대 왕건王建의 시「서증구혼이조장書贈舊渾二曹長」에 보면 "대신 마신 굉주를 보니 주량이 적음을 알겠고, 도움을 얻어 서재를 만든 것을 보니 빈곤을 알겠네."[248] 라는 구절이 나온다. 주량이 큰 것을 일러 대호大戶, 적은 것은 소호小戶라고 했다. 굉주가 얼마나 있는가에 따라 주량의 크고 작음을 알 수 있다. 만약 마셔야할 굉주의 숫자를 감당하지 못한다면 다른 사람에게 대신 마셔달라고 청하는 수밖에 없으니, 주량이 적은 소호인 셈이다. 이렇듯 굉주는 술잔의 숫자를 세는 데 사용하는 도구였다. 두 번째

---

248 [당] 왕건王建, 「서증구혼이조장書贈舊渾二曹長」, "替飲觥籌知戶小, 助成書屋見家貧." 『전당시』 권300, 앞의 책, 3413쪽.

는 벌주를 행할 때의 표지이다. 주령은 군령과 같아 주령을 정상적으로 진행시키려면 주령을 위반하거나 규칙을 지키지 않는 사람이 생길 경우 특별히 제작된 주주酒籌를 꺼낸다. 그 형태는 깃발 또는 군대에서 사용하는 의장용 깃발인 독纛처럼 생겼다. 이는 벌주罰籌라고 부르기도 하는데, 군대에서 사용하는 영전令箭이나 요즘 축구 심판이 반칙을 범한 선수에게 내미는 옐로우 카드나 레드 카드와 같은 것이다.

이상의 두 가지 주주는 모두 주령을 행할 때 사용하는 보조 도구이다. 산가지인 주를 위주로 하는 주령은 주간, 즉 산가지와 일정한 수량의 주주로 구성되어 있으며, 매 주주마다 행해야할 구체적인 내용이 적혀 있다.

6) 골패骨牌

골패는 일반적으로 대나무를 뒷면, 동물의 뼈를 앞면으로 하는데, 두 개를 연미순燕尾榫(제비꼬리처럼 생긴 연미 장부)으로 결합시켜 만든 장방형의 도구이다. 특히 앞면을 진귀한 상아로 만든 것을 아패牙牌라고 부른다. 요즘은 서로 다른 색깔의 유기유리(유리와 같은 용도로 사용하는 투명 또는 반투명의 합성수지)로 앞뒷면을 만들어 아교로 접합시킨 것을 사용한다. 골패는 전체 32장이며, 홍색과 녹색 두 가지로 색깔을 구분한다. 모든 골패는 각기 특정한 명칭이 있는데, 예를 들면 다음과 같다.

천패天牌, 상하가 모두 6점

지패地牌, 상하가 모두 1점

인패人牌, 상하가 모두 4점

화패和牌, 위쪽은 1점, 아래쪽은 3점

골패를 사용하는 주령은 주로 골패의 색점色點의 형태에 근거하여 맞장구를 치는 형태인데, 주령을 주관하는 영관이 시사詩詞나 곡부曲賦 또는 성어나 속담을 말하면 이에 맞는 색점을 내밀면 된다. 때로 무늬를 뒤집기 위해 세 장의 골패의 색점을 배합하여 명목을 붙이기도 하는데 이를 '일부아一副兒', 즉 쌍짝이라고 한다. 주령을 할 때는 먼저 영관이 패를 뒤섞고 세 장마다 짝을 지어 순서대로 하나씩 들추면서 제목을 말하는데, 이때 참가자들이 상응하는 대구를 내놓는다. 이는 한 장짜리 골패를 조합한 것과 같으며, 단지 필수적인 압운이 더해졌을 따름이다.

7) 오락

주령에는 동작이나 기교를 위주로 한 놀이도 있다. 예를 들어 주령을 주관하는 영관이 아무런 말을 하지 않고 마치 잡기雜技(서커스)처럼 남들이 따라 하기 힘든 몸짓이나 동작을 하는 것이다. 예를 들어 코를 움직이거나 손 묘기나 마술을 먼저 보여준 다음 다른 이들이 따라하게 한다. 만약 따라하지 못하면 벌주를 마셔야 한다. 간단하게 행할 수 있는 것으로 '박칠령拍七令'이 있으며, 특히 환영을 받는 '조어釣魚' 등도 이런 부류에 속한다.

8) 수수께끼

수수께끼 부류는 수수께끼를 주령으로 삼는 놀이이다. 방식도 다양하다. 예를 들어 '구저령求底令'의 경우 영관이 수수께끼 문제를 내면 함께 주령놀이를 하는 행령行令이 돌려가며 각자 나름의 답을 제시한다. 만약 수수께끼의 답을 내지 못하거나 적절치 못할 경우 벌주를 마셔야 한다. 만약 영관이 '홍당대소哄堂大笑(한바탕 크게 웃음)'라는 성어를 문제로 내면 수수께끼 답의 범위 내에서 고민하여 먼저 미목謎目(수수께끼 답의 범주 안에 있는 여러 가지 가능한 답변)을 제시한 다음 답을 제시한다. 다양한 것들이 있는데 그 일부를 살펴보면 다음과 같다.

① 문학명사 가운데 하나: 악부樂府

② 음악명사 가운데 하나: 실내악

③ 『수호지』에 나오는 인물 가운데 하나 : 악화樂和

④ 영화 제목 가운데 하나: 「희영문喜盈門」

⑤ 흑룡강성의 지명 하나: 치치하얼齊齊哈爾[249]

이외에 배변령配面令이란 것도 있다. 영관이 먼저 수수께끼의 답을 제시하면 나머지 사람들이 차례대로 이에 맞는 질문을 만드는 것인데, 당연히 서로 비슷한 것을 말하면 안 된다. 제대로 질문을 만들지 못하거나 적절치 않으면 벌주를 마신다. 예를 들어 영관이 '일—'자를 답으로 내놓으면 이에 맞는 질문을 하는데, 예를 들면 다음과 같다.

---

249 역주: 이상은 모두 웃음, 즐거움, 음악 등의 뜻이나 모두 '악'자와 관련이 있다. '樂'은 다음자多音字로 악, 락, 요로 발음한다.

① 大干快上, 個個有份. (대규모로 신속하게 행동하니 각기 몫이 있다는 뜻이나 대나 간이란 글자 위로 빨리 올라가면 一이 나온다는 뜻이기도 하다)

② 無木之本. (本에 나무 木을 빼면 一이 남는다)

③ 天上有它, 土下有它, 畵上面也有它. (天자 위에도 一이 있고, 土자 아래에도 一이 있으며, 畵자(간체자) 위에도 一이 있다)

④ 乘以它一樣大, 除以它一樣大. (一은 다른 수와 곱해도 같은 수, 나눠도 같은 수라는 뜻)

⑤ 上不在上, 下不在下, 不可在上, 且宜在下(上은 위에 없고, 下는 아래 없으나 不은 위에 있고, 且는 마땅히 아래에 있다. 글자마다 一의 위치를 말한 것이다)

9) 문자유희

주로 술자리에서 문자유희를 이용한 주령이다. 대략 당대부터 시작하여 송대에 크게 성했다. 이른바 문희文戱는 특정한 글자를 넣어 문장을 짓거나 서로 한 구절씩 연결시키기도 하며 글자체를 변화시키는 놀이이다. 문자유희를 이용한 주령은 나름 지혜와 재주를 겨루는 일이기도 하여 놀이를 통해 사고 능력이나 민첩성을 기르는 데 유효하다.

10) 제비추첨(구鬮)

결단하기 힘든 일이 생겼을 경우 옛날 사람들은 나름의 방법이 있었다. 일단 외형이 비슷한 작은 물건에 표시를 한 다음 여러 물건과 같이 넣어두고 그 중에서 하나를 꺼내 결단의 단초로 삼는 것이다. 이런 물건을 일러 구鬮, 즉 제비라고 한다. 이런 방식은 참가하는 이들 모두에게 균등하고 공평한 기회를 제공한다. 이는 주로 술자리에서 많이 행하는데 제비를 주령의 도구로 사용하기 때문에 구령鬮令이라고 부른다. 구령은 주령籌令과 유사하지만 주령보다 훨씬 기민하여 술자리에서 언제라도 사용할 수 있다는 장점이 있다.

주기酒旗, 편대匾對, 제벽題壁, 주점

1. 주기酒旗

'주기酒旗'는 원래 관방에서 정령이나 표지, 신의를 나타내는 깃발로 '왕王'이 사용하는 것이었는데, 이후 점차 민간에서 가게 경영을 표시하거나 호객을 위한 방식으로 변화 발전했다. 표지標識는 일반적으로 '표表'라고 부르기도 한다. 『한시외전韓詩外傳』에 보면, "어떤 이가 술을 파는데 매우 맛이 좋아 표를 높이 세워놓았다."[250]라고 했으니 여기에 나오는 '표'가 바로 주점의 깃발이다. 술집 대문에 깃발을 높이 매달아 놓으면 멀리서도 능히 볼 수가 있다.

---

250 [서한] 한영韓嬰(기원전 200~130년쯤), 『한시외전』권7, "人有市酒而甚美者, 置表甚長." 『문연 각사고전서』제89책, 앞의 책, 831쪽.

| 거란의 귀족과 여진 악무시종樂舞侍從을 그린 거란족 화가 호괴胡瓌의 〈탁헐도卓歇圖〉

표지는 일반적으로 베(무색 또는 청색)로 만드는데 크기는 각기 다르다. '주酒'라는 글자를 쓰기도 하고 술 이름 또는 주점의 이름을 써넣기도 한다. 심지어 경구警句를 쓰는 경우도 있다. 이러한 주기酒旗는 '주렴酒簾' 또는 '망자望子'라고 부른다. 예를 들어 「청명상하도清明上河圖」를 보면 많은 주점들이 그려져 있는데, 백색이나 청색 주기에 '신주新酒', '소주小酒' 등이 적혀 있는 것을 볼 수 있다. 하지만 주기의 색깔이 백색이나 청색으로 한정된 것은 아니었다. 당대 위응물韋應物의 「주사행酒肆行」에는 장안의 호화로운 주점이나 주루의 화려한 깃발이 봄바람에 펄럭이는 모습이 여실히 묘사되고 있다.

예전에 주기의 글자를 주로 글씨를 잘 쓰는 전문가가 썼다는 것은 의심할 여지가 없다. 주기에 손님을 불러 모으는 글귀를 쓰는 일은 당시 문학작품에도 그대로 반영되고 있다. 『수호전』에 보면 무송武松이 술이 거나하게 취해 오랫동안 연마한 싸움 기술인 '옥환보玉環步' '원앙 각鴛鴦脚'으로 장문신蔣門神을 냅다 걷어차는 장면이 나오는데, 맹주도孟 州道 쾌활림快活林의 주점에서 일어난 일이다. 그 광경을 살펴보면 다음 과 같다.

"무송이 몇 십 보를 발짝을 걷기도 전에 세 갈래 길에 큰 술집 하나가 보였다. 처마 아래 기다란 망간望竿에 서 있고 그 위에 주망자酒望子(술 집 깃발)가 걸려 있는데, '하양풍월河陽風月'이라는 네 글자가 크게 쓰여 있었다. 들어가 보니 문 앞에 녹유綠油를 바른 난간이 있고, 금박金箔

| 주기酒旗 펄럭이는 주점 그림

| 편대匾對

으로 글자를 쓴 깃발 두 개가 꽂혀 있는데, 각기 '취리건곤대醉裏乾坤
大', '호중일월장壺中日月長'이란 금빛 글자가 적혀 있었다. 보아하니 시은
施恩이 술집 주인이던 시절에 내건 것 같았다."[251]

"금박으로 글자를 쓴 깃발"은 이후 점차 바람에도 끄떡없는 나무나
대나무, 또는 금속 재질의 영련楹聯(기둥이나 문에 새긴 대련對聯)으로 바
뀌었으며, 지금은 각종 현란한 광고판이나 네온사인이 주기를 대체
했다.

---

251 [명] 시내암施耐庵, 『수호전水滸傳』, 북경, 인민문학출판사, 1963년, 339쪽.

2. 편대扁對

편扁과 대對는 일반적으로 편액을 말하지만 약간 다르다. 편은 문머리 (門楣)나 당오堂奧(집안 깊숙한 곳)에 걸어두는데 보통 한 개다.(때로 절간 등에 몇 개를 걸어두는 경우도 있으나 이는 극히 예외적인 것이다). 이에 비해 대는 기둥이나 문 양쪽, 당堂의 양쪽 행랑에 나열한다. 옛날에는 주로 나무나 대나무로 만들었으며, 구리로 만든 것도 있다. 편대는 서로 조응하여 연관된다는 나름의 의미를 담고 있다. 고대 주점에도 편대를 걸어놓았는데, 몇 개 또는 그보다 많은 대를 걸어놓기도 했다. 이렇게 편대를 걸은 것은 당연히 고객을 유치하기 위함이다. 편대의 내용은 주로 명시나 명구에서 따오거나 묵객, 문사들이 쓴 것이기에 그 자체로 서예작품이자 문학작품이다. 예를 들어 오대五代 장일인張逸人(장백張白)이 최씨崔氏의 주로酒罏(주점)에 쓴 것을 보면 다음과 같다.

> 무릉성 최가네 술은
> 지상에 없는 천상의 술이렷다.
> 남쪽으로 떠도는 도사 한 말 마시더니
> 흰 구름 드리운 깊은 동굴에 취해 누었다네."252

---

252 [당] 장백張白, 「주점 최씨에게 주다(贈酒店崔氏)」, "武陵城裏崔家酒, 地上應無天上有, 南遊道士 飮一斗, 醉臥白雲深洞口." 『전당시』권861, 북경, 중화서국, 1960년, 9736쪽.

강서성 구강九江에 있는 심양루潯陽樓.
『수호전』에서 송강이 시를 적었다는 심양
루는 술집이다.

　명인의 멋지게 쓴 명구名句에 조그마한 주점이 일시에 유명해지니 "이로부터 술을 사먹는 이들이 더욱 많아졌다." 또한 서충徐充의 『난주유필暖姝由筆』에 이런 글이 적혀 있다. 명 무종 정덕正德 연간(1506~1521년) 짓궂은 천자天子가 나름 기발한 생각으로 황가皇家주점을 개설하고 두 개의 편액에 '천하제일주관天下第一酒館', '사시응기식점四時應幾食店'이란 글자를 적어놓았다. 또한 주기도 높이 달았는데, 그 안에 "본점은 사시사철 하화고주荷花高酒를 팝니다."[253]라고 적혀 있었다. 이는 비록 웃자고 하는 소리이긴 하나 민간의 습속을 그대로 따라하고 있는 것임에 틀림없다. 이렇듯 주점에 편대를 거는 것은 중국 전통문화의 특색 가운데 하나이자 중국 식문화의 또 하나 성취라 하겠다.

---

253 [명] 서충徐充, 『난주유필暖姝由筆』, 민국본民國本, 제1~9쪽.

3. 제벽題壁

제벽은 고대 문인, 소객騷客들의 아사雅事(고상한 일)로 풍취가 뛰어난 명승지나 누각, 당사堂榭는 물론이고 주점의 벽 등에 시문을 쓴 것을 말한다. 주점은 사방팔방에서 온갖 손님들이 들고나는 곳이니 천하의 문객들도 예외가 아니다. 취흥이 도도한 묵객들이 흰 벽에 일필휘지하니 호방하고 멋들어진 아취가 아닐 수 없다. 벽에 쓴 시문이나 글씨는 뛰어나 동년배들을 빛내고 후세까지 전해져 명성을 나릴 것이니 그렇지 않다면 조소를 받는 것이 당연하지 않겠는가?

호방한 문인, 풍류를 아는 재자들이 자신의 재주를 남김없이 발휘하니 주점의 흰 벽이 더욱 빛나지 않을 수 없다. 『수호전』을 보면, 송강宋江이 소동파가 편액을 남긴 '심양루潯陽樓'라는 술집에 가서 술을 마시고 "취흥이 도도하여 묵을 짙게 갈아 붓에 담뿍 묻힌 후 백분을 바른 벽 쪽으로 갔다." 그리하여 그곳에 두 수의 시를 적었으니 이로 인해 역모의 죄를 뒤집어쓰게 되고 바야흐로 『수호전』의 서막이 올라간다. 그가 쓴 시는 다음과 같다.

| 제벽도題壁圖

어려서부터 경전과 사서를 공부하고
성장하여 권세를 도모했으나
사나운 범 황량한 언덕에 누워
발톱과 이빨 감춘 꼴이 되고 말았네.
불행히도 양 볼에 자자刺字되어

강주로 유배됨을 어찌 참으리.

언젠가 원수를 갚게 된다면

심양강潯陽江 어귀를 피로 물들이리라.

마음은 산동에 있으나 몸은 오중吳中에 있어

속절없이 강해를 떠도는 신세 탄식이 절로 난다.

후일이 구름을 뛰어넘을 뜻 이룬다면

황소黃巢가 대장부 아니라고 비웃으리라.[254]

이 두 수의 시로 인해 송강은 비록 머리가 잘린 것은 아니지만 이를 목격한 황문병黃文炳이란 작자가 역모의 혐의로 밀고하는 바람에 심한 고초를 당하고 만다. 이에 비해 순희淳熙 4년(1177년) 정월 육방옹陸放翁 (육유陸游, 1125~1210년)이 성도成都의 한 주점에 남긴 제벽은 기세가 넘치고, 사람의 심금을 울리며, 의경意境 또한 고원高遠하여 개인의 심사를 읊은 일반 묵객이나 문사들이 미칠 바가 아니다. 그의 시는 다음과 같다.

장부는 헛되이 세상 살아갈 수 없으니

오랑캐를 섬멸하고 하산을 회복하는 것이 본래 뜻이라.

---

254 [명] 시내암, 『수호전』, "自幼曾攻經史, 長成亦有權謀. 恰如猛虎臥荒丘, 潛伏爪牙忍受. 不幸刺
文雙頰, 那堪配在江州. 他年若得報冤仇, 血染潯陽江口." "心在山東身在吳, 飄蓬江海謾嗟吁.
他時若遂凌雲志, 敢笑黃巢不丈夫." 앞의 책, 454쪽.

허나 힘 잃고 뜻 맞지 않을 줄 어찌 알았으리.

8년간 양주, 익주 생활에 젊은 얼굴 쇠약해졌네.

한밤중 베개 어루만지며 홀연 크게 외치니

꿈에서 송정관松亭關(북경과 내몽고 사이에 있는 요충지) 빼앗았기 때문
일세.

중원 회복의 기회 여러 번 잃은 것 탄식하였더니

이튿날 아침 베갯머리에 눈물 흔적 남았네.

익주의 관루官樓에 술이 바다처럼 많고

내 본래 주기酒旗 잘 알아 날 가려 술을 샀지.

술 마시고 노름으로 기쁨을 삼으니

멋대로 던져도 효채梟采와 노채盧采, 술 먹고 던져도 쌍육 주사위(采)
를 맞추네.

온갖 멸시 괘념치 않고 수레 타고 소 등만 바라보는 눈빛 반짝이는데

스스로 미쳤노라 하나 미친 것이 아닐세.

옛 도읍지의 구묘九廟(황제의 종묘)를 신하된 이가 감히 잊을 수 있으리

조종과 신령이 상제 곁에 계신데."²⁵⁵

---

255 [남송] 육유陸游, 「주루에서 취해서 쓰다(樓上醉書)」. "丈夫不虛生世間, 本意滅虜收河山. 豈知
踏蹭不稱意, 八年梁益忽朱顔. 三更撫枕忽大叫, 夢中奪得松亭關! 中原機會嗟屢失, 明日茵帛留
餘潛. 盆州官樓酒如海, 我來解旗論日買. 酒酣博塞爲歡娛, 信手梟盧喝成釆. 牛背爛爛電日光,
狂殺自謂元非狂. 故都九廟臣敢忘, 祖宗神靈在帝旁." 『검남시고』권8, 상해, 고적출판사, 1985
년, 629~630쪽.

4. 주점酒店

1) 선진부터 남북조 시기의 주점

주점酒店은 주루酒樓, 주관酒館, 주가酒家 등으로 부르기도 한다. 고대에 술과 음식을 파는 가게의 명칭이다. 중국의 주점은 유래가 오래되었는데, 상업의 발달과 그 궤를 같이 한다. 초주譙周의 『고사고古史考』에 따르면, 주 무왕을 보좌한 개국공신 강상姜尙(자는 자아子牙, 일명 강태공)은 아직 미천하던 시절 "조가(상나라의 도읍지)에서 소 잡는 백정 노릇을 했고, 맹진에서는 음식 장사를 했다."[256] 이는 상나라 말기의 상황이다.

한대 음식을 파는 시장을 묘사한 글을 보면, "길가 점포마다 뜨거운 음식들이 가판에 가득하고 나물이며 술안주가 진열된 시장이 형성되었다." "나물이며 술안주가 겹겹으로 쌓이고 제육이며 구운 고기가 상 가득했다."[257] 사마상여司馬相如와 탁문군卓文君은 혼인하여 경제적으로 자립하기 위해 수레와 말을 팔아 사천四川 임공臨邛으로 가서 '주사酒舍(술집)'를 열었다.[258] 이렇듯 한 시대를 풍미한 재자가인才子佳人이 술집을 차렸다는 이야기는 후대에 널리 알려졌다.

서북 지역에 사는 소수민족과 서역의 상인들도 중원으로 넘어와 음식점을 경영하면서 '호식胡食'이 내륙으로 전래되었다. 신연년辛延年의

---

256 「진晉」초주譙周, 『고사고古史考』. "屠牛之朝歌, 賣飮於孟津." 양주, 광릉고적각인사, 1984년, 7쪽.
257 [서한] 환관桓寬, 『염철론·산부족散不足제29』. "熟食遍列, 殽施成市." "殽旅重疊, 燔炙滿案." 『제자집성諸子集成』본, 앞의 책, 33, 34쪽.
258 『사기·사마상여열전司馬相如列傳』, 앞의 책, 3000쪽.

시「우림랑羽林郎」을 보면 당시 상황을 잘 반영하고 있다.

> 옛날 곽가 댁 사내종, 성은 풍 이름은 자도인데.
>
> 곽 장군 권세 기대어 술집 호녀 희롱하는구나.
>
> 호녀 나이 열다섯, 봄날 홀로 주막을 맡았네.[259]

당시 서역 사람들이 차린 주점은 술은 물론이고 안주도 팔았다.

2) 당송 시기의 주점

당송 시절에는 주점이 매우 번창했으며, 주점의 종류 또한 매우 다양했다. 남송 임안臨安에는 전문적으로 술만 파는 직매점뿐만 아니라 술과 차를 함께 팔거나 만두 등을 같이 파는 포자주점包子酒店, 관리의 주택처럼 장식한 택자주점宅子酒店, 일반 주점인 산주점散酒店, 창기가 시중을 드는 창주점娼酒店 등도 있었다. 주점마다 풍미風味도 달라 송대 개봉이나 임안에는 북방음식을 파는 북식점北食店, 남방음식을 파는 남식점南食店, 사천음식 전문의 천반점川飯店 외에도 산동이나 하북의 음식을 파는 '나주점羅酒店' 등이 있었다.

주점의 등급으로 말하자면, '정점正店'과 소규모 주점으로 구분할 수 있는데, 정점은 비교적 고급스러운 주점으로 '루樓'라는 이름이 붙고 주로 고관대작이나 문인, 명사들이 주된 고객이었다.

---

259 [한] 신연년辛延年,「우림랑羽林郎」, "昔有霍家奴, 姓馬名子都. 依倚將軍勢, 調笑酒家胡. 胡姬年十五, 春日獨當壚." 『악부시집樂府詩集』권63, 『문연각사고전서』제1347책, 앞의 책, 554쪽.

『동경몽화록東京夢華錄』에 이런 내용이 나온다.

(개봉) 주작문가朱雀門街 서쪽 끝에서 다리를 건너면 서쪽으로 큰 길이 나오는데, 이를 국원가麵院街(술집거리)라고 한다. 국원가 남쪽에 있는 것이 우선정점遇仙正店이다. 앞에 망루가 있고, 뒤에 누대樓臺(2층 이상의 건물)가 있어 경사에 사는 사람들은 이를 '대상臺上'이라고 불렀다. 이곳은 주점 중에도 가장 좋은 곳으로 은병銀瓶에 담은 술 한 병이 1각角(용량 단위)에 72문文이고, 양고주羊羔酒(찹쌀과 기장을 주원료로 하되 양이나 염소고기를 끓여 얻은 즙을 넣어 빚은 술)는 1각에 81문이다.[260]

주州(개봉부) 동쪽에 있는 인화점仁和店과 옛 성 신문新門 안에 있는 회선주루會仙酒樓 정점正店(본점)은 항시 1백 명을 수용할 수 있는 청관廳館에 동사動使(일상적으로 사용하는 그릇 등 도구)를 모두 갖추고 하나라도 부족하지 않도록 준비했다. 당시 경사 사람들은 풍속이 사치스럽고 도량이 자못 큰 편이었다. 주점에서 누구든지 두 사람이 함께 앉아 술을 마시면 반드시 주완注碗 한 벌, 접시와 술잔 두 벌, 과일 다섯 접시, 신선한 채소 서너너덧 그릇이 올라오는데 비용은 은자로 1백 냥에 가까웠다.[261]

---

260 [송] 맹원로孟元老 찬撰, 등지성鄧之誠 주注, 『동경몽화록東京夢華錄·선덕루전성부궁우宣德樓前省府宮宇』, "曲院街街南遇仙正店, 前有樓子後有臺, 都人謂之臺上, 此一店最是酒店上戶, 銀瓶酒七十二文一角, 羊羔酒八十一文一角." 북경, 중화서국, 1982년, 52, 127쪽.
261 맹원로, 위의 책, 『회선주루會仙酒樓』, "州東仁和店, 新門里會仙酒樓正店, 常有百十分厅館動使, 各各足備, 不尚少闕一件. 大抵都人風俗奢侈, 度量稍寬. 凡酒店中, 不問何人, 止兩人對坐飲酒, 亦須用注碗一副, 盤盞兩副, 果菜碟各五片, 水菜碗三五只, 即銀近百兩矣."

이처럼 호화스러운 주점은 가격이 상당히 비쌌기 때문에 일반 백성들은 감히 물어볼 수조차 없었다. 또 다른 하나는 평민들이 주로 가는 일반적이거나 또는 저급한 주점이다. 송원 이후로 주루酒樓는 점차 호화롭고 웅장한 건축물에 고급 접대를 하는 곳이 되고 주점酒店은 점차 술만 파는 곳으로 바뀌었으며, 간단한 안주에 술을 파는 주가酒家는 점차 사라졌다. 소유제에 따라 사영주점은 물론이고 사원에서 경영하는 소재주방素齋厨房과 관영 주점으로 나뉜다.

3) 명청 시기의 주점

명청 시대 주점업은 이전에 비해 더욱 발전했다. 명대 초기 태조 주원장은 원나라 말기 전쟁으로 인해 피폐해진 경제를 부흥시키기 위해 수도인 응천應天(지금의 강소성 남경) 성내에 10군데 주루酒樓를 세워 상려商旅들이 오가는데 편리하고 관리들에게 오락거리를 만들어주며, 태평성대가 도래했음을 드러내고자 했다. 심덕부沈德符(1578~1642년)가 편찬한『만력야획편보유萬曆野獲編補遺』권3에 보면 이런 내용이 나온다.

홍무27년(1394년) 황상이 해내海內의 태평을 도모하고 백성들과 동락하기 위해 공부에 명하여 강동문江東門(남경 명성明城 외곽성外郭城 18개 가운데 하나) 밖에 열군데 주루를 세우고 학명鶴鳴, 취선醉仙, 구가謳歌, 고복鼓腹, 내빈來賓, 중역重譯 등으로 이름을 짓도록 했다. 이후 다시 다섯 군데 주루를 지어 모두 완공했다. 조서를 내려 문무백관에게 초鈔(돈, 지폐)를 하사하고 취선루에서 연회를 하도록 명했다. 이후 다섯 군데 주루를 증설하여 유흥을 돋우는 가기歌妓를 두도록 했다.……

백관들이 연회를 하고 수일이 지나지 않았는데……황상이 다시 박사
博士 전재錢宰 등에게 신설한 주루에서 연회를 열도록 명했는데, 참가
자들이 각기 시를 헌상하여 사례하니 황상께서 크게 기뻐했다.……

태조가 짓도록 한 열 군데 주루는 (앞서 언급한 것 외에) 청강淸江, 석성
石城, 악민樂民, 집현集賢 등의 이름을 지었으며, 증설한 다섯 군데 주
루는 경연輕烟, 담분淡粉, 매연梅妍, 유취柳翠라고 불렀다. 그 가운데 한
곳이 빠져 있는데, 사서에 실려 있지 않으나 모두 가기歌妓 들이 많이
모인 곳이다.……누군가(명대 초기 시인 게궤揭軌의 「연남시루宴南市樓」 2
수) 시를 지어 읊었다.

'금전을 내어 주루로 보내라 명하시니, 아름다운 기루 즐거운 모임에
문유文儒들이 모였네. 강가 어조魚藻(수초와 물고기가 많은 곳)에 새로 연
회를 열고, 어원御苑 밖 앵화鶯花(꾀꼬리 울고 꽃피는 곳)에서 잔치를 베
푸셨네. 조녀趙女(조나라 미녀, 가기를 비유함)가 술을 엎질러 가선歌扇(가
기가 노래할 때 손에 드는 부채)을 적시고, 연희燕姬(연나라 미녀)의 향내가
퍼져 무희의 치마에 감도네. 화려한 술자리에 지음知音이 드물다고 말
하지 말라, 사마상여의 거문고를 능가하는 솜씨가 없는 것이리니'.[262]

---

262 [명] 심덕부沈德符, 『만력야획편보유』권3, "洪武二十七年, 上以海内太平, 思與民偕樂, 命工部
建十酒樓於江東門外, 有鶴鳴醉仙·謳歌·鼓腹·來賓·重譯等名. 旣而又增作五樓, 至是皆成. 詔賜
文武百官鈔, 命宴於醉仙樓. 而五樓則專以處侑酒歌妓者……宴百官後不數日……上又命宴博士
錢宰等於新成酒樓, 各獻詩謝, 上大悅……太祖所建十樓, 尚有淸江·石城·樂民·集賢四名, 而五樓
則雲輕烟·淡粉·梅妍·柳翠, 而遺其一, 此史所未載者, 皆歌妓之藪也……有詩云, 詔出金錢送酒壚,
綺樓勝會集文儒. 江頭魚藻新開宴, 苑外鶯花又賜酺. 趙女酒翻歌扇濕, 燕姬香裘舞裙紆. 繡筵莫
道知音少, 司馬能琴絕代無." 북경, 중화서국 1959년, 899~900쪽.

이처럼 지존의 천자가 창도하고 국가가 정책적으로 지지하여 이루어진 주루는 웅장한 건물에 실내장식이 화려했으며, 명성이 자자하여 장사 또한 잘 되었을 것이다. 경사의 관리들이 '공부工部'에서 개설한, 말 그대로 '국영' 주루에 가게 되면 시장의 규칙에 따라 현금을 내고 술을 마셔야만 했다. 하지만 경성의 문무백관으로 주루를 출입하는 이들은 귀한 손님이자 또한 희객稀客(드문 손님)이었다. 그들에 비해 상시 들고나는 이들은 역시 나라 안팎의 수많은 상인들이었다. 그렇기 때문에 호화 주루의 주요 업무는 "사방에서 몰려드는 상고商賈(상인)를 대접하는 일이었다." 그러나 관상官商 관리체제가 신통치 않았던 까닭인지 선종 선덕宣德 2년(1427년) "대중승大中丞 고공좌顧公佐가 처음으로 (관영 주루) 혁파를 상주했다."[263]

명대 초기 관영 주루가 문을 닫게 된 이유는 관리 미비, 부패 만연 등 내부 원인 외에도 각종 사영 주점이 흥성하면서 경쟁력에 밀렸기 때문이다. 명대 중엽에 이르자 이미 "천승지국千乘之國(제후가 다스리는 나라를 뜻하나, 여기서는 대도시를 말한다)부터 수십 가구도 되지 않는 읍邑에 이르기까지 주사酒肆가 없는 곳이 없었다."[264]고 할 정도로 음식, 주류업이 크게 흥성했다. '사肆'는 '점店', '포鋪'의 뜻으로 일반적으로 규모가 비교적 작고 시설이 누추한 주점, 주관酒館, 주가酒家를 통칭하여 '주사酒肆'라고 불렀다.

---

263 [명] 주휘周暉, 『속금릉쇄사續金陵瑣事』권1, 국학진본문고國學珍本文庫 제1집第一集, 상해, 중앙서점총점中央書店總店, 민국24년(1935년), 3쪽.
264 [명] 호시胡侍, 『진주선眞珠船』권6, 『총서집성초편』제338책, 앞의 책, 59쪽.

번화한 도시에 자리한 대규모의 주루나 주점 외에도 더욱 많은 것은 작은 술집이었다. 비록 도시에서 멀리 떨어진 작은 술집이지만 오히려 수려한 풍경과 순박한 분위기로 인해 나름 아취를 지닌 곳이 적지 않았다. 그래서 많은 문화인들이 그런 곳에서 우아한 흥취를 즐기고 적적한 마음을 달랬다. 명청 양대의 시문을 보면 여러 문인, 묵객들이 작은 술집의 정취를 묘사하는 작품이 제법 많다. 동시에 독서인들은 증가하였으나 입사入仕는 더욱 더 어려워지고, 또한 상업이 크게 발전하는 등 여러 가지 원인으로 인해 수많은 독서인들이 상민商民의 대오에 끼어들고, 다른 한편으로 상인계층의 문화적 수준도 격상되었으며, 시민문화도 따라서 더욱 향상되었다. 명대 중엽 작은 마을의 술집에 관한 이야기가 우리의 흥미를 끈다.

"황상이 유삼오劉三品를 대동하고 미행微行에 나섰다. 저잣거리로 들어가 술을 마시게 되었는데, 얼마 마시지도 않았는데 더 이상 마실 것이 없어 술자리를 작파하고 일어서야만 했다. 황상이 한 마디 했다. '작은 마을 술집에서 삼배 다섯 잔(三杯五盞)을 마시니 더 이상 동서東西(한어로 동서는 물건, 음식의 뜻)가 없구나.' 유삼오가 뭐라고 대답을 하기도 전에 술집 주인이 술을 내오며 대꾸했다. '대명국大明國은 만방을 통일하여 남북南北의 구분이 없소이다.' 다음 날 아침 황상이 그를 불러 관직을 하사하고자 했으나 고사固辭하며 받지 않았다."[265]

265 [명] 장일규蔣一葵, 『장안객화長安客話』권2, 북경, 북경출판사, 1960년, 31쪽.

인용문에 나오는 황상은 바로 명 신종神宗 주익균朱翊鈞(1563~1620년)이다. 그는 48년 동안(1573~1620) 동안 재위에 있었으나 절반 넘게 국사를 돌보지 않은 시위황제尸位皇帝(국사를 팽개치고 자리만 차지한 황제)로 나라에 보탬이 되기는커녕 오히려 쇠퇴하게 만들었다. 이후로 명조는 찬바람에 낙엽 나뒹구는 처지가 되고 만다. 아마도 그 작은 술집의 주인은 시국을 꿰뚫어보는 이로 이른바 시은市隱(저잣거리에 은거함)하는 은사였을지도 모른다. 그렇기 때문에 황제가 하사한 관직을 거절할 수 있었을 것이다. 청대 주사는 공전의 발전을 거듭했다.

> 구구九衢(사통발달의 길, 도성)마다 주렴이 펄럭이고
> 봄눈이 흩날리며 엉긴 향내가 구소九霄(하늘 높은 곳, 선인이나 황제의 거처)까지 이어지네.
> 온갖 나라 의관을 차린 이들 열 지어 앉아
> 새벽부터 저녁까지 황교黃嬌(술의 이칭)에 빠져있네.[266]

건륭 시기는 청조가 '태평성대'를 구가하던 시절로 중국 봉건사회 경제가 크게 발흥하던 때이다. 서방의 문명이 점차 상승세를 타고 있었으나 아직까지 전체 추세나 관념 면에서 동방문명의 중심인 청조의 중국을 넘어서지 못했다. 인용문은 청조의 경사인 북경에서 요식업

---

266 [청] 조준열趙駿烈, 「연성등시죽지사燕城燈市竹枝詞」, "九衢處處酒簾飄, 淶雪凝香貫九霄. 萬國衣冠咸列坐, 不妨晨夕戀黃嬌." 손전기孫殿起 집輯, 뇌몽수雷夢水 편 『북경풍속잡영北京風俗雜咏』, 북경, 고적출판사, 1982년, 27쪽.

의 흥성한 모습을 묘사한 죽지사로 당시 정황을 생생하게 그려내고 있다. 때는 이른 봄, 청명한 날씨에 몸과 마음이 깨끗이 씻겨 내려가는 듯하고 때로 눈송이가 가볍게 흩날려 천지가 맑고 고우니 흡족하지 않을 수 없다. 경사 안팎으로 주사들이 즐비하여 이곳저곳에서 주기가 펄럭인다. 온갖 주점들이 자리하여 각종 술을 판매하는데, 직업이나 종교를 막론하고 중하층의 사람들은 물론이고 '미행'을 나온 고위 관료 등 상류층 인사들까지 너나할 것 없이 주루를 들고나는데, 흑발의 내국인은 물론이고 세계 각국에서 온 이방의 식객들이 각양각색의 옷을 입고 서로 다른 언어로 시끌벅적 주흥을 즐긴다. 비록 짧기는 하지만 시의詩意가 풍부한 묘사가 아닐 수 없다.

청대에 주점은 음식판매와 오락이 결합된 곳도 있었으며, 선연船宴, 여행주점, 중국과 서양의 장점만 합쳐놓은 주점도 있어 그야말로 이전에 볼 수 없었던 성황을 이루었다. 중국 주점 역사에서 전체적인 추세는 날이 갈수록 호화스럽고 다양해졌다.

· 제4절 ·
술과 문학

1. 술 문학이 흥성한 원인

이백은 술 한 말에 시 백편을 썼다.[267]

> 술에 마음을 기탁한 이는 새벽녘까지 취하고
>
> 시에 미친 이는 날이 밝을 때까지 노래를 읊는다.[268]

그 어떤 물질문화나 생활 또는 문화 활동에서 술과 문학처럼 친근하고 밀접한 관계를 지닌 것은 없을 듯 싶다. 중국역사에서 이런 관계

---

267 [당] 두보, 「음중팔선가飮中八仙歌」, "李白一斗詩百篇." 『전당시』권216, 앞의 책, 2259~2260쪽.
268 [남송] 육유, 「시주詩酒」, "酒隱凌晨醉, 詩狂徹旦歌." 『검남시고』권9, 앞의 책, 752쪽.

는 중화민족 음식문화사에서 특유한 현상이자 특별한 역사 현상으로 다른 것들이 따라잡을 수 없는 역사문화의 최고봉이라 할 만하다. 이러한 특유의 문화현상은 중국역사에 속한 것이자 또한 역사상의 중국에 속한 것이기도 하다. 이는 문화인들이 정치 무대나 문학과 술이 함께 어우러지는 사회에서 연출한 장면이자 문화가 문화인들에 의해 독점된 역사적 결과이며, 역사문화가 봉건제도 하에서 남겨진 자유공간 안에서 충분히 발전한 결과이기도 하다.

증류주가 보편화되기 시작한 명대 이전까지 사람들이 즐겨 마시는 술은 미주米酒(막걸리)와 황주였다. 명대 이후에도 백주는 주로 하층민이나 북방 사람들의 술이었다. 근현대에 들어와서야 비로소 백주를 마시는 이들이 크게 확대되었다. 황주와 과실주(포도주 포함)는 중국 전통적인 양조법에 따라 주정의 도수가 비교적 낮다. 현재 판매되는 황주나 포도주는 일반적으로 12~16도 정도이다. 역사적으로 특히 일이 있을 때마다 빚어 마시는 '사주事酒'[269]나 평상시에 마시는 일반 술은 주정의 도수가 훨씬 낮고 천천히 마시기 때문에 알코올이 신경중추를 자극하여 흥분을 일으키는 속도가 비교적 완만하여 이른바 '점입가경漸入佳境'의 효과를 얻을 수 있다. 그렇기 때문에 문인, 사대부나 천객遷客, 소인騷人들이 술을 대하면 얼굴에 화색이 돌고 기운이 오르며 술맛에 도취하여 절로 운치가 생겨난다. 또한 자신의 본성을 도야하고 신

---

269 역주: 「주례·천관천관·주정酒正」에 나오는 삼주三酒(事酒, 석주昔酒, 청주淸酒) 가운데 하나로 일이 있을 때 마시는 술을 말한다.

묘한 지경에 이르러 이윽고 시흥詩興이 솟구쳐 만물에 빗대 마음속 품은 뜻과 정감을 읊기 시작하니 말이 평원을 달려가고 벼랑에 폭포수가 떨어지며, 비구름이 하늘을 자유자재로 흘러가듯 거침이 없이 열정을 토로하기에 이른다.

술은 사람에게 생리, 심리적으로 작용하는 것인지라 천천히 마시면 나름의 리듬과 운치가 따라온다. 이러한 음주법은 시문 창작의 과정에서 영감靈感이 떠오르는 내적인 규율과 교묘하게 합치하니, 문인은 더욱 술을 좋아하게 되고, 술과 끊을 수 없는 인연을 맺게 되는 것이다. 이리하여 수없이 많은 술과 관련한 일화를 남겼으니, 표면적으로 볼 때 흥이 술로 인해 생겨나고, 문장이 술로 인해 나오는 듯하다. 그리하여 벗들과 만나거나 손님을 청하고, 공덕을 찬송하는 축하의 술이 있는가하면 절기마다 또는 제사나 모종의 의식에서 마시는 '사주事酒'가 있고, 애통한 마음에 슬픔을 어루만지는 상심주傷心酒가 있는가하면 울적함을 달래는 술도 있고, 한가로운 마음으로 고상한 흥취를 느끼는 술도 있기 마련이다. "마음에 생각이 떠오르면, 입에 할 말이 있는 것"처럼 온갖 술과 관련한 말, 시, 사詞, 노래, 부賦 등 다양한 술 문학이 절로 일어나 성대한 장관을 이루었으니 중국문학사에서 하나의 기적이 생겨난 것이다.

2. 번영하는 술 문학

중국 시가발전사를 보면 술에 관한 일이나 술 자체를 읊는 노래가 참으로 많다. 우선 『시경』에 나오는 「빈지초연賓之初筵」, 「호엽瓠葉」[270], 「탕蕩」[271], 「유필有駜」의 편장[272]부터 시작하여 『초사』에 나오는 "계주와 초장(산초로 담근 술)을 올렸다(奠桂酒兮椒漿)"[273]는 구절을 거쳐 「단가행短歌行」의 "무엇으로 근심을 풀 것인가? 오직 두강(술) 뿐일세(何以解憂? 唯有杜康)"[274]라는 찬탄은 물론이고 『문선』, 『전당시全唐詩』에서 『주사酒詞』, 『주송酒頌』에 이르기까지 대부大賦, 오언, 칠언시 등 다양한 시체로 술과 관련하여 읊었다.

굴자屈子(굴원), 형경荊卿(형가荊軻), 고양주도高陽酒徒(고양이 고향인 진나라 말기 유방의 모사 역이기酈食其), 촉도장경蜀都長卿(사마상여), 공북해孔北海(공융孔融), 조자건曹子建(조식曹植), 완사종阮嗣宗(완적阮籍), 도연명陶淵明, 이백, 두보, 백거이, 왕유王維, 이하李賀, 왕창령王昌齡, 자첨子瞻(소식蘇軾), 노직魯直(황정견黃庭堅), 무관務觀(육유陸游), 동숙同叔(안수晏殊), 기경耆卿(유영柳永), 요장堯章(강기姜夔), 문한림文翰林(문징명文徵明), 원중랑袁中郎(원굉도袁宏道), 귀우

---

270 『모시·소아·빈지초연賓之初筵』, 『십삼경주소』본, 앞의 책, 484~487쪽. 『毛詩·小雅·瓠葉』, 『십삼경주소』본, 위의 책, 498~499쪽.
271 『모시·대아大雅·탕蕩』, 『십삼경주소』본, 앞의 책, 552~554쪽.
272 『모시·노송魯頌』, 『십삼경주소』본, 앞의 책, 610쪽.
273 [양송兩宋 교체기], 홍흥조洪興祖, 『초사보주·동황태일東皇太一』, 『문연각사고전서』제1062책, 앞의 책, 147쪽.
274 [삼국] 조조曹操, 「단가행短歌行」, [청] 심덕잠沈德潛, 『고시원古詩源·위시魏詩』, 북경, 문학고적간행사文學古籍刊行社, 1957년, 103쪽.

歸愚(심덕잠沈德潛), 판교板橋(정섭鄭燮), 수원隨園(원매袁枚), 어양漁陽(왕사정王士禎), 북강北江(홍량길洪亮吉), 공정암龔定庵(공자진龔自珍) 등등 수많은 재자才子, 무수한 주랑酒郎이 바로 술을 읊은 문인들이다.

　곡식은 해마다 거두어들이고, 술은 해마다 흐른다. 수천 년 동안 거대한 국토에서 술을 빚지 않는 곳이 없고, 술을 마시지 않는 사람이 거의 없다고 말할 수 있다. 수천 년 동안 술을 만들고, 수천 년 동안 술을 마셨지만, 진정으로 술 속에서 유유히 노닐었던 이들은 문인사대부들이었다. 어떤 의미에서 술 문화는 상류사회의 문화였으며, 술 문학 역시 그들의 문학이었다. 역사적으로 수도 없이 온갖 종류의 제례나 향음례鄉飮禮, 공식 또는 비공식 연회나 전별연, 크고 작은 술자리가 마련되었고, 그 때마다 서로 시구를 읊조리고 화창하며 시와 노래를 주고받았다. 술에는 반드시 시가 있고, 시에는 술이 있어야 하니, 중국 시가는 술이 있는 시이며, 중국의 문학은 술이 있는 문학이 아닐 수 없다.

| 남당 사람 고굉중顧閎中이 그렸다는 〈한희재야연도韓熙載夜宴圖〉

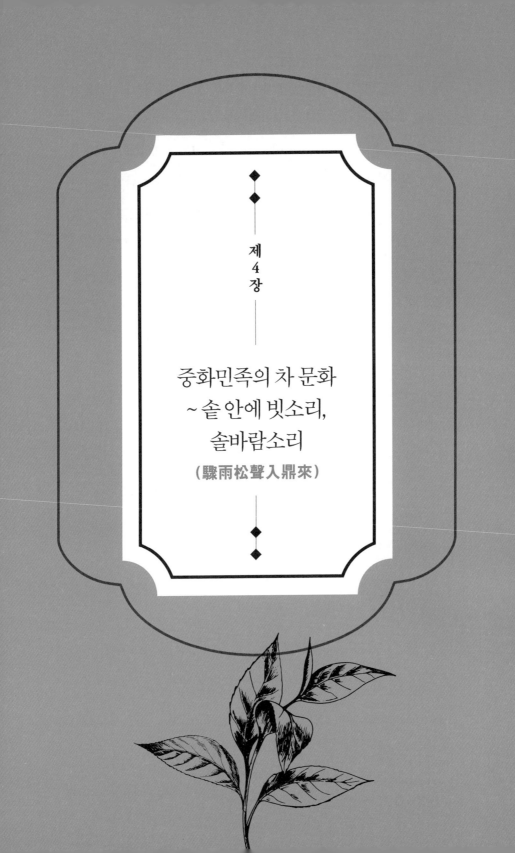

제
4
장

중화민족의 차 문화
~ 솥 안에 빗소리,
솔바람소리

(驟雨松聲入鼎來)

당대는 중국 차[275] 문화사에서 매우 중요한 시기이다. 당대 사람들의 "차를 귀하게 여기는 풍속으로 인해 명품 차가 날로 많아졌다."[276] 이는 분명한 사실이다. 성당盛唐 이후로 차를 마시는 일이 일종의 기풍이 되어 전국적으로 유행했다. 특히 육우陸羽(733~804년) 등 다인茶人들이 적극적으로 주창하고 표방하면서 『다경』이 세상에 널리 알려졌고, 차와 관련한 우아한 행태, 다인의 풍류, 다풍茶風, 다학茶學의 발전에 힘입어 중당 이후로 시대를 풍미하는 주류 문화가 되었다. 그리하여 차를 즐겨 마시는 이들에 의해 차를 읊는 문학 작품이 우후죽순처럼 대량으로 쏟아져 나왔다. 예를 들어 중당의 시인이자 다인으로 '시다인詩茶人'이라고 부르기도 하고, 보다 정확하게 말해서 '전통문화 다인'이라 칭할 수 있는 유우석劉禹錫(772~842년)이 그런 인물이다. 그의 「서산난야(사찰)에서 차를 시음하는 노래(西山蘭若試茶歌)」는 차 문학으로 대표하는 작품 가운데 하나이다. 전체 시는 다음과 같다.

산승이 거처하는 절 뒷마당에 차나무 가득한데
봄 되어 대나무에 햇살 비추니 새순이 싹튼다.
손님을 위한 듯 옷 추스르고 일어나
꽃망울 따라 응취鷹嘴(어린 찻잎)를 딴다.

---

275 역주: 茶의 독음은 '다'이고, 훈은 '차'이다. 하지만 한국에서는 '차'와 '다' 두 가지로 발음된다. 일반적으로 '茶'자가 앞에 나올 때는 '다', 그 외의 경우는 차를 쓰는 경우가 많다. 본문에서는 한국의 관습에 따라 두 가지를 겸용해서 쓴다.

276 [당] 이조李肇(생졸미상), 『국사보國史補·서제다품목叙諸茶品目』, 항주, 고적출판사, 1986년, 334쪽.

차를 덖으니 온 방에 향내 가득

금사수(절강과 강소성의 경계에 있는 탁목령啄木嶺의 물)를 적당히 따르니

소나기 내리는 듯 솔바람 소리 솥(차를 끓이는)에서 들리고

흰 구름(하얀 포말) 가득한 사발에 꽃잎이 서성거리네.

코를 찌르는 향내 어른거려 술기운 흩어지고

맑은 기운 뼛속에 스며들어 마음속 번뇌 사라진다.

산남, 산북의 날씨가 다르다고 하지만

대나무 아래 이끼 끼는 곳만 못하다네.

염제는 차 맛을 보았다고 하나 끓이는 방법은 몰랐고

동군桐君은 『채다록採茶錄』을 지었다고 하나 차 맛을 몰랐다.

새싹은 돌돌 말려 아직 펴지지 않았으나

잎을 따다 끓이면 순식간에 펼쳐지는데

모란에 떨어진 이슬 같은 향내가 나는 듯하고

요초瑤草(신선초) 마냥 끓는 물에서도 색깔이 변치 않는다.

승려들은 영묘한 맛이 유적幽寂(좌선)에 적합하다고 하면서

귀한 손님들을 위해 찻잎을 딴다.

군수에게 보내는 서찰도 봉함을 마다하지 않고

벽돌이나 구리로 만든 화로도 다향의 품격에 손상을 주니

하물며 몽산蒙山(사천 몽정차蒙頂茶), 고저춘顧渚春(절강 자순차紫筍茶)은

마땅히 먼지바람 날리는 길 밀봉하고 붉은 도장 찍어 보내야하리.

화유花乳(다탕茶湯)의 청량한 맛을 알고자 한다면

구름 덮인 산에서 잠자고 바위 위에 앉는 이(차를 직접 재배하는 사람)가

되어야만 하리라.²⁷⁷

이 시는 차품, 차나무 식재植栽, 찻잎 따기, 덖기, 끓는 물 살피기(候湯), 차 다리기(煎茶), 품차品茶, 음차의 경계(飮境), 다구茶具, 차 보관, 차 공茶功 등에 대해 적절하고 면밀한 묘사로 유명하다. 시에 나오는 "소나기 내리는 듯 솔바람 소리 솥에서 들리고, 흰 구름 가득한 사발에 꽃잎이 서성거리네(驟雨松聲入鼎來, 白雲滿碗花徘徊)."라는 구절은 다도에서 가장 힘든 부분, 즉 끓는 물을 살피는 후탕候湯을 묘사한 것으로 중국 차 문학에서 전신傳神의 묘사라고 칭해진다.

---

277 유우석, 「서산난야시다가西山蘭若試茶歌」, "山僧后檐茶數叢, 春來映竹抽新茸. 宛然爲客振衣起, 自傍芳叢摘鷹嘴. 斯須炒成滿室香, 便酌砌下金沙水. 驟雨松聲入鼎來, 白雲滿碗花徘徊. 悠揚噴鼻宿醒散, 清峭徹骨煩襟開. 陽崖陰嶺各殊氣, 未若竹下莓苔地. 炎帝雖嘗未解煎, 桐君有篆那知味. 新芽連拳半未舒, 自摘至煎俄頃餘. 木蘭沾(墜)露香微似, 瑤草臨波色不如. 僧言靈味宜幽寂, 采采翹英爲嘉客. 不辭緘封寄郡齋, 磚井銅爐損標格. 何況蒙山顧渚春, 白泥赤印走風塵. 欲知花乳清冷味, 須是眠雲跂石人." [청] 팽정구彭定求 등, 『전당시』권356, 앞의 책, 4000쪽.

· 제1절 ·
차의 기원

차茶, 특히 음료로서 차의 발명과 이용이 언제부터 시작된 것인지 이미 오랫동안 적지 않은 논의가 있었다. 하지만 아직까지 일치된 견해가 나오지 않았다. 연구자들은 문헌 기록에 근거하여 '위진설魏晉說', '삼국설三國說', '서한설西漢說', 심지어 위진魏晉보다 늦게 나왔다는 설 등 다양한 견해를 제시했다. 역사적으로 볼 때 차의 기원에 대해 가장 먼저 언급한 것은 육우의 『다경』에 나오는 "차를 마시기 시작한 것은 신농씨神農氏부터이다."[278]라는 구절일 것이다. 하지만 그는 이에 대해 나름의 근거를 제시하지 않았다. 아마도 육우는 이를 의문의 여지가 없는 것으로 여긴 듯하다. 당시에는 그리 문제가 되지 않은 듯한데 사실 이후에도 오랫동안 이를 문제 삼는 이가 거의 없었다. 육우 이후로

---

278 [당] 육우, 『다경·육지음六之飮』, 『문연각사고전서』제844책, 앞의 책, 619쪽.

"차를 마시기 시작한 것은 신농씨부터이다."라는 설이 역대 문인이나 학사들에게 그대로 이어졌으며, 이에 대해 진지하게 논의하는 이가 없었다. 청초에 이르러서야 고염무顧炎武(1613~1682년)가 비로소 비교적 진지하게 이를 고증했다. 그의 발언을 들어보기로 하자.

도荼(씀바귀)라는 글자가 다茶로 바뀐 것은 중당中唐 시절부터이다. 『운정韻正』에 보면 이에 대한 상세한 기록이 나온다. 『곤학기문困學紀聞』에 따르면, 도荼는 세 가지가 있다. "누가 씀바귀를 쓰다고 말했는가(誰謂荼苦)?"에 나오는 '도'는 고채苦菜(쓴 채소)이다. "도와 같은 여인이 있다(有女如荼)"에 나오는 '도'는 모수茅秀이다. "여뀌를 제거한다(以薅荼蓼)"에 나오는 '도'는 육초陸草이다.……(『이아爾雅』)「석목釋木」에 말하길, "가檟(개오동나무, 차의 일종)는 고도苦荼이다."라고 했는데, 주注에서 말하길 "나무가 치자梔子처럼 작고 겨울에 나며 잎을 끓이면 국처럼 마실 수 있다. 지금은 일찍 딴 것을 차茶, 늦게 딴 것은 명茗 또는 천荈이라고 하는데, 촉 땅 사람들은 이를 쓴 차(苦荼)라고 한다."고 했다. 도荼는 초艸와 여余를 따른다. 『시경·패邶·곡풍谷風』에 나오는 '도고荼苦', 「칠월七月」에 나오는 '채도采荼', 「면綿」에 나오는 '근도菫荼' 등은 모두 쓴 채소 '도荼(씀바귀)'이다.……왕포王褒의 「동약僮約」에 나오는 "무릉에서 도(차)를 사오도록 했다(武都買荼)", 서진西晉 시대 문인 장재張載의 시 「성도 백토루에 올라(登成都白菟樓)」(일명 「등성도루」)에 나오는 "향기 좋은 차는 육청(물, 과일즙漿, 단술醴, 청주醇, 감주醫, 기장술酏) 가운데 으뜸이다(芳荼冠六淸)", 손초孫楚의 시에 나오는 "생강, 육계, 도천은 파촉에서 나온다(薑桂茶荈出巴蜀),『본초연의本草衍義』진晉 온교溫嶠가 표表에서 말한 "차 1천 근, 명 3백 근을 공물로 올렸다(貢茶千斤, 茗三百斤)." 등을 보면 진秦 나라 사람들이 촉蜀에서 차를 얻어다가 마시기 시작했음을 알 수 있다.……

『당서唐書·육우전陸羽傳』에 따르면, "육우는 차를 좋아했는데『다경』 3편을 저술하여 차의 기원, 차법, 차구茶具에 대해 매우 자세하게 언급하여 천하 사람들이 차를 마시는 법을 알게 되었다. 상백웅常伯熊[279](성명은 상로常魯, 중당시절에 감찰어사를 지낸 다인)이란 이가 육우의 다론茶論을 더욱 확대하여 차의 효능에 대해 저술했다. 이후 차를 숭상하는 기풍이 형성되었다. 회흘回紇(위구르족) 사람들이 입조하면서 말과 차를 바꾸는 호시互市가 시작되었다." 명대에 이르러 차마어사茶馬御史가 설치되었다.『대당신어大唐新語』에 따르면, "우보궐右補闕 기모경綦母煛은 천성이 차를 마시지 않았다." 그는 『다음茶飮』서序에서 이렇게 말했다.

"막히고 체한 것을 풀어주니 하루(一日)의 이로움으로 잠시 좋다고 할 수 있으나 기운을 빼고 정기를 소모시키니 평생의 해로움이 이처럼 크다. 이롭다고 하여 모든 공을 차의 힘으로 돌리지만 후환을 남기는 것에 대해서는 차의 폐해라고 말하지 않는다. 그러니 어찌 복福은 가까이 있어 알기 쉽지만 해害는 멀리 있어 보기 어려운 것이 아니겠는

---

279 역주: 상백웅常伯熊, 성명은 상로常魯, 중당시절에 감찰어사를 지낸 다인이다. 당대의 다도茶道 유형은 승려인 교연皎然, 노공盧소을 대표로 하는 수행류修行類 다도, 육우를 대표로 하는 다예류茶藝類 다도, 상백웅을 대표로 하는 풍아류風雅類 다도로 나누기도 한다.

가(釋滯消壅, 一日之利暫佳, 瘠氣侵(耗)精, 終身之害斯大. 獲益則功歸茶力, 貽患則不謂茶災, 豈非福近易知, 害遠難見)?"

송대 황정견黃庭堅은 「다부茶賦」(「전다부煎茶賦」를 말한다)에서 이렇게 말했다.

"추위에 기를 소진시키는 것으로 차보다 심한 것이 없다고 하여 차를 끓일 때 소금을 넣어 보완하는데, 이는 도적을 끌어들여 집안을 망치는 것과 같다(寒中瘠氣, 莫甚於茶. 或濟之以鹽, 勾賊破家)."

요즘 남방 사람들은 차벽茶癖이 있어 그 폐해를 모르고 있으니 이 역시 섭생에서 마땅히 경계해야 할 부분이다.[280]

인용문은 차의 유래와 변천, 차를 마시게 된 원인 및 이로운 점과 해로운 점 등에 대해 기존의 논설보다 훨씬 분명하게 논의하고 있다. 하지만 고염무가 "진나라 사람들이 촉에서 차를 얻어 마시게 되었다."고 말한 대목은 단지 도荼와 다茶의 구분 및 내륙에서 차를 마시기 시작한 일과 그 이후의 변화 과정에 대한 언급일 뿐 진나라 사람들이 촉에서 차를 얻어 마시기 이전의 상황에 대해서는 전혀 언급이 없다. 과연 그 이전에 차가 내륙으로 유입되었는지 여부는 아직까지 정설이 없다. 다만 분명한 사실은 진나라 군사들이 파촉으로 진입했을 때 당시 현지에 차를 마시는 풍습이 있었다는 것이다. 따라서 대략 22세기 전부터

---

280 [명청明清 교체기] 고염무顧炎武, 『일지록日知錄·다茶』, 동치同治 임신壬申(1872년), 호북湖北 숭문서국 중조본重雕本, 31~33쪽. 원문 가운데 중요한 부분은 본문에 넣었다.

오늘날의 성유成渝 서남지역에 이미 차를 마시는 습관이 존재했다고 할 수 있다.

아득히 먼 옛날 사람들은 식물이나 동물 또는 광물질이 사람을 치료하는 효능이 있다는 사실에 주목했다. 의학이나 약학의 최초 형태는 인류의 음식 생활에서 비롯되었다는 뜻이다. 사실 차 역시 인류가 야생채집 활동을 하면서 얻게 된 결과물이다. 옛 문헌에서도 이를 확인할 수 있다.

"옛날에 백성들은 풀을 뜯어먹고 물을 마시며, 나무의 열매를 따먹고, 권패류卷貝類(고둥이나 소라 등 나사모양의 껍질을 가진 연체동물류)의 살을 먹어 자주 병에 걸리고 중독되는 폐해가 있었다. 그래서 신농神農이 백성들에게 오곡을 파종하는 방법을 가르쳐주고, 토지가 건조하거나 습기가 있는 곳, 비옥한 곳이나 높고 낮은 곳을 직접 살피고, 온갖 풀의 맛과 샘물의 달거나 쓴 맛을 모두 맛본 다음 백성들에게 알려 피할 것과 취할 것을 선택할 수 있도록 했다. 그러면서 하루에도 일흔 번씩이나 독초를 만나 중독되었다."281

청조 관리이자 문인인 진원룡陳元龍(1652~1736년)은 더욱 견강부회하여 이렇게 말하기도 했다.

---

281 [서한] 유안劉安, 『회남자·수무훈修務訓』, "古者民茹草飮水, 采樹木之實, 食蠃蛖之肉, 時多疾病毒傷之害. 於是神農乃始敎民, 播種五穀, 相土地之宜, 燥濕肥墝高下, 嘗百草之滋味, 水泉之甘苦, 令民知所避就. 當此之時, 一日而遇七十毒." 『제자집성』본, 앞의 책, 331쪽.

"신농씨가 온갖 약초를 맛보며 하루에도 일흔 번이나 독초에 중독되었는데 찻잎으로 해독했다. 요즘 사람들이 약을 먹을 때 차를 마시지 않는 것은 약효를 잃을까 두려워하기 때문이다."[282]

진원용은 강희康熙 24년(1685년) 진사가 되었으며, 건륭 원년(1736년)에 사망했다. 이후에도 그의 주장을 답습하는 이들이 있었다.

우리가 알다시피 고대 전설에 나오는 '신농神農 시대'는 역사학의 신농 시대와 서로 다른 시간 개념이다. 고대 전적에 나오는 황당한 내용을 빼버리고 합리적인 내용에서 역사적으로 진실한 정보를 살피는 것이 중요하다. 다시 말하자면, 고대 사람들이 오랫동안 '차茶'를 식용하는 과정에서 점차 그것이 지닌 질병 치료를 위한 '약藥'으로서 효용에 주목하게 되었다는 것인데, 이는 문명 이전의 까마득한 옛날의 선민들의 생활 경험이 대대로 전승되어온 과정을 반영하는 것이기도 하다. 『장자』의 기록에 따르면, 신농 시대는 모계사회를 반영하고 있다. "신농神農 시절에는 누우면 편안하고 일어나면 유유자적했다. 백성들은 어미는 알아도 그 아비는 알지 못했다."[283] 이는 원시 농업의 초기 단계에 속하는 시대이다.

---

282 [청] 진원룡陳元龍, 『격치경원格致鏡原·음식류1飮食類一·다茶』, 『문연각사고전서』제1031책, 앞의 책, 284쪽.
283 [명] 주유周游(생졸미상), 『개벽연역開辟衍繹』, 上海, 고적출판사, 1990년, 137~139쪽. 주수빈周樹斌, 「신농득다해독고평神農得茶解毒考評」, 『농업고고農業考古』, 1991년, 제2기, 196~200쪽. 진연陳椽, 「신농득다해독고평에 대한 독후감(神農得茶解毒考評讀後反思)」, 『농업고고』, 1994년, 제2기, 187~189쪽. 『장자·도척盜跖』, "神農之世, 臥則居居, 起則於於, 民知其母, 不知其父." 『제자집성』본, 앞의 책, 197쪽.

『시경』을 비롯한 관련 문헌 기록에 따르면, 선사시대에 황하 유역에서 '도茶'는 쓴 맛이 나는 야생 식물의 범칭이었다. 음식과 약이 구분되지 않았던 시대에 사람들은 도류茶類가 갈증을 풀어주고 정신을 맑게 하며 소화나 배변, 풍토병을 낫게 하는 효용이 있다는 것을 발견했다. 하지만 그렇다고 해서 약용 식물이 습관적으로 마시는 전용 음료가 되는 것은 아니다. 그렇게 되기 위해서는 반드시 특별한 요인, 즉 실제 생활에서 특정한 수요가 있어야만 한다.

파촉 지역은 고온다습하고 강우량이 많아 풍토병이 자주 발생하는 이른바 '연장烟瘴(악성 말라리아처럼 우림 지역에서 발생하는 풍토병의 총칭)'의 땅으로 "번민(番民, 외국이나 소수민족)들은 차를 마시면 살고 그것이 없으면 병이 걸린다."[284]고 여겼다. 그런 까닭에 파촉巴蜀 사람들의 음식은 매운 것이 많았는데, 이것이 수천 년 동안 지속되면서 지금도 여전히 그러하다. 바로 이러한 지역 여건이 사람들의 음식습관을 결정했으며, 파촉 사람들이 '전차煎茶', 즉 차를 달여 먹어 풍토병을 예방하고 열을 가라앉히고 해독하게 된 까닭이다. 장기간 복용하면서 약용의 취지가 점차 사라지자 마침내 일상적으로 마시는 음료가 되었다. 그래서 진나라 군사들이 파촉에 진입했을 때 이미 사람들이 일상적으로 차를 마시는 풍습이 존재했던 것이다. 이렇게 본다면 차를 마시는 사회 풍습은 원시 농업이 번영하는 단계보다 이전일 수 없으니 대략 6, 7천 년 전보다 빠르다고 할 수 없다.

---

284 [청] 주애련周藹聯, 『축국기유竺國紀游』 권2, 대북臺北, 문해출판사文海出版社, 1974년, 113쪽.

진나라 군사들이 파촉에 들어가기 전에 차는 이미 사람들이 길들이고 재배하는 식물이었다. 따라서 도荼가 약용 식물에서 일상적인 음료로 전화하면서 엄격한 의미에서 '차茶'가 생겨난 것이다. 그 전형적인 상징이 바로 '차'라는 발음이다. 곽박郭璞은 『이아·석목釋木』 주注에서 '가檟'에 대해 이렇게 말했다.

"나무가 치자梔子처럼 작고 겨울에 나며 잎을 끓이면 국처럼 마실 수 있다. 지금은 일찍 딴 것을 차茶, 늦게 딴 것은 명茗 또는 천荈이라고 하는데, 촉 땅 사람들은 이를 쓴 차(苦荼)라고 한다."[285]

여기서 알 수 있다시피 한나라 시절 '茶'자는 이미 음료로 마시는 차의 명칭이 되었으며, '茶'는 '荼'에서 분리되어 독립적으로 발전하기 시작했다. 하지만 음료로서 '차'가 출현하여 차와 관련된 여러 가지 일이나 상업 활동이 이에 수반되어 날로 번창하기 시작한 것은 중당 이후의 일이다. 이는 새로운 부호나 개념이 생겨나는 것은 사람들의 사회 활동 이후의 일인 것처럼 일종의 문자 변화의 규율에 부합하는 것이기도 하다.

촉 땅으로 통하는 길이 열린 후 차는 지방 토산물이 되면서 나라에 바치는 공물로 끊임없이 한나라 도성인 장안으로 반입되어 궁중과 귀

---

285 곽박郭璞(276~324년), 『이아·석목釋木』 주注, "樹小如梔子, 冬生葉可煮作羹飲. 今呼早采者爲茶, 晚取者爲茗. 一名荈, 蜀人名之苦荼."

족들에게 널리 알려졌다. 상거常璩의『화양국지華陽國志((347년)에 이미 파촉에서 넘어온 공차貢茶에 대한 기록이 나온다. 명대 진정陳霆의『양산묵담兩山墨談』에 보면 한 성제成帝가 조비연에게 차를 하사했다는 기록이 나온다. 차가 공물이 되어 내부內府(궁중의 창고)로 들어가면서 황실에서 매번 차를 하사품으로 사용하여 여러 훈척勳戚이나 신하들에게 내려 보내기 시작했다. 이는 서한 시절에 이미 차를 마시는 일이 황하유역, 특히 궁정과 귀족 등 상류계층을 중심으로 먼저 퍼져나가기 시작했음을 보여주는 예이다. 여기서 더욱 주목할 점은 차가 공물 또는 상품으로 장안 및 황하유역으로 유입됨과 동시에 차를 재배하는 지역도 장강을 따라 아래로 내려가면서 남방으로 널리 확대되기 시작했다는 것이다.

진대晉代 사람 두육杜育의「천부荈賦」나 산겸지山謙之의『오흥기吳興記』에 보면 "오정현烏程縣에서 서쪽으로 20리 떨어진 온산溫山에 황실에 제공되는 어천御荈이 생산된다."는 구절이 나온다. 진한秦韓 이후로 차가 부채꼴 모양으로 점차 남북 양방향으로 끊임없이 확산되고 있었던 것이다. "무양武陽(지금의 사천 팽산彭山)에서 차를 산다."는 말은 이미 양한 사회에서 흔히 쓰였고, "차를 끓이고 다구를 완비한다(烹茶盡具)."[286]는 말 역시 귀족 집안의 고상한 분위기를 의미하게 되었다.

삼국시대 장강 하류 일대에 이미 "명茗(늦게 딴 차, 여기서는 차의 통칭)

---

286 [서한] 왕포王褒,「동약僮約」, 진조규陳祖槼 등,『중국다엽역사자료선집中國茶葉歷史資料選輯』, 북경, 농업출판사, 1981년, 202~203쪽.

을 다투어 마시는 일을 숭상하여" 귀족 연회에 차로 술을 대신하는 경우도 있었다.[287] 진晉나라 시절 남방에서도 이미 널리 차나무를 재배하기 시작했으며, 차를 마시는 일도 보편적이어서 "자리에 앉기만 하면 차를 마셨고", 경차敬茶(차를 권함)가 손님을 맞이하는 일상적인 예의가 되었다.[288] 진晉 이후로 귀족들 가운데 어떤 이들은 세속의 사치스러운 풍조를 싫어하여 자신이 죽은 후에 차와 밥으로 짐승을 희생으로 삼는 제사를 대신하라고 유언을 남겨 검소함을 보여주기도 했다.[289]

남조 시대부터 당대 초기에 이르러 남방을 중심으로 음차飮茶가 하나의 풍습이 되고 차나무 재배도 상당히 보편적이었지만 북방은 아직 이런 기풍이 형성되지 않았다. 그래서 육우는 『다경茶經』 첫머리에서 혜함嵇含의 『남방초목상南方草木狀』의 말을 인용하여 "차는 남방의 귀한 나무이다(茶者, 南方之嘉木也)."라고 말했던 것이다. 중당 이후로 북방에서 선교禪敎(선종)가 성행하면서 음차 풍습이 신속히 전파되기 시작했다.

"개원開元(현종 연호) 시절에 태산 영암사靈巖寺에 사는 강마사降魔師가 선교禪敎를 크게 일으켰다. (참선을 위해) 잠을 자지 않고 저녁밥을 먹지 않았으나 차를 마시는 것만은 할 수 있었다. 그래서 사람들은 자신이 직접 품안에 차를 가지고 다니면서 직접 끓여마셨고, 이로부터 서

287 『삼국지·오서吳書·위요전韋曜傳』, 앞의 책, 1462쪽.
288 『진서晉書·육납전陸納傳』, 앞의 책, 2027쪽. [남조송], 유의경 『세설신어·비루紕漏』, 앞의 책, 474쪽. 『태평어람』권87에 인용된 「진중흥서晉中興書」에 나온다. 『문연각사고전서』제900책, 앞의 책, 611쪽.
289 『남제서南齊書·무제본기武帝本紀』, 북경, 중화서국, 1972년, 62쪽.

로 본받으면서 점차 차를 마시는 풍습이 형성되었다."[290]

　또한 육우와 상백웅常伯熊 등 다인茶人들의 창도로 "다도茶道가 크게 유행했다." 내륙뿐만 아니라 회흘이나 토번土蕃 등 소수민족들도 어느새 이러한 음차 풍조에 물들었다.[291] 음차 풍조가 널리 파급되고 다사茶事 (차와 관련된 일)가 크게 발전하면서 특히 상업적인 이유로 오랫동안 사용되던 '도茶'라는 글자에서 한 획을 뺀 '차茶'자를 사용하여 기존의 쓴맛이 나는 풀(씀바귀)의 의미를 지닌 '도'자를 대체했다.

　'차(한글 독음은 '다')茶'자가 출현하기 전까지 고대에 차를 나타내는 글자는 가檟, 선유選游, 천荈, 약蒻, 차樣, 도茶, 고호皋芦, 과라過羅, 물라物羅, 낙노酪奴 등 다양했으나 '도茶'자가 주로 사용되었다. 도茶는 한어로 발음이 투(tú)인데, 차茶라는 글자가 나오기 이전에도 마시는 차는 한어로 차(chá)라고 발음했다. 그래서 고염무는 "양梁나라 이후로 지금의 발음(차)이 생겨났다."고 말한 것이다(『구고록求古録』) 하지만 글자의 형태는 같고 발음만 달라 '차茶'의 뜻을 정확하게 표현하는데 불편하기 때문에 마침내 글자의 형태까지 변하게 되었다. 지금처럼 차를 뜻하는 '茶'자가 나온 것은 대략 당나라 헌종憲宗 원화元和(806~820년) 연간이다. 헌종 이전의 비문碑文에는 차를 나타낼 때 모두 '도茶'자를 썼지만

---

290 [당] 봉인封演, 『봉씨문견기封氏聞見記·음다飮茶』. "開元中, 泰山靈巖寺有降魔師大興禪教. 務於學禪不寐, 又不夕食, 皆許其飮茶. 人自懷挾, 到處煮飮. 從此轉相仿效, 遂成風俗." 『문연각사고전서』제862책, 앞의 책, 442쪽.
291 [당] 이조李肇, 『국사보國史補·노장중팽다廬帳中烹茶』, 항주, 고적출판사, 1986년, 363쪽. 『신당서新唐書·육우전陸羽傳』, 앞의 책, 5612쪽.

헌종 이후인 문종文宗(827~840년), 선종宣宗(847~859년) 때는 일괄적으로 '차茶'자를 썼기 때문이다.(『당운정唐韻正』) 당대 이후로 오대십국을 거쳐 북송에 이르면 음차 습관이 북방 소수민족까지 널리 퍼져 동북 지역에도 차를 마시는 이들이 많아졌다.[292] 양송兩宋 3백여 년 동안 다사茶事(차와 관련이 있는 다양한 일)가 더욱 발전했으며, 명, 청 이래로 남방 곳곳에서 차를 생산하는 곳이 많아졌다. 일반 백성들도 차를 즐겨 마시면서 음차는 이미 전국적으로 널리 퍼져 온 나라 안팎의 풍속이자 관습처럼 되었다.

---

292 『금사金史·세종본기世宗本紀』, 『금사·장종본기章宗本紀』, 『금사·선종본기宣宗本紀』, 『금사·지리지地理志』, 『금사·식화지』, 『금사·가현전賈鉉傳』, 북경, 중화서국, 1975년, 165, 256, 365, 589, 1031, 1107~1108, 1114, 2191쪽.

• 제2절 •
다품茶品

중국은 차의 고향이다. 중국인이 차를 마시기 시작한 것은 아주 오래 전의 일이다. 『주례周禮』의 제물祭物부터 시작하여 『안자춘추晏子春秋』에 나오는 '식명도食茗荼', 『신농본초경神農本草經』에 나오는 오래 복용하면 "마음을 평온하게 하고 기운을 북돋으며 눈과 귀가 맑아지고 잠이 줄어들며 몸이 가벼워지고 노화를 방지한다(安心益氣, 聰察少卧, 輕身耐老)."는 기록, 한대의 공품貢品, 위진남북조 시대에 손님을 접대하는 것 등 다사茶事가 날로 발전했다.

중당 이후로 "차를 귀하게 여기는 풍습이 생기면서 명품 차가 날로 많아졌다."293 당송 양대에 국내외로 명성을 얻은 명차가 출현했다. 명청 양대에도 명차가 날로 많아져 이루 셀 수 없을 정도였다. 예를 들어

---

293 [당] 이조, 「국사보·서제다품목敍諸茶品目」, 앞의 책, 334쪽.

당대에는 검남劍南의 몽정석화蒙頂石花, 소방小方, 산아散牙(제일로 칭해짐), 호주湖州의 고저자순顧渚紫笋, 동천東川의 신천神泉, 소단小團, 창명昌明, 수목獸目, 협주峽州의 벽윤碧潤, 명월明月, 방지芳芷, 수유료茱萸簝, 복주福州의 방산노아方山露芽, 기주夔州의 향산香山, 강릉江陵의 남목南木, 호남湖南의 형산衡山, 악주岳州의 호함고湖含膏, 상주常州의 의흥자순義興紫笋, 무주婺州의 동백東白, 목주睦州의 구갱鳩坑, 홍주洪州의 서산백로西山白露, 수주壽州의 곽산황아霍山黃芽, 기주蘄州의 기문단황蘄門團黃 등이 있다.[294] 궁차宮茶에는 녹화綠華와 자영紫英이 있다.[295]

또한 『억승臆乘』의 기록에 따르면, 예장豫章의 백로白露와 백모白茅, 검남劍南의 전아錢芽, 동천東川의 호상구湖常具와 백차순白茶笋, 수주壽州의 황모黃茅, 복건福建의 생모生茅와 노모露茅 및 이른바 배하수背蝦須, 작설鵲舌, 해안蟹眼, 슬슬瑟瑟, 비비霏霏, 갈피고褐皮鼓, 낭용천浪涌泉, 파리안玻瓈眼, 벽옥지碧玉池 등 여러 품종이 있다. 오대五代에는 옥선고玉蟬膏와 청풍사淸風使 등이 있다.[296]

송대에는 용파산자차龍坡山子茶, 성양차聖楊花, 길상예吉祥蕊, 누금내중아縷金耐重兒[297], 석암백高石嵒白, 소풍산消風散, 채공蔡公(君謨)소단小團,[298] 증

294 [당] 이조, 『국사보·서제다품목』, 위의 책, 334쪽.
295 [당] 소악蘇鶚(생졸미상, 소설가), 『두양잡편杜陽雜編』권하 『문연각사고전서』제1042책, 앞의 책, 620쪽.
296 [북송] 도곡陶谷(903~970년), 『청이록淸異錄·명천문茗荈門』, 『문연각사고전서』제1047책, 앞의 책, 916쪽.
297 [송] 도곡, 『천명록荈茗錄』, 진조규 등, 『중국다엽역사자료선집』, 앞의 책, 27~28쪽. 역주: 『천명록荈茗錄』은 도곡陶穀의 필기筆記인 『청이록』의 일부인 「명천茗荈」 내용을 후대에 별도로 편집한 책이다. 일명 『명천록茗荈錄』이라고 한다. 도곡은 오대五代 사람으로 송나라에 입조했으며, 박학다식한데다 기억력이 비상했다고 한다.
298 [북송] 팽승彭乘(985~1049년), 「묵객휘서墨客揮犀」, 『문연각사고전서』제1037책, 앞의 책, 690, 705쪽.

갱소단曾坑小團, 간아揀芽, 북원창기北苑槍旗, 서운룡瑞云龍,[299] 밀운룡密云龍, 율운룡矞云龍,[300] 일주日注, 쌍정백아雙井白芽, 봉단鳳團, 용단龍團, 용봉단차龍鳳團茶,[301] 작설[302]雀舌, 건주북원建州北苑, 면주녹차綿州綠茶,[303] 용단승설龍團勝雪, 용단백차龍團白茶, 오대烏帶, 백합白合, 수아水芽[304] 등이 있다. 남송 사람 요관姚寬은 『서계총어西溪叢語』에서 이렇게 말한 바 있다.

"차에는 열 가지 강綱(단위 명사로 화물, 뭉치, 꾸러미의 뜻)이 있다. 첫 번째와 두 번째는 너무 여리고 세 번째가 가장 묘하다. 여섯 번째부터 열 번째까지는 소단小團(궁중으로 보내는 공품으로 정제한 차)과 대단大團(공품 차로)으로 구분한다. 첫 번째는 시신試新(차 이름, 제조한 지 10일 이내에 궁정으로 보내는 차로 여린 잎으로 만든다), 두 번째는 공신貢新이다. 세 번째는 열여섯 가지 색色(종류)이 있으니, 용단승설龍團勝雪, 백차白茶, 만수용아萬壽龍芽, 어원옥아御苑玉芽, 상림제일上林第一, 을야청공乙夜淸供, 용봉영화龍鳳英華, 옥제청상玉除淸賞, 승평아완承平雅玩, 계옥승은啓沃承恩, 운엽雲葉, 설영雪英, 촉규蜀葵, 금전金錢, 옥화玉華, 천금千金 등이다. 네 번째는 열두 색이 있는데, 무비수아無比壽芽, 의년보옥宜年寶玉, 옥청경운玉淸慶雲, 무강수룡無疆壽龍, 만춘은엽萬春銀葉, 옥엽장춘玉葉長

---

299 [북송] 왕공王鞏(1048~1117년), 『속문견근록續聞見近錄』, 호산원胡山源 편, 『고금다사古今茶事』, 상해, 상해서점, 1985년, 267쪽.
300 [남송] 주휘周輝, 『청파잡지淸波雜志』, 『문연각사고전서』제1039책, 앞의 책, 27쪽.
301 [북송] 장순민張舜民, 『화만록畫墁錄』, [북송] 구양수, 『귀전록歸田錄』, 『문연각사고전서』제1036, 1037책, 536, 547쪽.
302 [북송] 심괄沈括(1031~1095년), 『몽계필담』권24, 『총서집성초편』제282책, 앞의 책, 160쪽.
303 [남송] 오증吳曾, 『능개재만록能改齋漫錄·방물方物』, 상해, 고적출판사, 1979년, 438쪽.
304 [남송] 요관姚寬, 『서계총어西溪叢語』권상, 『문연각사고전서』제850책, 앞의 책, 932~933쪽.

春, 서운상룡瑞雲翔龍, 장수옥규長壽玉圭, 향구배香口焙, 흥국암興國岩, 상품간아上品揀芽, 신수간아新收揀芽이다. 다섯 번째는 열두 색이 있는데, 태평가서太平嘉瑞, 용원보춘龍苑報春, 남산응서南山應瑞, 흥국암소룡興國岩小龍, 소봉小鳳, 어원옥아御苑玉芽, 만수용아萬壽龍芽, 무비수아無比壽芽, 서운상룡瑞雲翔龍, 선춘先春, 태평가서太平嘉瑞, 만수옥규長壽玉圭 등이다. 이하 오강五綱은 모두 대단大團과 소단小團이다.'[305]

이외에도 유두乳頭, 납면蠟麵, 경정京挺, 적유的乳, 연고차研膏茶[306], 기화차騎火茶[307], 선인차仙人茶[308], 백설차白雪茶[309], 자용옥紫茸玉[310] 등이 있다.

명, 청대로 들어오면서 더욱 명품이 많아졌다. 명, 청대는 중국 찻잎 생산과 제작이 크게 발전했는데, 주요 산지와 생산 정황이 당송 시대와 크게 달라 차의 품종 또한 새로운 국면을 맞이했다. 예를 들어 명대 다인茶人의 말을 들어보면 다음과 같다.

"천하에 차가 생산되는 곳이 많다. 예를 들어 검남劍南에 몽정석화蒙頂石花, 호주湖州에 고저자순顧渚紫笋, 협주峽州에 벽간명월碧澗明月, 공주邛

305 [남송] 요관, 『서계총어』권상, 앞의 책, 933쪽.
306 [남송] 정대창程大昌(1123~1195년), 『연번로속집演繁露續集』, [남송] 조언위趙彦衛, 『운록만초雲麓漫抄』권4 『문연각사고전서』제864책, 앞의 책, 299쪽.
307 [송] 무명씨無名氏, 「오색선五色線」, 호산원胡山源, 『고금다사古今茶事』, 앞의 책, 277쪽.
308 [청] 진정찬陳廷燦『속다경』권하, [명] 진계유陳繼儒1558—1639, 『태평청화太平淸話』, 『문연각사고전서』제844책, 앞의 책, 756쪽.
309 [명] 풍몽룡馮夢龍(1574~1646년), 『쾌설당만록快雪堂漫錄』, 진조규 등, 『중국다엽역사자료선집』앞의 책, 311쪽.
310 [명] 장대복張大復(1554~1630년쯤), 『매화초당필담梅花草堂筆談·자순다紫笋茶』, 上海, 고적출판사, 1986년, 479쪽.

| 중국 강남의 차밭

州에 화정사안火井思安, 거강渠江에 박편薄片, 파동巴東에 진향眞香, 복주
福州에 백암柏岩, 홍주洪州에 백로白露 등이 있다. 또한 상주常州의 양선
陽羨, 무주婺州의 거암擧岩, 아산丫山의 양파陽坡, 용안龍安의 기화騎火, 검
양黔陽의 고주高株와 도유都濡, 노주濾州의 납계納溪, 매령梅嶺 등도 모두
유명한 차다. 만약 이런 차에 등급을 매긴다면, 가장 좋은 것은 석화
石花, 다음은 자순紫筍, 그 다음은 벽간碧澗, 명월明月 등이다. 다만 애석
하게도 쉽게 얻을 수 있는 것이 아니다."[311]

저명한 문인인 도륭屠隆(1543~1605년)도 명차에 대해 나름의 의견을

---

[311] [명] 전춘년錢椿年, 「다보茶譜」(1530년쯤 출간), 진조규 등, 『중국다엽역사자료선집』, 앞의 책,
125쪽.

내놓았다. 호구차虎丘茶는 "가장 절묘하여 천하의 으뜸이다." 천지차天池茶는 "비취빛으로 향내가 좋아" "진실로 선품仙品이라 할만하다." 양선陽羨에서 속칭 나개羅岕라는 차는 "애석하게도 얻기가 힘들다." 육안차六安茶는 "품질이 정묘하다." 용정차로 "진짜는 천지차가 따라올 수 없다." 천목天目(차) "역시 가품佳品이다."[312] 허차서許次紓도 『다소茶疏』에서 차의 생산지에 대해 장황하게 언급한 바 있는데, 이를 살펴보면 다음과 같다.

"천하의 명산에는 반드시 영묘한 풀이 난다. 강남은 따뜻한 곳인지라 유독 차에 적합하다. 장강 이북은 육안차가 유명한데, 육안六安은 군명郡名이고 사실은 곽산현霍山縣에 있는 대촉산大蜀山에서 나온다. 차 생산량이 가장 많은데다 명품으로 명성을 떨쳐 하남, 산서, 섬서성 사람들이 모두 이 차를 애용한다. 남방 사람들은 육안차가 불결한 것을 씻어내고 체증을 제거한다고 하여 보배로 여긴다. 저 산중의 좋지 못한 제다법을 살펴보면, 조리하는 솥에 장작을 지펴 덖어내기 때문에 솥에서 꺼내기도 전에 잎이 이미 타버린 상태이니 어찌 차로 쓸 수 있으랴! 게다가 대로 만든 큰 통발에 아직 찻잎이 뜨거운 상태에서 저장하니 제아무리 푸른 가지에 붉은 빛이 도는 자줏빛 새싹이 튼다는 자순차라 할지라도 금세 시들고 말라 누렇게 되고 마니 밥 먹고 난 후 양치질이나 할까 어찌 품질을 겨룰 수 있겠는가?

---

312 [명] 도륭屠隆, 「다설茶說」, 진조규 등, 『중국다엽역사자료선집』, 위의 책, 133쪽.

강남의 차 가운데 당대 사람은 양선陽羨, 송대 사람은 건주建州의 차를 가장 귀하게 여겼다. 지금도 조정에 올리는 공다貢茶는 유독 두 지역의 차가 많았으나 양선차는 그저 명성만 있을 뿐이고 건주차 역시 최상품은 아니다. 오직 무이산의 우전차(곡우 전에 찻잎을 따서 만든 차)가 최상이다. 근자에 숭상하는 차로 장흥長興의 나개羅岕가 있는데 아마도 옛 사람들이 말하던 고저산 자순차일 것이다. 산중에 끼인 곳을 개岕라고 하며 나씨羅氏가 숨어 살았다고 하여 나羅라는 이름이 붙었다. 개의 연고지가 몇 군데 있으나 지금은 동산洞山의 개차가 가장 좋다. 도백도姚伯道가 이르길, 명월의 협곡에 좋은 차가 있는데, 상승上乘(최상)이라고 했다.

요컨대, 제 때에 따고 만드는 방법에 따라 최선을 다하면 좋지 않을 수 없다. 운치가 맑고 오래가며, 맛이 좋고 향기가 짙으며, 폐를 맑게 하고 번뇌를 제거하니 가히 선품仙品이라 할만하다. 개차岕茶가 바로 이런 품종이다. 고저산에는 이외에도 좋은 차로 사람들이 그냥 수구차水口茶라고 부르는 것이 있는데, 이는 개차와 전혀 다른 품종이다. 흡현歙縣의 송라松羅, 오현의 호구, 전당의 용정차는 향기가 짙고 풍부하여 기러기가 줄지어 나는 것처럼 개차와 우열을 가르기 어렵다. 예전에 곽차보郭次甫가 황산(황산 모봉차)을 자주 칭찬했는데, 황산은 흡현에 자리하고 있다. 그러나 송라(여기서는 지명)와 자못 멀리 떨어져 있다. 예전에 사인士人들은 천지차天池茶를 귀하게 여겼다. 천지에서 생산되는 차는 조금만 마셔도 금세 배가 부르다. 내가 처음으로 차의 품계를 낮추었는데, 비난하는 이들이 많았으나 근래에 알아주는 이가 있어 비로소 내 말을 믿게 되었다.

절강에서 생산되는 차로 천대天臺의 안탕雁宕, 괄창括蒼의 대반大盤, 동양東陽의 금화金華, 소흥紹興의 일주日鑄 등이 있는데, 모두 무이차와 백중세이다. 설사 명차라고 할지라도 제조와 저장의 방법이 합당해야 한다. 차를 만드는 것이 면밀하지 않고 저장 방법이 적절하지 않으면 일단 산에서 출하하면 향기, 맛, 색깔이 모두 줄어들고 만다.

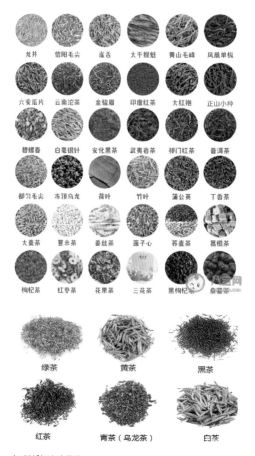

| 다양한 차의 품종

전당錢塘의 여러 산에서도 차를 생산하는 곳이 상당히 많다. 남산은 모두 좋고, 북산은 약간 떨어진다. 북산은 분뇨로 퇴비를 써서 차의 싹이 트는 것은 쉬워도 향기나 운치는 오히려 옅다. 한때 목주睦州(절강 순안현淳安縣, 목주는 당대 지명)의 구갱차鳩坑茶, 사명四明(절강 영파寧波 서남쪽)의 주계차朱溪茶를 자못 칭찬했는데, 지금은 등급에 들지 못한다. 무이차 외에 천주泉州의 청원차淸源茶가 있는데 솜씨 좋은 이가 만들면 무이차에 버금갈 것이나 애석하게도 태운 것이 많아서(잘못 만들어서) 사람들의 마음에 들지 않게 되었다. 초楚(호남)에는 보경寶慶(지금의 소양邵陽에서 나오는 차), 진滇(운남)에는 오화五華차가 나오는데, 모두 훌륭한 차로 유명하여 안차雁茶보다 윗길이다. 그밖의 명산에서 나오는 차가 당연히 여기에서 그치지 않을 것이나 내가 아직 모르거나 명성이 아직 드러나지 않았기에 언급하지 않는다."[313]

---

313 [명] 허차서許次紓(1549~1604년쯤), 『다소茶疏』, "天下名山, 必産靈草. 江南地暖, 故獨宜茶. 大江以北, 則稱六安, 然六安乃其郡名, 其實産霍山縣之大蜀山也. 茶生最多, 品名亦振. 河南山陝人皆用之. 南方謂其能消垢膩, 去積滯, 亦共寶愛. 顧彼山中不善製造, 就於食鐺大薪炒焙, 未及出釜, 業已焦枯, 詎堪用哉. 兼以竹造巨筍, 乘熱便貯, 雖有綠枝紫筍, 輒就萎黃, 僅供下食, 奚堪品鬪. 江南之茶, 唐人首稱陽羨, 宋人最重建州, 於今貢茶兩地獨多. 陽羨僅有其名, 建茶亦二非最上, 惟有武夷雨前最勝. 近日所尚者, 爲長興之羅岕, 疑卽古人顧渚紫筍也. 介於山中謂之岕, 羅氏隱焉故名羅. 然岕故有數處, 今惟洞山最佳. 姚伯道云, 明月之峽, 厥有佳茗, 是名上乘. 要之, 探之以時, 制之盡法, 無不佳者. 其韻致淸遠, 滋味甘香, 淸肺除煩, 足稱仙品. 此自一種也. 若在顧渚, 亦有佳者, 人但以水口茶名之, 全與岕別矣. 若歙之松羅, 吳之虎丘, 錢唐之龍井, 香氣濃鬱, 並可雁行與岕頡頏. 往郭次甫亟稱黃山, 黃山亦在歙中, 然去羅遠甚. 往時士人皆貴天池, 天池産者, 飮之略多, 令人脹滿. 自餘始下其品, 向多非之. 近來賞音者, 始信餘言矣. 浙之産, 又日天臺之雁宕, 括蒼之大盤, 東陽之金華, 紹興之日鑄, 皆與武夷相爲伯仲. 然雖有名茶, 當曉藏制. 製造不精, 收藏無法, 一行出山, 香味色俱減. 錢塘諸山, 産茶甚多. 南山盡佳, 北山稍劣. 北山勤於用糞, 茶雖易萌, 氣韻反薄. 往時頗稱睦之鳩坑, 四明之朱溪, 今皆不得入品. 武夷之外, 有泉州之淸源, 倘以好手制之, 亦是武夷亞匹. 惜多焦枯, 令人意盡. 楚之産曰寶慶, 滇之産曰五華, 此皆表表有名, 猶在雁茶之上. 其他名山所産, 當不止此. 或餘未知, 或名未著, 故不及論." 『총서집성초편』제1480책, 앞의 책, 1~2쪽.

청 중엽 이후로 인구가 폭증하면서 만족 귀족 중심의 상층사회에서 사치풍조와 더불어 고상한 척 명사를 사귀거나 문학이나 음악, 미술 등 문화 활동에 참가하는 이들이 경쟁적으로 늘어났다. 게다가 해외 판매가 급증하는 등 여러 가지 요인으로 인해 차밭이 늘어나고 생산량이 증가했으며, 품종이 다양해지고 이른바 명차도 점차 많아졌다. 청대 사람들이 저술한 문헌 가운데 청대 중엽 이전의 명차 품목은 다음과 같다.

"아주雅州 몽정차蒙頂茶(천하제일), 청주靑州 석화로石花露, 고저顧苧 자순차紫笋茶, 중경重慶, 신천차神泉茶, 동천東川 정명차晶明茶, 파주巴州 수목차獸目茶, 협주峽州 벽간차碧澗茶, 협주 명월방明月房, 협주 수유료荄黄蓼, 기주夔州 향우차香雨茶, 복주福州 방산方山 노아차露芽茶, 동정洞庭 남형산차南衡山茶, 악주岳州 호함고차湖含膏茶, 상주常州 양선차陽羨茶, 의흥宜興 자순차紫笋茶, 의흥 춘지차春池茶, 남강南康 북원北苑 운거차雲居茶, 금화金華 동백차東白茶, 엄주嚴州 구갱차鳩坑茶, 선주宣州 양갱차陽坑茶, 건녕建寧 선춘차先春茶, 건녕 북원北苑 용부차龍涪茶, 남창南昌 서산백로차西山白露茶, 곽산霍山 황모차黃芽茶, 기주蘄州 월원차月圓茶, 복주福州 무이차武夷茶, 항주杭州 용정차龍井茶, 소주蘇州 호구차虎丘茶, 휘주徽州 천지차天池茶, 육안六安 영산차英山茶, 동산峒山 나개羅芥, 휴정송라休寧松羅, 운남云南 보이차普洱茶……차의 품류가 너무 많아 일일이 기술하기 어려울 정도이다."[314]

---

314 진계유陳繼儒, 『치부기서광집致富奇書廣集』, 진조규 등, 『중국다엽역사자료선집』, 앞의 책, 356쪽.

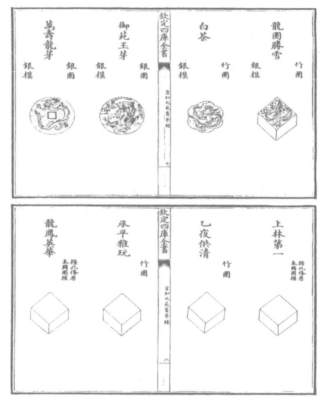

| 북송 선화宣和 연간의 북원공차北苑貢茶의 종류 그림

저명한 본초학자本草學者인 조학민趙學敏이 정밀하게 감정한 품목에는 다음과 같은 것들이 있다.

우전차雨前茶, 보이차普洱茶, 동완東莞 연차硏茶, 광서廣西 용척차龍脊茶, 호남湖南 안화차安化茶, 복건福建 숭안崇安 무이차武彛茶, 휘주徽州 송라차松羅茶, 정해定海 보타차普陀茶, 강서江西 개편芥片(나개羅芥), 장흥長興 나개羅芥, 대만臺灣 수사연차水沙連茶, 동완東莞 오약차烏藥茶, 노주瀘州 노차瀘茶, 복녕福寧

온차溫茶.[315] 이외에도 와옥산瓦屋山 태호사차太湖寺茶[316], 교송본산喬松本山 (무이산에서 나오는 차)[317], 향림香林과 백운白雲[318], 동정호 서산西山에서 곡우 이전에 딴 벽라춘碧螺春[319], 형남荊南 명정茗頂[320], 금천金川 오차熬茶[321], 백운차白雲茶(사전차寺前茶), 자고봉紫姑峰 모차毛茶[322], 동정일사洞庭逸事[323], 운남雲南 태화차太華茶, 대리大理 감통차感通茶, 초웅아차楚雄兒茶, 보이차普洱茶[324], 부차俯茶, 건안建安 정택차鄭宅茶[325], 송라松羅 거첨去尖[326], 용천龍泉 곡우 전에 딴 운무아차雲霧芽茶[327], 파동巴東 진향명眞香茗, 몽정蒙頂 오화차五花茶, 몽산蒙山 백운암차白雲岩茶[328], 호구虎丘 금속방차金粟房茶[329], 명정춘名頂春, 악청아산樂淸雁山[330], 작향배雀香焙[331], 절강浙江 용정龍井 연심아蓮心芽,

---

315 [청] 조학민趙學敏, 『본초강목습유』권6, 북경, 인민위생출판사, 1963년, 217, 219~221, 225~228쪽.
316 [청] 이조원李調元(1734~1803년), 『정와잡기井蛙雜記』, 진조규 등, 『중국다엽역사자료선집』, 앞의 책, 377쪽.
317 [청] 장홍張泓, 『전남억구록滇南憶舊錄』, 진조규 등, 『중국다엽역사자료선집』, 위의 책, 377쪽.
318 [청] 적호翟灝(?~1788년), 『호산편람湖山便覽』, 진조규 등, 『중국다엽역사자료선집』, 위의 책, 378쪽.
319 [청] 대연년戴延年, 『오어吳語』, 진조규 등, 『중국다엽역사자료선집』, 위의 책, 379쪽.
320 [청] 오건吳騫(1733~1813년), 『도계객어桃溪客語』권1, 진조규 등, 『중국다엽역사자료선집』, 위의 책, 381쪽.
321 [청] 이심형李心衡, 『금천쇄기金川瑣記』, 진조규 등, 『중국다엽역사자료선집』, 위의 책, 384쪽.
322 [청] 유자수劉子秀, 『서초유람기西樵游覽記』, 진조규 등, 『중국다엽역사자료선집』, 위의 책, 385쪽.
323 [청] 이진춘李振春, 『집이신초集異新抄』, 진조규 등, 『중국다엽역사자료선집』, 위의 책, 385쪽.
324 [청] 사범師范(1751~1811년), 『전계滇系』, 진조규 등, 『중국다엽역사자료선집』, 위의 책, 390쪽.
325 [청] 기운사祁韻士(1753~1815년), 『서수죽지사西陲竹枝詞』, [청] 양복길楊復吉(1747~1820년), 『몽란쇄필夢闌瑣筆』, 진조규 등, 『중국다엽역사자료선집』, 위의 책, 391, 392쪽.
326 [청] 황개균黃凱鈞(1752~1820년), 『유수잡언遺睡雜言』, 진조규 등, 『중국다엽역사자료선집』, 위의 책, 394쪽.
327 [청] 장작남張作南, 『매이수필梅鎭隨筆』, 진조규 등, 『중국다엽역사자료선집』, 위의 책, 394쪽.
328 [청] 장주張澍, 『촉전蜀典』, 진조규 등, 『중국다엽역사자료선집』, 위의 책, 394쪽.
329 [청] 고정도顧正濤, 『오문표은吳門表隱』, 진조규 등, 『중국다엽역사자료선집』, 위의 책, 398쪽.
330 [청] 손동원孫同元, 『영가문견록永嘉聞見錄』, 진조규 등, 『중국다엽역사자료선집』, 위의 책, 398쪽.
331 [청] 주항朱航, 『금강좌기錦江胜記』, 진조규 등, 『중국다엽역사자료선집』, 위의 책, 399쪽.

복건福建 홍포紅袍 건기建旗[332], 무이화양武夷花香, 소종화향小種花香, 명종화향名種花香, 기종화향奇種花香, 천주泉州 공부차工夫茶[333], 횡주橫州 백모차白毛茶[334], 청성산青城山 태안사차太安寺茶[335], 해아차孩兒茶[336], 부용선품芙蓉仙品, 오룡이烏龍肄[337], 문림차門林茶[338].

이렇듯 매우 많은 차들이 있다. 역사적으로 차의 이름을 짓는 원칙은 생산 지역 외에도 기술, 시기, 색깔, 맛, 형태, 신운神韻 등등 다양하다. 이는 차 생산지가 많고 품종이 다양하며, 맛이나 기술, 감정鑑定, 음다飮茶의 기풍, 기호 등이 서로 다른 차 문화의 역사적 특징을 체현하는 것에 다름 아니다.

332 [청] 정광조鄭光祖, 『일반록잡술一斑錄雜述』, 진조규 등, 『중국다엽역사자료선집』, 위의 책, 398~400쪽.
333 [청] 양장거梁章鉅(1775~1849년), 『귀전쇄기歸田瑣記』, 진조규 등, 『중국다엽역사자료선집』, 위의 책, 402쪽.
334 [청] 손운孫耘, 『여묵우담餘墨偶談』, 진조규 등, 『중국다엽역사자료선집』, 위의 책, 414쪽.
335 [청] 강석령江錫齡, 『청성산행기青城山行記』, 진조규 등, 『중국다엽역사자료선집』, 위의 책, 416쪽.
336 [청] 곽백창郭柏蒼(1815~1890년), 『민산록이閩産錄異』, 진조규 등, 『중국다엽역사자료선집』, 위의 책, 427쪽.
337 [청] 엽서정葉瑞廷, 『순포수필蒓浦隨筆』, 진조규 등, 『중국다엽역사자료선집』, 위의 책, 428쪽.
338 [청] 유헌정劉獻廷(1648~1695년), 『광장잡기廣陽雜記』, 앞의 책, 65쪽.

• 제3절 •

제다制茶

차의 제조법은 위진에서 중당까지 비교적 간단하여 음용 방법 또한 국을 마시는 것처럼 평범했다. "(육우 이전에) 차를 마신다고 칭하는 이들은 반드시 다른 것을 함께 섞어 끓여 먹었는데, 마치 채소를 삶아 먹는 것과 다름이 없었다."[339] 당대 이후로 비로소 다양한 기록이 나오는데, 육우와 노동盧소 등 뛰어난 다인들의 창도로 다도의 기풍이 형성되면서 차를 제조하는 방법을 날로 강구하기 시작했다. 육우는 『다경』에서 채采(따기), 증蒸(찌기), 도搗(찧기), 박拍(두드리기), 배焙(불에 쬐기), 천穿(뚫어 꿰기), 봉封(밀봉하기) 등 일곱 가지 순서에 따른 차 제조법을 기록했다. 그 가운데 따기, 찌기, 찧기, 불에 쬐기 등 네 가지 단계가 가장 중

---

339 [당] 피일휴皮日休, 「다중잡영병서茶中雜咏并序」, "稱茗飲者, 必渾以烹之, 與夫瀹蔬而啜者無異也." 『전당시』권611, 위의 책, 7053쪽.

요하다. "만약 찻잎을 제 때에 따지 않고 제대로 찧지 않으며 잡초 등이 섞인 것을 마시면 질병이 생기니 차가 오히려 사람에게 폐를 끼친다."[340] 이렇듯 찻잎을 따는 것은 때에 맞추는 것이 가장 중요하다. 북송 사람 황유黃儒는 『품다요록品茶要錄』에서 이렇게 말했다.

"차를 만드는 일(茶事)은 경칩驚蟄 전에 시작된다. 매의 발톱(鷹爪)처럼 생긴 여린 싹을 따서 처음 만드는 것을 시배試焙 또는 일화一火라고 하며 그 다음을 이화二火라고 한다.……그래서 차싹(茶芽, 찻잎의 순)을 시장에 내다팔 때는 삼화三火 이전의 것을 가장 좋은 것으로 여긴다. 차싹은 약간 추운 기후를 좋아하나 음기(한기寒氣)는 얼지 않을 정도여야 하고 날씨가 청량하되 지나치게 덥지 않아야 한다. 이는 찻잎의 순이 적절하게 양분을 흡수하고 천천히 자라야만 잎을 따는 일 또한 좋은 여건에서 할 수 있기 때문이다. 무릇 차를 시험했을 때 색깔이 두루 선명하고 희며, 옅은 안개에 감추어진 듯한 것은 좋은 때를 만났기 때문이다. 비를 많이 맞은 것으로 만들면 빛깔이 어두운 황색이다. 혹 날씨가 너무 더우면 차싹의 수분이 증발하고 차를 따는 이의 손에 밴 땀이 찻잎에 스며들며, 가려서 딸 겨를조차 없으니 제 아무리 많은 차를 만들어도 그저 평범한 수준이 되고 만다. 차를 시험했을 때 빛깔이 선명한 흰빛이 아니고 수각水脚(차 가루와 물이 조화를 이루지 못해

---

340 [당] 육우, 『다경·다지원茶之源』, "采不時, 造不精, 雜以卉莽, 飮之成疾, 茶爲累也." 『문연각사고전서』제844책, 앞의 책, 612쪽.

포말이 금세 사라져 생기는 물의 흔적)이 약간 붉은 색을 띠는 것은 가공 과정에서 시간을 초과했기 때문에 생기는 병폐이다.……위조된 물건은 받아들일 수 없으니 하물며 먹고 마시는 음식에 있어서는 더욱 더 불가하다."³⁴¹

차에서 가장 금기로 여기는 일은 '입잡入雜', 즉 잡된 것이 들어가는 것이다. 차를 찔 때는 어느 정도 익히지 않을 수 없으나 그렇다고 지나치게 익혀서도 안 된다. "적절하게 익힌 것이 맛도 좋고 향기도 좋다."³⁴²

"찻잎을 끊을 때는 손톱으로 해야지 손가락으로 해서는 안 된다. 손톱으로 해야 신속하게 잘라 무르지 않고, 손가락으로 하면 습기가 많아 쉽게 상한다."³⁴³

찻잎을 따는 여인네의 예리한 손톱과 잎을 딸 때의 신속한 손놀림을

341 [북송] 황유黃儒(1073년 진사進士), 『품다요록品茶要錄』, "茶事起於惊蛰前. 其采芽如鷹爪, 初造日試焙. 又日一火, 其次日二火……故市茶芽者, 惟同出於三火前者爲最佳. 尤喜薄寒氣候, 陽不至於凍, 陽不至於暄, 則谷芽含養約勒, 而滋長有漸. 采工亦优爲矣. 凡試時泛色鮮白, 隱於薄霧者, 得於佳時而然也. 有造於積雨者, 其色昏黄. 或氣候暴暄, 茶芽蒸發, 采工手汗薰漬, 揀摘不給, 則制造雖多, 皆爲常品矣. 試時色非鮮白, 水脚微紅者, 過時之病也." "物固不可以容僞, 況飮食之物, 尤不可也." 『문연각사고전서』제844책, 앞의 책, 643쪽.
342 [북송] 황유黃儒, 위의 책, "唯正熟者味甘香."
343 [명] 무명씨, 『명급茗笈』에 인용된 장원張源의 『다록茶錄』에 나온다. "斷茶以甲不以指. 甲則速斷不柔, 指則多濕易損." 진조규 등, 『중국다엽역사자료선집』, 앞의 책, 183쪽.

능히 상상할 수 있다.

"차의 좋고 나쁨은 특히 어린 찻잎을 증기에 찌고 압황壓黃(당, 송대 단차를 만드는 과정으로 눌러서 즙을 짜는 것)의 득실과 관련이 있다. 설익게 찌면 잎이 매끄럽고 색이 맑기는 하나 맛이 강렬하다. 지나치게 익으면 잎이 문드러져 찻잎의 색깔이 붉어지고 엉겨지지 않는다. 오랫동안 누르면 차의 향기가 사라지고 맛이 엷어지고, 제대로 누르지 않으면 색깔이 어둡고 맛이 떫다. 적절하게 찌면 제대로 익고 향이 나며, 적절하게 찻잎을 눌러 진액이 다 빠지면 그친다. 이렇게 차를 제조하는데 공을 들이는 것이야말로 열 가운데 여덟을 얻음과 같다."[344]

여기서 '압壓'은 '도搗', '자榨', 즉 즙을 짜내는 것을 말한다.

"차가 잘 익으면 이를 일러 다황茶黃(산화하여 황색을 띠는 것을 말함)이라고 한다. 반드시 몇 차례 잘 씻은 다음 작은 압착기(小榨)에 넣고 물기를 빼고, 다시 큰 압착기(大榨)에 넣어 진액이 나오도록 짠다.……반드시 깨끗해질 때까지 압착한 후에야 그친다.……찻잎의 진액이 다 나

___
344 [복송] 조길, 『대관다론大觀茶論·증압蒸壓』, "茶之美惡, 尤系於蒸芽壓黃之得失, 蒸太生則芽滑, 故色清而味烈, 過熟則芽爛, 故茶色赤而不胶. 壓久則氣竭味漓, 不及則色暗味涩. 蒸芽欲及熟而香, 壓黃欲膏盡亟止. 如此, 則制造之功, 十已得七八矣." 진조규 등, 『중국다엽역사자료선집』, 위의 책, 44쪽.

오지 않으면 색깔이 무겁고 맛이 탁하다."[345]

배법焙法, 즉 찻잎을 불에 쬐어 말리는 방법도 상당히 엄격하다.

"불에 여러 차례 쬐면 찻잎의 표면이 말라 향기가 줄어들고 제대로 불에 쬐지 않으면 얼룩얼룩 잡색이 생기면서 향미가 사라진다. 그렇기 때문에 새싹이 처음 돋으면 응당 곧 바로 건조 공정을 거쳐 자연에 의해 생긴 습기를 제거해야 한다. 차를 불에 쬐어 말리는 배焙, 즉 건조 과정을 보면, 우선 충분히 탄 숯불을 배로焙爐에 넣고 식은 재로 숯불의 7부를 덮어 3분의 불길만 내놓는데, 그 불길도 고운 재로 다시 덮어놓는다. 한참 후에 배루焙簍(차를 담는 채롱)를 배로에 올려놓고 채롱 속의 습기를 제거한다. 그런 다음 채롱 안에 찻잎을 가지런히 줄지어 놓는다. 반드시 채롱의 모서리까지 불에 잘 쬘 수 있도록 하며 찻잎이 은폐되어 제대로 불에 쬐지 못하는 일이 없도록 한다. 화력을 살피면서 불길이 드러나지 않도록 식은 재로 덮어둔다. 화력의 크기는 채롱 안에 담은 찻잎의 정도에 따라 조절한다. 손을 배로에 넣어 불길을 살피는데, 뜨겁지만 손을 댈 정도가 아니면 양호하다. 가끔 손으로 차를 만져보아 찻잎이 뜨겁더라도 무해하니 뜨거운 불기운이 찻잎에 골고루 통하여 제대로 쬐어야 좋다. 혹자가 말하길, '불길은 사람의 체

345 [남송] 조여려趙汝礪, 『북원별록北苑別錄·자다榨茶』, "茶旣熟, 謂茶黃. 須淋洗數過, 方入小榨以去其水, 又入大榨出其膏……必至於干净而後已……膏不盡, 則色味重濁矣." 『총서집성초편叢書集成初編』, 제1480책, 상해, 상무인서관, 민국25년(1936년), 5쪽.

| 자연광(햇볕)에 찻잎을 말리는 모습

온 정도로 하여 찻잎의 표면만 건조시키면 된다.'고 하였는데, 찻잎 안에 있는 습기를 완전히 제거하지 않으면 다시 한 번 불에 쬐어 말린다. 건조 과정을 마치면 오래 사용한 대나무 칠기漆器에 넣고 밀봉하여 저장한다. 습기가 많은 날에는 열지 않고 연말에 재차 불길을 쬐어 말리면 차의 색깔이 새로 딴 차와 같다.'[346]

---

346 [북송] 조길, 『대관다론大觀茶論·장배藏焙』, "數焙則首面干而香減, 失焙則雜色剝而味散. 要當 新芽初生, 即焙以去水陸風濕之氣. 焙用熟火置爐中, 以靜灰擁合七分, 露火三分, 亦以輕灰糝覆. 良久即置焙簍上, 以逼散焙中潤氣, 然后列茶於其中. 盡展角焙, 未可蒙蔽, 候火速徹覆之. 火之 多少, 以焙之大小增減. 探手中爐, 火氣雖熱, 而不至逼人手者爲良. 時以手接茶, 體雖甚熱而無 害, 欲其火力通徹茶體爾. 或曰, 焙火如人體溫, 但能燥茶皮肤而已, 内之濕潤未盡, 則復爲熱渴矣. 焙毕, 即以用久竹漆器中藏藏之 ; 陽潤勿開, 如此終年再焙, 色常如新." 진조규 등, 『중국다엽역 사자료선집』, 앞의 책, 47~48쪽.

당대 차 제조는 단병團餅이 위주였고 간간이 소량의 증청蒸青과 초청炒青 및 말차末茶를 만들었다. 품종이 다르면 제조 방법도 약간 차이가 난다. 송대에 차를 만드는 방법은 당대와 대략 비슷하나 좀 더 정교해졌다. 다만 중요한 제조단계는 상술한 네 가지, 즉 찌기(蒸 혹은 덖기炒), 누르기(壓, 또는 도搗나 자榨), 그리고 불에 쬐기(焙)에서 크게 벗어나지 않는다. 북송 이전에 만든 단차는 주로 "좋은 향을 섞어(名香雜之)" 향기를 더했다.

명대 제다製茶 공예는 당송 시대보다 크게 발전했다. 원대는 송대의 방식을 계승하여 단병이 상당한 비중을 차지했으나 이미 산차(散茶, 잎차)를 선호하는 추세가 강해졌다. 명나라 초기 주원장朱元璋은 세금과 부역으로 인한 백성들의 고통을 줄여주기 위해 홍무洪武 초년 정식으로 공차貢茶를 폐지시켰다. 이후 다마茶馬 교역을 위해 일부 단병團餅 생산을 제외하고 대부분 찌고 덖는 방식으로 차를 만들었다. 이에 따라 기존의 찻잎을 삶아 마시는 자음煮飮 방식에서 뜨거운 물에 우려먹는 방식으로 바뀌었다. 그래서 가루차(散茶) 제작법이 차를 만드는 기본적인 방법이 되었다. 명대에 새롭게 발전하기 시작한 차 품종으로 흑차黑茶, 훈화차薰花茶, 오룡차烏龍茶, 홍차 등이 있다. 오룡차는 녹차와 홍차의 중간쯤 되는 반발효차이다. 오룡차와 홍차는 청대에 크게 성행했다. 청대의 찻잎 제작방식은 명대와 기본적으로 동일하다.

차를 만들어 뜨거운 물에 넣고 음용하기 전까지 무엇보다 보관이 중요
하다. 제대로 보관해야만 변질을 막을 수 있기 때문이다. 찻잎은 부패
하거나 변질하기가 쉽기 때문에 옛 사람들은 차를 보관하고 저장하는
일을 일종의 학문처럼 여기고 매우 중시했다.

"설사 명차라고 할지라도 제조와 저장의 방법이 합당해야 한다. 차를
만드는 것이 면밀하지 않고 저장 방법이 적절하지 않으면 일단 산에
서 출하하면 향기, 맛, 색깔이 모두 줄어들고 만다."[347]

---

347 [명] 허차서許次紓, 『다소茶疏』. "雖有名茶, 當曉藏制. 製造不精, 收藏無法, 一行出山, 香味色俱
減." 앞의 책, 1쪽.

"차병은 연한 향포香蒲(부들) 잎과 함께 보관하여 다른 향료나 약물에 냄새가 배는 것을 피해야 한다. 차는 따뜻하고 건조한 장소가 좋고 습도가 많고 찬 곳은 피해야 한다. 그러므로 차를 보관하는 이는 부들 잎으로 싸서 밀봉하여 배로焙爐(차를 말리는 건조로)에 넣고 이틀이나 사흘에 한번 씩 약한 불로 인체 온도 정도로 따뜻하게 유지하여 습기를 막는다. 만약 불이 너무 세면 차를 태워 음용할 수 없게 된다."[348]

명대 사람 도륭屠隆은 「다설茶說」에서 이렇게 말했다.[349]

"차는 죽순껍질이나 부들 잎에는 적합하고, 향내 나는 약초는 싫어한다. 건조하고 따뜻한 것을 좋아하고 차고 습한 것을 싫어한다. 그래서 차를 수장하고 있는 이들은 미리 청명절에 죽순껍질이나 부들 잎을 수매하여 그 중에 가장 푸른 것을 골라 배로焙爐에 넣어 바싹 말리고 대나무를 실같이 쪼개 짜서 네 편씩 묶어 한 덩이씩 만들어 쓸 수 있도록 했다. 또한 의흥宜興(강소성의 도자기 산지)에서 새로 견고하게 만든 항아리로 차 열 근 이상 들어갈 만큼 큰 것을 사서 깨끗이 씻고 배로에 말려 사용한다. 산속이라면 차를 한 번 더 말린다. 차씨와 쇠한 잎이나 마르고 타서 가루가 된 것들은 골라낸다. 큰 그릇(盆)에 생탄

---

348 [명] 전춘년錢椿年, 『다보茶譜』, "茶宜箬葉, 而畏香藥. 喜溫燥, 而忌冷濕. 故收藏之家, 以箬葉封裹人焙中, 兩三日一次, 用火當如人體溫, 溫則御濕潤. 若火多, 則茶焦不可食." 진조규 등, 『중국다엽역사자료선집』, 앞의 책, 125~126쪽.
349 역주: 도륭의 「다설」에는 이런 문장이 나오지 않는다. 원래 「다설」은 도륭의 『고반여사考槃餘事』에 실린 「다전茶箋」의 내용을 추려 쓴 것이다. 따라서 도륭의 「다전」이라고 해야 맞다.

을 넣고 부뚜막에 엎어놓는데, 붉은 불꽃이 일고 연기가 없으면 적당하다.

차를 배로 아래 두고 말릴 때는 한 번에 차 두 근 정도가 좋다. 별도로 숯불을 큰 화로 안에 넣고 차를 담은 항아리를 그 위에 걸어서 아주 바싹 말린다. 먼저 잘 짠 대나무 잎을 아래에 두고 찻잎을 바짝 말린 다음 부채로 식힌 후 다시 넣는다. 비벼서 분말이 되는 것이 차잎의 건조 표준이다. 불에 쬔 다음 곧 집어넣고 가득 채운 다음 대나무 잎으로 찻잎의 윗면을 덮는다. 차 한 근에 대량 두 량의 대나무 잎이 필요하다. 병 입구는 8자 크기의 잘 마른 종이로 봉인하는데, 대략 예닐곱 번 겹겹이 싸고 흰색 나무판을 눌러놓으며, 반드시 불에 쬐어 말린 것을 사용한다. 그런 다음 밝고 깨끗한 방안 높은 누각 위에 걸어둔다. 사용할 때는 의흥에서 만든 작은 병을 잘 말려 사용하는데, 대략 네다섯 량의 찻잎을 넣어 별도로 보관한다. 사용한 후에는 곧 잘 싸서 정리해둔다. 하지가 지나고 3일 후에 다시 한 번 더 불에 쬐어 바짝 말린다. 추분 후 3일 되는 날 다시 불에 쬐고, 중양절이 지나고 3일 후에 다시 한번 더 불에 쬔다. 산중에서는 전체 다섯 번 불에 쬐어 말린다. 그래야 햅차가 나올 때까지도 색깔이나 맛이 시종여일하다.

만약 병에 찻잎이 가득 차지 않을 경우 잘 마른 대나무 잎을 넣어 가득 채우면 오랫동안 두어도 습기가 차지 않는다. 또 다른 방법으로 열 근의 차를 한 병의 가운데 가득 채우고, 매 병마다 볏짚을 태운 재를 넣은 큰 통에 넣는다. 차병을 통에 넣고 큰 통의 빈 곳에 재를 채우고 위까지 덮는다. 매번 병을 열고 차를 꺼낼 때마다 그 만큼의 재를 채

우고 다시 헐지 않으며 다음 해에 재를 바꾸면 된다. 또 다른 방법은
빈 누각에 차를 달아매고 차병의 입구를 아래로 향하게 하는 것인데,
이렇게 하면 증기가 아래로 내려온다."[350]

이상은 옛 사람들의 경험담이다. 그들이 근현대의 물리학이나 화학
의 지식을 갖춘 것은 아니지만 나름대로 정확하고 또한 전면적이다.
찻잎은 다른 냄새에 쉽게 감염되며 한 번 감염되면 쉽게 제거할 수 없
다. 그래서 찻잎을 보존할 때 휘발성이 있는 물품과 가까이 두어서는
안 된다. "차는 성격이 음陰하여 외물을 만나면 금방 물들고 만다.
마땅히 향내 나는 것이나 색깔이 있는 것을 막아야만 고결하고 맑은
맛이 전일할 수 있다."[351] "향내 나는 것이나 색깔이 있는 것을 막아

---

350 [명] 도륭屠隆, 「다설」. "茶宜蒻葉而畏香藥, 喜溫燥而忌冷濕. 故收藏之家, 先於淸明時收買蒻
葉, 揀其最靑者, 預焙極燥, 以竹絲編之. 每四片編爲一塊聽用. 又買宜興新堅大罌, 可容茶千
斤以上者, 洗凈焙乾聽用. 山中焙茶回, 復焙一番. 去其茶子·老葉枯焦者及梗屑, 以大盆埋伏生
炭, 覆以竈中, 敲細赤火, 旣不生烟, 又不易過, 置茶焙下焙之. 約二斤作一焙, 別用炭火入大
爐內, 將罌懸其架上, 至燥極而止. 以編蒻襯於罌底, 茶燥者, 扇冷方先入罌. 茶之燥, 以捻起
卽成末爲驗. 隨部逐入. 旣滿, 又以蒻葉覆於罌上. 每茶一斤, 約用蒻二兩. 口用尺八紙焙燥封
固, 約六七層, 掘以寸厚白木板一塊, 亦取焙燥者. 然后於向明凈室高閣之. 用時以新燥宜興小
甁取出, 約可受四五兩, 隨即包整. 夏至后三日, 再焙一次, 分后三日, 又焙一次. 一陽后三日,
又培之. 連山中共五焙, 直至交新, 色味如一. 罌中用淺, 更以燥蒻葉葯滿之, 則久而不泄. 以編
蒻襯於罌底, 茶燥者扇冷, 方先入罌, 茶之燥以拈起卽成末爲驗. 隨部逐入, 旣滿, 又以蒻葉覆
於罌上. 每茶一斤, 約用蒻二兩. 口用尺八紙焙燥封固. 約六七層, 押以寸厚白木板一塊, 亦取
焙燥者. 然后於向明凈室高閣之. 用時以新燥宜興小甁取出, 約可受四五兩, 隨即包整. 夏至后
三日, 再焙一次, 秋分后三日, 又焙一次, 一陽后三日, 又焙之. 連山中共約五焙, 直至交新, 色
味如一. 罌中用淺, 更以燥蒻葉葯之, 則久而不泄. 又法, 以中壇盛茶十斤一甁, 每甁燒稻草灰
入於大桶, 將茶甁坐桶中, 以灰四面填桶底上, 覆灰築實, 每用撥開甁, 取茶些少, 仍復覆灰,
再無蒸壞. 次年, 換灰. 又法空樓中懸架, 將茶甁口朝下放, 不蒸, 緣蒸氣自天而下也." 진조규
등, 『중국다엽역사자료선집』 위의 책, 134쪽.
351 [명] 소사위蕭士瑋, 「남귀일록南歸日錄」. "茶性善淫, 遇物卽染. 惟當屛棄香色, 一味孤淸耳." 진
조규 등, 『중국다엽역사자료선집』 북경, 농업출판사, 1981년, 322쪽.

야 한다."는 말은 휘발성이 강한 '향약香藥' 등의 물품을 금기로 여긴다는 뜻이다. 찻잎의 곰팡이는 세균 때문이다. 따스하고 습한 환경은 세균의 활동하기에 적합하기 때문에 차를 보관할 때는 따스하고 습기가 많은 곳을 금한다. 게다가 찻잎의 지방이나 환상물질을 만드는 레덕톤류, 차 폴리페놀 등 일부 화학성분 역시 쉽게 산화하여 찻잎의 변질을 야기하여 보관에 실패하는 경우가 흔히 발생한다. 그래서 옛 사람들은 경험을 통해 찻잎이나 차병을 밀봉하여 햇빛에 노출되지 않고 적당한 온도와 습도를 유지하는 방법을 마련했던 것이다.

·제5절·
점다點茶와 후탕候湯

차를 다리거나 우리는 점다법點茶法은 송대 사람들이 당대 사람들보다 윗길이다. 북송 저명한 다인인 채양蔡襄의 『다록茶錄』에 나오는 점다법 은 후세 다인들이 지도至道로 간주할 정도로 크게 받들어졌다.

"물이 끓는 정도를 측정하는 것이 가장 어렵다. 덜 끓으면 차가루가 뜨고 지나치게 끓으면 차가 가라앉는다. 이전에 당나라 시절에 게의 눈(蟹眼)이라고 한 것은 지나치게 끓인 물이다. 게다가 병에 물을 넣고 끓이면 (해안 등이 보이지 않아) 판별하기가 더 어렵다. 그러므로 물 끓 는 정도를 가늠하기 어렵다고 하는 것이다."352

---

352 [북송] 채양蔡襄, 『다록』. "候湯最難, 未熟則沫浮, 過熟則茶沉, 前世謂之蟹眼者, 過熟湯也, 沉瓶 中煮之不可辨, 故曰候湯最難." 『총서집성초편』제1480책, 앞의 책, 2쪽.

"차는 적고 물이 많으면 차가루가 뜨거나 가라앉아 마치 운각雲脚(아래로 드리운 것처럼 세로로 길게 보이는 구름)처럼 흩어진다. 물은 적고 차가 많으면 찻잎이 수면에 모이지 않고 죽을 끓이는 것처럼 모인다. 차 1전錢 7푼을 집어 잔에 넣은 후 물을 붓고 고르게 섞는다. 다시 물을 붓고 빙빙 돌리며 고르게 젓는다. 찻물이 잔의 4부쯤 되면 적당한데, 잔의 표면이 선명하고 잔의 벽면에 물의 흔적이 남지 않는 것을 가장 좋은 것으로 여긴다."[353]

'격불擊拂(거품내기)'은 솔처럼 생긴 '다선茶筅'을 사용하는데, 찻잔의 찻물을 휘저어 탕화湯花(거품)을 일으킨다. 물을 붓고 격불하는 과정에서 찻물에 미묘하고 신속한 변화가 일어나는데, 뜨거운 물을 한꺼번에 붓는 것이 아니라 대략 '칠탕七湯', 즉 일곱 번에 나누어 뜨거운 물을 붓고 거품을 내면 가장 좋다고 한다. 이는 나라를 다스리는 일은 서툴었지만 다사茶事에 관한 한 일가견이 있었던 송 휘종徽宗의 「대관다론大觀茶論」에 나오는 점다에 관한 논의에 따른 것이다. 이를 살펴보면 다음과 같다.

점다點茶(차가루를 넣은 찻잔에 뜨거운 물을 붓는 것)의 방법은 한 가지만 있는 것이 아니다. 우선 차가루를 적당히 넣고 개어 고약처럼 만들어

---

353 [북송] 채양 『다록』, "茶少湯多, 則云脚散 ; 湯少茶多, 則粥麵聚. 鈔茶一錢七, 先注湯調令極勻, 又添注入環回擊拂, 湯上盞可四分則止. 視其麵色鮮白, 著盞無水痕絶佳." 『총서집성초편』제1480책, 위의 책, 3쪽.

잠시 놔둔다. 뜨거운 물을 찻잔에 붓는데, 손은 무겁고 차선은 가벼워서 격불해도 좁쌀이나 게의 눈(해안蟹眼)과 같은 거품이 일어나지 않는다. 이를 일러 '정면점靜面點'이라고 한다. 이는 격불에 힘이 없어서 차가 일어나지 않고 뜨거운 물과 차가루가 아직 융합되지 않은 상태인데, 여기에 다시 뜨거운 물을 더 넣어도 빛깔이 윤택해지지 않고 차가루의 영화英華(정화)가 층층이 흩어져 제때에 차의 거품을 일으킬 수 없다.

뜨거운 물을 따르면서 끊임없이 격불하되 손과 차선에 힘을 주면 그때 찻물 위에 거품이 떠오르는데 이를 '일발점一發點'이라고 한다. 이는 뜨거운 물을 연이어 붓고 손가락이나 팔의 움직임이 일관되지 못하여 죽면粥面(차죽의 표면)도 걸쭉하게 엉기면서 광택이 날 수 없기 때문이다. 그렇기 때문에 차의 힘이 다하여 차탕의 표면에 운무雲霧가 뜨더라도 물의 흔적(水痕)이 생기기 쉽다.

점다點茶의 오묘한 이치를 깨달은 이는 차 가루의 양에 따라 끓인 물을 넣고 아교를 녹이듯이 개어 섞은 후 끓인 물을 잔의 가장자리를 따라 따르되 뜨거운 물이 차가루에 직접 닿지 않도록 하며 기세가 지나치게 세차지 않도록 한다. 다선으로 차를 고르게 뒤섞으면서 점차 힘을 주어 격불한다. 손은 가볍고 다선은 무겁게 하면서 손가락은 감싸듯이 하고 팔뚝으로 돌린다. 차탕의 위아래가 투명하게 될 때까지 휘저어 마치 효모나 누룩으로 인해 밀가루 반죽이 부풀어 오르는 듯하니, 탕화(찻물거품)가 드문드문한 별이나 희고 밝은 달처럼 휘황찬란하게 생겨난다. 이때가 점다의 공부가 제자리를 차지한 때이다.

| 하북 선화宣化 요대遼代 벽화에 나오는 전다후탕도碾茶候湯圖,
찻잎을 갈고, 솥 아래 불씨를 살리기 위해 입으로 공기를 부는 모습이 생생하게 묘사되고 있다.

두 번째로 끓인 물을 넣을 때(제2탕)는 우선 차의 표면을 따라 직접 따르는데 실선처럼 둥근 원을 그리며 따른다. 이어서 급히 끓인 물을 주입하고 서둘러 물병을 들어 올리면 차의 표면에 파문이 움직이지 않는다. 격불을 힘차게 하면 차의 빛깔과 광택이 점점 나기 시작하면서 차 표면에 주옥같은 탕화가 떠오르기 시작한다.

세 번째로 끓인 물을 넣을 때(제3탕)는 좀 더 많이 넣고 이전처럼 격불하지만 (격불을) 가볍고 균일하게 하는 것을 귀하게 여기니, 잔의 중심을 돌며 동일한 원을 따라 회전하면서 반복해서 격불하여 찻잔의 다탕이 안팎으로 투명해지면 좁쌀이나 게의 눈처럼 생긴 탕화가 엉기고 뒤섞이며 떠오르기 시작한다. 이때가 되면 차의 빛깔이 이미 열에 예닐곱은 얻어진 셈이다.

네 번째 끓인 물을 부을 때(제4탕)는 조금 적게 붓고 다선을 돌릴 때는 폭을 넓게 하고 속도도 느슨해야 한다. 그러면 차의 맑고 참되며 화려한 색깔이 환하게 피어날 뿐만 아니라 다죽茶粥의 표면 위로 운무가 점차 피어나기 시작한다.

다섯 번째로 끓인 물(제5탕)은 매인 데 없이 약간 자유롭게 따르고 다선은 가볍고 균일하며 투철하게 젓는다. 만약 차의 거품이 완전히 나오지 않았다면 힘을 주어 쳐서(擊) 일으키고, 이미 지나치게 많이 일어났다면 가볍게 떨어뜨려(拂) 차면에 응결된 것들을 걷어내고 마시면 된다. 차면에 운무가 생기고, 설화雪花가 맺히면 차의 색깔이 모두 드러난 것이다.

여섯 번째 끓인 물을 부을 때(제6탕)는 차의 거품이 세워진 상태를 보아야 한다. 차면에 젖과 같은 것이 응결되어 돌출하면 천천히 차면에 달라붙은 것을 떨어뜨려 걷어내면 그 뿐이다.

일곱 번째 끓인 물을 부을 때(제7탕)는 차의 가볍고 무거움, 맑고 탁함을 분별해야 한다. 찻물의 맑고 진함을 살펴 적당하게 맞추어 가히 원하는 대로 되면 격불을 그친다. 이리하여 찻물 표면에 안개와 같은 유무乳霧가 솟구쳐 찻잔을 넘쳐 일어나 잔 주위에 엉겨 움직이지 않게 되니, 이를 일러 '교잔咬盞', 즉 '잔을 물은 것(잔 물림)'이라고 한다. 이에 가볍기도 하고 맑고 둥둥 떠 있으며 순화한 찻물을 천천히 맛본다. 『동군록桐君錄』에서 이르길, '찻물 위에 부유하는 진한 가루가 있는데, 이를 마시면 사람 몸에 좋다.'고 했다. 설사 많이 마신다고 해도 지나침이 없다.[354]

과연 휘종황제는 한평생 인생을 음미하고 진귀한 것을 완상하는데 부끄럽지 않았던 인물이다. '일발점', 즉 제1탕은 "차탕의 위아래가 투명하게 될 때까지 휘저어 마치 효모나 누룩으로 인해 밀가루 반죽이 부풀어 오르는 듯하니, 탕화가 드문드문한 별이나 희고 밝은 달처럼 휘황찬란하게 생겨난다." 이것으로 시작하여 제7탕에 이르면, "안개와 같은 유무乳霧가 솟구쳐 찻잔을 넘쳐 일어나 잔 주위에 엉겨 움직이지 않게 된다." 이른바 '교잔咬盞'의 경계에 들어선 것이다. 『다론茶論』은 인종 황우皇祐 연간(1049~1054년)의 저술로 『대관다론大觀茶論』(1107년)보다 반세기 전에 나왔다. 그렇기 때문에 조길의 논설은 채양의 것을 계

---

354 [북송] 조길, 『대관다론·점點』, "點茶不一, 而調膏繼刻. 而湯注之, 手重筅輕, 無粟文蟹眼者, 謂之靜面點. 蓋擊拂無力, 茶不發立, 水乳未浹. 又復增湯, 色澤不盡, 英華淪散, 茶無立作矣. 有隨湯擊拂, 手筅俱重, 立文泛泛. 謂之一發點, 蓋用湯已故, 指腕不圓, 粥面未凝. 茶力已盡. 雲霧雖泛, 水脚易生. 妙於此者, 量茶受湯, 調如融膠. 第一湯, 環注盞畔, 勿使浸茶. 勢不欲猛, 先須攪動茶膏, 漸加擊拂, 手輕筅重, 指繞腕旋, 上下透徹, 如酵蘗之起麵. 疏星皎月, 燦然而生, 則茶之根本立矣. 第二湯, 自茶面注之, 周回一線. 急注急上, 茶面不動, 擊拂旣力, 色澤漸開, 珠璣磊落. 三湯多寡. 如前擊拂, 漸貴輕匀, 周環旋復, 表裏洞徹, 粟文蟹眼, 泛結雜起, 茶之色十已得其六七. 四湯尙嗇. 筅欲轉稍寬而勿速, 其淸眞華彩, 其已煥發, 雲霧漸生. 五湯乃可少縱, 筅欲輕匀而透達. 如發立未盡, 則擊以作之. 發立已過, 則拂以斂之. 結浚靄, 凝結雪. 香氣盡矣. 六湯以觀立作, 乳點時然則以筅着, 居緩繞拂動而已. 七湯以分輕淸重濁, 相稀稠得中, 可欲則止. 乳霧洶湧, 溢盞而起. 周回旋而不動, 謂之咬盞. 宜与其輕淸浮合者飮之, 『桐君錄』曰, 茗有餑, 飮之宜人, 雖多不爲過也." 진조규陳祖槼 등, 『중국다엽역사자료선집』, 앞의 책, 46~47쪽.

승한 것으로 보인다.[355] 이러한 점다 방식은 1313년 원대의 『왕정농서王禎農書』에 한 글자도 빠짐없이 그대로 기록되어 있다.

점다에서 가장 힘들고 귀한 것은 역시 후탕候湯, 즉 차를 끓이는 일이다. 당대 다인 소이蘇廙는 이렇게 말했다. "차를 끓이는 물은 차의 운명을 좌우한다. 명차라 할지라도 함부로 끓인 물을 사용하면 보통 차 가루로 만든 것과 마찬가지가 되고 만다."[356] 그는 다탕茶湯, 즉 찻물을 끓일 때 주의해야 할 점을 노연老嫩, 완급緩急, 기구器具, 땔감 등 16가지로 구분했는데, 지금의 관점에서 본다면 지나치게 번쇄하여 마치 인위적으로 조작한 것처럼 느껴지기도 한다. 명대 다인들은 송대의 점다 및 후탕의 방식을 그대로 계승했는데, 다소 지나친 점이 없지 않으나 자못 세밀하다. 우선 전춘년錢椿年의 말을 들어보자.

"차는 반드시 약한 불에 말리고 센 불(活火)로 끓여야 한다. 센 불이란 숯불에 불꽃이 있는 것이다. 물을 제멋대로 끓이지 않아야 찻물에 적합한 것을 얻을 수 있다. 처음 물이 끓을 때는 고기의 눈알처럼 미세한 물방울이 생기고 미세한 소리가 나며 중간쯤에 사방에서 샘물이 솟는 듯 연달아 기포가 일어나고 마지막에는 파도가 솟구치고 물결

---

355 학계에 조길이 『대관다론大觀茶論』의 저자라는 점에 대해 의문을 제기하는 이들이 있다. 그러나 필자는 그가 썼을 것으로 생각한다. 이 점에 관해서는 필자의 「송 휘종과 송 다도정신 관계 초탐(宋徽宗與宋茶道精神關系初探)」, 『음식문화연구』,2002년, 제1기를 참조하시오.
356 [북송] 도곡陶谷 『청이록清異錄·명천문茗荈門』에 인용된 당대 소광蘇廙의 『십육탕품十六湯品』. "湯者, 茶之司命. 若名茶而濫湯, 則與凡末同調矣." 『문연각사고전서』,제1047책, 앞의 책, 914쪽.

을 타는 듯하다가 김이 모두 사라진다. 이를 일러 노탕老湯, 즉 오래 끓인 찻물이라고 한다. 삼비三沸(세 번의 단계를 거친 끓인 물)의 방법은 센 불이 아니면 이룰 수 없다."357

도륭屠隆도 이와 유사한 발언을 한 바 있다.

"활화, 즉 센 불이란 숯불에 불꽃이 있는 것이니 그 안에 타는 연기와 다른 기운이 섞이지 않아야 한다. 또한 물을 제멋대로 끓이지 않아야 찻물에 적합한 것을 얻을 수 있다. 처음 물이 끓을 때는 고기의 눈알처럼 미세한 물방울이 생기고 작은 소리가 나니 이것이 일비一沸, 즉 첫 번째 끓어오르는 것이고, 가장자리에 샘이 솟는 듯 구슬을 꿴 것처럼 물방울이 일어나면 이비二沸, 즉 두 번째로 끓어오르는 것이다. 이윽고 물결이 솟구치고 물방울이 튀기 시작하니 이것이 삼비三沸, 즉 세 번째로 끓어오르는 것이다. 세 번째처럼 끓어오르는 것은 센 불이 아니면 이룰 수 없다. 소동파가 '게의 눈(해안)이 지나면 물고기 눈알이 생기고, 수수하는 솔바람 소리 들린다.'라고 읊은 것이 바로 이 때이다."358

---

357 [명] 전춘년錢椿年 『다보茶譜』, "凡茶, 須緩火炙, 活火煎. 活火謂炭火之有焰者. 當使湯無妄沸, 庶可養茶. 始則魚目散布, 微微有聲. 中則四邊泉涌, 累累連珠. 終則騰波鼓浪, 水氣全消, 謂之老湯. 三沸之法, 非活火不能成也." 진조규陳祖槼 등, 『중국다엽역사자료선집』, 앞의 책, 126~127쪽.

358 [명] 도륭, 「다설」, "活火謂炭火之有焰者, 以其去餘薪之烟, 雜穢之氣. 且使湯無妄沸, 庶可養茶. 始如魚目微有聲爲一沸, 緣邊涌泉連珠爲二沸, 奔濤賤沫爲三沸. 三沸之法, 非活火不成, 如坡翁云, '蟹眼已過魚眼生, 颼颼欲作松風鳴', 盡之矣." 진조규 등, 『중국다엽역사자료선집』, 앞의 책, 136쪽.

또한 명대 장원張源은 『다록茶錄』에서 "찻물을 끓이는 데 3가지 큰 변별(大辨)과 15가지 소변(小辨)이 있다."고 했다. 그가 말한 세 가지 대변大辨은 형변形辨(형체 가리기), 성변聲辨(소리 가리기), 기변氣辨(김 가리기)인데, 대변은 세부적으로 각기 5가지 소변으로 나뉜다. 형태의 경우는 새우눈, 게눈, 물고기눈, 연주連珠(구슬꿰미), 용비涌沸(샘솟듯이 끓어오름)로 나뉘고, 소리는 첫소리(初聲), 전성轉聲(구르는 소리), 진성振聲(진동소리), 취성驟聲(말달리는 소리), 무성無聲으로 구분되며, 김은 한 가닥(일루一縷), 두 가닥, 세 가닥, 네 가닥, 어지러운 가닥(난루亂縷)으로 구분된다.

명대 정용빈程用賓은 『다록茶錄』에서 한 걸음 더 나아가 불을 조절하는 작용에 대해 언급하고 있다.

"찻물을 끓일 때의 득실은 화력이 관건이다. 마땅히 활화(센 불)를 사용하여 화로가 온통 벌겋게 달아올라야 한다. 깨끗한 병(찻주전자)에 좋은 물을 넣고 부채질을 가볍고 빠르게 하여 물이 끓는 소리가 들리며 더욱 세게 부치는데, 이를 불길을 조절하는 문과 무(火候之文武)라고 한다. 문文이 지나치면(불길이 너무 약하면) 물의 성질이 유약해져 다신茶神이 드러나지 않고, 무武가 지나치면(불길이 너무 세면) 불의 성질이 강렬하여 물이 다령茶靈을 억누른다."[359]

---

359 [명] 정용빈程用賓 『다록茶錄』, "湯之得失, 火其樞機. 宜用活火, 徹鼎通紅, 潔瓶上水, 揮扇輕疾, 聞聲加重, 此火候之文武也. 蓋過文則水性柔, 茶神不吐, 過武則火性烈, 水抑茶靈." 진조규 등, 『중국다엽역사자료선집』, 위의 책, 160쪽.

이렇듯 중국 고대의 점다 기술은 사대부나 상류사회에서 이미 특유의 예술로 승화했다는 것을 알 수 있다. 이처럼 나름으로 강구한 생활 및 문화예술은 당연히 매우 고상한 일이었다. 이러한 예술은 송명 양대에 걸쳐 완미한 지경에 이르렀다. 청대에는 새로운 시대적 특색이 돋보인다. 청말 학자들은 청대에 유행했던 "꽃으로 점다하는" 풍습에 대해 이렇게 말했다.

"주석朱錫 병에 차를 담고 그 안에 꽃을 섞어 물을 넣고 끓인다. 한 번 끓인 다음 꺼내서 차갑게 식힌다. 이렇게 차를 끓이면 모두 꽃향기가 난다. 매화꽃, 난초, 계화, 국화, 연꽃, 모리화, 매괴玫瑰(장미의 일종), 장미薔薇, 목서木犀, 귤꽃 등이 모두 가능하다." "온갖 꽃이 필 때면 반쯤 피어난 꽃술을 따다가 향기가 온전한 것을 골라 찻잎의 양에 따라 적당하게 넣는다. 꽃이 많으면 향이 짙어 차의 여운이 나뉘고, 꽃이 적으면 향기가 없어 그 아름다움을 다할 수 없다. 반드시 찻잎이 셋이라면 꽃잎은 하나 정도가 적합하다."[360]

그러나 청아함을 추구하는 이들은 단지 차에 꽃 향을 입힐 뿐 직접 넣지는 않으니 그렇게 해도 충분히 꽃 향과 차향을 음미할 수 있다. 예

---

360 [청] 서가徐珂, 『청패유초淸稗類鈔·음식류飮食類·이화점다以花點茶』, "以錫瓶置茗, 雜花其中, 隔水煮之, 一沸即起, 令干, 將此點茶, 則皆作花香. 梅, 蘭, 桂, 菊, 蓮, 茉莉, 玫瑰, 薔薇, 木樨, 橘諸花皆可." "諸花開時, 摘其半含牛放之蕊, 其香氣全者, 量茶葉之多少以加之. 花多, 則太香而分茶韻. 花少, 則不香而不盡其美, 必三分茶葉一分花而始稱也." 북경, 중화서국, 1986년, 6308쪽.

를 들어 청대 중엽 강남의 문사인 심복沈復의 처는 "여름에 연꽃이 처음 피기 시작하여" "밤이면 꽃망울이 오므리고 아침에 활짝 필" 무렵 "자그마한 비단 주머니에 찻잎 약간을 주어 담고 화심花心(꽃술)을 같이 놔두었다. 이튿날 아침 꺼내서 천천수天泉水를 끓여 우려내니 운치가 더욱 절묘했다."³⁶¹

361 [청] 심복沈復(1763~1832년), 『부생육기浮生六記·한정기취閑情記趣』, 남창南昌, 강서인민출판사, 1980년, 28쪽.

• 제6절 •
찻물

예로부터 차를 논하는 이들 가운데 물의 중요성을 강조하지 않은 이가 없으니, 차와 물은 서로 어울려야 제대로 빛나고 상부상조하여 더욱 돋보이는 것과 같다. 그렇지 않을 경우 차의 신운神韻이 좋지 않은 수질로 인해 태반이나 사라지고 만다. 그렇다면 어떤 물로 끓여야만 좋은 차가 나오는 것일까? 이 문제는 아주 오래 전부터 많은 이들이 주의를 기울였는데, 다사茶事를 중시하기 시작한 당대 초기에 이미 신경을 쓰기 시작했다. 현존하는 문헌 기록에 따르면, 육우의『다경』에 나오는 논술이 가장 오래된 기록이다.

"산에서 나는 물이 으뜸이고 강물은 중간급이며 우물물은 최하품이다."[362]

---

362 역주: 일찍이 진대 사람 두육杜育(?~311년)은 중국에서 최초로 차에 관해 읊은 문학작품인
　　『천부荈賦』에서 차에 사용하는 물에 대해 이렇게 말했다. "물은 민방의 물을 따르는데, 저 맑게
　　흐르는 물을 떠서 사용한다(水則岷方之注, 挹彼清流)."

| 동려桐廬 엄릉탄수嚴陵灘水, 천하제19천

산에서 나는 물은 유천乳泉(종유석에서 떨어지는 물)이나 석지石池(밑바닥이 돌인 연못)에서 천천히 흐르는 것이 상품이니 가려서 쓰고, 거칠게 솟구치거나 소용돌이치며 언덕에 부딪혀 흐르는 물은 마시지 말아야 한다. 이를 오래 마시면 사람에게 목병이 생긴다. 또한 산골짜기에서 여러 갈래로 흘러드는 물은 설사 맑다고 할지라도 흐르지 않고 고여 있어 여름부터 서리가 내리는 가을까지 물속의 잠룡이 독을 뿜었을 수 있다. 그러니 그런 물을 마시려는 자는 물길을 터서 나쁜 물을 흘려보내고 새로 샘에서 졸졸 흘러드는 물을 떠먹어야 한다. 강물은 사람들에게서 멀리 떨어진 것을 취하고, 우물물은 사람들이 많이 긷는

것을 취한다."³⁶³

    육우는 이렇듯 찻물의 핵심적인 내용을 모두 이야기했기 때문에 이후 물을 논하는 이들은 여기에서 크게 벗어나지 않았다. 육우가 품평한 천하의 유명한 물 20가지를 순서에 따라 나열하면 다음과 같다.

    여산廬山 당왕곡康王谷 수염수水簾水(곡렴천谷簾泉)(제1)

    무석현無錫縣 혜산사惠山寺 석천수石泉水(제2)

    기주蘄州 난계蘭溪 석하수石下水(제3)

    협주峽州 선자산扇子山 하마구수蝦蟆口水(제4)

    소주蘇州 호구사虎丘寺 석천수石泉水(제5)

    여산廬山 초현사招賢寺 아래 방교담수方橋潭水(제6)

    양자강楊子江 남영수南零水(제7)

    홍주洪州 서사西山 서동폭포천西東瀑布泉(제8)

    당주唐州 백암현柏岩縣 회수원淮水源(제9)

    여주廬州 용지산령수龍池山嶺水(제10)

    단양현丹陽縣 관음사수觀音寺水(제11)

    양주揚州 대명사수大明寺水(제12)

---

363 [당] 육우, 『다경·오지자五之煮』, "其水, 用山水上, 江水中, 井水下. 其山水, 揀乳泉, 石池慢流者上. 其瀑涌湍漱, 勿食之. 久食, 令人有頸疾. 又多別流於山谷者, 澄浸不泄, 自火天至霜郊以前, 或潛龍蓄毒於其間. 飲者可決之, 以流其惡, 使新泉涓涓然酌之. 其江水, 取去人遠者. 井水, 取汲多者." 『문연각사고전서』제844책, 앞의 책, 618~619쪽.

한강漢江 금주金州 상류上游 중령수中零水(제13)

귀주歸州 옥허동玉虛洞 아래 향계수香溪水(제14)

상주商州 무관武關 서쪽 낙수洛水(제15)

오송강수吳淞江水(제16)

천태산天臺山 서남봉西南峰 천장폭포수千丈瀑布水(제17)

유주柳州 원천수圓泉水(제18)

동려桐廬 엄릉탄수嚴陵灘水(제19)

설수雪水(제20)

　이외에도 육우는 "초 땅의 물이 제일이고 진 땅의 물은 최하이다(楚水第一, 晉水最下)."라고 주장하기도 했다. 육우는 옛 초나라 땅 사람이니 당연히 현지 물에 익숙하여 제일로 쳤을 수 있다. 또한 그가 다녔던 지역이 그리 넓지 않기 때문에 그가 직접 돌아다니며 친히 맛본 천하의 명천名泉 역시 열에 하나쯤일 수밖에 없다. 따라서 일부로 전체를 평가했다고 해도 과언이 아니다. 다만 그의 발언을 통해 옛 다인들이 차와 관련하여 물의 중요성에 주목하고 나름 연구했음을 확인할 수 있다.

　육우와 동시대 사람으로 형부시랑刑部侍郎을 역임한 유백추劉伯芻는 "학문이 정세하고 깊어 나름 풍도와 견식이 있었는데, 차에 적합한 물을 비교하여 전체 7가지로 나누었다." 그가 나눈 7가지는 다음과 같다. 양자강揚子江 남영수南零水(제1), 무석無錫 혜산사惠山寺 석천수石泉水(제2), 소주蘇州 호구사虎丘寺 석수石水(제3), 단양丹陽 관음사수觀音寺水(제4),

양주揚州 대명사수大明寺水(제5), 오송강수吳淞江水(제6), 회수淮水 최하最下 (제7). 이상 7가지 물의 품질은 육우보다 조금 늦은 시대 저명한 다인 인 장우신張又新(자는 공소孔昭)의 말에 근거한 것이다. 그는 "이러한 일곱 가지 물은 내가 배에서 병을 들고 직접 떠서 맛보아 비교한 것이니 정 말로 말한 그대로이다."라고 말한 바 있다."[364]

당대 이후로 역대 다인들은 찻물을 선택하는데 특히 엄격하고 정성 을 다했다. 예를 들어 명 태조 주원장의 16번째 아들인 영왕寧王 주권 朱權은 저술이 많을뿐더러 다도에도 정통한 음식 명가였다. 그에 따르 면, 천하의 물 가운데 으뜸은 청성산青城山 노인촌老人村 기천수杞泉水이 고, 종산鍾山의 팔공덕수八功德水가 두 번째, 홍애洪崖 월담수月潭水가 세 번째, 죽근천수竹根泉水가 네 번째이다. 주권은 도가(도교)의 학문을 자 못 중시하여 '구선臞仙(여윈 신선)', '함허자涵虛子', '단구선생丹丘先生'으로 자호自號할 정도였기 때문에 도가와 깊은 관련 있는 청성산[365]의 샘물 을 으뜸으로 쳤다. 고대 다인들의 찻물에 대한 품평이 각기 편차가 있 음을 알 수 있는 대목이다. 다만 그는 단지 네 곳만 나열했을 뿐 다른 곳까지 품평하지는 않았는데, 비교적 신중했다고 볼 수 있다.

명청 양대 다인들은 맑은 샘물과 수려한 산을 품평한 것 외에도 눈 녹은 물과 빗물을 추천하기도 했다. 그들은 "천일생수는 잡된 것이 섞

---

364 [당] 장우신張又新, 「전다수기煎茶水記」, 『문연각사고전서』,제844책, 앞의 책, 809쪽.
365 역주: 청성산青城山은 도교를 창립한 장도릉張道陵이 동한 영수永壽 2년(156년) 도를 닦아 신 선이 된 곳으로 알려져 있다.

이지 않은 순수하고 맑은 물이다. 그래서 하늘에서 절로 내려온 연못의 물이 실제로 영묘한 물(靈水)이다."라고 하면서 "눈 녹은 물인 설수雪水가 특히 찻물로 적합하다."[366]고 여겼으며 혹자는 샘물을 중시하기도 했다.

> "차를 끓일 때는 반드시 단 샘물을 사용해야 한다. 만약 샘물이 없다면 매수梅水(매실이 익을 때 내리는 빗물)가 버금간다. 매우梅雨(매수)는 고膏와 같아 만물이 이에 기대어 자라나니 그 맛이 유독 달다. 이후의 빗물은 마셔서는 안 된다. 큰 항아리에 물을 가득 채우고 용간龍肝 한 덩어리를 넣어두는데, 부엌 가운데 있는 마른 흙을 말한다. 뜨거울 때 던져 넣는다. 물을 담은 항아리는 반드시 그늘진 곳에 놔두고 비단으로 덮어 이슬을 맞게 한다. 이렇게 하면 물의 신령함이 흩어지지 않고 신묘한 기운이 항상 남아 있다. 만약 이를 나무나 돌로 누르고 종이나 죽순껍질로 봉해 한낮에 햇빛 아래 놔두면 밖으로 물의 신기가 사라지고 안으로 물의 기운이 막혀 수신이 사라지고 만다."[367]

받아놓은 물을 잘 보관하는 것도 중요한데, 송대 사람들은 나름의

---

366 [명] 전예형田藝衡, 「자천소품煮泉小品」, 호산원胡山源 편, 『고금다사古今茶事』, 앞의 책, 121~122쪽.
367 [명] 무명씨, 『명급茗芨』에 인용된 『다해茶解』에 나온다. 진조규 등, 『중국다엽역사자료선집』, 앞의 책, 186쪽. "烹茶須甘泉, 次梅水, 梅雨如膏, 萬物賴以滋養, 其味獨甘. 梅后便不堪飮, 大瓮滿貯, 投伏龍肝一块, 即竈中心干土也. 乘熱投之. 貯水瓮須置陽庭, 覆以紗帛, 使承星露, 則英華不散, 靈氣常存. 假令壓以木石, 封以紙箬, 暴於日中, 則外耗其神, 内閉其氣, 水神散矣."

경험을 통해 물을 보관하는 방법에 대해 연구한 바 있다. 만약 물을 제대로 저장하지 못하면 "저장한 물이 썩는데, 이럴 때 기왓장 조각을 불에 태워 그 안에 집어넣으면 해결된다."[368]고 했다. 하지만 오늘날 관점에서 볼 때 이러한 방식은 그다지 적절하지 않은 것 같다. 물이 썩거나 상했다면 제아무리 팔팔 끓인다고 할지라도 물비린내를 제거하기 어려울 것이니, 기와조각을 넣는다한들 어찌 사용할 수 있겠는가? 다만 옛 사람의 생각이 그러했음을 기록하여 함께 살펴볼 따름이다.

『홍루몽紅樓夢』의 여도사女道士 묘옥妙玉 역시 차를 다릴 때 빗물을 사용하길 좋아했다. 다음 인용문은 이와 관련한 흥미로운 대목이다.

간식을 끝내고 나자 대부인은 유노파를 데리고 농취암櫳翠庵으로 올라갔다. 묘옥이 나와 대부인 일행을 공손히 맞이했다.……가모가 말했다. "난 육안차는 안 먹어." 대부인의 말에 묘옥이 웃으며 안심시켰다. "알고 있어요. 이건 노군미老君眉예요." "이 차는 무슨 물로 달인거지?" 지난해에 받아두었던 '천수(빗물)'예요. 대부인은 차종茶鍾(차를 따라 마시는 종지)을 받아 반쯤 받아 마시고나더니 남은 것을 유노파에게 주며 웃었다. "할머니도 이 차를 한 번 맛보세요." 유노파는 그것을 받아 단숨에 들이켰다. "좋기는 한데, 맛이 좀 연한 것 같아요. 조금만 더 진하게 달였으면 좋았을 텐데." 내용도 모르고 제멋대로 하는 대답

---

368 [남송] 조희곡趙希鵠, 『조변유편調變類編·청음清飲, "藏水壞者, 燒瓦片投入壇內便解." 『총서집성초편』제211책, 앞의 책, 59쪽.

에 대부인을 비롯하여 다들 크게 웃었다.……뒤미처 다른 사람들에게도 차를 부어주는데 모두 푸른 바탕에다 금을 상감한 송나라 때의 뚜껑 달린 차종들이었다.

남들이 맛을 보아가며 차를 마시고 있는 동안 묘옥은 보채와 대옥의 옷소매를 잡아당겨 안으로 데리고 들어갔다. 그것을 발견한 보옥이 살금살금 뒤를 밟아 따라가 보니 묘옥이 그들을 옆방에 청해 들이는 것이었다. 보채는 침대에 앉고 대옥은 묘옥의 둥근 방석에 앉았는데, 묘옥은 풍로에 물을 끓이며 차를 따로 끓이고 있었다. 보옥이 한걸음 슬쩍 안으로 들어섰다.……대옥이 물었다. "이것도 작년에 받아둔 빗물인가요?" 묘옥은 의외라는 듯이 웃으며 말했다. "아니 그렇게 박식한 분이 갑자기 속인이 되셨나? 어떻게 물맛조차 분별을 못하실까? 이것은 5년 전에 제가 현묘산玄墓山 반향사蟠香寺에 머물 적에 매화에 내려앉은 눈을 모아서 암청색 꽃항아리에 담아두었던 거예요. 늘 아까워 먹지 못하고 땅에 묻어두었다가 올해 여름에야 열어보았는데, 저도 단 한 번만 먹어보았어요. 이번이 두 번째예요. 그런데 어떻게 맛을 못 알아보실까? 지난해에 받아둔 빗물이 어떻게 이리 맑고 순정할 수 있겠어요? 어떻게 마셔요?"[369]

유명한 샘물 외에도 빗물이나 눈 녹은 물인 '영수靈水', 심지어 '화로花

---

369 [청] 조설근曹雪芹, 『홍루몽』, 북경, 인민문학출판사, 1957년, 1957년, 500~502쪽.

露(꽃에 앉은 이슬)'를 찾는 것은 부귀한 귀족이나 묘옥처럼 물질적으로 부족함이 없어 한가롭게 아취雅趣를 향유할 수 있는 '세외지인世外之人'만 독점한 것이 아니었다. 명청대 일반 사인들 역시 이런 취향을 가지고 있었다. 청대 중엽에 빈곤한 재자才子였던 심복沈復 역시 이처럼 한가로운 정취에 흠뻑 빠져 '천천수天泉水'에 연꽃 향내가 나는 차를 우려 마시곤 했으니[370] 명청 사인들 가운데 대표라 할만하다. '식성食聖'이라 칭해지는 원매袁枚는 65세 노인네가 되어서도 여전히 집안 사람들과 신이 나서 눈을 모아 항아리에 저장한 후 여름날 차를 우려 마시곤 했다. 그의 시 「장설藏雪」에 그런 모습이 묘사되고 있다.

눈이 다정하게 우리 집에 오시니 하늘의 은사에 감사하네.

경자庚子 원소元宵(정월 대보름날 밤)에도 눈이 그치지 않아

주인이 새벽에 일어나 팔을 걷어붙였지.

아이 부르고 여종에 마누라까지 나오라 하여

항아리 깨끗이 씻고 세숫대야 밀고 광주리를 안도록 했네.

마당으로 달려가 곡식만큼이나 귀한 눈 담아

영롱하고 맑은 눈 항아리에 담아 창고에 넣네.

조금이라도 옥구슬처럼 아름다운 눈 더럽힐 수 없나니

신선의 절굿공이를 들고 현상玄霜을 빻는 듯하네.

뼛속까지 차가워 영혼이 맑아지고 정신이 드니

---

370 [청] 심복沈復, 『부생육기浮生六記·한정기취閒情記趣』, 남창, 강서인민출판사, 1980년, 28쪽.

달에 잇닿은 구름다리까지 깨끗이 쓸어버렸네.

이미 곳간에 눈을 가득 저장하고

두 눈 크게 뜨고 기와 위를 바라보네.

……

순식간에 유월 뙤약볕의 계절이 되어

설수雪水로 녹차를 끓이니 맑은 바람이 생기네.[371]

| 하북 선화宣化 요대遼代 분묘 벽화에 나오는 벽화 「비다도備茶圖」.

---

371 [청] 원매袁枚, 「장설藏雪」, "雪更多情來我家, 天之所賜敢拜嘉. 庚子元宵雪不止, 主人攘臂淸
晨起. 呼童率婢拉老妻, 滌瓮排罍抱筐筐. 奔前斛雪如斛糧. 晶莹潔白裁入倉. 不許纖瑕污玉粒,
兼持仙杵搗玄霜. 骨冷魂淸神轉王, 雲階月地全搜蕩. 已經千斛貯堂中, 猶瞪雙睛看瓦上……轉
眼驕陽六月紅, 取烹綠茗生淸." 『소창산방시집小倉山房詩集』권26, 상해, 고적출판사, 1988년,
665쪽.

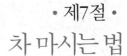

음다飮茶, 즉 차를 마시는 방법은 지역, 민족, 사람에 따라 차이가 있기 마련이다. 또한 이는 역사적 풍격 변화의 특징을 나타내는 것이기도 하다. 당대 사람들은 차를 마실 때 "소초蘇椒와 같은 식물을 넣어 마시는 것을 좋아했다(尚雜以蘇椒之類)."[372] 그래서 이필李泌은 차를 읊은 부賦에서 "찻가루를 휘저어 벽옥지(차 이름)를 만들고, 소초를 첨가하여 유리안(차 이름)이 흩어지게 했네."[373]라고 했으며 당대 설능薛能은 시에서 "소금은 차 맛을 손상시키니 첨가하는 것을 항상 경계해야 하고, 생강은 적합하니 더욱 더 자랑할 만하다."[374]고 했다. 당대 사람들

---

372 [북송] 팽승彭乘, 「속묵객휘서續墨客揮犀」, 진조규 등, 『중국다엽역사자료선집』, 앞의 책, 240쪽.
373 [당] 이필李泌(722~789년), 「부다부茶」, "旋沫翻成碧玉池, 添蘇散出琉璃眼." 『전당시』권109, 앞의 책, 1127쪽.
374 [당] 설능薛能(대략 817~880쯤), 「촉주정사(사)군기조취다인이증답팔운蜀州鄭史(使)君寄鳥嘴茶因以贈答八韻」, "鹽損添常誡, 薑宜著更夸." 『전당시』권560, 앞의 책, 6494쪽.

| 찻잎을 가는 도구

이 차를 마실 때 소초, 생강, 소금, 유즙(酪) 등을 집어넣었음을 알 수 있는 대목이다. 변방의 소수민족은 심지어 계桂(계수나무. 여기서는 계피) 등을 집어넣기도 했다. 그래서 당대 번작樊綽은 『만서蠻書』에서 "몽사(지금의 운남성 다이족이 세운 남조국南詔國)의 여러 민족은 화초花椒, 생강, 육계肉桂 등 몸을 덥게 하는 양념을 넣고 끓여서 마신다."[375]고 했는데, 다만 모두 그러했던 것은 아니다.

예를 들어 유우석劉禹錫의 시 「서산난약시다가西山蘭若試茶歌」에 보이는 청차清茶는 찻잎을 따서 덖은 다음 빨리 끓여서 그냥 마셨다. 이는 주로 승려들 가운데 차를 애호하는 다인들이 즐겨 마시는 방법이었다. 향신료를 넣어 차를 마시는 방식은 양송대兩宋代에도 여전히 유행했다. 진후산陳后山(陳師道)은 「걸다乞茶」시에서, "실오라기로 포장한 쌍단(병차餠茶 일

---

375 [당] 번작樊綽(생졸미상), 『만서蠻書』, "蒙舍蠻以椒、薑、桂和烹而飲之." 『문연각사고전서』제464책, 앞의 책, 25쪽.

종, 여기서는 공차貢茶를 지칭함) 조각조차 없어 부끄러워하며, 그저 생강과 소금 넣어 마시니 폐와 간을 그르치네(愧無一縷破雙團, 慣下薑鹽枉肺肝)."라고 했고, 소철蘇轍은 「화자첨전차和子瞻煎茶」에서 이렇게 읊었다.

민중閩中(복건福建 중부)의 차가 천하 으뜸인 것을 보지 못했는가?
몸 기울여 차를 마시면 피곤한 줄 모른다네.
또한 보지 못하셨는가?
북방 이인俚人(여족黎族)들은 차를 마실 때 넣지 않는 것이 없으니
소금과 유즙, 소초와 생강이 입안 가득한 것을 자랑한다네.[376]

차에 소금이나 유즙을 넣어 끓여먹는 것은 바로 유목민족이 흔히 먹는 나이차(奶茶, 우유나 양유를 넣은 차)이다. 시에서 "북방 이인들이 차를 마실 때 넣지 않는 것이 없다."고 한 것을 보면 당시 황하 유역 북방 사람들의 음식습관에서 차에 다른 것을 첨가하는 것이 비교적 보편적이었음을 알 수 있다. 이와 비교하면 남방(장강 유역)은 비교적 청담한 것을 좋아했다. 소동파도 이를 알고 있었다. "중급 정도의 차에 생강을 넣어 끓이면 맛이 좋지만 소금은 불가하다."[377] 소동파는 이렇듯 가장 좋은 차는 역시 청음淸歡, 즉 아무 것도 넣지 않고 그냥 마시는 것이

---

376 [북송] 소철蘇轍(1039~1112년), 「화자첨전차和子瞻煎茶」. "君不見閩中茶品天下高, 傾身事茶不知勞. 又不見北方俚人茗飮無不有, 鹽酪椒薑夸滿口."
377 [북송] 소식, 「동파지림東坡志林」권10, "茶之中等者, 若用薑煎, 信佳也. 鹽則不可." 「문연각사고전서」제863책, 위의 책, 88쪽.

고 생강을 넣어 마시는 것은 중간 정도라고 여겼다. 여하간 차에 소금을 넣는 것은 분명 반대했다. 송대에는 지마芝麻(깨)를 갈아서 차에 넣어 마시는 습관이 있었다. "차를 거르고 빻는 도구인 산뽕 그물과 구리 절구(자라동연柘羅銅碾)는 버려둔 채 쓰지 않고, 참깨와 백토를 섞어 그릇에 곱게 간다."[378] 이런 풍습은 주로 북방에서 유행했다. 북방 사람들은 차를 끓일 때 "찻잎을 잔에 적당히 넣고 참깨를 사분沙盆(모래와 도토陶土를 섞어 만든 그릇)에 약간 넣어 곱게 가는 방법을 썼는데, 물을 충분히 넣고 끓이면 그 맛이 달고 고량진미와 같아 참으로 사랑할 만하다."[379] 당시 사람들은 이런 차를 일러 '뇌차(雷茶)'라고 했다.

황정견黃庭堅에 따르면, 차에 참깨를 넣어 마시는 방법은 원래 유목민족에서 유래한 것이다. "저들 갈강(강족羌族을 지칭함)은 탕병(끓인 밀가루 음식)을 배부르게 먹고 계소(풀 이름. 주로 씨앗을 먹는다)와 참깨를 함께 끓여 마신다."[380] 이외에 여러 가지를 넣는 차 중에 송대 건주차建州茶가 유명한데, "건주차는 예전에 쌀가루를 섞었는데, 지금은 다시 참마(서여薯蕷, 산약山藥)를 넣는다. 요즘 2년 이래로 닥나무의 새싹을 넣기도 하는데, 찻잎과 서로 어울리고 유즙이 많다."[381] 쌀가루와 참마 가루를 넣는 것은 아마도 유즙이 많아 흰색을 돋보이게 하기 위함인 듯

378 소식, 「장기가 차와 함께 보낸 시에 화답하다(和蔣夔寄茶)」. "柘羅銅碾棄不用, 脂麻白土須盆姸."
379 [남송] 원문袁文. 「옹유간평瓮牖閒評」. "其法以茶芽盞許, 入少脂麻沙盆中爛研. 量水多少煮之, 其味極甘腴可愛."「문연각사고전서」제852책, 앞의 책, 4457쪽.
380 [북송] 황정견, 「봉사유경문송단차奉謝劉景文送團茶」. "個中渴羌飽湯餅, 雞蘇胡麻煮同吃."
381 [남송] 육유, 「입촉기入蜀記」.「문연각사고전서」제460책, 위의 책, 881쪽. "建茶舊雜以米粉, 復更以薯蕷. 兩年來, 又更以楮芽, 與茶葉頗相入, 且多乳."

하다. 닥나무의 새싹은 찻잎과 형태가 비슷한데다 맛도 서로 어울려 집어넣는 것일 터이다. 사천 봉절奉節 일대에서는 아직 이런 형태의 '날차辣茶'를 마신다. "기문에는 곡선장(일종의 풍토병)이 있는데 수유차茱萸茶를 끓여 마시면 좋아진다. 이를 날차라고 한다."[382]

차에 여러 가지를 섞어 마시는 것은 주로 북방 사람들의 습관이자 일반 대중들, 그리고 소수민족의 방식이다. 식도락에 익숙한 부유한 집안이나 다도에 정통한 고상한 이들은 청음淸飮을 숭상했고, 차의 본래 색깔과 향내를 추구했다. 그들은 차를 마시고 또한 차를 품평했다. 전자의 경우 차를 마신다는 것은 '다식茶食'이나 '다죽茶粥'이었으며, '음飮'과 '식食'을 결합한 '음다飮茶'였다. 하지만 유우석劉禹錫을 초대한 서산西山 승려의 음다법이나 송 휘종이 『대관다론大觀茶論』에서 주장한 것, 그리고 소식의 관점 등은 모두 후자의 경우에 속한다. 이런 두 가지 차를 마시는 방법의 중간쯤에 속하는 경우도 있다. 소문사학사蘇門四學士의 대표라 할 수 있는 황정견의 경우가 그러하다. 그는 한편으로 차에 소금을 넣는 것을 반대하여 그런 행태를 "도적을 끌어들여 집안을 망하게 하는 것이나 매끄러운 구멍에 물을 흘려넣는 것과 같다(勾賊破家, 滑竅走水)."고 할 정도였으며, "계소나 참깨" 등을 차에 집어넣는 것도 극력 반대했다. 하지만 다른 한편으로 "호도胡桃, 송실松實(잣알), 암마庵摩(참여우 구슬과 같은 견과류), 압각鴨脚(은행 열매), 발하勃賀(박하薄荷), 미무

382 [남송] 형개邢凱, 『탄재통편坦齋通編』, 『문연각사고전서』제853책, 위의 책, 4쪽. "夔門有曲鱔瘴, 以茱萸煎茶飮之良愈, 謂之辣茶." 역주: 기문夔門은 장강에서 사천으로 들어가는 관문 가운데 하나인 구당관瞿塘關이다.

蘼蕪(향초 천궁), 수소水蘇(향초 석잠풀), 감국甘菊" 등은 "전후 4가지 가운데 각기 하나씩 사용할 수 있다."고 했다. 그는 이렇게 "향기를 더하는 것은 빈객을 후하게 모시기 위함이다."라고 하면서 "정신을 진작시키고 씹는데도 이롭다."고 했다. 다만 "적게 넣는 것이 좋고 많이 넣으면 나쁘다."는 원칙을 제시했다. 그는 심지어 여기에 의미심장한 함의를 부가하여 "무릇 좋은 목수는 버리는 재목이 없고, 태평세월은 선비 한 명의 책략으로 이루어지는 것이 아니다."[383]라고 말하기도 했다.

북송 시대 차는 대부분 향료를 첨가하여 향내를 더했는데, 공차용단貢茶龍團이나 봉단鳳團도 마찬가지였다. 관념의 변화와 품위의 제고는 상층부에서 시작했다. 송 휘종은 『대관다론』에서 "차에는 진정한 향기가 있어 용뇌향이나 사향이 비길 바가 아니다(茶有眞香, 非龍麝可擬)."라고 하여 차의 본색과 향기를 주장하기 시작했다. 남송으로 들어오면서 이런 주장이 바뀌면서 천연 꽃향을 차에 넣는 풍습이 생겨났다. 남송 다인들의 글에서 이를 확인할 수 있다.

"목서木樨(금계金桂), 말리茉莉(쟈스민), 매괴玫瑰(장미과에 속하는 찔레꽃의 일종), 장미薔薇, 난혜蘭蕙(난초의 일종), 귤화橘花, 치자梔子, 목향木香, 매화梅花 등으로 모두 차를 만들 수 있다. 꽃이 피면 반쯤 피어 향기를 온전히 머금고 있는 꽃을 채취하여 찻잎 분량을 가늠하여 꽃을 따서

---

383 [북송] 황정견黃庭堅, 「전다부煎茶賦」, "蓋大匠無可棄之材, 太平非一士之略." 『산곡집山谷集』권 1 『문연각사고전서』제1113책, 위의 책, 10쪽.

넣는다. 꽃이 많으면 향이 지나치고 꽃이 적으면 향이 덜하여 아름다움을 다할 수 없다. 찻잎 셋이면 꽃은 하나면 적합하다. 예를 들어 목서화의 경우 우선 꼭지를 떼고 먼지나 벌레를 깨끗이 제거한 후 항아리에 차와 꽃을 층층으로 쌓아 가득 채운다. 종이와 댓잎을 차를 끓이는 솥에 집어넣고 항아리를 넣어 중탕한 후 꺼내어 식힌다. 종이로 단단히 봉한 후 불 위에 놓고 말린 후에 거두어 사용한다. 다른 꽃들도 이와 비슷하다."[384]

명대로 들어오면서 다풍茶風이 다시 한 번 변화한다.

"송원宋元 이래로 차의 품목이 다양해졌다. 그러나 모두 쪄서 말려 가루를 낸 후 지금의 향병香餅처럼 만들어 공물로 바쳤다. 지금처럼 차를 먹는 것이 아니라 그냥 따서 끓이면 그 뿐이었다."[385] 명대 중엽에 이르자 소금이나 생강을 차에 넣어 마시는 습관이 거의 사라졌다. 만력 연간(1573~1620) 저명한 학자이자 서화가인 장훤張萱은 "차를 끓이는 데 소금이나 생강을 쓴다는 이야기는 들어본 적이 없다."[386]고 할 정도였다. 당송 시대에는 차에 소금이나 생강을 넣어 마시는 것이 일반적

---

384 [남송] 조희곡趙希鵠(1170~1242년),『조변유편調燮類編·청음清飲』, "木樨桂花玫瑰薔薇蘭蕙橘花梔子木香梅花皆可作茶. 諸花開時, 摘其半含半放香氣全者, 量其茶葉多少, 摘花爲拌. 花多則太香, 花少則欠香, 而不盡美, 三停茶葉一停花始稱, 如木樨花, 須去其枝蒂及塵垢蟲蟻, 用瓷罐, 一層花一層茶投間至滿, 紙箸扎固入鍋, 隔罐湯煮, 取出待冷, 用紙封裹, 置火上焙乾收用. 諸花仿此."『총서집성초편』제211책, 앞의 책, 59쪽.
385 [명] 우신행于愼行(1545~1608년),『곡산필진谷山筆塵·잡해雜解』, 북경, 중화서국, 1984년, 154쪽.
386 [명] 장훤張萱(생졸미상),『의요疑耀·다용염강茶用鹽薑』,『문연각사고전서』제856책, 앞의 책, 217쪽.

이었지만 명대 사람들은 치료 목적으로 가끔씩 마실 뿐이었다. 하지만 차 안에 개암(진榛), 잣, 어린 죽순, 계두鷄豆(웅취두鷹嘴豆, 병아리콩), 연밥 등을 넣는 습관은 여전했다. 이는 황정견의 주장이 계승 발전된 것으로 보아도 무방하다. 이는 이러한 것들이 "차향을 빼앗지 않기 때문이다." 그래서 문진형文震亨은 『장물지長物志·다호다잔茶壺茶盞』에서 이렇게 말했다.

> "열매 중에 개암, 잣, 어린 죽순, 계두, 연밥 등 차향을 빼앗지 않는 것만 사용할 수 있으며, 그 밖에 홍귤나무(감柑) 열매, 당귤나무(橙) 열매, 말리茉莉, 목서木樨 등은 절대로 사용할 수 없다."[387]

명대 사회소설 『금병매사화金瓶梅詞話』에 보면 차를 마시는 대목이 수십 차례나 나온다. 특별한 경우를 제외하고 차에 나무 열매나 견과류 등을 넣어 마시지 않는 때가 없을 정도인데, 예를 들면 복인포차福仁泡茶(복건에서 나오는 감람을 넣어 끓인 차), 목서금등차木樨金灯茶, 목서청두차木樨青豆茶, 훈두자차熏豆子茶, 함앵도차鹹櫻桃茶, 계화목서차桂花木樨茶, 팔보청두목서포차八寶青豆木樨泡茶, 강차薑茶, 과인율사염순지마매괴향차瓜仁栗絲鹽笋芝麻玫瑰香茶, 원수지마차芫荽芝麻茶, 심지어 매계발로과인포차梅桂潑鹵瓜仁泡茶(매화, 계화에 소금을 뿌린 호박씨앗을 우린 차)나 토두포차土豆泡茶(감자를

---

387 [명] 문진형文震亨(1585~1645년), 『장물지長物志·다호다잔茶壺茶盞』, 『총서집성초편』제1508책, 앞의 책, 85~86쪽.

넣어 우린 차)도 있다. 때로 차 한 잔을 우릴 때 10여 종의 과실을 넣을 때도 있는데, "불 옆에서 옥예화 차를 끓이고……차 한 잔에 농익은 참깨, 소금에 끓인 죽순, 얇게 자른 밤, 호박씨, 호두알맹이, 춘불로春不老(갓의 일종), 해청나천아海靑拏天鵝(일설에 따르면, 해청은 푸른 감람, 나천아는 흰 과일이라고 함), 목서木樨, 매괴玫瑰, 육안작설아차六安雀舌芽茶를 먹는다."(제72회) 하지만 명대의 음차 습관으로 볼 때, 이는 주로 북방의 풍습으로 원나라 시절 몽골 귀족들이 즐기던 음식 습관에 영향을 받은 것으로 보인다. 오히려 상부 계층의 인사들은 차 본래의 맛을 중시하는 음차 습관을 지녔다. 이는 명대 도륭屠隆의 논술에서도 확인할 수 있다.

"차에는 본래의 향기와 맛, 올바른 색깔이 있다. 차를 끓일 때 향기로운 과일이나 향초를 섞으면 차의 맛을 빼앗기 때문에 마땅치 않다. 차의 맛을 빼앗는 것으로 잣, 감귤, 살구씨, 연심, 목향, 매화, 자스민, 장미, 목서 같은 것이 있다. 그 맛을 빼앗는 것은 향도香桃나 양매楊梅와 같은 것이 있다. 좋은 차를 마실 때는 과육을 빼야만 맑은 맛을 느낄 수 있고, 섞어버리면 맛을 변별할 수 없다. 만약 반드시 필요하다면 호두核桃, 개암(진자榛子), 행인杏仁(아몬드), 감람橄仁(올리브 나무열매), 마름열매(능미菱米), 밤(율자栗子), 병아리콩(계두鷄豆), 은행銀杏, 죽순(신순新笋), 연밥(연육蓮肉) 등을 정제하여 사용할 수 있다."[388]

---

388 [명] 도륭, 『고반여사考槃餘事·택과擇果』, "茶有眞香, 有眞味, 有正色, 烹點之際不宜以珍果香草奪之. 奪其香者松子柑橙木香梅花茉莉薔薇木樨之類是也. 奪其味者香桃, 楊梅之類是也. 凡飮佳茶, 去果方覺淸絶, 雜之則無辨矣. 若欲用之, 所宜核桃榛子瓜仁杏仁橄仁栗子雞頭銀杏之類, 或可用也." 진조규 등, 『중국다엽역사자료선집』 앞의 책.

명대에 다풍茶風이 변화한 것은 당송대와 마찬가지로 당시 지식인들의 창도에 기인한 바 크다. 차가 지닌 청순하고 고유한 맛을 숭상하고 우아한 분위기를 좋아했던 명대 아사雅士나 다인茶人들은 다예茶藝, 다운茶韻을 추구하는 면에서 송대 사인들보다 윗길이나 원조의 몽골 귀족들은 당연히 이에 크게 못 미친다.

"한 주전자의 차는 재차 끓여 우려낼 만하다. 첫 번째로 우려낸 것은 맛이 신선하고 좋으며, 두 번째 우려낸 것은 달고 순일하며, 세 번째 우려낸 것은 하고자 함을 다한 것이다."

"그래서 찻물은 작은 것에 부으려고 하니(작은 다호茶壺를 선택함) 작아야 두 번 우려내는 것으로 끝내고 남은 향기가 우려낸 찻잎에 아직 머물러 있도록 하여 밥을 먹은 후에 입안을 행구는 용도로 사용할 수 있으니 버리지 않도록 하는 것이 좋다. 만약 큰 용기(주전자)를 사용하여 여러 차례 우려내 잔에 넘치도록 가득 따라 마시거나 기다리거나 멈춰 찻물이 미지근해지면 진하고 쓴 맛을 추구하는 것이나 진배없으니 어찌 농부나 장인이 수고할 적에 그저 목을 축이기 위해 마시는 것과 다를 것이며, 어찌 차를 품평한다고 하거나 풍미를 안다고 할 수 있겠는가?"[389]

---

389 [명] 허차서, 『다소』, "一壺之茶, 只堪再巡. 初巡善味, 再則甘醇, 三巡意欲盡矣." "所以茶注欲小, 小則再巡已終. 寧使餘芬剩馥, 尚留葉中, 猶堪飯後供啜漱之用, 未逮棄之可也. 若巨器屢巡滿中瀉飲, 待停少溫, 或求濃苦, 何異農匠作勞, 但需渭商, 何論品賞, 何知風味乎." 『총서집성초편』제1480책, 앞의 책, 8쪽.

"찻물을 부을 때 작은 것(다관)이 적당하지 큰 것은 마땅하지 않다. 작으면 향기가 그윽하게 머물지만 크면 쉽게 흩어지며, 더욱이 혼자 차를 따라 마실 때는 작은 것일수록 더욱 좋다. 물 반 근이면 차 다섯 푼(分)을 적량으로 삼고 나머지(개인의 기호)는 이에 근거하여 약간 보태거나 줄이면 된다."[390]

뜨거운 물을 부어 차를 우릴 때는 작은 찻주전자(다호茶壺)를 사용하여 두 순배 음용하며 맑은 차를 즐기며 참된 맛을 음미하고 나머지는 밥을 먹은 후 입을 헹구는 데 사용한다. 이런 음다법은 과학적이고 경제적이기도 하며, 동시에 아사雅士의 고상한 운치를 지녔다.

다만 일상적으로 고된 노동을 해야만 하는 일반 백성들은 이처럼 한가로운 아취를 향유할 여유가 없었다. 그들은 대부분 "진하고 쓴 찻물을 추구하여(求濃苦)" 그저 속히 진한 차로 해갈하기를 바랄 뿐이었다. 앞서 인용한 『홍루몽』에서 유 할멈이 "좋기는 한데. 맛이 좀 연한 것 같아요. 조금만 더 진하게 달였으면 좋았을 텐데."라고 했을 때 주변에 있던 집안사람들이 큰 소리로 웃었던 까닭이 바로 여기에 있을 터이다. 차를 우린 후에는 또 "따를 때는 이르면 안 되고, 마실 때는 늦으면 안 된다." 왜냐하면 "서둘러 따르면 원신(다신茶神)이 채 왕성하지 않고,

---

390 [명] 무명씨, 『명급명급茗笈』에 인용된 「다소茶疏」에 나온다. "茶注宜小不宜大, 小則香氣氤氳, 大則易於散漫. 若且斟自酌, 愈小愈佳, 容水半斤者, 量投茶五分, 其餘以是增減." 진조규 등, 『중국다엽역사자료선집』, 앞의 책, 187쪽.

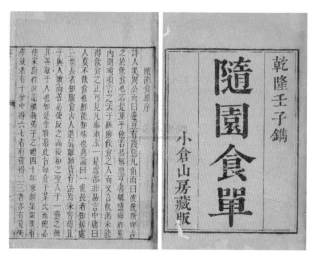

| 청대 문인 원매袁枚(1716~1797년)의 『수원식단隨園食單』

늦게 마시면 묘한 향기가 먼저 사라지기 때문이다."[391] 다시 말해 좋은 차는 적절하게 우러나오도록 제때에 따르고, 제때에 음미해야만 차의 향과 운치를 충분히 누릴 수 있다는 뜻이다.

다풍은 명말 청초에 또 다시 변화한다. 남방이든 북방이든 전체 사회가 점차 맑은 차(淸茶)를 마시는 쪽으로 바뀌었다. 청초 저명한 문인인 왕사정王士禎(1634~1711년)은 맑은 차를 적극 주장했다.

"차는 맑고 쓴 맛을 취하려는 것이니, 만약 단 맛을 취하고자 한다면

---

391 [명] 정용빈程用賓, 「다록茶錄」, "釃不當早, 啜不宜遲." "釃早元神未暹, 啜遲妙馥先消." 진조규 등, 『중국다엽역사자료선집』, 위의 책, 161쪽.

| 법문사 지하궁에서 출토된 유리찻잔

어찌 사탕수수 즙이나 대추탕이 더 낫다고 하지 않겠는가!"[392]

청 중엽 저명시인으로 '식성'이라 칭해지는 원매袁枚(1716~1797년)는 무이산武夷山을 유람할 때 만정봉曼亭峰 천유사天游寺의 스님들에게 차 대접을 받은 적이 있었다. 그는 당시 일에 대해 이렇게 기록하고 있다.

"승려들이 다투어 차(무이차)를 바쳤는데, 찻잔은 호도처럼 작고 차호는 향연香櫞처럼 작았다. 차 한 잔의 분량이 한 두량에 불과했다. 무이차를 입에 머금으며 급히 삼키지 않고, 느긋이 차의 향을 맡고 맛을 본 다음 천천히 음미하며 몸으로 느끼니 과연 향기가 코를 찌르고 감칠맛이 혀에 감돌았다. 한 잔을 다 마신 후에 다시 한두 잔 더 마시니

---

392 [청] 왕사정王士禎, 『향조필기香祖筆記』권12, "茶取其淸苦, 若取其甘, 何如啜蔗漿, 棗湯之爲愈也." 상해, 고적출판사, 1982년, 228쪽.

조급함이 사라지고 평온해져 마음이 후련하고 상쾌했다."[393]

　이러한 차 음미방법이 청대 음차의 대표적인 예이다. 이는 청대 사회를 반영하는 문학작품에서도 확인할 수 있다. 예를 들어『요재지이聊齋志異』,『유림외사儒林外史』,『홍루몽』등은 물론이고 청 중엽 이후에 나온 수많은 소설에서도 더 이상 차에 소금, 생강, 과육 등 여러 가지 잡다한 먹을 것을 첨가하는 예는 거의 볼 수 없게 되었다.

　품차品茶는 일반적으로 두 잔을 기본으로 했으며, 세 잔을 마시는 경우는 드물었다. 설사 장시간 차를 마신다고 할지라도 잔을 바꾸고 다시 우려내는 한이 있더라도 이미 맛이 간 차를 억지로 마실 수는 없었다. 상류층 인사들 가운데 특히 풍아風雅를 표방하는 이들은 딱 한 잔으로 제한하기를 주장하기도 했다.『홍루몽』에 나오는 묘옥의 한 마디는 바로 이런 이들의 주장을 대변한다. "한 잔은 품덕이고, 두 잔은 해갈을 위한 어리석음이며, 세 잔은 당나귀가 물을 마셔대는 것이나 다를 바 없다." 물론 이런 방식은 보편적이라고 할 수 없다.

---

393 [청] 원매,『수원식단·다주단茶酒單·무이차武夷茶』, "僧道爭以茶獻. 杯小如胡桃, 壺小如香櫞, 每斟料無一兩. 上口不忍遽咽, 先嗅其香, 再試其味, 徐徐咀嚼而體貼之, 果然清芬扑鼻, 舌有餘甘. 一杯之后, 再試一二杯, 令人釋躁平矜, 怡情悅性." 상해, 문명서국文明書局 소장판, 36~37쪽.

• 제8절 •
투다鬪茶

투다는 차를 품평하고 차를 끓이며 차의 품종을 감별하는 일 등을 포함한 갖가지 다사茶事 예술이 발전한 것이라고 할 수 있다. 투다는 '명전茗戰'이라고도 하는데, 그 근원은 당대로 거슬러 올라간다. 당대 사람 풍지馮贄가 이미 "건인(복건성 건주建州 사람)은 투다를 명전이라고 한다."[394]고 말한 바 있기 때문이다. '건建'은 당대에 설치한 '건주建州'를 말하는데, 송대에 들어와 건녕부建寧府(지금의 복건 건구建甌)로 승격되었다. 이미 오래 전부터 명차의 생산지이자 특히 송대 공차貢茶의 주산지였다. 하지만 투다가 성행한 것은 역시 송대이다. 송 휘종徽宗은 이에 대해 나름 좋은 평가를 내린 바 있다.

---

394 [당] 풍지馮贄, 『기사주記事珠』, "建人謂鬪茶爲茗戰." 진조규 등, 『중국다엽역사자료선집』, 앞의 책, 220쪽.

"관리들과 부상, 평민들이 모두 조정의 은택을 입어 도덕교화의 훈도를 받은 지라 고상한 기풍을 서로 따라하며 차를 마시고 품평하는 일이 성행하였다. 그리하여 근년에 이르러 찻잎을 가려 따는 것이 면밀해지고 제작이 정교해지면서 차의 품평도 나아지고 차를 달이는 기술도 날로 고묘해져 이전까지 이르지 못한 지경에 이르렀다.……천하의 사인土人들이 청정하고 고아한 뜻을 품고 서로 다투어 한가하고 아정한 풍류를 즐겨 음악에 심취하고 차의 정수를 음미하고 차를 담는 상자의 정교함을 비교하며 찻잎의 유별함을 판별하지 않는 이가 없었다. 비록 하급의 사인일지라도 이러한 시대에 차를 비축하지 못함을 부끄럽게 여기니 가히 성세의 정취이자 풍모라 할만하다." "무릇 차싹의 생김새가 참새의 혀, 곡식낟알과 같은 것을 차 겨루기에 쓰며, 한 싹에 한 잎사귀의 찻잎을 간아揀芽, 즉 싹을 뽑을만한 것이라 하고, 한 싹에 두 잎사귀의 찻잎은 차등품, 나머지 찻잎은 하등품으로 여긴다."395

이는 북송 시절 투다가 흥성한 원인과 규모, 그리고 기본적인 상황을 개술한 것이다.

범중엄范仲淹(989~1052년)은 자신의 시에서 투다와 관련하여 이렇게 읊었다.

---

395 송 휘종徽宗, "縉紳之士, 韋布之流, 沐浴膏澤, 熏陶德化, 盛以雅尚相推, 從事茗飲, 故近歲以來, 采擇之精, 制作之工, 品第之勝, 烹點之妙, 莫不盛造其極……而天下之士, 励志清白, 競爲閑暇修索之玩. 莫不碎玉鏘金, 啜英咀華, 較篋笥之精, 爭鑒裁之別, 雖下士於此時, 不以蓄茶爲羞, 可謂盛世之清尚也." "凡芽如雀舌谷粒者爲鬪品, 一槍一旗爲揀芽, 一槍二旗爲次之, 餘斯爲下." [북송] 조길, 『대관다론』, 진조규 등, 『중국다엽역사자료선집』, 위의 책, 43, 44쪽.

해마다 봄은 동남쪽에서 오는데

건계(건안의 계곡)는 일찍 따뜻하여 얼음 조금 풀렸네.

계곡가의 기이한 차는 천하 으뜸인데

무이산의 신인이 예로부터 심었네.

간밤에 첫 번째 뇌성雷聲 어디에서 울렸나

집집마다 웃으며 구름 뚫고 산으로 올라가네.

이슬 맺힌 새싹들 들쭉날쭉 무성하고

옥 매단듯 구슬을 머금은 듯 아름다운 나무 널려 있네.

아침 내내 땄지만 앞치마에 가득 못 채운 것은

좋은 것만 따고 감히 탐하지 않기 때문일세.

찻잎 갈아 다고茶膏 만들고 불에 쬐어 연마하여 정성껏 만드나니.

네모난 것은 홀 모양이고, 둥근 가운데 달(섬蟾) 모양이라.

북원北苑(복건 건안建安)의 차(龍鳳貢茶) 기일 맞춰 천자에게 올려야 하니

숲에서 웅걸(茶農이나 관리)들이 먼저 차의 맛을 다투네.

다정茶鼎(다로茶爐)은 구름 넘어 멀리 수산首山의 구리[396]로 만들고

병에는 장강 금산사金山寺 인근 중령천中冷泉의 샘물을 길어와 담았네.

황금 맷돌 가에 녹색 차 가루 날리고

푸른 옥 찻잔에 흰 물결 일어나누나.

차 맛을 겨루니 제호醍醐(유제품)보다 부드럽고

---

396 역주: 수산은 하남 양성현襄城縣에 있다. 동한 왕충王充의 『논형論衡·도허편道虛篇』에 따르면, 황제黃帝가 수산의 구리를 캐내어 형산荊山 아래에서 정鼎을 주조했다고 한다.

| 남송 시절 찻물을 파는 장수들의 모습을 그린 〈투장도鬪漿圖〉 무명씨의 작품이다.

차향은 난지蘭芷보다 은은하다.

투다 하는 중에 등급을 어찌 속일 수 있으랴

열 개의 눈이 바라보고 열 개의 손가락이 가리키고 있는데.

이기면 신선이 되어 하늘로 올라가는 양 잡을 수 없고

진다면 패장이 된 양 부끄럽기 그지 없네.

오호라, 하늘은 돌에서도 영화英華(차)를 피워내니

그 공을 논하자면 섬돌 앞의 신성한 명冥(명협蓂莢, 상서로운 풀)에 부끄

럽지 않나니.

뭇 사람들이 혼탁하더라도 나는 청결하고

허구한 날 취해 있어도 나는 깨어있을 수 있다네(차를 마셔서 몸과 마음

이 깨끗함).

(차를 마시면) 굴원의 혼백도 불러올 수 있고

술에 취한 유령劉伶이 오히려 뇌성雷聲 소리를 듣게 된다네.

노동盧소은 차를 위해 노래를 부르지 않았던가?

육우는 다경을 지었다네.

만상萬象 중에 다성茶星(다계茶界의 명인)이 없음을 어찌 알겠는가?

상산商山의 장인丈人들은 지초芝草일랑 그만 드시고

수양선생首陽先生은 채미採薇를 그만 두셔야하리.[397]

차로 인해 장안의 술값이 백만 전이나 떨어지고

성도成都의 약시藥市가 광채를 잃었다네.

선산仙山의 좋은 차만 못해도 한 잔 마시면

청량하여 당장이라도 바람타고 오를 것만 같네.

그대 꽃밭 여인네 화초를 다투는 것일랑 부러워하지 마시게

이기면 주옥 가득 담아 돌아올 것일세."[398]

---

397 역주: 상산에 숨어 살던 동원공東園公, 녹리用里, 기리계綺里季, 하황공夏黃公 등 사호四皓선
생을 말한다.

398 [북송] 범중엄范仲淹, 「장민과 차 겨루기 하던 일을 읊다(和章岷從事鬪茶歌)」『범문정집范文正
集』권2『문연각사고전서』제1089책, 앞의 책, 565쪽. "年年春自東南來, 建溪先暖冰微開. 溪邊奇
茗冠天下, 武夷仙人從古栽. 新雷昨夜發何處, 家家嬉笑穿雲去. 露芽錯落一番榮, 綴玉含珠散嘉
樹. 終朝采掇未盈襜, 唯求精粹不敢貪. 硏膏焙乳有雅制, 方中圭兮圓中蟾. 北苑將期獻天子, 林
下雄豪先鬪美. 鼎磨雲外首山銅, 瓶攜江上中泠水. 黃金碾畔綠塵飛, 碧玉甌中翠濤起. 鬪茶味兮
輕醍醐, 鬪茶香兮薄蘭芷. 其間品第胡能欺, 十目視而十手指. 勝若登仙不可攀, 輸同降將無窮恥.
吁嗟天產石上英, 論功不愧階前蓂. 衆人之濁我可淸, 千日之醉我可醒. 屈原試與招魂魄, 劉伶却
得聞雷霆. 盧仝敢不歌, 陸羽須作經. 然萬象中, 焉知無茶星. 商山丈人休茹芝, 首陽先生休采薇.
長安酒价減百萬, 成都藥市無光輝. 不如仙山一啜好, 泠然便欲乘風飛. 君莫羨花間女郎只鬪草,
贏得珠璣幾滿斗歸."

매해 투다는 봄에 거행되는데 동남 지역에서 먼저 시작했다. 특히 주목할 부분은 투다가 상류 사회나 남성들의 독점물이 아니었다는 점이다. 묘령의 아가씨들이나 아낙네들도 투다에 몰두하여 피곤할 줄 몰랐다.

투다에 참가하는 차는 사전에 갈아 분말로 만들고, 물은 강의 중간에서 가져왔다. 투다를 시작할 때면 다섯 사람이 빙 둘러 앉는데, 주시하느라 눈 한 번 깜빡이지 않았다. 사발의 푸른 물결(甌中翠濤, 찻물의 흔적)을 뚫어지게 쳐다보고 향과 맛을 품평하고 색깔을 살피느라 열기가 대단하고 긴장된 분위기였다. 하여 "오랫동안 노느라(찻잎을 간다는 뜻) 손에 굳은살이 생기고 한참을 엿보느라 눈이 가물가물할 지경이었다(玩久手生胝, 窺久眼生花)."[399]

구체적인 순서는 다음과 같다.

"차 일전을 숟가락에 떠서 잔에 넣은 후 물을 붓고 고르게 섞는다. 다시 물을 더 붓고 빙빙 돌리며 고르게 젓는다. 찻물이 잔의 4부쯤 되면 적당한데, 찻물의 표면이 선명하고 흰색이며, 찻잔 가장자리에 물의 흔적이 남지 않는 것을 가장 좋은 것으로 여긴다. 건안建安(복건성 건구建甌) 사람들이 투다할 때 거품이 꺼져 물의 흔적이 먼저 생기는 자가 지고, 오래도록 남도록 하는 이가 이겼다. 그래서 승부를 비교하

---

399 [북송] 매요신, 「답선성장주부유아산다차기운答宣城張主簿遺鴉山茶次其韻」, 『문연각사고전서』 제1099책, 앞의 책, 261쪽.

여 말하자면 찻물의 유화가 갈라져 둘로 나뉘느냐 여부에 달렸다고 할 수 있다."[400]

물의 흔적이 오랫동안 지속되는 것을 일러 '교잔咬盞'이라고 하는데, 차를 겨룰 때 매우 중요하다. 그래서 매요신梅堯臣은 "햅차를 끓여 투다 할 때는 반드시 교잔하도록 해야 한다"[401]라고 읊었던 것이다.

'교잔咬盞'은 찻물 표면에 탕화湯花(거품)가 지속되는 시간이 길어 찻 잔 가장자리에 엉겨 흩어지지 않는 것이 마치 잔을 물고 있는 것과 같 다고 하여 붙인 이름이다. 그렇지 않을 경우 탕화가 흩어져 찻잔 가장 자리에 물의 흔적이 남게 된다. 이를 '수각水脚', 즉 '운각환란雲脚渙亂'이 라고 한다. 싸움이 붙어 일단 승리하면 '등선登仙'하는 것이고 패배하 면 패장처럼 치욕적일 수밖에 없다. 게다가 투다의 승패 배후에는 거 대한 상업이권과 다농茶農, 다상茶商, 다인茶人의 영예가 자리하고 있다. 이는 소식의 시「여지탄荔枝歎」에서도 확인할 수 있다.

그대는 못 보았는가! 무이武夷 시냇가 좁쌀 같은 차 싹

앞에서는 정위丁謂 뒤에서는 채양蔡襄이 서로 차롱茶籠에 더 담으려하니.

다투어 새 차를 올려 총애를 사느라 생각 짜내기 바쁘네.

---

400 [북송] 채양蔡襄, 『다록茶錄』, 『총서집성초편』제1480책, 앞의 책, 3쪽. "鈔茶一錢七, 先注湯調令 極勻, 又添注入環回擊拂. 湯上盞可四分則止, 視其面色鮮白著盞無水痕爲絕佳. 建安鬪試, 以水 痕先者爲負, 耐久者爲勝. 故較勝負之說, 曰相去一水兩水."
401 [북송] 매요신, 「차운재화次韻再和」, "烹新鬪硬要咬盞."『완릉집』권56, 『문연각사고전서』제1099 책, 앞의 책, 400쪽.

금년에도 차 겨루기에 열 올려 조정에 바치는 차에 충당하겠지.[402]

정위와 채양은 복건성의 조사漕使로 임명되어 새 차를 만드는 일을 감독하고 그 가운데 상품을 조정에 바치는 업무를 맡았다. 매년 새 차가 나오면 '투鬪'를 통해 우열을 품평하고 고하를 감정했다. 공차貢茶 역시 이런 과정을 통해 만들어졌다. "차 중에서 가장 정교한 것을 '투' 또는 '아투亞鬪'라고 하고, 그 다음은 '간아揀芽'라고 한다. 차 싹은 차 겨루기(鬪茶) 품목에서 최고로 삼지만 다농茶農의 차밭에는 그저 한 그루 정도에 그칠 따름이다. 대개 하늘이 부여한 재질 가운데 특이한 것(좋은 차)이 있으나 모두 그럴 수는 없을 것이다."[403]

투다가 성행한 것은 송대에 공차에 대한 수요가 상당히 많았던 것과 관련이 있다. 새로 나온 차가 일단 투다에서 승리를 하면 가격이 백배나 뛰었으니 "얼마 되지 않은 찻잎이 1만 전을 족히 나갔다."[404] 특히 북원北苑의 공차는 "가장 정묘한 것이 수아水芽인데, 바늘처럼 가느다랗다. 어천수御泉水로 달여 입춘 후 다섯 번째 날 이전(社前)에 따서 맛볼 수 있다. 공물로 바치고 남은 차는 한 편片이 노임을 포함하여 4만 전에 달했다."[405]

---

402 [북송] 소식, 「여지탄荔枝歎」, "君不見, 武夷溪邊栗粒芽, 前丁後蔡相籠加. 爭新買寵各出意, 今年鬪品充官茶."

403 [북송] 황유, 『품다요록品茶要錄』, "茶之精絶者曰鬪, 曰亞鬪, 其次揀芽. 茶芽, 鬪品雖最上, 園戶或止一株. 蓋天材間有特異, 非能皆然也." 『문연각사고전서』제844책, 위의 책, 631쪽.

404 [북송] 매요신, 「왕중의기투다王仲儀寄鬪茶」, "銖兩直錢萬." 『완릉집宛陵集』권2十九 『문연각사고전서』제1099책, 앞의 책, 214쪽.

405 [남송] 호자胡仔, 『어은총화漁隱叢話·동파東坡9』, "其最精即水芽, 細如針, 用御泉水研造, 社前已嘗, 貢餘每片計工直四萬錢." 『문연각사고전서』제1480책, 앞의 책, 304쪽.

송대에 투다가 크게 성행하여 특히 공차를 생산하는 곳에선 매년 봄에 새 차가 나오면 이에 따라 투다가 시작되기 마련이었다. 육유는 「새벽비(晨雨)」에서 투다에 관해 이렇게 읊었다.

푸른 부들포에 싼 운유雲腴(차의 미칭)로 차 겨루기를 하려고
비취 항아리에 옥같이 맑고 차가운 샘물 길어오네.[406]

정화政和 2년(1112년) 당경唐庚 역시 「투다기鬪茶記」에서 몇몇 친구들과 투다하는 내용을 읊은 바 있다.

정화 삼월 임술壬戌에 두 세 명의 군자가 서로 더불어 기오재寄傲齋에서 차 겨루기를 하는데, 나는 용당수龍塘水를 길어다 차를 끓여 그 등급을 정했다. 아무개는 상이 되고 아무개는 그 다음이 되었다. 민閩(복건) 땅에서 온 이가 가져온 것도 매우 좋아서 또 그 다음이 되었다. 등급을 이렇게 정하기는 했지만 대부분 정교하게 만든 절품이었다. 일찍이 생각해보니 천하의 사물은 마땅히 얻을 사람은 얻지 못하고, 얻지 못할 사람이 얻는 경우가 있다. 부귀하고 권세가 있는 사람일지라도 얻을 수 없는 것이 있고, 빈천하고 가난한 이가 유리걸식하는 도중에 우연히 얻을 수도 있다. 이른바 한 자도 짧은 때가 있고, 한 치도 길 때

---

406 [남송] 육유, 「새벽비(晨雨)」, "靑蒻雲腴開鬪茗, 翠甖玉液取寒泉." 『검남시고』권5, 앞의 책, 401쪽.

가 있는 법이라고 하였으니 진실로 허언이 아니로다.[407]

송대에는 차 겨루기가 공공연하게 이루어졌으며, 또한 사적으로도 성행하여 위로 상층부 사대부(심지어 천자까지)에서 아래로 일반 백성에 이르기까지 존귀나 아속雅俗, 남녀를 불문하고 너나할 것 없이 끼어들을 수 있어 일종의 광범위한 사회활동이었음을 알 수 있다. 하지만 투다는 경쟁이자 일종의 겨루기로 차의 품종이나 찻물을 비교하고 차를 끓이는 기예를 경쟁하는 것으로 일반적인 '점다點茶', 즉 차를 끓이는 것과 같은 것으로 볼 수 없다. 다만 양자가 때로 혼칭될 뿐이다. 송대 이후로 투다 풍습이 점차 사라졌지만 차를 끓이는 기예와 생활예술으로서 다도는 오히려 계속 이어져 전승되었다.

---

407 [북송] 당경唐庚(1070~1120년), 「투다기鬪茶記」, "政和二年三月壬戌, 二三君子相與鬪茶於寄傲齋. 予爲取龍塘水烹之, 而次其品. 以某爲上, 某次之. 某閩人, 其所賣宜尤高, 而又第之. 然大較皆精絶. 蓋嘗以爲天下之物, 有宜得而不得, 不宜得而得之者. 富貴有力之人, 或有所不能致, 而貧賤窮厄, 流離遷徙之中, 或偶然獲焉. 所謂尺有所短, 寸有所長, 良不虛也." [청] 왕호汪灝 등, 『광군방보廣群芳譜』권19, 상해, 상무인서관, 1935년, 459쪽.

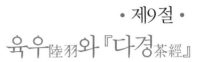

· 제9절 ·
육우陸羽와『다경茶經』

중국은 차의 고향이다. 서면으로 기록되고 다사에 대해 논술하기 시작한 것 역시 중국에서 처음 시작했다. 중국의 차 이론서는 당대에 처음 보이는데, 육우의『다경』은 중국은 물론이고 세계에서 최초의 차를 전문으로 논술한 책이다.

육우陸羽(733~804년), 자는 홍점鴻漸, 일명 질疾, 자는 계자季疵이다. 만년에 강서江西 신성信城에 은거할 때 동강자東岡子를 호로 삼았다.(이외의 호는 경릉자竟陵子, 상저옹桑苧翁) 복주復州 경릉竟陵(지금의 호북 천문天門) 사람이다. 사서의 기록은 다음과 같다.

"태어난 곳은 모르는데, 혹자가 말하길, 어떤 승려가 저수渚水가에서 주워 데려와 길렀다고 한다. 자라나면서 스스로『주역』으로 점을 쳐서 「점괘漸卦」의 호괘互卦인 건괘蹇卦를 얻었는데, 괘사에 이르길 '큰 기러기 뭍으로 날아가니 그 깃이 가히 위의威儀를 삼을 만하다'라고 했다. 이에 '육'을 씨氏로 삼고 이름과 자를 지었다."

소년 시절에 소를 치면서 꼴을 베는 일을 하였는데 시도 때도 없이 채찍질을 당하는 등 학대를 당했다. 고통을 견딜 수 없어 도망하여 광대로 숨어살다가 나중에 영사伶師(배우를 가르치는 선생)가 되었다.

"그는 생긴 모습이 추하고 견문이 없었으나 말 재주가 있었다. 다른 이의 선한 말을 들으면 자신의 일인 양 좋아했고, 잘못하는 이를 보며 규범에 맞게 그를 꾸짖었다. 친구들과 술자리를 하다가 가야겠다는 생각이 들면 문득 자리를 뜨니 친구들이 화가 많이 난 것으로 오해했다. 다른 이와 약속을 하면 눈비가 오거나 범과 승냥이가 있다고 할지라도 피하지 않았다."

"상원上元 초에 초계에 은거하면서 상저옹이라 자칭하고 두문불출하며 저서에 힘썼다. 때로 홀로 들판을 걸으며 시를 읊조리고 나무를 치며 배회하다가 뜻을 얻지 못하면 통곡하면서 돌아왔다. 그래서 당시 사람들이 그를 지금의 접여接輿라고 했다. 세월이 흐른 뒤 태자문학에 천거되고 태상시태축에 봉해졌으나 벼슬에 나가지는 않았다."408

---

408 『신당서·육우전』, "不知所生, 或言有僧得諸水濱, 畜之. 旣長, 以易自筮, 得蹇之漸, 曰, '鴻漸於陸, 其羽可用爲儀.' 乃以陸爲氏, 名而字之." "貌侻陋, 口吃而辯. 聞人善, 若在己, 見有過者, 規切至忤人. 朋友燕處, 意有所行輒去, 人疑其多嗔. 與人期, 雨雪虎狼不避也." "上元初, 更隱苕溪, 自稱桑苧翁, 闔門著書. 或獨行野中, 誦詩擊木, 裵回不得意, 或慟哭而歸, 故時謂今接輿也. 久之, 詔拜羽太子文學, 徒太常寺太祝, 不就職." 앞의 책, 5611쪽.

이외에 『홍점소전鴻漸小傳』에는 약간 다른 내용이 기록되어 있다.

"육우는 강호(재야)에서 경릉자로 불렸고, 남월에서는 상저옹이라고 불렸다. 어린 시절에 경릉의 지적선사를 섬겼다. 나중에 다른 곳에서 선사가 돌아가셨다는 말을 듣고 그를 위해 곡을 하며 심히 애통해했다. 시를 지어 자신의 심사를 기탁했는데, 그 대략을 보면 다음과 같다. '황금 술독도 탐나지 않고 백옥 찻잔도 부럽지 않으며, 벼슬하여 아침 조회에 드는 것도 부럽지 않고, 저녁에 퇴청하여 저택에 드는 것도 부럽지 않다. 오직 부러운 것은 서강의 물(서강수) 뿐이니 금릉성 아래로 흐르기 때문이다."[409]

이상의 전기에서 볼 수 있다시피 그는 성격이 강직하고 구차한 일에 구애됨이 없는 활달하면서도 뜻을 얻지 못한 울분지사로 다사에 전념한 인물이라고 할 수 있다. 전기에 나오는 지적선사智積禪師 역시 차를 애호한 다인이다. 아마도 육우는 어려서 지적선사를 위해 차를 끓이고 그의 가르침을 통해 차에 관해 흥취를 느끼게 되었을 가능성이 크다. 이러한 오랜 경험과 지식으로 인해 마침내 차를 끓이는 데 최고의 기량을 갖추게 되었다는 뜻이다. 그래서 『기이록紀異錄』은 지적선사와 그의 관계에 대해 이런 일화를 남겼을 터이다.

---

409 『전당시』권308, "羽於江湖稱竟陵子, 南越稱桑一翁. 少事竟陵禪師智積. 異日, 羽在他處, 聞師亡, 哭之甚哀, 作詩寄懷, 其略曰, 不羨黃金罍, 不羨白玉杯, 不羨朝入省, 不羨暮入臺. 惟羨西江水, 曾向金陵城下來." 앞의 책, 3492쪽.

지적선사는 차 품평에 일가견이 있었고, 육우는 차를 잘 끓였다. 그래서 지적선사는 육우가 출타하여 없을 때면 차를 마시지 않았다. 이런 일화가 조정까지 전해졌다. 대종代宗이 이야기를 듣고 지적선사를 입궁토록 하여 궁중에서 차를 가장 잘 끓이는 이의 차를 마셔보도록 했다. 지적선사가 찻잔을 받아들고 한 모금 마시더니 이내 찻잔을 내려놓고 더 이상 마시지 않았다. 황제가 비밀리에 육우를 궁중으로 초치하여 차를 끓이게 한 후 지적선사에게 내놓았다. 그가 한 모금을 마시더니 끝까지 다 마시고 기쁜 마음으로 말했다. "이는 육우가 직접 끓인 차 같습니다."

물론 이는 야사일 뿐 반드시 있었던 일이라 할 수 없다. 하지만 육우의 역사적 명성과 가치는 오로지 그가 차 연구에 심혈을 기울여 불후의 저작인 『다경』을 저술하여 중당 이후 중국역사에서 다사의 발전에 지대한 공헌을 했기 때문인 것만은 분명한 사실이다.

"우(육우)는 차를 좋아하여 『다경』 3편을 지었는데, 차의 근원, 차를 만들고 마시는 법, 차의 기구 등에 대해 완비하여 천하 사람들이 차를 마시는 법을 더욱 잘 알게 되었다. 당시 차를 끓이는 이들이 도자기로 육우의 형상을 만들어 아궁이와 굴뚝 사이에 모시고 다신으로 제사를 지냈다."[410]

육우가 다사에 헌신한 것은 수십 년에 걸친 외롭고 힘든 연구와 실

---

410 『신당서·육우전』, "羽嗜茶, 著經三篇, 言茶之原, 之法, 之具尤備, 天下益知飮茶矣. 時鬻茶者, 至陶羽形置炀突間, 祀爲茶神." 위의 책, 5612쪽.

천 과정이었다. 그는 절강, 강소, 강서를 두루 다니며 차를 채취하고 품종을 고찰했으며, 친히 갈아보기도 하고 물을 끓이기도 하며 반복해서 차를 직접 만들고 또한 시음했다. 당대 문인 황보염皇甫冉은 「서하사에 찻잎 따러 가는 육홍점(육우)를 보내며(送陸鴻漸栖霞寺采茶)」라는 시에게 이렇게 읊었다.

조개풀 말고 찻잎을 따야 하니

멀리 높은 벼랑까지 올라가야 하리.

따뜻한 봄바람에 활짝 벌어진 찻잎,

광주리 가득 담다보면 해가 기울겠지.

산사山寺로 가는 길이야 오래 전에 알았을 터이고

때로 민가에서 잘 때도 있겠지.

왕손초王孫草에게 여쭙나니,

언제쯤 찻잔에 꽃을 띄울는지요?[411]

또한 황보증皇甫曾은 「찻잎 따고 돌아가는 육홍점을 보내며(送陸鴻漸山人採茶回)」에서 이렇게 읊었다.

무수한 봉우리 은자隱者를 기다리고

---

411 [당] 황보염皇甫冉, 「송육홍점서하사채다送陸鴻漸栖霞寺采茶」, "採茶非采菉, 遠遠上層崖. 布葉春風暖, 盈筐白日斜. 舊知山寺路, 時宿野人家. 借問王孫草, 何時泛碗花." 『전당시』권249, 앞의 책, 2808쪽. 역주: 왕손초王孫草는 회남소산淮南小山의 「초은사招隱士」에 나오는 고사로 멀리 떠난 이를 사모하는 마음을 나타낸다. 여기서는 육우를 비유했다.

또 다시 봄 차 무리지어 생겨나네.

깊은 곳으로 가야 차를 딸 수 있다며

안개 속으로 홀로 걸어가는 이 부러워라.

은일을 기약하는 산사는 멀기만 한데

거친 밥에 돌 샘물 맑기만 하구나.

고요히 등불만 타오르는 밤,

풍경소리에 그리움만 더하네."412

육우는 살아 있을 때 이미 자신의 성취로 인해 사회적으로 인정을 받고 명성을 얻었다. 「전다수기煎茶水記」의 작가 장우신張又新은 육우보다 약간 늦은 원화元和 원년(806년)에 태어났으며, 육우가 세상을 뜨고 2년 만에 죽었다. 「전다수기」에 보면 다음과 같은 일화가 적혀 있다.

"원화元和 9년(814년) 내가(장우신) 처음 이름을 날리게 되어(진사급제를
말함) 동년배들과 천복사에서 모임을 가졌다. 나와 이덕수李德垂가 먼
저 도착하여 천복사 서쪽 곁방인 현감실玄鑒室에서 잠시 휴식을 취했
다. 때마침 옛 초나라 땅에서 온 승려 한 사람이 왔는데 행낭에 몇 권
의 책이 담겨 있었다. 내가 별 생각 없이 한 권을 꺼내 보니 글자가 세
밀한 것이 잡다하게 쓴 글이었다. 권말에 「자다기煮茶記」라고 제목이 적

412 [당] 황보증皇甫曾, 「송육홍점산인채다회送陸鴻漸山人采茶回」, "千峯待逋客, 春茗複叢生. 探摘
    知深處, 烟霞羨獨行. 幽期山寺遠, 野飯石泉清, 寂寂燃燈夜, 相思一磬聲." 「전당시」권210, 위의
    책, 2181쪽.

힌 글을 보니 당나라 대종 시절 이계경李季卿이 호주자사湖州刺史로 임명되어 회양維揚에 이르렀을 때 우연히 처사處士 육우를 만난 이야기가 적혀 있었다.

이계경은 육우의 명성을 익히 알고 있는지라 그를 만나자 오랜 벗을 만난 것처럼 기뻐하며 함께 성안으로 들어갔다. 양자역揚子驛에 이르러 식사를 하려고 할 때 이계경이 말했다. '육 거사가 차에 능하다는 사실은 천하에 이미 알려졌지요. 게다가 이곳 양자강(장강, 양주揚州에서 동쪽 바다까지가 양자강) 아래의 남령수南零水는 특히 물맛이 좋다고 하더군요. 오늘 그대와 남령의 물[413]이 교묘하게 만난 것은 천 년 만에 한 번 만나기 어려운 일이니 어찌 이런 인연을 헛되이 보낼 수 있겠습니까?' 이렇게 말하곤 믿을 만한 군사에게 명하여 배를 타고 가서 남령의 샘물을 길어오도록 했다. 육우는 다기를 펼쳐놓고 기다렸다. 잠시 후에 물이 도착했다. 육우가 표주박으로 그 물을 떠올리며 말했다. '강물은 강물인데 남령의 물이 아니라 강기슭의 물인 것 같소이다.' 그러자 물을 길어온 군사가 말했다. '제가 배를 저어 남령까지 간 것을 본 이가 백여 명인데 어찌 감히 거짓말을 하겠습니까?' 육우가 아무 말도 하지 않고 동이의 물을 쏟아내다 절반쯤에 이르자 다시 입을 열었다. '여기서부터 남령의 물이로군.' 군사가 화들짝 놀라며 꿇어앉아 사죄하며 말했다. '제가 남령의 물을 길어오다가 배가 흔들리는

---

413 역주: 남령수南零水는 지금의 강소성 진강鎭江 강물 중간에 있는 바위에서 솟아나는 중냉천中冷泉으로 당대부터 유명했다.

바람에 그만 물을 절반이나 쏟고 말았습니다. 물이 줄어들자 두려운 마음에 강기슭의 물로 채웠습니다. 처사의 감식안이 이처럼 신묘한데 어찌 감히 속일 수 있겠습니까?' 이계경과 수십 명의 빈객과 종복들이 모두 크게 놀랐다. 이계경이 육우에게 물었다. '이미 이처럼 감식안을 지니셨으니 지금까지 두루 다닌 곳의 물을 품평해주실 수 있겠소이까?' 육우가 말했다. '초楚 땅의 물이 으뜸이고 진晉 땅의 물이 가장 하치지요.' 이계경은 시종에게 명하여 육우가 구술하는 차례대로 적도록 했다. 여산 강왕곡康王谷의 수렴수水簾水가 제일이고……."[414]

인용문을 읽어보면 물맛을 변별하는 육우의 솜씨가 이미 신의 경지에 이르렀다. 물론 소설처럼 문학적 상상력을 발휘한 것이겠지만 차와 물맛에 대해 세세하게 탐구하여 미묘한 차이까지 변별하는 육우의 솜씨는 당시에 이미 널리 인정받고 있었다는 것은 믿을 만하다. 장우신은 계속해서 이렇게 말하고 있다.

---

[414] [당] 장우신張又新, 「전다수기」. "元和九年春, 子初成名, 與同年生期於薦福寺. 餘與李德垂先至, 憩西廂玄鑑室, 會適有楚僧至, 置囊有數編書. 餘偶抽一通覽焉, 文細密, 皆雜記. 卷末又一題云《煮茶記》, 云代宗朝李季卿刺湖州, 至維揚, 逢陸處士鴻漸. 李素熟陸名, 有傾蓋之歡, 因之赴郡. 至揚子驛, 將食, 李曰, '陸君善於茶, 蓋天下聞名矣. 況揚子南零水又殊絕. 今日二妙千載一遇, 何曠之乎!' 命軍士謹信者, 挈瓶操舟, 深詣南零, 陸利器以俟之. 俄水至, 陸以勺揚其水曰, '江則江矣. 非南零者, 似臨岸之水.' 使曰, '某棹舟深入, 見者累百, 敢虛紿乎?' 陸不言, 既而傾諸盆, 至半, 陸遽止之, 又以勺揚之曰, '自此南零者矣.' 使蹶然大駭, 馳下曰, '某自南零齎至岸, 舟蕩覆半, 懼其鮮, 挹岸水增之. 處士之鑑, 神鑑也, 其敢隱焉!' 李與賓從數十人皆大駭愕. 李因問陸, '既如是, 所經歷處之水, 優劣精可判矣.' 陸曰, '楚水第一, 晉水最下.' 李因命筆, 口授而次第之. 廬山康王谷水簾水第一, ……" 시노다 오사무篠田統, 다나카 시즈이치田中靜一, 『중국식경총서中國食經叢書』 외에도 『중국다서전집』(동경, 급고서원汲古書院, 1987년) 상권, 6쪽에 실려 있다.

"이 스무 군데의 물은 나도 일찍이 맛본 적이 있다. 이는 차의 좋고 나쁨과 관련이 있는 것이 아니니 그 외의 것은 잘 모르겠다. 무릇 차란 산지에서 달여야 제 맛이 난다. 물과 흙이 알맞기 때문인데, 산지를 떠나면 물의 공은 절반으로 줄어든다. 그러나 차를 잘 다리고 용기를 정갈히 하면 물의 고유한 본성이 온전하게 드러난다. 이계경李季卿이 차를 네모진 상자 안에 넣어두었는데 차에 대해 이야기하는 이를 우연히 만나 보여주었다. 나중에 내가 구강九江에 자사刺史로 나갔을 때 객인 이방李滂과 문생門生 유노봉劉魯封이 차에 대해 말하는 사람을 본 적이 있다고 했다. 내가 문득 예전에 승려의 방에서 책을 얻은 것이 생각나 서가를 모두 뒤져보니 책이 그대로 있었다. 옛 사람이 말하길, '물을 병에 담아두면 어느 것이 치수淄水이고 승수澠水인지 알 수 있겠는가?'[415]라고 했다. 이 말은 굳이 평하지 않아도 만고의 진리이니 의심할 여지가 없다. 천하의 이치는 말로 다할 수 없음을 어찌 알았으랴? 옛 사람은 정세하고 깊이 연구했음에도 미진한 부분이 있다하였거늘, 학문에 분투하는 군자들은 추호도 나태함이 없어야 할 것이니, 어찌 현자를 보면 자신도 그리 되기 위해 노력하는 것에서 그쳐야겠는가? 이 이야기가 권면하는 데 도움을 줄까싶어 기록하는 바이다."[416]

---

415 역주: 『여씨춘추呂氏春秋·정유精諭』에 따르면, 제나라 환공桓公의 신하인 역아易牙는 제나라(산동성)를 흐르는 강인 치수淄水와 승수澠水의 물맛을 구분했다고 한다.

416 장우신張又新, 「전다수기」. "此二十水, 餘嘗試之, 非系茶之精粗, 過此不之知也. 夫茶烹於所產處, 無不佳也, 蓋水土之宜. 離其處, 水功其半, 然善烹潔器, 全其功也. 李置諸笥焉, 遇有言茶者, 即示之. 又新刺九江, 有客李滂,門生劉魯封, 言嘗見說茶, 餘醒然思往歲僧室獲是書, 因盡篋, 書在焉. 古人云, 瀉水置瓶中, 焉能辨淄澠. 此言必不可判也, 力古以爲信然, 蓋不疑矣, 豈知天下之理, 未可言至. 古人研精, 固有未盡, 強學君子, 孜孜不懈, 豈止思齊而已哉. 此言亦有神於勸勉, 故記之."

장우신의 글을 잘 읽어보면 자못 언사가 분명하고 일일이 열거한 내용에 허튼 것이 없으며 지엽적인 문제까지 빠뜨리지 않았다. 특히 "내가 문득 예전에 승려의 방에서 책을 얻은 것이 생각나 서가를 모두 뒤져보니 책이 그대로 있었다."라고 말한 것은 일부로 날조하여 세상을 속이려는 이야기가 아니다. 이야기에 나오는 이계경李季卿은 당나라 종실宗室인 항산왕恒山王 이승건李承乾의 증손자이다. 그의 부친인 이적지李適之는 일찍이 좌상을 역임한 바 있다. 이계경의 전기는 『신당서』와 『구당서』에 모두 기록되어 있다.

> "대종代宗이 즉위하자 억압받아 재능을 발휘하지 못하고 있던 이들을 대거 천거했다.……선위사宣慰使로 하남河南과 강회江淮로 파견되어 은둔하고 있는 인재들을 발탁하고 충성스럽고 청렴한 이들을 천거하여 임용토록 하니 세상 사람들이 그를 칭송했다. 수년 동안 인재를 발탁하고 추천하는 일을 하다가 우산기상시右散騎常侍로 전근했다.……그는 조정에서 현명하고 능력 있는 이를 천거하는 것을 임무로 삼았으며, 이로 인해 좋은 선비들이 많아졌다. 대력大曆 2년(767년) 사망했으며, 예부상서로 추서되었다."[417]

정사의 기록은 장우신이 초 지방의 승려가 쓴 『자다기煮茶記』에서 이계경에 대해 언급한 것과 시간적으로 부합한다. 대종 이예李豫는 18년

---

[417] 『구당서』권99, 앞의 책, 3102쪽. 『신당서』권202, 앞의 책, 5748쪽.

동안(762~779년) 재위했다. 이계경은 대력 2년에 사망했으니 이예가 즉위하고 5년째 되던 해였다. 그 기간 동안 이계경은 "통주通州에서 경조소윤京兆少尹으로 발탁되었으며, 얼마 후 다시 중서사인中書舍人을 거쳐 이부시랑吏部侍郎에 배수되었다. 잠시 후 어사대부를 겸하게 되어 선위사宣慰使로 하남河南과 강회江淮로 파견되어 은둔하고 있는 인재들을 발탁하고 충성스럽고 청렴한 이들을 천거하여 임용토록 하니 세상 사람들이 그를 칭송했다." 이렇듯 관리 경력과 시간이 모두『자다기』와 서로 부합한다. 그렇기 때문에 이계경이 764년부터 767년까지 어느 해에 육우와 서로 만나 차를 마시고 찻물을 변별했다는 이야기는 가히 믿을 만하다고 단언할 수 있을 듯하다. 이계경과 육우가 호주湖州에서 만났을 때는 육우의 명성이 이미 세상에 널리 알려져 있었다.『자다기』나 장우신이 쓴 글의 내용에 과장된 부분이 없지 않으나 육우가 물맛을 변별하여 높고 낮음을 비교했다는 것은 결코 허황된 이야기가 아니다. 이외에 당대 봉인封演이 쓴『봉씨문견기封氏聞見記』에도 "어사대부 이계경이 강남을 선위宣慰(황제를 대신하여 지방을 시찰함)했다."는 기록이 나오며, "차를 잘 다루는" 육우 등을 일부러 방문했다는 기록이 있기 때문이다. 육우는 시문에 능하고 저술도 제법 많았지만 현재까지 유전되는 것은『다경』한 가지 뿐이다.

『다경』은 758년 쯤 저술되었으며, 전체 7천여 자로 상, 중, 하 세 권으로 나누어진다. 내용은 차의 기원(源), 도구(具), 제조(造), 기물(器), 끓이기(煮), 마시기(飮), 옛일(事), 산지(出), 생략(略, 하지 말아야 할 일), 필사(圖) 등 열 가지로 세분되어 기록되고 있으며, 이외에 서序가 있다.

문장이 정련되고 간략하면서도 요점을 간추려 다사茶事와 관련된 여러 가지, 예컨대 차의 기원, 모양, 명칭, 품질, 종류, 채집, 제법製法, 끓이기와 마시기, 도구 등은 물론이고 수질의 등급, 차 마시는 풍습, 옛 이야기, 산지, 약용 등에 이르기까지 언급하지 않은 바가 없으니 중국 고대 다서茶書 가운데 가장 상세하고 또한 완전한 책이라고 할 수 있다. 또한 육우 자신의 지론을 주도면밀하게 관철하면서 매 논의마다 전문가로서 자신의 의견을 밝혔다. 그래서『다경』은 중국 다사의 유래를 밝힌 대전大典으로 이후 다사를 연구하는 학자들이나 무수한 다인茶人들에게 하나의 법도가 되었다. 하여 경전의 의미로『다경』이라 이름 지은 것 또한 명실상부하니 이후 어느 누구도 '경經'이라는 칭호를 쓸 수 없었다.

책에 나오는 여러 가지 논술은 지금도 여전히 참고할 가치가 있다. 특히 차나무와 토양의 관계나 봄에 차의 새순을 따는 시기 등에 관한 언급은 현대 연구 결과와 서로 부합하며, 지금도 여전히 준수되고 있다.『다경』이후로 차에 관한 논저가 끊임없이 나와 청대 말까지 족히 백여 종에 달한다. 이렇듯 중국은 차에 관한 논저가 가장 많은 나라이기도 하다. 다사茶事는 처음부터 일종의 아사雅事였다. 특히 지식인들이나 상층부 사회에서 널리 애용되었기 때문에 더욱 그러하다. 이는 중국 고대의 독특한 문화현상으로 차 문학 발전을 촉진시켰으며, 차의 생산과 제작 및 풍속이나 음식습관, 사상문화, 사회경제 등에 이르기까지 영향을 끼치지 않은 것이 없을 정도였다.

육우는 후인은 물론이고 동시대 사람들에게까지 '다신茶神'으로 받들어졌다. 물론 '신'은 존재하지 않으나 그는 남들과 다른 새로운 표지를 세우고, 남다른 풍속을 개도함으로써 대사大師의 반열에 올랐으니 '성 聖'이란 호칭을 붙이기에 모자람이 없다. 그의『다경』은 심원한 의의를 지닌 다사의 혁명으로 이론적 지침서이자 규범서이다. 그러니 '경'이 란 말을 붙이기에 부끄럽지 않다.

| 원말 명초 화가 조원趙原의 「육우팽다도陸羽烹茶圖」

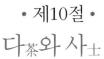

중국역사에서 '사'라는 계층, 또는 군체_{群體}의 사상이나 언행의 중요한 특징 가운데 하나는 '탈속_{脫俗}'을 자부하며 '고아_{高雅}'를 표방함이다. 물론 그 중에는 거짓 군자(僞君子)나 가짜 도학(假道學)으로 거짓과 허물을 숨기며 가장하는 무리배가 없지 않으나 긍정적인 의미에서 탈속과 고아는 확실히 중국 사인의 고귀한 품격이자 전통이다. 중국 봉건사회에서 '사'는 지식계 인사를 두루 지칭하며 특히 아직 관리가 되지 않은 독서인을 가리킨다. '사_士'가 관리가 되면, 이를 일러 '사_仕'라고 한다. 본문에서 말하는 '사'는 역사 속 문화인을 두루 지칭한다. 탈속은 곧 고아이며, 고아는 또한 탈속이다. 다사_{茶事}가 우아한 까닭은 우아해질 수 있고, 우아하게 살아갈 수 있으며, 무수한 아흥_{雅興}, 아취_{雅趣}, 아사_{雅事}가 있기 때문이다. 근본적으로 사와 관계되지 않는 것이 없고, 사의 생활이나 문화적 소양과 관련되지 않는 것이 없다. 다성 육우는 바로 이러한 '사'이자 유가와 도가, 그리고 불가를 한 몸에 지닌 강호江湖의 고사高士이다. 일정한 의미에서 다사가 고아한 까닭은 중국 역사에서 사士가 이끌어낸 것이기 때문이다. 그런 즉 다사와 관련이 있는 모든 고아함, 예를 들어 풍습의 아雅, 음법飮法의 아, 차 도구의 아, 취미의 아, 이야기의 아, 제도의 아 등등은 사의 고아함과 관련되지 않는 것이 없다.

다사茶事와 사士의 특수한 관계, 또는 다사의 아雅는 명대 중엽 이후로 두드러지게 표현된다. 명대 사인이나 다인茶人은 이렇게 생각했다.

> "차를 마실 때 사람이 적은 것이 좋다. 사람이 많으면 시끄럽고, 시끄러우면 아취가 줄어든다. 혼자 마시면 신묘함, 둘이 마시면 뛰어남, 서넛이 마시면 흥취, 대여섯이 마시면 실속이 없음, 일고여덟이 마시면 그냥 베풂이라 말한다."[418]

차를 마실 때 중요한 것은 '아취'를 음미하는 일이다. 이는 명대 사인들이 차를 마실 때 보여준 풍격이기도 하다. 그들은 함께 차를 즐길 수 있는 이라면 반드시 "본심으로 동조하면서 서로 흐뭇한 기분을 나눌 수 있고 맑은 언사에 설득력이 있고, 형해를 벗어난(素心同調, 彼此暢適, 淸言雄辯, 脫略形骸)" 탈속의 아인雅人이어야 한다고 생각했다. 그들에게

---

[418] [명] 장원, 『다록』. "飮茶以客少爲貴. 客衆則喧, 喧則趣乏矣. 獨啜曰神, 二客曰勝, 三四日趣, 五六曰泛, 七八曰施." 진조규 등, 『중국다엽역사자료선집』, 앞의 책, 142쪽.

다우茶友는 주우酒友보다 한 수 위이고, 다인의 고아함은 주인酒人의 그것을 능가했다.

"손님과 벗들이 잡다하게 함께 어울려 술잔과 산가지가 뒤섞이고 갑자기 모인 까닭에 오고갈 우정이랄 것도 없는 상황이라면 그저 보통의 술을 주고받으면 된다."[419] 다사가 주사酒事보다 훨씬 낫다는 생각은 명대 사인들 특유의 관점이었다. 명대 사인들은 차의 품질을 향과 색, 그리고 맛으로 구분하여 보다 나은 것을 추구했으며, 찻물이나 다기에 대해서도 나름 신경을 쓰고 까다롭게 가렸다. 이를 개괄하면 다음과 같다.

향香: 차에는 진향, 난향, 청향, 순향이 있다. 안팎이 한결 같은 것을 일러 순향, 설익거나 너무 익히지 않은 것을 청향, 불기운이 고르게 들은 것을 난향, 곡우 이전에 신묘함을 갖춘 것을 진향이라고 한다. 또한 향내가 드러나지 않는 함향含香, 새어나간 누향漏香, 풋내가 나는 부향浮香, 잡다한 것이 섞인 간향間香 등이 있는데, 이는 모두 올바른 향이 아니다.

색: 차는 푸른 비취빛이 으뜸이고, 찻물은 쪽빛에 하얀색을 띠는 것이 좋다. 누렇거나 검고, 붉거나 혼탁한 색깔의 차는 다품茶品에 끼지도 못한다. 눈처럼 순백한 찻물이 상품, 비취빛이 중품, 누런 빛깔은

419 [명] 허차서, 『다소』, "賓朋雜沓, 止堪交錯觥籌, 乍會泛交, 僅須常品酬酢." 앞의 책, 8쪽.

하품이다. 신선한 샘물, 이글거리는 활화活火에 현묘한 기술로 차를 다려 옥과 같은 차에 얼음처럼 투명한 찻물을 찻잔에 담는 것이야말로 절묘한 기예이다.

맛: 차의 맛은 달고 부드러운 것이 으뜸이고, 쓰고 떫으면 하치이다.[420]

차의 맛을 음미하는 고아한 정취는 당연히 차에 근원을 둔다. 차는 근본적으로 참됨을 귀하게 여긴다. 참된 향, 참된 색, 참된 맛. 차의 참됨을 보존하려면 반드시 '점염點染', 즉 다른 것이 첨가되는 것을 절대 금지해야 한다.

"물에 짠맛이 있거나 차에 다른 것을 넣거나 찻잔에 과일향이 배여 있는 경우"가 그러한데, 이렇게 "한 번 점염되면……참됨을 잃게 된다." 이는 당대 육우 이래로 송대 소식 등을 거쳐 명대 다인들에 이르기까지 일맥상통하는 '청음淸飮'의 다법이자 사士의 음다법이다. 이러한 다법은 명말 청초에 이르러 마침내 모든 이들에게 전파되어 차를 마시는 가장 보편적인 방법이 되었다.

사인들은 찻물에 대해서도 각별히 신경을 썼다.

---

420 [명] 장원張源(?~1524년), 『다록茶錄』. "茶有眞香, 有蘭香, 有淸香, 有純香. 表面如一日純香, 不生不熟曰淸香, 火候均停曰蘭香, 雨前神具曰眞香. 更有含香, 漏香, 浮香, 間香等, 此皆不正之氣." "茶以淸翠爲勝, 濤以藍白爲佳. 黃黑紅昏俱不入品, 雪濤爲上, 翠濤爲中, 黃濤爲下. 新泉活火煮茗玄工, 玉茗冰濤, 當杯絶技." "味以甘潤爲上, 苦澁爲下."

"정선한 차에 온축된 향기는 물을 빌어야 드러나니 물이 없다면 차를 논할 수 없다."[421]

"단 샘물을 길어 쓰는 것이 좋다. 하지만 집이 성안에 있으면 어찌 쉽게 얻을 수 있겠는가? 이치적으로 많이 길어와 큰 단지에 저장함이 마땅하다. 다만 새로 만든 단지는 금해야 한다. 불의 기운이 아직 물러나지 않아 물이 상하기 쉽고 또한 벌레가 생기기 쉽기 때문이다. 오래 쓰던 것은 좋으나 다른 용도로 쓰인 것은 가장 꺼려야 한다. 물은 성질이 나무를 꺼리는데 소나무와 삼나무가 심하다. 나무통에 물을 저장하면 그 해로움이 더욱 심하니, 손에 들 수 있는 병이 좋다. 물을 저장하는 단지의 입구는 두터운 죽순껍질로 막고 진흙으로 발라 봉했다가 사용할 때 돌려서 연다. 샘물이 여의치 않으면 매우수(음력 5월에 내리는 빗물)로 대체한다."[422]

물을 선택하는 것이 전대에 비해 세세하고 인식의 과학성 또한 뛰어나다.

만명 시절에 사인들은 물을 품평하는 것으로 서로 추켜세우곤 했다. 그래서 불원천리 먼 길을 마다하지 않고 유명한 물을 찾아다니는 사치

---

421 [명] 허차서, 『다소』. "精茗蘊香, 借水而發. 無水不可與論茶也." 앞의 책, 5쪽.
422 [명] 허차서, 『다소』. "甘泉旋汲用之則良. 丙舍在城, 夫豈易得. 理宜多汲, 貯大甕中. 但忌新器, 爲其火氣未退, 易於敗水, 亦易生蟲. 久用則善, 最嫌他用. 水性忌木, 松杉爲甚. 木桶貯水, 其害滋甚, 挈瓶爲佳耳. 貯水甕口, 厚箬泥固, 用時旋開. 泉水不易, 以梅雨水代之." 『총서집성초편』제1480책, 앞의 책, 5쪽.

스러운 습속이 출현했다. 명말 청초 저명한 전기傳奇 작가인 장대복張大復은 차를 마시고 물을 품평 표준을 마련하여 명대 사인들의 다사에 좋은 표본이 되었다. 장대복, 자는 성기星期이며 별도의 자는 심기心其이다. 호는 한산자寒山子이며 소주 사람이다. 전하는 바에 따르면, 그는 "두루 책을 읽고 시사詩詞를 잘 지었으며 본성이 순박하였으되 직접 생업에 종사하지 않았으며, 또한 불가의 경전에도 자못 조예가 있었다." 이를 보면 그다지 부유하지 않은 집안의 '한유寒儒(가난한 유생)'처럼 평생 생산적인 일에 종사하지 않고 살았던 그야말로 진정한 독서인이었다. 장대복이 보여주는 음다 생활은 다음과 같다.

"식암息庵을 정리하니 비로소 두서頭緖가 잡혀 화로를 둘러싸고 조용히 앉아 있다가 자신도 모르게 낮잠이 들었다. 아이가 책을 읽는 소리가 들리니 마음도 따라 즐겁고 화롯가에 솔바람 소리가 솔솔 들려오니 차가 익었다. 삼월에 비가 오지 않아 우물물도 감로甘露와 같아 우물에 빗장을 걸고 병뢰瓶罍(주둥이가 작은 항아리)에 물을 담아 두었다. 혜천惠泉(혜산惠山의 샘물)[423]은 어디에서 오기에 장생張生(작가 자신)이 마시는 것을 싫어하시는가? 하인에게 물어보니 예전에 혜수惠水 두 그릇과 보운천寶雲泉 한 그릇을 가져다 저장하고 있다고 하기에 서둘러 가져오라 하여 두 가지 물맛을 음미하였다. 그리고 아이에게 빨리 이

---

423 역주: 혜산천惠山泉은 혜산천慧山泉이라고도 하는데, 육우가 천하의 물맛 가운데 두 번째로 손꼽은 물이다. 그래서 육자천陸子泉이라고도 하는데, 강소 무석시無錫市 혜산의 제일봉이 있는 백석오白石塢 아래에서 나온다.

독옹李禿翁(이지李贄)의 『분서焚書』를 읽으라고 했다.……"[424]

　　지독한 가뭄에 시달리는 음력 삼월에 멀리서 떠와 오랫동안 저장하고 있는 명천의 물로 차를 다려 마시고, 옛 선인의 책 읽는 소리를 듣는 모습이 명대 사인의 아취를 제대로 드러내고 있다. 장대복은 만년에 이르러 찢어지게 가난하여 외상으로 쌀을 사다 밥을 해먹는 지경에 이르렀다. 심신이 초췌하여 당장 쓰러지기 일보 직전이었으며 게다가 두 눈까지 실명하고 말았다. 하지만 차를 구하는 일만은 여전히 부지런하여 물을 구해오고 차를 선택하느라 온힘을 기울였으며, 평생 무이차武夷茶를 마셔보지 못한 것을 유감으로 여겼다. 명대 사인들은 차를 끓이려면 반드시 명천明泉의 맑은 샘물이어야 하니 아무리 먼 곳에서 가져올지라도 수고롭게 생각하지 않았다. 일시적으로 얻지 못할 경우 일단 다른 이에게 빌려온 다음에 갚았다. 더 심한 경우 자신의 고상한 풍취를 만족시키고 자랑하기 위해 명천을 사칭하기도 했다.

　　"어떤 이가 백하白下(지금의 남경)로 물을 운반하였는데, 수레가 구곡句曲(지금의 강소 구용句容)에 이르렀을 때 여러 사람들에게 자랑하며 말하길, '내일 차를 마시는 모임이 있다고 했다. 수레가 왔지만 물이 없었다. 그래서 주인이 따지자 대구하여 말했다. '상공相公께서 고의로 단

---

424 [명] 장대복張大復, 『매화초당필담梅花草堂筆談』권1 「품천品泉」, 권3 「운수運水」, 상해, 고적출판사, 1985년, 57~58쪽.

수단水(제단에 올릴 물)를 운반하셨는데 뭘 운반하오리까?' 좌중은 크게 웃고 주인은 화가 나서 어쩔 줄 몰랐다.'[425]

명말에 차를 마시는 사인들은 집안이나 나라를 돌보지 않고 그저 차에만 몰두하는 지경에 이르렀다. 차를 마실 때는 혜수惠水가 아니면 끓이지 않았고, 운무雲霧, 자순紫笋, 감리甘莉, 무이武夷, 송라松蘿, 천지天池, 호구虎丘, 용정龍井, 개매芥梅, 난설蘭雪 등 유명한 차가 아니면 마시지 않았으니, 이렇듯 서로 경쟁하고 자랑하며 자신의 명망을 드러냈다.

장대복과 동시대에 살았던 사림士林의 다인茶人 장대張岱(1597~1689년쯤) 역시 다벽茶癖으로 유명한 인물이다. 장대, 자는 종자宗子 또는 석공石公이며, 별호는 도암陶庵, 접암거사蝶庵居士로 산음山陰(지금의 절강 소흥)에서 태어났으나 항주로 이주하여 오랫동안 살았다. "집안이 본래 검주劍州(지금의 사천 검각劍閣)"이기 때문에 자칭 '고검도암노인古劍陶庵老人', '촉인장대蜀人張岱'라고 했다. 장대의 조부는 삼대에 걸쳐 고관을 지냈고 부친은 노왕부魯王府 우장사右長史(정오품正五品)를 역임했다. 하지만 본인은 수재秀才가 되었으나 관리가 된 적이 없다. 그는 자신에 대해 스스로 이렇게 말했다.

"나는 어려서 부잣집 도령(환고자제紈絝子弟)으로 변화한 것을 매우 좋아했고, 정사精舍, 예쁜 시녀, 연동孌童(미소년), 화려한 의복, 좋은 음식,

---

425 [명] 장대복張大復, 『매화초당필담梅花草堂筆談』 권1 「품천品泉」 권3 「운수運水」 위의 책, 215쪽.

준마駿馬, 화려한 장식등, 연화煙火(불꽃놀이), 이원梨園(연극), 고취鼓吹 (북을 치고 나발을 부는 악대), 고동古董(골동품), 화조花鳥 등을 좋아했으며, 아울러 차에 도취하여 농담이나 즐기고(茶淫橘虐) 책벌레에 시마 詩魔라고 할 정도로 시 짓기를 좋아했다(書蠹詩魔).'[426]

이로 보건대, 그의 성정은 물길 따라 흘러가듯 자연에 내맡기고 향락을 즐겼던 것 같다. 청나라로 들어온 후 그는 "집이 가난하여 변변할 가재도구조차 없고, 재산을 탕진하여 남은 것이 없었다." 하여 "식량 항아리가 번번이 텅 비고 불을 때어 밥을 지을 수조차 없었다." 그는 자신의 문집 『도암몽억陶菴夢憶』에서 다음과 같은 이야기를 남겼다.

어느 날 벗인 주묵농周墨農이 차의 달인인 민문수閔汶水(휘주徽州 사람으로 민차閩茶의 달인이다)를 입에 침이 마르도록 칭찬하는 말을 듣고 도엽도桃葉渡(지금의 남경에 있는 지명)로 그를 찾아갔다. 민씨 집에 도착하였는데, 공교롭게도 민씨는 외출하여 돌아오지 않아 그를 기다렸다. 한참 후에 민씨가 돌아오자 비로소 몇 마디 인사를 나누게 되었는데, 민씨가 돌연 벌떡 일어나며 말했다. "내가 지팡이를 놔두고 와서 다시 가서 찾아와야겠소이다." 민문수가 집을 나섰지만 장대는 계속해서 그를 기다렸다. 해가 저물 때쯤이 되자 민문수가 돌아와서는 장대

---

426 [명] 장대張岱, 「스스로 묘지명을 쓴다(自爲墓志銘)」, 『낭현문집琅嬛文集』권5, 장사長沙, 악록서사岳麓書社, 1985년, 199쪽.

가 계속 남아 있는 것을 보고는 웃으며 말했다. "아직 안 가셨소? 나에게 무슨 중요한 일이 있어 이리하시는 게요?" 장대가 대답했다. "노인장을 앙모한 지가 오래되었습니다. 오늘 특별히 방문한 까닭은 노인장께 차를 얻어 마시기 위함입니다. 차를 마시지 않으면 돌아가지 않겠습니다." 민문수가 그의 말을 듣고 기뻐하며 친히 다로茶爐를 가져오더니 장대를 이끌고 아취가 물씬 풍기는 다실로 들어갔다. 실내는 밝고 깨끗했으며, 다기며 다완 등이 정연하게 놓여 있었다. 그가 형계호荊溪壺를 비롯하여 성화成化, 선덕宣德 연간에 나온 유명한 찻잔 열댓 개를 꺼냈다. 찻물을 붓자 차색과 자기색이 완전히 일치하고 향기가 청원하여 장대는 자신도 모르게 찬탄을 연발했다. 차를 음미한 후 장대가 민문수에게 어떤 물을 사용하고 어떤 차를 썼냐고 물었다. 민문수가 고의로 거짓말을 했다. "끓인 것은 낭원차閬苑茶(안휘성 낭원琅源의 송라차松羅茶)이고 물은 혜천수惠泉水인데, 괜찮은 것 같소?" 장대가 주인의 말을 듣고 다시 한 번 맛을 보더니 웃으며 말했다. "괜히 저를 속이려 하지 마시지요. 차는 아마도 나개羅岕인 것 같은데 낭원차를 끓이는 방법과 같습니다만 맛은 영 다르지요. 물은 혜산惠山에서 금릉金陵(지금의 남경)까지 가져오셨다면 천리 길을 오면서 끓임없이 흔들렸을 터인데 이곳까지 오면서 어찌하여 물의 규각圭角(혜수의 각별한 성질)은 흔들리지 않았는지요?" "기이하군, 기이해!" 민문수가 자신도 모르게 감탄하면서 다시 말했다. "당신은 참으로 차에 정통한 사람이군요. 당신 말이 맞소이다. 차는 분명 나개차이고, 물 역시 혜천의 물이오이다. 천리 먼 길을 운반해오면서도 규각이 흔들리지 않은 것은 배에 실어 평온하게 가져온 까닭이외다." 그가 다시 차를 끓여 장대에게 주며 말했다. "다시 이 차를 한 번 맛 보시오. 지금 이 다호茶壺에 있는 차와 조금 전의 차가 언제 딴 찻잎으로 만든 것인지 구분하실 수 있겠소?" 장대가 마신 후 말했다. "지금 이 다호에 있는 차는 향과 맛이 짙으니 봄차일 것이고 조금 전 것은 가을차입니다." 민문수가 껄껄 웃으며 말했다. "내가 칠십 평생을 살면서 수많은 다인을 만났지만 그대처럼 정통한 이는 만나지 못했소이다." 이리하여 두 사람은 차로 만난 지기란 뜻에서 '다지기茶知己'가 되었다.[427]

명대 사림士林의 다인들은 차를 마시는 이의 문화적 소양을 대단히 중요하게 여겼다. 그들의 관점에 따르면, "차를 달이는데 마땅함을 얻었다고 할지라도 마시는 데 차의 맛을 제대로 아는 이가 아니라면 유천乳泉(육우가 『다경』에서 최고로 평가한 물)의 물에 쑥이나 누린내 풀을 넣어 끓인 것과 같으니 죄가 이보다 클 수 없고, 마시는 자가 단숨에 끝까지 들이켜 맛을 변별할 여유조차 없다면 속됨이 이보다 심한 것이 없다."[428] 비록 명대 사인들이 다사에 지나칠 정도로 관심과 애정을 지녀 심히 번거로운 지경에 이르고 심지어 기괴하고 황당한 실수를 범하기도 했지만 고아함을 추구하는 사인들의 욕구로 인해 다사가 더욱 더

---

427 [명] 장대, 『도암몽억陶庵夢憶·민노자다閔老子茶』, 『총서집성초편』제1949책, 앞의 책, 20~21쪽.
428 [명] 전예형田藝蘅(1524~?), 「자천소품煮泉小品」, "煮茶得宜, 而飲非其人, 猶汲乳泉以灌蒿菇, 罪莫大焉. 飲之者一吸而盡, 不暇辨味, 俗莫甚焉." 호산원胡山源 편, 『고금다사古今茶事』, 앞의 책, 121쪽.

고상해졌으며, 중국 다문화의 특유한 풍격을 낳았다는 점은 인정하지 않을 수 없다.

이외에도 차는 청대에 특별한 역할을 맡기도 했다. 이른바 문아文雅한 '축객령逐客令'이 바로 그것이다. 예컨대 주인이 방문객을 못마땅하게 여기거나 회견을 끝내고 싶으면 집안사람에게 큰 소리로 "차를 끓여라!"라고 외친다. 그러면 손님은 눈치껏 일어나 작별을 고할 수밖에 없었다. 그 말이 곧 나가달라는 뜻이었기 때문이다.

| 남송 유송년劉松年의 「노동팽다도盧仝烹茶圖」

중국 다사의 발전은 중국에서 불교의 전파 및 발전과 밀접한 관련이 있다.

　중국에서 차를 생산하고 마시기 시작한 것은 상당히 오래 전의 일이지만 당대 이전까지만 해도 발전 속도가 매우 더뎠다. 남조南朝 말년까지 북방은 차를 마시는 이들이 매우 적었다. 위진시대 북방인들의 차에 관한 관심은 양한 시대 사람들보다 퇴보했으며, 심지어 남방 사람들이 북방으로 오면 차를 마시는 습관을 버려야 할 정도였다. 차를 마시는 일이 대대적으로 보급되고 다사가 크게 발전하며 차 재배가 확대되기 시작한 것은 중당 이후에 일어난 역사 현상이다. 이는 모두 불문佛門의 차 애호와 재배 및 제다製茶와 밀접한 관련이 있다. 앞서 우리는 육우의 그의『다경』의 역사적 역할과 작용에 대해 언급했는데, 이는 단순히 한 개인이 이루어낸 행위의 결과가 아니라 특정한 역사적 배경에서 발생한 필연적인 일이었다.

대략 8세기 말에 편찬된 『봉씨견문기封氏聞見記』를 보면 중당 시절에 차를 마시는 습관이 널리 보급되었다는 사실과 그 원인에 대해 살펴볼 수 있다.

남인(남방사람)은 차를 마시는 것을 좋아하지만 북인은 애초 차를 그리 마시지 않았다. 개원開元(713~741년) 연간에 태산 영암사靈岩寺에 사는 강마사降魔師가 선교禪敎를 크게 일으켰다. (참선을 위해) 잠을 자지 않고 저녁밥을 먹지 않았으나 차를 마시는 것만은 할 수 있었다. 그래서 사람들은 자신이 직접 품안에 차를 가지고 다니면서 직접 끓여마셨고, 이로부터 서로 본받으면서 점차 차를 마시는 풍습이 형성되었다. 추鄒(산동 추현鄒縣), 제齊(산동 치박淄博 일대), 창滄(하북 창주滄州), 棣(산동 무체無棣 일대)에서 점차 경읍京邑(지금의 서안)의 도시까지 점포를 개설하고 차를 끓여 팔았으며, 도속道俗(승속僧俗)을 막론하고 돈만 내면 누구나 사서 마실 수 있었다. 차는 강회江淮에서 주로 운송되었는데, 차를 실은 배와 마차가 서로 이어질 정도였으며, 산처럼 가득 쌓이고 종류나 수량도 심히 많아졌다. 초 지방 사람 육홍점(육우)이 다론茶論을 지어 차의 효능과 더불어 차를 달이고(煎茶) 불에 덖는(炙茶) 방법, 다구茶具 24가지를 만드는 방법, 도통롱都統籠[429]에 한데 모아 저장하는 방법 등에 대해 말했다. 하여 원근遠近을 막론하고 많은 이들

___
429 역주: 육우가 말한 도람都籃, 즉 여러 다구를 수납하는 기물을 말하는 듯하다.

이 그를 경모하였고, 호사가들은 집안에 그의 책을 한 부씩 소장했다. 상백웅常伯熊이 홍점(육우)의 다론을 윤색하여 널리 퍼뜨렸다. 그래서 다도茶道가 크게 성행하여 왕공王公이나 조정의 사인으로 차를 마시지 않는 이가 없었다.……옛 사람들은 차를 마시기만 했을 뿐 지금 사람처럼 깊이 탐닉하는 정도는 아니었다. 지금 사람들은 밤낮을 가리지 않고 차를 즐겨 마셔 거의 풍습처럼 되었으며, 중지中地(중원)에서 시작하여 새외塞外(변방)까지 흘러들어갔다. 예전에 회흘回紇(위구르족) 사람들이 입조하면서 명마를 대거 몰고 들어와서 차와 맞바꾸고 돌아갔으니 이 또한 참으로 괴이한 일이다.[430]

봉연封演은 인용문에서 당대에 다사가 흥성한 연유에 대해 기술하고 있지만 설명이 미진한 점도 있다. 당대는 불교가 남북조시대에 전파된 이후로 다시 한 번 급속도로 발전한 시기이다. 전대에 이미 천태종, 삼론종, 삼계교三階教 등 중요 종파 외에도 자은종慈恩宗, 율종律宗, 현수종賢首宗, 밀종密宗 등의 종파가 형성되었다. 선종은 불교가 널리 보급되고 발전하면서 출현한 여러 종파 가운데 하나이다. 전하는 바에 따르면, 중국에 최초로 선종을 전한 이는 북위北魏 시절 남인도南印度에서 온 보리달마菩提達摩이다. 하지만 선종은 불교의 탄생지인 인도의 교파가 아니라 중국 북방의 사상문화의 환경에 적응하면서 인도의

---

430 [당] 봉연封演, 『봉씨문견기封氏聞見記·음다飮茶』, 『문연각사고전서』제862책, 앞의 책, 442~443쪽.

전통적이고 복잡한 좌선 수양 방식을 개조하여 당시 북방의 소박하고 단순하며 실천을 중시하는 사상문화와 융합한 중국식 불교 유파이다. 다시 말해 "그(달마)가 제기한 주장과 걸어온 길은 당시 중국 북방의 구체적인 환경에서 조성된 산물이다."[431] 선종은 육조六祖 혜능慧能 이전까지 여러 유파가 있었다. 일찍이 초당 시절부터 선종은 이미 광범위하게 유전되었다. 선종의 수심修心, 간행簡行 및 사람은 누구나 성불할 수 있다는 교의는 당시 유가사상과 접촉하고 융합하는데 도움을 주었다. 그래서 당시 지식인들이나 일반 대중들 역시 보다 쉽게 선종을 받아들일 수 있었다. 중당 시절은 바로 이러한 역사적 특징을 지닌 시기이다. 물론 차를 마시는 일은 불교 가운데 선종만 독점한 것이 아니었다. 또한 불교가 발전하면서 승려들이 차를 애호하게 된 것은 의심할 바 없이 차의 보급에 큰 도움을 주었다. 하지만 차를 마시는 풍습이 널리 전파된 이유를 오로지 선문禪門의 공으로 돌리는 것은 그다지 합당치 않다.

혜능 이후 선문에는 유학에 정통한 승려들이 많이 배출되었으며, 중국 사인들 역시 선종의 교리에 깊이 매료되었다. 그렇기 때문에 선문에서 유가로, 유가에서 선문으로 또한 불문佛門에서 유가로, 유가에서 불문으로 서로 오갔던 여러 사람들의 공동 노력으로 음다飮茶의 보급이 촉진되었다고 보는 것이 합리적이다. 육우는 불문 제자였으며, 그

---

431 임계유任繼愈, 「선종철학사상약론禪宗哲學思想略論」, 『한당불교사상논집漢唐佛教思想論集』, 북경, 인민출판사, 1981년, 132쪽.

의 스승인 지적智積은 당대 고승이었다. 당연히 육우가 다성茶聖이 될 수 있었던 까닭은 불가의 영향과 무관치 않다.

참선과 오도悟道는 물론이고 불법을 논하고 부처를 이야기하면서 차를 통해 심신을 맑게 하였으며, 신도나 객승을 대접할 때도 차가 빠지지 않았다. 사원에 여러 가지 차를 보관하고 있다가 속세의 '시주施主'가 올 때면 방장方丈이 시주의 신분, 지위, 공헌 정도에 따라 각기 다른 대접을 했는데, 내오는 차를 '호다好茶', '다다茶茶', '다茶' 등 서로 등급으로 나누기도 했다.

불문과 다사茶事의 밀접한 관계를 보여주는 문헌이나 시사는 셀 수 없을 정도로 많다. 여기서는 당대 문인들의 시문에서 몇 가지 시구를 살피고자 한다.

너른 들판에 햇벼 가득하고 산에 기댄 마을,

깊은 소나무 숲 한참 걸어 산사에 도착했다.

다행 향기로운 차 계절에는 어린 아들이 남아 있었으나

풀잎 시드는 소슬한 가을에 왕손(손아래 처남인 염백균)을 보내려니 견

딜 수 없구나.432

기이한 행적을 대하며 향을 사르고

---

432 [당] 이가우李嘉佑(생졸미상), 「가을 새벽 초은사 동봉 다연에서 집안 동생 염백균을 강주로 돌려보내며(秋曉招隱寺東峰茶宴, 送内弟閻伯均歸江州)」, "萬畦新稻傍山村, 數里深松到寺門. 幸有香茶留釋(稚)子, 不堪秋草送王孫." 『전당시』권207, 앞의 책, 2165쪽.

차를 마시며 새로운 시를 논한다.'⁴³³

은자는 몰래 차를 다리고

산승은 깨끗한 상(찻상)을 아긴다.⁴³⁴

큰 배만한 술잔 한 번 저어 남김없이 비우니

십년 젊은 시절 내내 그대(酒神)를 저버린 것은 아닐세.

오늘 귀밑머리 희여 선탑禪榻에 기대앉으니

차 달이는 연기가 꽃잎 떨어지는 바람에 휘날리네.⁴³⁵

그림을 감별할 때는 오사吳寺의 벽화가 그리워지고

찻물이 흡족하니 삽계霅溪(절강 호주湖州)의 샘물에 상을 주어야 하

리.⁴³⁶

옛 나라(隋) 그림에 이끼가 끼니 어둡기만 하고

---

433 [당] 엄유嚴維(생졸미상), 「독고중승이 운문사에서 노닐며 쓴 시에 삼가 화답하며(奉和獨孤中丞
   游雲門寺)」, "異迹焚香對, 新詩話的茗論." 『전당시』권263, 위의 책, 2918쪽.
434 [당] 장효표章孝標(791~873년), 「방산사 소나무 아래 샘물(方山寺松下泉)」, "野客偸煎茗, 山僧
   惜净床." 『전당시』卷506, 위의 책, 5751쪽.
435 [당] 두목杜牧(803~852년), 「선원에 제하다(題禪院)」, "觥船一櫂(棹)百分空, 十歲(千載)青春不
   負公. 今日鬢絲禪榻畔, 茶煙輕(悠)颺落花風" 『전당시』권522, 위의 책, 5974쪽.
436 [당] 사공도司空圖(837~908년), 「중양절에 원수상인(고승의 이름)을 방문하고(重陽日訪元秀上
   人)」, "別畫長懷吳寺壁, 宜茶偏貴霅溪泉." 』『전당시』권633, 위의 책, 7249쪽. 역주: 일설에 따르
   면 정곡鄭谷의 작품이다.

차를 월요越窯 찻잔에 담으니 깊기만 하구나.[437]

절집에 어지러이 흩날리는 눈발에 차 달이는 연기 젖어들고,

기루에 촘촘히 흩뿌린 눈송이에 술기운도 희미해지네.[438]

화산 승려와 이별하니 다정(다리 달린 차 끓이는 솥)만 남고

위수에 사람이 오니 낚싯배 잠그네.[439]

훗날 선사께서 평상 하나를 허여해주시면

차를 끓이며 마음을 맑게 하여 기심機心 잊는 법을 배우리.[440]

귤이 푸르러지면 더위 피해 절로 들어가고

찻잎이 자라나면 호주湖州 넘어 계곡을 찾네.[441]

불가에 '다불일미茶佛一味'라는 말이 있다시피 양자의 인연은 참으로
깊고 오래되었다.

---

437 [당] 정곡鄭谷(851~910년), 「흥선사에 제함(題興善寺)」, "鮮侵脩畵暗, 茶助越甌深." 『전당시』권
676, 위의 책, 7756~7757쪽.
438 [당] 정곡, 「눈 오는데 우연히 씀(雪中偶題)」, "亂飄僧舍茶烟濕, 密灑高樓酒力微." 『전당시』권
675, 위의 책, 7731쪽.
439 [당] 이동李洞(생졸미상), 「소응 심소부에게 보내며(贈昭應沈少府)」, "華山僧別留茶鼎, 渭水人
來鎖釣船." 『전당시』권723, 위의 책, 2808쪽.
440 [당] 이동, 「회해 혜택상인에게 부침(寄淮海慧澤上人)」, "他日願師容一榻, 煎茶掃地學忘機." 『전
당시』권723, 위의 책, 2808쪽. 역주: '기'는 기심심機心으로 득실을 따지고 이기적인 마음이다.
441 [당] 무가無可(승려, 생졸미상), 「급제하여 호주로 돌아가는 소석을 보내며(送邵錫及第歸湖州)」,
"橘青逃暑寺, 茶長隔湖溪." 『전당시』권813, 위의 책, 9157쪽.

이외에도 중국의 차와 다도, 다예에 관한 여러 가지 것들은 주로 불법을 널리 알리는 도량을 통해 실현되었다. 또한 일찍이 9세기 이전에 이미 중국을 오가는 한국과 일본의 여러 승려들이 다도를 전파하여 각기 흥성하기에 이르렀다.

다도茶道라고 하면 일반인들은 제일 먼저 일본을 떠올리기 마련이다. 아마도 중국의 다도를 떠올리는 이는 그리 많지 않을 듯하다. 물론 중국에도 고유의 다도가 있다. 하지만 일본의 다도와 다르다. 일본의 다도처럼 매우 엄격하고 번다한 의식, 고정된 규약, 특별한 가문과 종법적 특징을 지닌 것이 아니기 때문이다. 일본의 다도는 나름의 역사적 발전 과정을 거쳤지만 그 원류는 역시 중국이다. "중국 송조에 말차抹茶를 만드는 방법과 다례茶禮가 전래되면서 점차 일본의 다도가 형성되었다."[442] "다도는 중국에서 기원한 것이나 일본에서 꽃을 피워 고차원의 생활문화로 발전했다.

---

442 [일본] 진동달陳東達(원적은 중국) 저, 감국재甘國材 역, 『음다종횡담飲茶縱橫談』, 북경, 중국상업출판사, 1986년, 9쪽.

'다도'라는 말은 당대에 처음 보인다. 당대에 다도는 이미 일상적인 음다飮茶 범위에서 벗어나 고상한 정신문화로 격상되었다. 육우의 『다경』은 바로 이러한 찬란한 문화적 업적이다. 이후 얼마 되지 않아 일본으로 다도가 전래되면서 일본의 전통문화와 결합하여 새롭게 발전하면서 심오한 철리와 풍부한 예술적 표현을 갖춘 종합적인 문화체계를 이루었다." 일본 다도는 최초 창립자인 에이사이榮西(1141~1215년), 난포 쇼묘南浦紹明(1235~1309년), 무라타 쥬코村田珠光(1423~1502년) 등을 대표로 하는 선종禪宗 대사들이 3세기에 걸친 각고의 노력 끝에 이루어낸 결과물이다.

에이사이榮西, 자는 명안明安 호는 엽상방葉上房이며, 속성은 가양賀陽(가야)로 비중국(備中國, 비추구니, 지금의 오카야마 현) 사람이다. 일본 인안仁安 3년(1168년), 문치文治 3년(1187년) 두 차례에 걸쳐 송나라로 들어가 중국 천태종 선학을 연구하여 후세에 일본 선문의 시조로 받들어졌다. 에이사이는 중국의 찻잎, 차 종자, 재배 및 제다 기술, 음다 예법 등을 배워 일본으로 돌아간 후·승원承元 5년(1211년) 한문으로 『흘다양생기吃茶養生記』 2권을 저술하고 건보建保 2년(1214년) 수정본을 출간했다. 에이사이는 다예와 다례 등을 널리 퍼뜨리면서 이미 그 이전부터 차를 재배하고 마시기 시작했던(840년에 만들어진 『일본후기日本後記』(『일본서기』 이후에 나온 책)에 차아嵯峨 천황이 815년에 신하들과 숭복사崇福寺에서 대승인 도영충都永忠이 손수 다린 차를 마셨다는 기록이 나온다. 도영충은 777년부터 805년까지 중국에서 30여 년간 유학한 바 있다) 것에서 보급 단계로 진입하는데 큰 역할을 했다. 『흘다양생기』는 일본 다도사에서 하나의 이정

표가 되었으며, 이로 인해 에이사이는 중국의 육우처럼 '다성'이라는 칭호를 얻었다.

난포 쇼묘南浦紹明는 속성이 등藤이고 준하국駿河國(지금의 시즈오카靜岡현) 사람이다. 일본 정원正元 원년(1259년) 송나라로 들어가 여러 선사들을 만나 임제종臨濟宗 선학을 배웠으며, 송 도종度宗 함순咸淳 3년(1267년) 귀국했다. 조묘는 송나라에서 9년 동안 있으면서 참선을 배우는 한편 다례를 연구했다. 귀국하면서 그는 중국식 대臺를 이용하는 말차 도구와 중국의 차에 관한 서적 7권을 가지고 돌아왔다. 그는 평생 참선과 선원禪院의 다례 전파를 자신의 임무로 삼았다. 『유취명물고類聚名物考』, 『속시청초續視聽草』, 『본조고승전本朝高僧傳』 등 일본 전적에 따르면, 일본의 다도는 난포 쇼묘에서 시작되었다. 그는 천여 명의 제자를 두었는데, 대덕사大德寺의 개산조사인 슈호 묘초宗峰妙超(1282~1337년)가 뒤를 이었고, 이후 잇큐 소준一休宗純, 무라타 쥬코村田珠光 등의 계승하였다. 후소송천황後小松天皇(1382~1412년 재위)의 아들 잇큐 소준의 신도들이 각계각층으로 퍼지면서 가장 광범위하게 영향을 끼쳤다. 무라타 쥬코村田珠光(1423~1502년)는 나라奈良 사람으로 잇큐 소준을 스승으로 모셨다. 나라奈良는 사원이 밀집한 지역이자 다사가 흥성하는 곳이기도 했다. 무라타 쥬코는 난포 쇼묘를 통해 송나라 다례와 다구에 밝았으며, 당시 유행하던 서원다회書院茶會, 운각다회云脚茶會, 임한다회淋汗茶會, 투다회鬪茶會 등의 의식을 종합하고 선종의 사원다례를 결합시켜 선오禪吾를 음다문화에 도입함으로써 마침내 일본 다도의 초기 형태인 초암다草庵茶를 창립했다. 그는 제8대 장군(쇼군)인 아시카가 요시마사

足利義政의 다도 교사를 역임했다. 아시카가 요시마사는 "전문적으로 다도를 연구했다."고 칭해지는 막부幕府의 쇼군이었다. 일본의 다도는 아즈치모 모야마安土桃山 시대(1568~1598년)의 센노 리큐千利休가 정식으로 창립한 것으로 본다. 일본의 106대 천황(1557~1586년 재위)인 오기마치正親町 천정天正 19년(1591년) 태정대신太政大臣 풍신수길豐臣秀吉이 센노 리큐에게 자결을 명령하여 죽임을 당한 후 다도는 그의 자손들이 계승하여 표천가表千家(오모테센케), 이천가裏千家(우라센케), 무도소로천가武者小路千家(무샤노코지센케) 등 이른바 '삼천가三千家'를 낳았다. 삼천가를 중심으로 다시 수내류藪内流(야부노우치류, 야부노우치겐쥬藪内劍仲를 시조로 하는 다도 유파), 원주류遠州流(엔슈우류, 고보리엔슈小堀遠州를 시조로 하는 무가다도武家茶道의 대표적 유파) 등 여러 유파를 낳아 지금에 이른다. 그 가운데 담교회淡交會를 조직한 이천가가 제2차 세계대전 이후 급속도로 다도를 세계에 알리면서 다도의 국제화에 큰 역할을 했다.

물론 천리휴가 창립한 말차 다도는 에이사이榮西 등 전대 선사들의 다학을 계승한 것이다. 1214년 에이사이는 수정본 『흘다양생기』를 가마쿠라 바쿠푸鎌倉(염창은 지금의 가나가와神奈川 현) 제3대 쇼군인 미나모토노 사네토모源實朝에게 바쳤는데, 이후로 무사계층의 일상생활에 다사茶事가 중시되었으며, 아울러 일본 정통 다도의 귀족 분위기가 서서히 형성되기 시작했다. 일본에서 말차 다도는 주로 상류사회에서 유행했는데, 다구를 자랑하고 다도에 따른 의식이나 절차를 강조하는 것이 도드라진 특징이다. 이와 대응하는 것이 일본 다문화에 중대한 영향을 끼친 일본 황벽종黃檗宗의 시조 은원융기隱元隆琦(1592~1673년)와

내나옹賣茶翁 고유외高游外(1675~1763년)를 대표로 하는 엽차 전다도煎茶道이다. 은원융기, 이름은 융기隆琦, 중국 복건 복청福清 사람이다. 23세에 보타산普陀山(절강성)에서 관음보살에게 예배하고 조음동주潮音洞主의 좌하座下에 투신하여 다두집사茶頭執事가 되었다. 명 광종光宗 태창泰昌 원년(1620년) 황벽산 만복사에서 머리를 깎고 출가했으며 나중에 그 절의 주지가 되었다. 당시 만복사는 승려가 천여 명으로 복건에서 가장 유명한 선림禪林이었다. 1654년 일본 장기長崎(나가사키) 흥복사興福寺에 머물고 있던 일연성융逸然性融(1644년 중국에서 나가사키로 왔다)의 초청으로 일본에 왔다. 1658년 덕천막부德川幕府 제4대 쇼군인 가강家綱(덕천가강)이 에도江戶(지금의 동경)에서 은원융기를 만나 일본에 머무는 동안 그의 고향에 있는 황벽산 만복사와 똑같은 이름의 사원을 짓도록 했다. 은원은 그곳에서 명대 풍격의 선종을 전수하다가 83세로 원적했다. 일본 학계가 인정하고 있다시피 "은원의 도일은 오랫동안 적막하던 일중日中 교류의 장강에 새로운 파문을 일으켰다.……명대 문화의 사절로서 일본 문화계에서 널리 환영을 받았다." 또한 그의 서법은 "일본 서도계書道界에 새로운 바람을 일으켰으며, 다도 방면에서도 명대, 특히 만력연간의 음다 문화가 황벽산 선승들의 생활에 깊이 영향을 끼쳐 차를 마시는 것이 일과나 다를 바 없었다."[443] 이렇듯 유불도佛儒道 정신을 융합한 명말 사인들의 차 마시는 습관과 청정함 속에 깨달

---

443 [일본] 쿠라사와 유끼히로倉澤行洋, 「일본다도문화개론日本茶道文化概論·서삼序三」, 누노메 쵸후布目潮風, 「일본에서 중국 다문화(中國茶文化在日本)」, 「문사지식文史知識」, 1997년 제11기, 43쪽.

음을 얻고자 하는 선다禪茶의 도가 은원을 통해 일본으로 전파되었다. 일찍이 황벽산에 들어와 참선하던 매다옹 고유외는 61세에 경도京都 동산東山에 통선정通仙亭을 세워 차를 팔다가 89세에 세상을 떠났다. 통선정은 수많은 문인들이 모이는 명소가 되었다. 그가 은원의 다풍을 전승하여 일본에 널리 알렸기 때문에 일본 전다도煎茶道의 선조로 추앙받고 있다.

중국과 일본의 다도의 끊임없이 발전한 역사를 비교해 본다면 다음과 같다.

우선 중국 다도는 품다品茶와 다사茶事 자체를 중시한다. 차를 마시는 일에서 시작하고 또한 위주로 하여 품감品鑒(감정), 향미享味(차맛을 향유함), 열지悅志(뜻을 만족시킴), 청심淸心(마음을 맑게 함), 도정陶情(감정을 도야함) 등 내성內省의 물질 및 정신문화의 활동이다. 물질 활동으로서 그것은 다예, 품다品茶의 과정이고, 정신 활동으로서 그것은 감정을 펼치고 성리性理를 탐색하며, 의경意境을 추구함이다. 사물을 빌어 도를 밝히고자 함이니 더욱 의미가 있는 것은 사물이 아니라 도에 있다. 이리하여 최종적으로 더욱 고상한 정신적 차원으로 상승한다. 이렇듯 중국 다도는 번쇄한 수식이나 형식에 편중되지 않고 차의 도를 추구한다.

하지만 일본 다도는 중후한 귀족 분위기와 선오禪悟 정신으로 말미암아 지나치게 번잡하고 침중하다. 진력하여 추구하는 것은 엄격한 격식과 깨달음 공부이다. 이는 불가의 정오靜悟(고요한 깨달음), 도가의 방종放縱(마음에 맡김), 유가의 아일雅逸(우아한 한적함) 등이 한데 섞여 청아하고 조화를 추구하는 중국 다도와 다른 점이다. 중국 다도는 실제 생활에 깊이 뿌리 내리고 있으되 일상생활보다 격조가 높은 종합적 문화 형식이다. 그래서 지식인들의 물질, 정신생활에 더욱 가까워졌을 뿐만 아니라 광범위한 사회적 토대가 마련되어 일반 백성들의 일상생활에도 깊이 파고들 수 있었다.

중국 다도는 역사적으로 다인들의 활동이자 주로 사인 계층의 활동이다. 중국 다도는 육우를 개산지조開山之祖로 삼는다. 육우와 그의『다경』은 중국에서 다도의 풍속을 개도하는 거대한 작용을 했으며, 다사茶事의 이념과 음다법을 위주로 한 그의 다도는 전체 사회의 전범이 되었다. 육우의 실천과 경험을 정리한『다경』은 많은 이들에게 차를 마시는 방법과 양식, 그리고 일종의 정신적 원칙을 제공했다. 이를 정리하면 다음과 같다.

첫째, 육우는 차를 마시는 전체 과정을 구분하여 이에 따른 일련의 다기茶器를 제시했다. 『다경』에 나오는 「기器(四之器, 차의 기물)」에 보면 풍로風爐에서 시작하여 도람都籃(여러 기물을 수납하는 대나무 바구니)에 이르기까지 전체 26개의 기물을 나열하고 형태나 만드는 방법, 다양한 종류 등을 설명했다. 이러한 차와 관련한 기물들은 이후에 더욱 풍부해지고 발전을 거듭했다.

둘째, 다품茶品을 변별하는 방법을 제시했다. 육우는 색, 질, 소리, 냄새, 품급 등 차를 분별하는 일련의 기법에 대해 정리했다.[444]

셋째, 물의 품질에 대해 엄격하게 변별했다. "물은 산수가 상품이

---

444 [북송] 조길, 「대관다론·감변鑒辨」, 진조규 등, 『중국다엽역사자료선집』, 앞의 책, 44쪽.

고, 강물이 중품이며, 우물물은 하품이다(其水, 用山水上, 江水中, 井水下)." 이상 세 가지 물을 선별하여 사용할 것과 더불어 이에 따른 세세한 규칙을 제시했다.

넷째, 차 끓이기의 규범적인 순서와 기술에 대해 논술했다. 예를 들면, "바람에 불똥이 날릴 경우 작업을 하지 말아야 한다(慎勿於風爐間炙)."고 했고, 물이 끓을 때 '삼비三沸(세 가지 끓는 단계)'를 제시하여 물을 끓이는 방법과 상태를 신중하게 판별할 것을 주문했다. 이외에도 차를 넣는 정도나 찻잔에 물을 붓는 방법 등에 대해서도 자세하게 언급하고 있다.

다섯째, 마시는 법에 대해 말했다. 육우에 따르면, 차를 마시는 것은 "목마름을 해결하거나" "근심과 분노를 제거하기" 위함이 아니라 "혼매함을 씻어내기 위함이다(蕩昏寐)." 그는 계속해서 차는 정품精品을 선택해야 한다고 하면서 이물질이 들어가거나 지나치게 오래 끓이는 것, "여름에는 즐겨 마시다가 겨울이면 마시지 않는 것(夏興冬廢)"도 반대했다. 육우는 "차에 아홉가지 어려움이 있다(茶有九難)."고 했다. 그 가운데 하나가 바로 "마시는 것의 어려움(飲難)"이다. 요약컨대, 차가 참된 것이어야 하고, 불이 살아 있어야 하며(센 불), 기물이 깨끗해야 하고, 법도를 지켜야만 한다는 것이다.

"무릇 맛이 좋고 향기가 짙은 차는 세 잔까지이다. 그 다음은 다섯 잔까지이다. 만약 앉아 있는 손님들이 다섯 명이면 세 잔까지 내서 돌리고, 일곱 명이면 다섯 잔을 내서 돌려 마신다. 만약 여섯 명 이하면 찻잔 수를 더 놓지 않는다(그냥 세 잔으로 한다는 뜻). 단지 한 사람이 빠졌을 뿐이니 앞서 떠놓은 준영雋永(첫 번째 끓은 물)으로 빠진 사람의 차를 보충한다."[445]

여기서 차를 함께 마시는 이는 당연히 취향이나 뜻을 같이 하며 어울릴 수 있는 아인雅人들일 것이다.

여섯째, 차를 마실 때의 환경에 대한 것이다. 차를 마실 때는 서로 조화롭고 우아하며 한적한 분위기여야만 한다. 고상한 이야기를 주고받으며 고원高遠한 의경을 중시한다.

중국역사에서 다도는 육우가 처음으로 나름의 규범을 창조했으며, 이후 양송兩宋을 거쳐 명대 말엽에 이르러 더욱 성숙되고 전형이 이루어졌다. 당대에 이미 육우의 뒤를 이어 저명한 다인들이 출현했다. 예를 들면 상백웅常伯熊, 이계경李季卿, 육구몽陸龜蒙, 장우신張又新 등이 바로 그들이다. 그들 역시 차를 즐겨 마시며 다도를 추구하여 당대 음다의 기풍에 긍정적인 영향을 끼쳤다. 양송대에는 다품을 정묘하게 구분하는 것 외에도 투다와 후탕이 유명하다. 채양蔡襄이 제일 먼저 차의 색, 향, 맛에 대해 논하고 점다點茶를 강조하여 찻잔이 차의 온도를 유지하고 차의 색깔을 투영할 수 있도록 해야 한다고 주장했다. 송 휘종은 점다의 방법을 더욱 세밀하고 정교하게 언술했다. 이후 명대 다인들은

---

445 [당] 육우, 『다경』. "夫珍鮮馥烈者, 其碗數三. 次之者, 碗數五. 若坐客數至五, 行三碗. 至七, 行五碗. 若六人以下, 不約碗數. 但闕一人, 而已其雋永補所闕人."

당송 다인이 제시한 이론적 토대를 더욱 발전시켜 중국 다도를 체계적이고 보다 완정한 단계로 격상시켰다. 명대 다인들은 맑은 차(淸茶)를 마실 것을 주장하면서(사인士人들이 주도했고 명대 말기에 이르러 사회 전반으로 퍼졌다), 차를 마실 때의 '아취雅趣'를 창도했다. 명대 다인들은 전대 사람들이 차의 정품을 선택하고 물의 품급을 구분하며, 불 조절에 유념하고 진귀한 다기를 사용하던 것을 계승 발전시키는 것 외에도 특별히 다음 몇 가지를 강조한 바 있다.

1) 차를 마시는 사람

명대 다인 장원張源 등은 "차를 마실 때 사람이 적은 것이 좋다. 사람이 많으면 시끄럽고, 시끄러우면 아취가 줄어든다."고 주장하면서 "혼자 마시면 신묘함, 둘이 마시면 뛰어남, 서넛이 마시면 흥취, 대여섯이 마시면 실속이 없음, 일고여덟이 마시면 그냥 베풂이라 말한다."[446]고 했다. 차를 마시는 사람의 표준에 대해서는 "본심으로 동조하면서 서로 흐뭇한 기분을 나눌 수 있고 맑은 언사에 설득력이 있고, 형해를 벗어난다."[447]고 했다. 육수성陸樹聲은 차를 마시기 위해 모였을 때는 "반드시 그 사람과 차의 품격이 서로 부합해야 한다."[448]고 했으며,

---

446 [명] 장원, 『다록』, "飮茶以客少爲貴. 客衆則喧, 喧則雅趣乏矣." 진조규 등, 『중국다엽역사자료선집』, 앞의 책, 142쪽.
447 [명] 허차서, 『다소』, "惟素心同調, 彼此暢適, 淸言雄辯, 脫略形骸." 『총서집성초편』제1480책, 앞의 책, 8쪽.
448 [명] 육수성陸樹聲(1509~1605년), 『다료기茶寮記』, "要須其人與茶品相得." 『총서집성초편』제1480책, 위의 책, 2~3쪽.

그런 사람으로 "한경翰卿, 묵객墨客, 치류緇流(승려), 우사羽士(도사), 일로逸老(은거 노인), 산인散人(자유롭게 한거하는 사람) 또는 헌면軒冕(고위 관리)의 무리"를 구체적으로 지목했다.

2) 다재茶齋

차를 마시는 곳으로 전용하는 작은 방을 일러 '다소茶所', '정사精舍', '다료茶寮', '다사茶舍'라고 부른다. 전용 다실을 두게 된 것은 불가 사원과 밀접한 관련이 있다. 무릇 사찰에는 손님을 맞아 차를 마시는 전용 다실이 마련되어 있기 마련이다.

당 선종宣宗 대중大中 3년(849년) 낙양에 130세의 장수 승려가 살았다. 선종이 그에게 장수의 비결을 묻자 그가 답했다. "신은 어려서 천한 집안에 태어났기에 평소 약재가 무엇인지 몰랐으며 그저 차를 좋아했나이다. 무릇 발길 닿는 곳마다 차를 구하여 때로 백 잔을 넘게 마셔도 질리지 않았습니다." 그 말을 듣고 선종이 그에게 좋은 차 50근을 하사하고 보수사保壽寺에 머물게 했으며, 그곳의 다실을 '다료'라고 명명하도록 했다.

하지만 일반 사인士人의 다실이 생겨난 것은 후대의 일로 특히 명대에 극성했다. 허차소는 『다소』에서 다소(茶所, 다실)에 대해 이렇게 말하고 있다.

"높고 건조하며 밝고 상쾌하여 가리거나 막히지 말아야 한다. 벽 쪽으로 두 개의 화로를 줄지어 설치하되 화로를 작은 설동雪洞(덮개)으로 덮어 한쪽만 열어두고 재나 티끌이 흩어지지 않도록 한다. 다료 앞에 안석(궤几)을 하나 두고 차 주전자와 차 사발을 정돈해 놓고 차를 달일 때 사용토록 한다. 별도로 안석 하나를 더 놓아 다른 그릇들을 정돈해둔다. 옆에 시렁을 하나 두어 다건茶巾을 걸어둔다. 쓸 때가 되면 안석을 방안으로 가져와 둔다. 찻잔을 주고받은 후에는 곧 뚜껑을 덮어 티끌이나 오물이 앉아 물맛이 손상되는 일이 없도록 한다. 숯은 멀리 두는 것이 마땅하며 화로 가까이 두지 않는다. 특히 (숯은) 많이 준비하는 것이 마땅하니 미리 말려두면 불 피우기가 쉽다. 화로는 벽에서 조금 떨어지게 놓고 재는 자주 쓸어주는 것이 좋다. 총괄컨대 불을 신중히 다루어 화재를 막는 것이 가장 급한 일이다.[449]

당대 저명한 다인이자 문인인 피일휴皮日休는 「다사茶舍」라는 시에서 다실의 고요하고 평온하며 우아한 분위기를 이렇게 묘사하고 있다.

양지바른 낭떠러지 아래 흰 집
몇 식구 모여 즐겁게 사네.
시렁에 홍천紅泉의 샘물 길어놓고
배로焙爐 앞에서 자궐紫蕨(찻잎) 끓이네.

---

449 [명] 허차서, 『다소』, "高燥明爽, 勿令閉塞. 壁邊列置兩爐, 爐以小雪洞覆之. 止開一面, 用省灰塵騰散. 寮前置一幾, 以頓茶注茶盂, 爲臨時供具. 別置一幾, 以頓他器. 旁列一架, 巾懸之, 見用之時, 即置房中. 斟酌之後, 旋加以蓋, 毋受塵污, 使損水力. 炭宜遠置, 勿令近爐, 尤宜多辦宿幹易燃. 爐少去壁, 灰宜頻帶. 總之以慎火防熱, 此爲最急." 『총서집성초편』제1480책, 앞의 책, 8쪽.

아비는 차를 살고

아내는 다헐茶歇(차를 마시다 먹는 다과)을 만드네.

서로 마주보고 사립문은 닫혔는데,

맑은 향내 달 뜬 산중에 가득할세."450

3) 차를 마실 때飲時

명대 다인들은 차를 마시는 시공간에 대해서도 특별히 주목했다. 다음과 같은 경우가 차를 마시기 가장 좋은 때라는 것이다. 『다소茶疏·음시飲時』에 보면 바로 이럴 때 차를 마시고 싶다고 했다.

마음과 몸이 한적할 때, 읽고 읊조리다 피곤할 때, 심사가 어지러울 때, 노래를 들으며 장단을 맞출 때, 노래와 음악이 끝났을 때, 문 닫아 걸고 세사를 피할 때, 금슬 타며 그림책을 볼 때, 밤 깊도록 대화할 때, 밝은 창 깨끗한 책상에 앉아 있을 때, 그윽한 내실이나 처마달린 누각에 있을 때, 주인과 손님이 다정할 때, 좋은 손님과 소희小姬(소첩 또는 젊은 여인)가 함께 할 때, 벗을 방문하고 막 돌아왔을 때, 솔솔 바람 불고 화창할 때, 흐리거나 보슬비 올 때, 작은 다리 아래 화방畫舫(화려하게 장식한 배)에 있을 때, 무성한 숲이나 대밭에 있을 때, 꽃 감상하며 새 부를 때, 연꽃 핀 정자에서 더위 식힐 때, 작은 사원에서 분향할 때

---

450 [당] 피일휴皮日休, 「다사茶舍」. "陽崖枕白屋, 幾口嬉嬉活. 棚上汲紅泉, 焙前蒸紫蕨. 乃翁研茗后, 中婦拍茶歇. 相向掩柴扉, 清香滿山月." 『전당시』권611, 앞의 책. 역주: 홍천紅泉은 동방삭東方朔의 팠다는 선경仙境의 샘물이다.

술자리 파하고 사람 흩어질 때, 아이들이 책 읽고 공부하는 관사에 있을 때, 맑고 그으한 사원이나 도관에 있을 때, 유명한 샘물이나 기암괴석 옆에 있을 때.

이렇듯 중국의 다도는 다사茶事를 중시하고, 성정을 도야하며 정감을 펼치는 것을 중시하여 아취를 이끌어낸다. 중국 사인들의 유아儒雅하고 소쇄瀟灑한 기풍이 중국 다도의 정신적 특징을 결정했다. 건륭 50년(1785년) 원매袁枚는 칠십의 고령으로 남쪽을 여행하며 민閩(지금의 복건)으로 들어갔다. 그곳에서 자신이 보고 느낀 것을 「시다試茶」시로 남겼다.

민인閩人(복건사람)들은 차를 심되 밭에다 심어
빈 수레에 가득 싣네.
내가 이곳 차의 세계로 들어서니
생각이 자못 스스럼없고 마음이 편안하도다.
도인이 차 빛깔을 잘 내어 차 맛 좋다고 자랑하고
자호磁壺를 소매에서 꺼내니 탄환보다 작구나.
한 잔 다 마시고 또 한 잔 마시는데
새가 물을 마시는 듯 차를 마시니 우습기만 하여라.
이 차는 돌 틈에서 나는 것이라
이름도 금뢰주얼金蕾珠蘗이라 한다네.
비오고 습한 날은 제대로 덖지 못해
몇 줄기 선초仙草가 허청虛清해진다고 하네.

따고 덖을 때도 비결이 있고,

끓여 마시는 데도 절도가 있다하니.

국얼麴糵(누룩)은 본시 심상尋常하나

술로 바뀌면 가볍지 않은 것과 비유할 것이네.

명성이 자자하다기에 더욱 뜻을 두고

자세히 음미하니 맛 밖의 맛이 있구나.

찻잔은 이미 비었는데 향은 아직 가시지 않고,

혀 안에 천천히 머무니 단 과실 맛일세.

사람 세상에 지극한 맛이 있음에 감탄하나

덤벙대다가는 참맛을 잃고 말리라.

노동盧仝은 일곱 잔을 재갈 물린 짐승처럼 마셔대니

차를 진정으로 이해하는 이가 아니로다.[451]

  하지만 원매의 시에서 묘사되고 있는 것은 주로 지식인, 사대부들의
상황인지라 일반 백성들까지 영향력을 발휘할 수는 없었다. 따라서
이런 기풍이 사회 전반까지 널리 알려질 수 없었으며, 한 걸음 더 나아
가 보다 엄격한 절차나 일종의 규범을 형성하지는 않았다. 이는 단지
중국 고대 식자층의 사상과 생활 분위기를 반영하는 것일 따름이다.

---

451 [청] 원매, 「시다試茶」. "閩人種茶當種田, 郊車而載盈萬千. 我來竟入茶世界, 意頗狎視心適然.
    道人作色夸茶好, 磁壺袖出彈丸小. 一杯吸盡一杯添, 笑殺飮人如飮鳥. 云此茶種石縫生, 金蕾珠
    蘗殊其名. 雨淋日炙俱不到, 幾莖仙草含虛清. 采之有時焙有訣, 烹之有方飮有節. 譬如曲糵本尋
    常, 化人之酒不輕設. 我震其名愈加意, 細咽欲尋味外味. 杯中已竭香未消, 舌上徐停甘果至. 嘆
    息人間至味存, 但敎鹵莽便失眞. 盧仝七碗籠頭吃, 不是茶中解事人." 『소창산방시집小倉山房詩
    集』권31, 『소창산방시문집小倉山房詩文集』, 상해, 고적출판사, 1988년, 867쪽.

다덕은 다도와 다르다. 다도는 다사茶事의 규범과 체험의 절차를 나타내지만 다덕은 다사 원칙과 체득의 경계를 뜻하기 때문이다. 다시 말해 다도는 물상物象과 그 과정을 중시하고 다덕은 정신과 깨달음을 중시하여 차가 지닌 효용의 철학적 이해, 다사 활동 과정에 대한 철학적 사고를 중시한다는 뜻이다. 고금을 막론하고 많은 다인들이 다덕에 대해 서로 다른 의견을 제시했는데, 때로 다도와 혼동하는 경우도 있었다. 예를 들어 당나라 말기 이정량利貞亮은 '다십덕茶十德', 즉 차의 열 가지 덕에 대해 언급한 바 있다. 그에 따르면, 차는 답답한 기운을 해소하고 비린내를 없애며, 생기를 북돋아주고 여기癘氣(독기)를 제거하고 예와 어진 행위에 이롭고 경의를 표하는데 도움을 주며, 자미滋味를 맛보게 하고, 신체를 보양하며 고상한 마음을 갖게 하고 도에 맞는 행동을 하게 만든다. 사실 이러한 관점은 주로 차의 효용에 관한 것이지

덕에 속하는 것이라고 할 수 없다.

고대 다인들의 차에 대한 인식과 다사에 대한 깨달음을 살펴보면, 중국 전통의 다덕은 다음 세 가지, 즉 '성誠', '청淸', '진眞'으로 개괄할 수 있으니 이것이 바로 '세 글자의 진체(三字眞諦)'이자 '다덕삼매茶德三昧'이다. 이른바 '성'이란 성후誠厚(관대하고 도타우며 어진 마음), 성명誠明(광명정대한 마음), 성신誠信(사리에 맞게 충실히 지킬 줄 아는 품행), 성경誠敬(마음에서 우러나오는 겸손과 공경한 행동) 등이다. 다음 '청'은 청결(티끌 없이 청정한 사물), 청정淸靜(세속의 잡된 것에 물들지 않은 경계), 청렴(씻은 듯이 청결한 몸), 청명淸明(수정처럼 맑은 마음)이다. 마지막으로 '진'은 진정眞情(성의와 진심을 다하는 정서), 진성眞性(솔직하고 거리낌 없는 본성), 오진悟眞(천지의 진리를 깨달음), 귀진歸眞(소박하고 맑은 마음의 경계로 돌아감)이다. 이처럼 차는 진애와 오염을 없애주고 몸과 마음을 바르게 이끌며, 벗이나 손님을 대할 때 겸손과 공경을 다하도록 하고, 마음을 맑게하여 소쇄한 심정을 지니도록 하며, 현기玄機(현묘한 이치)를 깨닫는 단계에 이르도록 한다.

| 다구 茶具 그림

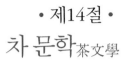

· 제14절 ·
차 문학 茶文學

여기서 말하는 차 문학(茶文學)은 다서茶書가 아니라 주로 역사에서 다사茶事를 제재로 삼은 시가나 부賦, 산문 등 문학작품을 말한다. 다서도 나름 문채가 있을 수 있으나 기본적으로 문학작품이 아니기 때문이다. 중국역사에서 술 문학(酒文學)에 도취된 이들은 세속에 초연하거나 강개하여 시를 읊조리는 충동이나 느낌을 지니게 되는데, 차 문학에 심취한 이들은 몸과 마음을 맑게 하고 혼탁한 세상에서 벗어나고자 하며 자득하며 군자의 정서를 드러내고 싶어하기 마련이다. 술은 흉중의 답답함을 해소시키고, 차는 체내의 탁한 기운을 씻어준다. 술 문학은 감정을 도야하고 차 문학은 성정을 즐겁게 한다. 술 문학이 감정과 정서에 편중된다면 차 문학은 이지理智와 도덕을 중시한다. 한 마디로 말해서 "차 문학은 마음을 맑게 한다." 차 문학 작품에는 끊임없이 이어지는 다향茶香이 짙게 배여 솔솔 풍겨온다. 푸른 바다에서 작디작은 좁쌀을 건져내듯이 방대한 예언藝苑에서 가장 아름다운 꽃망울을 찾아내니 대략 다음과 같다.

1) 차의 역사를 노래함

소상팔경瀟湘八景의 평주에선 연못이며 늪지가 오히려 비속하다 느껴지고

오흥의 저포는 비단보다 낫구나.

청풍루 아래 풀 돋으면

명월협明月峽에서 차가 나오기 시작하지.

오흥의 삼절은 버릴 수 없나니

그대에게 오흥에 가보라고 강권하네.[452]

장문규張文規, 「오흥의 세 가지 절묘함(吳興三絶)」

임금께서 그대를 사랑하는 마음 다함없고,

금대金臺에서 그대의 가치 비할 바 없어.

춘풍 삼월 공다貢茶 시절이 오니

붉은 깃발 쫓아 모두 산으로 오른다네.

배로에 담은 찻잎으로 맑은 새벽을 맞이하며 주문朱門(고관 저택의 문)

이 열리나니

---

452 [당] 장문규張文規, 「오흥삼절吳興三絶」, "苕洲須覺池沼俗, 苎布直勝羅纨輕. 清風樓下草初出, 明月峽中茶始生. 吳興三絶不可舍, 勸子强爲吳會行." 『전당시』권366, 앞의 책, 4134쪽. 역주: 장문규는 오흥의 태수로 오흥 고저산 지역의 고저자순차를 공차로 보내는 일을 감독했다. 명월협에서 나오는 찻잎은 고저차 중에서도 일품이다. "苕洲須覺池沼俗": 평주의 소상팔경이 대단하다고 하나 오흥의 백빈주白蘋洲만 못하다는 뜻. 오흥의 백빈주는 오흥의 삼절 가운데 하나이다.

대바구니에 점차 차 싹 들어오는 것 보이네.

안개 속 이슬 맞으며 끊임없이 찾건만

관아의 붉은 인 찍은 문서 연이어 재촉하네.

주린 배로 저물도록 기어 다니며 좋은 찻잎 골라

수레에 부지런히 담아도 채 한줌이 안 되는구나.

한 때 한 번 보내도 여전히 산더미를 이루고

쪄서 향기내면 매화보다 낫다네.

연고차 만들어 시렁에 옮기는 소리 우레와 같고,

차 만들었다고 배례하며 천자에게 보내네.

온갖 사람들 봄에 딴 차 마시느라 서로 다투고,

역참의 말채찍 번개처럼 번쩍이네.

밤새 달리는 마부는 누구를 보려고

열흘 내내 4천 리 길을 달리는가.

때에 맞춰 청명날의 연회 이전에 이르러야 함일세.[453]

우리 임금은 간언을 듣는 분인데,

간관이 아무 말하지 않으니 어디에서 들을 것인가?

구중궁궐에 맛난 음식 많으나

하늘가 끝까지 관리들 해야 할 일 끊임이 없네.

백성 걱정에 임금의 용색이 참담한데

배롱에 든 차 마시며 여러 손님과 앉아 계시네.

몇 번 돌아 마시며 거듭 감탄하니

---

453 역주: 이런 차를 급정차急程茶라고 한다.

어리고 신선한 녹차의 향기는 어디에서 오는가?

산중에 술이 있고 노래가 있으니

즐거운 집집마다 모두 신선이 사는 집일세.

선가仙家가 열이면 술이 백곡百斛이고

금빛 연회에 온갖 음식 나온다네.

임금께서 날마다 생각이 많으시니

객 또한 화려한 비단을 거두어들이네.

정성스럽게 돌리고 말리니 또 다시 장탄식이 나오고,

관청에서 정한 기한이 다 되어가거니 어찌하랴?

오민吳民(옛 오나라, 지금의 강소, 절강사람)들은 초췌하지 말지니

임금께서 고난에서 벗어날 수 있기를 기약하시네.[454]

이영李郢, 「다곡공배가茶曲貢焙歌」

형경(사천성)의 다인茶引은 복인腹引과 변인邊引이 있는데

세금이 은자로 1만 3천 냥일세.

관음선차가 최상품인데,

잎이 가볍고 줄기가 짧으며 색과 맛이 신선하다네.

---

454 [당] 이영李郢, 「다곡공배가茶曲貢焙歌」, "使君愛客情無已, 客在金臺價無比. 春風三月貢茶時,
盡逐紅旌到山裡. 焙中清曉朱門開, 筐箱漸見新芽來. 陵煙觸露不停探, 官家赤印連帖催. 朝飢暮
匐誰興哀. 喧闐競納不盈. 一時一餉遝成堆, 蒸之馥之香勝梅. 研膏架動轟如雷, 茶成拜表貢天子.
萬人爭啖春山摧, 驛驛荸使聲若流電. 半夜驅夫誰復見, 十日王程路四千, 到時須及清明宴(前). 吾
君可謂納諫君, 諫官不諫何由聞. 九重城里雖玉食, 天涯吏役長紛紛. 使君憂民慘容色, 就喜耆茶
坐諸客. 幾回到口重咨嗟, 嫩綠鮮芳出何力. 山中有酒亦有歌, 樂營房户皆仙家. 仙家十隊酒百斛,
金絲宴饌潅灩過. 使君是日憂思多, 客亦無言徵綺羅. 殷勤燒焙復長嘆, 官府例成期如何. 吳民吳
民莫憔悴, 使君作相期蘇爾."『전당시』권590, 위의 책, 6846~6847쪽.

……

그 가운데 세엽이 더욱 진귀하여

대그릇에 싸고 주석(錫) 상자에 넣어 구중궁궐로 바친다네.

사람마다 차 맛이 아름답다고 하니,

곡우가 오기 전에 봄이 든 산의 찻잎을 다 따지.

관음산 개산사 돌 아래 샘물은 거울처럼 맑아

모습을 비쳐보며 단정하게 꾸민다네.

……

오랜 세월 잠업蠶業을 팽개치고

다투어 산 노래 부르며 차를 따러간다네.[455]

하소기何紹基, 「한맹부 대령이 관음산차를 보냈는데, 형경의 잠업이

자못 성했으나 이번에 모두 폐하고 차를 땄다고 하네(韓孟傅大令贈觀

音山茶, 因言滎經蠶桑頗盛, 今皆廢而采茶矣)」

2) 차와 관련된 일을 노래함

상모구霜毛句[456]를 읊으며

---

455 [청] 하소기何紹基(1799~1873년), 「한맹부대령증관음산차, 인언형경잠상파성, 금개폐이채다
의(韓孟傅大令贈觀音山茶, 因言滎經蠶桑頗盛, 今皆廢而采茶矣)」. "滎經茶引行腹邊, 稅銀萬兩
課三千, 觀音仙茶最上品, 质輕干短色味鮮……其中細葉尤可珍, 箬籠錫匣貢九閽. 人人皆具媚
茲意, 雨前采盡一山春. 開山寺前石如鏡, 照見形容可端正……多年抛廢蠶桑葉, 競唱山歌來采
茶." 진조규 등, 『중국다엽역사자료선집』, 앞의 책, 410쪽. 역주: 다인茶引은 송대 이후 차를 판
매하는 이들에게 관부에서 발급하는 일종의 허가증을 말한다. 복인腹引은 내지에서 차를 판매
하는 상인의 허가증이고, 변인邊引은 차를 변방으로 운송하여 판매하는 상인의 허가증이다. 관
음선차는 관음산에서 나는 차를 말한다.
456 역주: 원진元稹(779~831년)의 「백수시白須詩」를 말하는 듯하다

한가로이 설수차를 음미하나니

성안에서 미간眉間을 펼 수 있는 곳

오직 원가(원진元稹)뿐일세.[457]

백거이, 「원랑중(원진元稹)의 백수시를 읊조리며 설수차를 마시면서 벽

에 쓰다(吟元郎中白須詩兼飮雪水茶因題壁上)」

좌정하여 차디찬 샘물 따르고,

차 달이며 슬슬 피어오르는 차 가루 바라보네.

그저 차 한 잔손에 들고

차를 사랑하는 그대에게 정을 보낼 따름일세.[458]

백거이, 「산 샘물로 차를 달이며 감회가 있어(山泉煎茶有懷)」

정화2년 3월 임술, 두세 명의 군자가 기오재4에서 차 겨루기를 했다.……[459]

당경唐庚 「투다기鬪茶記」

우공禹貢이 먼 곳까지 풍속을 통하게 한 것은

백성을 편하게 하려함일세.

후왕後王이 근본을 잃었으나

---

457 [당] 백거이, 「음원랑중백수시겸음설수다인제벽상吟元郎中白須詩兼飮雪水茶因題壁上」, "吟咏
霜毛句, 閑嘗雪水茶. 城中展眉處, 只是有元家." 「전당시」권442, 앞의 책, 4931쪽.
458 [당] 백거이, 「산천전다유회山泉煎茶有懷」, "坐酌泠泠水, 看煎瑟瑟塵. 無由持一碗, 寄與愛茶
人." 「전당시」권443, 위의 책, 4950쪽.
459 [북송] 당경唐庚 「투다기鬪茶記」, "政和二年三月壬戌, 二三君子相與鬪茶於寄傲齋……." 「미산
문집眉山文集」권2 「문연각사고전서」제1124책, 앞의 책, 334쪽.

아래 관리들은 감히 지적할 수 없었네.

게다가 간사한 자들은

공차로 자신의 탐욕을 심히 부리네.

거동할 때마다 천금의 비용이 들고

날마다 부리니(사역시키니) 만백성이 빈곤해지네.

내가 고저차의 본산지로 와서

다사와 친해지고 보니.

농민들이 농사를 그만두고

찻잎 따느라 고생이 많다.

한 사람이 부역을 맡으면

온 집안사람들이 다 모여야 하는구나.

칡을 캐고 깎아지른 듯한 절벽을 기어오르고

봉두난발한 채 황무지로 들어간다.

아침이 다가도록 한 움큼도 차지 않았는데

손과 발은 온통 갈라지고 찢어지는구나.

슬프도다! 텅 빈 산에 초목은 아직 봄날이 아니로다.

그늘진 산비탈에 차 싹은 아직 움트지 아니했는데,

사자使者는 자꾸만 통첩하네.

마음은 조화옹의 공을 다투고,

발걸음은 사슴만큼 재빠르네.

공납하느라 찻잎 고르는데 밤낮이 없고,

찻잎 빻는 소리 새벽까지 이어진다.

뭇 공인(차 재배농)들은 어찌 이리 야위었는가?

아래만 쳐다보니 더욱 정신을 상하게 하였으리.

황제는 순수巡狩하길 좋아하여

동쪽 교외로 빠지는 길은 자꾸만 막히는데.

두루 두루 하늘가까지 돌아오나니

공납하는 이들 더욱 힘들기만 하여라.

하물며 전쟁 비용을 댄다고

공차를 더 바쳐야 하니 백성들 더욱 피곤하구나.

황제에게 바친 찻잎,

그 귀한 보물을 누가 나누어가졌는지 알 수 없다.

돌이켜보니 방수邦守(호주湖州 자사인 자신)인 내 자신이 욕되고,

또 다시 답습하는 꼴이 참담하도다.

아득한 푸른 바다 사이로

울분에 가득 찬 심정 어찌 펼칠꼬?[460]

원고袁高, 「다산시茶山詩」

---

[460] [당] 원고袁高(728~787년), 「다산시茶山詩」. "繁體禹貢通遠俗, 所圖在安人. 後王失其本, 職吏不敢陳. 亦有姦佞者, 因茲欲求伸. 動生千金費, 日使萬姓貧. 我來顧渚源, 得與茶事親. 畦畷耕農末(黎畎畷農桑), 采采(采掇)實苦辛. 一夫旦當役, 盡室皆同臻. 捫葛上欹壁, 蓬頭入荒榛. 終朝不盈掬, 手足皆鱗皴(皴鱗). 悲嗟遍空山, 草木爲不春. 陽嶺芽未吐, 使牒已頻. 心爭造化功, 走挺麋鹿均. 選納無晝夜, 搗聲昏繼晨. 衆工何枯櫨, 俯視彌傷神. 皇帝尚巡狩, 東郊路多堙. 周回繞天涯, 所獻愈艱勤. 況減兵革困, 重茲固疲民. 未知供御餘, 誰合分此珍. 顧省忝邦守, 又慚復因循. 茫茫滄海間, 丹憤何由申." 『전당시』권314, 앞의 책, 3536~3537쪽. 역주: 당대 시인 원고袁高는 덕종德宗 연간에 호주자사湖州刺史로 지금의 절강 장흥 서북쪽 고저산顧渚山의 자순공차紫笋貢茶를 감독했다. 그의 「다산시茶山詩」는 고저산에서 공차를 만들기 위해 갖은 고생을 하는 차 재배농의 애환을 그렸다. 이후에 이 시로 인해 조정에서 공차의 액수를 경감시켜 백성들의 고통을 줄여주었다고 한다. 그의 시가 유명한 것은 바로 이 때문이다.

서강의 맑은 물 옛 바위 끼고 흐르고,

바위에서 자란 찻잎 봉황 발톱 닮았는데.

세밑 춥지 않고 봄기운 아직 이른데,

쌍정雙井에선 다른 풀보다 차 싹 먼저 돋았네.

흰 털 보드라운 차 싹 붉은 비단에 싸는데,

찻잎 열 근에 새싹은 한두 근.

장안의 부귀한 권문세가 한 번 마시고 사흘을 자랑하네.

보운차寶雲茶 일주차日注茶도 정미하지 않은 것 아니나

묵은 차 버리고 새 차 다툼이 인지상정이라네.

군자는 변치 않는 덕을 지녔고

지극한 보배는 때에 따라 변치 않음을 어찌 알겠는가?

그대 보지 못했는가?

건계建溪의 용봉단龍鳳團(단차 이름) 오래되어도

향과 맛, 색깔이 그대로인 것을.[461]

구양수, 「쌍정다雙井茶」

3) 채풍采風(차와 관련된 풍속)

황제 봉련鳳輦 타고 봄 찾아 노닐다 얼큰하게 취해 돌아오니

---

461 [북송] 구양수, 「쌍정다雙井茶」. "西江水清江石老, 石上生茶如鳳爪. 窮臘不寒春氣早, 雙井芽生
先百草. 白毛囊以紅碧紗, 十斤茶養一兩芽. 長安富貴五侯家, 一啜猶須三日夸. 寶云日注非不精,
爭新棄舊世人情. 豈知君子有常德, 至寶不隨時變易. 君不見建溪龍鳳團, 不改舊時香味色." 「문
충집文忠集」권9 「문연각사고전서」제1102책, 앞의 책, 81~82쪽.

선아仙娥(궁녀)가 어렴御簾(주렴)을 열고 차를 내오네.

모란화처럼 웃는 얼굴에 금비녀 꽂고 들어와

오흥의 자순차 올린다고 아뢰네.[462]

장문규張文規,「조주에서 공배한 햇차(潮州貢焙新茶)」

세상사 무엇 하러 입에 담으려 하나

그저 방랑의 삶이거늘.

때로 식량 챙겨 순록 이끌고

도처 숲으로 들어가 야생화 찾네.

이웃 노인 타작마당 다져 이른 곡식 거두고

계곡 아낙 대바구니 짊어지고 가을 차 팔러간다.

한가로운 하루가 또 지나가니

사립문에 기대어 저녁나절 돌아가는 까마귀 숫자나 셀거나.[463]

육유「가을 홍취(秋興)」제4수

호구의 봄 차 절묘하게 덖어냈거늘

일곱 잔을 다 마시지 못할까 어찌 걱정하는가?

---

462 [당] 장문규張文規,「조주공배신차潮州貢焙新茶」,"鳳輦尋春半醉回, 仙娥進水御簾開. 牡丹花笑
金鈿動, 傳奏吳興紫筍來."『전당시』권366, 앞의 책, 4134쪽.

463 [남송] 육유「추흥秋興」제4수,"世事何曾掛齒牙, 只將放浪作生涯. 有時掬米引馴鹿, 到處入林求
野花. 隣父築場收早稼, 溪姑負籠賣秋茶. 等閑一日還却過, 又倚柴扉數暮鴉."『검남시고』권83,
앞의 책, 4466쪽. 역주:"隣父築場收早稼, 溪姑負籠賣秋茶"구절은『시경·국풍·빈풍豳風』에 나
오는 "구월에 타작마당 다지고 시월에 벼를 거두어들인다(九月築場圃, 十月納禾稼)"는 구절에
서 영향을 받은 듯하다.

곡우 때 따서 푸른 대나무껍질로 싸두었던 차

의흥에서 사온 자사호에 우려낸다네.

피리로 매화삼농을 연주하니

솔바람 불어 등잔의 불꽃 어지러이 일렁이네.

붉은 자사호에서 우러나오는 맑은 찻물

장차 옥호빙이라 해도 손색이 없겠네.⁴⁶⁴

서위徐渭, 「모씨 혜형이 호구차를 보내준 것에 사례하며(某伯子惠虎丘

茗謝之)」

4) 차와 관련한 이치를 읊음

해가 높이 뜨도록 단잠을 자다가

군장軍將이 문 두드려 주공(시인 자신)이 놀라 깼네.

간의대부 서찰이라 하여 살펴보니

흰 비단 비껴 싸고 세 번이나 봉했네.

봉투를 열어보니 대부 얼굴 보는 듯

달처럼 둥근 떡차 삼백 개

듣자니 새해에 산에 들어가면

---

464 [명] 서위徐渭(1521~1593년), 「모백자혜호구명사지某伯子惠虎丘茗謝之」, "虎丘春茗妙烘蒸,
七碗何愁不上升. 青箬舊封題穀雨, 紫砂新罐買宜興. 却從梅月橫三弄, 細攪松風然一灯. 合向吳
儂彤管說, 好將書上玉壺冰." 『흠정패문재영물시선欽定佩文齋咏物詩選』권244, 『문연각사고전
서』제1433책, 앞의 책, 564쪽. 역주: 호구차는 장흥의 나개차, 휴녕의 송라차와 함께 유명한 산
차이다. 매화삼농은 매화인梅花引, 옥비인玉妃引이라고 하는 유명한 노래이다.

| 노동盧소의 《맹간의가 새 차를 보내준 것에 사례하며 서둘러 씀(走筆謝孟諫議寄新茶)》이 적혀 있는 시의도

벌레들 놀라 깨고 봄바람 일어난다네.

천자께서 먼저 양선차 맛보려하시니

온갖 풀 감히 먼저 꽃피지 못하네.……[465]

노동, 「맹간의가 새 차를 보내준 것에 사례하며 서둘러 씀(走筆謝孟諫
議寄新茶)」

내가 남방(항주 통판 시절)에서 벼슬살이 몇 해 동안

계곡과 산의 차 다 맛보았네만.

이 차의 맛은 마음속으로 옛 친구 얼굴 기억하듯

입으로 말 못해도 마음으로는 알고 있다네.

그대 위해 자세히 설명하려 했으나 내가 겨를이 없어

---

465 [당] 노동盧소(775~835년쯤), 「주필사맹간의기신차走筆謝孟諫議寄新茶」, "日高丈五睡正濃,
軍將打門驚周公. 口云諫議送書信, 白絹斜封三道印. 開緘宛見諫議面, 手閱月團三百片. 聞道新
年入山裡, 蟄蟲驚動春風起. 天子須嘗陽羨茶, 百草不敢先開花……." 『전당시』권388, 앞의 책,
6846~6847쪽.

대략 품평해 볼 테니 가히 들어볼 만할 것일세.

건계에서 생산되는 차 비록 같지 않으나

하나하나 하늘이 군자 성품을 부여했네.

오밀조밀 사랑스러워 만만치 않으니

신선마냥 뼈는 맑고 살은 기름지며 부드럽고 단정하다네.

설화차와 우각차는 말할 거리도 못되니

건계차를 마셔보면 비로소 참된 맛 무궁함을 알리.

설령 맛이 쓰다고 해도 기록할 만하니

급암은 어려서 외고집이고 개관요는 맹렬했다지 않나.

불에 말린 초차草茶는 근거도 없이 이름만 있을 뿐이니

좋은 것은 요사하고 다음 것은 사나운데

가벼워 설령 억지로 가라앉혀도 떠오르고

본성이 외골수 한 쪽으로 치우쳐 시고 찬 맛을 토하네.

그 중에 절품絶品이야 어찌 좋지 않겠느냐마는

장우張禹마냥 어질되 직간하는 강골 신하는 아닐세.

규화차葵花茶와 옥과차玉銙茶는 얻기 쉽지 않으니

길이 멀고 험하여 구름 재에 막혀 있기 때문일세.

누가 알겠는가? 서역에서 사신이 와서 상자 여니

우수수 떨어진 온갖 병차餠茶 거두게 될지.

향 맡음과 맛봄은 본시 별개가 아니니

좋은 차는 종이 뚫고 형형한 빛이 나는 것을 느끼겠네.

단봉차를 쭉정이로 여기고 소룡차를 벗으로 삼으며

일주차는 노예奴隸로 쌍정차는 신하로 삼네.

고이 간직하여 귀한 손님 기다려야지

싸들고 권행權倖(간신배)에게 가서 아첨하지 말 것이네.

이 시 맛이 있다고 그대 전하지 마시게

행여 세상 사람들 노여움에 번거롭게 될라.[466]

소식,「전안도가 건계차를 보낸 것에 화답하며(和錢安道寄惠建茶)」

5) 차와 관련한 정감을 읊다言情

산은 실로 동오東吳의 산들이 빼어나고

차는 상서로운 풀 중에 으뜸이다.

부절을 나눠가졌으니 속리俗吏이긴 하되

공차를 다루나니 선재仙才이리라.

물가에 만도蠻棹를 세워놓으니

깃발이 푸른 이끼처럼 푸른 물위에서 펄럭인다.

버드나무 우거진 마을 그윽하게 지나고

---

466 [남송] 소식,「화전안도기혜건차和錢安道寄惠建茶」. 원문에는 호자胡仔의 시라고 했으나 착오
이다. "我官於南今幾時, 嘗盡溪茶與山茗. 胸中似記故人面, 口不能言心自省. 爲君細說我未暇,
試評其略差可聽. 建溪所産雖不同, 一一天與君子性. 森然可愛不可慢, 骨淸肉膩和且正. 雪花雨
脚何足道, 啜過始知眞味永. 縱復苦硬終可錄, 汲黯少戇寬饒猛. 草茶無賴空有名, 高者嬌邪次頑
獷. 體輕雖復强浮泛, 性滯偏工嘔酸冷. 其間絶品豈不佳, 張禹縱賢非骨鯁. 蔡花玉銙不易致, 道
路幽險隔云嶺. 誰知使者來自西, 開緘磊落收百餠. 嗅香嚼味本非別, 透紙自覺光炯炯. 秕糠團鳳
友小龍, 奴隸日注臣雙井. 收藏愛惜待佳客, 不敢包裹鑽權幸. 此詩有味君勿傳, 空使時人怒生
瘦." 역주: 단봉차는 용봉단차, 일주차는 절강 회계현의 일주령에서 나는 차, 쌍정차는 강서 홍
주 쌍정에서 나는 차를 말한다. 모두 명차이다.

| 남송 화가 유송년劉松年의 〈연다도撰茶圖〉 일부

소나무 시냇물 사이로 시끄럽게 지나간다.

여러 봉우리 구름 뚫고 솟아 있고

동부洞府(신선이 사는 곳)는 광활하게 열렸구나.

하늘을 만지니 웃음소리 들려오는 듯

갑자기 누대가 눈에 들어온다.

샘물(金沙泉)은 여릿여릿 황금처럼 솟구치고

새순 향기 자줏빛 옥(紫璧)으로 자른 듯하다. 좋은 날 가려 조정에 상

소하고

빠른 말에 싣고 번개처럼 내달리게 한다.

산바람에 날리는 소맷자락 적시고

노랫소리 계곡에 메아리 되어 돌아온다.

경쇠 소리에 엽조葉鳥의 노랫소리 숨겨진 듯하고

밝고 깨끗한 눈빛 물가 매화를 비춘다.

때마침 온 식구들이 모인 것이

황제의 조서를 받들려는 듯하다.

나무 그늘 향기로운 장막을 드리우고

길가 꽃잎 떨어져 무더기를 이루었으니

봄날이 채 며칠 남지 않은 풍경이라

산에 올라 탄식하며 술 한 잔을 마신다.

거듭되는 떠돌이 생활 견디기 힘들어

머리 숙인 채 속세로 들어간다.[467]

두목, 「다산에 붙임(題茶山)」

게눈 같은 물방울 지나면

물고기 눈 같은 수포 생기며 쏴쏴 물 끓는 소리 나네.

---

467 [당] 두목, 「제다산題茶山」. "山實東吳秀, 茶稱瑞草魁. 剖符雖俗吏, 修貢亦仙才. 溪盡停蠻棹, 旗張卓翠苔. 柳村穿窈窕, 松澗渡喧豗. 等級云峰峻, 寬平洞府開. 拂天聞笑語, 特地見樓臺. 泉嫩黃金涌, 芽香紫璧裁. 拜章期沃日, 輕騎疾奔雷. 舞袖嵐浸澗(潤), 歌聲谷答回. 磬音藏葉鳥, 雪艶照潭梅. 好是全家到, 兼爲奉詔來. 樹揚香作帳, 花徑落成堆. 景物殘三月, 登臨愴一杯. 重游難自克, 俯首入塵埃." 『전당시』권525, 앞의 책, 5969~5970쪽. 역주: 만도蠻棹는 오랑캐 배의 노. 동오는 예전 남만南蠻을 말한다.

어지럽게 찻잎을 갈아내니 잔 구슬 떨어지는 듯

사발에 빙글빙글 가벼운 눈 흩어지네.

은병에 따르는 천하 제이第二의 샘물 자랑하나

옛 사람 차 달이던 뜻 아직 알지 못하겠네.

그대는 보지 않았나.

옛날 이약李約은 손님 맞아 손수 차를 끓이며

센 불로 신선한 샘물 끓이는 것 좋다고 했지.

또 보지 않으셨나.

지금의 노국공潞國公 차 끓이는데 서촉西蜀 방식으로 달이고

정주定州 꽃무늬 있는 붉은 다기를 쓰신다네.

나는 지금 가난하고 병들어 굶주림에 고생하니

미녀가 올리는 옥다완에 마실 분수가 아니네.

잠시 노공(노국공) 가풍 배워 명차 마시려

벽돌 화로와 돌 냄비 어디를 가든 갖고 다닌다네.

뱃속 가득 5천권의 문장을 쓰려는 뜻 아니고

그저 해 높이 뜰 때까지 잘 잔 뒤에 찬 한 잔 마시려 할 따름일세.[468]

소식, 「과거 시험장에서 차를 끓이며(試院煎茶)」

---

468 [북송] 소식, 「시원전다試院煎茶」, "蟹眼已過魚眼生, 颼颼欲作松風鳴. 蒙茸出磨細珠落, 眩轉遶
甌飛雪輕. 銀缾瀉湯誇第二, 未識古人煎水意. 君不見昔時李生好客手自煎, 貴從活火發新泉. 又
不見今時路公煎茶學西蜀, 定州花瓷琢紅玉. 我今貧病常苦飢, 分無玉碗奉蛾眉. 且學公家作茗
飮, 磚爐石銚行相隨. 不用撐腸拄腹文字五千卷, 但願一甌常及睡足日高時." 『동파시집주東坡詩
集注』권7, 『문연각사고전서』제1109책, 앞의 책, 101쪽. 역주: 노공潞公은 노국공으로 북송 대
신인 문언박文彦博을 말한다.

6) 명지明志

돌이켜 보건대, 천지는 거대하여 불평스러운 일이 많으니 난초는 어찌하여 그리 일찍 꽃망울을 터뜨리고 국화는 또 어찌 그리 늦게 피는가? 황천皇天(하늘)이 영물(차)을 잉태하니 두터운 땅이 흙에 섞어 싹을 틔웠네. 아래쪽 남국(下國)에만 유독 차가 많이 나고, 상림上林(황제가 사는 북방)에는 차가 아니 나는가?

대모玳瑁(바다거북) 깔개 펼쳐놓고 요석瑤石 자리 깔아 놓은 곳, 문인이 시상이 엉겼을 때, 술자리 사이, 신하들에게 하사할 때나 귀한 손님이 머물 때. 산골짜기에 꾀꼬리 지저귀고, 궁녀들 웃음소리 넘쳐날 때나 짙은 꽃잎 찻잔에 띄우고 양치질하여 향기로운 침 감돌 때 보통의 찻잎 내놓아도 여러 진귀한 것들 앞지르니 구중궁궐 천자께옵서 천수를 다하도록 올리나니, 이것이 천자에게 차를 올리는 까닭이다.

산나물 거친 밥에도 맛을 돋우고, 고기 먹어 느끼한 것을 제거하며, 여름 더위를 시원하게 식혀주고 온밤 내내 혼매함을 깨끗이 씻어준다. 차는 살구꽃 복사꽃 우거진 깊은 동굴, 대나무 숲 초가로 지은 옛 절에서 나오고, 뗏목 타고 해상海上(도교 신선이 사는 봉래산)에서 오며, 석장錫杖(선사의 지팡이) 내던지고 구름 타고 이르나니. 이것이 아래로 숨어 사는 은자의 집에 미치는 연유로다.

『시경』에 이르길, '나를 모르는 이는 내게 뭘 찾느냐고 묻는다.'라고 했는데, 가련하구나! 비취빛 계곡 그늘진 바위 틈새로 샘물이 흐르고, 춘추 시절 서舒나라에서 나온다는 쇠는 금으로 만든 솥과 같으며, 월나라의 질그릇은 옥으로 만든 사발과 같도다. 연기 모락모락 물거품 잘게 일어나니 아지랑이 떠오르는 듯하다. 상쾌한 향내 맑은 연기 맡으며, 가을의 비바람 소리 듣는다. 옛날에 꿈속에 돈을 돌려받고, 품속의 귤을 주었다는 말이 있는데 비록 신비롭기는 하지만 어찌 그런 것을 바라겠는가?[469]

고황顧況, 「다부茶賦」

꽃잎 띄워 손님맞이하여

'술 대신 차 마시며(代飮)' 정겨운 이야기 나누네.

'술을 깨우는 차(醒酒)'는 아름다운 자리에 어울리고

남은 승려(교연)는 외로운 정원을 생각하네.

굳이 '월계月桂(달)'에 오르려 하는가?

어찌 다른 나무를 빌어 망우초(차)를 삼겠는가?

---

469 [당] 고황顧況(727~815쯤), 「다부茶賦」, "稽天地之不平兮, 蘭何爲兮早秀, 菊何爲兮遲榮. 皇天旣孕此靈物兮, 厚地復糅之而萌. 惜下國之偏多, 嗟上林之不至. 如羅代筵, 展瑤席, 凝藻思, 間靈液, 賜名臣, 留上客. 谷鶯囀, 宮女嚬, 泛濃華, 漱芳津, 出恒品, 先衆珍, 君們九重聖壽, 此茶上達於天子也. 滋飯蔬之精素, 攻肉食之膻膩. 發當暑之淸吟, 滌通宵之昏寐. 杏樹桃花之深洞, 竹林草堂之古寺. 乘槎海上來, 飛錫雲中至. 此茶下被於幽人也. 雅日不知我者, 謂我何求. 可憐翠澗陰中, 有泉流, 舒鐵如金之鼎, 越泥似玉之甌. 輕烟細咡, 靄然浮. 爽氣淡烟, 風雨秋. 夢裏還錢, 懷中贈橘, 雖神秘而焉求." 『화양집華陽集』권상, 『문연각사고전서』제1072책, 앞의 책, 516쪽.
역주: '아雅'는 『시경·국풍·왕풍王風·서리黍離』를 말한다. 해상은 도교의 봉래산과 같은 신선이 사는 산을 말하고, 비석飛錫은 불가용어로 승려가 석장錫杖을 버리고 구름을 타고 오른다는 뜻이다. 『석씨요람釋氏要覽』에 따르면, 지자대사智者大師가 오대산 등을 유람할 때 석장을 버리고 구름을 타고 오갔다고 한다. 그래서 승려의 유람을 '비석'이라고 부르게 되었다. "夢裏還錢": 『이원異苑』에 따르면, 어느 과부가 두 아들과 함께 살았는데, 차를 좋아하여 매번 차를 마실 때마다 아무 인연도 없는 묘에 한 잔씩 바치는 것을 잊지 않았다. 아들들이 괴이하게 여기고 그냥 묘를 파버리자고 했다. 그러던 어느 날 밤 꿈속에서 망자가 나타나 과부에게 감사를 표시했다. 그 다음 날 마당에 10만관이나 되는 돈이 떨어져 있었다. "懷中贈橘": 『속수신기續搜神記』에 나오는 이야기로 야생차를 따던 진정秦精이란 이가 우연히 만난 모인毛人에게 귤을 받은 것을 말한다.

어사御史(안진경)는 가을바람처럼 굳세고

상서尚書(안진경)는 북두처럼 존귀하네.

'차의 정화 흘러(流華)' 살과 뼈를 정화시키고

'차로 씻어(疏瀹)' 마음까지 깨끗해지네.

봄에 빚은 막걸리에 취함과 같지 않으니

어찌 푸른 콩국(綠菽)이 걸쭉함을 마다하리.

소담한 오지그릇은 정적에 쌓인 밤의 정취를 전하고

향기로운 기운 한가한 집안에 가득하다.[470]

안진경顏眞卿 등의 음다飮茶 연구시聯句詩, 「달밤에 차를 마시며 여러 명

이 함께 읊은 오언시(五言月夜啜茶聯句)」.

7) 주답酬答

옥도끼로 구름 조각(유편차乳片茶) 잘라내니 아교 같구나.

봄 시냇물은 새 빛 다투고,

차가운 죽순껍질 겹겹으로 에워쌓네.

찻잎 싸다하나 황금에 필적할 만한데

---

470 [당] 안진경顏眞卿(709~784년) 등, 「오언월야철다연구五言月夜啜茶聯句)」. "泛花邀坐客, 代飮
引情言. 醒酒宜華席, 留僧想獨園. 不須攀月桂, 何假樹庭萱. 御史秋風勁, 尚書北斗尊. 流華净肌
骨, 疏瀹滌心源. 不似春醪醉, 何辭綠菽繁. 素瓷傳静夜, 芳氣滿閒軒." 『전당시』권788, 앞의 책,
8882쪽. 역주: 여섯 명이 함께 시 한편을 쓴 것으로 차를 나타내는 몇 가지 대명사를 사용하고
있다. 시에 나오는 '대음', '성주', '유화', '소약', '춘료', '소자', '방기' 등은 모두 차와 관련된 말이
다. 시의 순서대로 육사수陸士修, 장천張薦, 이악李鶚, 최만崔萬, 안진경, 교연皎然, 육사수 등
이 읊었다.

명장名將은 고저顧渚의 자순차紫筍茶 내던졌네.

부귀 누린 환공(환온桓溫)은 차(유편차) 맛을 모르고,

재야에 있던 초인(육우)은 물어봐야 소용없네.[471]

매요신,『유성백이 건주의 유다(乳片茶) 10편을 보내주어 이에 답하며

(劉成伯遺建州小片的乳茶十枚, 因以爲答)』

월越 지역 아차芽茶를 멀리서 보내오니

귀함을 자랑하며 서로 시를 지어 화창하네.

자옥 딸기 속에서 두 다리가 보이는데,

비취봉 정상에서 운기雲旗(차의 이명異名)를 따네.

많이 마시면 생각이 상쾌하여 잠을 잊고

고통스러운 시름 길어져도 모른다네.

내년에 공公께서 승진 임용하실 일 생각하니

와룡산 춘색이 절로 느긋하네.[472]

조변趙抃,「허소경이 와룡산차를 보내주신 것에 감사하며 차운함(次

謝許少卿寄卧龍山茶)』

---

471 [북송] 매요신,「유성백유건주소편적유다십매, 인이위답(劉成伯遺建州小片的乳茶十枚, 因以爲
答)」.　"阿膠玉斧裁雲片, 形如阿井膠. 春溪疊新色, 寒籜見重包. 價劣黃金敵, 名將紫笋抛. 桓公不
知味, 空向楚人茅."『완릉집宛陵集』권9『문연각사고전서』제1099책, 앞의 책, 70쪽. 역주: 환공
은 남군공南郡公에 봉해진 진晉나라 환온桓溫을 말한다. 그는 양주목으로 있으면서 검약하여
연회 때 다과만 먹었다고 한다.
472 [북송] 조변趙抃(1008~1084년),「차사허소경기와룡산다次謝許少卿寄卧龍山茶」.　"越芽遠寄入
都時, 酬倡珍夸互見詩. 紫玉叢中觀兩脚, 翠峰頂上摘云旗. 啜多思爽都忘寐, 吟苦更長了不知.
想到明年公進用, 卧龍春色自遲遲."『청헌집清獻集』권4『문연각사고전서』제1094책, 앞의 책,
790쪽. 역주: 아차芽茶는 와룡산차卧龍山茶를 말한다. 역주: '공'은 허소경許少卿이다.

8) 창화唱和

예전에 당인唐人 시를 보다

아산차를 읊은 시를 좋아하게 되었다.

까마귀가 차 씨앗 물어다가 생겨났다하여

산 이름이 아산(안휘 영국현寧國縣)이 되었다지.

두 번째 싹은 창끝에 깃발 하나 일창일기一槍一旗,

따보니 연하煙霞(자연 승경)를 입었네.[473]

「선성 장주부가 아산차를 보내준 것에 답하며 차운함(答宣城張主簿遺
雅山茶次其韻)」

차를 거르고 빻는 도구 버려둔 채 쓰지 않고

참깨와 백토 섞어 주발에 넣고 가는데

내 친구는 여전히 옛날 눈으로 나를 보며

날더러 옛날 것을 숭상한다고 하네.

사계沙溪와 북원北苑(차 산지)을 굳이 나누고

찻잔에 남은 물 흔적으로 차의 품질을 겨루며

맑은 시 두 편을 천 리 먼 곳으로 보내주며

자금차 백 덩이에 귀한 돈까지 쓰셨네.

---

473 [북송] 매요신, 「답선성장주부유아산다차기운答宣城張主簿遺雅山茶次其韻」, "昔觀唐人詩, 茶詠
鴉山嘉. 鴉銜茶子生, 遂同山名鴉. 重以初槍旗, 採之穿煙霞." 『완릉집宛陵集』권9 『문연각사고전
서』제1099책, 앞의 책.

읊조리고 끓여 마시는 일 둘 다 절묘한 일이나

달라는 이 많을까 꽁꽁 묶어 두었더니

늙은 아내와 어린 아이 아낄 줄 모르고

반 넘게 생강과 소금 넣어 끓여버렸네.

살면서 만나 안 될 일이 없을 진데

남과 북의 다른 기호(嗜好) 어떤 것이 옳다 하리.

생사와 화복 안 가린 지 오래인데

달고 쓴 것 논하고 잘나고 못난 것 다툴 일이 무엔가?

자네가 어려운 객지생활 못 벗어난 걸 알기에

시를 보내 감사한 마음 붙이며 서로 새기고자 함일세.[474]

소식, 「장기가 차와 함께 보낸 시에 화답하며(和蔣夔寄茶)」

---

474 [북송] 소식, 「화장기기다和蔣夔寄茶」, "……柘羅銅碾棄不用, 脂麻白土須盆研. 故人猶作舊眼
看, 謂我好尙如當年. 沙溪北苑强分別, 水脚一線爭誰先. 淸詩兩幅寄千里, 紫金百餅費萬錢. 吟
哦烹噍兩奇絶, 只恐偸乞煩封纏. 老妻稚子不知愛, 一半已入薑鹽煎. 人生所遇無不可, 南北嗜好
知誰賢. 死生禍福久不擇, 更論甘苦爭姸. 知君窮旅不自釋, 因詩寄謝聊相鐫." 『동파전집』권7,
『문연각사고전서』제1107책, 앞의 책, 132쪽. 역주: '자라동연柘羅銅碾'은 차를 거르는 산뽕 그
물과 빻는 도구인 구리 절구를 말한다. '수각水脚'은 찻잔에 남은 물의 흔적이다.

• 제15절 •
찻잎따기, 채다_{採茶}

당대 호주_{湖州}와 상주_{常州} 일대에서 매년 봄 차를 따기 시작할 때가 되면 마치 성대한 명절처럼 왁자지껄 흥청거리기 시작한다. 때맞춰 차를 따는 이들이 남녀노소 가릴 것 없이 환한 얼굴로 차를 따기 위해 산을 오른다. 이에 지방 수령도 의장을 정연하게 갖추고 친히 현장에 이르러 시찰하며 차를 따는 이들을 독려하는데, 제사 의식이 끝나면 시작을 알리는 명이 떨어지기가 무섭게 차나무가 있는 산 가득 마치 노랫가락처럼 '아_芽, 아_芽!'하는 소리가 울려퍼진다. 수많은 이들이 '아'하며 외쳐대는 것은 차나무의 새순이 빨리 자라기를 바라는 것이니, 마치 경천동지_{驚天動地}하는 양 칩뢰_{蟄雷}(매년 처음 일어나는 봄의 천둥으로 동물이나 벌레를 깨운다)로 대지가 소생하여 차나무의 새순이 나오도록 하는 것이다. 이렇듯 수많은 이들의 환호성은 봄을 재촉하는 것이자 또한 축복을 기원하는 뜻이기도 하다. 호자_{胡仔}(1110~1170년)의 『어은총화_漁

隱叢話』에 보면 다음과 같은 이야기가 나온다.

"당대 이전에 차는 유독 촉蜀(사천 성도成都 일대)에서 나는 것을 귀하게 여겼다. 「손초가孫楚歌」(서진 문인 손초의 「출가出歌)는 '차는 파촉에서 나온다(손초의 원문은 茶荈出巴蜀)'고 읊었고, 장맹양張孟陽(서진 문인 장재張載. 맹양은 자)은 「성도루에 올라(登成都樓)」라는 시에서 '향기 좋은 차는 육청(물, 과일즙漿, 단술醴, 청주醇, 감주醫, 기장술醐) 가운데 으뜸이니 넘치는 맛이 천하에 가득하다(芳茶冠六情, 溢味播九區)'라고 했는데, 다른 곳은 아직까지 이렇게 칭찬을 받은 적이 없다. 당조는 차의 품종이 비록 많다고 하나 역시 촉 지방의 차를 중요하게 여겼다. 그러나 오직 호주湖州에서 나오는 자순紫笋(자순차)만은 입공入貢토록 했다. 매년 청명 날에 공차가 도착하면 먼저 종묘에 올리고 그런 다음 여러 측근 신하들에게 하사했다. 자순은 고저顧渚에서 생산되는데, 고저는 호주와 상주 접경 지역에 자리한다. 차를 딸 때 양쪽의 군수가 모두 나와 성대한 모임을 갖는다. 두목은 「다산에 제하며(題茶山)」에서 '물가에 만도蠻棹를 세워놓으니 깃발이 푸른 이끼처럼 푸른 물위에서 펄럭인다. 버드나무 우거진 마을 그윽하게 지나고, 소나무 시냇물 사이로 시끄럽게 지나간다'라고 읊었다.……고저산顧渚山에는 금천金泉이 솟구치는데, 매번 차를 만들 때면 태수가 먼저 제사를 지낸다.……"475

---

475 [남송] 호자胡仔, 『어은총화漁隱叢話』전집, 권46, 『문연각사고전서』제1480책, 위의 책, 302~303쪽.

백거이의 시에도 호주와 상주의 다산茶山에서 성대한 집회가 있음을 노래하고 있다.

다산 경회정의 밤 모임 먼 곳에서 들으니

진주, 비취로 치장한 여인네 풍악소리 이 몸을 에워싸는구려.

다반茶盤에 호주와 상주에서 나온 찻잎 나누어 올려놓고

등불 아래서 차를 품평하고 계시겠지.

아리따운 무희 번갈아 춤을 추며 자태 뽐내고

자순차 함께 맛보며 각자 햇차를 다툴 터인데.

북쪽 창가에 꽃피는 시절 탄식하며

몸 아픈 나는 포황주蒲黃酒 마시며 잠을 청한다네.[476]

봄에 새로 난 차를 딸 때가 되면 수백 수천의 사람들이 함께 모여 장관을 이루었을 뿐만 아니라 아름답게 치장한 무희들의 가무와 더불어 심장을 뛰게 하는 투다도 동시에 이루어졌다. 이처럼 성대하고 번잡한 모습은 사람들을 황홀하게 하기에 충분했다. 세상의 생민生民들은 사시사철에 따라 나오는 산물에 의지하여 생계를 유지하기 마련이다.

---

476 [당] 백거이, 「밤에 상주 자사 가모와 호주자사 최모가 다산 경회정에서 즐거운 자리를 가졌다는 말을 듣고(夜聞賈常州崔湖州茶山境會亭歡宴)」, "遙聞境會茶山夜, 珠翠歌鐘俱繞身, 盤下中分兩州界, 燈前合作一家春. 青娥遞舞應爭妙, 紫笋齊嘗各鬪新. 自嘆花時北窗下, 蒲黃酒醒扶病眠人." 『전당시』권447, 앞의 책, 5027~5028쪽. 역주: 포황주는 부들꽃가루로 빚은 술로 풍을 제거하는 데 좋다고 한다.

사계절이 반복 순환하고 해마다 온갖 산물이 생산되니, 백성들에게 세상만사 가운데 이보다 중요한 것이 없었다. 차의 경우도 마찬가지여서 매해 봄마다 처음 나오는 차는 무엇보다 귀중한 것이 아닐 수 없었으니, 이는 차의 나라 중국의 오랜 풍습이 되었다. 이런 풍속문화에 담겨 있는 다양하고 다채로운 행태는 중국 역사를 이해하지 못하는 이라면 상상하기 힘들 것이다. 봄에 차를 따면서 성대한 의식을 벌이는 모습에서 어렴풋하게나마 그 옛날 당대의 호방한 기백을 엿볼 수 있을 듯하다.

송대에는 공차貢茶를 중시했고 또한 투다鬪茶가 유행했으며, 차를 마시는 기풍이 날로 퍼져나갔다. 이러한 분위기 속에서 햅차를 따기 시작할 때 융숭한 의식이 더욱 성대해졌다. 송대 시인들 가운데 적지 않은 이들이 이를 노래하고 묘사했다. 그 일단을 살펴보면 다음과 같다.

구양수는 이렇게 읊었다.

계산에서 북을 울려 칩뢰蟄雷(처음 울리는 우레)를 놀라게 하니
새벽녘에 설아雪芽(일설에는 영아靈芽차의 새순)가 비취빛 줄기를 내놓았네.
두 잎사귀 따니 향기가 사랑스러운데
공물로 바치는 차는 쌍봉(용봉병)이 더욱 좋다네.
한기가 침입하여 뼈까지 병이 들어 잠만 자고 싶고
꽃 떨어지고 마음 둘 곳 없는데 술도 깨지 못하네.
함께 기쁘게 자색의 찻잔에 또 차를 따라 읊노라니

부럽도다! 그대의 맑고 깨끗함에 맑음이 서려 있도다.[477]

먼저 좋은 것을 차지하려는 것은 인지상정이니

귀한 물건 빨리 얻어 서로 자랑하려 하네.

음력 섣달이 지나 봄이 꿈틀거리니

칩뢰가 울리지도 않았는데 용과 뱀을 내쫓네.

밤중 북소리 산 계곡에 가득 울리는데

수많은 이들이 고함치며 새순 돋기를 기다리네.

나무들은 추위에 빠져 잠에서 깨어나지 않았는데

유독 이 나무만은 먼저 싹을 틔우네.[478]

이외에도 여러 문인들 역시 비슷한 이야기를 하고 있다.

"건주에 봄이 들어 차를 딸 때가 되니 다원에 셀 수 없이 많은 사람 모

이고, 북 소리 수십 리 밖까지 들린다."[479]

"매해 차를 딸 때면 두 곳(호주와 상주)의 자사들이 친히 그곳에 이르렀

477 [북송] 구양수, 「매공과 차를 맛보는 것에 대해 의논하며(和梅公議嘗茶)」, "溪山擊鼓助雷驚, 逗曉雪芽發翠莖. 摘處兩旗香可愛, 貢來雙鳳品尤精. 寒侵病骨惟思睡, 花落春愁未解醒. 喜共紫甌吟且酌, 羨君瀟灑有餘清." 『文忠集』권12, 『문연각사고전서』제1102책, 앞의 책, 106쪽.
478 [북송] 구양수 「햇차를 맛보라고 매성유에게 보내며(嘗新茶呈聖兪)」, "人情好先務取勝, 百物貴早相矜夸. 年窮臘盡春欲動, 蟄雷未起驅龍蛇. 夜聞擊鼓滿山谷, 千人助叫聲喊芽. 萬木寒凝睡不醒, 惟有此樹先萌芽." 『문충집』권7, 『문연각사고전서』, 1102책, 위의 책, 69쪽.
479 [북송] 방원영龐元英, 『문창잡록文昌雜錄』권4, "建州上春採茶時, 茶園人無數, 擊鼓聞數十里(聲聞數里)." 『문연각사고전서』제862책, 앞의 책, 682쪽.

다. 대개 입춘 후 45일째 되는 날 산에 들어가니 곡우가 돌아오는 때이다."⁴⁸⁰

"탁목령(의흥과 장흥의 경계에 자리잡은 재 이름)에는 나무를 쪼는 새(딱따구리)가 많다. 당나라 시절 오흥과 비릉(상주)의 태수들이 차를 따기 시작하면서 경회정이란 곳에서 연회를 베풀었다."⁴⁸¹

"무이산武夷山 차는 송대 이전에도 아는 이들이 있었지만 다만 아직 성행하지 않았을 뿐이다. 원元 대덕大德 연간(1297~1307년)에 절강행성浙江行省 평장정사平章政事 고흥高興이 처음으로 차를 채취하여 공물로 충당했다. 무이산 구곡계九曲溪 가운데 사곡계四曲溪에 어차원御茶園을 창립하여 제일춘전第一春殿(일명 배발전拜發殿)과 청신당淸神堂을 짓고 배방焙芳, 부광浮光, 연빈燕賓, 의적宜寂 등 네 군데 정자를 세웠다. 대문은 '인봉仁鳳', 우물은 '통선通仙', 다리는 '벽운碧雲'이라고 불렀다. 국조國朝(명대를 말함)에 들어와 폐쇄되어 백성들이 거주하게 되었으며, 통선정 옆에 있는 함산대喊山臺와 천정泉亭 옛 터가 지금까지 남아 있다. 함산대의 '함산'이란 다산을 향해 소리친다는 뜻이다. 매년 중춘仲春 경칩이 되면 현의 관리들이 다장茶場으로 와서 제사를 지낸다. 제사

---

480 [명] 송뢰宋雷, 『서오리어西吳里語』, "每造茶時, 兩州刺史親至其處. 大率以立春後四十五日入山, 暨穀雨始還." 진조규 등, 『중국다엽역사자료선집』, 앞의 책, 293쪽.
481 [명] 서헌충徐獻忠(1493~1569년), 『오흥장고집吳興掌故集』, "啄木嶺山多啄木鳥, 唐時吳興毗陵二守造茶, 會宴於此, 有境會亭." 진조규 등, 『중국다엽역사자료선집』, 위의 책, 295쪽.

가 끝나면 관아의 종복들이 징과 북을 울리며 한 목소리로 '찻싹아 돋아라(茶發芽)'하고 소리친다. 우물물이 점차 가득 찰 때가 되면 차를 만드는 일이 끝나는데 그 때가 되면 물이 혼탁해지고 마른다."[482]

이상에서 볼 수 있다시피 봄이 와서 새 찻잎이 돋기를 고대하며 함께 소리치고 차를 따기에 앞서 행하던 여러 가지 의식이나 행사의 습속은 당대 이후로 계속 이어졌으며, 원대에 특히 성행했다. 공품으로 선정된 다산茶山의 경우는 이러한 의식이나 행사가 더욱 성대했다. 명조는 백성들의 폐해가 심하다는 이유로 공물을 줄였다.[483] 그래서 이전의 성대한 모습은 사라졌지만 오랜 습속은 청대까지 그대로 유지되었다.

---

482 [명] 서호徐𤃩, 『다고茶考』. "則武夷之茶, 在前末亦有知之者, 未盛耳. 元大德年間, 浙江行省平章高興始采制充貢. 刱御茶園於四曲, 建第一春殿, 清神堂, 焙芳, 浮光, 燕賓, 宜寂四亭. 門曰 '仁鳳', 井曰'通仙', 橋曰'碧云'. 國朝寢廢爲民居, 惟喊山臺, 泉亭故址猶存. 喊山者, 每當仲春惊蟄日, 縣官詣茶場, 致祭毕, 隶卒鳴金擊鼓, 同聲喊曰, '茶發芽.' 而井水漸滿, 造茶毕, 水遂渾固(涸)." 진조규 등 『중국다엽역사자료선집』. 위의 책, 316~317쪽.

483 [명] 서헌충, 『오흥장고집』. 진조규 등 『중국다엽역사자료선집』. 위의 책, 296쪽. [명] 심덕부沈德符, 『만력야회편보유萬歷野獲編補遺·공어다供御茶』. 북경, 중화서국, 1959년, 799쪽.

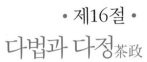

다법茶法(차와 관련한 법률)과 다정茶政(차와 관련된 정책)은 일반적으로 차세금(茶稅), 조정에 바치는 차(공다貢茶), 차 전매(각다榷茶), 차마호시茶馬互市의 제도와 정책 등이 모두 포함된다.

1) 다세茶稅

중국의 다세는 당대 덕종 건중建中 원년(780년)에 시작되었다. 안사安史의 난 이후 당조는 국고가 바닥나면서 상평창常平倉(국가 물가조절기관)의 자금을 조달하기 위해 전국적으로 다세(현물의 10분의 1)를 징수하기 시작했다.

『구당서』의 내용을 살펴보면 다음과 같다.

"……구월 정해丁亥(7일)에……탁지度支(재정 담당관)를 겸임하고 있는 조찬趙贊이 상서를 올려 양도兩都, 강릉江陵, 성도成都, 양주揚州, 변주汴州, 소주蘇州, 홍주洪州 등에 상평常平 관서를 설치하여 자금으로 시장 물가의 경중輕重(가격의 싸고 비쌈)을 조절하고, 많게는 1백만 관貫 적게는 십만 관을 본전本錢(자금)으로 삼아 양식, 비단, 명주와 인견人絹 등을 수매하여 보관하고 있다가 물가가 오르면 싼 값으로 내다팔고, 물가가 떨어지면 올린 가격으로 수매하여 물가의 균형을 맞춤으로써 백성들에게 이익이 돌아가도록 할 것을 요청했다. 황상이 그의 의견을 받아들였다. 이에 조찬은 각 도道의 요지에 세리稅吏를 배치하여 상인들의 화물에 대한 세금을 징수했는데, 매 관貫마다 20문文을 세금으로 징수하고, 대나무, 나무, 차, 옻칠 등은 10분의 1을 세금으로 거두어 상평 관서의 자금으로 충당했다."[484]

다세의 시작은 상평常平과 직접적인 연관이 있지만 일단 확립된 후에는 봉건국가의 중요한 세원 가운데 하나가 되었다. 이후 찻잎 생산과 무역의 발전에 따라 세금 징수가 더욱 광범위해졌고, 액수 또한 점차 중해졌고 제한 또한 더욱 엄중해졌다. 정원貞元 9년(793년) 다세는 국가의 정식 세금이 되었으며, "매년 40만 관의 세수稅收가 생겼다."[485] 당 문종文宗 개성開成 연간(836~840년)에 조정은 채광과 야금에 관해 세금을 부가하였는데, 한 해의 세수는 전체 7만 민緡(돈꿰미)으로 일개 현의

---

484 『구당서·덕종본기상德宗本紀上』, 북경, 중화서국, 1975년, 334~335쪽.
485 『구당서·덕종본기하德宗本紀下』, 위의 책, 376쪽.

다세에도 못 미쳤다. 이렇듯 다세는 국가의 중요한 재원이 되었다. 선종宣宗 대중大中 6년(852년) 염철전운사鹽鐵轉運使 배휴裴休가 조운漕運과 다세의 적폐를 근절하기 위해 다법茶法 12조를 시행하면서 밀매를 금지하여 다세에 관한 한 조금의 누수도 없도록 만들었다.[486]

2) 공다貢茶

"빠짐없이 지방의 공물을 바치는데 오로지 의복과 옷, 그릇 등이었다(畢獻方物, 惟服食器用)."[487] 토공土貢(토산물을 공물로 바치는 것)은 역대로 방국方國(상나라 주변나라를 뜻함)의 수령이 조정에 바쳐야할 의무이자 책임으로 삼대三代(하상주) 시절부터 통용되던 제도였다. 『조비연별전趙飛燕別傳』 등에 기록된 바에 따르면, 서한 시절 파촉巴蜀 여러 군郡에 이미 차를 공물로 바치는 일이 있었다고 한다. 『화양국지華陽國志』는 "주무왕이 은나라 주왕紂王을 정벌하면서 파촉巴蜀 군사의 도움을 얻었다."고 하면서 파촉은 "그 땅은 동쪽으로 어복魚復(지금의 봉절현奉節縣)에 이르고, 서쪽으로 북도僰道(지금의 의빈시宜賓市)에 이르며, 북으로 한중漢中(섬서 한중시)에 접하고, 남쪽으로는 검黔과 부涪의 끝에 이른다. 토지에 오곡을 심고 여섯 종류의 가축을 기른다. 뽕나무桑, 누에蠶, 마麻, 모시(紵), 물고기, 소금, 구리, 철, 단사(丹), 칠(漆), 차(茶), 꿀, 영귀靈龜, 무소(巨犀), 야생 닭, 흰 꿩(白雉), 황윤黃潤(촉에서 나오는 가는베), 선분鮮粉

---

486 『구당서·배휴전裴休傳』, 위의 책, 4593~4594쪽. 『신당서·배휴전』, 위의 책, 5372쪽. 『구당서·식화지』, 위의 책, 2122쪽.

487 『상서·여오旅獒』, 『십삼경주소』본, 앞의 책, 194쪽.

등이 생산되는데 모두 조공하는 공물이다."[488]라고 했다. 주 무왕 시절에 파촉에서 조정에 차를 공물로 바쳤다는 것은 믿을 수 없지만 한나라 시절에 지역 토산품으로 차를 조공했을 수는 있다. 하지만 일반적인 의미의 토공土貢에서 발전하여 지역, 시기, 수량, 심지어 품질이나 등급까지 특정한 공다貢茶는 당조에서 시작되었다. 당대의 공다는 실제적으로 정액을 실물로 바치는 다세의 형식이었다. 이는 『신당서』등 여러 문헌에서 당대 공다 지역과 관련된 기록을 통해 증명할 수 있다. 그 대강을 살펴보면 다음과 같다.

하북도河北道, 회주懷州 하내군河內郡(지금의 하남 심양沁陽)

산남도山南道, 협주峽州 이릉군夷陵郡(호북 의창宜昌) 귀주歸州 파동군巴東郡(호북 자귀秭歸), 기주夔州 운안군雲安郡(지금의 중경重慶), 금주金州 한음군漢陰郡(섬서 안강安康), 양주梁州 한중군漢中郡(섬서 남정南鄭)

회남도淮南道, 수주壽州 수춘군壽春郡(안휘 수현), 여주廬州 여강군廬江郡(안휘 합비合肥), 기주蘄州 기춘군蘄春郡(하북 기춘), 신주申州 의음군義陰郡(하남 신양시信陽市 남쪽)

강남도江南道, 상주常州 진릉군晉陵郡(강소 상주常州 남쪽, 의흥宜興), 호주湖州 오흥군吳興郡(절강 오흥), 목주睦州 신정군新定郡(절강 건덕建德), 복주福州 장락군長樂郡(복건 복주福州), 요주饒州 파양군鄱陽郡(강서江西 파양鄱陽), 검중黔中 영계군靈溪郡(호남 원릉沅陵)

---

488 「진」 상거常璩(291~361년쯤), 『화양국지華陽國志·파지巴志』, 성도成都, 파촉서사巴蜀書社, 1984년, 21, 25쪽.

검남도劍南道, 아주雅州 여산군廬山郡(사천 아안雅安)

상술한 각지의 공다 가운데 고저顧渚(절강 오흥), 기양蘄陽, 몽산蒙山이 상급이고, 수양壽陽, 의흥義興(의흥宜興), 벽간碧澗, 일호一湖, 형산衡山이 그 다음, 부양浮梁(강서江西)가 다시 그 아래 등급이다.[489] 송조의 공다는 당대와 달리 전매법에 따라 운용되었다. 송대 공다는 중앙의 내부內府(궁중의 창고)에서 파견한 관리가 선택, 제조 감독 등을 맡았다.

3) 각다榷茶

각다, 즉 차 전매는 당조에서 시작했다. "대화大和 9년(835년)……동시월冬十月……왕애王涯가 차를 전매하는 것의 이로움에 대한 상소를 올렸다. 이에 왕애를 각다사榷茶使로 삼았다. 차에 대한 전매세금은 왕애로부터 시작되었다."[490] 차의 재배, 제조, 판매가 완전히 관부에 귀속되었다. 하지만 당의 차 전매법은 겨우 2개월 만 시행된 후 중지되고 말았다. 따라서 중국에서 차 전매가 정식으로 시행된 것은 송대라고 보는 것이 타당하다. 송조는 전국 차 재배지나 집산지 6곳에 각화무榷貨務(태부시太府寺 소속으로 식량이나 비단 등 무역을 관장하는 관서)와 13군데 산장山場(차 재배지)을 설치하여 차의 생산과 무역을 전담시켰다. 원호園戶(차 재배 농민)는 전체 1군데 산장에 나누어 예속되었다. 원호는 차를 재배할 때 먼저 정부에서 '본전(자금)'을 받았으며, 차를 채취한 후 본

---

489 [당] 배문裴汶, 『다술茶述』, [청] 진정찬陳廷燦, 『속다경』권상, 『문연각사고전서』제844책, 앞의 책, 664쪽.
490 『구당서·문종본기하文宗本紀下』, 앞의 책, 561쪽.

전을 제하고 조세를 납부했다. 그리고 나머지 찻잎은 모두 정부가 일괄 수매했다. 정부는 수매한 찻잎을 다시 상인들에게 도매가로 판매했다. 상인들은 차를 판매하기에 앞서 전매하기 위해 현금이나 비단 등을 납부하고 '다인茶引(매매 허가증, 일종의 전매특허권)'을 교부받았다. 그런 다음 허가증에 지정된 산장이나 각화무로 가서 차를 수령했다. 이렇게 해서 정부는 차를 수매하고 도매로 넘기면서 생기는 차액을 모두 챙길 수 있었다. 이러한 차액은 봉건국가의 정부가 기존에 거두었던 다세茶稅보다 훨씬 많은 이윤이 남았다. 송대 차에 관한 세법은 10여 차례 크고 작은 개혁을 통해 변했는데, 명칭도 '삼설법三說法', '사설법四說法', '첩사법貼射法', '견전법見錢法' 등 다양했다. 하지만 국가가 차를 전매한다는 '각다榷茶'의 정책은 시종일관 불변했다. 인종仁宗 가우嘉祐 4년(1059년)부터 휘종 건중정국建中靖國 원년(1101년)까지 한 차례 통상법이 실행된 것 이외에 송조는 기본적으로 전매법을 유지했다. 북송은 차 전매를 통해 매년 109만 관에 달하는 세수를 확보했다.[491] 그렇기 때문에 남도南渡 이후에도 전매제도를 더욱 강화했다.

남도 이후 송조(남송)의 통치지역은 북송 시절의 3분의 2에도 못 미쳤다. 하지만 차의 주요 생산지는 여전히 남송 정부의 통제 하에 있었다. 차 전매법은 송대 이후 원, 명, 청조에 이르기까지 계속 유지되다가 청조 후기에 끝났다. 청조는 함풍咸豊 이후 심각한 재정 및 군정軍政의 곤란을 타결하기 위해 거의 약탈이나 다를 바 없는 '이금세厘金稅'(일

---

491 [북송] 심괄沈括, 『몽계필담』권12, 『총서집성초편』제281책, 앞의 책, 80쪽.

종의 상업세금으로 하물을 운송할 때 내는 통과세와 생산지와 판매처에서 내는 교역세를 합친 것)를 실시했다. 그래서 차 전매를 위한 허가제가 무너지고 대략 8, 9세기 동안 유지되던 차 전매법도 사실상 종결되고 말았다.

4) 차마茶馬

차마는 차와 말을 서로 교역하는 것을 말한다. 역사적으로 매우 오랫동안 실시된 무역 정책이다. 『봉씨문견기』, 『신당서』 등에 따르면, 차마교역은 당대에 처음 출현했다. 하지만 일정한 제도이자 정책으로 자리잡은 것은 역시 송대이다. 송조 시절 "도대제거다마사都大提擧茶馬司[492]가 차 전매의 이익을 관장하여 국가 재정에 도움을 주었다. 사이四夷에게 말을 거래하되 주로 차와 바꾸었다. 차 생산지 및 차와 말 거래를 관장하는 관속官屬(하급관리)은 자신이 직접 사무를 처리하도록 하되 교역량의 증감을 살펴 상벌을 주었다."[493] "신종 희녕 7년(1074년) 처음으로 삼사구당공사三司勾當公事(북송 삼사사三司使의 관직) 이기李杞가 촉蜀으로 들어가 계획에 따라 차를 구매하고 진주秦州(지금의 섬서 남정南鄭), 봉주鳳州(섬서 한중), 희주熙州(감숙 임조臨洮), 하주河州(감숙 남부 지역)에서 (서번西蕃의) 말과 교환했다."[494]

송대 이후 명청 양대 역시 송조의 제도를 따라 사천과 섬서 지역에

---

492 역주: 관서 명칭으로 간칭하여 다마사茶馬司라고 한다. 서남, 서북 민족의 말과 차를 교역하는 일을 관장했다.
493 『송사·직관7職官七』, 북경, 중화서국, 1977년, 3969쪽.
494 『송사·식화지』, 위의 책, 3969쪽. 중화서국 표점본에는 "……於秦鳳, 熙河博馬"라고 썼는데, 착오인 듯하다.

차마호시를 관리하는기구를 설치했다. 청 강희 4년(1665년) 운남 북쪽 승주勝州에 차마호시를 증설했으며, 이후 강희 44년(1705년)에 차마호시를 폐지했다. 차마호시 정책은 한편으로 중원의 정부가 변방의 차 무역을 통한 막대한 수입을 독점하고 다른 한편으로 내륙의 찻잎으로 변방 소수민족 정권을 통제하는데 이용되었다. 이로써 변방의 정치, 경제질서를 안정시키고 내륙과 변방의 교역을 촉진하는 결과를 가져 왔다.

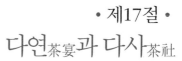

· 제17절 ·

다연茶宴과 다사茶社

다연과 다사는 중국 역사에서 주로 사인 계층의 음다 생활에서 주로
보이는 일종의 풍습이다. 다연은 여러 사람들이 함께 모여 차를 마시
고 음미하는 모임으로 함께 모여 술과 음식을 즐기는 주연酒宴의 술이
차로 바뀌었을 뿐 형식은 다를 바 없다. 다연은 '다회茶會', '명연茗宴'이
라고 부르기도 하는데 다예茶藝를 펼치고 다도를 전파하는 중요 방식
이기도 하다. 다연은 당대에 시작되었으며, 이후 각 조대마다 끊어진
적이 없었다. 다연은 주로 시문에 많이 기록되어 있다. 그 대강을 살펴
보면 다음과 같다.

우연히 잡념 떨친 스님과 어울려

장손씨(長孫繹택) 집에서 돌아갈 것도 잊었다.

현담(불학이나 현학의 현묘한 담론)과 시가를 이야기하며 유화榴花(맛있는 술) 대신 녹명綠茗(차)을 마셨지.

두건을 걷으며(소탈한 모습) 뭉게구름 바라보고

해질녘까지 붓을 문 채 시상에 잠겼다.

적송자와 왕교를 이곳에서 만난다고 할지라도

더는 유하流霞(신선이 마시는 술)에 취하는 일은 없을 것이다.[495]

전기錢起, 「장손씨 댁에 들러 낭상인과 다회에 참석하여(過長孫宅與朗

上人茶會)」

대나무 아래에서 아무 말도 하지 않고 자순차를 대하니

신선이 마신다는 유하주보다 낫다.

세속 진애 깨끗이 씻어내도록 흥이 가시지 않는데

어느새 나무에 매미 울어대고 그림자 기울어가네.[496]

전기錢起, 「조거와 함께 다연에 참가하여(與趙莒茶宴)」

한가로운 아침 햇살 비추어 발을 내걸고

명연(다연)을 여는 동쪽 정자 사방으로 통하네.

멀리 성지城池의 산색 바라보이고

굽어보니 악기를 연주하듯 물소리 정겹구나.

---

[495] [당] 전기錢起722？─780, 「과장손댁여낭상인다회過長孫宅與朗上人茶會」 「전당시」권237, 앞의
책, 2627쪽. "偶與息心侶, 忘歸才子家. 玄談兼藻思, 綠茗代榴花. 岸幘看雲卷, 含毫任景斜. 松
喬若逢此, 不復醉流霞."

[496] [당] 전기錢起, 「여조거다연與趙莒茶宴」 「전당시」권237, 앞의 책, 2688쪽. "竹下忘言對紫茶, 全
勝羽客醉流霞. 塵心洗盡興難盡, 一樹蟬聲片影斜."

그윽한 대숲에 연못의 물을 끌어들여 새로 비췻빛을 만들고

무궁화는 처마에 고개 숙여 붉음을 토해내는 듯하구나.

오랫동안 앉아 있으니 그 안에 흥이 다함이 없고

둥글부채로 맑은 바람 일으키니 더욱 사랑스럽네.⁴⁹⁷

포군휘鮑君徽, 「동쪽 정자에서 다연을 하며(東亭茶宴)」

삼월 삼일은 상이절上巳節로 계음禊飮(상이절의 연회)이 있는 날이다. 여

러 사람들이 의논하여 차를 마시는 것으로 대신했다.⁴⁹⁸

여온呂溫, 「3월 3일 다연 서(三月三日茶宴序)」

너른 들판에 햇벼 가득하고 산에 기댄 마을

깊은 소나무 숲 한참 걸어 산사에 도착했다.

다행 향기로운 차 계절에 치자稚子(어린 아들)가 남아 있었으나

풀잎 시드는 소슬한 가을에 왕손(손아래 처남인 염백균)을 보내려니 견

딜 수 없구나.

시끌벅적한 곳에서 이별을 원망하니 오로지 시름이 가로막고

시골마을은 쓸쓸하여 누가 참을 수 있으리.

---

497 [당] 포군휘鮑君徽, 「동정다연東亭茶宴」, "閑朝向曉出簾櫳, 茗宴東亭四望通. 遠眺城池山色里,
俯聆弦管水聲中. 幽篁引沼新抽翠, 芳槿低檐欲吐紅. 坐久此中無限興, 更憐團扇起淸風." 「전당
시」권7, 위의 책, 69쪽.
498 [당] 여온呂溫, 「삼월삼일다연서三月三日茶宴序」, "三月三日, 上巳禊飮之日也. 諸子議以茶酌而
代焉……." [북송] 이방李昉 등, 「문원영화文苑英華」권711, 「문연각사고전서」제13239책, 앞의
책, 714쪽. 역주: 상이절上巳節은 전통 명절로 물가에서 몸을 깨끗이 씻고 상서롭지 못한 것을
없애는 볼계被禊의 풍습이 있다.

갈림길에서 홀로 눈물 흘리는 것을 탓하지 말라.

위서魏舒[499]는 오로지 외가의 은혜만을 마음에 두었나니.[500]

이가우李嘉祐, 「가을 저녁 초은사 동봉 다연에서 집안 동생 염백균을 강주로 돌려보내며(秋曉(一作晩)招隱寺東峰茶宴送內弟闇伯均歸江州」

송대 다연은 이전보다 새롭게 발전했다.

"태학생들은 모든 노路(태학생의 조직 단위)마다 차 모임(다회)이 있다. 길일을 정해 집다集茶(일종의 다회)를 하는 날이면 참가하지 않는 이들이 없었다. 고향의 소식을 물을 수 있었기 때문이다."[501]

이외에도 다인들이 다실茶室이나 다료茶寮에 모여 차를 마시거나 품다品茶를 빌어 시문을 짓는 활동 등은 모두 다사茶事를 빌어 이루어지며 처음부터 끝까지 다사와 관련이 있다. 그렇기 때문에 일종의 다연茶宴이나 다를 바 없다.

다사는 '탕사湯社'라고 칭하기도 한다. 송대 호부 및 형부상서를 역임

499 역주: 위서魏舒는 위진 시대 명신으로 조실부모하여 외조부 슬하에서 컸다.
500 [당] 이가우李嘉祐, 「추효(만)초은사동봉다연송내제염백균귀강주秋曉(一作晩)招隱寺東峰茶宴送內弟闇伯均歸江州」, "萬畦新稻傍山村, 數里深松到寺門. 幸有香茶留釋(稚)子, 不堪秋草送王孫. 煙塵怨別唯愁隔, 井邑蕭條誰忍論. 莫怪臨歧獨垂淚, 魏舒偏念外家恩." 『전당시』권207, 앞의 책, 2165쪽.
501 [북송] 주욱朱彧, 『평주가담萍洲可談』권1 『문연각사고전서』제1038책, 앞의 책, 282쪽.

한 도곡陶穀의 『청이록清異錄·천명문荈茗門』 '탕사湯社' 조에 따르면, "화응和凝(오대五代 문학가이자 법의학자)이 조정에 있을 때 동료들과 매일 순서에 따라 차를 끓여 마셨는데, 차를 잘못 끓여 맛이 좋지 않으면 벌을 주었다. 이를 일러 '탕사'라고 한다." 여기서 "맛이 좋지 않으면 벌을 주었다."고 한 것을 보면 다예를 품평하고 차를 끓이는 것을 감별하는 일종의 '투다'였다. 이렇듯 탕사는 시간이나 인물 또는 순서에 일정한 형식을 갖춘 다연이었다. '탕사'가 몇몇 친구들끼리 차를 품평하는 활동이라면 '다회'는 차를 빌어 모임을 갖는 것이니 양자는 형태는 같으되 내용이 다르다.

• 제18절 •

다관茶館

다관의 시작은 아무리 늦어도 중당中唐에 시작된 것으로 보인다. 『봉씨 문견기』에 가장 이른 기록이 나온다.

> "추鄒(추현鄒縣), 제齊(치박淄博 일대), 창滄(하북 창주滄州), 체棣(오체吳棣 일 대)에서 점차 경읍京邑(지금의 서안)의 도시까지 점포를 개설하고 차를 끓여 팔았으며, 도속道俗(승속僧俗)을 막론하고 돈만 내면 사서 마실 수 있었다."

전문적인 다관이 출현하기 이전에는 대체적으로 여관(旅店)이나 음 식점(飯店)에서 음식과 같이 파는 과정, 즉 '점포'에서 차를 끓여 파는 단계가 있었다. 물론 차를 마시는 것은 그 이전부터 있었다. "진晉 원 제元帝 시절 한 노파가 매일 아침마다 혼자서 그릇에 차를 담아 들고 시

| 라오서 다관老舍茶館 모형도模型圖와 정문

장에 나가 팔자 사람들이 경쟁하듯이 사마셨다."(『광릉기노전廣陵耆老傳』)

중당 이후로 도회지는 물론이고 여러 진鎭이나 읍邑에 다관이 두루 생겨나면서 행인들이 다투어 모여들었고, 특히 여행객들이 지나가는 길목은 더욱 그러했다.

다관은 '다방茶坊', '다저茶邸', '다사茶肆' 등으로 부르기도 한다. 송대 맹원로의 『동경몽화록』에 보면 북송의 도성인 변량汴梁(지금의 개봉開封)의 거리 풍경을 묘사하면서 다방을 언급하고 있다.

"어가御街 동쪽 주작문朱雀門 밖은 서쪽으로 신문新門의 와자瓦子(와사瓦肆, 민간예술 공연장)로 통한다. 남쪽에 살저항殺猪巷이 있는데, 또한 기관妓館이 있다. 다시 남쪽으로 동서 양쪽에 교방教坊이 있으며 나머지는 모두 주택이거나 다방茶坊이다."[502]

"선화宣和 초기에 관리들이 인재 선발에 참여하기 위해 여러 이부吏部 관리들이 상황을 보고하였는데, 일어나는 시간이 너무 일찍인지라 길가에 행인도 드물고 성문도 아직 열리지 않아 다저茶邸에 가서 잠시 쉬었다."[503]

---

502 [송] 맹원로 찬撰, 등지성 주, 『동경몽화록주·주작문외가항朱雀門外街巷』, 북경, 중화서국, 1982년, 59쪽.

503 [남송] 홍매洪邁(1123~1202년), 『이견지보夷堅志補·경사욕당京師浴堂』, 북경, 중화서국, 1981년, 1625쪽.

이는 북송 말년 도성인 변량의 모습을 묘사한 내용이다. 남도南渡하여 새로운 도읍지로 삼은 항주杭州의 경우는 더욱 번성한 모습을 보여준다.

"지금 항주성의 다사 역시 이와 같아 사시사철 꽃을 꽂아놓고 유명한 화가의 그림을 내걸어 점포의 앞면을 장식했다. 매 철마다 향기로운 차와 기이한 탕을 판매하는데, 겨울에는 칠보뇌차七寶擂茶, 산자敝子, 총차葱茶를 추가했고 염고탕鹽豉湯을 팔았으며, 여름에는 설포매화주雪泡梅花酒나 축비음서약縮脾飮暑藥(축비음은 더위를 다스리고 토사곽란에 사용하는 한약) 등을 추가했다.……

| 중국 고대 다사茶肆. 장택단의 〈청명상하도〉

지금 다사茶肆에는 화분걸이를 진열하고 기이한 형태의 회나무(檜)나 소나무 등을 그 위에 심어 점포의 앞면을 장식했으며, 향잔響盞(잔에 물을 채워 두드리며 소리를 내는 악기의 일종)을 두드리며 노래를 부르면서 차를 팔고, 노래를 그치면 자기나 옻칠한 잔 받침(잔탁盞托)에 받쳐 팔았다.……

대체로 다루에는 부잣집 자제들이나 여러 관서에서 퇴근하는 관리들이 모여들었으며, 악기를 배우거나 노래를 익혀 돈벌이를 하는 부류들도 있었는데, 이들을 일러 '괘패아掛牌兒'라고 했다. 인정다사人情茶肆는 본래 차나 탕을 끓여 파는 것이 본업이 아니라 그것으로 다금茶金(결혼 지참금, 일명 대다代茶)을 마련하기 위함일 뿐이었다. 또 다사에는 주로 오노五奴(자신의 처를 파는 일종의 기둥서방, 일명 귀노龜奴)들이 모이는 곳도 있으며, 여러 직업에서 기예를 빌어 먹고사는 예인들만 모이는 곳도 있었는데, 이를 '시두市頭'라고 불렀다. 큰길가에 서너 다섯 군데 다사를 개장하여 이층 누각에 기녀들을 앉혀놓은 곳이 있는데, 이를 '화다방花茶坊'이라고 불렀다. 예를 들어 시서방市西坊 남쪽에 있는 반절간潘節干 다방, 유칠랑俞七郎 다방, 보우방保佑坊 북쪽에 있는 주고루朱骷髏 다방, 태평방太平坊에 있는 곽사랑郭四郎 다방, 태평방太平坊 북쪽에 있는 장칠상간張七相干 다방이 그러한데, 이 다섯 곳은 매우 시끄럽고 번잡하여 군자들이 발을 들일만한 곳이 아니다.

이외에 면을 파는 장씨네 가게 옆집인 황처취축구黃尖嘴蹴球 다방, 중와中瓦 안쪽 왕마마王媽媽가 운영하는 일굴귀다방一窟鬼茶坊이라는 다사茶肆, 큰길가에 차아車兒 다사, 장검열蔣檢閱 다사 등은 모두 사대부들이 친구들과 약속하여 모이는 다방들이다. 길거리나 골목에서 서로 이웃하며 사는 이들은 집집마다 차를 끓여 찻병에 담아 음력 초하루나 보름날(삭망朔望) 또는 길한 일이나 흉한 일이 생겼을 때마다 이웃집에 찻물을 보내니 오가는 말이 정겨웠다. 또 가사街司(송대 관직 좌우 가사左右街司의 약칭)의 아병衙兵(관아의 병사)이나 백사百司(백관의 뜻이나 여기서는 차역差役을 말함)들이 찻물을 끓여 점포에 보내면서 문앞에 자리를 깔고 앉아 돈이나 물건을 요구하기도 했는데, 이를 일러 '착다齪茶'라고 했다. 승려나 도사를 배알할 때면 먼저 찻물을 집집마다 끓여 보냈는데, 이를 진신지계進身之階(출세의 계단)로 생각했기 때문이다."[504]

항주성에서 다사茶肆가 번성한 것은 도읍지라는 특별한 원인 외에도 다사茶事의 흥성과 음다飮茶 풍습이 이미 오랜 전통이 되었기 때문이다. 인용문에서 기록된 바와 같이 7,8세기 이전의 저서에 나오는 내용을 보면, 서로 등급이나 풍격이 다른 다사茶肆와 서로 다른 계층의 다객茶客, 그리고 사회적 효용의 복잡성과 명목의 다양성 등이 이미 위축되어 있는 현금의 다사茶事가 따라갈 수 있는 바가 아니다.

만명의 유명한 문인이자 다인인 장대張岱는 다관에 관한 유려하고 우아한 문장을 남긴 바 있다.

"숭정崇禎 계육癸酉(1633년) 호사자가 다관을 열었는데, 샘물은 정말로

---

504 [남송] 오자목, 『몽양록·다사茶肆』, 『문연각사고전서』 제590책, 앞의 책, 126~127쪽.

옥대玉帶의 것이고 차는 난설蘭雪(차 이름)이다. 탕湯은 금방 끓인 것이
고 오래 전에 끓인 탕은 없으며, 다기는 그때마다 깨끗이 세척하니 더
러운 다기가 없다. 화후火候(불의 세기나 시간)나 탕후湯候 역시 천의무
봉天衣無縫인 듯 잘 배합되었다. 나는 그 다관을 좋아하여 '노형露兄'이
라는 이름을 붙였는데, 미전米顚(미불米芾, 북송 서예가이자 화가)의 '차
는 (맛이 달아) 감로甘露의 형이다(茶甘露有兄)'라는 시구에서 따온 것이
다."505

"계천수禊泉水를 분별하려면 딱히 다른 방법이 없으니, 물을 가져다 입
에 대고 혀끝으로 핥자마자 뺨 안을 통과하여 더 이상 삼킬 물이 없
다면 그것이 바로 계천수이다. 호사가들이 이 샘물이 진귀함을 믿고
매일 샘물을 길으러 오는데, 누구는 물을 떠다가 술을 빚고 또 누구
는 '계천다관禊泉茶館'의 찻물로 사용하며, 항아리에 담아 팔거나 관리
에게 선사하는 이들도 있다. 동방백董方伯이 월越(지금의 절강)의 수령이
되었을 때 계천수를 마시는 것을 좋아했는데 혹시라도 제대로 공급
하지 못할까 걱정하여 샘물을 봉쇄하니 계천이 이로인해 더욱 유명해
졌다."506

---

505 [명] 장대張岱, 『도암몽억陶庵夢憶·노형露兄』, 『叢書集成初編』, 1949책, 상해, 상무인서관,
　　1939년, 71쪽. "崇禎癸酉, 有好事者開茶館, 泉實玉帶, 茶實蘭雪, 湯以旋煮無老湯, 器以時候無
　　穢器, 其火候, 湯候, 亦時有天合之者, 餘喜之, 名其館曰露兄, 取米顚茶甘露有兄句也."
506 [명] 장대, 『도암몽억·계천禊泉』, 위의 책, 18쪽. "辨禊泉者無他法, 取水入口, 橋舌舐齶, 過頰即
　　空, 若無水可咽者, 是爲禊泉. 好事者信之, 汲日至, 或取以釀酒, 或開禊泉茶館, 或甕而賣, 及饋
　　送有司. 董方伯守越, 飮其水甘之, 恐不給, 封鎖禊泉, 禊泉名日益重."

명대 음다의 두드러진 특징이 사대부의 고아함 때문이라고 한다면, 청대는 역사 발전, 인구 급증, 도시 번영, 그리고 근대 문명의 흥기로 인해 더욱 장관을 이루었다고 말할 수 있다. 차 생산량이나 품종이 많아지고 차를 마시는 인구 역시 몇 배나 증가하였으며, 도시는 물론이고 향촌의 시사市肆(시장, 상점)가 이전에 보지 못할 정도로 크게 발전하면서 청대 중엽 이후로 안일한 삶을 추구하는 시정 분위기가 형성되었다. 이에 따라 차를 마시는 풍습이 전형적인 사회, 민족문화의 풍모를 지니게 되었다. 그 중에서도 다관 명목만 번다해진 것이 아니라 도시나 향촌을 막론하고 전국 도처에 우후죽순처럼 들어선 것이 특히 두드러진 특징 가운데 하나이다. 청대에는 음다 생활이나 풍습과 관련된 문헌 기록이 풍부하게 남아 있는데, 그 가운데 하나를 살펴보고자 한다. 서가徐珂가 쓴 『청패유초清稗類鈔』에 나오는 대목이다.

다사茶肆에서 파는 차는 홍차와 녹차 두 가지로 대별된다. 붉은 것은 (紅茶)는 오룡烏龍, 수미壽眉, 홍매紅梅라고 하고, 푸른 것(綠茶)은 우전雨前, 명전明前, 본산本山이라고 한다. 다호茶壺에 가득 담아주는 것도 있고, 주발(碗)에 부어주는 것도 있다. 앉아서 마시는 사람도 있고, 누워서 마시는 사람도 있다. 회헌후懷獻侯가 일찍이 말하길, '우리는 몸과 마음을 다해 온종일 부지런히 일한다. 때로 쉬는 날 다사에 가서 두세 명 지기들과 차를 마시면서 깊은 이야기를 나누는 것이 불가할 까닭이 없다. 때로 저녁 늦게까지 심취하여 집에 돌아가는 것도 잊고 세월을 낭비하거나 직업을 잃게 될까 걱정하지도 않으니 가히 감탄할

만하다.'

경사(북경)의 다관茶館은 긴 의자를 쭉 늘어놓고 찻잎과 물을 대주는
데 반드시 분分으로 계산한다. 병을 들고 온 사람은 자신이 직접 찻잎
을 가지고 왔다면 돈을 내고 뜨거운 물만 사면 그뿐이다. 한인漢人들
은 발을 들여놓는 경우가 드물고 팔기八旗 사람(만주족)들은 관직이
3,4품일지라도 끼어드는 경우가 많았다. 오룡차를 들고 긴 옷자락을
끌면서 여러 사람들이 같이 앉아 차를 마시며 휴식을 취하는데, 마부
나 졸개들과 섞여 앉는 일도 마다하지 않았다. 하지만 권세가 있고 지
위가 높은 이들은 절대로 찾지 않았다.

건륭 말엽 강녕江寧(지금의 남경)에 처음 다사가 생겼다. 홍복원鴻福園,
춘화원春和園은 모두 문성각文星閣 동쪽 진회하秦淮河의 경치 좋은 곳
에 자리하고 있다. 햇살이 비치는 정오가 되면 자리마다 손님이 가
득 차고 어떤 이들은 난간에 기대어 강물을 보고 또 어떤 이들은 무
릎을 맞대고 찻물을 음미했다. 고란皐蘭의 물담배, 하장霞漳의 잎담배
(旱烟)가 차례대로 나온다. 찻잎은 운무雲霧, 용정에서 시작하여 아래
로 주란珠蘭, 해편梅片, 모첨毛尖에 이르기까지 손님이 원하는 대로 주
문할 수 있으며, 또한 호박씨, 작은 과일접시, 바삭바삭한 소병燒餅, 춘
권春卷, 수정고水晶糕, 화저육花猪肉, 소매燒賣(소가 들어 있는 찐만두의 일
종), 교자餃子, 달콤한 당유만수糖油饅首(만두의 일종) 등이 마치 물이 계
속 흐르듯이 손님이 주문하는 즉시 나왔다. 하지만 주머니에 돈이 있
어야 술 사먹을 걱정이 부질없는 짓이 되지 않으렷다.

상해의 다관은 동치 초년 삼모각三茅閣 다리 근처 강가의 여수대麗水臺

이다. 다관 앞이 양경빈洋涇濱507인지라 높고 널찍한 건물들이 늘어섰다. 남경로南京路에 있는 일동천一洞天도 이와 비슷하다. 그 뒤편에 강해조종江海朝宗 등 여러 집이 있는데 더욱 화려하며 아편을 흡입할 수 있다. 복주로福州路의 청련각靑蓮閣 역시 수십 년이나 된 다루茶樓인데, 처음에는 화중회華衆會였다. 광서光緖 병자년(1876년) 월인粵人(광동사람)이 광동로廣東路 기반가棋盤街 북쪽에 동방다거同芳茶居를 차려놓고 다과와 과자를 팔았으며, 새벽에는 어생죽魚生粥(광동요리로 물고기 배설물로 만든 죽), 점심때는 찌거나 익힌 밀가루 음식, 각종 간식, 그리고 밤에는 연자갱蓮子羹(연밥 스프), 행인락杏仁酪(아몬드와 꿀을 넣어 만든 유즙) 등을 팔았다. 매일 미시未時(오후 1시부터 3시)부터 신시申時(3시부터 5시)까지 기녀들이 줄을 지어 다녀가곤 했다. 얼마 후 동방다거 바로 앞에 이진다거怡珍茶居가 문을 열었는데 술과 담배를 팔았다. 이외에도 동양다사東洋茶社(상해의 일본 예기관藝妓館으로 동양다실로 불렀다)인 삼성루三盛樓가 백대교白大橋 북쪽에서 개업하였는데, 묘령의 아가씨가 차를 끓였으며 은화 1,2각角을 받았다. 이후 공동조계와 프랑스 조계에도 없는 곳이 없었다. 하지만 오래지 않아 상해 주재 영사관(일본영사관을 말한다)에서 금지시켜 폐업하고 말았다.

청련각 다사는 매일 해질 무렵이 되면 다객들이 무리지어 모여들어 자리가 꽉 차고 길가까지 가득 메웠다. 차를 마시기 위함이 아니라 치雉(꿩)를 품평하기 위함이었다. 여기서 '치'란 떠돌이 기녀를 말하는데

---

507 역주: 양경빈洋涇濱은 상해의 물가 이름이나 예전 조계지역을 칭하기도 한다.

속칭 '야계野鷄(꿩)'라고 한다. 사방에서 손님들이 모여들어 야계 구경을 쾌락으로 여겼다.

다관 외에도 월인(광동사람)들이 잡다한 물건을 파는 점포에서 차를 팔기도 했다. 좌석은 없고 길가는 행인들이 차를 사서 선 채로 마셨는데, 가장 많이 팔리는 것은 왕대길량차王大吉凉茶이고 다음은 정기모근수正氣茅根水, 나부산운무차羅浮山雲霧茶, 팔보청윤양차八寶淸閏凉茶였다. 또한 이른바 국화팔보청윤양차菊花八寶淸閏凉茶란 것도 있는데, 찻물 안에 항주에서 나온다는 항국화杭菊花(항주 국화), 대생지大生地(황지황), 토상백土桑白(상백피桑白皮, 토종 뽕나무 뿌리), 광진피廣陳皮(밀감이나 홍귤나무 열매껍질 말린 것), 흑원삼黑元參(검은 원삼(솜양지꽃) 뿌리), 간갈분乾葛粉(말린 칡가루), 소경시小京柿(감의 일종), 계원육桂元肉(용안수龍眼樹 열매의 육질) 등 여러 약재를 넣어 여덟 가지 맛이 났다.

소주蘇州의 부녀자들은 다사에 가서 차를 마시는 것을 좋아했다. 동치, 광서 연간에 중승中丞 담서초譚敍初가 번사藩司(청대 행정기관인 승선포정사사承宣布政使司)의 순무巡撫로 있을 적에 민간의 부녀들이며 여복女僕들이 다사에서 차를 마시는 것을 금지시켰다. 그러나 여전히 답습되며 근절되지 않았다. 담서초가 어느 날 문을 나섰는데, 어떤 아가씨가 예쁘게 차려입고 다사로 들어가려는 모습을 보았다. 누구냐고 묻자 그녀가 사실대로 대답했다. 담서초가 크게 노하며 "내가 이미 금지시켰거늘 어찌 다시 어기는 게냐?"라고 말하면서 당장 신발을 벗고 집으로 돌아가도록 했다. 그가 다시 말했다. "네가 이행履行(실행한다는 뜻도 있지만 신발을 신고 간다는 뜻도 있다)함이 이처럼 빠르니 신발(履)을 벗으

면 필시 더 빠르리로다." 이후로 감히 금령을 어기는 이가 없었다.[508]

청대 다사茶肆에 관한 상기 자료는 청말 민초民初(중화민국 초기) 서가
徐珂가 편집한『청패유초淸稗類鈔』에 나오는 내용이다. 서가는 절강 항현
杭縣 사람으로 "품행과 절조가 고상하여 명예나 영달을 추구하지 않았
다."[509] 재능이 많은 인물이었지만 아쉽게도 주로 북경, 천진, 상해, 항
주 등 고운하古運河를 중심으로 다녔기 때문에 다른 지역의 다사에 관
해서는 소략할 수밖에 없었다.

다사는 주로 사람이 많은 곳에서 특히 흥성했기 때문에 크고 작은
도시마다 모두 있었지만 역시 북경이 가장 많았다. 봉건제국의 도읍
지로 인근에 무역항을 끼고 있으며, 다양한 업종에 온갖 직업과 다양
한 부류의 사람들이 모여 있는 방대한 도회지였기 때문에 다관의 명목
이나 종류 또한 번다할 정도로 다양하고 또한 수없이 많았다. 예를 들
어 대다관大茶館, 청다관淸茶館, 기다관棋茶館, 서다관書茶館, 다주관茶酒館,
야단관野茶館, 다탄茶攤 등 그야말로 없는 것이 없었다. 경성에는 귀인,
부인富人, 문인, 상인은 물론이고 잡인이나 쓸 데 없는 부류들에 이르
기까지 다종다양한 사람들이 각기 나름의 신분이나 필요에 적합한 다
관을 드나들었다.

북경 대다관의 관당館堂 구조는 다음과 같았다. 우선 정문으로 들어

---

508 [청말민초淸末民初] 서가徐珂,『청패유초淸稗類鈔·음식류飮食類·다사품다茶肆品茶』, 북경, 중
　　화서국, 1986년, 6317~6319쪽.
509 진공일陳鞏一(1892~1953년),『신어림新語林·문학文學』, 상해, 상해서점출판사, 1997년, 51쪽.

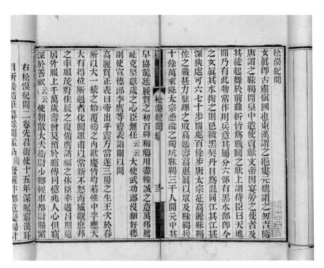

| 송대 홍호洪皓(1088~1155년)의 『송막기문松漠紀聞』에 나오는 다식茶食 관련 기록

가면 첫 번째 계산대가 나오는데 주로 외판이나 매장 내 회계를 관장하고, 탁자를 지나 두 번째 카운터는 중간에서 첫째와 셋째 계산대 외의 것을 관장하며, 마지막 맨 뒤에 있는 계산대는 주로 후당이나 아좌雅座(별실)의 계산을 담당한다. 대다관은 경영 항목에 따라 홍로관紅爐館, 와와관窩窩館, 반호관搬壺館, 이훈포二葷鋪 등 네 가지로 나뉜다. 홍로관은 중국식 밀가루로 만든 과자를 파는 발발포餑餑鋪(청대 및 민국 초기 제과점)에서 전문적으로 '만한발발滿漢餑餑(만주족과 한족의 과자)'을 만드는 '홍로紅爐'와 유사하다. 다만 홍로관에서 만드는 다식茶食은 형태도 작고 가격도 저렴하다. 관내에는 큰 과자 8가지, 작은 과자 8가지, 대발발大餑餑, 중발발中餑餑 등을 만들기도 하는데, 가장 유명한 것은 된 밀가루

반죽을 자갈과 섞어 프라이팬에 구워 만든 것으로 단 것과 짠 것 두 가지로 구분되는 '강자발발杠子餑餑'이 있다.

청대에서 민국시대까지 대다관 가운데 홍로관은 북경 전문前門 밖에 '고명원高名遠', 후문에 '천회헌天滙軒'(별칭 문명원閣名遠), 선무문宣武門 인근에 '해풍헌海豊軒'(별칭 성명원聲名遠)이 있는데, 당시 사람들은 세 곳을 '삼명원三名遠'이라고 불렀다. 이외에 안정문安定門 안에 '광화헌廣和軒'(속칭 서대원西大院)이 있다.

와와관은 전문적으로 간식이나 과자를 만드는 곳이다. 가장 유명한 것은 찹쌀로 만든 '애와와艾窩窩'인데 와와관의 명칭은 바로 여기에서 따온 것이다. 이외에도 밀가루에 소금과 소다를 넣어 튀긴 과자인 배차排叉(파이차), 밀가루를 당밀糖蜜로 반죽하여 기름에 튀긴 당이타糖耳朶(귀처럼 생겨서 이타(귀)라고 부른다), 밀다화蜜麻花, 황백봉고黃白蜂糕, 분고盆糕, 나팔고喇叭糕, 민로소병焖爐燒餅 등을 만들어 판다. 반호관搬壺館은 홍로관과 와와관 사이에 있는데 구리로 제작한 큰 호壺가 있다고 해서 반호관이라고 부른다. 다식으로 민호소병, 배차, 육정만두肉丁饅頭(만두 속에 돼지고기 소를 넣었다) 등을 팔았다.

이훈포二葷鋪는 청차淸茶나 술과 음식을 파는 곳이다. 경영상 특징적인 점은 음식을 요리하여 팔기도 하지만 손님이 재료를 가져오면 조리를 해주기도 한다는 것이다. 일명 '초래채아炒來菜兒'라고 하는데, 점포의 이름 역시 두 가지 방식을 모두 채택한다는 데에서 따온 것이다. 이훈포에서 유명한 음식은 '난육면爛肉麵'이다. 형태는 노면鹵麵(고기나 계란 국물에 녹말가루를 풀어 만든 국수)과 비슷하지만 노즙鹵汁(오향을 넣은 소금물)보다 담백하며 고기를 사용하지 않고 갖은 양념이 들어가는 것도 아니지만 독특한 풍미를 지닌다. 조양문朝陽門 밖에 있는 '육포서肉脯徐', 서장안가西長安街 '용해헌龍海軒' 등이 이훈포로 유명하다.

경자사변庚子事變(의화단 사건)이 발발하기 이전 북경 대다관이 성업 중일 때는 앞서 말한 음식점 외에도 숭문문崇文門 밖 영순헌永順軒(숭문문 세관과 꽃시장의 상인들이 주요 고객), 북신교北新橋 천수헌天壽軒(양황기鑲黃旗에 속하는 만주, 몽골, 한족이 주요 고객), 등시구燈市口 광태헌廣泰軒(정람正藍, 정백正白, 양백기鑲白旗가 주요 고객), 추성문阜成門 대가大街의 천록헌天祿軒(우익右翼 각 기旗(팔기八旗를 말함)가 주요 고객) 등 고급 손님들을 접대하는 다관이 있었다. 다관은 내부 형태나 특징에 따라 다음 몇 가지로 나뉜다.

1) 청다관清茶館

차를 전문적으로 파는 집이다. 다관 앞에 걸려 있는 나무 간판에 '모첨毛尖', '우전雨前', '작설雀舌', '대방大方' 등 명차의 이름을 새겨 넣었다. 이런 다관은 일반적으로 우아하고 정결한데, 전통적인 네모난 탁자에 나무의자를 마련하고 아름답고 우아한 개완차蓋碗茶(찻잔, 뚜껑, 받침대를 갖춘 이른바 삼재완三才碗)로 손님을 대접한다. 청다관은 봄, 여름, 가을 세 계절에 문밖이나 안쪽 정원에 시원하게 천막을 치고 개별 손님들을 접대하고, 실내에는 주로 단골들을 맞이했으며, 안에 아좌雅座(고급스러운 별실)를 마련해놓았다. 차를 마시는 이들은 주로 여유가 있는 중류층 사람들이었으며, 여러 분야의 수공업자들이 임시 노동자를 구하는 곳이기도 했다. (이를 '찬아攢兒', '구자口子'라고 한다)

북경의 여러 분야 수공업자들은 대부분 자기 나름의 권역이 있기 때문에 습관적으로 가는 다관이 있었다. 구직자들이 때로 그런 다관으로 가서 차 한 잔을 시켜놓고 천천히 마시면서 일할 기회를 찾았다. 이런 다관은 일반인들이 '요회搖會(계의 일종)', '과회抓會', '사회寫事'를 하는 장소이기도 했다. 요회란 민간에서 유행하던 일종의 신용부조(계)를 말한다. 일반적으로 발기인이 '회두會頭(계주)'가 되어 친한 친구나 주변 사람(회각會脚, 이른바 계원) 몇몇을 모아 약정한 날짜에 일정한 액수의 곗돈을 붓고 순번대로 돌아가며 한 사람에게 목돈을 사용할 수 있도록 한 상호부조의 형태이다. 주사위를 던져 계원들이 목돈을 받는 순서를 결정하기 때문에 '요회'라고 불렀다. 과회는 요회와 거의 비슷한 계의 일종이다.[510] '사회'는 방식이 약간 다르긴 하지만 성격은 대동소이하다. 이런 종류의 다관에 들고나는 손님들은 대부분 중류층 또는 하층사회의 여유가 있는 무리들이었다. 예를 들면 청말 청조에 충성하던 늙은이나 젊은이(遺老遺少), 한때 부귀했으나 몰락한 집안의 자제, 생계에 걱정이 없는 일반 시민들이 그러했다.

2) 기다관棋茶館

손님들이 차를 마시며 바둑이나 장기를 두거나 모임을 갖는 다관이다. 다관에 갖춘 시설을 보면 금세 다른 다관과 다르다는 것을 알 수

---

510 [명청 교체기], 서주생西周生, 『성세인연전醒世姻緣傳』, 제남濟南, 제로서사齊魯書社, 1980년, 451쪽. 이가서李家瑞, 『북평풍속류징北平風俗類徵·연집宴集』, 상해, 상해문예출판사, 1937년, 314쪽.

있다. 다관 안에는 둥글거나 네모난 나무판을 반쯤 땅 아래 파묻어 놓고 위에 바둑, 장기판을 그려놓거나 목제 바둑, 장기판을 올려놓는다. 그리고 양쪽에 기다란 의자를 설치하여 손님들이 앉도록 했다. 손님들은 바둑이나 장기를 두면서 차를 마시며 여유로운 삶의 즐거움을 만끽할 수 있으며, 동시에 지루한 시간을 재미있게 보낼 수 있었다. 하지만 그런 와중에 서로 정감을 나누고 조화를 이루면서 사회적으로나 기능적으로 발전을 도모하는 긍정적인 작용도 했다. 당시 유명한 일화로 바둑 국수인 최운지崔雲趾는 십찰해什刹海 이길자다관二吉子茶館, 장기 국수인 나건정那健庭은 융복사隆福寺 이우헌다관二友軒茶館에서 기사棋社(바둑이나 장기 모임)를 가졌다.

3) 서다관書茶館

평서評書(민간 문예의 일종으로 장편 이야기를 강설하는 것)를 위주로 하는 다관이다. 평서는 일반적으로 대낮에 하는 것(白天)과 밤중에 하는 것(燈晚) 두 가지로 나뉘었는데, 대낮에 하기 전에 한 두 시간 짧게 개장하는 경우도 있었다. 이를 '설조아說早兒(조금 일찍 강설함)'라고 한다. '백천白天'은 통상 오후 서너 시에 개장하여 예닐곱 시에 파한다. '등만'은 오후 일고여덟 시에 시작하여 열한두 시에 끝난다.

유명한 설서說書[511] 작품은 '백천'과 '등만'을 돌아가며 연희했다. 지

---

511 역주: 설서는 송대부터 시작된 통속 문예로 노래와 대사를 사용하여 역사, 시대물을 이야기하는 것을 말한다.

명도가 떨어지는 연희자는 주로 '설조아'를 담당했다. 평서는 일반적으로 2개월 동안 진행되었으며, 만기가 되면 연희자나 책을 모두 바꾸었다. 매번 바뀌는 마지막 날이 되면 평서를 들었던 관객들은 서전書錢(참가비) 외에도 별도로 '송행전送行錢(이별하며 주는 돈)'을 내밀기 마련이었다. 금액의 다소를 불문하고 나름의 감정을 전하는 방법이다. 서다관은 연희를 시작하기 전에는 차를 팔았지만 연희가 시작된 후에는 팔지 않았다. 손님들이 평서를 관람하고 차를 마시는 비용은 '다전茶錢'이 아니라 '서전'이라고 불렀다. 서전은 설서를 담당하는 사람과 다관의 주인이 7대3으로 나누었다. 평서의 내용은 주로 '장창포대서長槍袍帶書'[512]인 『동주열국지東周列國志』, 『삼국연의』, 『양한연의兩漢演義』, 『수당연의隋唐演義』, 『정충설악精忠說岳』, 『명열렬전明英烈傳』 등이다. 이외에 '작은 여덟 가지 책(小八件書)'('공안서' 또는 '협의서俠義書')으로 『대송팔의大宋八義』, 『칠현오의七俠五義』, 『선악도善惡圖』, 『영경승평永慶升平』, 『삼협검三俠劍』, 『팽공안彭公案』, 『시공안施公案』, 『우공안于公案』 등이 있으며, '신괴서神怪書'로 『서유기』, 『봉신방封神榜』, 『제공전濟公傳』, 『요재지이聊齋志異』 등이 있다.

---

512 역주: 전통적인 평서는 '장창포대서', '단타공안서短打公案書', '신괴서神怪書', '귀호서鬼狐書' 등 전체 29부로 나눈다. '장창포대서'는 주로 역사나 영웅의 전기를 내용으로 하는 책으로 전체 13부이고, '단타공안서'는 무협이나 공안公案(재판 사건) 내용으로 역시 13부이다. 이외에 '신괴서'는 『서유기』를 포함하여 2부이고, '귀호서'는 『요재지이』 1부이다.

4) 다주관茶酒館

차 외에도 술을 같이 파는 곳으로 별도의 안주를 팔지는 않는다. 하지만 다주관 문 앞에 양고기나 당나귀고기, 장육醬肉, 양 힘줄(양건자羊腱子) 등 안주거리를 파는 소상인들이 좌판을 벌여놓고 있기 때문에 언제든지 안주를 사서 먹을 수 있었다. 다주관에서 술을 마시는 목적은 그저 한담을 나누기 위함이지 술을 마시는 것은 그 다음 일이었다.

5) 야다관野茶館

조용하고 청아하여 계절의 경관을 즐길 수 있는 교외에 자리한 야다관은 몇 간 되지 않는 작고 낮은 토방에 갈대로 만든 차양이 햇살을 가리고 싸리나무 울타리에 나팔꽃이 활짝 피어 있는 고즈넉한 곳이다. 흙으로 쌓아올린 다탁茶卓에는 자사호紫沙壺, 황사黃沙의 다완이 자리하고 이제 막 끓인 찻물은 자흑색이거나 짙고 쓴 맛이 난다. 다객들은 나른한 오후의 한가로움을 즐기며 사방에서 우짖는 새소리며 벌레소리를 듣는다. 자못 농업사회 전원의 순박한 분위기가 풍겨난다. 청말 민초 시절에 북경 교외 여러 곳에 전원의 정취를 담은 다관이 적지 않았다.

조양문朝陽門 밖 맥자점外麥子店 동요東窯의 '맥자점다관'은 사방이 갈대로 둘러싸여 지극히 조용한 곳인데, 연못에 물고기며 새우 등이 가득하여 경사의 어류가 모두 모여 있는 듯 했다. 매년 2월에서 9월까지 8개월 동안 경성에서 물고기나 벌레를 기르거나 계절의 진미를 맛보고 싶은 낚시꾼들은 물론이고 온갖 사람들이 몰려들어 시끌벅적하다. 그곳의 야다관은 북요北窯의 요서窯西館 다관과 유사한데 낚시꾼들이 들어오면 그 즉시 차를 마실 수 있었고, 지나 가는 과객들도 잠시 차를 마시며 비바람을 피할 수 있었다.

육포항六鋪炕의 야다관은 안정문安定門 밖 서북쪽으로 1리 정도 떨어진 곳에 자리하고 있다. 사방이 채소밭인지라 천지가 모두 푸성귀인데다 들국화가 만발하여 온갖 나비들이 날아다녀 농가 전원의 정취가 그득하다. 성안에서 이곳으로 차를 마시러 오는 이들은 주로 투엽자패鬭葉子牌(화투나 카드 놀음)를 하기 위함이니 '타십호打十胡', '개상開賞', '투사호鬭梭胡', '정우아頂牛兒', '타천구打天九' 등을 즐겼다. 붉은 태양이 서서히 기울면 돈을 딴 이가 술과 안주를 사서 함께 취하고, 방금 떠오른 달빛을 따라 귀가했다.

안정문安定門 동쪽 하천에서 북쪽으로 '녹유헌綠柳軒'이라는 야다관이 있다. 흙산의 움푹 들어간 곳에 자리했는데, 사방에 버드나무가 겹겹으로 에워싸고 연못에는 연꽃이 만발했다. 여름날이면 다객들이 몰려들어 바둑이나 장기 모임을 갖곤 했다.

삼차구三岔口 다관은 덕승문 밖 서북쪽 당종묘鐺鍾廟 부근에 자리하여 동쪽으로 덕승문 대도를 바라보고 있으며, 뒤편에 숲이 우거져 있다. 덕승문 인근에서 과일상을 경영하는 이들은 이곳에서 서쪽에서 낙타에 과일을 싣고 오는 이들을 맞이했으며, 성안의 다객들도 자주 들락거려 자못 흥성했다.

백석교白石橋 다관은 서직문西直門 밖 만수사萬壽寺 동쪽에 있는데, 주로 청대 여러 군영의 병사들이나 만수사를 관람하는 이들이 주요 고객이다. 만수사[513]는 명 만력 5년(1577년) 창건되었는데, 사찰 내에 영락제 시절에 만든 대종大鐘이 걸려 있다.

　녹음방초가 우거지고 깊은 연못 속에 물고기들이 유영하며 유객들이 배를 띄워 낚시를 하거나 술을 마실 수도 있었기 때문에 백석교 다관은 특별한 운치를 자아냈다. '상룡上龍', '하룡下龍' 다관도 있다. 북경에는 "남성南城 찻잎, 북성수(北城水)"라는 말이 있는데, 이른바 '북성수'는 안정문 밖 서북쪽 길 북쪽에 있는 '상룡'과 남쪽에 있는 '하룡'의 우물물을 말한다. '상룡'의 흥륭사에서 승려들이 사찰 배전配殿(정전 양옆에 있는 절집)에 다실을 꾸며놓고 상룡수를 길어다 우전차 등 명차로 손님을 대접했다. 흥륭사는 명대 정덕正德 4년(1509년) 창건했는데, 사찰 안에 수령이 수백 년이나 되는 '문왕수文王樹'가 자리하고 있다. 꽃이 만발할 때면 그윽한 향기가 경내를 감돌며 멀리 서산, 북산과 조응하여 정취를 더했다. 사찰에 차를 마시러 오는 다객은 곧 유객이고, 유객이 곧 다객이었으며, 속세와 비속세가 자연경물 속에서 서로 어울렸다.

　포도원 다관은 동직문과 조양문 중간에 있었다. 서쪽으로 하천을 바라보며 남쪽과 동쪽으로 능각갱菱角坑 하당荷塘(연못)이 자리했다. 북쪽의 포도밭에는 낮은 울타리에 시렁마다 포도덩굴이 휘감겨 있었다. 포도나무가 가득하여 다관의 이름이 되었다. 이곳은 시내에서 가깝고

---

513 북경에 두 군데 만수사萬壽寺가 있다. 한 곳은 성안, 다른 한 곳은 성 밖에 있다. 성안에 있는 만수사는 명 무종武宗 정덕正德 15년(1520년), 성 밖에 있는 만수사는 만력萬曆 5년에 칙령으로 건설되었다. 다음을 참조하시오. [명] 심방沈榜, 『완서잡기宛署雜記』권18, 19, 북경, 고적출판사, 1983년, 222, 223, 225쪽.

나름 운치가 있는 곳이어서 수많은 다객들이 오갔다. 특히 여름날이면 미사謎社, 기회棋會, 시회詩會, 주회酒會 등 여러 모임이 열렸고, 부유하고 아취를 즐기려는 한가한 이들이나 관리를 비롯한 지식인 계층 가운데 특히 우아한 풍취를 좋아하는 이들이 즐겨 이곳에 들러 차를 마셨다. 그래서 '관개여운冠蓋如雲(관리들이 구름처럼 모여든다는 뜻)'이라고 말하기도 했다.[514]

중국은 차의 고향이다. 중국인의 차 생활은 일반 민중들의 삶이었으며, 중국 차 문화는 중화민족 일반 대중들의 문화이다. 그러나 대중들의 차 생활은 시공간적으로 나름 차이가 있다. 그렇기 때문에 중국의 다관은 시대, 지역, 민족, 등급, 계층, 부류 등에 따라 각기 문화적 특이성을 지닌다. 예컨대 파촉巴蜀은 중국에서 가장 먼저 차를 마시기 시작한 문화 지역이다. "사천의 다관은 천하에 으뜸(甲)이며, 성도成都 다관은 사천에서 으뜸이다." "머리 위로 맑은 날은 적지만 눈앞에 다관은 많다." 이런 속담은 사천 다관의 특색을 나타낸다. 특히 "용문진을 펼치는 것(擺龍門陣)"[515]은 사천인들의 습관이나 다를 바 없다. 크고 작은 도회지는 물론이고 작은 읍내에도 빠짐없이 자리한 다관은 다양한 이들이 서로 모여 한담을 나누거나 정보를 교환하고, 장사에 대해 이

---

514 김수신金受申, 『옛 북경의 생활(老北京的生活)』, 북경, 북경출판사1989년, 165~168쪽.
515 역주: 용문진은 원래 당나라 시절 장수 설인귀薛仁貴가 동정東征했을 당시 펼쳤던 진陣의 명칭이다. 명청 이래로 사천의 예인들이 이를 토대로 얽히고설키며 변화무쌍한 이야기를 펼친 것을 지칭하게 되었다. 이렇듯 우여곡절이 심하고 파란만장하여 재미가 무궁한 한담을 일컬어 '용문진'이라고 한다. 특히 성도成都 사람들은 다관에 모여 앉아 이러한 용문진을 펼치는 것을 좋아한다고 했다.

야기하거나 서로 우의를 나누기도 하며, 심지어 소송을 취하하고 화해하는 장소이기도 하다. 작은 곳은 네다섯 개의 탁자를 놓았을 뿐이지만 성도의 큰 다관의 경우는 수 백 명이 앉아 차를 마실 정도로 규모가 엄청나다. 물론 별실이나 귀빈실도 마련되어 있기 때문에 상인들의 거래나 정치 교섭의 장소로도 활용된다. 사천의 다관은 경제, 문화, 정치, 사회적 공능을 전형적으로 보여주는 곳이다. 사천 다관의 문화는 그들이 좋아하는 타차沱茶처럼 농밀하고 오래 지속되는 청향의 맛을 지녔다. 다관에는 오래된 자동紫銅으로 만든 다호茶壺, 주석 차받침, 경덕진의 개완蓋椀, 원타차圓沱茶 등이 완비되어 있을 뿐만 아니라 전통적으로 중후한 분위기의 실내에서 탁월한 기술을 지닌 '요사幺師(차박사茶博士, 원래 사천 방언으로 여관의 종업원을 지칭하는 말이다)'가 묘기를 부리듯이 온갖 자세로 차를 따른다. 이러한 것들은 사천 특유의 내면이 깊고 두터우며 고풍이 면면이 이어져온 문화적 분위기를 짙게 드러낸다.

다른 한편으로 고대 오월吳越 문화를 계승한 장강 하류 지역은 파촉 이후 흥기한 중국 차 문화를 계승하여 더욱 발전시킨 지역이다. 일찍이 당대 이전에 차 나무가 이곳으로 이식되어 광범위하게 재배되었다. 당대 이후로 이곳의 차 문화가 장족의 발전을 거듭하면서 송, 원, 명, 청대 천여 년 동안 모여들고 축적된 것들이 항주를 대표로 하는 고아하고 청유清幽한 강남의 풍격을 만들어냈다. 사천 사람들이 습관적으로 크고 작은 다관에 모여들어 "용문진을 펼치는 것"과 달리 절강의 다인들은 주로 집안에서 조용하고 한적하게 철명啜茗(차를 마심)하는 것을 좋아한다. 중류층 이상의 다인들은 대부분 자신의 집안에 다실을 가지고 있었다. 항주 다실의 가장 큰 특징은 유명한 차나 좋은 물을 중시하는 전아하면서도 질박한 환경에 있다. 다실의 '실室'은 정사精舍의 의경意境, 문인 서재의 고아함, 또는 불가의 정결한 선방의 청아함을 자못 중시하니 청유와 아결雅潔의 풍격을 지녔다고 할 수 있다. 항주 무림문武林門(항주에 있는 열 군데 성문 가운데 하나) 안에 산수 풍광이 뛰어난 곳에 산을 등지고 호수를 옆에 낀 다실이 있어 사람들의 몸과 마음을 평온하게 한다. 또한 호포천虎跑泉 인근이나 용정촌龍井村, 서령西泠[516] 근처, 영은사靈隱寺 인근의 다실 역시 수려한 풍광을 자랑하는 곳이지라 시정詩情, 화의畵意가 넘치고 불가와 선가의 영기가 서린 곳이라 할 만하다.

---

516 역주: 서령西泠은 항주 서호西湖 인근으로 유명한 서령인사西泠印社가 자리한 곳이다.

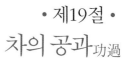

·제19절·
차의 공과功過

예로부터 차에 대해 논하는 이가 많았으니 그 효과를 말하고 과오를
비판하는 논의 또한 많을 수밖에 없다. 비록 논자들이 수백 수천이고
논지 또한 각기 다르지만 뜻을 취해 내세우는 이론은 차의 속성과 사
람의 심신에 대한 영향에 관한 것에서 크게 벗어나지 않는다. 역대로
이에 대해 언급한 내용은 대략 다음과 같다.

"차라는 것은 시흥詩興에 도움을 주어 구름 낀 산이 문득 색깔을 입
고, 수마睡魔(잠, 졸음)를 굴복시키니 천지간에 형체를 잊게 만든다. 또
한 청담淸淡을 배가시키고 만상을 놀라게 하니 차의 공이 크도다.⋯⋯
또한 몸과 마음을 수양하는 도에 도움이 된다."[517]

---

[517] [명] 주권朱權, 『다보茶譜』, "茶之爲物, 可以助詩興而云山頓色, 可以伏睡魔而天地忘形, 可以倍
清談而萬象惊寒, 茶之功大矣.⋯⋯又將有神於修養之道矣." 앞의 책, 120쪽.

"차는 일상적으로 마시는 것은 마땅하나 너무 많이 마시는 것은 마땅치 않다. 일상적으로 마시면 심장과 허파가 맑아지고 번민과 우울함이 문득 풀린다. 그러나 많이 마시면 비장이나 신장이 조금 상하며 때로 설사를 하거나 몸이 차갑게 된다."[518]

"밥을 먹은 후 마시면 소화에 도움이 된다."[519]

"(찻잎)을 달여서 복용하면 체한 것을 없애고 소화에 도움이 되지만 뜨거운 물에 우려서 먹으면 오히려 흉격을 막고 비위를 손상시킨다."[520]

"차라는 물건은 서융, 토번에서 나오는데 예로부터 그곳에서 공급을 받았다. 비린 고기를 먹었을 때 차가 아니면 소화가 되지 않고, 청라靑稞[521]로 인한 열도 차가 아니면 해소할 수 없다."[522]

"번인番人(토번吐蕃 사람)은 차를 약으로 여겨서 온갖 병을 차로 치유하

---

518 [명] 허차서, 『다소茶疏』, "茶宜常飮, 不宜多飮. 常飮則心肺淸凉, 煩鬱頓釋, 多飮則微傷脾腎, 或泄或寒." 앞의 책, 12쪽.
519 [청] 진원룡陳元龍, 『격치경원格致鏡原』, "飯后飮之消." 『문연각사고전서』제1031책, 앞의 책, 297쪽.
520 [송] 임홍林洪, 『산가청공山家淸供·다공茶供』, "煎服則去滯而化食, 以湯點之則反滯膈而損脾胃." 『총서집성신편』제47책, 앞의 책, 587쪽.
521 역주: 청라는 보리의 일종으로 서장이나 청해성 사람들의 주식이다. 청라를 먹으면 몸에 열이 난다고 한다.
522 [명] 담수談修, 『적로만록滴露漫錄』, "茶之爲物, 西戎吐蕃, 古今皆仰給之. 以其腥肉之食, 非茶不消, 靑稞之熱, 非茶不解." 진조규 등, 『중국다엽역사자료선집』, 앞의 책, 299쪽.

니, 이를 얻지 못하면 죽는다.[523]

"향기로운 차(香茗)의 쓰임은 이로운 점이 많다. 물외物外(세속 밖)에서 고아하게 은거하며 앉아 도덕을 이야기하니 마음이 맑아지고 기쁘다.……맑은 날 창가에 평상을 펴고 앉아 먼지를 털며 한가롭게 읊조리거나 한밤에 등불을 켜고 책을 읽으면서 수마睡魔(졸음)를 피할 수도 있다. 푸른 옷에 붉은 소매를 입은 채 사담을 나누니 정감이 도타워지고 열의가 생긴다. 비오는 날이면 창문을 닫고 앉고, 식사가 끝난 후에는 산보하면서 적막을 떨쳐내고 번쇄함을 없앤다.……"[524]

"이 산에서 나오는 차가 역시 제일이다. 날마다 마시면 비린내나 기름기를 제거하고 어지러움을 없애며 체한 것을 해소시킨다.……좋은 차일수록 숙식宿食(소화불량)이나 술을 깨드는 데 도움을 준다."[525]

"차의 효용을 말하자면 가히 양생과 장수에 도움을 준다고 할 수 있다."[526]

---

523 [명] 우신행于愼行, 『곡산필진谷山筆塵·잡해雜解』, "番人以茶爲藥, 百病皆瘳, 不得則死." 북경, 중화서국, 1984년, 155쪽.
524 [명] 문진형文震亨, 『장물지長物志·향명香茗』, "香茗之用, 其利最薄(溥), 物外高隱, 坐語道德, 可以淸心悅神……晴窓榻玷, 揮塵閑吟, 籠灯夜讀, 可以遠避睡魔. 靑衣紅袖, 密語談私, 可以助情熱意. 坐雨閉窓, 飯餘散步, 可以遣寂邪煩……." 『총서집성초편』제1508책, 앞의 책, 81쪽.
525 [청] 노대여勞大與, 『구강일지甌江逸志』, "此山茶亦爲第一, 日去腥膩, 除煩惱, 却昏散, 消積食……愈佳愈能消宿食醒酒." 진조규 등, 『중국다엽역사자료선집』, 앞의 책, 341쪽.
526 [청] 유순경兪洵慶, 『하랑필기荷廊筆記』, "其言茶之爲用, 幷可養生益壽矣." 진조규 등, 『중국다엽역사자료선집』, 위의 책, 422쪽.

"고기음식의 비린내를 해소하고 치아나 입안을 헹구는데 도움을 주며 위장을 순통하게 한다."[527]

이상은 차의 효과와 이로움에 관한 것이다. 그러나 차가 무조건 좋다는 이야기만 있는 것은 아니다.

"상백웅常伯熊은 차를 과도하게 마셔서 풍질風疾이 들었다. 만년에는 사람들에게 차를 많이 마시지 말라고 권했다."[528]

"그래서 당대『모경다음서母景茶飲序』[529]에서 말하길, 체한 것을 풀어주고 막힌 것을 없애주는 것은 하루 잠시 좋은 것이고, 기운을 수척하게 만들고 정기를 소모시키는 것은 평생토록 누가 되니 그 피해가 이토록 크다.[530]

"번열煩熱을 제거하고 기름기를 없애는 데 차를 빼놓을 수 없다. 그러나 은연중에 사람을 손상시키는 경우가 적지 않다. 옛 사람이 말하길, 차를 마시는 일이 성행하면서 호흡기 질병에 걸리는 이는 많아졌으나

---

527 [청] 장영張英, 『반유십이합설飯有十二合說』. "所以解葷腥篠齒頰, 以通利腸胃也." 진조규 등, 『중국다엽역사자료선집』. 위의 책, 355쪽.

528 [당] 봉연封演, 『봉씨문견기封氏聞見記·음다飲茶』. "(常)伯熊飲茶過度, 遂患風. 晚節亦不勸人多飲也." 『문연각사고전서』제862책, 앞의 책, 443쪽.

529 역주: 당대 우보궐右補闕을 역임한 기무민綦毋旻의「다음서茶飲序」를 말한다.

530 [북송] 소송蘇頌 등, 『본초도경本草圖經』권11. "故唐『母景茶飲序』云, 釋滯消壅, 一日不利暫佳, 瘠氣侵精, 終身之累, 斯大是也." 합비合肥, 안휘과학기술출판사, 1994년, 371쪽.

더 이상 황달에 걸리지 않게 되었다고 한다. 비록 손익이 반반이라고 하지만 양을 없애고 음을 도우니 이익이 손해를 보상할 수 없다. 나는 나름의 방법을 고안하여 항시 행한다. 매번 식사가 끝나면 짙은 찻물로 입을 헹구어 잡다한 음식물 찌꺼기나 기름기를 없애는데, 비장이나 위장에 좋은지는 모르겠다. 무릇 고기가 치아 사이에 끼었을 때 찻물을 머금고 있으면 고기찌꺼기가 줄어들어 자신도 모르는 사이에 빠져나가기 때문에 번거롭게 가시로 빼낼 필요가 없다. 또한 치아를 찻물로 깨끗이 닦으면 이로 인해 치아와 치아 사이가 촘촘해지니 준병蠹病(벌레가 움직이는 병, 즉 충치)이 절로 그친다. 그러나 대부분 중품이나 하품의 차를 사용하고 상품의 차는 상용하지 않는다."531

"차는 해갈에 도움을 주지만 또한 갈증을 일으키기도 한다. 정액을 씻어버리기 때문이다."532

이는 차를 마시는 것이 과도하거나 잘못되면 사람의 몸을 손상시킨다는 이야기이다. 발언자 대부분이 문사들인지라 일반인의 속견으로 피상적인 경험에 머물러 있는 것이 적지 않다. 이와 비교하여 본초학

---

531 [북송] 소식 『구지필기仇池筆記·논다論茶』, "除煩去膩, 世不可闕茶. 然暗中損人殆不少. 昔人云, 自茗飮盛后, 人多患氣, 不復病黃. 雖損益相半, 而消陽助膀, 益不償損也. 吾有一法, 常自珍之. 每食已, 輒取濃茶漱口, 煩膩既去, 而脾胃不知. 凡肉之在齒間者, 得茶浸漱之, 乃消縮不覺脫去, 不煩挑刺也. 而齒便漱濯, 緣此漸堅密, 蠹病自已. 然率皆中下茶也, 其上者自不常用." 『문연각사고전서』제863책, 앞의 책, 11쪽.
532 [청] 조정동曹庭棟(1700~1785년, 양생가養生家이다), 『노노항언老老恒言』, "茶能解渴, 亦能致渴, 蕩滌精液故耳." 진조규 등, 『중국다엽역사자료선집』, 앞의 책, 379쪽.

자들의 의견은 식물 약용의 각도에서 고찰한 것이기 때문에 좀 더 고 차원의 인식을 제공한다.

"(차는) 누창瘻瘡(부스럼병)을 주로 다스리고 소변을 누는데 이로우며 가래를 없애주고 갈증을 멈추게 하며 잠을 덜 자도록 하고, 힘을 주고 마음을 기쁘게 하며 위장에 맺힌 기를 내려 소화에 도움을 준다. 음 료로 마실 때 수유茱萸(수유나무 열매), 파(葱), 양강良薑(고량강高良薑) 등 을 넣기도 한다. 몸의 열기를 떨구고 장기瘴氣를 제거하며 대장과 소장 에 이롭다. 머리를 맑게 하고 중풍이나 의식이 혼미한 상태를 치료하 고 잠이 많아 깨어나지 않는 경우에도 좋다. 일사병을 치료한다. 식초 와 함께 마시면 설사, 이질을 다스린다. 찻잎을 볶거나 달여 마시면 두 통을 멈춘다. 짙게 달여 마시면 풍열風熱(열감기 등 질병)로 인한 가래와 타액을 뱉어내는데 도움을 준다."533

"(보이차는) 기름진 소나 양의 독소를 해소시키거나 허약한 사람은 금한 다. 쓰고 떫은 것은 가래를 없애고 위장의 맺힌 기를 풀고 장을 순통 하게 하여 좋지 않은 것을 배설하도록 만든다." "술을 깨는데 제일이 다. 녹차가 더욱 좋은데 소화를 돕고 가래를 없앤다. 위장을 맑게 하

---

533 [명] 이시진『본초강목·과부果部·명茗』. "主治瘻瘡, 利小便, 去痰熱, 止渴, 令人少睡, 有力悅志, 下氣消食. 作飮, 加茱萸, 葱, 良薑. 破熱氣, 除瘴氣, 利大小腸. 淸頭目, 治中風昏憒, 多睡不醒. 治傷暑. 合醋, 治瀉痢, 甚效. 炒煎飮, 治熱毒赤白痢. 同芎, 葱白煎飮, 止頭痛. 濃煎, 吐風熱痰 涎." 앞의 책, 1872쪽.

고 체액의 분비를 촉진하니 효용이 매우 크다."

"(갈은 차(연다硏茶)는) 체한 것을 풀어주고 허기를 치료한다."

"(안화차安化茶는) 마시면 정신을 맑게 하고 위장을 조화롭게 하며", "격기膈氣를 내리며(가슴이 답답한 것을 내림), 식체를 해소하며 한벽寒澼(장이 차서 설사하는 증세)를 없앤다."

"(무이차武彝茶는) 위장에 맺힌 기를 내려 소화를 시키는데 가장 좋으며, 비장이 습하여 무력한 증세나 술을 깨는 데 도움을 준다.······유독 무이차는 성질이 따스하여 위에 손상을 주지 않아 차에 중독되어 마시기를 멈춘 이에게 적합하다."

"(강서江西 개편㤝片은) 성질이 소화를 돕는데 최상이다.······그래서 배가 부른 사람은 마땅히 이 차를 마셔야 한다."

"(나개羅岕(나개차)는) 가래를 씻어내고 폐의 울기鬱氣 없앤다."

"(오약차烏藥茶는) 풍습風濕(관절염 등 류머티즘)을 없애고 체한 것을 풀어주고 허기를 치료한다."[534]

차는 다양한 효과가 있다. 열을 내리고 화기를 풀어내며 정신을 진작시키고 갈증을 해소하고 진액津液이 생기게 한다. 이뇨작용과 심장

---

534 [청] 조학민趙學敏(1719~1805년, 의학가), 『본초강목습유』권6, "解油膩牛羊毒, 虛人禁用. 苦澁, 逐痰下氣, 刮腸通泄" "醒酒第一, 綠色者更佳, 消食化痰, 淸胃生津, 功力尤大也." "解㿀食積療饑." "食之淸神和胃." "下膈氣, 消滯, 去寒澼." "最消食下氣, 醒脾解酒······惟武彝茶性溫不傷胃, 凡茶癖停飮者宜之." "其性最導消" "故飽食者宜飮此茶." "滌痰消肺, 除煩消膹脹." "去風濕, 破食積, 療饑." 앞의 책, 963년, 219~221, 225~227쪽. 역주: 무이차武彝茶는 복건 숭안崇安에서 생산되는 차이다.

강화, 기름기와 체적滯積 제거, 소화는 물론이고 주독酒毒이나 염증 해소에도 도움을 주며, 치아 보호, 구취 해소에도 효과가 있다. 이는 예로부터 많은 이들이 주목한 차의 효능이다. 그러나 차가 지닌 화학성분 분석은 현대 과학이 있음으로 가능했다. 이에 따르면, 앞서 열거한 차의 효능은 찻잎에 들어 있는 카페인 성분이 중추신경을 자극하고 신진대사와 혈액순환을 촉진시키고, 심장과 콩팥을 강화시키기 때문이다. 방향족 화합물(분자 속에 벤젠 고리를 가진 유기 화합물로 좋은 냄새가 난다)은 지방을 분해시키고 고기류 음식을 소화하는데 도움을 준다.

이뇨작용은 차에 아미노필린(氨茶碱)이란 성분이 들어있기 때문이다. 폴리페놀(多酚)은 살균 및 염증 제거 작용을 하며, 테아플라빈(다황소茶黃素, 녹차의 카테킨이 산화하면서 생기며, 특히 홍차에 많다)은 인체에 유해한 유기성 수은 화합물이나 카드뮴 등 중금속과 결합하여 불용성 금속염金屬鹽(염기와 산의 중화에 의하여 물과 함께 생기는 금속 화합물)을 만든다. 찻잎의 페놀산은 담배에 들어 있는 니코틴 화합물을 침전시켜 체외로 배출시키고, 불소는 치아 보호 및 충치 예방에 도움을 준다. 비타민 C와 방향유(에센셜 오일), 티 폴리페놀[535] 등은 발암 억제, 항바이러스, 해독 및 소염 작용, 충치 예방 등 다양한 효능을 가지고 있다. 이외에도 많은 분석 결과가 있으나 생략한다.

결론적으로 찻잎에 들어 있는 풍부한 유기성분과 약리적 기능으로

---

535 역주: 찻잎에는 30여 종의 폴리페놀이 있는 이를 통칭 티 폴리페놀이라고 한다. 가장 많은 성분은 차의 향과 색을 결정짓는 카데킨이다.

인해 차를 마심으로써 심신의 건강에 좋은 효과가 있다는 것은 이미 과학적으로 증명되었다. 하지만 무엇보다 적당하게 마시는 것이 필요하다. 아무리 좋은 것일지라도 과하면 독이 되는 것과 마찬가지이다.

차 문화는 그 밖의 다른 문화와 마찬가지로 심각한 과학적 내함과 근거가 있어야만 진정으로 유익하고 장구한 생명력을 지닐 수 있다. 차를 마시면 사람의 심리나 정신 그리고 무엇보다 생리적인 측면(사람의 생리활동에 직접적으로 간여하기 때문이다)에서 큰 도움을 준다는 사실은 십 수세기에 걸친 역사적 과정을 통해 인지하고 경험한 것이다. 하지만 현대 과학이론과 방법을 통해 그 과학성을 확인하기 전까지 사람들은 개인의 경험이나 신비한 느낌 수준에서 머물 수밖에 없었다. 송태조 개보開寶 3년(970년)에서 쓴 것으로 보이는 돈황敦煌 사본寫本 「다주론茶酒論」은 이러한 역사적 특징을 생생하게 반영하고 있다. 이를 살펴보면 다음과 같다.

제가 듣기로 신농神農이 온갖 풀을 맛본 후 오곡이 구분되기 시작했고, 헌원軒轅이 옷을 만들어 후세 사람들에게 가르쳤으며, 창힐蒼頡이 문자를 창제하니 공구孔丘(공자)가 사람들을 교화하여 유학이 생기게 되었다고 합디다. 처음부터 자세하게 말할 수 없어 요점만 추려 말했소이다. 그대들은 이러한 역사적 연원이 없으니 잠시 묻겠소이다. 당신네 차와 술 두 분은 어떤 공훈이 있는지요? 누가 비천하고 보잘 것 없으며, 누가 존귀하다고 말할 수 있을까요? 오늘 각자 나름의 논리를 세워보시지요. 강자强者가 일문一門을 빛나게 할 것이외다.

먼저 차가 나서서 말했다. "여러분 떠들지 마시고 잠시 제 말을 들어보시지요. 온갖 풀 가운데 제일이고 수많은 나무 가운데 가장 아름다운 꽃이라! 귀하여 꽃술을 따고 중하여 새싹을 따니 명초茗草나 다茶라고 부르지요. 오후五侯(제후)의 저택에 바치고 제왕의 황궁에도 받들어지니 매해 새롭게 봉헌하여 평생 영화를 누린다오. 이처럼 저절로 존귀하니 굳이 과장할 필요가 있겠습니까?"

술이 나서며 말했다. "가소로운 말이군. 예로부터 지금까지 차는 천하고 술은 귀했지. 한 단지의 술을 강물에 풀어 삼군三軍의 군사가 취하도록 마셨다고 했소. 군왕이 술을 마시자 신하들은 만세를 부르고, 여러 신하들이 따라 마셨으니 (군왕이) 무외無畏(두려움이 없음)를 선사하여 죽음을 삶과 같이 여긴 것인지라 신령들도 흠향하시는 거외다. 술은 사람에게 결코 악의가 없소이다. 술에는 나름의 법도(酒令)가 있으니 인의예지仁義禮智가 그것이외다. 절로 존귀하니 어찌 비교하는 수고를 하시려하오?"

차가 술에게 말했다. "그대는 들어보지 못하셨소? '부량浮梁(강서성 북부. 당대 다시茶市로 유명함)과 흡주歙州(강서 무원婺源 일대)의 차는 만국에서 구하러 오고, 촉천蜀川(사천성의 강물) 따라 몽정산蒙頂山(차로 유명함)으로 가서 산을 타고 재를 넘는다네. 서성舒城(안휘성 중부. 서성소란화舒城小蘭花가 유명함)과 태호太湖에 가서 여비女婢(차를 따는 여자 노비)를 사고, 옛 월越나라 여항余杭(지금의 항주)에 가서 비단으로 주머니(다낭茶囊)를 만들어 오지. 소자천자素紫天子(차의 별칭으로 식물 가운데 천자라는 뜻)라 하였으니 천자는 인간 세상에도 적은 법이라. 상인들이 이를 구하러 오느라 배와 수레가 길게 늘어서 길을 막는다네.' 이런 연유로 보건대, 누가 감히 경시할 수 있겠는가?"

술이 차에게 말했다. "그대는 이런 소리를 듣지 못했소? '누룩으로 빚은 술을 증류한 건화乾和(물을 타지 않은 술. 당대에 처음 나온 최초의 증류주)는 값비싼 비단으로 맞바꾸고, 포도蒲桃(포도주)와 구온九醖(구온춘주九醖春酒, 즉 고정공주古井貢酒처럼 여러 차례 빚은 증류주)은 몸을 윤택하게 하네. 옥처럼 맑고 좋은 술로 신선의 술잔을 채우고, 국화주와 죽엽주로 군왕끼리 교제하네. 중산中山(하북 정주定州 일대)에서 조모趙母가 양조한 중산조모주中山趙母酒는 달면서 적당히 쓴 맛도 나는데, 한 번 취하면 3년 간다는 말 지금까지 전해오네.'[536] 향리에서 예를 차릴 때나 군중軍中에서 장병들이 단합할 때도 음주를 빼놓을 수 없으니, 그대는 괜히 잔머리 쓰지 마시게!"

차가 술에게 말했다. "나는 명초茗草로 모든 나무의 중심으로, 흰 것은 백옥과 같고 누런 것은 황금과 같소이다. 명승名僧, 대덕大德이 고요하고 그윽한 선방에 거할 적에 차를 마시며 화두를 이야기하니, 혼매한 것에서 벗어나 정신이 맑게 할 수 있소이다. 미륵보살과 관음보살에게 차를 공양하나니, 천재만겁千載萬劫 동안 여러 부처께서 서로 드셨소이다. 술은 가정을 파괴하고 가족을 흩어지게 만들며, 사악하고 음란한 생각을 확산시키나니, 세 잔을 마시면 그저 죄가 깊어질 따름이외다."

---

536 역주: 유현석劉玄石이 중산군中山郡 술집에서 천일주千日酒를 사서 마시고 한 말이다.

술이 차에게 말했다. "차는 한 항아리에 겨우 삼문三文이니 어느 세월에 부자가 되겠는가? 술은 귀인들과 소통하고 공경대부가 흠모하는 것일세. 일찍이 조주趙主(조나라 왕)는 술자리에서 금琴을 타고, 진왕秦王은 질장구(缶)를 쳤지. 하지만 차를 들고 노래를 청하거나 차를 건네며 서로 춤을 출 수가 있겠는가. 차를 마시면 배나 아프지. 하루에 열잔 마시면 배가 불러 아문衙門 앞에 있는 북처럼 되고 말 것이니 그렇게 한 3년 마시면 배속에 새우나 두꺼비를 키우는 양 배탈이 나고 말 것이네."

차가 술에게 말했다. "내 나이 서른에 명성을 얻어(차나무가 30년이 되었다는 뜻) 띠를 두르고 깨끗이 세면하니 (차를 좋아하는 이들이) 바닷길을 마다않고 강물을 건너 금실金室(아름다운 궁궐. 여기서는 차를 모아놓은 곳)에 내조來朝하오. 시전市廛(시장)에 도착하여 채 진열하기도 전에 사람들이 구매하여 동전꾸러미가 넘쳐나지. 그 즉시 부유해져 널모레까지 갈 필요도 없소이다. 당신 술은 그저 사람을 어지럽힐 뿐이니, 많이 마시면 말이 많아져 술주정이나 해대고, 술집 의자에 앉아 애꿎은 이들 모함이나 하니 등짝에 곤장 열일곱 대를 맞아도 싸지."

술이 차에게 말했다. "자네는 옛 재자才子들이 시로 좋은 술을 찬미한 것을 들어보지 못했단 말인가? '술 한 잔을 마시면 양생할 수 있다.'고 했으며, 또 말하길, '술은 근심을 없애주는 약이다.'라고 했소. 또한 '술은 재덕才德을 함양시킨다.'고 말하기도 했지. 술이 그저 조박糟粕(술지게미, 쓸모없는 것)이라면 어찌 지금까지 유전되었겠는가? 차는 싸구려인지라 삼문三文이면 다섯 잔을 사 마실 수 있잖소. 술은 아무리 싸다

| 죽림칠현竹林七賢과 영계기榮啓期가 나오는 한대 벽돌 그림磚畫. 아래 오른쪽에서 첫번째가 유영劉伶이다.

고 해도 작은 잔에 절반만 따라도 칠문七文은 족히 받을 수 있소. 술을 권하며 사례謝禮하고 예양禮讓으로 접대하니, 나라의 음악도 주천酒泉에 근본을 두고 있다네. 자네가 하루 종일 차를 마신다한들 어찌 감히 관현악 연주를 조금이라도 들을 수 있겠는가?"

차가 술에게 말했다. "그대는 들어보지 못했소? 사내가 열네다섯 살이 되면 술도가와 친하지 말라고 하였소. 그대는 성성조猩猩鳥(『산해경·남산경南山經』에 나오는 인면수人面獸로 술을 좋아하는 성성猩猩)가 술로 인해 몸을 망쳤다는 이야기를 들어보지 못했소? 그대는 차를 마시면 병이 나고 술을 마시면 양생할 수 있다고 했는데, 술을 마셔 얼굴이 황달병에 걸린 것은 봤어도 차를 마셔 풍병瘋病(정신착란)이나 전병癲病(정신분열증, 우울증)이 걸렸다는 말은 들은 적이 없소이다. 아도세왕阿

闍世王[537]은 술로 인해 부모를 시해하고, 유령劉伶은 술에 취해 3년간이나 관속에 묻혔다가 다시 살아났소.[538] 술을 마시면 두 눈을 부릅뜨고 화를 내며 주먹질을 해대기 마련이오. 고소장에 술에 취해 소란을 피웠다는 말은 있지만 차에 취해 서로 말다툼을 했다는 이야기는 들어본 적이 없소이다. 결국 수감되어 곤장 차례를 기다리고 법률에 따라 배상하며, 큰 칼 목에 차고 등에 서까래를 짊어져야 할 것이외다. 제아무리 향을 사르고 술을 끊겠다고 맹세하고 염불하거나 하늘에 기도하여 평생 술을 마시지 않겠노라 서원誓願해본 들 이미 늦은 것이외다."

술과 차 둘이서 너네 나네 하면서 다투느라 물이 옆에 있는 줄도 몰랐다. 물이 차와 술에게 말했다. "자네들은 어찌 이리 노발대발 화를 내고 계시는가? 누구든 상대를 칭찬하며 각자의 공을 논해야 하거늘! 서로 험담만 늘어놓으며 제멋대로 이야기고 계시는구려! 사람이 살아가는데 가장 큰 네 가지는 땅과 물, 불과 바람이라오. 차가 물이 없다면 어떤 모양을 만들 것이며, 술이 물을 얻지 못하면 어떤 형상을 만들겠소? 쌀누룩을 그대로 먹는다면 사람의 위장에 손상을 줄 것이고, 찻잎을 그냥 먹으면 거칠어서 목구멍을 상하게 만들 것이오. 세상 만물은 반드시 물이 필요하고 오곡의 근본 또한 물이 아니겠소. 위로

---

537 역주: 인도 마갈타국의 군주로 부왕을 시해하고 왕위에 올랐다. 이는 태어나면서 예언된 일이었다. 이후 악창에 시달리다가 부처를 만나 회개하고 불교에 귀의했다.
538 역주: 죽림칠현 가운데 한 명인 유령이 술에 취해 깨어나지 않자 사람들이 죽은 줄 알고 매장했는데, 나중에 술값을 받으러 온 두강杜康의 말에 따라 관을 꺼내보니 3년 동안 죽지 않고 살아있었다고 한다.

천상天象에 감응하고 아래로 길흉에 순응해야 한다고 했소이다. 장강, 황하, 회수淮水, 제수濟水 등 온갖 강물도 모두 내가 있어야 소통되오. 또한 물은 천지를 떠돌아다닐 수 있고 물고기며 용까지 말려죽일 수 있소이다. 요堯 임금 시절에 9년 동안이나 재해가 있었던 것도 모두 내가 그 안에 있었기 때문이오. 그러니 천하가 받드는 것이고 만백성이 의지하고 순종하는 것 아니겠소. 그럼에도 스스로 성스럽다 말할 수 없거늘, 어찌 두 분은 공을 다투시오. 지금 이후로 반드시 화합해야만 주점은 부유해지고, 다방茶坊(찻집)은 곤궁해지지 않을 것이오. 나이에 따라 형과 아우를 정하면 처음과 끝이 분명해질 것이오. 만약 사람들이 이 글을 읽는다면 영원히 술로 인해 마비가 오고 차로 인해 실성하는 피해를 입지 않을 것이외다."[539]

---

539 [북송] 왕부王敷, 『다주론1권병서茶酒論一卷幷序』, 북경도서관 소장 돈황문서 필름. 감숙 돈황의 막고굴에서 6만여 권에 달하는 필사본 문헌과 채색 비단그림, 금동 법기 등이 3평방미터 밀실에서 발견되었다. 「다주론」은 바로 그곳에 들어 있던 필사본 가운데 하나이다.
역주: 1900년 6월 22일 중국 감숙성 돈황 막고굴의 제16호굴에서 한 쪽 벽면이 무너지면서 3m² 정도의 밀실이 발견되었다. 제17호실 이른바 장경동藏經洞이다. 그 안에 5만여 권에 달하는 필사본과 비단에 그린 채색화 및 금동 법기 등이 가득 들어 있었다. 도교 태청궁 도관의 어리바리한 도사 왕원록王圓籙은 필사본과 채색화 등 1700여 권을 1907년과 1914년 두 차례에 걸쳐 영국인 마크 스타인에게 팔았고, 1908년 소문을 듣고 찾아온 프랑스인 폴 펠리오(1914년)에게 6400여 권을 헐값에 넘겼다. 그들이 바리바리 싸들고 가져간 필사본 가운데 오늘 소개하려는 「다주론」이 포함되어 있었다. 현존하는 필사본은 6개인데, 그 중에서 비교적 수미일관하여 완정본으로 간주되는 것은 P2718와 P3910으로 명명된 사본이다. 여기서 P는 펠리오를 뜻한다. 현재 필사본 원본은 혜초慧超 스님의 「왕오천축국전」(P3532)과 함께 프랑스국립도서관에 소장되어 있다. 필사본 맨 앞에 '鄕貢進士王敷撰', 맨 마지막에 '開寶三年壬申, 歲正月十四日知鄕院弟子閻海眞自手書記'라고 적혀 있는 것을 보아 향공진사 왕부가 쓴 것을 송대 개보 3년(970년) 염해진이 필사했음을 알 수 있다. 다만 壬申은 개보 5년이니 둘 중에 하나는 오기이다. 왕부는 사서에 나와 있지 않으니 그리 유명한 인물이 아닌 듯하다. 하지만 스스로 자랑하기 위해 밝힌 '향공진사鄕貢進士'가 당대 주현州縣의 향시鄕試에 합격한 진사과 응시자를 뜻하니 나름 식자임에 틀림없다. 문장에 나오는 '주점酒店'이 오대五代에 비로소 나오고, 다시 茶市가 설 정도로 음다飮茶 풍습이 보편화한 모습을 묘사한 것으로 보면 대략 만당晩唐이나 오대五代에 집필한 것으로 보인다.

| 돈황 막고굴莫高窟 제16호굴 사진

　　인류가 양조기술을 파악한 것은 에탄올을 이용한 흥분, 마취 및 환각 작용에서 시작했을 것이나 차는 이와 크게 다르다. 차는 식용에서 약용, 그리고 음용의 순서에 따라 지속적인 변천의 단계를 거쳤다.(그 안에는 제사 등의 효용도 있다) 인류가 엄격한 의미에서 차를 마시기 시작한 역사는 음주의 역사보다 훨씬 늦었다. 그러나 차의 이용은 술보다 보편적이고 훨씬 빈번했다. 「다주론」은 사람들이 실제 생활에서 차와 술, 두 가지 물질에 대해 얼마나 복잡하고 또한 모순적인 역사인식을 가졌는가를 여실히 보여준다. 저자의 희학적인 문학 논전은 사물의 참뜻을 찾으려는 이성적 사고를 표명하고 있지만 과학적 속성을 제대로 밝힐 능력이 없었기 때문에 결국 사람들이 떠날 수 없는 필요에 복종하는 것으로 끝나고 만다.

제 5 장

중화민족의 콩 문화
~ 가난한 백성의 음식,
두부

(賤人遠豆腐)

중국에는 예로부터 "귀인貴人은 귀한 것을 먹고, 천인賤人(천한 사람)은 두부를 붙잡는다."는 말이 있다. 또한 "궁인窮人(가난한 사람)은 두부를 먹는다."는 말도 있다. 오랜 세월 실제 생활을 반영하는 이런 속담은 매우 생생한 사실이지만 양자의 함의는 매우 다르다. "가난한 사람이 두부를 먹는다."는 말은 두부가 역사적으로 값싸고 보편적인 음식으로 가난한 사람들도 먹을 수 있다거나 가난한 사람들이 두부를 먹음으로써 자신들의 식생활을 개선했다는 뜻이다. 그런데 "천한 사람은 두부를 잡는다."는 말은 자못 의미심장하여 자세히 음미할 가치가 있다. '천인'은 '귀인'과 상대적인데, '귀'와 '천'은 원래 시장에서 상품의 가격이 높고 낮음에서 나온 말이다. 천인은 사회 빈곤계층이고, 귀인은 사회 부유계층이다. 따라서 "귀인은 귀한 것을 먹고, 천인은 두부를 붙잡는다."는 속담은 중의적이다. 중국역사에서 '빈'은 모든 이들이 싫어하는 생존 상태이다. "가난한 자는 비웃어도 창녀는 비웃지 않는다."는 잔혹한 말이 있을 정도이다. 하지만 빈궁한 이들이 너무 많기 때문에 가난에 대한 심리적 압박을 전혀 받아들일 수 없는 것은 아니다.

하지만 '천賤'은 가난과 달리 문화적 소양이 없고 집안이 형편없다는 뜻을 은연중에 내포하고 있는 부정적인 단어이다. 그렇기 때문에 가난은 받아들일 수 있으나 천한 것만은 용인할 수 없다. 역사적으로 "비록 가난하지만 포부는 원대하여(人窮志不短)" 마침내 부귀해진 이들이 수도 없이 많았다. 가난이 문제라면 한 사람의 역량만으로 처지를 바꿀 수 있었다. 하지만 천한 것은 한 세대의 노력만으로 구제하기 힘들다. 심지어 몇 세대가 함께 힘을 모을지라도 천한 집안을 바꾸는 것은 그리 쉽지 않았다. 하지만 천한 것이 견디기 힘든 일이긴 하나 그보다 더 참기 힘든 것은 배고픔이다. 그러니 먹을 두부라도 있다면 다행스러운 일이 아닐 수 없다. 이리하여 천한 사람이나 가난한 사람이 모두 두부의 소비자가 된 것이다. 두부는 값이 싸기 때문에 "두부를 판다(賣豆腐)"는 말은 이문이 적게 남아 겨우 입에 풀칠이나 하는 장사를 뜻하고, "두부를 먹는다(吃豆腐)는 말은 거저줍는다, 심지어 정당치 못한 방법으로 잇속을 챙긴다는 말의 대명사가 되고 말았다. 여기서 우리는 '두부'를 대표로 하는 중국 콩 문화가 중화민족에게 어떤 특별한 의미가 있는가를 새삼 깨닫게 된다.

· 제1절 ·
콩의 순화馴化

숙菽, 즉 콩은 중국 고대 두류豆類의 총칭인데, 이후 대두大豆만을 지칭하는 단어가 되었다. 대두는 식물분류학에서 장미목, 콩과(두과豆科), 콩아과(접형화아과蝶形花亞科), 대두속大豆屬에 속하는 한해살이풀의 종자이다. 인공으로 재배하는 대두는 야생종에서 선택되어 발전한 것인데 지금도 중국 각지에 야생 대두가 분포되어 있다. 대두가 중국 특산이라는 사실은 이미 세계가 공인하는 바이다. 근대에 들어와 여러 나라에서 대두를 재배하고 있지만 이는 직간접적으로 중국에서 전래된 것들이다. 그렇기 때문에 영국, 프랑스, 독일, 러시아 등 여러 나라에서 대두를 나타내는 문자는 대부분 중국의 대두, 즉 '숙菽'의 음역이다.[540]

조(粟), 벼, 보리, 밀 등 여러 곡물과 마찬가지로 중국의 대두 역시 일

---

540 역주: 콩은 영어로 Bean 또는 soy라고 하는데, 아마도 soy가 '숙'의 음역이라는 뜻인 듯하다.

종의 길들이기(馴化) 역사가 상당히 오래되었다. 대량의 고고학적 유물이 증명하다시피 "각지의 신석기 시대 유적지에서 대두의 잔유물이 발견되고 있다."[541] 그래서 어떤 학자는 이를 근거로 지금까지 아직 신석기 시대 유적지에서 대두의 실물이 발견되지는 않았지만 당시에 이미 재배가 시작되었다고 주장하기도 했다.[542] 대두는 선진시대에 '임숙荏菽', '숙菽', '곽藿' 등으로 불렀다. 『시경』을 비롯한 여러 전적에 이미 많은 기록이 나온다. 대강을 살펴보면 다음과 같다.

"들판에 콩이 있어 서민들이 캔다."[543]

"콩 캐세, 콩을 캐어 광주리 대오리에 가득 담세나."[544]

"유월에는 앵두와 머루를 먹고
칠월에는 아욱과 콩을 삶는다."[545]

"콩(임숙)을 심으시니 콩이 무성하게 자랐네."[546]

---

541 동평東平, 「조국의 대두祖國的大豆」, 『식물잡지』, 1977년 제4기, 30쪽.
542 만국정萬國鼎, 「오곡사화五穀史話」, 『고대경제전제사화古代經濟專題史話』, 북경, 중화서국, 1983년, 11쪽.
543 『모시·소아·소완小宛』, "中原有菽, 庶民采之." 『십삼경주소』본, 앞의 책, 451쪽.
544 『모시·소아·채숙采菽』, "采菽采菽, 筐之莒之." 『십삼경주소』본, 위의 책, 489쪽.
545 『모시·빈풍豳風·칠월七月』, "六月食鬱及薁, 七月亨葵及菽." 『십삼경주소』본, 위의 책, 391쪽.
546 『모시·대아·생민生民』, "藝之荏菽, 荏菽旆旆." 『십삼경주소』본, 위의 책, 530쪽..

"주자에게 형이 있지만 백치여서 콩과 보리도 구분할 수 없었기 때문에 왕으로 세울 수 없었다."[547]

"제 때에 심은 콩은 줄기는 길고 밑둥(족足)이 짧으며, 콩꼬투리는 14개가 한 떨기이다."[548]

"겨울 10월에 서리가 내려 콩이 죽었다."[549]

"희고 깨끗한 망아지가 내 밭의 콩을 먹었네."[550]

인용문에 나오는 '숙'은 두류의 범칭이자 대두, 즉 콩이나 콩의 싹, 잎 등을 나타내는 말이다. 춘추시대에 이미 "숙은 콩이다(菽, 大豆也)."[551]라는 인식이 보편적이었다. 이는 왕념손王念孫 역시 『광아소증廣雅疏證』에서 "숙은 특별히 콩을 칭하는 말이다."[552]라고 했다. 중국에서 콩 재배는 야생 콩에서 점차 진화한 것이다. 『신농서神農書·팔곡생장八穀生長』에 따르면, "대두는 홰나무(槐)에서 자라며 저석沮石의 산속에서

547 『춘추좌전·성공成公18년』, "周子有兄而無慧, 不能辨菽麥, 故不可立." 『십삼경주소』본, 위의 책, 1923쪽. 역주: 두예杜預의 주에 따르면, '무혜'는 '백치白癡'의 뜻이다. '주자'는 진晉 도공悼公의 형이다.
548 『여씨춘추·토용론土容論·심시審時』, "得時之菽, 長莖而短足, 其美(英)二七以爲族." 『제자집성』본, 앞의 책, 337쪽.
549 『춘추공양전·정공원년定公元年』, "冬十月, 殞霜殺菽." 『십삼경주소』본, 앞의 책, 2335쪽.
550 『모시·소아·백구白駒』, "皎皎白駒, 食我場藿." 『십삼경주소』본, 위의 책, 434쪽..
551 『춘추좌전정의·성공18년』, [청] 완원阮元 『십삼경주소』본, 위의 책, 1923쪽
552 [청] 왕념손王念孫, 『광아소증廣雅疏證·석초釋草』, 상해, 고적출판사, 1989년, 670쪽.

나온다."『관자管子·용戎』에서도 제환공이 "북쪽으로 산융을 정벌하면서 겨울 파(冬蔥)와 융숙戎菽(콩)을 가져와 천하에 두루 퍼졌다." 전국시대 한국韓國에는 "오곡 가운데 나오는 것이라곤 보리 아니면 콩이었으니, 백성들이 먹는 것도 대부분 콩밥이나 곽갱藿羹(콩죽)이었다. 한 해만 농사를 그르치면 백성들이 곡물의 겨조차 싫어하지 않았다."[553] 한대 학자들은 "북방은 어둡고 밝지 않아(幽晦不明)······콩을 심기에 적합하다."[554]는 것을 잘 알고 있었다. 당시 황하유역에는 두루 콩농사를 지었으며, 일상 음식에서 콩이 매우 중요한 위치를 차지했다. 하지만 콩은 북방에서만 나오는 것이 아니다. 동북지역이나 황하유역은 물론이고 장강 유역에서도 '오곡' 가운데 하나로 중시되었다. 북경 자연사박물관에 산서 후마侯馬에서 출토된 2300년 전의 콩은 전국시대의 실물이다. 낱알이 둥글둥글하고 황금색으로 상당히 진화된 형태이다. 1973년 절강 여요餘姚 하모도河姆渡 신석기 문화유적지에서 출토된 흑두黑豆는 지금으로부터 7000여 년 전의 것이다. 결론적으로 콩은 야생종의 분포뿐만 아니라 야생종을 순화시켜 재배하는 지역 또한 매우 광범위하다. 숙은 두류의 총칭으로 한대에 이르러 두豆라고 부르기 시작했고, 훨씬 이전에는 '숙尗(콩)'이라고 불렀다. 이는 콩의 형태를 그대로 본 뜬 상형자이다. 이로 본다면 늦어도 상대商代에 이미 콩을 재배하는 것에 대해 나름의 식견이 있었다고 말할 수 있다.

---

553 『전국책·한일韓一』, 상해, 고적출판사, 1985년, 934쪽.
554 [서한] 유안劉安, 『회남자·추형훈墜形訓』, 『제자집성』본, 앞의 책, 61~62쪽.

대두(콩)와 두과 식물은 오곡 가운데 하나로 사람들이 즐겨 먹고 또한 의존하던 곡물이다. 일찍이 춘추전국시대에 콩은 일상 식량 가운데 하나였다. 당시 문헌에서 '콩밥(두반豆飯)'이나 '콩국(두갱豆羹)'에 대한 기록은 셀 수 없을 정도로 많다. 특히 일반 민중들은 거의 매일 먹는 음식으로 한시라도 떠날 수 없었다. 그래서 사람들은 콩과 보리를 구별하는 것으로 사람의 지능이 좋은지 나쁜지 판단하는 표지로 삼기도 했다.[555] 또한 『예기』에 나오는 "콩죽을 쑤어먹고 맹물을 마시더라도 어버이를 기쁘게 해드린다면 그것이 바로 효도이다."[556]라는 말 역시 당시 상황을 반영한다.

콩은 상당히 오랜 기간 주식으로 식용되었다. 굳이 흉작으로 기근이 들었을 때 콩으로 연명하던 시절을 제외하더라도 봉건사회 중엽까지 콩은 매우 중요한 주식 가운데 하나였으며, 양한 시대에 들어와서 비로소 콩이 부식으로 전화하기 시작했다. 그 이전까지 콩 가운데 부식으로 식용한 것은 콩잎인 '곽藿'이다. 이렇듯 주식과 부식으로 수요가 늘자 자연스럽게 재배 면적 또한 확대되었다. 1953년 낙양 소구燒溝 한묘漢墓에서 출토된 창고 모양의 옹기에 쓰인 '대두만석大豆萬石'이나 옹기병(陶壺)에 적힌 '국두일종國豆一鍾' 등의 글자가 바로 이를 인증한다. 양한 시대로 진입하면서 채소 재배가 크게 발전하면서 콩잎이 일상 음식이 되었다. 그래서 그 이전에 이미 '곽', 즉 콩잎을 먹었다는 기록이 상

555 역주: 예를 들어 우둔하고 어리석은 이를 숙맥菽麥과 같다고 한다. 이는 앞서 인용한 『춘추좌전·성공成公18년』, "周子有兄而無慧, 不能辨菽麥, 故不可立."에서 유래했다.
556 『예기·단궁하檀弓下』, "啜菽飲水, 盡其歡, 斯之謂孝." 『십삼경주소』본, 앞의 책, 13210쪽.

당히 많이 나온다. 일반적으로 '콩잎을 먹는 자'는 노동하는 일반 백성을 말하고, '육식자'는 귀족을 칭하는 말이었다.

· 제2절 ·
대두의 영양

중화민족은 콩에게 큰 도움을 받았다. 당연히 콩 덕분에 중화민족이 양육되었다는 사실을 인지하고 이에 감사해야 한다. 오랜 세월 내내 중화민족의 주체인 일반 노동대중들은 기본적으로 평생 곡물과 채소를 주로 먹었으며, 육식은 거의 할 수 없었다. 따라서 음식 영양상 심각한 불균형을 초래하여 신체 건강과 전체 민족의 체질에 심각한 불이익이 오는 것은 자명했다. 그러나 육류를 거의 먹지 못했음에도 불구하고 사람들의 건강과 민족의 체질에 피해가 없었던 것은 무엇보다 콩과 콩을 원료로 한 여러 가지 식품 덕택이다.

아래에 여러 가지 콩류의 영양성분 수치, 콩과 육류의 성분비교 등을 도표로 정리했다. 이를 보면 상호 비교를 한 눈에 알아볼 수 있을 것이다. [557]

---

557 왕금릉王金陵, 『대두大豆』(하얼빈, 흑룡강과학기술출판사, 1982년) 참조.

[표 5-1] 콩의 일반 성분(100g당 함량)

성분 식품	열량 kcal	수분 g	단백질 g	지방 g	당분 g	섬유질 g	무기물 g	칼슘 mg	철 mg	비타민 B1 mg	비타민 B2 mg
대두	417	12.5	35.3	19.0	23.7	4.5	5.0	240	9.4	0.83	0.30
땅콩	561	6.2	25.4	47.4	15.9	2.9	2.2	50	1.6	0.85	0.10
소두 (붉은팥)	339	15.5	20.3	2.2	54.4	4.3	3.3	75	5.4	0.45	0.16
메주콩	336	15.5	23.9	2.0	50.3	4.7	3.6	75	5.6	0.50	0.10
강낭콩	333	16.5	19.9	2.2	54.1	3.7	3.6	130	6.0	0.50	0.20
곡두슝쿄	348	13.3	26.0	2.0	50.1	5.8	2.8	100	5.7	0.50	0.20
완두	352	13.4	21.7	2.3	54.4	6.0	2.2	65	5.0	0.72	0.15
녹두	354	10.8	25.1	1.5	55.3	3.8	3.5	100	5.9	0.70	0.22

[표 5-2] 대두와 소고기, 돼지고기, 닭고기 및 어류 일반 성분 비교(100g 당 함량)

성분 식품	열량 kcal	수분 g	단백질 g	지방 g	무기물 g	비타민B1 mg	비타민B2 mg
대두	417	12.5	35.3	19.0	5.0	0.83	0.30
소고기	217	64.79	19.35	14.05	1.13	0.10	0.489
돼지고기	185.875	76.2	19.475	10.56	1.11	0.925	0.676
닭고기	184	68.2	19.6	10.66	1.13	0.18	0.13
어류	108	72.45	18.6	6.77	2.71	0.11	0.22

[표 5-3] 대두 종자 아미노산 함량

아미노산/ 영문amino acid/중문	평균치(%)	변이계수變異係數(%)
글리신(glycine)甘氨酸	3.996	3.00
알라닌(alanine)丙氨酸	4.087	5.80
발린(valine)纈氨酸	4.749	2.76
아이소류신(isoleucine)異亮氨酸	4.789	2.88
류신(leucine)亮氨酸	7.152	2.76

아미노산/ 영문amino acid/중문	평균치(%)	변이계수變異係數(%)
아스파르트산(aspartic acid)天冬氨酸	11.491	6.48
글루탐산(glutanmic acid)谷氨酸	18.130	5.68
라이신(lysine)賴氨酸	7.288	3.70
아르기닌(argnine)精氨酸	6.959	4.04
히스티딘(histidine)組氨酸	2.516	3.93
페닐알라닌(phenylalanine)苯丙氨酸	4.861	3.60
티로신(tyrosine)酪氨酸	2.933	3.55
프롤린(proline)脯氨酸	4.580	3.65
트립토판(tryptophan)色氨酸	0.914	5.58
메티오닌(methionine)蛋氨酸(일명 甲硫氨酸)	0.705	11.91
시스테인(cysteine)胱氨酸	1.421	10.77
세린(serine)絲氨酸	5.294	3.74
트레오닌(threonine)蘇氨酸	3.780	4.87

이상에서 살펴본 바대로 두류, 특히 콩의 성분 수치는 육류나 어류와 비교했을 때 영양분이 훨씬 풍부하여 육식 부족으로 인한 결핍을 어느 정도 보충했음을 분명하게 알 수 있다. 콩에 함유된 풍부한 단백질(완전 단백질, 사람 몸에서 합성할 수 없는 8가지 필수 아미노산을 함유하고 있다)과 인磷 및 그 밖의 고급 영양성분은 인체의 발육, 특히 지력의 발달에 중요한 역할을 한다. 따라서 콩 재배와 식용 확대는 곧 중국 식품에 단백질이 풍부해졌다는 것을 의미한다.

중국의 일반 대중들은 생활 경험과 실천을 통해 콩과 다른 곡물을 합리적으로 배합하는 방법을 찾아냈다. 콩 20%, 옥수수 40%, 좁쌀

40%를 배합한 것인데, 이는 거의 종합단백질이라고 해도 과언이 아니다. 이렇게 해서 영양가를 73%까지 격상시킨 가장 이상적인 배합식품을 만들었다. 이렇게 적절하게 배분하여 조리한 식품은 색과 윤기, 향과 식감이 뛰어날뿐더러 소화 흡수나 영양면에서 많은 이점을 가지고 있다. 물론 오랜 경험이 실험을 통한 측정처럼 정확할 수는 없지만 최적의 배합에 근사하게 접근한 것은 오랜 경험과 실천에 따라 필연적 결과이다. "귀인은 귀한 것을 먹고, 천인은 두부를 붙잡는다." "가난한 사람들이 두부를 먹는다." 등등의 속어는 신분에 따른 등급사회에서 음식문화층에 존재하는 객관적 사실을 반영함과 동시에 일반 대중들이 콩을 중요 주식이자 부식으로 활용했던 실제 정황을 그대로 반영하는 것임에 틀림없다.

중화민족의 민족적 자질은 어떤 의미에서 콩에 의해 유지되었다고 말할 수 있다. 콩은 일반 노동 민중의 중요 식품이었고, 그 안에 함유된 풍부한 영양분과 콩 제품의 훌륭한 맛은 많은 이들의 사랑과 찬사를 받았다. 근현대에 과학이 발전하면서 콩의 영양가를 충분히 인식하고 이용하게 되자 콩은 '밭의 고기', '대지의 고기', '식물 고기' 등 여러 가지 미칭을 얻게 되었다.

음식으로서 풍부한 영양분 이외에도 콩은 식이요법에 도움을 주고 의료적 효과도 있다. 이는 이미 삼대三代(하상주) 시절에 적지 않은 기록을 엿볼 수 있다. 그러나 콩이 지닌 의학적 가치를 비교적 체계적이고 전면적으로 논한 이는 중국의 저명한 의학자이자 약학자인 이시진李時珍이다. 그는 『본초강목』에서 콩에 대해 아래와 같이 상세하게 논했다.

대두(콩)의 색깔은 흑색, 백색, 황색, 갈색褐色, 청색, 얼룩색이 있다. 검은콩은 오두烏豆라고 하는데 약이나 식용으로 쓰고 시豉를 만든다. 노란 콩은 두부를 만들고 기름을 짜며 장을 만든다. 나머지는 두부를 만들거나 볶아 먹을 따름이다.

흑대두黑大豆(검은콩)은 맛이 달고 성질이 평平(차갑지도 덥지도 않음)하고 독성이 없다. 장복하면 체중이 늘어난다.

약효: 날 것을 갈아서 옹종擁腫(악창)에 바른다. 콩즙을 끓여 먹으면 귀독鬼毒(원인불명의 종기)을 없애고 통증을 가라앉힌다. 수종水腫의 물을 빼고 위에 열이 있거나 관절염, 비위가 상하거나 구슬땀을 흘리는 증세에 사용하며, 어혈瘀血을 내리고, 오장에 막힌 것을 풀어 설사로 내리게 한다.

황대두黃大豆(황두, 일명 노란 콩)는 맛이 달고 따스하며 독성이 없다.

약효: 가슴이나 옆구리의 창만脹滿(팽창) 통증을 없애 마음을 안정시키고, 대장에 이로우며, 수종水腫을 해소하고 종독腫毒을 다스린다.[558]

이외에도 붉은 팥(적소두赤小豆), 녹두, 백두白豆, 검은팥(여두稆豆), 완두豌豆, 누에콩(잠두蠶豆), 강두豇豆(동부, 광저기), 제비콩(편두扁豆), 작두콩(도두刀豆), 우단콩(여두黎豆, 검은콩의 일종으로 일명 호두虎豆) 및 대두껍질, 콩

---

558 [명] 이시진, 『본초강목·곡부穀部·대두大豆』, "大豆有黑白黃褐青斑數色. 黑者名烏豆, 可入藥, 及充食, 作豉, 黃者可作腐, 榨油, 造醬, 餘旦可作腐及炒食而已." "黑大豆氣味甘, 平, 無毒, 久服, 令人身重, 主治生研, 涂痛腫, 煮汁飲, 殺鬼毒, 止痛, 逐水帳, 除胃中熱痹, 傷中淋露, 下瘀血, 散五臟結積內寒." "黃大豆氣味甘, 溫, 無毒, 主治寬中下氣, 利大腸, 消水帳腫毒." 북경, 인민위생출판사, 1985년, 1499~1523쪽.

잎, 황두의 싹, 붉은팥은 꽃(부비腐婢), 두피豆皮, 두영豆莢, 두화豆花, 콩줄기(등藤) 등도 십수 종 내지 수십 종의 병세를 완화하거나 치료하는데 도움을 준다.

　과학적 실험이나 연구를 통해 콩류 음식이 혈액 내 지질脂質을 낮추는데 효과가 있다는 것이 증명되었다. 임상실험에 참가한 이들이 매월 1kg 이상의 콩류(매일 또는 격일로 50~100g)로 주식을 부분적으로 대체하여 13개월이 지나자 혈청 속에 있는 콜레스테롤의 함량이 65.7% 낮아졌다. 콩류 섭식으로 콜레스테롤을 없애는 것은 다방면에서 장점이 있다. ① 효과가 현저하여 약물을 투여하는 것과 비슷하다. ② 독성이나 부작용이 없다. ③ 콩류 단백질이 증가하여 다른 식물 단백질 상호 보완함으로써 식물의 영양가치를 높인다. ④ 콩류는 위에서 머무는 시간이 비교적 길기 때문에 공복감을 줄여, 환자의 경우 총 섭취량을 줄이는데 도움을 준다.

• 제3절 •
콩(대두) 제품

중화민족이 콩류를 이용하고 의존한 것은 단순히 '콩밥(두반豆飯)'이나 '콩잎국(곽갱藿羹)' 등 비교적 간단한 방식에 그치지 않았다. 선조들은 나름의 지혜와 경험을 통해 콩을 다양하게 활용하여 갖가지 콩 제품을 만들었다. 이로 인해 중화민족 식문화에서 콩 문화가 찬란하게 꽃필 수 있었다.

1) 콩나물(두아豆芽)

콩나물은 중국 선조들이 가장 먼저 인지하고 이용하기 시작한 콩류로 '오곡' 또는 '백곡'과 다른 자연 상태의 식품이다. 콩나물은 생장이 쉽고 설사 보관을 잘못하거나 그대로 방치해두어도 주변에서 습기를 얻어 발아할뿐더러 토양에 습기가 있기만 하면 어디서든지 싹이 튼다. 콩이나 보리는 열을 가해 익는 속도가 차이가 나기 때문에 '콩밥'을 짓기 전에 먼저 콩을 물에 불리거나 끓여야 한다. 본시 '콩잎(藿)'이나 '씀바귀(荼)'도 버리지 않는 중국인인지라 설사 '의외로' 콩나물을 발견했다고 할지라도 결코 무시하거나 버리는 일이 없었을 것이며, 깊이 생각할 것도 없이 배를 불리는 식품으로 삼았을 것이다. 물론 이는 일종의 상상이자 논리적 사고에 따른 추론으로 이와 관련한 유력한 근거는 아직 발견하지 못했다.

현재 우리가 볼 수 있는 콩나물 이용에 관한 최초의 문헌은 『신농본초경神農本草經』이다. 그 안에 '대두황권大豆黃卷'[559]이란 말이 나오는데, 이는 콩나물을 말린 것을 말한다. 장사長沙 마왕퇴馬王堆 한묘 유적지에서 출토된 유책遺策(고대 장례에서 부장품을 적은 목록)에 '명물明物' 식품으로 네모난 대바구니에 가득 넣은 '황권黃卷'에 대한 기록이 나온다.

"황권 한 섬을 가는 견사로 만든 자루에 넣은 것 한 바구니."[560]

수량이 적지 않은 것으로 보아 용도가 많고 가치가 높았다는 것을 알 수 있다. 이런 '황권'은 일반 음식으로 먹기도 하고 또한 약용으로도 쓰였다. '식의합일食醫合一'(식약동원食藥同源의 뜻)은 중국 선조들이 이미 일찍부터 지니고 있던 오랜 관념으로 모든 사물에 약성이 있어 약재로 사용할 수 있다는 뜻이다. 이는 중국 고대 전통 의, 약학의 이론이기도 하다. 이렇듯 황권을 비롯한 콩류는 일반 식품은 물론이고 특별한

---

559 [청] 황석黃奭 집집輯, 『신농본초경神農本草經·대두황권大豆黃卷』, 북경, 중의고적출판사, 1982년, 242쪽.
560 호남성박물관, 중국과학원 고고연구소 편, 『장사마왕퇴 1호 한묘(長沙馬王堆一號漢墓)』, "黃卷 1石緗囊一筍合." 북경, 문물출판사, 1973년, 117~118쪽.

| 황두장黃豆醬 | 맥장麥醬 | 육장肉醬 |

약물로 이미 일찍부터 인지되고 또한 이용되었다. 다만 여러 가지 원인으로 인해 보다 이른 문헌기록이나 실물을 확인하지 못했을 따름이다. 여기서 한 가지 집고 넘어갈 것은 콩나물이 현대 식품공업의 개념에 따른 '콩 제품'이 아니라는 점이다. 왜냐하면 콩나물은 엄격한 가공단계를 거쳐 본질적 형태변화가 일어난 식품이 아니라 콩 자체 생명의 발달로 이루어진 자연적인 속성이기 때문이다. 하지만 일단 인류가 모종의 식물이 지닌 모종의 자연속성을 인지하고 이용하였으니, 이런 인식의 정도와 이용의 방식은 그 자체로 하나의 문화가 아닐 수 없다. 게다가 선조들이 콩나물을 인지하고 이용한 것은 완전히 맹목적이고 피동적인 것이 아니라 자각적이고 적극적인 탐색의 결과이다. 그것을 약용으로 사용한 것은 과학적인 인지였는지 여부를 떠나 확실한 증거가 될 수 있다. 콩류를 자각적으로 선택하고 형태변화를 파악하여 적절하게 활용하게 된 것은 특히 인류의 콩류에 대한 인식과 이용이 한층 더 심화되었다는 것을 말하며, 비록 초기 단계이기는 하지만 이 역시 콩 문화의 한 형태이자 콩류 식품 가운데 새로운 품종이라고 보는 것이 타당하고 또한 합리적이다. 중국인이 최초로 콩나물을 인지하고

이용한 것이 '대두황권'인지 여부는 아직 경솔하게 결론 내릴 수 없다. 다만 황두아黃豆芽, 즉 콩나물이 중화민족의 수천 년 식생활에서 매우 사랑받은 식품이 된 것은 의심할 여지가 없다. 이외에도 녹두아綠豆芽, 즉 숙주나물 및 '두판豆板(누에콩蠶豆이 약간 발아한 것)' 등도 흔히 볼 수 있는 식재료이다.

2) 두장豆醬

두장은 콩을 쑤어 만든 장이다. 중국인이 두장을 처음 발명한 것은 늦어도 주나라 시절이었을 것이다. 최초의 두장은 당시 사회 각 계층에서 즐겨 먹던 여러 가지 '해醢(육장肉醬, 고기젓)' 또는 '혜醯(식초)'의 일종이었을 것이다. 혹자는 콩이 모종의 풍미를 지닌 식초나 고기젓의 원료였다고 말하기도 한다. 동한 유희의 『석명』은 "고기젓에 즙이 많은 것을 혜(식초)라고 한다(醢多汁曰醯)."고 했는데, 적어도 한대에는 '즙汁'이 많고 적은 것이 '해'와 '혜'를 구별하는 근거였던 것 같다. 하지만 이는 양자의 형태를 구분하는 한 가지 근거일 뿐 전체가 아니며 또한 근본적인 차이도 아니다.

우선 '해'에는 일반적으로 수량이나 종류가 다른 고기가 들어가며 짠맛이 난다. 그래서 『설문해자』은 "장은 해를 말한다. 육과 유를 따른다. 술로 장을 섞는다."고 했으며, 단옥재는 주에서 "해는 고기를 사용하지 않는 것이 없다."[561]고 했다. 주나라 천자의 경우 "장을 담는데

---

561 허신, 『설문해자』, "醬, 醢也, 從肉酉, 酒以和醬也." 단옥재 주, "醢無不用肉也."

120개의 항아리를 사용한다."[562] 말인 즉 120개의 품목이 있다는 뜻인데, 구체적인 품목은 '돼지해(豕醢)', '소해(牛醢)', '사슴해(鹿醢)', '큰사슴해(麋醢)', '물고기해(魚醢)', '토끼해(兔醢)', '기러기해(雁醢)', '개미(또는 전갈)해(蚳醢)', '달걀해(卵醢)', '집새해(酏醢)' 등이다. 정현은 『주례』주에서 '해인醢人'에 대해 언급하면서 해를 담글 때는 반드시 "기장 누룩과 소금을 섞고 좋은 술에 담근다."[563]고 했다.

다음 '혜醢', 즉 식초에 대해 알아보자. 『설문해자』에 따르면, 혜는 "산이다(酸也)." '초酢'라고 칭한다. 주 천자의 수라에는 "식초에 절인 제齏(생강, 마늘, 부추절임)와 저菹(채소절임) 60개 단지를 올린다."[564] 해와 혜는 모두 발효식품이라는 공통점이 있다. 과연 주나라 천자의 수라에 올린 수십 가지 '혜'가 구체적으로 어떤 것이며, 원료는 무엇이었는지 정확하게 알 수는 없다. 하지만 그것이 육류 위주가 아니라(또는 근본적으로 육류를 넣을 수 없거나) 각종 식물 원료로 만든 것임은 분명하다. 주나라 천자의 수라에는 먹을 수 있는 모든 것이 포함되었고, 중국 고대 백성들 역시 두루두루 많은 것을 먹었다. 이처럼 천자 수라의 원칙과 백성들의 식사 전통을 보건대 거의 백 수십 종에 달하는 '해'와 수십 종의 '혜' 가운데, 특히 후자에 콩을 원료로 한 발효식품이 포함되었을 것이라는 추론이 충분히 가능하다. 아마도 바로 이런 이유로 한국의 저명한 음식문화 학자인 이성우李盛雨 선생은 『주례』에 나오는 이러

---

562 『주례·천관·선부膳夫』, "醬用百有二十瓮." 『십삼경주소』본, 앞의 책, 659쪽.
563 『주례·천관·혜인醢人』, 정현 주, "雜以粱麴及鹽, 漬以美酒." 『십삼경주소』본, 위의 책, 675쪽.
564 『주례·천관·혜인醢人』, 『십삼경주소』본, 위의 책, 675쪽.

한 품종을 일률적으로 '중국장中國醬'이라고 불렀을 것이다.[565]

한반도에 사는 주민들의 일상음식에서 식물성 단백질의 공급원 가운데 하나가 바로 콩을 원료로 만든 장醬이다. 장은 일반 백성들이 매우 중시하는 음식이었다.

"장醬은 장將이니 온갖 맛의 장수(으뜸)란 뜻이다(醬者, 將也, 爲百味之將). 집안에 장맛이 좋지 않으면 제아무리 좋은 채소, 맛있는 고기가 있다손 치더라도 맛있는 음식이 되기 힘들다. 또한 시골에 사는 이들은 고기를 얻기가 수월치 않지만 맛있는 장만 있으면 반찬을 걱정할 필요 없다. 가장家長이라면 모름지기 장을 담는 일에 유념하여 오래 묵혀 좋은 장을 얻는 것이 가할 것이다."[566]

일본에서 장을 식용하는 것 역시 중국의 영향이다.[567] 두장豆醬은 수천 년 동안 중국인들이 거의 매일 먹는 음식으로 중국요리에 많이 쓰이는 웍(wok, 폭과爆鍋)에 넣어 양념을 만들거나 조미료로 광범위하게 쓰인다. "집집마다 장맛이 다르다(百家醬百家味)."는 말이 있다시피 일

---

565 [한국] 이성우李盛雨, 『한국식품문화사』, 서울, 교문사, 1991년, 17쪽.
566 [한국] 유중림柳重臨, 『증보산림경제增補山林經濟』, [한국] 이성우, 『한국고식문헌집성韓國古食文獻集成』, 서울, 수학사修學社, 1992년, 421쪽. [한국] 윤서석尹瑞石, 『증보한국식품사연구』, 서울, 신광출판사, 1990년, 191쪽.
567 [일본] 히라타 마리오平田萬里遠, 『중국음식문화의 일본 전파와 발전(中國飲食文化在日本的傳播與發展』, 나카야마 토키코中山時子 주편, 서진신徐建新 역, 『중국음식문화中國飲食文化』, 북경, 중국사회과학출판사, 1992년, 239쪽. [일본] 자코우 준雜候潤, 『일본의 중국식문화(中國食文化在日本)』, 『문사지식文史知識』, 1997년, 제10기, 3946쪽.

반 백성들의 식생활에서 없어선 안 될 중요 양념이자 반찬으로 지역마다 심지어 집집마다 고유한 장맛을 자랑한다. 오늘날도 각지에 각기 나름의 풍미를 지닌 '날장辣醬(매운 콩장)', '육장肉醬', '첨장甜醬(단맛이 나는 된장, 甜麪醬)', '지마장芝麻醬(깨양념장)', '두반장豆瓣醬', '황장黃醬' 등이 많은 사랑을 받고 있으며, 옛 선인들의 지혜와 솜씨를 보여주고 있다.

3) 시豉

시豉는 해와 혜 등 콩으로 만든 장류 이후에 출현한 보다 맛있는 두장豆醬 품종이다. 『초사楚辭·초혼招魂』에서 왕일王逸은 "매우 쓴 것(大苦)이 시豉이다."라고 주를 달았다. 그렇다면 늦어도 춘추전국시대에 이미 이런 식품이 있었다고 말할 수 있다. 그러나 『설문해자』에 따르면, "콩에 속하는 것은 모두 두豆를 따른다. 시豉는 소금을 배합한 유두幽豆이다." 단옥재 주에 따르면, "유幽는 울鬱과 같은 뜻이다." '울'은 콩이 세균에 의해 발효된 것을 말하는데, 『제민요술』에서 장을 만드는 방법이라고 말한 것과 상통한다.[568] 이는 지금도 북방 민간에서 장을 만드는 방법이기도 하다. 하지만 지금 여기서 말하는 '시豉'는 요즘 사람들에게 익숙하고 즐겨 먹는 '두시豆豉(콩을 발효시켜 만든 조미료)'가 아니다. 『박물지博物志』에 보면 외국에서 시를 만드는 방법에 대해 "쓴 술에 콩을 담가 불린 다음 햇볕에 바짝 말리고 참기름으로 찌는데, 한 번 찌고 나서 다시 말리기를 세 번 반복한다. 그런 다음에 잘게 빻은 콩가루를

---

568 [북위] 가사협, 『제민요술·작장등법作醬等法』, 앞의 책, 418~423쪽.

적절하게 배합한다."고 했는데 여기에 나오는 외국산 두시 만드는 방법과도 다르다. 장과 시를 이용한 오랜 역사 속에서 지역이나 민족마다 각기 제작 방법은 유사하나 풍미가 서로 다른 시豉 역시 장과 마찬가지로 종류가 다양하다. 오늘날 시는 광서, 북경, 광동, 사천 등지의 풍미가 인기를 끌고 있다.

4) 장청醬淸

장이 있으면 자연스럽게 장청(지금의 장유醬油와 비슷한 조미료)이 있기 마련이다. 중국인이 장청을 이용한 역사는 두장豆醬을 이용한 역사보다 그리 늦지 않다. 항아리나 단지에 두장을 발효시킬 때 가장 위에 뜬 맑은 액체를 떠서 단독으로 사용하던 것이 최초의 '장유醬油', 즉 간장이다. 일반적으로 각종 향신료를 넣고 함께 끓이기 때문에 색깔이 짙고 맛이 두터우며 향내 또한 짙다. 20세기 60년대 필자가 동북 농촌에서 생활할 당시 가난한 농가에서 직접 담은 간장을 먹곤 했는데, 현지 공급판매협력사에서 판매하는 간장보다 훨씬 맛있었다. 그곳에서 판매하는 간장은 물을 탔기 때문에 색깔도 옅고 맛도 시고 떫기만 했으니 그럴 만도 하다. 만약 간장을 조릴 때 여러 향료 외에 설탕이나 미정味精(화학조미료)를 조금 넣으면 맛이 더욱 좋다.

5) 두장豆醬(콩국, 두유)

두장은 거의 모든 이들이 좋아하는 음료로 두부보다 먼저 발명된 것이 틀림없다. 아마도 콩을 이용하기 시작한 초기부터 있었을 것이다.

콩을 물에 담가 불린 후에 절구에 찧거나 맷돌에 갈면 콩즙이 나온다. 처음에 콩을 이용하여 밥을 쪄 먹거나 죽을 끓일 때 다른 곡물과 함께 완전히 짓물러졌을 터이니(시루에 찌거나 솥에 넣고 끓이면 더욱 그러하다) 콩을 물에 불려서 맷돌이나 절구에 빻는 일도 가능할뿐더러 매우 당연한 일이다. 선진시대에 유행한 '이餌', 즉 일종의 떡을 만드는 방법 가운데 하나는 미곡을 찌거나 삶은 다음 절구에 넣고 찧는 것인데, 지금도 유행하고 있는 '타고打糕', 즉 찰떡이 바로 그런 형태이다. 결론적으로 콩국은 중국인이 가장 일찍 발명하고 또한 즐겨 마셨던 음료로 죽을 끓이거나 장을 만드는 원료였으며, 아마도 서한 초기에 "콩국을 팔아" '천만금'을 얻었다는 음료 대왕 '장씨張氏'가 만들어 팔던 바로 그 콩국일 것이다.[569] 당대에 이르러 차를 마시는 습속이 널리 보급되면서 콩국은 당시 사람들에게 술과 차와 더불어 삼대 음료가 되었다(당대 이전에는 술을 보완하는 무알코올 음료로 각광을 받았다). 안진경顔眞卿 등이 각기 한 구씩 쓴 연구시聯句詩를 보면 당시의 분위기를 느낄 수 있다.

봄에 빚은 막걸리에 취하는 것과 같지 않으니
어찌 푸른 콩(콩국)이 걸쭉함을 마다하리.
소담한 오지그릇은 정적에 쌓인 밤의 정취를 전하고

---

569 『사기·화식열전』, 앞의 책, 3282쪽.

향기로운 기운 한가로운 집안에 가득하네.[570]

6) 부죽腐竹

부죽은 '두부피豆腐皮(두부껍질)'라고도 하는데, 이는 지금은 물론이고 옛날에도 사용된 말이다. 이시진은 두유豆乳에 대해 언급하면서 "두부가 익어서 엉기는 것을 걷어내어 바짝 말린 것을 두부피라고 하니 찬으로 사용하면 매우 맛있다."[571]라고 했다.

7) 두분豆粉

두분, 즉 콩가루를 말한다. 콩을 빻아서 가루로 만드는 일은 맥곡麥穀을 절구에 넣고 가공하는 것처럼 그다지 쉽지 않다. 따라서 맷돌이 출현한 후에 나왔을 것이다. 콩가루는 다른 곡물가루와 섞어 찌거나 굽는 방식으로 먹을 수 있으며, 그 다음으로 콩국을 끓이거나 순두부나 두부를 만드는데 이용할 수 있다.

---

570 [당] 안진경顔眞卿 등, 「달밤에 차를 마시며 여러 명이 함께 읊은 오언시(五言月夜啜茶聯句)」, "不似春醪醉, 何薺綠菽繁. 素瓷傳静夜, 芳氣滿閑軒." 『전당시』권788, 앞의 책, 882쪽.　역주: 앞에 두 구절은 교연皎然, 뒤에 두 구절은 육사수陸士修가 읊은 것이다.
571 [명] 이시진, 『본초강목·곡부·두부豆腐』, "其面上凝結者, 揭取晾乾, 名豆腐皮, 入饌甚佳也." 앞의 책, 1532쪽.

• 제4절 •
두부의 발명

두부는 중화민족 콩 문화를 대표하는 전형적인 식품으로 식문화의 보배라고 할 수 있다. 중국역사에서 두부를 찬미하는 글이 적지 않다. 원대 여류 시인 정윤단鄭允端은 「두부」라는 시에서 이렇게 읊었다.

남산 아래 콩을 심었더니 이슬 바람 맞으며 콩꼬투리가 익어가네.

맷돌에 갈자 옥처럼 흰 두유가 흘러나오고 팔팔 끓이니 맑은 샘물이 맺힌다.

색깔은 수락酥酪(일종의 치즈)보다 맑고, 향기는 종유석보다 오래가네.

여운을 남기는 맛의 아름다움, 옥식玉食(미식)의 맛은 말로 전할 수 없다네.[572]

---

572 [원] 정윤단鄭允端, 「두부」, "種豆南山下. 霜風老莢鮮. 磨礱流玉乳. 煎煮結淸泉. 色比土酥净, 香逾石髓堅. 味之有餘美, 玉食勿與傳." 『춘용헌시집春慵軒詩集』, [명] 반시인潘是仁편, 『송원사십삼가집宋元四十三家集』, 천계天啓2년(1622년) 중수본重修本.

이 시는 콩의 재배, 콩 불리기, 맷돌에 갈기, 豆漿 끓이기, 두부의 색깔과 맛에 대한 찬양 등이 매우 생생하여 감동을 준다.

1. '유안劉安의 두부 발명설'에 관하여

중국역사에 "회남왕淮南王 유안이 두부를 발명했다."는 말이 전해져온다. 송대 이학자인 주희는 고대 문헌이나 전고典故를 교감하는데 공력을 기울인 학자이기도 하다. 그는 자신의 「두부」시에서 이런 관점을 제시했다.

> 콩을 심었는데 올라온 새싹 드물어
> 힘은 다 빠지고 속은 다 썩어 들어가네.
> 일찍이 회남왕의 기술을 배웠다면
> 앉아서 큰돈을 벌 수 있었을 것을.[573]

물론 주희가 제멋대로 사실을 날조한 것은 아닐 터이고, 그 나름대로 근거가 있을 것이다. 이후 유안이 두부를 발명했다는 설이 여러 문

---

573 [남송] 주희(1130~1200년), 「두부」. "種豆豆苗稀, 力竭心已腐. 早知淮南術, 安坐獲獲泉布." 『회암집晦庵集』권3 『문연각사고전서』제1143책, 앞의 책, 58쪽. 역주: "種豆豆苗稀"는 도연명陶淵明의 「귀전원거歸田園居(일명 귀원전거歸園田居)」에 나오는 "種豆南山下, 草盛豆苗稀." 두 구절을 연상시킨다.

헌에서 재인용되었다. 원대 문인 손기업孫奇業[574]은 두부를 읊은 시(「숙유菽乳」)에서 이렇게 노래했다.

회남왕은 뛰어난 도사를 받들고

신선을 사모하여 높은 대를 쌓았다네.

백발의 팔로八老[575]가 동안童顏이 되니

베갯속 보물(침중홍보枕中鴻寶)을 열은 까닭이로다.

기이한 방술로 음식을 맛있게 만드니

몇 번이나 기이한 옥처럼 보이는구나.

갱羹을 만들어 세상에 전하니

신선이 산다는 봉래산이 생각난다.

맵싸한 채소를 먹으며 파나 부추를 싫어하니

비로소 이것이(두부)이 재주를 드러내는구나.

융숙(콩)은 남산에서 나오는데

맑은 물에 씻어 먼지를 없애야 한다네.

몸을 돌려 맷돌에 가니

기름진 액체(두유)가 그릇으로 흘러드누나.

큰 솥에선 김이 폴폴 나고

---

574 역주: 손작孫作(1340~1424년)을 말한다. 원문은 오기인 듯하다. 손작은 원말명초 학자이자
시인으로 자는 대아大雅, 호는 東家子이다.
575 역주: 팔로八老는 한 회남왕 유안의 문객으로 소비蘇非, 이상李尙, 좌오左吳, 전유田由, 뇌피
雷被, 모피毛被, 오피伍被, 진창晉昌 등 여덟 명을 말한다. '팔공八公'이라고 칭하기도 한다.

눈방울 마냥 콩국이 끓어오른다.

잠시 기다려 맑은 파도가 뒤집히나니

가만히 앉아 흰 빛 눈꽃 바라본다.

청염(함수호의 소금)이 액로液鹵(간수)가 되고

붉은 밀랍 초가 연기 그을음을 몰아내는구나.

서둘러 곤오昆吾(고대 보도寶刀의 이름)를 갈아

흰 돌(두부)을 큼지막하게 잘라야 하리.

삶고 지지니 내 입맛에 딱 맞아

늙은 치아 부러질 걱정도 없구나.

왕제王濟의 증돈蒸豚(사람의 젖으로 기른 새끼돼지)이 도대체 뭐람?

사람의 젖으로 먹였다하여

성상聖上(진 무제 사마염)조차 비통하게 여겨 그냥 가버린 것을.[576]

하증何曾은 하루 식비로 1만 전을 썼다는데

이런 이야기는 농담이 아니라네.[577]

이 시는 두부와 유안의 관계에 대한 이야기 외에도 콩을 불리기, 맷
돌에 갈아 두장 만들기, 간수를 쳐서 두부를 만들기에 이르기까지 두

---

576 역주: 『세설신어』에 따르면, 진나라 시절 부호인 왕제王濟가 사람의 젖을 먹여 키워 삶은 돼지고
기(蒸猪肉)를 진 무제에게 대접했는데, 무제가 이런 사실을 알고 먹지도 않고 가버렸다고 한다.

577 [원말, 명초] 손작孫作, 「숙유菽乳」. "淮南信佳士, 思仙築高臺. 八老變童顏, 鴻寶枕中開. 異方營
齊味, 數度見琦瑰. 作羹傳世人, 令我意蓬萊. 茹葷厭葱韭, 此物乃呈才. 戎菽來南山, 清溪浣浮
埃. 轉身一旋磨, 流膏入盆罍. 大釜氣浮浮, 大眼湯洄洄. 頃待晴浪翻, 坐看雪華皚. 青鹽化液鹵,
絳蠟窜烟煤. 霍霍磨昆吾, 白石大片裁. 烹煎適吾口, 不畏老齒摧. 蒸豚亦爲何? 人乳聖所哀. 萬
錢同一飽, 斯言匪俳詼." 『滄螺集』권1, 『흠정사고전서欽定四庫全書』본

부를 만들어 먹는 전 과정을 세세하게 묘사하고 있다. 명초 학자인 엽자기葉子奇는 『초목자草木子』라는 책에서 "두부는 한대 회남왕 유안의 방술에서 시작되었다."[578]고 했고, 명대 이시진도 『본초강목』에서 "두부를 만드는 방법은 회남왕 유안에서 비롯되었다."[579]고 했다. 명대 나기羅頎 역시 『물원物原』에서 "유안이 두부를 만들었다."고 했다. 총괄컨대, 송대 이래로 이런 설이 오랫동안 유전되었다. 하지만 이 사람이 이야기한 것을 저 사람이 되풀이한 것일 뿐 권위 있는 문헌으로 뒷받침되는 것도 아니고 학자들이 믿을 만한 논증을 한 것도 아니다.

회남왕 유안은 한 고조 유방의 손자로 "독서를 좋아하고 금을 잘 탔으며, 사냥개를 데리고 말을 타고 치달리면서 수렵하는 것은 좋아하지 않았다."[580] "방술에 조예가 있는 사인士人 수천 명을 빈객으로 초대하여 『내서內書』 21편과 매우 많은 『외서外書』 또한 『중편中篇』 8권을 편찬했다. 주로 신선술과 황백지술黃白之術(단약을 고아 금은을 만드는 일종의 연단술)에 대해 논술했는데, 전체 20여 만 자이다."[581]

이렇듯 유안이 가장 열중한 사업은 학문 분야와 관계없이 수많은 학자와 방사 등을 모집하여 양생술과 복식服食, 약이藥餌 등을 연구하는 일이었다. 그리하여 "천하의 방술에 조예가 있는 사인들이 그에게 몰려들었다." 그 중에는 소비蘇飛, 이상李尚, 좌오左吳, 전유田由, 뇌피雷被,

---

578 [명] 엽자기葉子奇, 『초목자草木子』 권3 『문연각사고전서』 제866책, 앞의 책, 782쪽.
579 [명] 이시진, 『본초강목·곡부·두부』, 앞의 책, 1532쪽.
580 『사기·회남형산열전淮南衡山列傳』, 앞의 책, 3082쪽.
581 『한서·유안전劉安傳』, 앞의 책, 2145쪽.

모피毛被, 오피伍被, 진창晉昌 등 여덟 명의 방사方士와 대산大山, 소산小山 등 유자儒者가 가장 유명했다. 특히 소비 등 여덟 명의 방사를 '팔공八公'[582]이라 칭했는데, 지금의 안휘성 수현壽縣 팔공산에서 따온 이름이다. 팔공산은 특히 중국사에서 매우 유명한 산인데, 일반적으로 명산이 독특한 자연풍광이나 오래된 사찰이나 서원 등 인문경관으로 인해 유명한 것과 달리 전진前秦과 동진東晉 사이에 벌어진 '비수지전淝水之戰' 때문에 사서에 수록되고 세세대대로 전래되어 모르는 사람이 없게 되었다. "부견苻堅과 부융苻融이 성에 올라 동진東晉의 왕사王師(군대)를 살펴보니 부대의 진영이 정돈되고 장수나 사병이 모두 정예로워 보였다. 또한 북쪽으로 팔공산을 바라보니 초목이 모두 사람의 형태였다." 수적으로 우위에 있던 전진의 부견은 소수정예의 동진 군사를 두려워하여 산에 서 있는 초목마저 병사들로 보일 지경이었다. 결국 "바람소리나 학의 울음소리조차 진나라 병사들이 나타난 것으로 알고 도망치고 말았다."[583] 이것이 바로 "팔공산 위의 초목이 모두 병사처럼 보였다."는 뜻의 '초목개병草木皆兵' 또는 "바람소리 학 울음소리, 초목개병(風聲鶴唳, 草木皆兵)"이란 이야기의 유래이다.

진나라 시절에 팔공산이 유명세를 탄 것은 아마도 유안과 그의 휘하 방사들의 이야기 때문일 가능성이 크다. 유안은 소비 등과 함께 산에 올라 신선이 되는 도술이나 양생술을 연마하고, 장생의 비법을 찾고

---

582 『회남자』, 고유高誘「서叙」, 『제자집성』본, 앞의 책, 1쪽.
583 『진서·부견재기苻堅載記』, 『진서·부현전謝玄傳』, 북경, 중화서국, 1974년, 2918, 2082쪽.

자 애썼다. 사람들은 유안 휘하 방사들이 오랜 기간, 광범위하고 다양한 실험 과정에서 두부 형성, 즉 두유의 응고현상이 가능하다는 것을 알게 되었을 것이라고 생각했다.

이에 근거하여 어떤 이들은 '팔공' 가운데 어떤 방사가 단묘丹苗(식물의 묘목)를 키울 때 사용하던 두유를 버렸는데, 산속 웅덩이 등에 있던 석고(황산칼슘)나 염기鹽基와 자연스럽게 작용하여 응고하여 고체가 되었으며, 기아에 허덕이던 백성들이 우연히 얻어먹게 되었다고 말하기도 한다. 두부가 전혀 예상치 못하게 우연히 생겨났다는 뜻이다. 지금도 회하淮河 남북 여러 지방에서 '팔공산 두부'가 여전히 성가를 올리고 있으며, 특히 일본에서는 "회남왕이 만들고 당대에 전해진 두부라는 뜻의 '당전두부회남당제唐傳豆腐淮南堂制'라는 상표가 유명세를 떨치고 있는데 여전히 역사적 정회가 면면히 이어지고 있음을 알 수 있다.[584]

그러나 유안의 '팔공'이나 또 다른 연단가들이 두유나 두부를 연단의 보조약물로 사용했는지 여부에 관한 정확한 문헌기록은 아직 보이지 않는다. 사람들은 그저 그들이 광범위하게 각종 식물, 광물 및 동물 등을 재료로 삼아 연구하고, 특히 비정상적이거나 특별한 물상에 주목하면서 초보적이긴 하나 비소의 화합물인 웅황雄黃 분말을 만들어낸 것, 그리고 연단을 하면서 화력을 조절하는 방법 등에 관심을 가졌던 것에 근거하여 나름의 논리적 분석과 감정적 추론을 덧붙여 유안이 두

---

584 이치환李治寰, 「두부제조법과 도가 연단술의 관계(豆腐制法與道家煉丹有關)」, 「농업고고」, 1995년 3기, 222쪽.

부를 발명했다는 설을 믿게 된 것이다. 따라서 지금도 변함없이 유안의 발명설은 일종의 전설이자 학계의 가설일 따름이다.

2. 두부 제작에 필요한 응고제 문제

우리가 알고 있다시피 두부를 만들려면 콩 단백질의 대부분을 차지하는 수용성 단백질인 글로불린(globulin)을 응고시키는 것이 관건이다. 이러한 응고의 실질은 액체상태의 단백질이 응고상태의 단백질인 젤라틴(불완전 단백질, 젤)으로 바뀌는 것을 말한다. 콩 단백질의 펩타이드(아미노산의 중합체)는 나선형 사슬모양을 이루고 있는데, 펩타이드 사슬의 각 끄트머리에는 친수성기親水性基(물에 대한 친화성이 강한 원자단)와 소수성기疏水性基 등 서로 다른 원자단原子團이 자리한다. 구형단백질인 글로불린은 수용액에서 소수성기 원자단은 서로 끌어당겨 사슬 안에 축적되고, 친수성기 원자단은 사슬 표면에 분포하여 글로불린이 물에 잘 녹도록 한다. 두유를 끓일 때 단백질의 2,3,4급 구조가 열로 인해 파괴되어 나선형 사슬이 풀리고 폴리 펩타이드 사슬이 뻗어나가면서 단백질의 변성을 일으켜 분자가 선형으로 펼쳐진다. 하지만 표면에 가득 찬 동성同性의 전하電荷가 서로 배척하는 작용으로 인해 분자끼리 모여드는 것을 방해한다. 이때 황산칼슘이나 염화마그네슘 등 응고제를 넣으면 이미 선형을 띠고 있는 콩 단백질 분자의 음전하(음이온)를 중화시켜 콩 단백질 분자가 신속하게 뭉쳐서 응고시킨다. 젤라틴이 생성된 후에도 화학반응이 계속 진행된다. 온도가 계속 내려감에 따라 젤라틴의 강화 작용이 점차 증가하고 수분이 계속 배출된다. 이것이 젤라틴의 탈수 수축작용이다. 젤라틴이 형성되는 과정에서 단백질 분자간의 아황화결합[585] 생성을 촉진하는 아황화결합 교환반응이 나타난다. 상당한 수량의 디설피드 결합(disulphide, 이황화 결합二硫鍵)과 대량의 폴리펩타이드 사슬이 존재하기 때문에 콩 단백질의 젤라틴은 가열해도 되돌릴 수 없는 젤라틴이 된다. 따라서 더 이상 가열해도 연화軟化하지 않으며 교질용액(졸)을 생성할 수 없다.

두유를 응고시키는 물질은 서한 시대에 이미 보편적으로 사용되었으며, 얻기도 쉬웠다. 이에 대해 이시진은 다음과 같이 말하고 있다.

"흑두, 황두 및 백두, 땅콩, 완두, 녹두 등 모든 콩으로 두부를 만들 수 있다. 만드는 방법은 다음과 같다. 콩을 물에 담가 맷돌에 갈고 걸러내어 찌꺼기는 버리고 불에 졸이다가 간수(鹽鹵)나 산반엽山礬葉이나 산장초酸漿醋로 엉기게 한 뒤에 솥에 저장한다. 이외에 항아리에 넣어 석고가루(石膏末)로 엉기게 하여 저장하는 이도 있다. 대저 짜고 쓰고 시고 매운 물질은 모두 두유를 수렴收斂하는데 사용할 수 있다."[586]

---

585 역주: 아황화결합은 S~S 결합. 즉 2개의 SH기(基) 사이에 산화적으로 형성되는 ~CH2~S~S~CH2~ 형의 황원자간 결합을 말한다.
586 [명] 이시진, 『본초강목·곡부·두부』, "凡黑豆,黃豆,及白豆,泥豆,豌豆,綠豆之類, 皆可爲之. 造法水浸, 磑碎, 濾去滓, 煎成, 以塩鹵汁或山礬葉或酸漿醋凝, 就釜收之. 又有入缸内, 以石膏末收著. 大抵得咸,苦,酸,辛之物, 皆可收斂爾." 앞의 책, 1532쪽.

인용문에 두유를 '수렴'하는 여러 종류의 물질이 나오는데, 서한 중엽 이전에 이미 이런 응고제를 사용했다고 말할 수 있다. 그 중에서 소금은 가장 오래된 조미료로 일상 식생활에 없어서는 안 될 물질로 적어도 7천여 년의 역사를 가지고 있다. 다음으로 꼽을 수 있는 것은 초醋(식초)인데, 그 전신은 신 맛이 나는 각종 '혜醯'이다. '혜'로 신맛을 내고 음식 조미에 사용하기 시작한 것은 적어도 5천여 년의 역사를 지닌다. 매실이나 살구 등 과일의 신맛을 이용하기 시작한 것은 그보다 오래되었을 것이다. 다시 말해 서한 중엽 이전 5천 년에서 3천 년 전에 이미 중국인들은 소금(鹵汁, 간수 포함)이나 식초(산장酸漿이나 혜醯 등)를 사용하고 있었다는 뜻이다.[587]

석고石膏는 진한 시절에 본초학자들이 상용하던 중요 약재였으며,[588] 산반山礬은 주로 약재료 사용하는 물질로 "그 잎은 맛이 떫으며 사람들은 이를 취해 노란 색을 물들이고 두부를 엉기게 하는데 사용하거나 차 안에 넣기도 했다."[589] 이렇듯 사람들이 이를 인지하고 이용하기 시작한 역사 또한 매우 오래되었다.

요컨대, 콩 단백질의 대부분을 차지하는 수용성 단백질인 글로불린(globulin)을 젤라틴으로 변화시키는 응고제로 사용할 수 있는 물질은 중국 고대에도 이미 많이 있었고, 또한 이를 사용한 역사도 오래되

---

587 조영광, 「조화의 일, 정묘하고 섬세함~삼대 조미품調味品 간술(調和之事, 精妙少微纖~三代期調味品簡述)」, 조영광『중국음식사론』, 앞의 책, 185~192쪽.
588 [청] 황석黃奭 집, 『신농본초경·석고石膏』, 앞의 책, 157~158쪽.
589 [명] 이시진, 『본초강목·목부·산반山矾』, "其葉味澁, 人取以染黃及收豆腐, 或雜入茗中." 앞의 책, 2106쪽.

었다. 앞서 인용한 문헌에 나오는 것들은 흔히 사용되던 응고제였으며, 이외에 다른 방법도 있었다. 산동성 장구시章丘市 영산진龍山鎭에서 어떤 이들은 현지의 우물을 두유를 응고시키는데 사용했으며, 섬서성 부곡장성府谷長城 아래 주민들은 발효한 두유로 두유를 응고시켜 두부를 만들었다. 남해 오화도五花島에 주둔하고 있는 해군은 바닷물을 이용하여 두유를 응고시켜 두부를 만들었다.[590]

이외에 연구자들이 충분한 주의를 기울일 만한 것임에도 지금까지 간과한 문제가 있다. 이는 처음 두부를 '발명'했을 때 모종의 응고제로 두부를 엉기게 만드는 특별한 절차를 거치지 않았을 가능성이 높다는 점이다. 왜냐하면 두유에 함유된 소량의 포도당은 온도가 적당할 때 (5~35℃) 일정 시간 방치하면 절로 발효하여 포도산葡萄酸이 발생하여 두유의 수소이온 농도를 변화시키기 때문이다. 두유의 수소이온 농도, 즉 pH가 콩 단백질의 등전점等電點(수용액의 양이온 농도와 음이온 농도가 같아지는 상태)에 도달했을 때, 두유에서 가용성 단백질이 응결되어 솜 모양의 침전물이 생기며 이렇게 해서 두부가 만들어지기 때문이다.

단백질이라는 양성 물질의 분자 구조에는 산성을 띠는 카복시기 (~COOH)와 알칼리성인 아미노기(~NH2)가 포함되어 있다. 양자의 전리도가 같아지면서 용액의 pH는 등전점이 되고, 이때 양성 물질의 침전이 발생하기 쉽다. 두유가 등전점에서 침전되어 생기는 두부는 매

---

590 이치환李治寰, 「두부제조법과 도가 연단술의 관계(豆腐制法與道家煉丹有關)」, 「농업고고」, 1995년 3기, 222쪽.

우 부드럽고 연하다. 일본에서 유입된 글루코노 델타 락톤 두부는 바로 이런 원리로 만든 것이다.

이렇듯 '응고제'로 두유에서 물을 빼내 '부腐'하게 만드는 물질은 사실 두유 안에도 존재하고 있기 때문에 사람들의 전혀 눈치 채지 못한 상태에서 작용했을 수도 있다.

3. 왕망王莽의 '낙酪'

중국사에서 서한과 동한 사이에 겨우 16년간 유지된 '신新'이란 나라가 있다. 신은 한조의 권신權臣인 왕망王莽이 서한 정권을 탈취하여 세운 나라이다. 신나라는 새로 건국하여 서한을 대체했지만, 서한 말년의 여러 가지 사회적 갈등과 위기를 해결하지 못했으며, 오히려 더욱 심화시켰다. 게다가 오랫동안 광범위한 지역에서 심각한 기근이 발생함으로써 왕망 정권은 더 이상 존립하지 못할 정도로 위급한 상황에 직면했다. 천하는 "기근이 끊임없이 발생하여 백성들이 곤궁에 빠지고 유리걸식하는 이들이 길가에 가득했으며" "관동 사람들은 서로 잡아먹는 지경에 이르렀고", "유민들이 관關을 넘어 유입되는 숫자가 십 수만에 이르렀고,……굶어죽는 이들이 열에 일고여덟을 헤아렸다."[591]

---

591 『한서·왕망전王莽傳』, 『한서·식화지食貨志』, 앞의 책, 4175, 4177, 1145쪽, 『자치통감,한기漢紀 30』, 앞의 책, 1232쪽.

그러자 왕망은 관리들에게 식량을 대체할 물질을 만들도록 하여 소량의 식량이나 전분을 원료로 고율의 물과 융합시키고 다시 모종의 응고제로 두부와 같은 젤라틴 형태의 식품을 만들어냈다. 물론 왕망 시대 사람들은 에너지 불변의 원칙, 질량 불변의 원칙과 같은 과학적 이치를 이해하지 못했다. 그러나 그들이 보기에 콩으로 두부를 만드는 과정에서 이미 두부를 생산했음에도 다시 콩 찌꺼기(콩비지)가 남는 까닭에 양자를 합치면 원료인 콩의 부피나 무게를 월등히 능가했다. 이는 환상적인 증식이 아닐 수 없었다. 청대에 이르기까지 전통적인 자연관을 가진 많은 학자들 역시 이런 견해를 지니고 있었다.

"두부를 만드는 기술은 삼대三代(하상주夏商周) 전후에는 들어본 적이 없었고 한나라 회남왕 유안에 이르러서야 세상에 전해졌다. 오섭문吳燮門이 말하길, 예전에 어떤 책을 보니 두부를 '귀식鬼食'이라고 이름 지었는데, 공자는 먹지 않았다고 했다. 일설에는 콩에서 장漿(두유)을 짜내고 나머지 찌꺼기(비지)를 달아보았더니 누서累黍(고대 중량 단위로 수량이 작은 것)가 적지 않았는데, 부腐(발효)하여 콩의 혼백이 만들었다고 하여 '귀식'이라고 한다. 애석하게도 그 책의 제목을 잊어 고증할 길이 없다."[592]

---

592 [청] 왕급汪汲, 『사물원회事物原會·두부豆腐』, "豆腐之術, 三代前后未聞有此物. 至漢淮南王安始傳其術於世. 吳燮門云向見書中載有豆腐名'鬼食', 孔子不食. 一說以豆出漿, 其渣分量稱之不少累黍, 腐乃豆之魂魄所成, 故謂之'鬼食'. 惜忘失書名, 無從考證." 양주揚州, 광릉고적각인사廣陵古籍刻印社, 1989년, 731~732쪽.

왕망은 이러한 실험을 한 후 수많은 '기술 보급원'을 경향 각지에 파견하여 이재민들에게 기술 지도를 하여 대용 식품인 '낙酪'을 만들도록 했다. "대부나 알자謁者 등을 많이 파견하여 백성들에게 초목을 끓여 낙酪을 만들도록 했다." 그러나 식품 대용으로 만든 '낙'은 "먹을 수 없었다." 사람들은 그것의 맛이나 색깔을 받아들일 수 없었으며, 목으로 삼키기 어려웠다. 억지로 먹더라도 식후 반응이 좋지 않았다. 결국 성공하지 못하고 "거듭 많은 비용을 허비하고 말았다(重爲煩費)."[593] 현재 사서에 기록된 내용이 매우 간략하여 왕망이 만들었다는 '자락煮酪(초목을 삶아 만든 낙)'이 과연 어떤 것이며, '낙'을 어떤 물질로 만든 것인지 정확히 파악할 수 없다.

20세기 이전의 왕망과 어용 '과학기술자' 또는 '기술 보급원'들이 풍부한 화학 지식을 지녔다는 것은 상상할 수조차 없다. 그들은 극심한 기근과 정치적 위기에 직면하여 어떻게 해서든지 굶어 죽는 백성들을 구해 나라를 위기에서 건져내고자 하는 간절한 바람을 지녔을 뿐이었다. 그런 와중에 전혀 뜻밖에도 신기한 물질을 발견한 것이고, 그것이 묘책이 될 것이라 여겼을 것이다. 왕의 본래 의도가 기만에서 나온 것이 아니라면 그들의 행위는 정치적 책임감과 과학적 탐구 정신에 충실한 것이라고 볼 수 있다. 그러나 반고班固를 위시로 사마광司馬光에 이르기까지 역대 정통사가들은 거의 예외 없이 '춘추필법春秋筆法'을 받들어 왕망 정권을 부정했다. 그들은 이렇듯 철저한 부정이라는 기본 입

---

593 『한서·왕망전』, 앞의 책, 4175쪽. 『자치통감·한기30漢紀三十』, 앞의 책, 1231쪽.

장을 고수했기 때문에 왕망의 모든 정치 행위는 물론이고 그가 구황救荒을 위해 '낙'을 만든 것조차 용서할 수 없는 죄악이 되고 말았다. 그러나 냉정하고 사려 깊게 생각해본다면, 몇 가지 주목할 점을 발견할 수 있다. 우선 '낙'의 형태는 성공적이거나 또는 형태적으로 근사했다. 그렇지 않다면 전체 실험을 관부의 증빙 없이 '제락制酪', 즉 낙을 제조한다고 말할 수 없었을 것이며, 또한 굳이 수많은 인원을 사방으로 내보내 기민饑民들에게 방법을 가르치고 알려줄 이유가 없다.

다음으로, 이른바 "거듭 많은 비용을 허비하고 말았다."는 말은 왕망이 '낙'을 만들면서 사람들이 희망했던 것처럼 적은 노력으로 많은 효과를 얻는 것처럼 증식의 효과를 얻지 못했을 뿐만 아니라 매우 귀중한 원료를 낭비했다는 뜻이기도 하다. 이는 다시 말해 대략 2천여 년 전 왕망의 실험이 어쩌면 방술사方術士들의 변질되거나 또는 평가 절상된 연단이나 '점금點金'의 방법일 수도 있으며, 심지어 두부 제작을 본뜬 방법(만약 당시에 이미 두부를 제작하는 방법이 발명되었다면)일 가능성이 있다는 뜻이다.

오늘날 응고제를 두유에 주입할 때도 여전히 역사적 전통에 따른 표현인 '점點' 또는 '점장點漿'이란 말을 쓴다. 속담에 이르길, "한 사물이 다른 사물을 제압하니 간수가 두부를 굳힌다(一物降一物, 鹵水點豆腐)."[594]라고 했다. 인용문에 나오는 "점두부"의 '점'은 본래 연단술에 나오는 술어이다. 화학자인 원한청袁翰青 선생은 "'점'이란 소량의 약제

---

594 역주: 하나의 문제를 이와 상응하는 하나의 방법으로 해결한다는 뜻이다.

를 넣어 비교적 대량의 물질을 변화시키는 것을 말한다. 비록 일반적으로 '점'을 사용하는 곳이 모호하기는 하지만 대체적으로 접촉제(촉매 반응의 촉매로 쓰는 물질)의 뜻이라고 할 수 있다."[595]고 했다. 이는 두부의 발명이 방술사와 자못 연관이 있음을 보여주는 듯하다. 어쩌면 그들이 발명하여 자신들만이 사용하는 전문적인 용어로 '점' 또는 '점장'이라고 말했을 가능성이 있다는 뜻이다. 방술사들이 '점금'할 때는 일정한 양의 '모은母銀(원료가 되는 은)'을 사용해야 한다. 마찬가지로 두부를 만들 때도 원료가 되는 콩이 상당히 많이 필요하다. 왕망의 실험은 실패로 끝나고 말았다. 사람들은 그가 발명한 '낙'을 삼킬 수 없었으며, 억지로 삼킨다고 할지라도 배를 채우는 효과를 기대할 수 없었다. 이는 결국 실험에 사용되는 원료인 콩(또는 다른 식재료)을 낭비하는 것이 아니겠는가? 이것이 바로 "거듭 많은 비용을 허비하고 말았다."는 비난의 실제 근거이다.

다음으로 "낙을 먹을 수 없었다."는 말은 아마도 사용한 응고제가 적합하지 않았기 때문일 것이다. 역사적으로 기근에 시달리는 기민들은 무엇이든 "먹을 수 없는 것"이 거의 없었다고 해도 과언이 아니다.[596] 그렇기 때문에 낙을 도저히 먹을 수 없었다는 것은 응고제가 지나치게 자극적이거나 위장에 심한 자극을 주었을 가능성이 크다. 이는 아마도 과다한 응고제 사용에서 기인한 것으로 보인다. 왜냐하면 왕망 당시에 만든 '낙'은 순전히 콩이나 오곡 등을 원료로 한 것이 아니라 '초

---

595 원한청袁翰青, 『중국화학사 논문집』, 북경, 삼련서점三聯書店, 1956년, 89쪽.
596 조영광, 『중국고대서민음식생활』, 북경, 상무인서관국제유한공사, 1997년, 159~176쪽.

목'을 사용한 것이기 때문이다. "백성들에게 초목을 끓여 낙酪을 만들도록 했다."는 말이 이를 증명한다. 여기서 '초목'이라고 한 것은 섬유질뿐만 아니라 다른 것도 포함된 것 같다. 한대 학자인 복건服虔은 인용문에 나오는 '초목'에 대해 "나무열매를 삶은 것이다. 혹자는 지금의 이술餌述(장생을 위해 복식하는 삽주뿌리)에 속한다고 말했다(煮木實. 或曰, 如今餌術之屬也)."[597] 설사 주요 원료가 초목의 섬유질이 아니라 '나무열매'나 '섭주뿌리 속한 것'일지라도 기본 성분은 주로 전분이지 단백질이 아니다. 따라서 두유를 응고시키는 효과는 처음부터 불가능했다. 그렇기 때문에 실험자들은 더욱 많은 양의 응고제를 넣는 방식으로 '낙'을 성형하려고 애썼을 것이고, 그 결과 삼키기조차 어려운 "먹을 수 없는 것"이 되고 말았던 것이다.

4. 한대 사람들은 '낙'을 어떻게 이해했나?

왕망의 실험을 정확하게 이해하려면, 한대의 '낙'이 어떤 것인지 정확하게 알아야만 한다. 왕망 시대에 '낙酪'자는 대략 네 가지 뜻이 있다.

첫째, 소나 양, 말 등의 젖을 끓여서 만든 식품이다. 『석명·석음식釋飮食』에 따르면, "낙은 택澤이니 유즙乳汁으로 만든 것이다." 낙은 말린 것(乾)과 젖은 것(濕) 두 가지 종류가 있는데, 젖은 것이란 일정한 고형태

---

597 『자치통감·한기30』, 앞의 책, 1231쪽.

가 아니라는 뜻이다. 『설문해자신부說文新附·유부酉部』에 따르면, "낙은 유장乳漿이다." 말린 것을 만드는 방법은 다음과 같다.

"동물의 유즙(젖) 반 작勺(한 국자)을 솥 안에 넣고 볶은 다음 나머지
젖을 모두 넣고 수십 번 팔팔 끓여 조린 다음 항아리에 채워 넣는다.
열이 식어 따뜻해지면 묵은 낙酪을 젖에 넣어 잘 저어준 다음 항아리
입구를 종이로 봉해둔다. 겨울에는 따뜻한 곳, 여름에는 시원한 곳에
놔두면 낙이 된다."[598]

이렇게 만든 낙은 말린 식품으로도 만들 수 있다. "좋은 낙을 솥 안
에서 은근한 불로 졸여서 걸쭉하게 만들고 물기를 제거하여 널빤지 위
에 펼쳐놓고 햇볕에 말려 작은 덩어리로 만들고 바짝 마른 후에 거두
어 저장한다."[599]

둘째, 초재酢酨, 즉 초醋를 말한다. 『예기·잡기雜記』에 "채소와 과일을
먹고 물과 미음을 마시며 소금과 낙은 없다(食菜果, 飮水漿, 無鹽酪)."라
는 구절이 나온다. 정현은 주에서 "낙은 초재이다."라고 했다.

셋째, 미음 형태의 음식이다. 진나라 육홰陸翽는 「업중기鄴中記」에서
이렇게 말했다.

---

598 [명] 주권朱權, 『신은神隱·조락造酪』, "奶子半勺, 鍋内炒過后, 倾餘奶熬數十沸, 盛於罐中, 候温
　　用舊酪少許於奶子内攪匀, 以紙封罐口. 冬月暖處, 夏月凉處, 頓放則成酪." 동경, 일본정부도서
　　천초문고淺草文庫, 422쪽.
599 [명] 주권, 『신은·쇄건락曬乾酪』, "將好酪於鍋内慢火熬, 令稠, 去其清水, 攤於板上, 晒成小块,
　　候極乾收貯." 위의 책, 426쪽.

"한식 삼일 동안은 예락醴酪을 만들며 또한 멥쌀과 밀을 끓여 낙酪을 만든다. 살구 씨를 빻아 죽을 만든다."[600]

넷째, 술의 종류이다. 한어는 라오(lào)가 아니라 루(lù)로 읽는다. 『한서·예악지禮樂志』를 보면, "스승에게 배운 악사 412명 가운데 72명은 동마주궁의 태관太官(황제의 음식이나 연회를 관장하는 관리)으로 보내고, 나머지 70명은 파직한다."[601]는 말이 나온다. 안사고의 주에 따르면, "마락馬酪은 술맛이 나고 마시면 취하기 때문에 마주馬酒라고 한다." 『안씨가훈·면학勉學』에서도 "충주揰酒는 치고 두드리고 밀고 빼면서 만드는 것을 말한다. 지금의 낙주酪酒를 만드는 것도 마찬가지이다."라고 했다.

이상 네 가지 뜻 가운데 두 번째와 네 번째 의미는 왕망의 '자락煮酪'과 관련이 없고, 첫 번째와 세 번째가 비교적 근접하다. 그러나 자세히 분석해보면 세 번째 것 역시 배제시킬 수 있다. 야생 식물 중에서 전분이 포함된 씨앗을 삶아서 미음처럼 만드는 것은 굳이 조정에서 야단법석을 떨 필요가 없고, 백성들 또한 이미 알고 있고 심지어 장기라고 할 정도로 익숙하기 때문에 굳이 조정에서 파견한 관리들의 지도를 받을 이유가 없다. 실제로 기근이 들면 백성들은 어떻게 해서든지 먹을 것

---

600 「진」육홰陸翽, 「업중기鄴中記」, "寒食三日, 作醴酪, 又煮粳米及麥爲酪, 搗杏仁煮作粥." 『문연각사고전서』제463쪽,제463쪽, 앞의 책, 314쪽.
601 『한서·예악지禮樂志』, "師學百四十二人, 其七十二人給大官捅馬酒, 其七十人可罷罷." 역주: 동마주는 말 젖으로 만든 음료이다. 위아래로 밀고 당기면서 만든다. 「예악지」의 내용은 한나라 애제 시절에 음란하다는 정악鄭樂이 크게 유행하자 관서에 소속된 악사들을 구조조정하면서 나온 말이다.

을 찾아 주린 배를 채우려고 한다. 게다가 산나물로 식량을 대체하는 일은 이미 누대로 전해지는 전통과 같았다.

따라서 왕망이 '자락'했다는 '낙酪'은 첫 번째 뜻에 가장 부합한다. 다시 말해 왕망의 신나라 정권이 나무 열매 등 값싼 원료나 소량의 곡물로 유락乳酪의 형태와 비슷하게 응고시켜 먹을 수 있는 '낙'을 만들었다는 뜻이다. 그렇다면 '낙'은 그 형태를 취해 그럴 듯한 미명美名을 붙인 것일 뿐 소나 양, 말의 젖으로 만든 지금의 치즈와 같은 식품과 전혀 관련이 없다.

전통적인 치즈 제조법은 소젖이나 탈지유에 응유효소(우유를 응고시키는 단백질가수분해효소의 총칭)를 첨가하여 젖의 단백질인 카세인을 파라카세인으로 변화시켜 응고시킨 다음 응고된 카세인을 나누어 적당량의 식염을 첨가한 다음 적당한 온도(5~15℃)의 장소에서 2,3개월 동안 발효, 숙성 과정을 거쳐 완성한다. 치즈는 영양 가치가 상당히 높은 우유 발효식품이다. 그러나 유락乳酪은 중국 고대 사람들이 생각하는 것처럼 이익이나 가치면에서 훨씬 뛰어난 식품이 아니다. 게다가 유락을 만드는 방법은 굳이 조정 관리들에게 배우지 않아도 일반 백성들이 더 잘 알고 있었다. 또 하나 지적할 점은 조정에서 우유식품을 담당하여 제대로 이해하고 있는 이들은 '대부'나 '알자謁者'가 아니라 위 인용문에 나오는 것처럼 '대관동마大官挏馬'[602]였다.

그렇기 때문에 왕망이 초목을 삶거나 끓여서 만들었다는 '자락'의

---

602 『한서·백관공경표제7상百官公卿表第七上』, 『한서·예악지禮樂志』, 앞의 책, 729, 1074쪽.

'낙酪'은 소나 양, 말 등 동물의 젖으로 만든 유락乳酪을 의미하는 것이 아니라 단지 형태에서 따온 말이다. 아마도 이는 두부를 제작하는 것과 관련이 있을 것이다. 두부가 발명되고 상당히 오랜 기간 적절한 개념 또는 호칭을 얻지 못했기 때문에 그 모양이나 색깔 및 제작방식이 유락과 유사했기 때문에 그냥 '낙'이라고 부르거나 또는 '낙'과 비슷한 것 정도로 여겼을 것이다. 중국문화사에서 이처럼 명칭과 실질이 서로 어긋나는 현상은 그리 드문 것이 아니다. 예를 들어 '다茶', 즉 차를 오랫동안 '도茶'자로 표기한 것이 그러하다.

'두부'라는 명칭은 실물이 나오고 한참 시간이 흐른 뒤에 붙여진 이름인 것이 분명하다. 왜냐하면 중국인들은 썩는다는 뜻인 '부腐'를 매우 혐오했기 때문이다. '부'는 고기나 썩어 문드러지거나 음식이 부패하여 먹을 수 없는 경우에 붙이는 말이다. 여기서 부연되어 '궁형宮刑'(형을 당한 후 반드시 썩기 때문에)을 뜻하는 말이 되고, 또한 사람의 사상이나 행위가 우둔하거나 진부하다는 뜻으로도 사용되었다. '부'자를 식품의 이름에 쓰기 시작한 것은 우유제품에서 비롯되었다. 오늘날 북방 초원에서 생활하는 이들이 즐겨 먹는 '내두부奶豆腐'[603] 등은 역사적으로 '유부乳腐'라고 불렀다. 이처럼 혐오스러운 말이기는 하지만 결국 비교적 긍정적으로 식품의 뜻에 부합하는 명칭으로 삼게 된 것은 대략 당대였다.

당 중엽 회주懷州 하내河內(지금의 하남 심양沁陽) 사람 목녕穆寧은 "여러

---

603 역주: 소나 말, 양 등의 젖으로 만들어 두부처럼 응고시킨 식품.

아들들을 잘 가르쳐 가도家道가 엄격하기로 유명했다." 그의 네 아들 찬贊, 질質, 원員, 상賞은 모두 품행이 방정하고 학문에 뛰어나 각기 성취를 이루었다. 그들은 모두 "한 집안의 인재들로 여러 사대부들이 존중했다." "질의 형제들은 모두 영예롭고 순수했다. 세상 사람들이 '자미滋味(여기서는 음식의 맛)'로 그들을 이렇게 평했다. 찬은 평범하지만 나름의 품격이 있으니 낙酪과 같고, 질은 아름답고 들어있는 것이 많아 소酥와 같으며, 원은 제호醍醐, 상은 유부乳腐와 같다. 근대(당송대) 사대부들은 가법家法을 이야기하면서 목씨穆氏 집안을 최고로 쳤다."[604]

인용문에서 볼 수 있다시피 늦어도 당대 중엽에 이르러 '유부'라는 말이 널리 유전되어 보편적으로 사용되고 또한 좋아했다는 것을 알 수 있다. 다만 '유부'라는 말이 언제 시작되었으며, '부腐'자를 식품 이름에 넣은 것은 과연 언제였는지는 자료의 한계로 인해 정확히 고증할 수 없다.

여기서 주목할 점은 거의 동시에 '두부'라는 명칭도 사서에 등장하고 있다는 것이다. 당대에 이미 두부는 일반 서민들이 즐겨 먹는 음식이었다. 값싸고 품질 또한 좋았기 때문에 백성들은 두부에 '소재양小宰羊'이란 미칭을 붙여 불렀다. 이렇게 부른 것을 보면 두부를 그만큼 좋아했음을 알 수 있다. 하층 민중들만 그런 것이 아니라 상류층 사람들도 중시한 것은 마찬가지였다. 무엇보다 두부는 하층 민중들이 일반적으

---

604 『구당서·목녕전穆寧傳』, 앞의 책, 4115~4117쪽. 『신당서·목녕전』, 앞의 책, 5016쪽. [당] 이조 李肇, 『당국사보唐國史補』권중, 『문연각사고전서』제1035책, 앞의 책, 430쪽.

로 먹는 값싼 음식이었기 때문에 관료가 이를 먹는다면 청렴결백하고 올바른 사람으로 여겨졌기 때문이다. 그래서 북송시대 도곡陶谷은 이렇게 말했다.

> "시집이 청양(지금의 안휘 청양)의 승丞이 되었는데, 청렴하고 백성들을 위해 전심전력했다. 고기가 없어 백성들이 그 맛을 볼 수 없게 되자 일시日市(常市, 연중무휴 여는 정규 시장)에 두부 몇 개를 가져다 놓았는데, 읍내 사람들이 두부를 소재양이라고 불렀다."[605]

늦어도 송대에 이르러 '유부'라는 명칭은 동물의 젖으로 만든 '내두부'나 '내건奶乾'이 아니라 두부유豆腐乳를 뜻하는 말이 되었다. 예를 들어 사마광은 희녕熙寧 5년(1072년) 정월 13일 「대경 이효기에게 답하는 글(答李大卿孝基書)」에서 이렇게 말한 바 있다.

> "저 순점笋簟(갈대 등을 엮어 만든 삿자리), 유부乳腐, 면재麵滓(밀가루 찌꺼기), 두적豆炙(콩가루로 만든 병餅) 등은 성질이 매우 차서 체기滯氣가 생긴다."[606]

---

605 [북송] 도곡陶谷, 『청이록清異錄·관지문官志門·소재양小宰羊』. "時载爲青陽丞, 潔己勤民. 肉味不給, 日市豆腐數箇. 邑人呼豆腐爲小宰羊." 『문연각사고전서』제1047책, 앞의 책, 845쪽. 역주: 인용문에서 "시집이 청양의 승丞이 되었다."고 했는데, 지금의 읍장에 해당하는 승은 예전에 소재小宰라고 불렸다. 따라서 읍내 사람들이 두부를 소재양이라고 부른 것은 읍장이 내놓은 양처럼 맛있고 부드러운 음식이라는 뜻이다.

606 [북송] 사마광, 「대경 이효기에게 답하는 글(答李大卿孝基書)」, 『사마온공문집司馬溫公文集』권10 『총서집성신편叢書集成新編』제61책, 앞의 책 656쪽.

이상에서 살펴본 바대로 왕망의 '자락'은 형체를 본 따 이름 지은 것일 뿐 동물의 젖으로 만든 '낙', 즉 지금의 치즈와 같은 것이 아니다. 아마도 당시 습관적으로 '낙'이란 이름으로 두부를 제작하고 형태를 만드는 방법에서 따온 것일 가능성이 농후하다.

5. 맷돌과 타호정打虎亭 한묘漢墓[607]의 석각화상石刻畵像

지금까지 우리는 역사 문헌의 명확한 문자 기록만으로 중국 두부의 기원 문제를 찾았으나 정확한 답을 얻지 못했다. 사실 두부의 기원처럼 음식 원료의 개발과 이용, 가공 도구의 발명과 사용, 과학기술의 발전 및 문학, 예술, 역사발전 등 여러 가지 역사 문화 영역에 광범위하게 관련이 있는 문제는 앞서 말한 모든 분야에 대한 종합적인 고찰이 필요하다.

맷돌의 형태와 사용에 대한 이해 역시 마찬가지이다. 맷돌은 주로 물에 불린 콩을 갈아 두유를 만드는 데 사용한다. 여기서 한 걸음 더 나가면 두부를 만들기 위한 첫 단계라고 할 수 있다. 고고학적 발굴로 의심할 바 없는 대량의 실물이 나오면서 맷돌이 전국 시대에 출현하여

---

607 역주: 하남성 정주시鄭州市 서남쪽 35km 떨어진 곳에 위치한 신밀新密 타호정촌打虎亭村의 분묘를 말한다. 전국에서 가장 큰 규모의 분묘에 속하며, 전체 길이 19.8m, 너비 18.4m, 높이 15.2m의 대형 벽화 가운데 묘주墓主가 살아생전에 연회를 즐기던 모습을 그린 길이 7.3m, 높이 0.7m의 「연환백희도宴歡百戱圖」가 유명하다.

한대에 널리 보급되었음을 알 수 있다. 그러나 당시 껍질을 벗기는 데 주로 사용한 도구는 디딜방아, 물레방아, 연자방아(축력 농기구), 그리고 방아의 초기 형태인 저구杵臼, 즉 절구였다. 특히 밀을 갈거나 빻아서 가루를 만드는 도구는 주로 돌로 만든 연자방아나 돌절구였다. 절구, 디딜방아, 연자방아 등은 작용면에서 상통하지만 가공 효과로 결정되는 기본적인 용법이 서로 달랐다. 이런 도구들은 모두 맷돌과 같이 사용되었다. 맷돌은 한대에 출현했다. 하북 만성滿城 서한시대 중산정왕中山靖王 유승劉勝과 두관竇綰의 합장묘에서 출토된 실물과 호북에서 출토된 동한시대 명기明器(부장품 일명 명기冥器)인 '동인추마銅人推磨'가 대표적인 예증이다.[608] 이 두 가지 맷돌의 구조를 통해 맷돌이 주로 유동체 물질을 연마하는 데, 정확히 말하면 주로 물에 불린 콩을 넣어 두유를 만드는 데 사용되었음을 알 수 있다.[609]

타호정打虎亭 한묘의 화상석畵像石은 예술, 문화적인 측면에서 두부 발명에 관한 문제를 연구하는데 필요한 자료를 제공하고 있다는 점에서 특기할 만하다. 타호정 한묘는 하남성 밀현密縣의 신현성新縣城(지금의 신밀현新密縣) 서남쪽 4km 떨어진 타호정촌打虎亭村 서쪽에 자리하고 있다. 분묘는 동서로 두 곳인데, 서묘는 1호묘, 동묘는 2호묘이다. 1호묘의 묘 주인은 역도원酈道元의 『수경주水經注』에 나오는 동한 굉농宏(弘)

---

608 중국사회과학원 고고연구소, 『만성한묘발굴보고滿城漢墓發掘報告』(상), 북경, 문물출판사1980년, 제143쪽. 중국사회과학원 고고연구소, 『만성한묘발굴보고』(하), 북경, 문물출판사1980년, 106쪽.

609 조영광, 「양한시기 양식가공, 면식 발효기술 개설(兩漢期粮食加工, 麵食發酵技術槪說)」, 조영광, 『중국음식사론』, 하얼빈, 흑룡강과학기술출판사, 1990년, 219~239쪽.

| 하남성 정주鄭州 신밀시新密市에서 발굴된 타호정打虎亭 한묘漢墓 벽화.
동한 시대 사람들의 생활과 연회 모습을 묘사하고 있는「연음백희도宴飮百戲圖」.

農(지금의 하남 영보靈寶) 태수인 장백아張伯雅이고, 2호묘는 장백아의 부인
이다. 분묘는 과거에 도굴을 당해 묘지 안에 있던 부장품이 모두 털리
고 말았다. 다행히 1호묘의 동쪽에 있는 이실耳室(분묘의 주실 양쪽에 있
는 작은 방으로 주로 부장품을 넣는다)의 남쪽 벽에 석각 화상이 2폭 남아
있다.

　화상의 높이는 0.95m, 동서 너비는 1.20m이며, 대략 상중하 삼층
으로 구분할 수 있다. 상층은 화면이 동서 가로로 새긴 긴 책상이 그
려져 있고, 책상 양쪽 끄트머리와 중간에 3개의 곧은 다리가 있다. 책
상 위에는 구멍이 작고 목이 짧으며 배 부분이 둥근 6개의 뚜껑이 달

린 항아리가 새겨져 있다. 책상 앞 땅바닥에는 입구가 넓고 배 부분이 깊으며 바닥이 평평한 대야 4개가 나란히 놓이고, 작은 입구에 긴 목, 북처럼 생긴 배에 바닥이 평평한 병(壺) 1개와 세발 달린 술잔(삼족존三足尊) 1개가 새겨져 있다. 책상 우측에는 두건을 쓰고 긴 옷을 입은 사람이 오른 손에 단지를 들고 고개를 돌려 손에 든 물건을 바라보는 모습이 새겨져 있다. 중층에는 사람 4명과 여러 가지 기명器皿이 새겨져 있는데, 4명 모두 두건을 쓰고 긴 옷을 입고 있다. 그 가운데 한 사람은 쪼그리고 앉아 두 손으로 물건을 움켜쥐고 있으며, 오른쪽에 앉아 있는 사람은 왼손으로 입구가 크고 아래쪽이 뾰족한 거름포대(여과용 포대)를 들고 오른손에 그릇을 들고 서 있으며, 오른 쪽에 서 있는 사람은 양손으로 대야를 들고 왼쪽에 거름포대를 들고 있는 사람 쪽을 향하고 있다. 중층에 새겨진 그림에는 오른쪽에 1개의 큰 삼족존, 목이 길고 배가 둥글며 원통형의 다리가 달린 3개의 병과 손잡이(반鎜)가 달린 통처럼 생긴 기물 2개가 그려져 있는데, 통에는 모두 뚜껑이 있고, 이외에 그릇과 호자虎子(요강) 등도 있다. 왼쪽에 새겨진 것은 8개를 한데 모아놓은 원통형 다리가 달린 병(圈足壺)과 1개의 그릇이다. 이상 상층과 중층에 새겨진 화상의 내용은 술을 빚는 모습을 형상화한 것처럼 보인다.

중요한 것은 맨 아래층, 즉 하층에 새겨진 그림인데, 상대적으로 독립된 장면으로 무언가 일을 하는 모습이다. 첫 번째 열에는 7명의 인물과 여러 가지 용기가 동쪽에서 서쪽으로 새겨져 있다. 가장 동쪽에 두 명이 큰 항아리 옆에 서 있는데, 그 가운데 한 명은 손에 긴 국자를 들고 있다. 항아리 안 물속에 담근 뭔가를 관찰하는 듯하다. 세 번째 사람은 맷돌 옆에 서서 한 손으로 맷돌을 돌리고 다른 한 손으로 표주박을 들고 맷돌 위로 원료를 집어넣고 있다. 그림에 나오는 맷돌은 우리가 앞서 말한 유동체 물질을 연마하는 것과 비슷한 형태이다.

이어서 맷돌 서쪽에 큰 항아리가 놓여 있는데, 항아리 입구에 판자가 가로질러 놓여 있다. 항아리 주변에서 세 사람이 각기 맡은 일에 따라 정신을 집중하는 모습이다. 그 가운데 한 사람은 가는 베로 만든 포대로 여과를 하고 있고, 다른 한 사람은 여과하고 남은 찌꺼기를 목판에 올려놓고 압착하고 있으며, 마지막 한 사람은 옆에서 뭔가를 가리키고 있는 모습이다. 항아리 옆에는 등잔이 하나 걸려 있는데, 작업이 야간에 행해지고 있음을 보여준다. 예나지금이나 두부 제작은 대부분 밤에 이루어지며 새벽에 출하된다. 이런 전통은 두부가 보통 새벽에 판매되는 습관과 관련이 있지만 이외에도 두부를 '귀물'로 여기는 오랜 관념과도 연관이 있는 것 같다.

다시 서쪽으로 또 한 사람이 또 다른 큰 항아리 옆에서 일을 하고 있다. 항아리 서쪽 끝에 큰 탁자가 놓여 있다. 그 위에 큰 나무 상자가 놓여 있는데, 긴 마무 막대가 상자 뚜껑을 누르고 있고, 나무 막대 끝부분에 둥근 추를 달아 무게를 더했다. 상자 안에서 압력을 못 이겨 흘러나오는 액체가 나무 상자 위쪽에 있는 구멍을 통해 아래 놓인 통 안으로 유입된다. 이는 두부를 만드는 공정과 매우 흡사하다. 다시 말해 화상석에 새겨진 그림이 콩을 물에 불리고, 갈며, 여과하고, 끓이고, 걸쭉하게 만들며, 압축하여 탈수하는 일련의 과정을 묘사하고 있다는

| 두부를 제조하는 과정을 그린 화상석

뜻이다.[610]

이러한 일련의 노동과정을 그린 화상화의 성격에 대해 여전히 양주釀酒, 즉 술을 빚는 모습이라고 주장하는 연구자들이 적지 않다. 그들이 특히 부정하는 것은 그림에 나오는 맷돌이다. 이러한 관점은 아마도 한대의 맷돌 형태나 효용에 대한 부정확한 이해에서 비롯되었으며, 두유를 눌러 탈수시키는 그림을 술을 거르는 그림으로 잘못 인식했기 때문일 것이다.[611]

---

610 하남성 문물연구소, 『밀현타호정한묘密縣打虎亭漢墓』, 북경, 문물출판사, 1993년, 128~136쪽.
611 양홍楊泓, 손기孫機, 『심상한 정취(尋常的精致)』, 심양, 요녕교육출판사, 1996년, 174~181쪽.

·제5절·
두부 제품

두부는 가공식품이 아닌 천연식품이다. 또한 두부요리의 원료이자 가
공음식의 원료이기도 하다. 예를 들어, '해부醯腐', '건부유建腐乳', '봉황뇌
자鳳凰腦子', '조유부糟乳腐', '부건腐乾', '부유腐乳', '두부포豆腐脯' 등이 그러하
다.[612] 두부를 원료로 만든 각종 명목의 음식들은 그야말로 다종다양,
형형색색 셀 수도 없이 많다. 몇 개만 예를 들면 훈두부熏豆腐, 장유부건
醬油腐乾, 계탕두부사鷄湯豆腐絲, 오향건두부권五香乾豆腐卷, 오향두부사五香
豆腐絲, 유두부油豆腐, 다건茶乾 등이 있는데, 이는 모두 청대 및 그 이전에
나온 보록譜錄 형태의 음식 관련 서적에서 볼 수 있는 것들이다. 청대 이
조원李調元은 흥미롭게 「두부시豆腐詩」를 지었는데, 자못 핍진하다.

---

612 [청] 왕사정王士禎 『식헌홍비食憲鴻秘』, 동경, 일본정부도서 천초문고, 40~42쪽. [청] 왕사웅
王士雄, 『수식거음식보隨息居飮食譜·소식류제4蔬食類第四·두부』, 북경, 인민위생출판사, 1987
년, 35쪽.

손님용은 아니고 집에서 먹기 좋으니

온가족이 모여 (두부 먹으며) 삶을 이어가네.

석고로 변화시키면 낙酪보다 걸쭉해지고

물거품 거둬내면 치마처럼 주름 잡히네.

막대 은괴마냥 잘게 썰면 매끈한 실처럼 떨어지고,

옥 조각처럼 그으면 비계처럼 썰리네.

근자에 두부 값이 고기보다 높으니

가난한 이들 기근에 시달릴까 걱정이로세.

옥두玉豆, 금변金籩 비싼 식기 없어도

고기보다 맛있으니 (식탁에) 내놓을 수 있다네.

냄새 좇아 어물전에 들어가기도 하나

향기 맡으면 용연龍涎과 분별할 수 없도다.

저잣거리 백수두부[613]는 취醉할 수 있으나

절간 청유淸油두부는 참선을 방해하지 않네.

광문廣文의 동두부凍豆腐는 뼈까지 시려

광주리로 달기도 전에 담요 덮고 눕는다네.

재빨리 칠보시를 지어 부끄럽게 하였으나

---

613 역주: 용연龍涎은 고래의 장에서 분비되는 액체로 만든 향료의 일종이다. 백수두부白水豆腐는
말린 건두부의 일종이다.

궁문에 도달했을 때 어찌 환영歡迎을 기대하리.[614]

숙유菽乳 읊은 시에 화답하기 어렵네만

숙유는 소주에서 홀로 이름을 떨쳤네.[615]

콩 꽃 아직 따기 전에 청병淸餠 만들고

찌꺼기 씻어내니 흰 연꽃이 성城을 이루었네.

집 정원의 장과(과일즙)로 붉게 물들이니

푸줏간에 줄섰던 것 후회되네.[616] [617]

---

614 궁문에 도달하여 환영한다는 말은 도연명의 「귀거래사」에 나오는 "아랫것들이 환영하고, 어린 자식들은 문에서 기다린다(僮僕歡迎, 稚子候門)."는 구절을 연상시킨다. 하지만 여기서는 조식 의 칠보시七步詩와 관련이 있으니 위문제魏文帝 조비의 궁문에 도달했을 때 어찌 환대를 받았 겠느냐는 뜻으로 풀었다.

615 역주: 숙유菽乳는 두부의 별칭이다. 주이존朱彝尊의 시 가운데 두부를 읊은 「숙유시菽乳詩」가 있다. 소주의 두부는 고소姑蘇(소주의 옛 이름)의 거르지 않은 조두부糟豆腐를 말한다.

616 역주: 과즙으로 두부를 삶으면 매우 부드럽고 고기보다 맛있다. 그래서 푸줏간에 간 것이 후회 된다고 한 것이다.

617 [청] 이조원李調元, 「두부시」, "家用爲宜客用非, 合家高會命相依.(두부뇌豆腐腦) 石膏化后濃於 酪, 水沫挑成絹似衣.(두부피豆腐皮) 剁作銀條垂縷滑, 劃爲玉段截肪肥.(두부사豆腐絲) 近來腐 價高於肉, 只恐貧人不救機.(두부건豆腐乾) 不須玉豆與金薺, 味比佳肴盡可捐.(연두부南豆腐) 逐臭有時入鮑肆, 聞香無處辨龍涎(취두부臭豆腐) 市中白水常成醉, 寺里清油不碍禪.(유두부油 豆腐) 最是廣文寒徹骨, 連筐秤罷臥空氈.(동두부凍豆腐)敏捷詩慚七步成, 到門何敢荷歡迎. 菽 吟秀水難追和, 乳讓蘇州獨擅名.(두부유豆腐乳) 華未擷時青可點, 渣全浄后白蓮城. 家園漿果紅 於染, 却悔屠門逐隊行." 『동산시집童山詩集』권28 『속수사고전서續修四庫全書』제1456책, 앞의 책, 366쪽. 주의할 점은 현재 두부문화를 연구하는 이들이 이조원의 「두부시」를 언급할 때 원시 자료를 보지 않고 여러 사람이 서로 베끼면서 글자만 보고 대강 뜻을 짐작하여 깜짝 놀랄 정도 로 해괴한 해석을 하는 경우가 있다. 이 점 신중해야할 것이다. 역주: 이조원의 「두부시」에서 뒷 부분이 원문과 다른 판본도 있다. "敏捷詩慚七步"부터 마지막 "却悔屠門逐隊行" 부분이 생략되 고 대신 "향기 맡으며 먼저 먹어보고 기름 먹인 흰 단종이로 봉해 네 개의 작은 병에 두나니. 유 고油膏(연고)마냥 미끄러워 들기 어려우나 가련한 풍미 회남准南(회남왕)과 같구나(才聞香氣 已先食, 白楮油封四小甁. 滑似油膏挑不起, 可怜風味似准南)."라는 내용이 들어간다. 원시자료 인 『속수사고전서』를 직접 확인하지 못했으나 전체 시가의 내용으로 보아 다른 판본이 오히려 전체 시가 내용에 부합하는 듯하다. 이조원의 『동산시집』에 또 다른 두부에 관한 시가 수록되어 있으니 전사하는 과정에서 서로 섞이거나 뒤바뀌는 일이 있을 수 있다.

1. 부유腐乳(삭힌 두부)

두부를 가공한 제품 가운데 가장 대표적인 것이 부유, 즉 삭힌 두부이다. 이는 사실 재창조하여 새로운 품종을 만든 것이라 할 수 있다. 만드는 방법은 명대 이일화李日華의『봉롱야화蓬櫳夜話』에 처음 나온다. 부유는 제작 방법이 복잡할뿐더러 앞뒤로 두 번 발효과정을 거쳐야만 완성된다. 명대 이후 부유는 중하층 사람들이 죽을 먹을 때 반찬으로 먹었다. 물론 상류층 사람들도 입에 익숙한 이가 적지 않았다. 그렇기 때문에 수백 년 동안 전국 대부분 지역에서 풍미가 각기 다른 부유 제품이 생산되었다. 예를 들어 절강 소흥紹興의 '두부유豆腐乳'[618], 복건 건녕建寧의 '건부유建腐乳', 광서 계림의 '백유부白乳腐'(『수원식단隨園食單』), 상해의 '봉현유부奉賢乳腐', '별미부유別味腐乳'로 칭해지는 북경의 두부유, 사천 협강夾江의 두부유, 광주의 매운 두부유, 흑룡강의 극동부유克東腐乳 등이 유명하고, 이외에도 사천 수녕遂寧과 대읍大邑, 호남 고구高丘와 익양益陽, 강소 남경과 서주徐州, 섬서 서안 등의 두부유 역시 현지에서 유명하거나 또는 전국적으로 유명세를 떨치고 있다.

---

618 [청] 왕사정, 「식헌홍비」, 앞의 책, 40쪽.

2. 두부화豆腐花, 두부뇌豆腐腦

간수를 넣고 두부를 만들 때 굳힐 때 두유가 엉기면서 아직 응고되지 않은 상태가 두부화豆腐花(연두부)이다. "두부는……매우 연해서 덩어리로 만들 수 없는 것을 두부화라고 한다."[619] 남방사람들은 특히 두부화를 좋아하는데 달고 짜고 매운 맛 등 각기 기호에 따라 조미료를 넣어 풍미를 더한다. 뜨겁게 먹을 수도 있고 차겁게 먹을 수도 있다.

두부를 만들면서 무거운 것으로 눌러 물기를 빼지 않은 상태의 것을 두부뇌豆腐腦(순두부)라고 한다. "……두부를 만들면서 압착하지 않으면 더욱 부드러워 부화腐花(두부화)가 되는데 부뇌腐腦(두부뇌)라고도 한다."[620] 두부화를 약간 침전시키면 뇌(두부뇌)가 되는데 특히 북방사람들이 즐겨 먹는 음식이다. 두부뇌는 오향을 넣은 간장을 넣어 먹는데, 다진 고기나 목이버섯, 넘나물, 표고버섯, 죽순 등에 기름이나 소금을 조미하여 볶아먹기도 하며, 전분을 넣어 걸쭉하게 만들어 먹기도 한다. 북방 사람들은 기름에 약간 튀긴 고추를 뿌려 먹기를 좋아한다.

---

619 [청] 왕일정汪日楨, 『호아湖雅·조량지속造釀之屬·두부』권8, 1880년, 각본刻本, 11쪽.
620 [청] 왕사웅王士雄, 『수식거음식보隨息居飮食譜·소식류제4蔬食類第四·두부』, 앞의 책, 35쪽.

• 제6절 •
조선과 일본의 두부 전래

오늘날 두부는 이미 국제적인 식품이 되었다. 서구 식품영양학 전문가나 학자들은 21세기의 식품으로 찬사를 보내고 있다. 중국 두부는 언제 어떻게 해외로 나가게 되었는가? 이는 여전히 학계의 흥미로운 문제이다. 그 중에서 역사 문화적 연원관계는 물론이고 상호 경제적 교류가 빈번하여 특별한 관계를 맺고 있는 한국과 일본에 두부가 유입된 경로나 시기 문제는 특히 논의의 초점이 되었다.

한반도는 수천 년 동안 고대 중국의 중원문화와 밀접한 관련을 맺었다. 이러한 관계는 매우 오랜 기간 점점 더 많이 축적되고 끊임없이 긴밀해지는 추세이다. 중국과 한국의 식생활과 생산 및 음식문화 분야의 교류는 과거 역사에서 상호 문화교류와 연계의 중요 구성 부분이었다. 양자의 상호 영향관계는 다양한 분야에서 확인할 수 있다. 한반도의 콩 재배는 중국 황하유역에서 비롯되었다. 20여 세기 이전에 이미 콩이 한반도에 뿌리를 내렸다는 뜻이다.

이후 상당기간 콩은 주식 가운데 하나였을 뿐만 아니라 특히 장을 담는 용도로 사용되었다. [621] 한반도에 살고 있는 이들은 식생활 분야에서 매우 창조적인 지혜와 재능을 선보였다. 대략 2천여 년 전 중국 전적에 소개된 바에 따르면, 그들은 "깨끗한 것을 좋아하고 장양을 잘했다(潔清自喜, 善藏釀). "[622] 비록 '장양藏釀(발효하여 저장함)'이 곧 된장을 뜻한다고 단정할 수 없지만 장이 한반도 주민들의 전통적인 발효 음식 중에 가장 중요한 식품이라는 사실은 의심할 여지가 없다. 한국 학자들은 한국 음식의 전통적이고 고유한 맛은 바로 한반도의 전통적인 장 담그는 법에서 근원한다고 말하기도 한다. [623] 대략 1500여 년 전 콩을 주원료로 하는 '시豉(메주)'를 만들었다는 기록은 여러 사적에서 확인할 수 있다. [624]

그러나 현존하는 초기 역사 문헌에서 한반도 사람들이 두부를 식용했다는 확실한 기록을 찾아보기 힘들다. 예를 들어 고려 중기 김부식金富軾(1075~1151년) 등이 1145년에 한문으로 편찬한 『삼국사기』 및 13세기에 고려 승려인 일연一然(1206~1289년)이 편찬한 『삼국유사』에는 두부에 관한 기록이 나오지 않는다. 다만 조선 왕조(1392~1910년)의 편년체 사서인 『조선왕조실록』을 보면 두부가 송대 말기에 조선에 전

---

621 [한국] 이성우, 『한국식품문화사』, 앞의 책, 15~17쪽.
622 『삼국지·위서魏書·고구려전高句麗傳』, 북경, 중화서국, 1959년, 844쪽.
623 [한국] 윤서석尹瑞石, 『증보한국식품사연구』, 앞의 책, 191~200쪽.
624 [한국] 이성우, 『한국식품문화사』, 앞의 책, 16~17쪽.

래되었다는 기록이 나온다. 하지만 아마도 모종의 원인으로 인해 기록이 누락되었을 뿐 두부가 이미 식용되었다고 추측할 수 있다. 왜냐하면 서울의 박물관에 중세의 것으로 알려진 맷돌이 진열되어 있기 때문이다. 맷돌의 윗짝은 안쪽을 끌로 깊게 파서 가공할 재료를 담을 수 있도록 했는데, 물에 불린 콩 등을 가공하는데 편하도록 설계한 것이 분명하다. 박물관에서 마련한 시뮬레이션에 따르면 콩을 갈아 두유를 만든 것으로 보인다. 이렇게 문제는 다시 맷돌의 형태와 그 기본적인 용처로 되돌아온 셈이다.

오늘날 한국은 중국 이외에 콩 문화가 가장 발달했으며, 두부 식품이 풍부하고 특색이 있다. 일반 두부는 물론이고 순두부, 연두부, 콩비지 등등 다양한 두부로 생으로 먹거나 지져먹고 탕으로 먹기도 하며, 다른 반찬에 섞어 먹기도 한다. 전통적인 미식이자 민족 음식이다. 또한 한반도에 살고 있는 이들이 오랜 세월 축적하고 승화시킨 두부 음식의 정화이다. 일본과 중국은 배를 타고 바다를 건너는 방법 외에도 한반도를 경유하는 방식으로 서로 교류했다. 그렇기 때문에 한반도는 중일 교류를 중개하면서 중일 문화교류에서 가장 중요한 경로 가운데 하나가 되었다. 두부의 일본 전래 문제 역시 중일 문화교류사에서 양국의 학자들이 흥미를 지니고 있는 화제 가운데 하나이다.

일본 학자들은 이 문제에 대해 적지 않은 의견을 발표한 바 있는데, "두부가 언제 일본에 전래되었는가?"라는 화제는 같지만 일본 학계의 관점은 다소 나누어진다. 예를 들어 아다치 이사무(足立勇)는 『근세일본식물사近世日本食物史』에서 "두부를 만드는 방법은 중국에서 전래되었는데, 응영應永 27년에 나온 『해인조개海人藻介』라는 책에 처음 보인다. 당시 궁정에서 두부는 '백벽白璧'이라고 불렀다." '응영'은 일본 제100대 천황인 후소송後小松의 연호이다. 따라서 응영 27년은 중국 명조 영락 18년(1420년)이다. 말인 즉 그의 주장은 두부가 일본에 전래된 시기가 중국 명조 초기인 14세기 후반이라는 뜻이다. 또 다른 의견은 훨씬 이른 시기에 전래되었다는 것인데, 주창자는 일본 국립민속학박물관의 유명 학자인 시노다 오사무(筱田統)이다. 그에 따르면, "『왜명유취초倭名類聚抄』(934년쯤 나옴), 『의심방醫心方』(984년쯤), 『본초일명本草日名』(930년쯤) 등 일본의 옛날 사서辭書나 의서에는 두부에 대한 기록이 보이지 않는다. 가장 이른 문자 기록은 주에이(壽永) 2년(1183년) 정월 2일 나라(奈良) 가스가 와카미야(春日若宮, 신사)의 신주神主 나카도미 스케시게(中臣佑重)의 일기이다. 일기에 보면 어채御菜를 봉헌하는 품목 가운데 '춘근당부 1종(春近唐符一種)'이라는 말이 나오고, 이듬해 정월 2일에도 '칙안당부 1종(則安唐符一種)'이라는 말이 나온다. 여기에 나오는 '당부唐符'는 지금의 두부를 나타내는 것으로 보인다." "이후 대략 50년이 지난 후 니치렌 쇼닌(日蓮上人)이 난조오 시치고로우(南條七五郎)에게 보내는 예물 품목 가운데 '마두부磨豆腐'라는 글자가 나온 것은 우연의 일치이다. 그러나 중국의 음식에 관한 서적에서 처음으로 두부에 대해 말한 것은 대략 12세기이다."[625]

---

625 [일본] 시노다 오사무筱田統, 『두부고豆腐考』제8권 제1호, [일본] 다나카 세이이치田中静一, 『일의대수一衣帶水~중국요리 전래사中國料理傳來史·대두와 두부(大豆和豆腐)』, 東京, 시전서점柴田書店, 1987년, 84~85쪽.

1183년은 일본 제81대 안토쿠 천황(安德天皇) 수영 2년인데, 중국의 경우 남송 효종 순희淳熙 10년에 해당한다. 시노다 오사무의 주장에 따르면, 중국에서 두부가 일본으로 전래된 시기는 남송 초년인 12세기 초엽인 셈이다.

문헌 기록에 따른 논의 외에도 민속 방면의 의견도 나름 중시할 만하다.

일본에서 "두부를 만드는 사람들은 감진鑒眞 화상을 자신들의 시조로 여기고 각별하게 숭상하고 있다. 전하는 바에 따르면, 두부를 만드는 방법을 감진 화상이 중국에서 일본으로 전해주었다고 한다. 두부를 포함한 각종 채식 요리는 의심할 바 없이 불교와 함께 전래되었을 것이다. 전래 시간은 일반적으로 헤이안(平安) 시대(794~1192년)으로 본다. 그 가운데 특히 두부는 풍부한 단백질과 비타민 B를 함유하고 있기 때문에 이미 1천 몇 백 년 전부터 일본인들에게 결코 빠질 수 없는 음식이 되었다. 두부를 전수한 시조로 감진을 꼽는 것은 상당히 흥미로운 전설이다."[626]

감진 화상이 동쪽으로 바다를 건너 부상扶桑(일본)에 올 당시 두부나 두부를 제조하는 방법을 가지고 왔다는 문자나 실물 증거가 아직 발견되지 않은 상황에서 지금까지도 일본의 두부 제조업자들은 여전히 이러한 설을 신봉하고 일반인들 또한 기꺼이 이를 받아들이고 있다. 하지만 이는 그저 "상당히 흥미로운 전설"일 따름이다. 다만 이런 전설

---

626 [일본] 나카무라 신타로우中村新太郎著, 장백하張柏霞 역, 『일중2천년日中兩千年~인물 왕래와 문화교류人物往來與文化交流·감진화상鑒眞和尚·약과 두부藥與豆腐』, 장춘, 길림인민출판사, 1980년, 107쪽.

에 오히려 무시할 수 없는 합리적인 내용이 존재한다.

　우선 감진 화상은 불교 승려로 채식주의자였기 때문에 두부는 의심할 여지없이 그에게 중요 부식이었을 것이다. 다음으로 감진이 두부를 직접 가지고 갔을 가능성이 거의 없지만 그가 두부를 만드는 도구, 예를 들어 맷돌 등을 가지고 갔을 개연성은 충분하다. 그 다음으로 감진 화상이 두부를 만드는 핵심 도구인 맷돌을 가지고 가지 않았다고 할지라도 그가 알고 있을 두부 제조 기술은 두부 전래설에 결정적인 의의가 있을 수 있다. 마지막으로 감진이 일본에 오면서 두부 제조 기술이 따라서 일본에 전래되었다면 가공 도구는 반드시 중국식 맷돌이 아닐 수도 있다. 다시 말해 하루라도 식단에 두부가 빠질 수 없으며 또한 두부를 만드는 일에 대해 누구보다 잘 알고 있을(사원에서는 보통 자체적으로 두부를 만들었다) 감진의 입장에서 볼 때 자신이 체류하는 일본 사찰에서 두부를 만드는 것은 매우 쉬운 일이었을 것이다.

　물론 이렇게 말한다고 해서 두부의 제조기법이 감진을 통해 일본에 전래되었음을 인정하는 것은 아니다. 감진 화상은 천보 2년(743년)부터 전후 다섯 차례나 일본으로 가려고 했으나 실패하고 마지막으로 천보 12년(753년)에 일본 견당사遣唐使가 귀국하는 배를 타고 소원을 이룰 수 있었다.(당시 동행한 이들은 승려와 장인 20여 명이다)

　다만 일본사회에서 오랫동안 유전되고 광범위하게 공감하고 있는 "흥미로운 전설"이 아무런 이유 없이 날조된 것이라고 말할 수는 없다. 이러한 전설이 오랜 세월 유전된 것은 감진 화상의 명망과 일본 사회의 그에 대한 숭배 때문만이 아닐 수도 있다. 여기서 한 가지 주목할 부분은 일본의 사찰에서 두부를 직접 제조하고 승려들이 두부를 중시한다는 사실이 일반 대중들에게 자연스럽게 두부의 전래와 감진의 일본체류를 연결시키도록 했을 수도 있다는 점이다.

그러나 우리의 견해는 단지 "흥미로운 전설"에서 그치지 않는다. 감진 대사가 753년 일본에 도착하기 이전에 이미 일본은 중국을 통해 불교문화를 전달받았으며, 빈번한 교류를 통해 오랜 문화교류사를 써내려가고 있었다. 불교는 "백제百濟 성명왕聖明王 16년(538년) 일본으로 전해졌다는 설이 정론이다. 중국에서 직접 전래된 것이 아니라 한반도의 백제를 통해 일본으로 전해진 것이다." 당시 일본은 "중국과 직접적인 우호 교류관계를 진행할 수 없었으며, 대부분의 교류는 한반도를 통해 이루어졌다."

이후 일본은 제33대 스이코 천황(推古天皇) 8년(600년), 15년(607년), 16년(608년), 22년(614년) 4차례에 걸쳐 수나라로 견수사遣隋使를 직접 파견하여 단독으로 장기간에 걸친 대규모 문화교류를 시작했다. 이러한 직접 교류 역시 한반도를 경유하는 방식이었다. 여기서 주목할 점은 일본의 견수사의 중요 성원들이 "중국이나 한국에서 귀화한 일본인의 후예였으며, 일본의 고대 문화는 중국이나 조선에서 일본으로 들어오거나 일본에 귀화한 이들이 만든 것"이라는 사실이다. "일본과 중국의 불교 교류를 이야기하려면 먼저 한국의 불교와 교류에 대해 이야기해야 한다. 이는 전체 문화 영역의 교류도 마찬가지이다. 한국은 일본의 선행자이자 스승이다. 종족 관점에서 볼 때, 일본과 한국은 동일한 민족, 동일한 혈연관계이다.”[627] 수나라는 중국 역사상 단명한 왕조였고, 그 뒤를 이은 당조는 중화문화를 전면적으로 발전시킨 왕조였다. 당조 전체 3백 년 동안 일본은 전후 19차례 견당사를 파견했다. 그 가운데 12차례는 감진 화상이 일본 추처옥포秋妻屋浦(지금의 가고시마鹿兒島현 추목포秋目浦)에 상륙하기 이전에 이루어졌다. 다시 말해 중화의 두부문화와 두부제작 기술이 일본에 전수된 것은 근본적으로 감진 화상이 일본으로 갈 때까지 기다릴 이유가 없었다는 뜻이니 아마도 감진 화상이 일본에 도착하기 이전에 이미 시작되었을 터이다.

문제는 다시 두부 가공에 필요한 맷돌로 돌아간다. 일본의 권위적인 역사 문헌『일본서기』에 보면 이런 구절이 나온다.

"스이코 천황 18년(610년) 춘삼월, 고구려왕(영양왕)이 승려 담징曇徵과 법정法定을 추천했다. 담징은 오경에 정통하고 그림에 능했으며, 종이와 먹을 만들 줄 알았으며, 연자매와 맷돌을 제작하는 기술을 알고 있었다. 연자매와 맷돌 제작은 이때 처음 시작되었다.”[628]

앞서 말한 바와 같이 맷돌이 일본에 전래되었다는 것은 맷돌이 콩을 갈아 두부를 제작하는 도구로 인식했다는 뜻이라고 볼 수 있다. 담

---

627 이상의 인용문은 [일본] 미치바타 료우슈우道端良秀 저, 서명徐明.하연생何燕生 역『일중 불교 우호 2천년사(日中佛敎友好二千年史)』, 북경, 상무인서관, 1992년, 21~29쪽 참조.
628 『일본서기』권22, "十八年春三月, 高麗王貢上僧曇徵法定, 曇徵知五經, 且能作彩色及紙墨, 并造碾磑, 造磑磑始於是時." [일본] 사카모토 타로오坂本太郎 등 교주校注, 동경, 암파서점岩波書店, 1965년, 195쪽.

징의 신분은 사찰에서 맷돌이 지닌 특별한 효용가치를 표명하는 것이자 두부 기술이 일본에 전래된 통로가 중국 동남해안에서 일본으로 가는 해로가 아니라 한반도를 경유하는 육로였음을 보여주는 것이기도 하다. 중국의 두부문화와 두부제작 기술이 일본에 전해진 이후 창조적인 일본인의 손에 의해 일본인의 식생활을 더욱 풍부하게 만들었으며, 두부문화 역시 이로 인해 더욱 다채로워졌다.

청초 학자 저인확褚人穫의 『견호보집堅瓠補集』에 보면 우자방尤自芳의 「두부의 여덟 가지 절묘함을 읊다(咏菽乳八絕)」(일명 「두부를 읊다(咏菽乳)」)가 인용되어 있는데, 두부에 대한 최상의 찬사라 해도 과언이 아니다.

첫째, 두부. 둘째, 두유. 셋째, 두부의. 넷째 연두부. 다섯째, 말린 두부. 여섯째, 삭힌 두부. 일곱째, 두부체. 여덟째, 콩비지.

두유를 말한다.
제호醍醐를 마시며 하필 신선세계를 선망하랴
그저 맑은 바람 치아와 입안에서 생기는데
밤이 지나도 주취에서 깨는데 가장 좋고
자기 사발에 한 모금 마시면 기분이 유쾌해지네.

두부의豆腐衣(두유를 끓이면 생기는 얇은 막)를 말한다.
물결 용솟음치며 연꽃을 피우니 옥액이 엉기니

자욱한 것이 흰 구름이 피어오르는 듯.

흰 옷이 절로 뜨거운 국을 조절하니

술집 주인에게 몇 겹을 걷어내느냐고 물어보네.

두부화豆腐花(연두부)를 말한다.

경장瓊漿(감미로운 두유)은 아직 준순주逡巡酒(신선이 금세 빚는다는 약술)

가 아니나

옥액을 뒤집으니 경각화(도술로 갑자기 피는 꽃)가 피네.

어찌 선가의 기이한 저술을 부러워하리

영약은 차이를 다투지 않나니.

두부건豆腐乾(말린 두부)를 말한다.

세간은 가짜이기도 하고 진짜이기도 하니

허망하고 덧없는 몸 분명 몸 밖에 몸일세.

베옷을 벗어내니 예봉이 드러나고

제사에 올리고 귀빈을 대접하네.

두부유豆腐乳(삭힌 두부)를 말한다.

기름진 것이 양젖으로 만든 연유 마냥 오래가니

산골 주방에서 좋은 술을 얻은 듯하네.

붉은 옷으로 몸 가리었으나 마음은 여전히 희고,

우물거리며 잊지 못할 맛일세.

두부체豆腐滯(두부에 간수를 넣어 엉기는 것)를 말한다.

몸이 변화하니 온통 감리坎離(물과 불)의 은혜이고

두유를 불에 데우니 체(엉김)가 홀로 생기네.

입에 들어가니 맛이 싱겁다고 싫어하지 마시라

염매(소금과 매실. 짠맛과 신맛)는 같이 논할 수 없으리.

두부사豆腐查(查는 사渣와 통한다. 두부찌꺼기. 콩비지를 말한다)를 말하다.

하나는 오곡에서 나와 명성을 떨쳤으니

오랜 연마를 다하여 눈물 콧물 다 흐른다.

형체는 훼손되고 모양조차 사라졌으나 상관치 않나니

남은 정력 다하여 창생을 위하리라.[629]

　　중화민족의 콩과 콩으로 만든 음식은 오랜 세월 세세대대로 서민 대중을 길러냈고, 서민 대중은 두부를 포함하여 찬란한 콩 문화를 만들어냈다. 이는 인근 나라는 물론이고 전 세계 민족의 식문화에도 큰 영향을 주었다. 이는 중화 민족문화에 담긴 중후하고 빛나는 저력과 정신을 생생하게 표현하는 것이기도 하다.

---

629 [청] 저인확褚人穫(1635~1682년), 『견호보집堅瓠補集·숙유를 읊다(咏菽乳)』, "一腐二漿三衣四花五乾六乳七滯八查. 漿云, 醍醐何必羨酕京, 只此淸風齒頰生. 最是隔宵沉酕醒, 磁甌一吸更怡情. 衣云, 波湧蓮花玉液凝, 氤氳疑是白雲蒸. 素衣自可調羹用, 試問當壚揭幾層. 花云, 瓊漿未是逡巡酒, 玉液翻成頃刻花. 何羨仙家多著異, 靈丹一點不爭差. 乾云, 世間宜假復宜眞, 幻質分明身外身. 縱脫布衣圭角露, 亦供俎豆進佳賓. 乳云, 膩似羊酥味更長, 山厨嬴得甕頭香. 朱衣藏體心仍素, 咀嚼令人意不忘. 滯云, 化身渾是坎離恩, 火到瓊漿滯獨存. 入口莫嫌滋味淡, 鹽梅應不足同論. 查云, 一從五穀著聲名, 歷盡千磨涕泗傾. 形殁質消俱不顧, 竭殘精力爲蒼生." 항주, 절강인민출판사, 1986년, 7쪽. 역주: 실제로 읊은 것은 7가지이고, '일부一腐'는 빠져 있다.

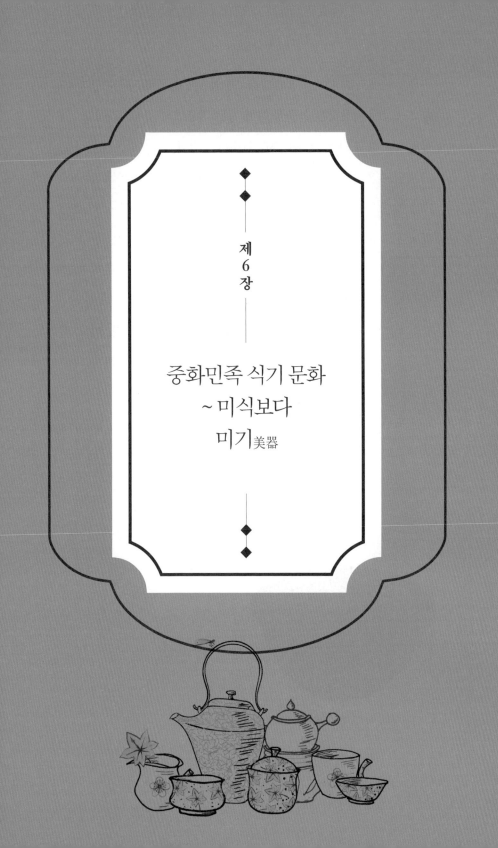

제
6
장

중화민족 식기 문화
~미식보다
미기美器

중국에는 예로부터 이런 말이 있다. "맛있는 음식은 좋은 식기만 못하다." 음식에 사용하는 기물에 대한 자못 변증법적인 심미관이다. 이 말의 내포하고 있는 함의는 그리 단순하지 않다. 우선 일종의 문화로서 맛있는 음식이 지닌 미식 효과나 의경은 단순히 음식만으로 이루어지는 것이 아니라는 뜻이다. 다음으로 미식의 물질적 예술적 가치는 반드시 그것에 상응하여 돋보이게 하는 물건이나 참조할 수 있는 척도가 있어야 한다는 뜻이다. 마지막으로 아름다운 식기는 특유의 재질과 형태 및 공예와 예술 등 종합적인 가치를 체현하여 감상의 대상이 됨과 동시에 맛있는 음식을 더욱 돋보이게 하는 역할을 한다. 이를 통해 음식활동의 문화적 분위기를 돋우고, 심미적 정취를 더하게 만든다. 그렇기 때문에 식기는 거대한 식문화에서 나름의 각색을 지닌 절묘한 도구로 한 자리를 차지하게 되었을 뿐만 아니라 정밀한 가공도구로 사용되는 과정에서 미묘하고 복잡한 감정이 주입되면서 자체적으로 상당히 감상할 만한 대상이 되기도 했다.

| 서안 반파半坡 유적지에서 출토된 앙소문화 시기의 도기 가운데 대표적인 인면어문완人面魚紋碗

이러한 과정의 시작은 선사 시대, 대략 중석기 시대로 거슬러 올라간다. 용산龍山 문화(1928년 처음 발굴된 산동 장구章丘 용산진 성자애城子崖 유적으로 지금으로부터 4천여 년 전의 유적이다)에서 출토된 단각흑도누공고병배蛋壳黑陶鏤孔高柄杯, 앙소仰韶 문화[630]에 속하는 인면어 문양의 그릇(인면어문완人面魚紋碗), 양쪽에 귀처럼 손잡이가 달리고 아래쪽이 뾰족한 병(쌍이첨저병雙耳尖底瓶), 심지어 제1대 도기陶器(계림桂林 증피암甑皮岩 유적지, 지금으로부터 1만여 년 전) 및 그보다 더 이른 뗀석기와 간석기 시대의 다양한 돌도끼나 돌칼 등도 이미 앞서 말한 속성을 지니고 있다. 예로부터 지금까지 부류도 다양하고 형태는 더욱 다양한 식기는 풍부한 예술적 가치로 맛난 음식을 더욱 맛있게 꾸며 식생활의 문화적 풍취를 보여주었을 뿐만 아니라 그 자체로 면면히 이어지면서 다채롭고 풍부한 예술적 풍격을 형성하여 아름답고 방대한 식기 문화를 만들어냈다.

그러나 "맛있는 음식은 좋은 식기만 못하다."는 말에서 '좋은 식기'는 당연히 '맛있는 음식'이 전제가 되지 않을 수 없다. 제 아무리 좋고 아름다운 식기라고 할지라도 그 안에 형편 없는 음식이 담긴다면 의미가 감해질 수밖에 없기 때문이다. 따라서 식기에 대한 심미적 요구는 계급사회에서 특히 황제를 비롯한 왕공이나 권문세가 등 부귀한 계층, 조건을 갖춘 지식인 계층에게나 가능하다. 그들에게 식기는 실용성 외에도 관상성觀賞性과 보존가치가 중요하다. 그러나 대체적으로 빈

---

630 역주: 앙소仰韶 문화는 1921년 하남 승지澠池 앙소촌에서 발굴된 유적으로 6,7천 년 전의 선사 문화이다. 단각흑도누공고병배蛋壳黑陶鏤孔高柄杯는 새알껍질처럼 얇고 구멍이 뚫린 손잡이가 비교적 높은 흑도 잔이다.

곤한 일반 대중들에게 식기란 곧 실용성이 최우선이었다. 다시 말해 식기가 지닌 사회적 속성이 아닌 자연적 속성이 무엇보다 중요했다는 뜻이다. 이외에도 '좋은 식기'는 주로 음식을 담거나 저장하는 용기인 주발(완碗), 소반(반盤), 잔(배杯), 사발(우盂) 및 보조도구인 젓가락(저箸), 숟가락(시匙), 포크(차叉), 칼(도刀) 등을 말한다. 우리가 이해하는 중국 전통 음식도구는 그 효능에 따라 다음과 같이 분류할 수 있다.

음식도구

식기: 주식기 ~ 주발, 접시, 소반 / 부식기 – 주발, 접시, 소반

음기飮器: 주기酒器 ~ 황주류, 과실주류, 백주류, 맥주류 / 다기茶器 ~ 도자기류, 자기류, 기타 질료 / 수기水器 / 커피 음기

보조식기: 중국음식 – 젓가락, 숟가락, 포크, 칼 / 서구음식 – 칼(나이프), 포크, 숟가락

가열도구: 부엌(竈), 솥(격鬲, 규鬹), 시루(증甑), 가마(부釜), 노구솥(당鐺), 냄비(조銚), 전로煎爐, 프라이팬(炒勺)

가공도구: 칼, 도마(조俎), 조리笊籬, 국자(수작手勺)

기본용구: 전용 식탁과 의자

·제1절·
식기

1. 주식기

'식성食聖' 원매袁枚는 먹고 마시는 데 필요한 식기에 대해 나름 탁월한 심미적 주장을 한 바 있다.

"맛있는 음식은 좋은 식기만 못하다.……그러나 선덕宣德(명대 선종의 연호), 성화成化(헌종의 연호), 가정嘉靖(세종이 연호), 만력萬曆(신종의 연호) 시절의 요기窯器(자기)는 너무 비싸서 손상될까 걱정스러우니 어요御窯(청대 자기)를 사용하는 것만 못하다. 이 역시 충분히 우아하고 아름답다는 생각이 든다. 다만 주발(碗)을 사용해야할 때는 주발을 사용하고, 소반을 사용해야할 때는 소반을 사용하며, 큰 식기를 사용해야할 때는 큰 식기를, 작은 식기를 사용해야할 때는 작은 식기를 사용하여 엇섞어 식탁에 진열해야만 비로소 미식에 색을 더할 수 있다."[631]

이것이야말로 "우아하고 아름다움과 적용성을 적절하게 결합시킨" 원칙이라고 할 수 있다. 원매의 이런 주장은 중국 고대 식기에 관한 기본 원칙이자 기물의 풍격에 관한 것이다. 증甑, 즉 시루가 출현하기 전까지 식물이나 동물을 재료로 한 음식은 모두 하나의 기물, 즉 '솥(격鬲)'에 넣고 조리했다. 당시에는 지금처럼 '주식'과 '부식'을 엄격하게 구분하지 않았기 때문에 식기 역시 그런 개념이 없었다. 게다가 '솥'은 고기나 채소 또는 고기와 채소를 한데 섞은 음식을 끓이거나 삶는데 사용했기 때문에 당시 흙으로 빚은 솥은 용량이 비교적 컸다.

'증', 즉 시루를 사용하면서 비로소 '밥(반飯)'과 '요리(채菜)'를 구분하여 조리하는 역사가 시작되었다. 하지만 상당히 오랜 기간 큰 사발(완碗)이나 중간 크기의 사발(구甌, 중발) 등의 그릇은 밥과 요리를 엄격하게 구분하여 사용하지 않았다. 당시 사발류의 식기는 주로 야채국 등을 담는데 사용했는데, 춘추시기까지 손으로 밥을 집어먹는 것이 사람들이 밥을 먹는 전통적인 방식이었기 때문이다.[632] 서안 반파半坡 유적지에서 출토된 앙소문화 시기의 도기 가운데 대표적인 인면어문완人面魚紋碗은 그 형태나 색채, 도안이 아름다워 기이하고 절묘한 것으로 유명한

---

631 [청] 원매袁枚, 『수원식단隨園食單·기구수지器具須知』, "美食不如美器. 斯語是也. 然宣成.嘉.萬窑器太貴, 頗愁損傷, 不如竟用御窑. 已覺雅麗. 惟是宜碗者碗, 宜盤者盤, 宜大者大, 宜小者小, 參錯其間, 方覺生色." 상해, 문명서국 소장본, 3쪽.
632 조영광, 「젓가락과 중국음식문화(箸與中國飲食文化)」, 조영광 『조영광 식문화 논집』, 앞의 책, 362~363쪽.

데, 청동기 시대로 진입하기 이전까지 가장 아름다운 도기로 만든 식기의 전범이라 할 만하다.

청동기는 주로 귀족들이 제사를 지낼 때 먹을 것을 저장해두거나 의례 장소에서 식물食物을 놓아두는 제기祭器의 일종이다.[633] 귀족들이 사용하고, 주로 예식이나 제사에 사용한다는 것이 바로 청동식기의 두 가지 본질적 특징이다.

신성하고 존귀하며, 웅장하고 정미精美한 것은 청동기의 전형적인 문화 특징이다. 궤簋, 수盨, 보簠, 대敦(서직黍稷을 담는 제기), 포鋪, 우盂, 분盆, 전甎 등은 주로 음식을 담는 청동기이다.

초楚나라는 옻나무가 많이 자라는 것으로 유명하다.[634] 춘추전국 시대에 옻나무에서 채취한 칠漆를 기반으로 식기를 포함한 칠기 제작으로 초나라는 장족의 발전을 구가할 수 있었다. 양한 시대는 칠기 생산의 황금시대로 "조문동칠雕文彤漆"[635], 즉 기물에 문양을 조각하고 붉은 옻칠을 한 것은 귀족계층의 신분을 상징하는 상류층의 전유물이었다.

칠기 이후로 점차 식기의 대종을 이룬 것은 자기瓷器이다. 자기가 보급되어 보편적으로 사용되기 시작한 것은 대략 수당 이후이다. 송대에 들어와 도자기를 제작하는 요업窯業이 크게 발전하면서 자기로 만든 식기가 더욱 아름다워졌으며 재질이나 형태, 유약, 색채, 회화장식

633 역주: 예컨대 세발 달린 솥 정鼎은 음식을 삶거나 끓일 때 사용하기도 하나 이는 부수적인 일이다.
634 다음을 참조하시오. 조금주曹金柱, 「중국 고대 옻나무의 지리 분포(中國古代的漆樹地理分布)」, 『섬서생칠陝西生漆』, 1979년 제3기. 후덕준後德俊, 「칠원지향화초칠漆源之鄉話楚漆」, 『춘추』, 1985년 제5기, 42~43쪽.
635 [서한] 환관桓寬(생졸미상), 『염철론鹽鐵論·산부족散不足』, 『제자집성』본, 앞의 책, 33쪽.

| 송대 정요定窯 호壺 | 여주汝州의 여요汝窯 | 우주禹州의 균요均窯.

등이 이전과 비교할 수 없을 정도로 뛰어났다. 물론 개봉의 관요官窯, 여주汝州의 여요汝窯, 우주禹州의 균요均窯, 정주定州의 정요定窯 등 유명한 자기를 굽는 가마에서 생산된 정품 자기는 주로 귀족이나 상류층에 공급되었다. 당시 귀족계층들은 특히 유명한 도요나 명관名款(도자기에 생산지, 일자 등이 적힌 일종의 낙관)이 있는 것을 좋아하여 송대 이후로 유명한 도요에서 대대에 걸쳐 출하되거나 명관이 있는 것은 가격이 매우 비쌌으며, 그 중에서도 정품精品은 그야말로 애지중지했다. 자기는 정교하고 아름답기는 하지만 두께가 얇고 취약하여 잘못하면 파손되기 쉽고 저장이나 운반 도중에 깨지는 일이 적지 않았다. 그래서 상류층에서 주로 골동품이나 귀중품으로 완상의 대상이 되었지 실생활에 오래 사용되지는 않았다.

청대에도 마찬가지여서 앞서 인용한 바대로 원매는 "선덕宣德, 성화成化, 가정嘉靖, 만력萬曆 시절의 요기窯器(자기)는 너무 비싸서 손상될까 걱정스러우니 어요御窯를 사용하는 것만 못하다."고 말했던 것이다. 예

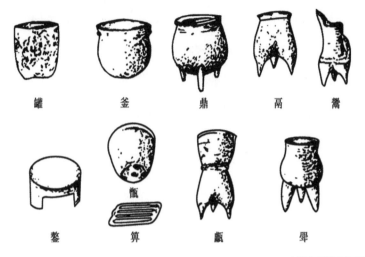

鏊　甑　甗　鬹

| 중국 고대조리도구

를 들어 '천하제일가天下第一家'라는 칭호가 붙은 곡부曲阜 연성공부衍聖公府(공자의 직계 후손들이 사는 집, 즉 공부孔府)에서 만청 시절 귀빈을 접대할 때 사용한 자기는 건륭시절에 생산되었다는 연관年款이 적힌 박고博古 (고대 기물 또는 고풍) 자기 세트로 전체 490개였고, 민국시절에 사용한 광서 연관이 적힌 고파高擺[636]에 사용한 자기 세트는 130개로 상당히 고급스러운 것이었다. 성부聖府(공부)의 '자기방瓷器房'에 저장되어 있는 대량의 '동청冬靑', '담묘淡描', '쇄자碎瓷', '요옥腰玉', '치호螭虎' 등의 식기는 모두 중등에 속하는 자기들이었다.[637]

각종 규격의 사발은 주로 쌀밥이나 죽, 국수 등 주식을 담아 먹는데

---

636 역주: 고파高擺는 공부의 수연壽宴에 사용되는 특별한 '요리'로 연회에서 가장 먼저 나오는 것 인데, 찹쌀로 제작한 장식품으로 실제 먹는 것이 아니다.

637 조영광, 『〈연성공부당안衍聖公府檔案〉식사연구食事研究』, 제남, 산동화보출판사, 2007년, 182쪽.

사용하는 식기이다. 그 다음은 접시(접碟)인데, 큰 접시 또는 소반을 뜻하는 반盤보다 작은 것으로 '식접食碟'이라고 부르기도 한다. 술자리나 집에서 교자 등을 먹을 때 조미료를 담기도 한다. 소반(반盤)은 주식기로 사용하는 경우가 그리 흔치 않으며 가끔 떡이나 과자 등을 담는 데 사용한다.

2. 부식기副食器

중국역사에서 요리(특히 고기 요리)를 담는 데 전용으로 사용하는 식기는 매우 다양하다. 우선 선사시대에는 우盂, 발鉢, 반盤, 완碗, 분盆, 궤簋, 명皿, 부缶(이상이 기물은 밥을 담는 식기이다), 두豆, 조俎 등이 있으며, 청동시 시대에는 두豆, 포鋪, 분盆, 전籩, 무鍪, 조俎 등이 있다. 철기시대는 칠기 식기, 자기 시대에는 분盆, 완碗, 반盤, 접碟 등이 있다. 그리고 현대에 들어와 플라스틱이나 유리제품(고대에는 있기는 했으나 극히 보기 드물었다), 스테인리스 등으로 만든 사발, 대접, 소반 등을 사용한다. 중국의 부식기는 모양이나 규격, 수량 면에서 주식기를 훨씬 압도한다. 이는 상류층의 주연이나 저잣거리의 크고 작은 식당의 경우 주로 술안주가 위주이기 때문이다. 이는 역사적으로 일반 백성들이 밥주발에 요리(우리식으로 하면 반찬)를 담아 먹기 때문에 비교적 큰 대접이나 접시 등을 그다지 사용하지 않는 것과 다르다. 권문세가나 부유한 집안에서는 자기 외에도 금은, 옥 등 귀한 재료로 만든 식기를 사용했다.

예를 들어 서진西晉의 권신인 왕제王濟는 집안에서 "음식을 차리는데 유리 식기를 병용했으며"[638], 청 도광 23년(1843년) 7월 청 황실의 어선방御膳房의 통계에 따르면, "현존하는 금은, 옥으로 만든 기명器皿"이 전체 892개였다. 이 숫자만으로도 이미 충분히 사치스럽지만 자희태후慈禧太后에 비한다면 크게 떨어진다. 그녀가 머물었던 영수궁寧壽宮의 어선방에는 금은, 옥, 상아 등으로 만든 식기가 1500여 개였으며, 그 가운데 금으로 만든 식기의 중량은 5816냥(290,800g), 은으로 만든 식기는 10590냥(529,500g)이었다.[639]

---

638 [남조송] 유의경, 『세설신어·태치汰侈』, 앞의 책, 456쪽.
639 『청궁선당淸宮膳檔』, 「어선방의 금은, 옥 등 기명 저당(御膳房金銀玉等樣器皿底檔)」, 도광道光 23년(1843년) 7월, 중국제일역사당안관中國第一歷史檔案館 소장.

· 제2절 ·
음기飮器

1. 주기酒器

1) 황주류, 과실주류, 백주류

　이상 세 가지 주류에 사용되는 주기酒器, 즉 술그릇이나 술잔은 중국 역사에서 그리 명확한 구분이 없다. 용산문화의 주기는 선사 시대 질 흙으로 만든 술그릇이나 술잔의 기본적인 형태와 주체적 풍격을 대표 한다. 가斝(술잔), 존尊, 화盉, 작은 항아리(소호小壺), 작爵, 고각배高脚杯 등 의 주기는 술을 저장하거나 따르고 마시는 데 두루 사용했으며, 나름 정교하고 아름답게 제작되어 4천여 년 전 중국 술문화의 일면을 살필 수 있다. 그 가운데 달걀 껍질처럼 얇고 세밀한 흑도黑陶로 장식 구멍 이 뚫려 있는 고각배高脚杯(정식 명칭은 단각흑도루공고병배蛋壳黑陶鏤孔高柄杯) 는 희세의 보물이라 할 만하다. 잔의 안팎을 잘 갈아 매우 반짝이며 잔

가화斝   화화盉   작爵

| 달걀 껍질처럼 얇고 세밀한 흑도黑陶로 장식 구멍이 뚫려 있는 고각배高脚杯
(정식 명칭은 단각흑도루공고병배蛋壳黑陶鏤孔高柄杯)

에서 가장 얇은 곳은 0.1~012mm이고 일반적인 두께는 0.1~0.2mm
이다. 표면이 세밀하고 윤기가 흐르며 바탕이 단단한데다 가볍지만
침수성은 오히려 약하다. 전체 무게는 40~70g 정도이며 가볍게 쳐보
면 청량한 소리가 울린다.[640] 용산문화 이전 앙소문화 시기의 주기는
아직까지 술잔으로 전용되었던 것은 아니다.

삼대에 귀족 계층이 사용했던 주기는 주로 청동으로 만들었다. 형태
는 대부분 기존의 도기陶器를 따랐지만 이전에 비해 일련의 계열이 좀
더 완비되고 효용이 전일해졌으며, 형태 또한 전아하고 정교해지고
장식도 보다 아름다워졌다. 특히 '예禮'와 '문(문양)' 및 등급이나 신분,
특권이나 지위를 도드라지게 하고 예술적 감상성鑑賞性을 강화했다. 예
를 들면 다음과 같다.

640 동주신佟柱臣, 『용산문화龍山文化』, 북경, 중화서국, 1965년, 18쪽.

술그릇: 호壺(술을 담는 병으로 물을 담거나 술을 마시는 병이 아니다), 유卣,

이彝, 굉觥, 뇌罍, 옹瓮, 화盉, 준尊, 부缶, 담甔

술을 따르는 그릇: 두枓, 작勺

술을 마시는 그릇: 작爵(술을 끓이거나 데우는 데는 부적합하다. 오랫동안

불을 때면 청동 속의 주석이 이탈하여 그릇을 손상시키기 때문에 마실 때만 사

용한다), 각角, 고觚, 치觶(뿔잔), 음호飮壺, 배杯, 가斝(옥잔), 존尊

기타: 금禁(술잔을 놓는 그릇)

   청동기로 만든 주기는 모양이나 규격이 다양하다. 예를 들어 작爵은
기둥(柱)의 유무, 단형과 쌍형의 형태, 목 부분의 길이, 꼬리 부분의 길
이, 뚜껑의 유무, 허리부분의 굵기, 바닥부분의 형태, 몸통의 형태(둥
근 것, 넓은 것, 납작한 것, 높은 것, 낮은 것 등), 배 부분의 깊이, 벽 부분의
곧음과 굽음, 손잡이의 크기와 굵기, 다리의 형태(송곳, 기둥, 칼, 고리
형태), 명문銘文의 유무, 문양의 차이 등등 수십 종의 서로 다른 것이 있
다. 그 밖에도 각角, 고觚, 치觶, 준尊, 가斝, 음호飮壺, 이彝, 굉觥, 뇌罍, 화
盉, 담甔 등 각종 주기도 마찬가지다. 이렇게 해서 다양하고 다채로우
며 정묘하고 아름다운 청동주기 문화가 형성되었다.[641]
   춘추부터 양한시대까지 상류층의 술그릇은 칠기가 위주였으며, 청
동기는 주로 예기禮器로 사용되었다. 장사 마왕퇴 한묘에서 출토된
700여 건의 칠기 가운데 상당한 부분이 술그릇이었다. 어떤 술그릇에

---

641 마승원馬承源 주편主編, 『중국청동기』, 상해, 고적출판사, 1988년, 83~275쪽.

는 '군행주君幸酒'라는 글자가 새겨져 있다.[642] 서한 광릉국廣陵國 여왕厲王 유서劉胥의 능침으로 알려진 강소 한강邗江 요장姚莊 101호 서한묘西漢墓에서 출토된 250건의 부장품 가운데 칠기가 131건이고, 그 중에서 크고 작은 형태의 이배耳杯가 28건이었다.[643] 이런 칠기는 오직 귀족들만 사용할 수 있었다. "금은으로 입구를 장식하고 문양을 그린 잔은 구리로 만든 술잔 10개에 상당하고", "나무를 휘어 잔 한 개를 만들려면 백 명의 힘이 필요하여"[644] 절대로 일반 서민들이 기대할 만한 것이 아니기 때문이다. 인용문에 나오는 '권椿'은 나무를 휘어서 칠기 잔을 만드는 것을 말한다. 칠기가 발전하고 또한 쇠퇴한 것 역시 한대이다. 그러나 칠기를 처음 사용한 것은 그 이전으로 대략 2천여 년 전이다. 강소 오강吳江 단결촌團結村과 매언진梅堰鎭의 신석기 말기 유적지에서 출토된 비교적 완전한 형태의 칠회흑도배漆繪黑陶杯는 지금까지 발견된 칠기 가운데 가장 오래된 칠기 술그릇이다.[645]

이상의 흙으로 빚어 만들거나 청동기로 만든 술그릇은 주로 '얼蘖(누룩)'을 넣어 빚은 맥아주麥芽酒(엿기름으로 빚은 술)나 '국麴(누룩)'으로 빚은 미주米酒 및 상대적으로 비중이 적은 과실주(포도주 포함)인데, 그 가운데 수량이 가장 많은 것이 미주, 즉 '국주國酒'로 불려지는 황주黃酒이다.

---

642 호남성박물관, 『장사 마왕퇴 1호 한묘』(상집上集), 앞의 책, 78쪽.
643 남경박물원, 「강소 형강 감천 2호 한묘(江蘇邗江甘泉二號漢墓)」, 『문물』, 1981년, 제11기, 7쪽. 양주박물관.형강현邗江縣 도서관, 「강소 형강 호장 5호 한묘(江蘇邗江胡場五號漢墓)」, 『문물』, 1981년, 제11기, 13~15쪽.
644 [서한] 환관桓寬, 「염철론·산부족散不足」, "一文杯得銅杯十.""一杯棬用百人之力." 『제자집성』본, 앞의 책, 33, 35쪽.
645 왕성염王性炎, 『중국칠사화中國漆史話』, 서안, 섬서과학기술출판사, 1981년, 40쪽.

칠기 뒤를 이어 주기의 행렬에 끼어든 것은 자기로 만든 술그릇이다. 하지만 수대부터 근대에 이르기까지 자기로 만든 주기는 사회 중,하층 사람들이 사용하던 술그릇이었다. 근대 이래로 유리로 만든 각종 술그릇이 사용되기 시작하면서 현재는 주기의 대종을 이룬다. 송대 이후 특히 원조 시대에 몽골 사람들이 주도하면서 증류주의 일종인 '백주'가 중요한 주정음료 가운데 하나가 되었다. 하지만 근대 이전까지 중국 서민대중들이 마시는 술그릇은 기본적으로 황주나 과실주, 백주 모두 구별이 없었다. 술잔을 구별하기 시작한 것은 근대 이후의 일이다.

여기서 특별히 지적할 점이 있다. 칠기 이후로 상류층이 주로 사용한 술그릇의 재질 가운데 중국 술 문화의 수준과 기예 및 풍격을 가장 잘 체현하고 있는 것은 자기瓷器가 아니라 금은이나 옥, 상아, 쇠뿔, 수정, 기이한 나무 등으로 만든 공예성이나 감상성이 풍부한 진귀한 술그릇이다. 그 가운데 금은이나 옥, 상아 쇠뿔로 만든 것은 선진시대에 이미 출현했으나 매우 드물었다. 명 세종 시절에 내각수보內閣首輔(재상)로 있었던 엄숭嚴嵩은 파면되어 재산이 몰수되고 말았는데, 나라의 재화와 맞먹을 정도로 부유한 재물 가운데 술그릇만 해도 참으로 엄청났다.

우선 다양한 형태의 금으로 만든 호우壺盂가 218개에 무게가 2701.02냥(135,051g)이고 각종 금배작金杯爵이 2294개에 무게는 4718.19냥(235,909g), 은으로 만든 술그릇이 979건에 무게가 6823,8냥(341,190g), 옥으로 만든 술그릇은 322건에 무게가 1316냥(65,843.5g)이었다. 또한 각종 재질, 즉 상아 청동, 유鋈, 묘금描金, 단향檀香, 서각犀角(무소뿔), 법랑琺瑯, 대모玳瑁(바다거북 껍질), 주사朱砂, 용란龍

| 귀족 부녀자들이 함께 모여 음악을 듣고 차를 마시는 모습을 그린 [궁락도]를
현대 화가 곽모희郭慕熙가 모사한 그림

卵, 쉥, 해루海螺(바다소라), 마노瑪瑙, 유리 등으로 만든 것이 830건이다.
그 밖에 술그릇으로 겸용하는 기물은 아예 치지도 않았다.[646] 이처럼
다양하고 진귀한 술그릇은 당시 상류층의 술그릇이 얼마나 사치스러
웠는가를 여실히 보여준다.

2) 맥주류

중국인들이 맥주를 즐겨 마시기 시작한 것은 근대의 일이다. 20세
기 70년대에 들어와서야 전국 대도시에서 각지의 크고 작은 마을에

---

646 『왕수빙산록天水冰山錄』, 『총서집성초편』제1502~1504쪽. 앞의 책, 1985년.

이르기까지 널리 보급되어 심지어 시골의 작은 가게에서도 일상적으로 맥주를 판매하기 시작했다. 또한 맥주 생산 공장도 전국 각지에 두루 분포하고 있다. 맥주는 주정의 도수가 낮고 색깔을 직접 살필 수 있는 것이 좋기 때문에 일반적으로 용량이 크고 투명한 잔을 선호하기 마련이다. 그래서 보통 품질이 좋은 유리로 만들고 형태는 길쭉한 것을 사용한다. 일반인들은 길쭉한 유리잔에 맥주 외에도 물이나 차를 따라 마시기도 하기 때문에 이를 맥주 전용잔이라고 할 수 없다.

노예사회에서 봉건사회로 다시 근현대 민주사회로 접어들면서 청동으로 만든 주기와 각종 진귀한 재료로 만든 주기 사용 역시 하나의 역사를 만들었다. 민주사회가 되고 현대 문명사회로 진입하면서 여러 계층 또는 문화유형에 속한 술꾼들은 거의 평등하게 유리로 만든 술잔을 사용하고 있으며, 술을 따르는 그릇과 술을 담는 그릇을 별개가 아닌 하나로 사용하는 것이 일반적이다. 술을 담는 그릇도 계속 발전하여 형태는 물론이고 풍격도 상이한 유리잔이나 도자기 잔으로 다양해졌다.

2. 다기茶器

1) 자기류

한대 이후로 차를 마시는 것이 귀족사회의 우아한 풍조가 되었다. 당시 사용한 다기는 주로 청자青瓷였다. 예를 들어 절강 호주湖州의 동한 말기 분묘에서 '다'자가 새겨진 청자 저다기貯茶器(차를 담아두는 그릇)가 출토되었고,[647] 1960년 강서 남창 동한 묘에서 음다기飮茶器인 청록유자발靑綠釉瓷鉢이 출토되었다.[648] 1975년 강서 길안吉安 남조南朝 묘에서 출토된 청자탁잔靑瓷托盞이 출토되었다.[649] 이후 육우 등 다인들이 창도한 다도, 다예는 중당의 우아한 음다 기풍을 선도했다. 명 중엽 이전까지 중국 다기의 핵심인 호壺와 잔盞은 기본적으로 자기로 만들었다. 육우가 『다경』에서 차를 덖고 끓이며 마실 때 필요한 다기로 제시한 것은 풍로, 거筥(숯 광주리), 탄과炭撾(숯가르개), 화협火筴(부젓가락), 복鍑(또는 부釜), 교상(交床, 솥을 지탱하기 위한 기물), 협夾(집게), 지낭紙囊(종이 주머니), 연碾(불말拂末, 가루털개), 나羅(체질 도구), 합合(찻가루를 담는 그릇), 칙(則, 계량기구), 수방水方(물통), 녹수낭漉水囊(물거르개), 표瓢(표주박), 죽협竹夾(대젓가락), 차궤鹺簋(소금 단지), 숙우熟盂(끓인 물을 담는 그릇), 완碗(사발), 분畚(삼태기), 찰札(솔), 척방滌方(개수통), 재방滓方(찌꺼기통), 건巾(행주), 구열具列(다기를 진열하는 기물), 도람都籃(다기를 수납하는 기물) 등 26가지이다.

그 가운데 다완을 살펴보면 다음과 같다.

---

647 오명생, 「호주에서 발견된 동한 말기 저다옹(湖州發現東漢晚期貯茶瓮)」, 『다엽통신茶葉通迅』, 1990년 제2기, 42쪽.

648 강서성 문물관리위원회, 「강서 남창 청운보 한묘(江西南昌青雲譜漢墓)」, 『고고』, 1960년, 제10기, 26~27쪽, 1960년, 제10기, 26~27쪽.

649 강서성 문물관리위원회, 「강서의 한묘와 육조 묘장(江西的漢墓與六朝墓葬)」, 『고고학보』, 1957년, 제1기.

"월주의 것이 상품이며, 정주는 다음이고, 무주는 그 다음이다. 악주는 그 다음이고 수주와 홍주는 그 다음이다. 혹자는 형주를 월주보다 위로 두는데 결코 그렇지 않다. 만약 형주의 자기가 은과 같다면 월주의 자기는 옥과 같다. 형주가 월주만 못한 첫째 이유이다. 만약 형주의 자기가 눈과 같다면 월주의 자기는 얼음과 같으니 형주가 월주만 못한 둘째 이유이다. 형주의 자기는 흰색이라 차탕이 붉게 보이는데, 월주의 자기는 푸른색이라 차탕이 녹색으로 보이니 형주가 월주만 못한 셋째 이유이다."

"진대 사람 두육杜毓은 「천부荈賦」에서 '다기를 선택할 때는 도기를 고르는데, 동구東甌에서 생산되는 것이다.'라고 말했다. 구는 월주이다. 사발은 월주의 것이 상품인데, 구순(입구 부분)은 말려 있지 않으나 바닥은 말려 있고 얕다. 반 되가 채 못 되게 담을 수 있다. 월주 자기와 악주 자기는 모두 푸른색인데, 푸른색은 차탕의 색에 이롭다. 차탕은 백홍색인데, 형주 자기는 흰색이라 차탕의 색이 붉게 보이고, 수주 자기는 황색이라 차탕의 색이 자색으로 보이며, 홍주 자기는 갈색이라 차탕의 색이 검게 보이니 모두 차에 마땅치 않다."[650]

650 [당] 육우, 『다경·사다지기四茶之器』. "越州上, 鼎州次, 婺州次, 岳州次(上), 壽州·洪州次. 或者以刑(邢)州處越州上, 殊爲不然. 若刑瓷類銀, 越瓷類玉, 刑不如越一也. 若刑瓷類雪, 則越瓷類冰, 刑不如越二也. 刑瓷白而茶色丹, 越瓷靑而茶色綠, 刑不如越三也." 陳杜毓荈賦所謂, 器擇陶揀, 出自東甌. 甌, 越也. 甌越州上口脣不卷, 底卷而淺. 受半升己(以)下. 越州瓷·岳州瓷皆靑, 靑則益茶, 茶作白紅之色. 刑州瓷白, 茶色紅. 壽州瓷黃, 茶色紫. 洪州瓷褐, 茶色黑, 悉不宜茶." 앞의 책, 614쪽.

북송 중엽 유명한 다인인 채양蔡襄은 이렇게 말했다.

"차탕의 색깔은 흰색이니 검은 잔이 좋다. 건안에서 만든 것은 검은 색으로 문양이 토끼의 가는 털과 같고 빚어만 놓고 아직 굽지 않은 도자기는 약간 두텁다. 불을 가하면 오랫동안 열기가 있어 쉽게 식지 않아 사용하기에 가장 좋다. 타지에서 나오는 것은 너무 얇거나 색깔이 자색이어서 모두 미치지 못한다. 차를 겨루는 이들은 청백잔을 사용하지 않는다."[651]

송 휘종 역시 차에 일가견이 있는 다인인데, 그는 『대관다론·잔盞』에서 찻잔에 대해 이렇게 말했다.

"찻잔의 색깔은 청흑색으로 광택이 나는 것이 귀한데, 흑유黑釉에 토끼털처럼 세밀한 백색 반점이 있는 것이 상품이다. (이런 잔으로 차 겨루기를 하면) 따뜻한 것을 얻어(보온성이 좋아) 차가 광채를 발한다. 잔의 바닥은 반드시 깊고 약간 넓어야 하니, 바닥이 깊어야 차가 즉시 일어나 백색의 탕화(차 거품)를 일으키기 쉽고, 바닥이 넓어야 다선茶筅을 휘저으며 격불하는 것이 용이하다. 당연히 차의 양에 따라 크기가 적절한 찻잔을 선택해야 한다. 찻잔이 높은데 차가 적으면 차의 빛깔이

---

651 [북송] 채양蔡襄, 『다록茶錄』, "茶色白, 宜黑盞, 建安所造者紺黑, 紋如兎毫, 其坏微厚, 熁之久熱難令, 最爲要用. 出他處者, 或薄或色紫, 皆不及也. 其靑白盞, 斗試家自不用." 『총서집성초편』제1480책, 앞의 책, 4쪽.

| 흑유유적반문잔黑釉油滴紋盞

가려지고, 차의 양이 많은데 찻잔이 작으면 뜨거운 물을 충분히 담을 수 없다. 잔이 따뜻해야만 차가 즉시 일어나 오랫동안 지속된다."[652]

　　　　　　　　　　육우 이후 다인들도 예외 없이 찻잔을 고르는 일을 중시했다. 찻잔과 차의 색깔 등의 관계에서 찻잔의 크기, 형태, 빛깔과 광택에 신경을 썼던 것이다. 이러한 수요에 부응하기 위해 여러 유명 도요陶窯에서 좋은 찻잔을 경쟁하듯이 만들어 냈다. 당대의 경우 "예장군像章郡의 배에는 명자名瓷, 주기酒器, 다부茶釜, 다당茶鐺, 다완茶椀 등이 실렸고⋯⋯"[653] 유명한 자기나 다기들이 경향 각지로 팔려나갔다. 섬서 부풍扶風 법문사法門寺에서 당대 황실에서 사용하던 청녹유青綠釉와 청회유비색자다완青灰釉秘色瓷茶碗(5개)가 출토되었는데, 이는 월요越窯에서 황실을 위해 특별히 제작한 최상품이며, 차 받침이 있는 유리완琉璃碗 역시 정묘한 기물이다.[654] 현존하는 흑유목

---

652 [북송] 조길, 『대관다론·잔』, "盞色貴青黑, 玉毫條達者爲上, 取其燠發茶采色也. 底必差深而微寬, 底深則茶直立而易於取乳. 寬則運筅旋徹不碍擊拂. 然須度茶之多少, 用盞之大小. 盞高茶少則掩蔽茶色, 茶多盞小則受湯不盡. 盞惟熱則茶發立耐久." 진조규 등, 『중국다엽역사자료선집』, 앞의 책, 45쪽.
653 『구당서·위견전韋堅傳』, 북경, 중화서국, 1975년, 3222~3223쪽. 역주: 당대 대운하를 통한 조운漕運에서 예장군의 배가 싣고 다니던 품목을 말한다.
654 섬서성 법문사 고고대, 「부풍 법문사탑 당대 지하궁 발굴 보고서(扶風法門寺塔唐代地宮發掘簡報)」, 『문물』, 1988년, 제10기.

엽문잔黑釉木葉紋盞, 흑유첩화쌍봉문잔黑釉貼花雙鳳紋盞, 흑유유적반문잔黑釉油滴斑紋盞 등은 송대 휘종이 찻잔에 관해 논한 내용과 완전히 부합하는 송대 다기의 명품들이다.[655] 바로 이러한 명품 다기를 통해 중국 고대 다예의 내적인 운치가 면면히 이어질 수 있었다.

2) 도기류陶器類

당송 시대 차를 마시는 그릇의 특징은 당시 다도관이나 다예의 심미 원칙과 밀접한 관련이 있다. 당시 차는 대부분 딱딱한 단차團茶였기 때문에 마시기 전에 잘게 부수고 약간 구운 다음 빻아 미세한 분말로 만들어야만 한다. 또한 송대 사람들은 다색茶色이 흰 것을 좋아했기 때문에 검은 색 다기로 다색을 돋보이게 했다. 당송시대의 이러한 음다법으로 말미암아 송대에 이미 다호茶壺가 있기는 했으나 일반적으로 포다泡茶, 즉 차를 우려먹을 때 사용하는 도구가 아니었다. 다호의 보편적 사용은 송원 이후 산차散茶를 우려먹는 음다 방식이 당송대 병차餅茶를 끓여 먹는 방식을 대체하면서 시작되었다.

다호는 처음에 물을 담는 그릇이었다. 그래서 '탕제점湯提點'이라고 부르기도 한다.[656] 그러나 북송 중엽의 사대부들은 이미 사도호砂陶壺로 차를 끓였던 것 같다. 예를 들면 다음과 같다.

---

655 진백천陳柏泉, 「강서에서 출토된 고대 다구(記江西出土的古代茶具)」, 『농업고고』, 1991년, 제2기, 73쪽.
656 역주: 탕제점湯提點이란 송대 다병茶瓶, 다호茶壺의 해학적인 호칭이다. 뜨거운 물을 붓고 걸쭉한 차를 만든다는 뜻이다. 남송 심안노인審安老人이 썼다는 「다구도찬茶具圖贊」에 따르면, "이름은 발신發新(새롭게 나타남), 자는 일명一鳴, 호는 온곡유로溫谷遺老(온곡의 늙은이)이다.

사석산沙石山의 차가운 샘물은 이른 봄의 여운을 남기고,

새로 만든 자니紫泥(자사호紫沙壺)에 봄꽃이 떠 있네.[657]

눈을 담은 사앵砂罌(의흥宜興 자사호) 두 개,

시를 조탁하니 하자가 없네.[658]

함께 자줏빛 사발(자구紫甌, 자사호)로 마시고 또 따르니

그대(매용도梅龍圖)의 소쇄하고 청령한 기품 부러워하네.[659]

이상은 매요신과 구양수의 시에 나오는 구절인데, 여기에 나오는 '자니紫泥', '사앵砂罌', '자구紫甌' 등은 모두 자사로 만든 사도호이다. 그러나 약 반세기 이후에 나온 『대관다론』의 인정을 얻지 못한 것으로 보아 그다지 고아한 축에 드는 것은 아닌 듯하다.

원대 몽골 귀족들은 차보다는 술을 마시는 것을 더 좋아했으며, 차를 마실 때도 여러 가지 과일 고명을 넣는 습관이 있었다. 이는 당 중엽 이래로 차를 마실 때 청아한 것을 중시하는 기풍에 역행하는 것이었다. 하지만 이런 기풍은 명 중엽까지 계속 영향을 끼쳤다. 『금병매

657 [북송] 매요신, 「두상공(杜衍)이 채군모(蔡襄)가 차를 부친 것에 감사하는 시에 운에 맞춰 화답하며(依韻和杜相公謝蔡君謨寄茶)」, "小石冷泉留早味, 紫泥新品泛春華." 『완릉집』권15, 『문연각사고전서』제1099책, 앞의 책 115쪽.
658 [북송] 매요신, 「선성 장주부가 아산차를 보내며 쓴 시에 운에 맞춰 화답하며(答宣城張主簿遺雅山茶次其韻)」, "雪貯雙砂罌, 詩琢無玉瑕." 『완릉집』권35, 『문연각사고전서』제1099책, 위의 책, 261쪽.
659 [북송] 구양수, 「매공의(梅龍圖)와 차를 마시며 화답하다(和梅公儀嘗茶)」, "喜共紫甌吟且酌, 羨君瀟灑有餘清." 『문충집文忠集』권12, 『문연각사고전서』제1102책, 위의 책, 106쪽.

사화金瓶梅詞話』에서 서문경 등 상인이나 관원, 기생집에서 행해지던 다사茶事를 보면 이런 영향력이 여전했음을 살필 수 있다.

차를 마시는 기풍이 다시 청아한 쪽으로 되돌아온 것은 사인들의 애호가 결정적인 작용을 했다. 공춘供(龔)春 이후로 동한董翰, 조량趙梁, 시붕時鵬 등 자사호紫沙壺의 4대 명가가 등장했고, 계속해서 시붕의 아들인 대빈大彬(시대빈)과 그의 제자인 이중전李仲前과 서우천徐友泉 등이 나오면서 자사호의 대가, 고수들이 많이 배출되었다. 그래서 민남閩南 일대에 "다호는 반드시 맹신이 만든 것이어야 한다(壺必稱孟臣)."[660]는 말이 나왔다. 명대 중엽 자사호의 제작은 "온갖 기이한 형태가 손에 닿는 대로 나왔다."고 할 정도로 최고봉에 이르렀으며, 이로 인해 자사호가 전국적으로 유명해져 "궁중에서도 대빈호大彬壺(시대빈이 만든 자사호)를 부러워한다."고 했다. 자사호를 빚을 때 사용하는 진흙은 '암중암岩中岩', '니중니泥中泥'라고 불렀는데, 재질이 부드럽고 매끄러우며 철의 함량이 높아 1천℃ 이상으로 구우면 경도가 높아질뿐더러 공기가 통하는 통기비율이 2%에 달한다. 자사호는 보온성이 뛰어나고 공기가 통하기 때문에 차가 여름에는 쉬지 않고 겨울에는 쉽게 얼지 않는다. 또한 손바닥에 손화로를 올려놓은 것처럼 작은 크기인데다 오랫동안 사용하면 박옥璞玉처럼 윤기가 난다. 또한 몸체와 뚜껑이 긴밀하게 연결되어 "전혀 틈이 없기에" 차의 향기가 밖으로 새지 않는다. 조

---

660 역주: 맹신은 명,청대에 살았던 형계荊溪 출신의 다호 제작자인 혜맹신惠孟臣을 말한다. 그가 제작한 작은 다호는 전국적으로 유명하여 '맹신호'라고 불렸다.

형 면에서도 장인 나름의 독특한 구상이 깃들어 고박하면서도 전아하고, 대가나 명인의 낙관이 찍히거나 유명한 시인의 시 구절을 정교하게 새겨 넣기도 했다. 하여 장대는 "상나라의 제기나 주나라의 정鼎과 같은 반열에 올려도 손색이 없으니 이것이 바로 자사호의 품격이다."[661]라고 말했다. 이처럼 자사호의 명기는 실용적일 뿐만 아니라 감상용으로도 일품이었다. 다호 하나에서 양생하면서 정신의 유쾌함을 느끼니 자사호 밖에 세계가 있고, 그 안에 건곤이 있다는 말이 허언이 아닌 듯하다. 그래서 차의 대도大道가 무진장하다고 말하는 것이리라.

3. 수기(물그릇水器)

도기가 발명되기 전까지 물그릇은 주로 조개껍질이나 동물의 두개골 등 자연적인 것이나 약간 인공적으로 가공한 표주박 형태의 기물을 사용했다. 그 전에는 『예기』에서 말한 것처럼 "웅덩이를 술동이 삼아 손으로 떠서 마셨다."[662]는 말이 그럴 듯하다. 도기 시대의 물그릇은 다양한 형태였다. 예를 들어 앙소문화나 서안 반파 유적지에서 출토된 기물을 보면, 입구가 작고 바닥이 뾰족한 소구첨저병小口尖底瓶(물을 기르는 데 사용했다), 완碗·우盂, 발鉢 등 사발과 호壺 등이 있고, 하남 정주

---

661 [명] 장대, 『도암몽억·사관석주砂罐錫主』, "直躋之商彝周鼎之列而毫無慚色, 則是其品地也." 『총서집성초편』제1949책, 앞의 책, 15쪽.
662 『예기·예운제9』, "汚尊而抔飮." 『십삼경주소』본, 앞의 책, 1415쪽.

대하촌大河村 유적지에서 홍의흑채쌍련도호紅衣黑彩雙連陶壺가 출토되기도 했다.[663] 『주례周禮』에 따르면, 알콜 성분이 없는 물이나 미음 등은 "왕의 여섯 가지 음료"[664]에 속한다. 여기서 알 수 있다시피 청동시대에 물을 담거나 마실 때 사용했던 우盂, 분盆, 전甎, 무鑑, 호壺, 화盉 등은 주나라 왕과 그 아래 귀족들이 사용하던 물그릇이다. 오랜 봉건시대에도 술그릇, 차 그릇, 식기 등이 엄격한 구분 없이 물그릇으로 겸용되었다. 전용 물그릇을 사용하기 시작한 것은 기본적으로 근대로 넘어온 이후의 일이다. 냉수나 온수 또는 빙수에 사용되는 유리질의 그릇은 현대에 유행한 물그릇이다. 보온병이 보편적으로 사용되면서 일반 서민들이 냉수를 그냥 마시던 습관이 바뀌었으며, 차를 마실 때 그 즉시 뜨거운 물을 따를 수 있어 매우 편리해졌다. 이외에도 자화수磁化水나 광천수, 정제수 등의 신제품이 나오면서 일반 가정에 점차 보급되고 있는 추세이다.

---

663 정주시鄭州市 박물관, 「정주 대하촌 유적지 발굴 보고(鄭州大河村遺址發掘報告)」, 『고고학보』, 1979년 제3기, 324, 344쪽.
664 『주례·천관·장인漿人』, "王之六飲." 『십삼경주소』본, 앞의 책, 670쪽.

1. 중국음식류

1) 저箸

저箸, 즉 젓가락은 명대 이후 '쾌筷' 또는 '쾌자筷子'라는 속칭으로 점차 바뀌었다. 그래서 지금은 습관적으로 '쾌'라고 부르는데 좀 더 정확하게 말하자면 '중화쾌中華筷', 즉 중화 젓가락이라고 해야 맞다. 중화 조상들이 발명하고 사용한 중화 젓가락은 앞(음식이 닿는 부분)과 뒤(손으로 집는 부분)로 구분되고, 원주형이나 정방형으로 이루어져 있다. 또한 성인과 아동의 구분이 있어 성인은 길이가 28cm, 직경이 0.5cm이고 아동은 길이가 18cm, 직경이 0.7cm가 표준 규격이다. 춘추 시절에 이미 '저箸'라는 글자가 나오는데, 그 형태는 선진시대 '협梜'자가 발전한 것이다. 『예기·곡례曲禮』에서 그 사용에 대해 말한 것에 따르면, "국

(갱羹)에 채소가 있을 때 사용하고 없을 때는 사용하지 않는다." 정현의 주에 따르면, "저箸와 같다. 지금 사람들은 때로 저를 협제梜提라고 부른다."

이는 한대 사람들이 이해하는 젓가락이 선진 이전의 것과 구분된다는 뜻이다. 왜냐하면 선진시대에는 국에서 채소 등을 꺼낼 때만 젓가락을 사용했기 때문이다. 그 형태나 사용처는 요즘 주방에서 음식을 튀길 때 사용하는 짝으로 된 작은 막대기와 비슷할 것이다. '협'에서 '저'로 변화한 것은 당시 상류층의 식례食禮가 변화한 결과로 춘추 이전의 일이고, 일반 대중들에게 보급된 것은 서한 이후의 일이다. '쾌자(콰이즈)'라는 호칭이 출현한 것은 대략 원대 이후이다.

> "민간에서 금기로 하는 일이 도처에 있었지만 특히 오중吳中(강소 소주蘇州)이 심했다. 예를 들어 뱃사람들은 멈춘다는 뜻의 '주住'나 뒤집어진다는 뜻의 '번翻'자를 기피하여 '저箸'(한어 발음은 '주'로 住와 같다)를 '쾌아快兒(兒는 권설음)'로 바꿨다.……'665

옛 오나라 땅(소주)에 살던 뱃사람들이 젓가락을 '쾌아'라고 부르기 시작한 것이 언제부터인지 정확히 알 수 없다. 하지만 수당 이래로 지금의 소주 지역의 경제, 문화는 운하와 장강을 통해 중국 사회에 심각한 영향을 끼친 것은 분명한 사실이고, 바로 이런 이유로 금기로 삼는

---

665 [명] 육용陸容, 『숙원잡기菽園雜記』권1, 북경, 중화서국, 1985년, 8쪽.

언어를 기피하기 위해 바꾼 언어가 하층민들을 통해 빠르게 전파되었다는 것을 미루어 짐작할 수 있다. '저'가 '쾌아'로 바뀐 이후 젓가락을 뜻하는 '쾌筷'자가 지금까지 그대로 사용되고 있다.

쾌자, 즉 젓가락이 하층사회에서 단순히 보조식기 정도로 사용되었다면 부유한 계층 사람들은 이에서 한 걸음 더 나아가 일종의 공예품이자 보기寶器로 삼았다. 『한비자·유로喻老』에 보면 "예전에 주왕은 상아로 만든 젓가락을 사용하자 기자가 두려워했다(昔者紂爲象箸, 而箕子怖)."는 말이 나온다. 학자들은 이를 근거로 중국에서 이미 당시에 젓가락(지금 우리들이 이해하는 형태의 젓가락)을 사용했다고 주장하고 있다. 그러나 이는 중국 역사에서 무수하게 많은 문화적 착란, 역사적 사실에 대한 개찬改竄(제멋대로 고침) 가운데 한 가지일 뿐이다. 태사공太史公(사마천)의 기록은 믿을 만하지만 어찌 틀린 부분이 하나도 없겠는가?[666] 다만 여기서 주목할 것은 늦어도 2천 7,8백 년 전에 이미 상아가 저箸의 재료로 사용되었다는 점이다. 그러나 상아로 만든 젓가락은 중국 고대 젓가락 진품珍品 계열 가운데 하나일 따름이다. 한대 이후 귀족들은 이미 상아 젓가락을 상용했다.(속석束晳의 「병부餠賦」 참조). 명 세종 시절 권상權相이었던 엄숭 저택의 재물을 몰수했을 때 금상(양)아저金廂(鑲)牙箸와 은상(양)아저銀廂(鑲)牙箸가 각기 1110짝, 2009짝이나 나왔다.(『천수빙산록天水冰山錄』) 이렇듯 금속이나 옥석, 상아나 뼈, 뿔, 죽

---

666 『사기·송미자세가宋微子世家』, 앞의 책, 1609쪽. 조영광, 「젓가락과 중국음식문화」, 조영광 식문화 논집』, 앞의 책, 362~363쪽.

목이 모두 젓가락의 재료로 사용되었음을 알 수 있다.

예를 들면 다음과 같다. 1961년 운남 상운현祥運縣 대파나촌大波那村에서 춘추 말엽의 동관묘銅棺墓가 발굴되었는데, 여기서 청동으로 만든 젓가락이 출토되었다. 또한 왕망의 신나라 시절 거인 장군인 거무패巨毋霸는 "쇠 젓가락(鐵箸)으로 밥을 먹었다."[667] 당 현종은 총애하는 신하인 송경宋璟에게 금 젓가락을 하사했고,[668] 엄숭의 저택에는 중량이 약 3냥인 금 젓가락 한 짝이 있었다.(『천수빙산록』) 현재도 수많은 고급 음식점이나 호텔에서 여전히 각종 은 젓가락을 사용하고 있으며, 조선족은 스테인리스 젓가락을 선호하고 있다.

상아나 동물의 뼈로 만든 젓가락도 부지기수이다. 청 궁실의 어선방에는 상아 젓가락, 은을 집어넣은 양은도아저鑲銀鍍牙箸[669] 등이 있었으며, 당 현종이 총신인 양국충楊國忠과 그의 친족인 곽국부인虢國夫人 등은 '서저犀箸', 즉 무소뿔로 만든 젓가락을 사용했다.[670]

옥석으로 만든 젓가락은 제왕이나 권세가들이 즐겨 사용한 것 외에도 여러 시문에서도 적지 않게 나온다.

금반, 옥저(조정. 궁궐을 말함)에서는 아무 소식도 없고

---

667 『한서·왕망전王莽傳』, 앞의 책, 4157쪽.
668 [오대] 왕인유王仁裕, 『개원천보유사開元天寶遺事』권1 『문연각사고전서』제1035책, 앞의 책, 844쪽.
669 『청궁선당清宮膳檔』, 『어선방의 금은, 옥 등 기명 저당(御膳房金銀玉等樣器皿底檔)』, 도광道光 23년(1843년) 7월, 중국제일역사당안관中國第一歷史檔案館 소장.
670 [당] 두보, 「여인행麗人行」, 『全唐詩』권216, 앞의 책, 2260쪽.

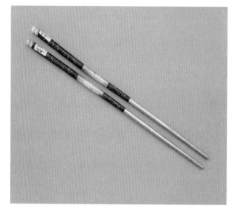

| 젓가락

오늘 정처없이 떠돌다 새 앵두 맛보네.[671]

광랑(야자과의 상록 교목)과 흰 죽순 옥저玉箸에 비치고

야자주椰子酒 맑디맑아 술잔에 어울리네.[672]

대나무나 그냥 나무로 만든 것은 더욱 많다. 오백烏柏(오구목烏臼木), 홍목紅木(산지목酸枝木), 자단목紫檀木, 이목梨木(배나무), 남목楠木, 동청冬青(감탕나무) 등을 모두 재료로 쓸 수 있는데, 그 중에서도 오백과 홍목이 귀하며, 금은을 끼워 넣어 정교하게 만든 것이 최상품이다. 예를 들면 자

---

671 [당] 두보, 「시골 사람이 붉은 앵두를 보내오니(野人送朱櫻)」, "金盤玉箸無消息, 此日嘗新任轉蓬." 『전당시』권226, 위의 책, 2447쪽.

672 [송] 황정견黄庭堅, 「원명유별元明留別」, "桃櫛笋白映玉箸, 椰子酒清宜具觴." 『문연각사고전서』제1113책, 앞의 책, 425쪽.

단상사감옥은양아저紫檀商絲嵌玉銀鑲牙箸, 자단금은상사감옥금저紫檀金銀商絲嵌玉金箸[673], 오목삼양은저烏木三鑲銀箸, 오목양은저烏木鑲銀筷[674] 등이 그러하다. 일반 백성들이 주로 사용하는 것은 가격이 저렴하고 편리하며 무게도 적당하고 탄력성도 있는 대나무 젓가락이다. 대나무 젓가락은 홍목 젓가락처럼 탄력성이 부족한 것도 아니고, 옻칠한 젓가락처럼 오래 쓰면 칠이 벗겨지는 결점도 없다. 백거이의 시「과이생過李生」에 대나무 젓가락을 묘사한 구절이 나온다.

잠깐 만에 시골밥상 들어오니
거친 밥에 미나리 꽃 반찬일세.
흰 사발에 푸른 대나무 젓가락
검소하고 정결하니 비린내 없다네.[675]

시에서 당시 생활하던 모습이 역력히 묘사되고 있다. 소설의 경우도 그러하여『삼협오의三俠五義』에 보면 이런 구절이 나온다. "(그가) 황유사릉죽저(黄油四棱竹箸)로 흰 접시(白沙碟)에서 저린 무말랭이(腌萝卜條)를 집었다."[676]

옻칠한 젓가락은 근대에 들어와 중하류층 집안에서 사용하기 시작

673 『청궁선당』, 『어선방의 금은, 옥 등 기명 저당(御膳房金銀玉等樣器皿底檔)』, 앞의 책.
674 [청] 조설근曹雪芹, 『홍루몽』, 앞의 책, 484, 486쪽.
675 [당] 백거이, 「이생 집을 지나며(過李生)」, "須臾進野飯, 飯稻茹芹英. 白甌青竹箸, 儉潔無膻腥."『전당시』권430, 앞의 책, 4745쪽.
676 [청] 석옥곤石玉昆, 『삼협오의三俠五義』, 상해, 고적출판사, 1980년, 413쪽.

했으며 그 이전에는 주로 중상류층 집안에서만 사용했다. 예를 들어 1972년 장사 마왕퇴 한묘에서 출토된 기물 가운데 붉은 옻칠을 한 젓가락이 있다.[677] 현대에는 플라스틱으로 만든 젓가락을 많이 사용하는데 상아 젓가락처럼 자못 그럴 듯하게 장식한 것도 있으나 고상하다고 말할 정도는 아니다. 젓가락의 재료는 앞서 말한 것처럼 다종다양하다. 또한 장식이나 공예 면에서 상감하거나 구멍을 뚫고 글이나 그림을 새긴 것 등은 보기에도 좋고 가격도 비싸다. 결론적으로 중화 젓가락은 만드는 재료가 다양할뿐더러 장식이나 공예가 세밀하고 아름다워 독특한 실용물이자 또한 완상물玩賞物로 자리 잡았다. 이를 통해 독특한 중화 젓가락의 문화가 형성되었다고 해도 과언이 아닐 것이다.

2) 숟가락

시匙, 즉 숟가락은 고대에 '작勺'이라고 했다. 중국인에게 숟가락은 젓가락에 버금가는 보조 식기이다. 제례에 사용된 것은 젓가락의 전신인 '협梜'보다 훨씬 오래되었다. '작'은 처음에 술을 뜰 때 사용하는 기물이었다. "재인梓人이 마시는 그릇을 만드는데, 작勺은 한 되이고……."[678] 물을 뜰 때는 '작杓'이라고 했는데, 나무 목변을 쓴 것으로 보아 나무 재질이었던 것으로 보인다. 이후 격鬲, 증甑, 부釜, 부缶 등 음

---

677 호남성 박물관·중국과학원 고고연구소, 「장사 마왕퇴 1호묘 발굴 간보(長沙馬王堆一號墓發掘簡報)」, 앞의 책, 1972년.
678 『주례·동관고공기하冬官考工記下·재인梓人』, "梓人爲飮器, 勺一升……." 『십삼경주소十三經注疏』본, 북경, 중화서국, 1980년, 925쪽.

식을 끓이는 데 사용하는 식기가 등장하면서 죽이나 탕을 먹는데 사용하는 탕작湯勺이 분리되었고 이후에 탕을 뜨거나 음식을 입에 넣을 때 사용하는 탕시湯匙가 등장했다. 주작酒勺의 형태나 비匕(숟가락)의 효용을 분석해볼 때 탕시는 늦어도 서한 시절에 상류층의 식탁에 오른 것으로 보인다. 이후 다시茶匙 등이 나왔다. 시匙, 즉 숟가락의 재질은 젓가락보다 광범위해서 금은, 옥, 뿔, 상아, 진귀한 나무, 자기, 구리, 알루미늄, 철, 스테인리스, 법랑, 플라스틱 등 거의 모든 재질을 사용한다. 『천수빙산록天水冰山錄』에 따르면, 엄숭嚴嵩의 집안에서 사용하던 숟가락의 목록에 금다시金茶匙 46개, 은다시와 은대작銀大勺 56개 등이 기록되어 있었다고 한다. 청대 황궁의 어선방御膳房에는 금갱시金羹匙, 금시金匙, 양마노파금시鑲瑪瑙把金匙, 옥파금시玉把金匙, 자단금은상사감옥금시紫檀金銀商絲嵌玉金匙, 은갱시銀羹匙, 은시銀匙, 자단금은상사벽옥갱시紫檀金銀商絲碧玉羹匙, 목파은갱시木把銀羹匙, 자단금은상사감옥은갱시紫檀金銀商

| 중국 고대 수저(탕시湯匙, 국 숟가락)

| 고대 부뚜막(조대竈臺) 모형

絲嵌玉銀羹匙 등이 있었다.[679]

3) 차叉

차叉, 즉 중국식 포크(역문에서는 편의상 포크로 쓴다) 역시 중국인들이 가장 먼저 사용한 보조식기이자 사람들이 고기를 굽거나 음식을 집어 먹을 때 사용한 원시 도구이다. 이후에 나온 '협筴(젓가락)' 역시 포크처럼 음식을 집어먹는데 사용했다. 포크는 늦어도 한대에 이미 상류층 사회의 연회에서 사용되었다. 1959년 5월부터 11월까지 발굴 조사가 이루어진 감숙甘肅 임하臨夏 대하장大何莊의 한묘에서 출토된 부엌에 젓가락, 포크, 작勺, 반盤, 손잡이가 달린 잔(이배耳杯), 빗자루 등 주방용품이나 식기 등의 장식도裝飾圖가 발견되었는데, 그 가운데 포크는 'Y'자 형태였다.[680] 물론 이는 중국인들이 포크를 사용한 최초의 형태가 아니다. 1995년 발굴된 청해 동덕현同德縣의 5000년 전 신석기 시대 마가요馬家窯 문화 유적지(종일宗日 문화로 명명됨)에서 뼈로 만든 포크가 출토되었다. 포크는 세 개의 이빨 형태(三齒式)인데 이빨 사이는 2.6cm, 이빨의 길이는 9cm, 전체 길이는 25.7cm이다.[681] 1957년부터 1959년까지 발굴된 감숙 무위황武威皇 낭낭대娘娘臺 제가문화齊家文化 유적지에서 자루가 좁고 길며, 몸체가 평편하고 가지처럼 길며, 앞쪽에 세 갈

---

679 『청궁선당』, 「어선방의 금은, 옥 등 기명器皿 저당底檔」, 앞의 책.

680 황하黃河 수고水庫 고고대 감숙분대甘肅分隊, 「감숙 임하 대하장 한묘 발굴(甘肅臨夏大何莊漢墓的發掘」, 『고고』, 1961년 제3기, 173쪽.

681 「청해 종일 유적지의 중요 발견(青海宗日遺址有重要發現」, 『중국문물보中國文物報』, 1995년 9월 24일.

래로 갈라진 뼈로 만든 포크(출토 당시에 앞 부분은 이미 손상된 상태였다)가 발견되었다.[682] 20세기 50년대 하남 정주鄭州 이리강二里岡 상대商代 유적지에서 출토된 세 개의 이빨 형태인 뼈로 된 포크는 길이 8.7cm 너비 1.7cm, 이빨의 길이 2.5cm로 형태가 이전 문화 유적지에서 발굴된 것들과 모종의 연원 관계에 있음이 확연하게 드러났다.[683] 한대 이후로 포크는 일상적을 사용되던 보조 식기로 특히 상층 사회의 연회에서 필수적인 기물이었다. 청대 황실에서는 벽옥이나 금은, 또는 자단에 금은을 상감한 다양한 포크가 사용되었는데, 예를 들면 벽옥파금차자碧玉把金叉子, 자단금은상사감옥은차자紫檀金銀商絲嵌玉銀叉子, 자단상사감옥금은차자紫檀商絲嵌玉金銀叉子, 목파도금은차자木把鍍金銀叉子, 목파은차자木把銀叉子 등이 그것이다.[684] 근대에 들어와 스테인리스로 만든 포크가 주로 사용되기 시작했다. 하지만 중국인의 전통적인 식탁에서 포크는 젓가락은 물론이고 숟가락과도 비교할 수 없을 정도로 위상이 낮다. 결국 포크는 중화 민족 전체가 사용하는 보조 식기의 반열에 오를 수 없었다.

4) 도刀

도, 즉 칼은 지금도 중국 서북, 서장 및 동북, 서남 등지의 몽골족과

---

682 감숙성박물관, 「감숙 무위황 낭낭대 유적지 발굴 보고(甘肅武威皇娘娘臺遺址發掘報告)」, 『고고학보』, 1960년 제2기, 69쪽.
683 하남성 문화국 문물공작대 제1대, 「정주 제5 문물구 제1 소구 발굴 간보(鄭州第5文物區第一小區發掘簡報)」, 『문물참고자료』, 1956년 제5기, 37쪽.
684 『청궁선당』, 「어선방의 금은, 옥 등 기명器皿 저당底檔」, 앞의 책.

위구르족, 장족 등 소수민족이 일상적으로 사용하는 보조 식기이다. 그러나 당시 '도'는 비수匕首처럼 생긴 자르거나 베는 데 사용하는 칼이 아니라 주로 익힌 고기를 자를 때 사용하는 칼인 비匕였다. 보다 정확하게 말하자면 당시 사람들이 보편적으로 사용하던 두 가지 비수 가운데 하나라는 뜻이다. 『설문해자주說文解字注』에서 단옥재는 '비匕'에 대해 이렇게 말했다.

> 『예경禮經』에 따르면 비匕는 두 가지 종류가 있다. 비반匕飯과 비서직匕黍稷의 비는 대개 작은 것으로 『예경』에는 많이 보이지 않는다. 특별한 형태의 비匕가 별도 있으니 17편에서 자주 보인다. 상례 때는 뽕나무로 만든 것을 사용하고, 제사 때는 멧대추나무(棘)로 만든 것을 쓴다. 또한 이름도 '도挑'와 '소疏'로 구분하며 대략 반시飯匙(숟가락)보다 크며, 형태는 밥숟가락과 비슷하기 때문에 비匕라고 했다.

그 형태는 연꽃잎처럼 생겼는데, 배 부분이 옅고 자루가 길어 후세의 탕시湯匙와 유사하다. 사실 탕시는 이러한 비두匕頭가 끄트머리 뾰족한 부분이 뭉툭해지면서 도려내는 효용을 상실하면서 오히려 탕을 떠먹는 형태로 진화한 것이라고 할 수 있다. 그러나 선진시대에 이러한 비匕의 진화는 단일한 것이 아니라 두 가지 방향으로 진행되었다. 우선 비가 탕을 떠먹는 도구로서 역할이 강화되면서 동시에 자르는 역할도 강화되었다. 그래서 음식물을 자르는데 사용하는 작은 칼(小刀)이 생겨났다. 이러한 작은 칼이 나중에 자르고 찌르는 작용이 강화되면서 식탁에서 벗어나 격투의 장소로 진입하여 마침내 휴대용 무기인 비수匕首가 나오게 된 것이다. "비수匕首는 검에 속하며 그 머리 모양이 비匕와 같아 비수라고 부른다."[685]

2. 서양 식기류

서양음식에 사용되는 주요 식기는 칼과 나이프, 그리고 수저이다. 이 세 가지가 서양인의 식탁에 보급되기 시작한 것은 대략 16,7세기의 일이다. 서구의 식문화는 서양 전도사들에 의해 중국에 전해지면서 일부 사람들의 흥미와 관심을 불러 일으켰다. 19세기 중엽 영국 상인들은 대량의 서양 식기를 중국으로 가지고 와서 시장에서 많이 팔리기를 기대했지만 묻는 이조차 거의 없을 정도로 판매가 시원치 않았다. 하지만 이후 100여 년 동안 유럽의 문화를 좋아하는 상류층과 지식계층을 중심으로 서양식기를 좋아하는 이들이 점점 많아졌다. 동시에 많아지기 시작한 것이 바로 '번채관番菜館', 즉 서양요리점이다. 서양음식점은 동남 연해뿐만 아니라 내륙 대도시에서도 계속 생겨나 중국인들이 서양 식문화를 접하고 이해할 수 있는 기회가 날로 많아졌다. 동남 연해 개항장이 들어선 광주, 복주, 영파, 상해, 남경 등지는 물론이

685 [당] 구양순歐陽詢, 『예문유취藝文類聚』권60에 인용된 한대漢代 복우服虞의 『통속문通俗文』에 나오는 말이다. 상해, 고적출판사, 1965년, 1085쪽.

고 이후 한구(漢口), 천진, 북경 등 대도시에 서양음식점이 번창하였으며 북쪽 변경의 신흥도시인 하얼빈의 경우 20세기 3,40년대에 각종 서양음식점이 260여 곳이나 들어섰다.[686] 20세기 80년대 이래로 서양음식이 중국인들의 입맛에 익숙해지면서 크고 작은 호텔이나 대형 음식점에서부터 크고 작은 패스트 푸드 음식점에 이르기까지 다양한 형태의 서양음식점이 전국 각지에 생겨났다.(개방 이전 소도시에는 그리 많지 않았다) 그리하여 더욱 많은 중국인들이 칼과 나이프를 사용할 수 있게 되었다.

---

686 조영광, 「용강 음식문화 천담(龍江飮食文化淺談)」, 조영광, 『조영광 식문화 논집』, 앞의 책, 375~403쪽.

• 제4절 •
취사도구

1. 부엌(조竈, 아궁이, 부뚜막)

부엌은 취사도구 가운데 가장 기본적인 도구로 원시인들이 사용했던 불더미에서 시작되었다. 원시시대에 사람들은 나무막대로 수렵물을 지탱하여 불더미 위에서 고기를 구웠을 것이니, 이것이 바로 아궁이 또는 부엌의 초기 형태라는 뜻이다. 이후 화력을 집중하고 불이 옆으로 번져나가는 것을 방지하기 위해 돌로 불더미 옆을 둘러싸거나 구멍을 파서 불을 지폈으니 이러한 원시인들의 화당火塘, 즉 불구덩이에 부엌의 맹아가 존재한다고 해도 과언이 아니다. 삼각형으로 세 군데에 돌무더기를 놓아 삼각형으로 이루어진 취사용 간이 불구덩이는 원시인들이 동굴 앞에서 돌을 쌓아놓고 그 안에서 불을 피던 형태가 진화된 것이다. 이러한 간이 불구덩이는 의심할 바 없이 아무 곳에나 설치할 수 있어 이동하기 편리하다. 발이 세 개 달린 솥인 삼족격三足鬲을 발명하게 된 것은 바로 이러한 원시형태의 불구덩이 부뚜막에서 힌트를 얻은 것일 수도 있다. 이러한 원시 형태의 아궁이(부엌)는 실내보다는 비바람이 없는 집밖에나 야외에서 사용하기에 적합하다. 이러한 일명 삼석조三石竈는 설치하기가 편하고 쉽기 때문에 지금도 특별한 경우 여전히 활용되고 있다. 필자가 대략 50여 년 전에 교외에서 양을 키우는 이들이 삼각조를 만들어 우유를 끓이는 모습을 본 적이 있고, 30여 년 전에는 몽골과 장족이 사는 초원 등지에서 사람들이 이를 사용하는 것을 보기도 했다. 비록 원시적인 것이라 하나 가장 간단하고 또한 편리하기 때문에 지금도 여전히 활용되고 있다.

삼각조 이후 사람들이 한 곳에 정주하여 원시 농업을 시작하면서 땅부엌(지조地竈, 땅 위에 흙이나 돌로 둘러싸서 도기를 넣을 수 있도록 만든 부엌) 형태가 더욱 안정적이고 실용적으로 변했으며, 이동에 편리한 옹기부엌(도조陶竈)도 출현했다. 도조는 섬서 화현華縣 유자진柳子鎮 앙소문화 유적지에서 출토된 것이 대표적인데, 그 도조의 아궁이는 용량도 크고 밀폐되어 있을 뿐만 아니라 외관도 아름답고 실용적이어서 지금 보더라도 감탄을 금할 수 없다.[687] 그 다음은 절강 여요餘姚 하모도河姆渡 유적지에서 출토된 도조이다. 형태는 삼태기처럼 생겼으되 배 부분이 깊고 아래에 받침대가 있으며, 양쪽으로 각기 손으로 잡을 수 있는 귀

---

687 황하 수고 고고대 화현대華縣隊, 「섬서 화현 유자진 고고발굴 간보(陝西華縣系柳子鎮考古發掘簡報)」, 『고고』, 1959년 제2기, 73쪽.

가 달렸다.[688] 도조는 이동이 가능한데, 이는 실외의 풍향 및 실내에서 비를 피하고 난방 등을 고려한 것이지 이곳저곳으로 옮기기 위한 것일 가능성은 그리 크지 않다. 하지만 당시 사람들은 기본적으로 땅을 파서 만든 부엌을 주로 사용했다. 이런 부엌은 일반 백성들이 거주하는 가옥에서 흔히 볼 수 있는 것으로 선진시대에 이미 보편적으로 존재했다. 당시 군대가 사용했던 부엌 역시 이런 도조이다. 전국시대 손빈孫臏은 제나라 군사軍師로 방연龐涓을 앞세운 위魏와 싸우면서 장군 전기田忌에게 "우리 제나라 군사들이 위나라 땅에 들어간 후에 10만개의 부엌을 만들고, 그 다음 날은 5만 개, 또 그 다음날은 3만개로 줄여나가야 합니다."[689]라고 조언했다. 군대에서 임시로 사용하는 부엌의 숫자를 줄여 마치 군사가 줄어든 것처럼 속여 적을 유인하겠다는 뜻이다. 결국 그는 마릉馬陵에서 방연이 이끄는 위나라 대군을 섬멸하고 만다. 이처럼 당시 군대에서 활용했던 땅을 파고 만든 부엌은 비록 원시적이고 간단하기는 하지만 지금도 야외에서 흔히 사용되곤 했다.

한대로 들어오자 사람들은 땅바닥 위에 진흙이나 벽돌로 쌓아 만든 부엌을 사용했다. 이러한 부엌의 형태는 한대 화상석이나 전塼, 수없이 많은 명기明器 도조 등에서 쉽게 볼 수 있다. 이러한 부엌에는 일반적으로 1~3개의 아궁이가 있는데, 아궁이가 하나인 경우 부뚜막은

---

688 절강성 문물관리위원회, 절강성박물관, 「하모도에서 발견한 원시사회 중요 유적지(河姆渡發現原始社會重要遺址」, 『문물』, 1976년 제8기. 절강성 문물관리위원회, 절강성박물관, 「하모도 유적지 제1기 발굴 보고(河姆渡遺址第一期發掘報告)」, 『고고학보』, 1978년 제1기, 39쪽.
689 『사기·손자오기열전孫子·吳起列傳』, "使齊軍入魏地爲十萬竈, 明日爲五萬竈, 又明日爲三萬竈." 앞의 책, 1959년, 2164쪽.

기본적으로 정방형이고 부엌 뒤쪽에 비스듬히 서 있는 굴뚝이 있다. 아궁이가 두 개나 세 개인 경우 부뚜막이 장방형이고, 큰 부뚜막은 앞에 그리고 작은 부뚜막은 뒤에 있다. 주된 화력은 큰 아궁이 아래에 있고, 작은 아궁이는 연기가 나가는 방향에 두어 예열하거나 보온 또는 약한 불을 쓸 때 사용했다. 작은 아궁이 뒤편에 비스듬히 서 있는 굴뚝이 있다. 이는 연료를 절약하면서도 충분히 활용하려는 지혜의 발로이다.[690]

봉건시대 중엽 이후로 아궁이가 세 개인 부엌은 점차 줄어들고 두 개의 부엌은 남방에서 흔히 쓰였다. 하지만 북방의 경우는 주로 아궁이가 하나인 부엌이 대종이었다.[691] 이는 북방의 경우 겨울에 날씨가 춥기 때문에 난방에 활용하기 위함이다. 그래서 구들(炕) 구조로 한 개의 아궁이에서 땐 불이 방고래를 통과하면서 실내가 오랫동안 따뜻하게 만들었다. 일반적으로 굴뚝을 방밖에 높이 올리기 마련인데, 부뚜막에는 별도의 연기 배출구를 만들지 않는다. 그러지 않으면 연기가 빠지지 않고 되돌아 나오거나 연료가 제대로 연소되지 않는다. 북방 속어에서 "온돌이 뜨거워야 집이 따스하다."는 말은 바로 이러한 생활

---

690 다음을 참고하시오. 하남성 문화국 문물공작대, 「정주 남관 159호 한묘 발굴(鄭州南關159號漢墓的發掘)」, 『문물』, 1960년 제8—9기, 21, 24쪽. 「낙양 소구유14호 한묘 발굴 간보(洛陽燒溝西14號漢墓發掘簡報)」, 『문물』, 1983년 제4기. 절강성 문물관리위원회, 「절강 소흥 이저 동한 묘 발굴 간보(浙工紹興漓渚東漢墓發掘簡報)」, 『고고통신』, 1957년 제2기, 11쪽. 광주시 문물관리위원회, 「광주 동물원 동한 건초 원년 묘 정리 간보(廣州動物園東漢建初元年墓清理簡報)」, 『문물』, 1959년 제11기, 16~17쪽.
691 소천균蘇天鈞, 「북경 교구 요묘 발굴 간보(北京郊區遼墓發掘簡報)」, 『고고』, 1959년 제2기, 91쪽. 장덕광張德光, 「산서 강현 배가보 고묘 정리 간보(山西絳縣裴家堡古墓清理簡報)」, 『고고通讯』1955 年4 期, 59쪽.

경험에서 우러나온 것이다.

오늘날까지도 생활방식이 근본적으로 변하지 않았기 때문에 이러한 형태의 전통적인 부엌은 여전히 중국의 광범위한 농촌에서 보편적으로 사용되고 있다. 전통적으로 아궁이에 넣고 때는 연료는 들풀, 짚, 나뭇가지, 장작 등이다. 중국 역사에 석탄을 때거나 원유를 사용했다는 기록이 나오긴 하지만 이러한 부엌 아궁이에는 적용되지 않는다. 흑룡강을 비롯한 북방의 여러 중소도시에 일반인들이 사는 단층집의 경우 여전히 진흙이나 벽돌로 만든 구들을 깔아 난방에 이용하고 있다. 전통적인 부엌 구조가 상당히 높은 비율을 차지하고 있다는 뜻이다. 물론 지금은 난방에 사용되는 연료가 땔감에서 석탄이나 석유 등으로 바뀌었기 때문에 부엌 구조 역시 크게 변화했다. 경제가 발전하고 문명이 진보함에 따라 기존의 땔감 아궁이가 연탄아궁이로 변화했으며, 이에서 한 걸음 더 나아가 가스나 전기, 태양광 등으로 난방하고 취사하면서 점차 아궁이 자체가 사라지고 부엌 또한 크게 바뀌고 있다.

근대 이래로 안에 진흙을 바르고 밖은 철판으로 만들어 구공탄이나 알탄(일명 조개탄)을 때는 소형 난로가 중원과 강남 지역에서 일상적인 취사도구로 사용되었다. 그러나 20세기 80년대 이후로 가스난로로 대부분 바뀌었다.

고고학적 발굴을 통해 우리는 중국역사에서 아궁이(화로)의 방식이 고정식과 이동식 두 가지로 대별되었다는 것을 알 수 있다. 고정식은 비교적 규모가 큰 것으로 북방에서 실내와 온돌이 연결되는 부뚜막,

겨울에 난방을 위해 실내에 만든 화로, 서남지역에서 주로 사용하는 화당火塘 등의 형식 외에도 여러 형태의 술집이나 음식점, 식당 등의 부엌, 임시 혹은 단시간에 땅을 파서 만든 부엌, 그리고 소금을 만드는 부엌 등에서 사용했다.

이에 반해 이동이 가능한 아궁이(화로)는 비교적 작은 것으로 황하 유역 특히 중원 이남에서 광범위하게 사용되었다. 용도는 삼시세끼 를 해먹는 것 외에도 물을 끓이고 차를 달이며, 술을 데우고 약을 달일 때, 또는 겨울에 난방용으로 사용했다. 연료는 일반적으로 목탄이나 장작 또는 석탄(근대에 들어오면 연탄이나 알탄)이다. 춘추시대부터 한대 를 거쳐 남북조시대에 이르기까지 고기 등을 구워먹는 고로烤爐는 모 두 이런 화로 종류에 속한다. 1983년 광주 남월왕南越王 조매趙眛의 묘 에서 출토된 청동 고로가 예증이다.[692]

백자 사발은 매우 깨끗하고
붉은 화로에 숯이 활활 타오르네.[693]

잠시 노공路公(송대 文彦博)의 가풍을 배워 명차를 마시고자

---

692 광주 상강象崗 한묘漢墓 발굴대, 「서한 남월왕 묘 발굴 기초 보고(西漢南越王墓發掘初步報告)」,
    『고고』, 1984년 제3기, 227쪽. 이용장李龍章, 「광서 서한 남월왕 묘에서 출토된 청동 용기 연구
    (廣州西漢南越王墓出土青銅容器研究)」, 『고고』, 1996년 제10기, 56쪽.
693 [당] 백거이, 「잠을 자고 일어나 차를 마시며 양동주(백거이의 처형인 양여사楊女士)를 추억하
    며(睡後茶興憶楊同州)」, "白瓷甌甚潔, 紅爐炭方熾." 『전당시』권453, 앞의 책, 512쪽.

벽돌 화로와 돌 냄비를 어디나 가지고 다니네.[694]

앞에 백거이 시에 나오는 '붉은 화로(紅爐)'는 가마에서 구운 '홍니로 紅泥爐'이고, 뒤에 소식의 시에 나오는 '벽돌 화로(磚爐)'는 벽돌을 쌓아 만든 작은 화로이다. 양자는 모두 휴대하기 편하고 자유롭게 이동할 수 있는 화로이다. 『홍루몽』 제38회에 보면, 우향사藕香榭에서 차를 끓 이고 술을 데우는 대목이 나오는데, 그 때 사용한 것도 작은 화로이다.

"가모賈母와 왕부인王夫人 등이 함께 우향사 안으로 들어가 보니 난간 밖에 대나무로 만든 탁자가 두 개 놓여 있는데, 하나에는 술잔이며 젓 가락 등 주구酒具(술 마시는 데 필요한 기물)가 놓여 있고, 다른 하나에는 다롱茶籠이며 각종 찻잔과 접시 등 다구茶具가 놓여 있었다. 난간 저 편에는 두세 명의 시녀들이 풍로에 부채질을 하며 차를 끓이고, 다른 한 편에선 몇몇 시녀들이 마찬가지로 풍로에 부채질을 하며 술을 데 우고 있었다.……"

이러한 형태의 작은 화로는 20세기 80년대 중엽 북경이나 천진, 상 해 등 대도시 일반 시민들이 집에서 밥을 하거나 물을 끓였던 전통적 인 도구였다.

---

694 [북송] 소식, 「과거 시험장에서 차를 끓이며(試院煎茶)」, "且學公家作茗飲, 磚爐石銚行相隨." 『동파시집주東坡詩集注』권7, 『문연각사고전서』제1109책, 앞의 책, 101쪽.

2. 솥(력鬲)과 시루(증甑)

1) 력鬲

력과 증, 즉 발 달린 솥과 시루는 신석기 시대 인류가 사용한 가장 중요한 취사도구이다. 상주 시대 귀족계층은 청동으로 만든 솥과 시루를 사용했다. 솥은 입구가 둥글고 크며, 배 부분이 넓고 깊으며, 아래에 세 개의 대족袋足(주머니처럼 속이 빈 발)이 달려 있다. 주로 유동식이나 물을 끓이는 용도였으며, 간단한 아궁이에 설치하여 사용했다. 솥은 형태면에서 볼 때 동이(분盆) 형태의 질그릇이 끓이거나 삶는데 편리한 방향으로 발전한 결과물이라 할 수 있다. 솥의 출현은 선사시대 인류가 '팽烹', 즉 '자煮' 다시 말해 삶아 먹기 시작했음을 나타내는 일종의 혁명적 사건이었다. 솥이 발명됨으로써 각종 식재료를 하나의 기물에 넣고 물을 매개로 끓이고, 삶고, 졸이고, 굽고, 볶는 과정이 가능해졌다.[695] 솥 안에 각종 곡류와 야생 채소는 물론이고 크고 작은 짐승의 고기와 물고기, 곤충 등을 넣어 끓였으니, 주재료와 보조재료, 그리고 조미료까지 한 데 집어넣어 종합적으로 영양분을 섭취할 수 있는 탁월한 취사도구인 셈이다.

2) 증甑

증甑, 즉 시루는 솥이 나온 이후에 출현한 중요한 취사도구이다. 시

---

695 역주: 원문은 이런 가공 기법을 자煮(삶다), 돈炖(삶다), 외煨(굽다), 오熬(볶다), 호烀(삶다) 등의 단어로 표현했다.

루의 발명 역시 선사시대 인류의 식생활과 음식문화에 가히 혁명적인 변화를 가져왔다. 시루는 인류가 '증蒸', 즉 수증기로 '찜'을 통해 열을 전달하여 음식을 익히는 기법을 알게 되었다는 것을 뜻하기 때문이다. 이로써 이전까지 솥에 모든 음식을 넣어 함께 끓여 먹는 방식에서 벗어나 주식과 부식을 나누어 쪄먹을 수 있는 방법이 마련되었다. 이로부터 사람들은 점차 '밥'과 '반찬(채菜)'이라는 별개의 개념을 갖게 되었다.

시루의 형태는 입구가 넓고 바닥이 깊어 지금의 찜통과 크게 다르지 않다. 바닥에는 수증기가 올라오는 구멍이 나 있다. 그래서 "도기를 만드는 이들이 시루를 만들 때……일곱 개의 구멍을 냈다."[696]고 한 것이다. 또한 바닥이 없이 별도로 비箄(대나무 발)를 올려놓는 경우도 있는데, 이는 당연히 보다 발전한 형태이다. 시루는 독립적으로 쓸 수 없으며, 반드시 솥 위에 올려놓고 써야만 한다. 오직 음식을 찌는 데 사용하는 것이기 때문이다. 격鬲이 사람들의 식생활에서 퇴출된 후에도 시루는 여전히 오랫동안 사용될 수 있었던 것은 보다 편리하고 실용적인 확鑊(발 없는 큰 솥)을 사용했기 때문이다. 『설문해자주』에서 단옥재는 시루의 용법에 관해 다음과 같이 주를 달았다.

"시루는 쌀을 쪄서 밥을 만드는 것이다. 아래에 일곱 개의 구멍이 뚫려 있기 때문에 반드시 대나무 발(箄)로 시루 바닥을 덮고, 그 위에 쌀

---

696 『주례·동관고공기冬官考工記下·도인陶人』, 『십삼경주소』본, 앞의 책, 924쪽.

을 올려 찌고(분餴), 뜸을 들인다(유餾)."

일단 한 번 찐 다음에 다시 쪄야만(뜸을 들여야만) 성공할 수 있다. 이처럼 증기로 쪄서 만든 밥을 일러 '증반蒸飯', 즉 찐밥이라고 한다. 20세기 중엽에도 여전히 즐겨 먹던 '노반撈飯(밥을 끓이다가 건져서 찐 밥)'이나 '민반燜飯(뜸들인 밥)'은 증반이 변화 발전한 형태이다.

동한 말년 유명한 관리였던 진식陳寔이 집안에서 손님을 맞이하여 식사를 대접하게 되었는데, 자신의 두 아들인 진기陳紀와 진심陳諶에게 밥을 짓도록 했다. 그런데 두 아들이 부친과 손님이 하는 말을 엿듣느라 "밥할 때 대나무 발을 올려놓는 것을 잊어버려 그만 쌀이 솥 안으로 떨어지고 말았다." 진식이 "밥을 짓는데 왜 뜸을 들이지 않느냐?"고 묻자 아들이 대답하길, "아버님께서 손님과 말씀하시는 것을 몰래 엿듣느라 쌀을 대나무 받침대에 올려놓는 것을 잊어버리는 바람에 지금 죽이 되고 말았습니다."라고 했다.[697]

인용문에 나오는 정경은 당시 실제 생활을 정확하게 반영하고 있다. 시루인 증甑이 개량된 형태는 언甗(바닥이 없이 발을 사용하는 시루)이다. 상주商周 시대 귀족들이 주로 예기에 사용했던 청동으로 만들었다. 증과 언이 서로 다른 점은 바닥의 유무이다. 그래서 언을 사용할 때는 반드시 대나무 발이 필요하다. 『설문해자』에 따르면, "언甗은 증甑이다. 구멍이 하나만 뚫렸다(一穿)." 여기서 '일천一穿'이란 바닥이 없다는 뜻

697 [남조송] 유의경, 『세설신어·숙혜제12夙惠第十二』, 상해, 고적출판사, 1982년, 36쪽.

으로 대나무 발을 사용해야 함을 설명한 것이다. 증과 언이 한층 더 발전한 것이 대나무나 나무로 만든 농체籠屜(나무찜통, 나무시루)이다.

3. 가마(부釜)와 노구솥(당鐺)

1) 부釜

부, 즉 발이 없는 큰 솥(가마) 역시 신석기 시대에 나온 중요한 취사 도구 가운데 하나이다. 가마의 효용과 형태는 의심할 바 없이 력이나 증, 모래가 섞인 옹기(협사관夾砂罐)의 영향을 받았다. 땅을 파서 불구덩이를 만드는 지조地竈가 출현한 후 아궁이의 형태가 부단히 발전했다. 속을 깊이 만들어 열기를 집중시키고 통풍이 잘 되며 설치가 편한 아궁이가 출현하면서 력鬲에 달린 세 개의 발이 예전의 영광을 잃고 군더더기가 되고 말았다. 그래서 주머니처럼 속이 빈 발을 떼어버린 것이 바로 부釜이다. 『설문해자』의 단옥재 주에 따르면, 부釜는 "크기나 상하가 증과 같다(大小上下若甑)." 입구는 살짝 안으로 들어가 있고(염

| 노구솥 당鐺

구(敏口) 바닥은 통가리처럼 생겨(돈저囤底) 지금의 배가 깊고 입구가 넓은 항아리 비슷하다. 상주 시대에 귀족들이 사용하던 부는 대부분 청동으로 만들었는데, 한대로 넘어오면서 쇠로 만든 것을 썼다. 하지만 한대가 끝날 때까지도 일반 서민들은 기본적으로 진흙을 구워 만든 옹기 솥(질솥)을 썼다. 부, 즉 가마가 출현하면서 기존의 솥이나 시루(鬲, 甑, 甗) 등은 역사의 뒤안길로 접어들었다. 전국시대부터 서한 초엽까지 바닥이 깊고 배 부분이 장구처럼 들어가 있으며, 입구가 바깥쪽으로 두툼하게 벌어진 무鍪(발이 없는 큰 솥으로 투구처럼 생겼다고 해서 붙인 이름)가 유행했는데, 이는 부釜의 과도기 형태로 보인다.

진흙을 구워 만든 것이든 아니면 청동으로 만들거나 쇠로 만든 것이든 부釜는 기능면에서 본질적으로 구별이 없다. 부는 모두 삶고, 끓이고, 볶는 용도로 사용하는 솥(가마)이다. 쇠로 만든 솥은 내열성이 강해 특히 뜸을 들이는 데 유용하다. 하지만 진흙으로 구워 만든 도기 솥은 안에 물이 적으면 깨지기 쉽고, 청동 솥은 녹이 슨다는 결점이 있다. 초기에 쇠로 만든 철부鐵釜는 배 부분이 위아래로 깊고 바닥이 가파르게 움푹 들어가 있으며, 내벽이 투박하고 거칠다. 이로 보건대, 기본적으로 음식물을 삶거나 끓이는 데 사용했다. 철부의 형태는 도부陶釜나 청동정青銅鼎의 영향을 받은 것이 분명하다. 초기 형태는 비교적 대형이기 때문에 큰솥이란 뜻에서 '확鑊'이라고 부르기도 했다. 『회남자·설산훈說山訓』에 보면, "고기 한 점을 맛보면 큰솥에 든 고기의 맛을 죄다 알 수 있다(嘗一臠之肉, 知一鑊之味)."는 말이 나온다. 고유高誘의 주에 따르면, "발이 있는 것은 정鼎, 없는 것은 확鑊이다." 이를 통해 형태의 대강을 유추해볼 수 있다. 이후 점차 소형화하면서 벽은 얇아지고 배 부분이 얕아지는 방향으로 변화 발전하면서 지금도 중국 농촌에서 광범위하게 사용되는 주철과 鑄鐵鍋(무쇠 솥, 무쇠냄비)가 생겨났다. 현재도 주방에서 사용되고 있는 왁(wok)⁶⁹⁸이 바로 이러한 중국 전통 무쇠솥이 변화 발전한 조리기구이다. 청동으로 만든 정鼎은 기본적으로 예기禮器이기 때문에 부釜 계열에 넣을 수 없다.

2) 노구솥(당鐺), 냄비(요銚), 지짐판(전로煎爐)

당鐺은 한나라 시절 유행한 쇠솥으로 작고 내벽이 얇으며 배가 낮고 평평하며, 아래 세 개의 발이 달렸다. 주로 떡처럼 편평한 음식을 지지거나 부치는 데 사용한다. 북제北齊 고조高祖는 총애하는 신하들에게 연회를 베푸는 것을 낙으로 삼았는데, 하루는 연회석상에서 수수께끼를 냈다. '전병煎餅'을 알아맞히는 문제였다. 석동공石動筒이 고조의 수수께끼에 대해 답을 했는데, 고조가 다시 신하들에게 수수께끼를 내보라고 했다. 다른 신하들이 아무 말도 하지 못하고 있을 때 석동공이 입을 열어 고조가 낸 수수께끼와 똑같은 문제를 냈다. 그러자 고조가 물었다. "내가 처음에 그것으로 수수께끼를 냈는데, 어찌 다시 내는고?" 그러자 석동공이 대답했다. "대가大家(고조)의 뜨거운 당자두鐺子頭를 빌려 한 개를 더 구웠습니다." 고조가 껄껄 크게 웃었다.⁶⁹⁹ 여기에

---

698 역주: 왁(wok)은 鑊의 한어발음인 huo에서 나왔다.
699 [송] 증조曾慥, 『유설類說·계안록啓顔錄·전병미煎餅謎』, 『문연각사고전서』제873책, 앞의 책, 241쪽.

나오는 당자鐺子가 바로 우리가 말하고 있는 그것이다.

요銚는 '선鐥'(가래를 뜻하기도 하나 여기서는 작은 솥을 말한다)이라고 부르기도 하는데, 한대에 처음 보인다. 처음에는 도기陶器였는데, 입 부분이 크고 손잡이와 주둥이가 있으며, 음식을 끓이거나 삶는 데 사용했으며, 나중에는 구리 등 금속으로 만들었다.『정자통正字通·금부金部』에 따르면, "요銚는 지금 솥(釜)의 작은 형태로 손잡이와 주둥이가 있는 것 역시 요이다." 공자진의 시에 보면, "밤 깊은데 비단 휘장에 매화 그림자 흔들흔들, 봄은 아직 찬데 은요銀銚(은으로 만든 작은 탕관)에 끓이는 탕약 향내."[700]라는 구절이 나오는데, 일종의 약탕기로 '요'를 사용했음을 알 수 있을 뿐만 아니라 재질이나 용도가 상당히 광범위했음을 추론할 수 있다.

전로煎爐는 위아래에 쌍층 구조로 두 개의 원판을 사용한 조리기구이다. 1978년 호북 수현隨縣 증후을묘曾侯乙墓에서 출토된 전로가 대표적이다. 기물의 높이는 21.3cm, 두 개의 원판 사이에 받치고 있는 네 개 기둥의 높이는 각기 15cm이고 원판의 직경은 39.3cm이다. 위쪽 원판의 깊이는 6cm, 양쪽에 각기 20.5cm 길이의 쇠사슬이 있다. 아래쪽 원판은 깊이가 3.5cm이고 판 바닥에 네모 형태의 구멍이 나 있으며, 판 아래 세 개의 발굽 형태의 발이 있다. 출토 당시 원판 안에는 물고기 뼈와 매실의 씨앗 잔유물이 남아 있었고, 아래 원판에는 목탄 잔

---

700 [청] 공자진,「경진시43수庚辰詩四十三首」, "夜久羅幬梅弄影, 春寒銀銚藥生香."『공자진전집龔自珍全集』제9집, 상해, 상해인민출판사, 1975년, 443쪽.

유물이 남아 있었다.[701] 이와 유사한 것으로 1923년 하남 신정新鄭 이가루李家樓의 춘추시대 대묘大墓에서 출토된 왕자영차로王子嬰次爐[702]와 1983년 광주 남월국南越國 2대 왕인 조매趙眜의 묘에서 출토된 전로煎爐 등이 있다.[703]

당, 요, 전로 등은 모두 솥 유형으로 근현대에 중요한 조리기구인 초작炒勺(중국식 프라이 팬. 북방에서 유행함), 초표炒瓢(남방에서 유행함), 바닥이 낮은 전로 등의 초기 형태이다. 이처럼 정교하고 편리한 조리기구가 광범위하게 보급되고 다양하게 이용되면서 당송 이후로 '초炒', 즉 볶음을 중심으로 한 전煎(기름으로 지짐), 작炸(기름에 튀김), 폭爆(끓는 기름이나 물에 데침), 팽烹(삶음), 유熘(전분을 넣고 볶음), 편煸(기름에 볶아 반쯤 익힘), 소燒(조림), 회燴(밥에 육류와 야채를 넣고 끓임), 배扒(반쯤 익힌 식재료를 기름에 튀긴 후에 은근한 불로 끓임), 첩貼(부쳐 익힘), 외煨(은근한 불로 오랫동안 가열함) 등 일련의 조리기법이 계속해서 출현했다(남북조 이전과 구별된다). 또한 이로 인해 중국의 음식 종류가 더욱 많아졌으며, 중국인들의 식탁(특히 상류계층) 역시 훨씬 풍부해졌다. 중국의 식문화가 더욱 다채로워진 것은 말할 것도 없다. 20세기 이후로 알루미늄, 알루미늄 합금, 스테인리스, 강화유리, 도자기 등 새로운 재질로 만든 조리기구가 계속 등장했다. 고온찜열기, 전기밥솥, 압력밥솥, 원적외선을

701 고철부顧鐵符, 「수현 전국 묘에서 발굴된 몇 건의 문물에 관한 논의(隨縣縄國墓幾件文物器名商榷)」, 『중국문물』, 1980년 제2기.

702 역주: 화로 내벽에 '왕자 영차의 화로(王子嬰次之燎爐)'라는 명문銘文이 적혀 있다.

703 광주시 문물관리위원회 등, 『서한 남월왕 묘(西漢南越王墓)』, 북경, 문물출판사, 1991년.

이용한 레인지 등은 중국인의 식생활 습관이나 면모를 광범위하고 또한 심각하게 변화시켰다. 이전 역사시기에 이루어졌던 모든 식문화의 변혁을 뛰어넘어 기구와 공예, 그리고 관념과 습관 등 모든 영역에서 전면적으로 전개되었다.

· 제5절 ·
가공 기구

1. 칼

칼과 도마는 가장 기본적인 주방용품으로 모든 가정은 물론이고 혼자 밥을 해먹는 독신자들도 반드시 있어야 하는 필수품이다. 금속으로 만든 칼이 등장하면서 수천 년 동안 이용했던 조개껍질이나 뼈나 돌, 나무나 대나무 등으로 만든 원시 형태의 절단 도구들이 모두 도태되었다. 금속재질로 만든 칼은 구리로 처음 만들었다가 청동을 거쳐 철과 강철로 바꾸어 중국인의 주방, 특히 귀족이나 상류층의 주방으로 제일 먼저 들어가 식생활을 개선하고 풍부하게 만드는 데 중요한 요인이 되었다. 그러나 이러한 금속 재질의 칼이 주방으로 들어오기에 앞서 제일 먼저 활용된 것은 역시 전쟁터였다. 무사들이 적을 살상하는 검을 비롯하여 비수, 칼, 과戈(창), 극戟(창), 모矛(자루가 긴 창),

도끼(鉞), 낫(鐮), 심지어 화살촉까지 모두 금속으로 만들었으며, 특히 검이나 비수, 칼 등은 생고기나 익힌 고기를 자르는데 사용되기도 했다. 번쾌樊噲가 항우項羽의 장막에서 "검을 빼들고 돼지의 어깨살을 베어 먹은 것"[704]이 한 예이다. 하지만 이는 주방용 칼이라고 할 수 없으니 엄격한 의미에서 주방용 가공도구가 아니다. 춘추전국시대부터 한대까지 주방에서 사용하던 칼의 형태로 볼 때, 주로 가축을 죽이거나 생고기를 자를 때, 그리고 익힌 고기를 조각낼 때 주로 사용한 것으로 보인다.

사천에서 출토된 전국시대와 한대 분묘의 부장품 가운데 작은 쇠칼이 있는데, 이를 통해 당시 사용한 칼의 기본 형태를 확인할 수 있다. 사천 파현巴縣 동순패冬笋壩 전국 및 한대 묘에서 네 자루의 작은 칼이 출토되었다. 길이는 각기 22.4cm, 11cm, 7.1cm, 7~8cm이고, 비수 형태로 요즘의 종이 자르는 칼과 매우 비슷하여 중력을 이용하여 내리쳐 자르는 칼이 아닌 것만은 분명하다.[705] 1954년 10월 정주 남관 밖 동한시대 묘에서 전체 길이 31cm인 청동 칼 한 자루가 출토되었다. 형태는 앞서 말한 칼과 비슷하나 둥근 고리가 달렸다는 점이 다르다.[706] 몽골이나 장족 사람들이 휴대하면서 고기를 자르는데 사용하던 칼과 유사한 작용을 한 것으로 보이는데, 죽간이나 목간을 자르거나

---

704 『사기·번쾌열전樊噲列傳』, 북경, 중화서국, 1959년, 2654쪽.
705 이전 서남西南박물원, 사천성문물관리위원회 「사천 파현 동순댐 전국 및 한묘 정리 간보(四川巴縣冬笋壩戰國和漢墓淸理簡報)」, 『고고』, 1958년 제1기.
706 유동아劉東亞, 「정주 남관 밖 동한 묘 발굴(鄭州南關外東漢墓的發掘)」, 『고고학통신』, 1958년, 제2기.

| 산동 제성諸城 양대촌凉臺村 동한 말기 화상석에 나오는 「포주도庖厨圖」 모사 그림

글자를 지울 때 사용했을 가능성을 완전히 배제할 수 없다.

한대 화상석이나 화상전畵像磚에 나오는 주방용 칼은 대부분 긴 비수 형태로(청동 병기에 나오는 비수와 유사하다) 얇게 자르거나 베는 데 사용하기에 적합하지 않다. 당시 소나 돼지, 개 등 가축을 도살할 때는 먼저 돌이나 금속, 나무로 만든 망치로 쳐서 혼절시킨 후 칼을 사용했다. 예를 들어 산동 제성諸城 양대촌凉臺村 동한 말기 화상석에 유명한 「포주도庖厨圖」가 그려져 있다. 이를 보면 사람들이 뭉치를 들고 소나 돼지, 개 등을 때려잡는 모습과 칼로 양을 잡는 모습이 그려져 있다. 그림에는 양을 도살하는 것부터 고기를 나누는 것까지 전체 10가지 장면이 나온다. 흥미로운 점은 칼의 길이나 형태가 현재 민간에서 돼지를 잡아 피를 뺄 때 사용하는 예리한 칼과 비슷하다는 것인데, 이는 그림을 그린 사람이 제멋대로 그린 것이 아니라 당시 주방의 모습을 사실적으로 묘사한 것이다.[707]

---

707 임일신任日新, 「산동 제성 한묘 화상석(山東諸城漢墓畵像石)」, 『문물』, 1981년 제10기, 19쪽.

당송 이후로 사회경제가 발전하고 기술이 발달함과 동시에 일반 대중들의 노동 경험이 축적되면서 식품이나 조리법 등이 거의 도약하듯이 발전했다. 이처럼 당연한 역사적 추세에 따라 기존의 부, 당, 요 등솥의 형태 변화에 상응하는 주방용 칼의 효용이나 기능이 보다 다양하게 변화 발전했다. 베고(割), 치고(批), 자르고(切), 깎고(削), 문지르고(抹), 조각내는(片) 등 기본적인 칼의 운용방법은 물론이고 쳐서 자르고(批切), 날 것을 깎고(生削), 넓게 자르고(闊切), 조각을 치고(片批), 가늘게 문지르고(細抹) 등 보다 세세한 운용을 위해 형태나 무게, 두께, 칼날의 날카로움과 무딤 등이 각기 다른 다양한 칼이 필요하게 되었다.[708] "당나라 요리사의 절묘함(唐厨精絶)"[709]이라든지 "송나라 요리의 풍성함(宋肴丰美)"이라는 말은 당시는 물론이고 이후에도 중국 요리에 대한 찬사이자 정론을 대변한다.

문헌을 찾아보면 상주商周에서 당나라 이전까지 대략 2천여 년 동안 유전된 풍성한 요리의 품목만 해도 거의 1백여 종이나 된다. 이후 당송, 특히 송나라 3백여 년 동안에는 더욱 요리가 풍성해졌다. 『동경몽화록』이나 『몽양록夢粱錄』 등 몇몇 전적에 기록된 요리는 거의 수백 종에 달한다. 물론 다양한 문화적 요인으로 인해 문헌 기록에 편차가 있을 수 있겠지만 중국 봉건사회 중엽 도시의 팽창과 상품경제의 발전,

---

708 [송] 맹원로孟元老, 등지성鄧之誠 주注, 『동경몽화록주東京夢華錄注』, 북경, 중화서국, 1982년. [남송] 내득옹耐得翁, 『도성기승都城紀勝』, 『문연각사고전서』제590책, 앞의 책. [남송] 오자목吳自牧, 『몽양록』, 『문연각사고전서』제590책, 위의 책. [남송] 주밀周密, 『무림구사武林舊事』, 『문연각사고전서』제590책, 위의 책.
709 [청] 원매袁枚, 『고사기사姑蘇紀事』주注, 『소창산방시집小倉山房詩集』권19, 상해, 고적출판사, 1988년, 437쪽.

| 만당晚唐 시절 작품으로 돈황敦煌 막고굴莫高窟 제85굴 벽화인 〈도방屠房〉.
요리사가 주방에서 고기를 자르고 있다.

음식업의 번창 등이 식품 종류가 다양해지고 풍부해지는데 근본원인
이 되었다는 사실은 결코 부정할 수 없다. 그 배후에 있는 중요한 요인
가운데 하나는 다양한 용도의 칼을 포함한 주방 및 음식기구의 발달이
다. 양자는 상호 표리의 관계라고 해도 과언이 아닐 것이다. 오늘날 유
명한 조리사나 주방장들이 마치 마술사처럼 화려하게 사용하는 각종
칼, 예를 들어 비도批刀, 참도斬刀, 괄도刮刀, 우각도牛角刀, 방도方刀, 편도
片刀 등 주방용 칼은 이미 송대에 기본적으로 완비되었다.

2. 도마(조組)

도마는 고기를 담거나 자를 때 사용하는 주방용 도구이다. 이른바 홍문연鴻門宴이 벌어지는 자리에서 항우가 패공沛公 유방을 해치려 하자 이를 눈치 챈 장량張良이 번쾌를 그 자리로 보내 유방을 구해냈다. 유방이 아무 말도 없이 자리를 뜬 것이 마음에 걸리자 번쾌가 이렇게 말했다. "지금 저들은 칼과 도마(刀組)가 되고, 우리는 그 위에 놓인 물고기와 고깃덩이인데, 이런 상황에 무슨 작별의 예란 말입니까?"[710] 여기에 나오는 도마는 이미 이전 시대에 제사할 때 사용하던 도마와 직접적인 관련이 없다. 이후에 나온 점판砧板은 여기에서 파생된 것으로 자르거나 쪼개서 제공되는 음식 또한 어육으로 한정되지 않았다.

예기禮器로 사용되던 도마(組)는 높은 다리가 있고 위쪽이 평편한데, 호북 강릉江陵 초묘楚墓에서 출토된 나무 도마가 대표적이다.[711] 조組가 예기의 외피를 벗고 일반 사람들의 주방에서 사용하는 생활도구가 된 이후로 규격이나 형태 면에서 아무런 제약도 받지 않았다. 각종 목질의 '점판' 외에도 원목을 횡으로 잘라 만든 '채돈菜墩(둥근 나무 도마)' 역시 널리 사용되었는데, 후자가 전자에 비해 훨씬 무겁고 크다. 목질로 만든 점판이나 채돈은 전통적인 주방용 도마로 수천 년 동안 사용되었으며, 지금도 여전히 사용되고 있다. 다만 최근에 들어와 플라스틱 등

---

710 『사기·항우본기』, 앞의 책, 314쪽.
711 호북성 문화국문물공작대, 「호북 강릉 삼좌 초묘에서 출토된 중요 문물(湖北江陵三座楚墓出土大批重要文物)」, 『문물』, 1966년 제5기, 46쪽.

새로운 재료로 만든 도마가 전통 도마를 대체하는 추세이다. 나무로 만든 도마는 기름기라든가 음식찌꺼기가 들러붙어 청결을 유지하기 힘들고 자칫 부패하여 이상한 냄새가 나기도 하며 오래 사용하면 나무 부스러기가 떨어지는 결함이 있다. 또한 도마를 만들기에 좋은 나무들이 부족하여 가격이 비싼 경우가 많기 때문에 자연스럽게 플라스틱 재료로 만든 도마가 더욱 확대되고 목질의 도마는 결국 중국인의 주방에서 사라지게 될 것이다.

3. 바가지(표瓢)

'과완표분鍋碗瓢盆', 즉 솥, 사발, 표주박, 함지는 부엌살림을 개괄하는 중요한 주방도구이다. 이른바 부엌세간 가운데 '표瓢'는 상당히 중요한 위치를 차지하고 있다. 그러나 여기에서 중요한 위치를 차지하고 있다는 '표'는 지금은 흔히 볼 수 없는 전통적인 '호로표葫芦瓢', 즉 조롱박(또는 호리병처럼 생겼다고 하여 호리병박이라고 부른다)을 말하며 이전에 나무나 구리로 만든 국자나 나무바가지는 물론이고 지금 사용하고 있는 알루미늄, 스테인리스, 플라스틱 등으로 만든 물바가지 등을 말하는 것이 아니다. 조롱박은 사람들이 습관적으로 부르는 이름일 뿐 실제는 조롱박보다 큰 호과瓠瓜를 양쪽으로 대칭되게 갈라 안에 있는 씨를 뺀 다음 말린 것을 말한다. 육우의 『다경』에 보면 이런 구절이 나온다.

"표(표주박)는 일명 희작이라고 하는데, 박을 갈라 만들거나 나무를 깎아 만든다."[712]

호과의 껍질이 가볍고 질긴데다 용량이 크고, 중원이나 남부 지역 곳곳에서 재배하기 때문에 농민들이 얻기가 쉽다. 물을 담는 표주박은 평상시에도 물 항아리에 놓아두기 때문에 언제라도 쉽게 물을 뜰 수 있다. 다른 재질로 만든 물그릇은 항아리 아래로 가라앉기 때문에 절대로 그렇게 할 수 없다. 더욱 중요한 것은 이러한 표주박의 특별한 기능이다. 표주박은 내벽이 벌집처럼 요철이 있는 포말형태의 조직으로 이루어져 있기 때문에 쌀을 씻을 때 쌀에 들어 있는 잡석이나 잔모래 등이 모두 내벽에 붙어 쌀을 솥에 담을 때 같이 떨어지지 않는다. 그렇기 때문에 요즘처럼 기계로 정미하기 이전 마당에서 햇곡식을 말리는 전통방식이 유효하던 시절 쌀을 씻을 때 표주박이 유용했다. 무엇보다 전통 방식을 사용할 경우 돌이나 모래가 섞이는 경우가 흔했기 때문이다.

4. 조리笊籬

조리를 사용하기 시작한 것은 아주 오래 전의 일이다. 증甑이 출현하

---

712 [당] 육우, 『다경·사다지기四茶之器』, "瓢, 一曰犧勺, 剖瓠爲之, 或刊木爲之." 『문연각사고전서』 제844책, 앞의 책, 616쪽.

면서 동시에 비算, 즉 대나무 발을 사용했는데, 최초의 대나무 발은 매우 촘촘했다. 대나무 발 위에 올려놓는 쌀알이 떨어지지 않도록 하면서 솥의 증기가 위로 올라갈 수 있어야하기 때문이다. 이런 점에서 옛사람들이 만든 대나무 발은 기교면에서 상당하다는 생각이 든다. 이처럼 물은 새지만 쌀처럼 고형물은 새지 않는 효용과 형태가 이후 조리를 발명하는데 영향을 준 것은 분명하다. 사실 대나무 발 자체가 이미 조리인 셈이다. 하지만 대나무 발을 발명하는데 참조한 것은 원시적인 형태의 그물이었다. 대동戴侗은『육서고六書故』에서 이렇게 말했다.

"요즘 사람들이 구기(勺)처럼 대나무를 짜서 쌀을 일어 돌을 걸러내는 데 사용하는데, 이를 일러 조리라고 한다."

이를 보면 당시 조리가 술잔처럼 외형은 원형이고 안은 움푹 파졌다는 것을 알 수 있다. 최초의 조리는 시루가 생겨난 이후에 생겨났으며, 이후 수천 년 동안 주로 대나무나 버드나무의 가느다란 가지로 만들었다. 이후에 철사나 구리철사 등 금속 재질로 만들었다.(상류층에서 차나 약을 거를 때 사용했던 금이나 은 등의 재질로 만든 것은 예외로 함)

이후 전통적인 노반撈飯이나 돈반炖飯 등 찐밥이 민반燜飯, 즉 뜸을 들이는 것으로 대체되면서 주로 쌀을 일어 잡석을 골라내는 용도로 사용되던 그물 형태의 조리가 점차 알루미늄이나 스테인리스로 만든 구멍이 뚫린 국자로 대체되었으며, 그 효용 또한 바뀌게 되었다.

· 제6절 ·
기본 용구

밥을 먹을 때 기본적인 용구라는 것은 주로 전용 식탁과 의자를 말한
다. 중국인들이 식사를 할 때 사용했던 식탁이나 의자 등도 상당히 오
랜 세월 복잡한 역사적 변화 및 발전 과정을 거쳤다.

1. 식탁(찬탁餐卓)

식탁의 출현과 발전은 제사 활동과 밀접하게 연관된다. 처음에 제사
를 지낼 때 올리는 음식은 저組(도마 비슷하게 생긴 제기)나 두豆와 같은
제사 전용 기물에 담아 신지神祇 앞에 진열했고, 제사가 끝난 후에는
사람들이 대오리로 짠 자리, 즉 연筵(대자리)에 앉아 흠향했다. 대자리
는 면적이 비교적 큰 돗자리로 오늘날 중국 남방에서 더위를 식히기

| 북송 조길趙佶의 〈문회도文會圖〉

위해 대나무로 만든 돗자리나 북방 농촌에서 온돌 위에 올려놓는 삿자리보다 더 크고 정방형이다. 당시 사람들은 땅을 자리로 삼아 앉았기 때문에 찬기나 습기를 피하기 위해 대자리를 한 겹 또는 그 이상을 겹쳐서 사용했다. 이런 연筵, 즉 대자리를 옛 사람들은 '석席'이라고 불렀다. 제사가 끝나고 식사를 하는 이는 석 위에 단정하게 앉아 '복육福肉'을 담은 제기가 나오길 기다려 그 안에 담긴 고기를 잘라 나누어 먹었다. 제사를 주관하거나 가장 높은 자리에 있는 이는 저俎, 즉 도마처럼 생긴 제기를 앞에 놓고 먹었다. 이런 점에서 '저'는 이미 식탁의 의미를 지녔다고 할 수 있다. 『설문해자』에 따르면, "안案(소반, 밥상)은 궤几(제사에 쓰이는 안석)에 속한다." 그러나 '안'의 기원이나 작용으로 볼 때

『설문해자』의 이러한 해석은 정확치 않다. 『시경』에 보면, "앉을 자리를 펴주며 혹 기댈 안석을 내주리라(或肆之筵, 或授之几)."[713]라는 구절이 나온다. 여기서 '궤'는 특별히 나이든 이가 몸을 편안히 할 수 있는 기물을 말할 뿐 연회나 음식과 근본적으로 관계가 없다. 이러한 '궤'는 지금도 일본의 전통 음식점이나 일반 가정에서 보편적으로 사용되고 있다. 초기의 '안'은 짧은 다리가 달린 나무 소반(木盤, 방형이나 원형)이다. '안', 즉 소반을 처음 사용한 이들은 '예'와 밀접한 관련이 있는 상류층이며, 이후에 널리 보급되었다.

소반의 뒤를 이어 나온 것이 '탁桌(탁자)'이다. '탁'은 조俎에서 나왔다. 호북 강릉江陵 초묘楚墓에서 평면에 네 개의 다리가 달린 나무 조俎가 출토되었는데, 후세 탁자의 형태를 갖추고 있었다.[714] 그러나 탁자의 출현과 보급이 오로지 소반의 형태나 작용에서 비롯된 것이라고 말할 수는 없다.

더욱 중요한 것은 북방 소수민족이 사용하던 '호상'이다. 호상을 사용하면 땅바닥에 그대로 주저앉던 것에서 탈피하여 일단 둔부가 지면에서 높은 곳에 자리하기 때문에 이전처럼 무릎을 꿇고 앉거나 가부좌를 틀고 앉고, 한쪽 무릎을 세우고 앉으며, 다리를 쭉 펴고 앉는 등 불편한 자세에서 벗어나 무릎을 꿇지 않고 다리를 아래로 내리고 앉아 더욱 편하고 단정한 자세를 취할 수 있게 된다. 또한 땅바닥에서 떨어

---

713 『모시·대아·행위行葦』, 『십삼경주소』본, 북경, 중화서국, 1980년, 534쪽.
714 호북성 문화국문물공작대, 「호북 강릉 삼좌 초묘에서 출토된 중요 문물(湖北江陵三座楚墓出土 大批重要文物)」, 앞의 책, 46쪽.

져 있기 때문에 사발이나 그릇, 젓가락 등 식기를 놓을 수 있게 되었다. 아울러 자유롭게 이동할 수 있는 소반의 짧은 다리도 이에 따라 더욱 길어지고 결국 이동하기 불편한 탁자가 생겨나게 되었다. 그래서 '호상'의 영향을 받은 식탁을 일러 '식상食床'이라고 불렀다.

당대 이임보李林甫가 재상이었을 때 "처음에 정사당政事堂에서 회식 할 때 사용하는 커다란 상床이 있는데, 이를 옮기면 재상에서 파직된다는 말이 전해져 감히 옮기지 못했다. 길보가 이야기를 듣고 웃으며 말하길, '세속의 금기일 뿐인데 어찌 의심스러워하는가?'라고 하면서 치워버리고 새 것을 들였다."[715] 이를 보건대, 당대에 식상食床이 유행했으며, 관아에 있는 식상은 자못 규격이 컸음을 알 수 있다. 소반의 다리가 점점 올라가면서 견고하게 안정시키기 위해 다리도 점차 두꺼워지고, 소반의 면적도 더욱 넓어지면서 원래 작은 소반이 큰 소반이 되고 말았다. 이전에는 사람들이 각기 소반 하나를 사용하였으나 소반이 커지면서 집안 식구들이 하나의 소반에 둘러 앉아 식사를 하는 습속이 생겨났다. 처음에는 빙 둘러 앉아 음식을 나누어 먹던 것이 이후에는 큰 사발에 음식을 담아놓고 각자 젓가락으로 덜어먹는 방식으로 변화했다.

'식상'은 나중에 '식탁'으로 불렀다. 송대 소백온邵伯溫(북송 학자로 소옹邵雍의 아들)의『역학변혹易學辨惑』을 보면 이런 내용이 나온다.

---

715 [송] 손봉길孫逢吉(1135~1199년),『직관분기職官分紀·동중서문하평장사同中書門下平章事』
『문연각사고전서』제923책, 앞의 책, 81쪽. 역주:『신당서·열전』권71에 나온다.

"이천伊川(정이程頤)이 주공섬朱公掞(주광정朱光庭, 정이의 문인)과 함께 선군 先君(선친, 소옹)을 예방하였는데, 선군이 그들과 함께 술을 마시다가 도에 대해 논했다. 이천이 앞에 있는 식탁을 가리키며, '이 식탁은 땅에 놓여 있는데, 천지는 과연 어디에 놓여 있는지 모르겠습니다.'라고 물었다."[716]

송대 이후로 방형의 팔선탁, 술 탁자, 반탁半桌, 조탁條桌, 원탁圓桌 및 북방의 갱궤炕几, 갱탁炕桌 등이 유행하였으며, 청 중엽 이후로 원형의 큰 식탁이 유행하기 시작하여 지금까지 그대로 이어지고 있다.[717]

2. 의자

동한 말년에서 북조 시대까지 북방 소수민족이 사용하던 접이식 의자 (나무 두 개를 교차시키고 위쪽을 묶은 형태)인 '호상胡床'(수나라 시절 '교상交床'으로 개칭함)이 황하 유역에 보급되면서 점차 전국적으로 유행하기 시작했다. 이로부터 중화민족은 땅에서 떨어져 앉는 습관이 형성되면서 "땅을 자리로 삼아 앉는(席地而坐)" 전통이 역사에서 서서히 소멸되고

---

716 [송] 소백온邵伯溫(1055~1134년), 『역학변혹易學辨惑』, 『문연각사고전서』제9책, 앞의 책, 410쪽. "伊川同朱公掞訪先君, 先君留之飲酒, 因以論道, 伊川指向前食卓曰, '此卓安在地上, 不知天地安在何處.'"
717 왕세양王世襄, 『명식가구진상明式家具珍賞』, 북경, 문물출판사, 1985년, 26~27쪽. 조영광, 『〈연성공부당안衍聖公府檔案〉식사연구食事研究』, 제남, 산동화보출판사, 2007년, 184~185쪽.

| 하남 우현 백사진 북송 원부 3년 조대옹의 분묘 벽화
관례에 따라 탁자 위에 술을 데우는 주전자注碗과 대잔臺盞 등 식기가 놓여 있다.

말았다. 호상이 출현한 이후로 네 개의 받침다리를 고정시켜 접을 수 없는 의자인 '올杌'과 다리가 없거나 원통형의 받침다리가 있는 '돈墩' 등이 나왔다. 올은 크기나 높이의 구별이 있어 휴식용 작은 왜올矮杌과 높은 곳에 올라가는 데 사용하는 고올高杌로 구분했다.

"봄에 뽕잎을 따러 가려면 반드시 긴 사다리(長梯)와 고올高杌이 있어 야 하니, 몇 사람이 나무 하나를 맡아 가지를 정리하고 잎을 남김없이 딸 수 있도록 해야 한다."[718]

"마침내 황상(송 진종)이 그에게 자리를 하사하자 좌우의 신하들이 돈墩을 설치하려고 했다. 정위가 그들에게 말하길, '나를 평장사平章事로 임명하신다는 성지가 있었다.'라고 하나 좌우 신하들이 돈을 올机로 바꾸어 가지고 들어왔다."[719]

이렇듯 교상이나 올, 돈 등은 모두 이동 설치가 편리한 의자들이다. 당송 이후로 책걸상이 보편적으로 사용되면서 규격이나 형식이 마련되고 각종 형태의 돈, 등凳, 올, 의椅 등을 사회 모든 계층들이 사용하게 되었다.[720] 가장 기본이 되는 것은 역시 식탁과 의자인데, 귀족이나 상류층 가정, 고급 음식점이나 기루 등에는 값비싸고 정교한 형태의 탁자나 의자가 사용되었고, 일반 서민들의 경우는 주로 느릅나무, 자작나무, 버드나무, 소나무, 녹나무 등 목재로 만든 것들이 사용되었다. 하지만 서민계층일지라도 경제적으로 비교적 안정되고 문화적 소양이 있는 이들은 대추나무나 홍목, 남목, 배나무 등 재질이 좋은 식탁이나 의자를 사용했다. 청대 중엽 인구가 폭증하기 전까지 홍목으로 만든 식탁이 귀한 대접을 받았는데, 특히 네모난 팔선탁八仙卓이 도시민들이나 향리의 부유한 집안에서 널리 유행했다.

---

718 [북위] 가사협, 무계유繆啓愉 교석校釋, 『제민요술·종상자種桑柘제45』, 앞의 책, 231쪽.
719 『송사·정위전丁渭傳』, 앞의 책, 9568쪽.
720 역대 탁자와 의자 형태는 다음을 참조하시오. 원장강阮長江, 『중국역대가구 도록圖錄 대전大全』, 남경, 강소미술출판사, 1992년.

· 제7절 ·

중화민족의 젓가락 문화

1. 젓가락의 기원과 형태의 역사적 변천

1) 유구한 역사를 지닌 젓가락 문화

고고 발굴을 통해 다시 세상에 모습을 드러낸 젓가락의 실물은 중국인의 젓가락 사용 역사가 적어도 지금으로부터 6천 여 년 전인 신석기 시대로 거슬러 올라간다는 것을 확실하게 말해준다. 신석기 시대 유적지의 발굴 결과와 더불어 더욱 깊이 있는 연구를 통해 중국인의 젓가락 문화가 6천 여 년 전 강회(江淮, 장강長江과 회수淮水 일대) 대지와 드넓은 황하 유역에 널리 분포되어 있음이 밝혀졌다.[721] 고고학적 발굴

---

721 용규장龍虬莊 유적지 고고대, 「용규장龍虬莊~강회 동부 신석기 시대 유적지 발굴 보고서(江淮東部新石器時代遺址發掘報告)」, 북경, 과학출판사, 1999년. 조영광, 「젓가락 문화 연구의 몇 가지 문제점에 관하여(關於箸文化研究的若干問題)」「한국식생활학회지」, 2002년, 제17권, 제3호, 334~337쪽.

을 통해 출토된 실물과 문헌 및 민속 등 영역의 연구가 이루어짐에 따라 중국 젓가락 문화는 과거 길고 긴 변화의 역사 속에서 다음과 같은 다양한 발전 단계를 거쳐 왔음이 증명되었다.

이전 형태 시기~ 구워먹던 시대부터 도기에 음식을 익혀 먹던 시대 이전까지

과도기 ~ 신석기 시대

협梜의 시기 ~ 청동기 시대

저箸의 시기 ~ 동주시대부터 당대

쾌筷의 시기 ~ 송대부터 현대

2) 젓가락 형태의 역사적 변천

(1) 이전 형태 시기

당시 중국인들은 주로 직접 손을 사용하기 불편한 음식물을 다룰 때 물건을 고르고, 꽂고, 집고, 드는 등의 동작을 위해 나무 막대(혹은 나뭇가지 등 막대 모양의 사물)를 사용했다. 당시 이런 나무 막대는 조리도구 및 식도구의 가지 기능을 했다. 마치 오늘 날 금속이나 대나무 가지를 꼬치로 이용해 고기를 튀기거나 굽고, 가열 숙성 단계에서 재료를 막대에 꿰는 것은 음식을 데우는 도구에 해당하고, 다 익힌 후 음식물을 집는 단계에서는 식도구가 된다. 이러한 특성은 중국인이 전골을 먹을 때와 같은 이치이다. 재료를 익힐 때는 가공 도구지만 냄비에서 꺼낼 때는 식도구로 양자의 성격이 다르다.[722]

---

722 조영광, 「젓가락과 중국음식문화(箸與中國飮食文化)」, 조영광, 『조영광 식문화 논집』, 앞의 책, 339~342쪽.

(2) 과도기

이 시기에는 막대 두 개를 함께 사용하기 시작했다. 대략 3천 년 정도의 시간 동안 이런 방식이었다. 이 시기에는 막대 길이가 규격화되진 않았지만 막대 두 개를 함께 사용하는 비율이 서서히 높아졌다. 다시 말해 점차 보급되었다는 이야기이다. 이처럼 막대 두 개를 사용하는 역사는 도기에 음식물을 담아먹기 시작한 역사와 불가분의 관계가 있다. 알곡, 뜨거운 음식, 공기 형태의 기물에 음식물을 담는 것과 사람들이 개별적으로 음식을 섭취하게 되는 등의 요소가 바로 두 개의 젓가락을 사용하게 된 배경이다.

(3) 협梜의 시기

'협'을 사용한 시기는 중국 역사상 청동기시대와 시기적으로 일치한다. 우리는 대략 하, 상, 서주 시기, 즉 기원전 2070년~기원전 771년에 이르는 시기를 청동기시대라고 부르고 있다. 젓가락 문화는 매우 서서하게 변화가 진행되었기 때문에 구체적으로 시기를 구분할 수 없다. 다만 대략적인 시간대를 설정할 수 있을 뿐이다. 이 시기 젓가락 문화의 특징은 협梜을 사용했다는 점이다. 선진시대 전적에 따르면 "국에 건더기가 들어있으면 협을 사용하고 그렇지 않으면 협을 사용하지 않는다."[723] 이를 통해 당시 '협'의 기능이 주로 국물 요리에 들어

---

723 『예기·곡례상』, "羹之有菜者用, 其無菜者不用." 『십삼경주소』, 앞의 책, 1243쪽.

있는 건더기 같은 고체형태의 음식물을 집어 섭취하기 위한 것이었음을 알 수 있다.

(4) 저箸의 시기

젓가락의 형태가 성숙해지면서 고정화되고, 기능이 충분히 발휘되던 시기이다. '저'는 동주시대부터 명대 중엽 이전까지 사용되던 규범화된 호칭이며, 명대 중엽 이후부터 지금까지는 고상하게 지칭할 때 사용되는 글자이다. 춘추시대부터 명대 중기까지 '저'의 형태는 기본적으로 20~30cm였으며 시간이 가면서 점차 길어졌다. 기능면에 있어서는 국에 있는 음식물을 건지는 기능에서 마지막으로 완전히 음식도구로 넘어가는 과도기에 해당한다. 이러한 과도기는 기본적으로 한대에 완성되었다. 『예기』에 보면, 춘추시대에 상류층의 연회에서 하지 말아야 할 일에 대해 적어놓은 문장이 나온다. "함께 식사를 할 때는 손이 축축하지 않도록 하고(청결을 유지하라는 뜻), 밥을 동글려 둥글게 만들지 말며, 남은 밥을 다시 식기나 솥에 넣지 말고, 입에서 줄줄 흐르도록 마시지 말고, 쩝쩝거리며 소리를 내며 먹지 말며……빨리 먹으려고 밥을 헤집지 말며, 기장밥을 먹을 때는 젓가락을 쓰지 말라."[724] 여기에 나오는 젓가락이 바로 '저箸'이다.

---

[724] 『예기·곡례상』, "共飯不澤手, 毋摶飯, 毋放飯, 毋流歠, 毋咤食,……毋揚飯, 飯黍毋以箸." 위의 책, 1242쪽.

(5) 쾌筷의 시기

송대에서 현대까지의 시기로, 젓가락 문화가 널리 보급되고, 젓가락 재료로 광범위해졌으며, 공예기술도 발전하고 문양이 다양해졌다. 25~30cm 길이에 위가 사각이며 아래가 둥근 젓가락 형태가 기본 규격이다. 그 사이, 전형적인 역사적 사건 하나는 '쾌筷'라는 호칭의 등장이다. '쾌'라는 호칭은 명대 중엽 지금의 강소, 절강 지역 운하에서 탄생했다. 명대 중엽에는 그곳이 중국 인구 밀집 지역이었다. 더구나 경항대운하京杭大運河(북경에서 항주까지)를 오가던 선공(船工), 섬부(纖夫, 인력으로 배를 끄는 사람)들이 셀 수 없이 많았고, 그들의 노동은 매우 힘겹고 고달팠다. 운하를 오가던 배들은 오직 빨리 가기(快)만을 기대하고, 멈추는 것은 금기시했다. 길함을 추구하는 중국인들의 심리에서 하루 세 끼 끊임없이 젓가락의 의미인 '저箸'(箸와 住는 동음이다)를 말하니 이를 심리적으로 받아들일 수 없었다. 이에 '저'를 '쾌筷'로 바꾸고 계속 '쾌快'라고 말하며 배가 빨리 나아가 고생을 덜하고, 이익을 많이 얻을 수 있기를 기원한다는 뜻에서 '쾌筷'라는 호칭이 탄생했다. 상층사회에서는 처음에 고달픈 인민대중으로부터 나온 호칭을 인정하지 않았다. 그러나 점차 많은 이들이 이를 사용함에 따라 이를 인정하지 않을 수 없었다. 다만 그들도 명칭에 하나의 공헌을 하였으니, '쾌快'자 위에 '죽竹'자를 하나 붙여 오늘까지 '쾌筷'자가 널리 쓰이게 되었다.

2. 젓가락 문화의 전파

1) 민족공동체에 보급된 식도구 젓가락

고고 연구, 역사 문헌기록, 민속적 고찰 모두에서 식도구로서 젓가락 사용은 농경문화라는 생산방식과 밥공기에 밥을 담는 생활방식의 결과물로, 장강, 황하 유역 조상들의 발명품임이 증명되었다. 이후 농경문화가 확대, 발전하고 한족 인구가 증가하면서 젓가락 사용이 점차 확대되었다. 이런 과정을 거치며 각 소수민족 역시 젓가락 문화를 그대로 받아들였다. 이들은 한족과 비교할 때 민족 주체 문화 수용에 차이가 있기 때문에 젓가락을 식도구로 사용하기 시작한 시간, 보급 정도 역시 차이가 있다. 대체적으로 볼 때 중국음식사에 있어서 명, 청시대는 중화민족 공동체 내에 젓가락 문화가 기본적으로 보급되고, 정형화되던 시기이다. 다만 심한 벽지의 몇몇 소수민족만이 직접 손으로 음식을 섭취하는 습관이 남아있을 뿐이었다. 20세기 중엽 이후, 중화민족 공동체의 모든 민족은 젓가락을 식도구로 사용하면서 젓가락 문화는 명실상부한 중화민족의 상징적 문화가 되었다.

2) 중국 젓가락에 대한 서양인의 이해

중국의 음식문화가 타 문화지역 여행자들의 눈에 가장 기이하게 비쳤던 부분은 바로 중국인의 식도구인 두 개의 작은 나무막대이다.[725]

---

725 중국연합편심위원회中國聯合編審委員會, 『간명 브리태니커 전서簡明不列顚百科全書』 제4책, 북경, 중국대백과전서출판사, 1985년, 853쪽.

물론 이는 다만 현재 서양학술계의 견해일 뿐이다. 이러한 결론은 서양학술계가 상당히 긴 시간동안 중화문명에 대한 이해를 점차 증진시키면서 도출해낸 인식이다.[726] 이탈리아 선교사인 마테오 리치(Matteo Ricci, 1552~1610년)는 학자의 시각으로 중국 젓가락 문화에 관심을 기울인 인물이다.

"중국이라는 이 오래된 제국은 일반적으로 온화하고 예의바른 모습으로 세상에 잘 알려져 있다. 이는 그들이 가장 중시하는 5대 미덕 중하나이다.……그들은 수많은 예절을 따른다.……간단하게 중국인의 연회를 살펴보면, 그들은 매우 빈번하게 연회를 열고 예절을 매우 중시한다.……그들은 음식을 먹을 때 칼, 나이프 또는 스푼을 사용하지 않고 매우 매끄러운 젓가락을 사용한다. 길이는 대략 손바닥 한 배 반정도로, 어떤 종류의 음식물도 모두 매우 쉽게 집어 입에 넣는다. 손가락을 동원할 필요가 없다. 음식물이 식탁에 올라올 때는 매우 연한것들을 제외하면 이미 작은 덩어리로 잘려진 상태이다. 예를 들어 계란이나 물고기 찜 정도는 매우 쉽게 젓가락으로 집는다."[727]

마테오 리치는 중국문화를 깊이 이해하고, 중국문하를 서양에 전파

726 조영광, 「19세기 중엽 전후, 중국 젓가락문화에 대한 서양인의 다양한 인식 및 이에 대한 사고(19世紀中葉前後對中國箸文化的不同認識及其思考)」, 『음식문화연구』, 2002년 제3기.
727 하고제何高濟 등 번역, 『마테오리치 중국찰기(利瑪竇中國札記)』, 북경, 중화서국 1983년, 63, 68, 69쪽.

한 위대한 학자이다. 하지만 그가 중국의 젓가락을 처음으로 인지한 서양인은 아니다. 1554년(명 세종 가정嘉靖 33년), 페르나웅 멘데스 핀투라는 포르투갈 사람은 "중국인들은 음식을 섭취할 때 손으로 잡지 않는다. 일반적으로 어른이든 아이든 모두 두 가닥의 젓가락으로 음식물을 집어 위생을 중요하게 생각한다."[728]고 말했다. 다만 이는 19세기 중엽 이전 선교사나 학자를 위주로 한 서양 지식인의 인식일 따름이다. 당시 서양사회에서 폭 넓게 인지되었음을 의미하는 것이 아니었다는 뜻이다. 19세기 중엽 이후, 중화민족은 역사상 가장 어둡고 고통스러운 시기에 놓여 있었다. 이에 중국문화나 민족의 지위는 가장 미천한 처지였고 중국의 젓가락문화 역시 서양인들 눈에 들지 못했다. 많은 이들이 심지어 중국인의 젓가락 사용에 대한 기본 인식조차 갖추지 못했다. 저명한 학자 문일다聞一多는 미국 유학 시절에 그가 기거하던 집주인 할머니가 중국인의 젓가락 사용 이야기를 듣고 그에게 여러 차례 이렇게 물었다고 회고했다.

"중국인은 정말 막대기 두 개로 밥을 먹어?"

"그럼 마카로니를 먹을 때는 어떻게 먹지? 그것도 설마 막대기 두 개로 먹나?"

"문일다는 처음에 이 질문을 듣고 어안이 벙벙했지만 이후 자주 이야

---

728 페르나웅 멘데스 핀투(Fernao Mendes into 1509~1583)의 『핀투 여행기(The Travels of Mendes into)』, 왕쇄王璅 역, 『포르투갈인의 중국 견문록(葡萄牙人在華見聞)』, 해구海口, 해남출판사, 1998년, 20쪽.

기를 주고받고 나서야 문득 이 미국 할머니가 서양인이 나이프와 포크를 쥐듯 중국인이 젓가락을 한 손에 한 개씩 들고 음식을 집거나 국수를 들어 올린다고 생각하고 있다는 것을 깨달았다. 그들은 우리가 젓가락으로 음식물을 집고, 긁어모으고, 섞는 등의 일이 얼마나 간단하고 편리하며 그러면서도 매우 뛰어난 기교를 부리는 동작인지 이해할 수 없었다."[729]

중국인에게 젓가락 사용은 일상화된 일이라 별스러운 생각이 들지 않는다. 그러나 중국문화에 대한 이해가 결여되어 있는 외국인은 중국인이 젓가락으로 음식을 먹는 동작이 상상이 되지 않았다. 미국 할머니는 당연히 한 손에 칼, 한 손에 나이프를 드는 서양 방식으로 중국인이 젓가락을 한 손에 한 가닥씩 들고 쿡 찌르고 들어 올리는 모습을 상상했을 것이다. 이는 문화가 다름으로 인해 사유방식이 달라 빚어진 에피소드이다. 사실 미국 할머니 같은 이런 오해는 자주 일어나는 일로, 서양인들의 지극히 일반적인 상상에서 비롯된 인식이다. 19세기 말, 프랑스 파리에서 출판된 『중국인의 자화상』(1884년 제5판)이란 책에 다음과 같은 구절이 나온다.

"사람들 중에는 우리가 두 개의 젓가락 ~ 한 손에 한 개씩 막대기를

---

[729] 등운향鄧雲鄕, 『증보연경향토기增補燕京鄕土記·시전풍속보市廛風俗補·쾌자筷子』, 북경, 중화서국 1998년, 596쪽.

들고 음식을 입으로 가져간다고 생각하는데 이는 잘못된 것이다. 젓가락 사용 동작은 체조보다 더 복잡하다. 엄지와 약지로 젓가락을 쥐고, 식지와 중지를 민첩하게 움직여 고기나 밥을 집는다. 밥알은 작긴 하지만 사람의 손가락을 벗어나지 못한다. 젓가락 한 개는 움직이지 않게 고정시키고, 다른 한 개를 움직여 음식물을 집는다.……처음에는 많이 연습해야 습관이 든다고 생각할 수도 있지만 이는 포크를 사용하는 사람들의 선입견이다. 사실 아이들조차 마치 유럽 사람이 나이프를 쓰는 것처럼 쉽게 젓가락을 사용한다."730

서양인의 중국 젓가락 문화에 대한 인식은 마치 심오하고 광범위한 중화문화에 대한 인식과 마찬가지로 전체적으로 볼 때 여전히 '이제야 막 태산을 눈앞에 두었을 뿐, 아직 오르지 않은' 단계일 뿐이다. 예의의 나라에 들어와 정중하게 젓가락을 들어 음식을 섭취하며 염황자손炎黃子孫의 식사예절을 배우는 느낌과 의미는 그저 눈으로 보는 정도의 체험과는 비교가 되지 않는다.

---

730 [청] 진계동陳季同 저, 황흥도黃興濤 역, 『중국인자화상』, 귀양貴陽, 귀주인민출판사 1998년, 254~255쪽.

3. 젓가락의 기능과 잡는 법

1) 젓가락의 기능

(1) 물리적 기능

취식 도구로 사용하는 젓가락의 기능은 극치에 달해 있다. 젓가락으로 민첩하고 정확하게 각종 음식물을 상황에 맞게 집고, 헤치고, 고르고, 나누고, 섞고, 버무리고, 찌르고, 벗기고, 발라내고, 자르고, 벌리고, 찢고, 올리고, 말고, 받치고, 놓고, 누르고, 꿰고, 운반하는 등의 동작은 새의 부리나 사람의 손에 결코 뒤지지 않는다. 사실 이는 대뇌의 지휘 아래 손의 기능을 한껏 업그레이드 시킨 결과이다.

(2) 생리적 기능

실험 결과 젓가락을 사용하면 손가락, 손목, 팔부터 어깨까지 30여 개의 관절과 50여 곳의 근육을 움직이게 되고 이로써 수많은 신경조직이 연결된다는 사실이 밝혀졌다. 이에 장기간 젓가락을 사용하면 민첩한 손동작을 훈련하고, 지능을 발전시키는데 매우 중요한 의미를 갖는다. 특히 어린 아이들의 지능을 개발하는데 더욱 중요한 기능을 한다. 서양학자들은 일찍이 중국 청소년의 지능이 높은 이유 가운데 하나로 어려서부터 오랫동안 젓가락을 사용하기 때문이라고 말한 적도 있다. 노벨 물리학상 수상자인 이정도李政道(중국 태생 미국 물리학자)는 "젓가락은 인류 손가락의 확장이다. 손이 할 수 있는 동작은 거의 모두 할 수 있다."라고 말하기도 했다.

2) 젓가락 잡는 법

성인을 예로 들면 젓가락을 집는 올바른 위치는 일반적으로 엄지로 젓가락 상부로부터 젓가락 길이 1/3 지점(또는 1/3보다 약간 짧은)을 누른다. 이렇게 하면 가장 우아하고도 편리하게 젓가락 두 가닥을 오므리고 펼칠 수 있다. 지금 올바르지 않는 위치에서 젓가락을 쥐는 사람들이 있다. 그들은 대부분 지나치게 아랫부분을 쥐는데 이런 위치는 보기에도 우아하지 않고, 민첩하게 젓가락을 다물고 벌릴 수 없으며, 젓가락을 오므릴 때 젓가락 상단 부분이 부딪치며 소리가 날 수도 있다. 젓가락을 쥐는 위치가 너무 낮으면 젓가락 아랫부분을 적절하게 벌리고 오므릴 수 없어 특히 낱알이나 작은 덩어리, 면 같은 가늘고 부서지기 쉬운 음식을 집을 때 동작이 제대로 나오지 않는다. 젓가락을 쥐는 위치가 너무 낮은 사람들은 펜을 쥐는 동작도 정확하지 않다.

정확한 방법은 다섯 손가락을 모두 조화롭게 사용해야 한다. 마치 붓 자루를 잡는 다양한 변화와 엇비슷하다. 다른 점이 있다면 붓과 젓가락을 잡을 때 엄지의 방향이 상반된다. 젓가락을 잡을 때는 중지가 위로는 받치고, 아래로는 누르는 등 더욱 복잡하고 영민하게 변화를 준다. 다섯 손가락의 분업과 협력을 분석해보면 엄지와 식지, 중지는 주로 위 젓가락을 받치는데 사용하고, 엄지, 중지, 약지는 주로 아래 젓가락을 받칠 때 사용된다. 새끼손가락은 약지를 지탱해주는 방식으로 다른 네 손가락의 작업을 도와준다. 젓가락을 쥐고 있는 자세는 엄지의 두 번째 마디 지두(指肚, 손가락 안쪽 두툼한 부분), 식지 전체(세 번째 마디 안쪽), 중지 세 번째 뼈 부분과 위 젓가락이 접촉하고, 엄지 첫 번째 마디 뒷부분이 젓가락 상단을 호구(虎口) 부분으로부터 식지의 중수골(中手骨) 위치를 향해 누르고, 중지의 앞 복록한 부분이 아래 젓가락을 약지 세 번째 마디를 향해 누른다. 젓가락 두 개는 기본적으로 평행 상태를 유지하거나 혹은 아랫부분의 사이가 약간 더 가깝다. 그러나 아래쪽 젓가락이 함께 붙거나 너무 떨어지면 적합하지 않다. 젓가락 두 개의 거리는 중지 세 번째 마디 윗부분과 세 번째 관절이 만나는 부분까지 약 1.5cm(성인 기준)이다. 젓가락질을 할 때는 엄지가 다른 세 손가락을 향해 손바닥 운동으로 교묘하게 집고, 헤치고, 고르고, 나누고, 섞고, 버무리고, 찌르고, 벗기고, 발라내고, 자르고, 벌리고, 찢고, 올리고, 말고, 받치고, 놓고, 누르고, 꿰고, 운반하는 등 민첩하고 정확한 동작을 취한다. 활발하면서도 예의바르게 젓가락을 사용하는 방식은 젓가락이 정확하게 필요한 음식물 부분에 단 한 번에 안착하여 성공적으로 질서정연하게 음식물을 들어 올려야 한다. 젓가락이 음식물과 닿는 시간은 너무 길지 않아야 한다. 특히 전통적인 중국의 식사자리에서는 일반적으로 함께 사용하는 식기에 젓가락이 닿았다가 바로 음식물을 집지 않는다면 교양이 부족하거나 적어도 젓가락 사용에 대한 훈련이 부족한 것으로 간주한다. 잡는 자세가 부정확하면 위에서 말한 섬세한 동작을 정확하게 취하기가 힘들다. 그런 사람이라면 그릇에 젓가락이 닿고 나서 지나치게 길게 음식 위에 머무르며 굼뜬 동작으로 뻗치고, 고르고, 휘젓고, 뒤집게 되니 마치 아이들이 젓가락을 사용하는 것처럼 보기에 좋지 않다. 아이들이라면 그나마 굼뜬 동작이 귀엽기나 하겠지만 성인이 이런 어설픈 동작을 취한다면 사람들의 눈살만 찌푸리게 할뿐이다.

3) 예의 바른 젓가락 사용법과 심리

식사 자리에서 중국인의 심리적 상태는 젓가락을 통해 표현되며, 그 형태는 정, 반 두 가지 부분의 의미를 담고 있다.

첫째, 위에서 언급한 재질, 형태, 색, 문양에서 문자(대부분 길상의 의미를 지니고 있다)에 이르기까지 번다한 공예를 통해 기능, 장식, 감상의 세 가지 측면이 모두 어우러진 긍정적인 형태로, 이는 중국인의 기쁨과 기원, 찬양의 심리를 표현한다.

또 다른 하나는 여러 가지 금기로 인해 형성된 아亞 문화적 측면이다. 이런 아 문화적 측면에는 다음과 같이 여러 가지 요소가 있다. 먼저 젓가락을 놓는 법으로, 가지런하게 한데 모아 사용자의 오른쪽 손 위치에 놓아야 한다. 젓가락의 손에 잡히는 부분을 수직으로 식탁 가장자리를 향하도록 해야 하며(사각 식탁의 경우이다. 원탁의 경우에는 각도가 반경과 겹쳐야 한다) 절대 끝부분이 밖으로 나오거나 두 가닥이 서로 반대방향으로 놓여서는 안 된다. 호텔이나 식당 등 정중한 자리나 연회 장소에서는 젓가락을 받침대(일반적으로 도자 재질이다)에 올려놓아 음식을 잡는 부분이 식탁 면에서 약간 들쳐지게 하여 정중하면서도 위생적인 효과를 낳는다. 중국인은 일찍이 '저봉(箸封)', 즉 요즘 음식점에서 사용하는 젓가락 커버를 사용했다. '저봉'의 탄생은 역사적으로 상층사회의 연회 예절과 관련이 있을 것이며, 또한 특별히 조상의 영혼을 경배하는 제사에서 처음으로 사용되었을 가능성이 있다. 어쨌거나 송대의 도시 요식 업계에서는 이미 이를 널리 사용했다.

젓가락 수량은 참석자 인원과 일치해야 한다. 하나라도 더 많거나 적어서는 안 되며 이를 지키지 않을 경우, 불경하거나 불길하다고 생각했다. 젓가락 사용자는 젓가락을 잡을 때 오른 손을 사용해야 하며 윗사람들은 어린 아이들을 교육할 때 이를 따르도록 했다. 물론 이는 구시대의 전통에 해당된다. 구시대에는 왼손으로 젓가락을 사용하면 가정교육에 문제가 있어 올바른 수신修身을 하지 않았다고 생각했다. 물론 연회장소에서 예의에 어긋난 행동이기도 했다. 식사를 할 때면 입을 지나치게 크게 벌리지 않도록 적당량의 음식을 집어야 하니, 그렇지 않을 경우 지나치게 탐욕스럽게 보인다. 또한 너무 적을 경우에도 역시 어색하고 부자연스럽다. 젓가락이 식기나 입에 닿았을 때 소리를 내서도 안 된다. 식사가 끝나면 정중하게 원래 위치에 되돌려놓아야 한다. 어쨌거나 중국인에게 식사 예절은 삶에서 매우 중요한 일로, 누군가의 '먹는 모습'는 그의 소양과 문화수준을 드러낸다.

4) 젓가락 잡는 법과 한자

"글자는 그 글자를 쓴 이의 모습과 같다." 이는 중화민족 뿐만 아니라 전 세계 다른 민족들에게도 통용되는 말이다. 한 사람의 경력, 수양, 성격, 심지어 더 깊이 있는 것까지도 그의 글씨체에 드러날 수 있다. 한자는 중국의 5천 년 문명을 기록한 특수한 매개체이자 개성적인 문화 표현 도구이다. 지금까지 인류 문명에 출현한 모든 문자 가운데 한자는 최고의 예술적 표현력과 문화적 의미가 담긴 문자 시스템이라고 말할 충분한 이유가 있다. 한자의 이러한 독특한 매력은 중국인이 젓가락을 식도구로 사용하는 것, 정확히 말하면 오래된 규범화된 젓가락 사용법을 훈련한 것과 나름의 관계가 있다.

젓가락을 잡는 올바른 자세는 일반적으로 글를 쓸 때 자세 가운데 하나인 침완법枕腕法[731]과 같아 새끼손가락이 바닥에 닿지 않도록 해야 한다. 성인의 경우, 엄지가 필관(다양한 필기도구의 몸통을 말한다)에 닿는 부분이 종이에서 5~6cm 위에 위치한다. 이렇게 하면 시선이 방해 받지 않을 뿐만 아니라 필관의 움직임도 매우 크다. 필관을 잡는 부정확한 위치는 기본적으로 잡는 위치가 너무 낮아 새끼손가락이 지면 위를 누르거나 심지어 약지까지 종이에 닿은 형태이다. 엄지도 지면 위에서 2cm 미만인 경우가 그러하다. 현재 통용되고 있는 만년필, 볼펜, 연필 등 필기도구를 잡는 정확한 자세는 엄지, 식지, 중지 세 손가락이 직접 필관에 닿아야 하고, 엄지와 식지가 마주하여 아래쪽을 향해 힘껏 모아져야 한다(엄지의 위치가 식지보다 조금 높다). 중지는 세 번째 마디의 가운데 부분이 가로로 위를 향해 필관을 받치고, 필관의 윗부분은 식지의 첫 번째 지골 윗부분에 대고 중지 관절 가까이에 닿는다. 이렇게 해서 엄지, 식지, 중지 세 손가락이 필관 중하부를 단단히 쥐어 윗부분이 안정되고 약지, 새끼손가락 안으로 굽어 위를 향해 중지를 받들어 다섯 손가락이 안을 비어있는 주먹 형태를 이룬다. 여러

---

731 역주: 붓글씨를 쓸 때 왼손으로 오른손의 팔목을 베게 하거나 오른 손목을 책상 위에 대고 쓰는 방법을 말한다. 하지만 여기서는 주로 만년필이나 볼펜 등의 운지법을 말하고 있다.

가지 올바르지 않은 펜 잡는 방법은 위에서 말한 것과 같이 필관의 너무 낮은 위치일 때 이외에도 엄지, 식지, 중지 세 손가락이 필관과 접촉하는 부위가 부적절하거나 각도가 적당하지 않거나 네 손가락, 심지어 다섯 손가락이 모두 필관을 잡고 있는 경우이다. 부정확한 젓가락 사용 자세 역시 잘못된 펜 잡는 자세만큼이나 천태만상이지만 두 영역 모두 매우 흡사한 부분이 있다. 바로 잡는 위치가 너무 낮다는 것이다.

·제8절·

세계 3가지 식사 방식의 문화적 비교

1. 손으로 먹는 방식의 역사와 현실

손으로 먹는 방식은 인류가 동물들로부터 이어받은 식사법으로 지금까지도 식사를 할 때 일반적으로 이러한 기본 방식을 취하고 있다. 손으로 먹는 방식에 비해 젓가락과 나이프, 포크를 사용하면 손가락 훈련, 건강, 위생 안전 등의 여러 가지 긍정적인 의미가 있지만 동시에 한계도 존재하며 그 비중이 현저히 적기 때문에 손으로 먹는 방식만큼 그렇게 오래도록 발전을 이루지 못하고 있다.

젓가락과 나이프와 포크를 사용하는 문화의 사람들 중에도 손으로 먹는 경우가 흔하다. 이는 다음과 같은 두 가지 이유에서 기인한다. 첫째, 사람은 태어나면 한 동안 손으로 먹는 기간을 거친다. 우리는 이를 본능이라고 부른다. 이러한 본능은 단지 '몽롱한 기억' 속에 잠재되어 있는 것만이 아니라 사실 끊임없는 반복을 통해 점점 강한 습관으로 남게 된다. 다시 말해 어른의 개입과 사회적 영향이 없다면 아이는 아마 계속 손으로 먹을 가능성이 있다는 뜻이다. 둘째, 사람은 젓가락과 나이프, 포크를 집은 후에도 손으로 먹는 습관이 남아있으며 게다가 평생 이러한 습관이 지속된다. 이런 의미에서 본다면 인류는 예나 지금이나 손으로 음식을 먹는 동물에 속한다. 손으로 먹는 행위는 본능이다. 다른 모든 식사 도구는 외부적이며, 이후에 생긴 습관으로 부가적으로 이용된 도구이기 때문에 예로부터 원래 있던 것도 아니며 영원히 유지될 것이라고 단언할 수도 없다. '도구'는 마모되고 폐기되며 바뀌면서 변화가 일어난다. 문화 역시 문화 그 나름의 변화 발전의 규칙이 있기 마련이다.

전형적인 젓가락 문화에 속하는 중국인은 보통 한 손에 찐빵과 같은 식품을 들고 다른 손으로는 젓가락으로 음식을 집는다. 산동山東 사람들의 '대파부침개(전병권대총煎餅卷大葱)'는 손으로 먹는 전형적인 음식이다. '대병大餅', '유조油條' 역시 보통 손으로 먹는 아침 식사의 종류이다. 한족뿐만 아니라 나이프, 젓가락 문화권인 몽고인의 가장 유명한 '수배육手扒肉(양고기 수육)'도 손으로 먹는 유명한 식품이다. 게다가 일반적으로 사람들은 과일을 먹을 때 대개 직접 손으로 먹는다. 인스턴트 식품의 품종이 점점 더 많아지고 생활 리듬이 점차 빨라지면서 손으로 먹는 방식이 점차 많이 이용되고 확대되는 추세이다. 나이프와 포크 문화권 사람들 사이에서 손으로 먹는 경우도 흔히 발견할 수 있다. 핫도그, 피자, 프라이드치킨, 햄버거 등 역시 분명히 손으로 먹는 음식이다. 정찬 연회의 장소에 역시 많은 음식물을 손으로 먹는 상황이 자주 벌어진다.

전형적인 손 식사 문화라면 당연히 인도를 생각하지 않을 수 없다. 누군가 "여러 번 초대를 받아 손으로 밥을 먹었습니다."라고 말한다면 이는 그가 인도 사람과 이미 꽤 친한 관계가 되었음을 의미한다. 쌀밥이나 대병은 인도 사람의 식탁에서 영원한 주식으로 이는 모두 직접 손으로 집어 먹는 음식이다. 물론 오른손으로만 직접 음식을 집어 먹는다. 인도 사람의 손식사에도 지역적인 차이가 있으니, 남인도 사람은 오른손 전체로 음식을 잡는 반면, 북인도 사람들은 손가락의 앞 두 개의 관절만으로 음식을 잡는 모습이 좀 더 우아해 보인다. 인도인의 식탁에는 굴, 바닷가재, 껍질이 있는 조개, 바삭바삭한 훈제고기, 개구리다리, 닭 날개, 갈비(비공식적 장소), 감자튀김, 감자칩, 래디시(적환무), 샐러리, 올리브, 옥수수, 샌드위치, 비스킷, 작은 전병, 과일 등 다양한 음식이 곁들여진다. 크기가 큰 음식은 미리 잘라놓으며, 기본적으로 손으로 먹는 식사 방법을 사용한다.

물론 인도 사람들이 자신들의 전통적인 식사 방식에 대해 의문을 품지 않는 것은 아니다. 영국인이 오랜 기간 점령하면서 앵글로색슨 문화의 약간의 인자가 이미 인도 문화에 깊이 스며들어 서양 교육을 받은 인도인이나 중산층은 비교적 공식적인 자리에서 칼과 포크 또는 숟가락으로 식사를 한다. 그러나 상류사회를 포함한 다수의 인도인들은 여전히 손으로 밥을 집어먹는 것에 익숙하다. 일정한 식사 방식의 형성은 식품의 형태와 온도, 원료와 식기 형태 등과 관련이 있으며, 이러한 세 가지 요소가 상호 보완적으로 작용한다. 인도 사람들의 음식을 먹을 때 기본 식기는 접시이다. 접시에 쌀밥과 전병(짜빠띠나 난)을 올려놓고 채소나 탕(예를 들어 카레)을 그 위에 부은 다음 손으로 난(nann)에 음식을 싸서 먹거나 그냥 손으로 밥과 카레 등을 섞어 입으로 가져간다. 물론 젓가락, 나이프와 포크와 같은 식사 도구는 이러한 경우 '영웅이 위용을 자랑할 여지'가 없어지는 셈이다.

아랍인들도 손으로 먹는 습관이 있다. 사실 오늘날 세계 많은 지역의 사람들이 손으로 먹는 습관을 가지고 있다. 13세기 이전 유럽인들 역시 기본적으로는 손으로 음식을 먹었다. 그러나 당시 손으로 식사하는 문화에 역시 사회적 신분에 상응하는 차이가 있었다. 예를 들어 로마인들은 음식을 먹을 때 사용하는 손가락의 수로 신분을 구분했다. 평민은 아무런 제한이 없이 다섯 손가락을 모두 사용했고, '교양이 있는' 귀족들은 단지 세 손가락만을 사용했으니, 약지와 새끼손가락은 음식에 댈 수 없었다. 이 식사 규칙은 유럽인들 사이에 16세기까지 이어졌다고 한다. 물론 나이프와 포크 문화 역시 손으로 먹는 방식을 완전히 배제하진 않는다. 샌드위치, 햄버거, 감자튀김 등은 모두 손으로 먹는 것이며, 식용 생굴도 일반적으로 왼손이 오른 손에 잡은 칵테일 포크를 보조하는 방식으로 섭취한다.

다른 문화권에 있는 이들은 손으로 먹는 느낌을 제대로 이해하기 어려울 수 있다. 손으로 먹는 문화권의 사람들은 어떠한 식사 도구도 인체와 음식물 사이를 격리시킨다는 느낌을 받는다. 음식에 대한 좋은 느낌은 실시간으로 공간의 방해가 없어야 느낄 수 있다. 접시에 갓 놓여진 '비병(飛餠, 난nann. 인도의 대표적인 빵)'을 손가락으로 잡아 누르면, 갓 만들어져 열기가 향긋한 냄새와 함께 뿜어져 나오고, 탄력과 부드러움을 느낄 수 있으며, 직접 탕을 부어 쌀밥과 버무릴 때의 섬세한 감각은 확실히 젓가락이나 숟가락 등을 사용했을 때 느낄 수 없는 묘한 경지라 할 수 있다. 손으로 먹게 되면, 다른 식사 도구보다 한 발 앞서 식사하는 사람이 직접 음식과 접촉할 수 있다. 우리는 손으로 먹는 방식의 특징이나 장점을 무시하거나 더더욱 폄하해서는 안 된다.

일반적으로 손으로 먹는 사람들은 식전에 정성껏 손을 깨끗이 씻는다. 이는 일정한 의미에서 다른 문화의 사람들보다 손의 청결 위생에 더 신경을 쓴다는 것을 인정해야 한다. 이로써 얻어지는 손가락 훈련은 젓가락 문화에 전혀 손색이 없으며, 나이프와 포크 문화는 더더욱 비길 수가 없다.

손으로 먹는 민족 역시 숟가락으로 식탁 위의 탕을 먹는다. 다시 말해 젓가락 문화와 포크, 나이프 문화처럼 손으로 먹는 방식 역시 절대적이 아니라는 말이다. 손으로 먹는 방식으로 이루어지는 식사자리에는 대개 뜨거운 음식도 없고, 기름기가 많은 음식도 적다. 전형적인 인도인의 음식은 채식 위주이다. 게다가 손으로 먹는 민족은 삼림 자원에 대한 낭비를 줄일 뿐만 아니라 식탁 위 금속의 과다한 소비를 피할 수 있다는 점도 간과할 수 없다. 사실 국가와 민족의 각도에서 생각한다면 손으로 먹는 방식이 오늘날 세계에서 가장 보편적인 식사 방식임에 틀림없다.

2. 젓가락과 수저 문화

젓가락 문화는 전형적인 동양 문화 가운데 하나이다. 6천여 년 동안 젓가락 문화를 유지한 중국인들의 젓가락 문화에 대한 관념은 주로 젓가락 사용 중 금기사항을 통해 엿볼 수 있다. 중국 민간에는 젓가락 사용법에 관한 금기가 매우 많다. 대략 정리해보면 다음과 같은 13가지 금기사항이 있다.

첫째, 젓가락 두 개의 길이가 달라서는 안 된다. 자신 앞에 놓인 젓가락 길이가 다른 것을 발견하면 당사자는 매우 께름칙한 느낌을 받는다. '뜻밖의 변고나 재난'이 닥칠지도 모른다는 불쾌한 기분이 들기 쉽다.

둘째, 모양이 다르면 안 된다. 모양이나 규격이 다르면 원래 짝이 아니므로 일이 순조롭지 않게 되리라는 느낌을 받는다.

셋째, 젓가락 한 쌍의 위, 아래가 서로 엇갈려 놓이면 안 된다. 그럴 경우, 조화를 이루지 못하고 논쟁이 벌어짐을 의미한다.

넷째, 젓가락 방향이 올바르지 않으면 안 된다. 젓가락은 젓가락 잡는 부분이 식탁 밖으로 가게 놓여야 한다. 만약 반대로 되어 있다면 '고개를 숙인 것'이니 재수가 없거나 죽을 수도 있다는 불길함을 나타낸다.

다섯째, 젓가락을 밥에 꽂는 것은 금물이다. 젓가락을 밥에 꽂는 것은 망자의 경우이다.

여섯째, 음식을 흘리지 않는다. 식사를 할 때 젓가락질을 신중하게 하여 음식물이 떨어지지 않도록 한다는 뜻이다.

일곱째, 젓가락으로 이를 쑤시지 말아야 한다. 혓바닥으로 젓가락을 빨거나 이를 쑤시는 행동은 매우 상스러워 보인다.

여덟째, 음식을 휘젓지 말아야 한다. 마치 옆에 아무도 없는 것처럼 그릇 안을 휘저으며 음식을 고르지 말아야 한다.

아홉째, 젓가락으로 다른 사람을 가리키지 말아야 한다. 식사 도중 젓가락을 휘두르며 다른 사람을 가리키는 등의 행위를 하지 말아야 한다.

열째, 그릇을 두드리지 말아야 한다. 식사를 할 때 젓가락으로 그릇을 치면 마치 구걸을 하며 노래를 부르는 것과 같다.

열한째, 젓가락을 부러뜨리면 안 된다. 식사 도중 지나치게 힘을 주거나 부적절한 사용으로 갑자기 젓가락을 부러지면 군대에서 장군의 깃발이 부러지고, 보행 도중 다리가 무너지는 등의 불길함을 상징한다.

열두째, 젓가락을 바닥에 떨어뜨리지 말아야 한다. 주인이 불길함을 나타낸다.

열셋째, 젓가락을 아무렇게나 놓는다든가 식사 후 내팽개치지 않는다. 이는 정중하지 않고, 무례하며, 교양이 없는 모습이다. 이밖에 다른 금기사항도 적지 않으며 특히 공공의 연회의 경우 더욱 금기사항이 많고 엄격하다.

젓가락 문화는 광범위한 지역에 확대되었다. 한국, 일본, 베트남, 싱가포르 등이 모두 젓가락을 식사 도구로 이용한다. 특히 한국과 일본의 젓가락 문화는 각기 특징이 있다. 일본은 끝이 뾰족하고, 한국은 스테인리스 젓가락을 사용하며 수저를 동시에 사용한다. 일본과 한국

학자가 필자에게 중일, 중한 젓가락 문화에 대해 질문한 적이 있다. 질문자들은 모두 일본과 한국의 젓가락 문화가 중국과 다르다는 점에 착안했다. 일본 학자의 경우, 일본인은 젓가락을 가로로 놓고 머리 부분을 오른쪽, 다리 부분을 왼쪽으로 놓는데, 중국인은 머리를 식탁 밖으로, 다리를 식탁 안으로 놓으며 세로로 놓는다고 했다. 사실 송대 이전까지 중국인들은 현재 일본인 방식으로 젓가락을 놓았다. 현존하는 당대의 회화 작품이 이를 입증한다.

한국 학자들은 중국인은 기본적으로 젓가락만으로 식사를 하며, 설사 수저가 같이 놓여있어도 숟가락을 사용하는 빈도가 매우 적다고 말했다. 필자는 이에 대해 다음과 같이 대답했다.

"역사적으로 중국인들은 숟가락을 중시하고 젓가락을 경시하다가 수저를 모두 사용하고, 이후 젓가락을 중시하는 쪽으로 발전했다. 이런 특징은 11~12세기에 형성되었다. 맹원로의 『동경몽화록東京夢華錄』에 이러한 사실이 분명하게 기록되어 있다. 중국인이 젓가락을 중시하고, 숟가락을 경시하는 것은 감정의 편견이거나 선택의 실수가 아니라 중국 음식의 특징으로 인해 형성된 것이다. 한국이 수저를 동시에 중요하게 사용하는 것 역시 마찬가지 이치일 것이다."

한국 식탁에는 뜨거운 탕, 돌솥비빔밥, 스테인리스 식기가 많이 등장하기 때문에 숟가락이 많이 사용될 뿐이다. 게다가 한국인은 중국, 일본과 달리 '그릇을 받쳐 들고 밥을 먹는 모습은 거지들이 밥먹는 모습과 비슷하다'고 생각하니 숟가락을 많이 사용할 수밖에 없다.

낱알, 사발 모양의 그릇이라는 두 가지 기본적인 특징은 그에 곁들인 식사 도구가 나이프와 포크일 수 없고 손으로 음식을 집어먹는 방식과도 어울리지 않는다. 인도 역시 쌀밥을 먹지 않느냐고 되물을 수 있다. 그러나 정확히 말하면 인도 사람의 쌀밥은 엄밀한 의미에서 중국이나 한국, 일본 등의 쌀밥과 다르다. 중국, 한국, 일본 등의 전통적인 흰 쌀밥은 손으로 집어먹기에 적합하지 않다. 중국인들이 고대에 먹었던 쌀밥은 대개 손을 이용해 만든 상대적으로 고정된 형태인 자반단桑飯團이며, 이런 형태의 밥은 간편한 음식으로 지금까지 전해져 내려온다. 인도인들의 필라프(pilaf)[732]는 쌀밥이 아니라 '비빔밥'으로, 걸쭉한 육수에 비벼먹는 밥이다. 마찬가지 중국 신강(新疆)과 중앙아시아의 필라프 역시 순수한 의미의 밥이 아닌 비빔밥이다.

중국은 대표적인 젓가락 문화 지역이다. 대부분의 식탁 공간을 누비고 다니는 젓가락은 중국의 전통적인 요리에 가장 알맞은 도구이다. 중국인이 쓰는 젓가락은 많은 음식 문화나 요리 문화 연구자가 해석한 바와 같이 습관, 취미, 이해 등의 이유에서 비롯된 것이 아니다. 이는 지나치게 문학화한 문화연구로 애매모호하여 종종 오류를 범하게 한다. 요리 직후 접시에 담고 젓가락이 등장하는 세 박자의 심미적 특징으로 인해 젓가락이란 식사 도구는 그 어느 것으로도 대체될 수 없다.

---

732 역주: 필라프(pilaf)는 쌀이나 밀로 만드는 음식으로 기름으로 볶은 다음 육수를 넣어 가열하여 조리한다. 인도에서는 풀라오(Pulao)라고 부른다.

중국 요리는 보통 온도가 비교적 높고 기름이 많이 들어간다. 볶고, 끓이고, 찌고, 뜸 들이고, 굽고, 지지고, 튀기는 등의 조리법으로 가공한 음식과 탕면, 물만두, 찐만두, 반찬은 물론 국물, 물만두, 찜, 전, 갓 지은 쌀밥이나 죽 등 주식은 모두 손으로 직접 먹기 힘든 음식이다. 특히 볶음(또는 볶음 비슷한 방식) 방식으로 조리한 음식은 보통 재료의 크기가 작아 센 불에 기름을 많이 넣어 신속하게 요리한다. 따라서 중국 전통 요리는 손으로 먹기에도, 숟가락으로 한 번에 많은 양을 떠서 먹기에도 적합지 않다. 음식의 양은 젓가락으로 먹기에 가장 적당하다. 한국인의 매 끼니에 꼭 필요한 된장국이나 미역국, 유명한 돌솥비빔밥은 모두 뜨거운 음식이기 때문에 손으로 잡는 것은 고사하고 젓가락으로 먹기에도 적합하지 않다. 이에 숟가락의 역할이 중요할 수밖에 없다.

일본인은 식사 공간이 비교적 협소하기 때문에 중국인이 사용하는 젓가락처럼 길 필요가 없으며 또한 식탁 가장자리에 가로놓을 수밖에 없다. 이는 무사들이 칼을 놓는 위치, 무사도 정신을 숭상하는 것과 그리 큰 관계가 없는 것으로 보인다. 일본 젓가락의 머리 부분이 중국 젓가락보다 뾰족한 이유는 아마도 식재료가 작고 가늘며, 생선을 많이 먹는 것과 관계가 있을 것이다. 전반적으로 일본 젓가락은 중국 젓가락보다 짧은데, 이는 실용적인 이유 이외에도 땅이 좁고 인구는 조밀하며, 물자가 부족한 이유로 형성된 '축소 지향'[733]의 의식과 관련이 있

---

733 [한국] 이어령 저, 장내려張乃麗 역, 『일본인의 축소의식』(한국 저서명: 『축소지향의 일본인』), 제남, 산동인민출판사, 2003년 참조.

다. 한국인의 스테인리스 젓가락도 시사하는 바가 크다. 이에 대한 한국인의 설명이 매우 적절하다. "한국은 국토가 좁고, 자원이 부족하기 때문에 금속을 사용해 목재를 절약하는 방식으로 환경보호에 신경을 씁니다." 사실 스테인리스 젓가락은 이런 이점뿐만 아니라 위생관리에도 편리하다.

3. 나이프, 포크 문화

원시사회에서 인류는 이미 조개, 뼈, 나무갈퀴 등의 '가장 원시적인 나이프와 포크'로 식사 도구를 삼았다. 최초의 금속 칼은 무기지 음식을 먹는 식사 도구가 아니었음이 분명하다. 다만 무기로 사용되던 칼은 동시에 각종 육류를 자르는 데 사용되었을 것이다. 이로 볼 때, 유럽인의 식탁 위에 등장한 나이프와 포크는 고대 유목민족의 생활 습관과 어느 정도 관련이 있을 것이다. 12~13세기는 유럽인들의 식사 방법이 개선되던 과도기로, 여전히 다수의 유럽인이 손으로 음식을 들고 먹었다. 최초의 식사용 포크는 11세기 이탈리아 토스카나 지역에 처음 나타났는데, 당시에는 포크 갈래가 두 개 뿐이었다.

당시 성직자들은 포크에 호의적이지 않았는데, 인간은 오직 손으로 하나님이 주신 음식을 만져야 된다고 생각했기 때문이다. 돈 많은 토스카나 사람들이 식사 도구를 만든 것은 사탄의 유혹 때문이며, 이는 신성 모독 행위라고 여겼다. 이탈리아 역사자료에 의하면, 한 베니스의 귀부인이 포크로 식사를 하고 며칠 후에 죽었는데 아마도 전염병에 의해 사망한 것으로 보이지만 성직자들은 그녀가 천벌을 받았다고 주장하며 포크로 음식을 먹지 말라고 경고했다고 한다. 12세기, 잉글랜드의 캔터 백작은 귀족들이 포크로 음식을 먹는 것을 거부했기 때문에 일반 대중들에게 이를 소개했다. 당시 대부분의 유럽인들은 칼로 음식을 조각낸 후 손가락으로 집어 입에 넣었다. 만약 어떤 남자가 포크로 음식을 먹으면, 상류사회 사람들은 그를 다른 부류의 사람이거나 혹은 신사의 풍격이 부족한 사람이라고 생각했다.

15세기를 전후하여 유럽인들은 식사할 때 갈래가 두 개인 포크를 사용하기 시작했다. 나이프를 대신해 포크로 고기 조각을 입에 넣는 것이 더 우아하게 보였을지도 모른다. 여하간 포크는 점차 식탁 위의 전용 도구가 되었다. 다만 포크는 누르고 꼽아 옮기는 기능만 하고, 자를 때는 나이프를 사용했다. 이에 나이프와 포크는 점차 서로 그림자처럼 항상 함께 하는 도구가 되어 식사 문화로 자리하게 되었다. 17세기 말에 이르러 영국의 상류사회를 중심으로 세 갈래 포크를 사용하기 시작했다. 18세기 프랑스에서 혁명이 일어났다. 네 갈래 포크를 선호했던 프랑스 귀족들은 '포크 사용자'로서 지위와 사치에 신경을 썼다. 포크가 '남다른' 품위와 존귀함의 표현으로 받아들여지면서 점차 보급이 촉진되었다. 이렇듯 서양의 나이프, 포크 문화의 완전한 형태는 지금까지 4, 5백년의 역사를 지니고 있다. 나이프, 포크는 서양식 식사 문화를 대표한다. 다만 나라마다 풍격이 달라 보통 프랑스식, 영국식, 이탈리아식, 러시아식, 미국식 등으로 나뉜다. 상투적인 표현으로 "프랑스인들은 요리사의 기예를 칭찬하며 먹고, 영국인들은 예의범절에 신경을 쓰며, 독일인들은 영양식을 고려하고, 이탈리아 사람들은 즐겁게 먹는다."고 한다. 하지만 나이프와 포크를 사용하는 예절은 모두 마찬가지이다.

제
7
장

'맛을 먹는' 민족
~솥 안의
기묘한 변화

(鼎中之變萬千奇)

인류는 처음 음식을 만들 때 아무리 맛을 분별할 줄 알고, 맛있는 음식 섭취를 통해 즐거움을 느끼고 싶어했을 지라도 전용 조미료를 사용하진 않았을 것이다. 음식물을 보고, 이를 입으로 가져가 씹을 때까지의 모든 과정에서 전해지는 느낌을 우리는 일반적으로 '미각'이라고 부른다. 미각은 심리적 미각, 물리적 미각, 화학적 미각의 세 가지 범주나 과정으로 구분할 수 있다. 시각을 통해 음식물의 형상, 광택을 알 수 있고, 후각을 통해 냄새를 맡을 수 있으며, 입술, 치아, 구강의 느낌을 통해 음식물의 경도, 점도, 온도, 습도, 씹는 느낌, 식감을 알 수 있다. 또한 나아가 혀 표면의 미뢰는 신경섬유를 통해 대뇌의 미각중추에 전달되어 음식 맛의 유형을 알게 된다. 이는 맛에 대한 매우 복잡한 심미과정이다. "아름다움을 사랑하는 마음은 누구나 다 가지고 있다."는 중국 속담은 공간에 초점을 맞춰 인류의 보편성을 말해주고 있다.

『여씨춘추呂氏春秋』에 따르면, "입으로 다섯 가지를 맛보고자 함은 정情 (천성적인 감정)이다." 또한 "이 세 가지(五聲, 五色, 五味)는 귀한 자, 천한 자, 어리석은 자, 지혜로운 자, 현명한 자, 그렇지 못한 자가 모두 원하는 바이니, 비록 신농이나 황제도 걸왕이나 주왕과 마찬가지이다."[734] 이렇듯 먹는 것이야 말로 인류 모두가 지닌 어찌할 수 없는 '정욕'이다.

인류는 어떤 민족이나 맛을 추구한다는 공통된 특성이 있지만 지역과 산물, 기술과 문화 등의 차이로 인해 각기 다른 식생활과 식문화의 특징을 지니기 마련이며, 미각에 대한 이론이나 인식도 서로 다른 양

---

734 『여씨춘추·중춘기仲春紀제2·정욕情欲』, "口之欲五味, 情也." "此三者, 貴賤愚智賢不肖欲之若一, 雖神農黃帝其與桀紂同." [한] 고유高誘 주注, 앞의 책, 16쪽.

상을 보인다. 예를 들어 일본인의 기본적인 다섯 가지 미각은 짠 맛, 신 맛, 단 맛, 쓴 맛, 매운 맛이다. 이에 비해 인도인은 단 맛, 신 맛, 짠 맛, 쓴 맛, 매운 맛, 싱거운 맛, 떫은맛의 여덟 가지 맛이다. 또한 구미 지역의 사람들은 일반적으로 단 맛, 신 맛, 짠 맛, 쓴 맛, 금속 맛, 소다 맛 등 여섯 가지 맛을 느낀다고 한다. 그러나 고대 그리스 철학자 데모크리토스 이래로 이른바 4원미설이 굳건히 자리를 차지하였는데, 이는 기본적인 맛이 단맛, 신맛, 짠맛, 쓴맛 등 네 가지만 있다는 설이다.[735] 이에 비해 중국은 짠 맛, 신 맛, 단 맛, 매운 맛, 쓴 맛, 신선한 맛, 떫은 맛 등 일곱 가지 맛으로 구분한다. 전 세계 수많은 민족의 다양한 풍격, 조리 기법, 음식에 대한 저서를 비교하면 음식 맛에 대한 중국인의 기호와 조미료에 대한 선호도가 확실히 다른 민족과 다른 전형적인 중국인만의 특징과 풍격을 가지고 있다는 사실을 알 수 있다.

일반적으로 어떤 기분 좋은 맛이 음식을 더욱 맛있게 한다는 사실을 의식하면서 최초의 조미료가 자연스럽게 탄생했을 것이다. 그러나 의식적으로 조미를 하게 된 시대는 언제일까? 아마도 이에 대한 정확한 문자기록을 찾을 수 있는 민족은 없을 것이다. 이런 일은 문자 발명보다 훨씬 더 오래 전에 이루어졌을 것으로 생각되기 때문이다. 고대 중국 문헌에 "의적儀狄이 술을 빚기 시작하면서 다섯 가지 맛이 났다(儀狄

---

735 역주: 데모크리토스는 세상의 모든 것은 원자로 이루어져 있다고 생각했다는 점에서 원자론의 발전에 큰 공헌을 한 것으로 알려져 있다. 다만 그의 생평은 거의 알려진 바가 없으며, 전설에 따라 재구성했을 따름이다. 그는 다양한 지식에 관한 책 73권을 저술했다고 하나 현재 남아 있는 것은 윤리학에 관한 단편뿐이다. 그에 따르면, 단맛이나 쓴맛 등 사람의 감각은 단지 원자의 크기나 모양에 따라 생겨난 결과이며, 방출된 원자의 속성은 아니라고 한다.

始作酒醴, 變五味)."고 했는데 이는 지금으로부터 4천여 년 전 하우夏禹 시대의 일이다. 이 시기에 중국 선조들이 이미 '다섯 가지 맛'을 구분하고 이 맛을 낼 줄 알았다고 말한다면 이해가 된다. 그러나 만약 누군가 그 때에야 중국인이 '맛'을 느끼기 시작했다고 말한다면 이는 실제 식생활과 괴리가 있다. 상식적으로 생각할 때 인류 식생활의 이러한 공통적인 과정이나 인식의 경우 적어도 각 민족이 물을 전열傳熱을 위한 매개물질로 삼기 시작했을 때부터 맛을 알기 시작했을 것이다. 이 시기는 보통 음식물을 익힐 때 도자기를 사용하기 시작했던 역사시기에 해당된다. 고고학 성과는 중국 음식사를 파악하는데 큰 도움이 된다. 2004년 12월 6일 출판된『미국국립과학원회보(PNAS)』에 중미 고고학자가 기상 스펙트럼 분석, 액상 스펙트럼 분석, 안정동위원소 분석 등 과학기술 수단으로 하남河南 가호賈湖 유적지에서 출토된 도기를 분석한 결과 중국 최초의 술에 대한 실물 증거를 발견했다. 이로써 8,600여 년 전 중국은 술 제조방법을 알았으며, 이에 사용된 원료는 쌀, 꿀, 과일 등이 포함되었다는 사실을 확인할 수 있었다. 가호 유적지는 지금으로부터 9000~7000년 전, 지금까지 알려진 최초의 신석기 문화 유적인 회화淮河 유역의 유적지이다.

고고학자들은 유적지에서 출토된 도기 파편의 침적물에 술이 휘발된 후 잔류물인 주석산 성분이 지금의 벼, 쌀로 빚은 술, 포도주, 밀랍, 포도의 타닌산 및 일부 고대와 현대의 약초에 함유되어 있는 화학 성분과 동일하다는 사실을 밝혀냈다. 또한 분석 결과 모든 술에서 벼의 화학적 성분이 발견되었으며, 가호 유적지 도기 조각에 묻어있는 최초의 술 침전물 중에는 꿀 성분도 들어있음이 밝혀졌다. 전문가들은 이렇게 말했다.

"이러한 분석 결과를 보면, 도기에 쌀, 꿀 및 과일을 원료로 혼합하여 발효한 음료가 담겨있었으며, 꿀이 들어가 있었기 때문에 오래 발효된 음료의 맛이 '달짝지근하여 맛있었을 것이다'."[736]

이는 중국인의 조상(물론 중국인의 조상과 더불어 다른 민족의 조상일 수 있다)이 일찍부터 음식의 맛에 대해 지극히 관심이 많았고, 이러한 관심이 상당한 수준에 이르렀음을 알려준다. 또한 8600년 전이라는 이러한 시기에 한정된 측정은 우리가 지금까지 알고 있는 맛에 대한 인류의 감별 능력의 최초 증거일 뿐만 아니라 또 다른 새로운 발견을 통해 기존의 인식을 계속 바꿔나갈 수 있는 기대감을 갖게 해준다.

익힌 음식을 담는 도구로 도기를 사용한 이후, 사람들은 여러 가지 원료를 한 기물에 넣고 끓이기 시작했다. 이러한 기물의 대표적인 형태가 바로 발이 세 개 달린 '역鬲(솥)'이다. 함께 끓인 수많은 재료 가운데 어떤 것들은 그 자연적인 속성을 보면 분명히 허기를 채우기도 하고, 조미용이라는 두 가지 역할을 했을 것이다. 예를 들어 서안 동쪽 근교 반파촌半坡村에서 출토된 신석기 시대 앙소문화 반파 유적지의 선민들이 채집해 섭취한 회향茴香(일명 산미나리)이 이런 음식물에 속한다. 길고 긴 채집(잎, 꽃, 종자, 뿌리, 줄기, 식물체 등) 및 어업, 수렵 생활로 허

---

736 이진속李陳續, 「중미 고고학자들의 합작 연구 결과 중국이 8600년 전에 양주를 시작했다고 표명함(中美考古學家合作研究表明 : 我國八千六百年前已開始釀酒)」, 『광명일보』, 2004년, 12월 15일.

기를 채우기 위한 양적 수요 이외에 다양한 음식 재료와 관련해 포만, 소화 흡수, 입맛, 시각적 효과 등에 대한 인식도 생겨났을 것이다. 어떤 식재료들은 주로 허기를 채우기 위한 식재료의 맛을 좋게 할 때 함께 사용했을 대 조미료로서의 성격이 두드러지면서 점차 자리를 굳히게 되었을 것으로 본다.

예를 들어 원시인들은 신 맛이 강한 매실, 살구, 단 맛의 꿀, 대추, 매운 맛의 생강, 고추 등을 채집했다. 이런 상황은 원시농업, 목축업이 시작된 후 더욱 두드러진다. 그러나 맛에 대한 감별 의식과 조미에 대한 수요는 분명히 그 이전의 일이었을 것이며, 실제 상황은 우리가 이해하고 있는 것보다 훨씬 더 복잡할 것이다.

이제 우리는 하상주夏商周 삼대에 이미 중국 조상들은 '다섯 가지 맛'과 그 변화의 규칙을 상당한 정도로 인식하고 있었으며, 3천 여 년 전에 이미 기초적인 이론이 마련되었다는 것을 이해할 수 있다. 하와 상의 정치 전통 및 문화성과를 계승한 주나라는 이를 더욱 엄격한 제도로 발전시켰다. 주나라 천자를 비롯한 귀족의 식생활은 전문적인 관리기관이나 인물이 배정되어 "다섯 가지 맛, 다섯 가지 곡식, 다섯 가지 약물로 그 병을 다스린다."는 원칙을 지켰으며, "무릇 약이란 신 맛으로 뼈를 다스리고, 매운 맛으로 근육을 다스리고, 짠 맛으로 맥을 다스리고, 쓴 맛으로 기를 다스리며, 단 맛으로 살을 다스리고, 매끄러움으로 몸의 구멍을 다스린다."[737] 자연을 따라 시기적절하게 재료를

---

737 『주례·천관천관·질의疾醫』, 『십삼경주소』본, 앞의 책, 668쪽.

선택하고 맛을 분별하는 "다섯 가지 맛, 여섯 가지 조화를 열 두 달 동안 먹으면 되돌아 몸의 기본을 이룬다."[738]는 식사 전통을 형성했다. 또한 다양한 식문화 지역에 사는 사람들의 입맛이 다르다는 소위 '오미이화五味異和'[739]에 관심을 갖게 되었다.

---

738 『예기·예운禮運』, 위의 책, 1423쪽.
739 『예기·왕제王制』, 위의 책, 1338쪽.

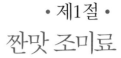

·제1절·
짠맛 조미료

1. 소금(염鹽)

지금까지 인류가 알고 이용한 모든 양념 가운데 짠맛보다 중요한 것은 없다고 할 수 있다. 이를 알고 이용한 시기로 보나 범위(거의 사용하지 않는 사람이 없다)로 보나, 의존도(거의 매일 심지어 매끼마다 사용한다)로 보나 다른 어떤 맛의 양념과 비교가 되지 않는다. 짠맛 양념 중 가장 중요한 것은 소금이다. 관중管仲은 이렇게 말했다.

"가족이 열 사람이면 열 사람이 소금을 먹고, 가족이 백 사람이면 백 사람이 소금을 먹는다. 소금 사용량은 한 달에 남자가 다섯 되 반, 여자가 세 되 반, 아이가 두 되 반 정도이다."[740]

---

740 『관자·지수地數제77』, 『제자집성』본, 앞의 책, 383쪽.

신조新朝(왕망의 신나라) 때는 정부의 공급이 딸려 식염이 모자라니 '백성이 더욱 병이 나' 민원이 들끓었다. 왕망王莽은 조서를 발표하여 "무릇 소금은 모든 반찬의 으뜸이며, 술은 모든 약 중에 가장 좋은 약으로 즐거운 모임에 좋다."[741]고 했다. 또한 송응성宋應星은 더욱 명확하게 다음과 같이 말했다.

"맛 가운데 맵고, 시고, 달고, 쓴 맛은 그 어느 것도 일 년 내내 먹지 않는다고 하여 몸에 별 탈이 없다. 유독 소금은 며칠 먹지 않으면 닭 한 마리를 묶는데도 소나 말 한 마리를 묶는 것보다 더 힘이 든다. 하늘에서 물이 나왔으니 그 맛이 사람의 기운을 돋는 원천이 아니겠는가? 세상의 오복五服[742] 밖은 채소와 오곡이 나지 않는 곳이라 할지라도 소금은 기이하리만큼 모든 곳에 존재하니 이 대체 무슨 이치인지 누가 알겠는가?"[743]

『설문해자』는 '노鹵(염밭)'를 "서방의 소금 땅(鹹地)이다."라고 설명했다. 이 글자의 아랫부분은 '마치 소금의 형태'와 같은데, 이는 서방의 소금 땅에서 자연으로 맺힌 소금 알갱이를 뜻한다. 서한시대에는 지

---

741 『한서·식화지제食貨志제4하第四下』, 북경, 중화서국 1962년, 1183쪽.
742 역주: 왕의 도읍지를 중심으로 사방 5백 리씩 차례로 나눈 다섯 구역을 말한다. 전복甸服, 후복侯服, 수복綏服, 요복要服, 황복荒服 등이다.
743 [명] 송응성, 『천공개물天工開物·작함作鹹제3』, "口之於味也, 辛酸甘苦經年絕一無恙. 獨食鹽, 禁戒旬日, 則縛雞勝匹, 倦怠恹然. 豈非天一生水, 而此味爲生人生氣之源哉? 四海之中, 五服而外, 爲蔬爲谷, 皆有寂滅之鄉, 而斥鹵則巧生以待. 孰知其所以然?" 반길성潘吉星 역주본, 앞의 책, 241쪽.

| 금대에 인쇄한 『중수정화증류비용본초重修政和證類備用本草』의 삽화 『자염도煮鹽圖』. 농민들이 해염을 생산하는 모습이다.

금의 감숙 지역 안에 노현鹵縣이 설치되어 있었다. 또한 '염鹽'을 풀이하여 "노鹵는 하늘에서 생긴 것이고, 염鹽은 사람이 만든 것이다."라고 했다. '염鹽'을 살펴보면 소금이 '노鹵'에서 왔음을 알 수 있다. 노鹵는 여과, 가열 등의 인공적인 가공을 거쳐 먹을 수 있는 소금 결정체로 만들기 때문에 "사람이 만든 것을 염鹽이라 한다."는 말이 나왔다.

인체의 소금 섭취는 일반적으로 자연 상태의 음식물에 포함된 염분, 가공 식품에 첨가된 소금, 조리 과정 또는 음식을 먹을 때 넣는 소금과 같은 세 가지 주요 경로가 있다. 소금을 직접 이용할 수 있기 전까지 사람들이 소금을 얻는 경로는 첫 번째 경우뿐이었다. 인류에게 소금의 기능은 첫째, 생존에 기본이 되는 생리적 수요를 충족시키는 것이고, 두 번째는 맛내기를 위한 심리적 요구에 의한 것이다. 사람들이 의식적으로 소금을 이용할 때는 이상 두 가지 수요가 있기 때문이다. 그릇에 음식물을 넣고 가열하는 도기 시대에는 이 두 가지 수요를 충분히 만족시킬 수 있었다. 그러나 이는 결코 인류가 도기를 발명한 후에 비로소 소금을 사용하기 시작했음을 의미하는 것은 아니다. 인류가 처음으로 소금을 인식하고 이를 이용했던 것은 아마도 원시 농업과 목축업이 생겨나기 이전 '샘물의 단맛과 쓴맛을 분별하던' 채집, 어업, 수렵의 단계였을 가능성이 크다. 초기 인류의 생존 활동 공간 어느 곳에나 소금은 존재했다. 염지鹽池, 염천鹽泉, 염지지鹽漬地, 염분이 함유된 흙, 산석에 들어있는 암염, 바닷물이 증발하고 드러난 해염 등이다. 당시 사람들은 핥아먹거나 마시거나 찍어먹었는데 어쨌거나 매우 일찍부터 직접 소금을 사용하기 시작했다.

1) 해염海鹽

해염, 즉 바다에서 나오는 소금은 고대에 '산염散鹽' 또는 '말염末鹽'이라고 불렀다. "산염은 바닷물을 끓여 만드는데 동해에서 나온다."[744] 염원鹽源은 상당히 광범위하게 분포되어 있기 때문에 옛 사람들이 해

---

744 『주례주소·천관·염인鹽人』, "散鹽煮水爲之出於東海." [청] 완원 『십삼경주소十三經注疏』, 앞의 책, 675쪽.

염을 이용하면서 지역적으로나 문화적으로 차이가 있을 수밖에 없다. 이런 차이는 역사 문헌에 고스란히 반영되고 있다.

삼대의 경우 동방 사람들은 해염을 '척斥', 서방 사람들은 '노鹵'라고 불렀으며, 하동河東 사람들은 '함鹹'이라고 불렀다.(『설문해자』의 경우 '함' 또는 '염'이라고 했다) 또한 "숙사가 소금을 구웠다(宿沙作煮鹽).",745 "숙사씨夙沙氏가 처음으로 바닷물을 끓여 소금을 만들었다. 숙사는 황제의 신하이다.……지금의 안읍安邑 동남쪽 10리에 소금을 받드는 염종묘鹽宗廟가 있다. 일설에는 질사质沙라고 하는데 『설문해자』는 숙사라고 썼다."746 여기에 나오는 소금은 바닷소금으로 인공적으로 구워서 만든 것이다. 바닷소금을 구우려면 내열성이 강한 용기가 필요한데, 이는 해염을 햇빛에 말리는 방식 이후에 나왔을 것이다. 바닷소금을 처음으로 이용한 이들은 근해에 살던 이들이다.747 문헌 기록에 따르면, 하나라 시절에 이미 해변가에 만든 소금을 내지로 운반했다.

"해변가에 너른 갯벌(소금밭)이 있었다.……그곳의 공물은 소금과 고운 칡베였는데, 해물이 섞여 있었다."748

삼대 후에 바닷소금은 다른 소금에 비해 비중이 점점 높아졌고, 식용으로 사용하는 양도 부단히 증가했다. 그래서 바다 근처에 있는 제

---

745 『세본世本』권하, [한] 송충宋衷 주注, [청] 진가모秦嘉謨 등 집輯 『세본팔종世本八種』, 상해, 상무인서관 1957년 각본, 76쪽.
746 『세본』권1, "夙沙氏始煮海爲鹽. 夙沙, 黃帝臣……今安邑東南十里有鹽宗廟. 一作质沙 『說文』作宿沙." 위의 책, 20쪽.
747 조영광, 「음식문화설 시론(飮食文化說試論)」, 조영광, 『중국음식사론』, 앞의 책, 12~17쪽.
748 『상서·하서夏書·우공禹貢』, "海濱廣斥……厥貢鹽絺, 海物惟錯." 『십삼경주소』본, 앞의 책, 148쪽.

후국들은 이를 통해 부를 쌓았다.

> "동북은 유주幽州가 있어……물고기와 소금으로 이익을 얻었다."[749]
> "제나라에는 거전渠展에 소금이 나고, 연나라는 요동에서 소금을 구
> 웠다."[750]
> "태공망太公望이 영구營丘에 봉해졌을 때 땅은 소금기가 많고 백성들은
> 적었다. 그래서 태공망이 부녀자들의 길쌈을 장려하고 기술을 높였으
> 며, 생선과 소금을 유통시키자 사람과 물자가 돌아왔다."[751]
> "산동에는 생선과 소금이 많다.……"[752]

2) 고염苦鹽

고염, 즉 쓴 소금은 "염지鹽池에서 나오는 것을 말한다."[753] 소금 연못
에서 나온다는 뜻으로 '지염池鹽', '택염澤鹽'이라고 칭하기도 한다. 고염
은 중국인이 가장 먼저 인지하고 이용하기 시작한 소금이다. 『서경書
經·주서周書·홍범洪範』에 따르면, "오행은 수·화·목·금·토를 말한다. 물은
적시고 아래로 흐르는 성질을 지녔고,……적시고 아래로 흐르는 물은
짠 맛을 만든다."고 했으니 '소금'은 "물에 있는 소금에서 나오는 것이

---

749 『주례·하관夏官·직방씨職方氏』, 『십삼경주소』본, 위의 책, 863쪽.
750 『관자·지수제77地數第七十七』, 『제자집성』본, 위의 책, 383쪽.
751 『사기·화식열전貨殖列傳』, "太公望封於營丘, 地潟鹵, 人民寡, 於是太公勸其女功, 極技巧, 通魚鹽, 則人物歸之." 앞의 책, 3255쪽.
752 『사기·화식열전』, 북경, 중화서국, 1959년, 3253쪽.
753 『주례·천관·염인鹽人』, 『십삼경주소』본, 위의 책, 675쪽.

다(水鹵所生)."[754]

염지에서 고염을 생산하면서, 염지는 당시 사람들에게 생활에 필요한 소금을 제공할뿐더러 경제적인 이익을 가져다주었다. 그래서 이를 지키기 위해 부족들 간에 싸움도 마다하지 않았다. 중국 전설상의 인물인 염제炎帝와 황제黃帝가 치우蚩尤와 싸운 것이나 황제와 염제가 싸운 것도 염지 관할권을 차지하기 위한 일종의 '소금 전쟁'이다. 사서에 묘사된 당시의 전쟁은 매우 참혹하고 극렬했다. 황제와 염제는 전후 세 차례나 전쟁을 치렀다. 전쟁터는 모두 판천阪泉(일설에 따르면, 지금의 산서 운성運城 염지 부근이라고 한다)이었다. 황제 이후에 요, 순, 우 '삼황三皇'의 정치 중심지(평양平陽, 포판蒲坂, 안읍安邑) 역시 염지 근처이다.

3) 형염形鹽

"형염은 소금이 호랑이처럼 생겼다." "소금이 호랑이 형태이다."[755] 소금의 형태가 호랑이처럼 생겼다는 말이 무슨 뜻인지 이해하기 쉽지 않다. 하지만 자세히 생각해보면, 대략 의미를 알 수 있을 듯하다. 오늘날 볼 수 있는 상나라나 주나라 또는 양한 시대 청동 예기禮器, 호부虎符, 무기의 이음새, 화상석 등에 나오는 호랑이 형태의 도안이나 기물 등은 사실적 묘사보다는 의미를 중시하여 장중한 분위기를 자아낸

---

754 『상서·주서·홍범洪范』, 『십삼경주소』본, 위의 책, 188쪽.
755 『주례주소·천관·염인』, "形鹽, 鹽之似虎形." "鹽, 虎形是也." [청] 완원 『십삼경주소』, 위의 책, 675쪽.

다. 이런 면에서 굳이 소금을 호랑이 형태의 소금이라고 한 것은 당시 사람들이 소금을 그만큼 중시했다는 심미적 표현인 듯하다. 송응성宋 應星은 "형염은 인염印鹽인데, 혹자는 소금에 호랑이의 형태를 새긴 것이라고 하고, 혹자는 소금을 쌓아 모아둔 것이 호랑이처럼 생겼기 때문이라고 한다."[756]고 말했는데, 전자는 글자만 보고 대강 뜻을 짐작한 것 같고, 후자는 그럴 듯하다.

4) 이염飴鹽

『주례주소周禮注疏·천관천관·염인鹽人』에 따르면, "이염은 소금 가운데 단 것이다. 지금의 융戎 땅에서 나오는 소금(융염)이다(飴鹽, 鹽之恬者, 今戎鹽有焉)." 가공언賈公彦은 소疏에서 "석염이 바로 그것이다(即石鹽是也)."[757]고 했다. 이飴는 본래 쌀이나 맥아를 고아 만든 엿을 말한다. 삼대 시대에는 꿀 다음으로 단 음식으로 여겼다. 소금에 엿이란 명칭을 붙인 것 역시 쉽게 이해가 가지 않는다.

당시 식염의 가공방식은 그다지 정교하지 않거나 아예 별도의 가공을 하지 않는 경우가 대부분이었다. 그렇기 때문에 잡다한 것이 섞여 품질이 조악하고 색깔이 좋지 않으며 맛 또한 그리 좋지 않았다. 그러나 융염, 혹은 석염, 암염 등은 "맛이 쓴" 노염鹵鹽, 지염池鹽, 토염土鹽

---

756 [명] 이시진, 『본초강목·석부石部·식염食鹽』, 앞의 책, 630쪽.
757 『주례주소·천관·염인』, "飴鹽, 鹽之恬者, 今戎鹽有焉." 가공언賈公彦 소疏, "即石鹽是也." [청] 완원, 『십삼경주소』본, 앞의 책, 675쪽.

등과 달리 맛이 좋을뿐더러 색깔도 좋았다. 게다가 단맛이 입에 맞아 '이염'이란 미칭을 가지게 되었을 것이다. 하지만 이염 역시 베릴륨, 지르코늄, 세륨, 크롬, 바나듐, 아연, 카드뮴 등 다양한 성분으로 이루어진 소금이다. 이러한 원소의 이온들이 각기 단맛을 내기 때문에 전체적으로 소금의 맛이 단 것이다. 물론 예전부터 "이염은 엿으로 반죽하여 만든 소금이다."[758]라는 추측성 주장이 있기는 했으나 그럴 가능성은 거의 없다. 선진시대부터 융염, 즉 이염에 대한 평가가 상당히 좋았다.

> "융염은 일명 호염胡鹽이라고 하는데, 호염산 및 서강西羌의 북지北地, 주천酒泉, 복록성福禄城 동남쪽에서 나온다. 북해의 것은 푸른색이고 남해의 것은 붉은색이다."[759]

이로 보건대, 이염은 내륙에도 광범위하게 분포되었음을 알 수 있다. 그렇기 때문에 융염, 석염, 암염, 호염 등 서로 다른 이름이 있고 푸른색과 붉은색의 구분이 있었던 것이다.

5) 정염井鹽

정염이 사람들에게 인지되어 식염으로 사용하게 된 것은 다른 소금

---

758 [명] 송응성, 『천공개물·작함作鹹』, 앞의 책, 630쪽.
759 『신농본초경·융염戎鹽』, "戎鹽一名胡鹽, 生胡鹽山及西羌北地,酒泉,福禄城東南角, 北海青, 南海赤." [청] 황석黃奭 집輯, 북경, 中醫古籍出版社1982년, 258~259쪽.

에 비해 상당히 늦다. 전하는 바에 따르면, 진秦 소양왕昭襄王이 이빙李冰에게 촉蜀을 수비하도록 했는데, 그가 "수맥을 관찰하여 광도廣都(사천 쌍류현雙流縣)에서 염정과 여러 연못을 파서(염정에서 나온 소금물로 연못을 만들었다는 뜻) 촉 땅이 살아가는데 넉넉하고 풍요로워졌다."[760] 하지만 이런 설은 설득력이 떨어진다. 현재의 연구 성과로 볼 때, 염정을 개발하기 시작한 것은 한대 이후의 일이기 때문이다. 소금은 생산지, 가공, 품질 등의 차이로 인해 이름이 상당히 많다. 명 중엽 약학자인 이시진과 명말 과학자 송응성은 다양한 소금의 명칭을 기록한 바 있다. 우선 이시진이 기록한 소금의 명칭은 수십종에 이르는데, 그 대강을 살펴보면 다음과 같다.

대염大鹽(『신농본초경』하경下經), 하동인염河東印鹽(소공蘇恭『당신수본초唐新修本草』), 동해염東海鹽, 북해염, 남해염, 하동지염河東池鹽, 양익정염梁益井鹽, 서강산염西羌山鹽, 호중수염胡中樹鹽[761], 광주염廣州鹽(도홍경陶弘景『명의별록名醫別錄』), 서남 소수민족의 죽목염竹木鹽(진장기陳藏器『본초습유本草拾遺』), 병주말염并州末鹽[762], 해염解鹽(하동대염河東大鹽), 종염種鹽[763], 택염澤鹽[764], 빈주토염濱州土鹽[765], 해주정호海州亭戶, 괄감전염刮鹼煎鹽[766], 험염磏鹽[767], 애염

---

760 「진」상거常璩, 『화양국지華陽國志·촉지蜀志』, 성도, 파촉서사, 1984년, 210쪽.
761 호중수염은 하동염보다 뛰어나다. 동해염은 백초白草처럼 작아 고치를 보관하는데 적당하고, 북해염은 황초처럼 굵어 채소를 절이는 데 적합하다. 정염은 약간 담백하다.
762 염분이 많은 흙을 긁어내어 끓여서 만든 분말 소금이다. 그다지 좋지 않으며 노감鹵鹹이다
763 해주解州와 안읍安邑의 염지에서 바람에 말려 만든 것으로 매우 좋은 소금이다.
764 바닷물을 끓여 만든 것으로 의방醫方에서는 해염이라고 부른다.
765 염분이 있는 흙을 끓여 만들며 색이 검고 굵다.
766 소송蘇頌『도경본초圖經本草』, 염분이 있는 흙을 긁어내어 끓여서 만든다.
767 병주, 하북 등지에서 염분이 있는 흙을 긁어내어 끓여 만든 소금이다.

崖鹽⁷⁶⁸, 봉염蓬鹽(풀을 태워 만든 소금), 융염(『신농본초경』하경), 광명염光明鹽
(『당본초唐本草』).

송응성은 이렇게 다양한 소금을 나열한 후 다음과 같이 개괄했다.

"무릇 소금의 산지는 한 곳이 아니라 바다, 연못, 우물, 흙, 벼랑, 사석
砂石 등 대략 여섯 곳으로 나눌 수 있다. 동이東夷의 나뭇잎이나 서융
西戎의 광명光明은 포함하지 않았다. 적현赤縣(중국을 말함)에서 바닷소
금(해로海滷)은 열에 여덟 정도이고, 나머지 둘은 우물, 연못, 토감土鹼
(염분이 많은 흙) 등으로 사람의 힘으로 만든 것이거나 천연적인 것이
다."⁷⁶⁹

우리는 화학 지식을 통해 짠맛이 중성염(녹였을 때 산성도 염기성도 아
닌 염)이 지닌 맛이며, 순수한 짠맛은 오직 염화나트륨(NaCl)에서 온다
는 사실을 알고 있다. 일반적으로 소금은 단순히 짠맛만 있는 것이 아
니다. 소금의 맛은 이온화를 통해 형성된 여러 가지 이온이 결정한다.
양이온과 음이온 모두 소금의 맛 형성에 영향을 준다. 양이온은 미각
을 느끼기 쉬운 부위에서 아미노산에 포함된 카르복실기(carboxyl基)
나 시토에스테르의 인산기를 흡착하여 짠맛을 내며, 음이온은 짠맛의
강약에 영향을 주어 부차적인 맛을 낸다. 짠맛의 강약은 미신경味神經

---

768 생염生鹽으로 가주 계주階州, 성주成州, 봉주鳳州 등에서 나온다.
769 [명] 송응성, 『천공개물·작함』, "形鹽, 即印鹽, 或以鹽刻作虎形也. 或云積鹵所结, 其形如虎也."
    앞의 책, 241쪽.

이 다양한 음이온에 대해 감응하는 정도와 유기음이온의 탄소사슬의 길이와 관련이 있다. 이것이 짠맛의 유형, 즉 짠맛(NaCl, KCl, NH4Cl, NaBr, NaI), 짜고 쓴맛(KBr, NH4I), 주로 쓴맛(MgCl2, MgSO4, KI), 불쾌하고 쓴맛(CaCl2, CaCO3) 등을 결정한다. 물론 옛날 사람들은 이런 이치를 알았을 리 만무하다. 그들은 복잡하고 번잡한 각종 식료품 배후에 육안으로 볼 수 없는 미세하고 또한 무한히 거대한 완전히 다른 세계가 존재한다는 것을 알 수 없었다. 그래서 그들은 어떤 물질이나 형태가 자연계에서 어떤 관계를 맺고 있는가에 주목하는 한편 오랜 경험을 바탕으로 유비적인 분석을 했을 따름이다. 이미 3천여 년 전에 중국인들은 소금 생산 관리 및 가공을 국가가 직접 간여해야 할 중요한 업무로 간주하여 나름 질서정연한 체계를 만들었다.[770]

2. 젓갈(해醢)

선조들의 식생활에서 소금은 짠 맛을 내는 유일한 양념으로 상당히 오랫동안 사용되었다. 그 후 소금과 음식물을 저장하던 과정에서 사람들은 소금이 음식(원료 또는 식품)의 신선도를 유지하고, 부패를 방지하는 역할을 한다는 것에 주목하였다. 이후 소금에 절인 저(菹, 절인 배추)와 같은 짠 채소류(식물질 또는 동물질)와 소금이 약간 들어간 발효식품도

---

770 『주례·천관·염인』, 『십삼경주소』본, 앞의 책, 675쪽.

등장했다. 중국 고대 음식문화의 눈부신 성과는 바로 종류가 많은 해醢의 제작과 이에 대한 활용이다. 『설문해자·유부酉部』에 따르면, "해醢는 육장(肉醬)이다." 정현鄭玄은 해醢를 만드는 방법에 대해 이렇게 말했다.

"반드시 먼저 고기를 말린다. 다시 고기를 잘라 수수 누룩(粱麴)과 소금을 섞어 좋은 술에 담가 항아리에 넣은 후 백일이 지나면 완성된다. 이것이 '장醬'이란 글자가 유酉와 육肉으로 이루어진 이유이다."[771]

육류 보존에 대한 인류의 역사 및 술과 소금 제조의 역사를 감안할 때, '해醢'가 분명히 매우 오래 전에 만들기 시작했음을 추론할 수 있다. 그러나 현존하는 문자 기록은 기본적으로 상 왕조 이후 해醢에 관한 기록으로, 세 가지를 언급한 것이 전부이다. 우리는 선진시대 문헌에서 거의 모든 동물성 원료로 해醢를 만들었으며, 또한 종류가 매우 많았음을 알 수 있다.

시해豕醢: 굽거나 큰 덩어리의 돼지고기로 만든다. '해시적醢豕炙', '해시자醢豕胾'[772]

우해牛醢 : 굽거나 큰 덩어리 또는 편으로 자른 소고기로 만든다. '해

---

771 정현, 『주례·천관·별인鱉人』, "必先膊干其肉. 乃復莝之, 雜以粱曲及鹽, 漬以美酒, 涂置甄中, 百日則成矣. 此醬從肉,從酉之旨也." 위의 책, 674쪽.
772 『예기·내칙內則』, 『십삼경주소』본, 앞의 책, 1463쪽.

우적醯牛炙', '해우자醯牛胾', '해우회醯牛膾'[773]

녹해鹿醢: 뼈가 있는 사슴고기로 만든다. '미니麇臡', '창본미니昌本麇臡', '청저녹니菁菹鹿臡'[774], '묘저녹니茆菹鹿臡'[775]

토해兎醢 : 토끼고기로 만든다. '근저토해芹菹兎醢'[776]

안해雁醢, 기러기 고기로 만든다. '지저안해箈菹雁醢'[777]

담해醓醢(육즙해肉汁醢) : 동물의 육즙을 절여 발효해 만든 것으로 다른 젓갈에 비해 약간 신맛이 난다. '담해창본醓醢昌本'[778], '구저담해韭菹醓醢'[779], '담해醓醢'[780]

어해魚醢 : 어류를 원료로 발효해 만든다. '순저어해笋菹魚醢', '돈박어해豚拍魚醢'(돼지 갈비살과 생선살로 만든다)[781]

나해(蠃醢), 소라 살로 만든다.[782]

비해蠯醢, 대합 살로 만든다.[783]

지해蚳醢, 개미 알로 만든다. '단수지해腶修蚳醢'(두들긴 후에 생강, 육계를 넣어 말린 고기와 개미 알을 합쳐서 만든다)[784]

---

773 『예기·내칙』, 위의 책, 1463쪽.
774 『의례·공식대부례公食大夫禮』, 『십삼경주소』본, 앞의 책, 1081쪽.
775 『주례·천관·해인醢人』, 『십삼경주소』본, 위의 책, 674쪽.
776 『주례·천관·해인』, 『십삼경주소』본, 위의 책, 674쪽.
777 『주례·천관·해인』, 『십삼경주소』본, 위의 책, 674쪽.
778 『의례·공식대부례公食大夫禮』, 『십삼경주소』본, 위의 책, 1081쪽.
779 『주례·천관·해인』, 『십삼경주소』본, 위의 책, 674쪽.
780 『모시·대아·행위行葦』, 『십삼경주소』본, 위의 책, 534쪽.
781 『주례·천관·해인』, 『십삼경주소』본, 위의 책, 674쪽.
782 『주례·천관·별인鱉人』, 『십삼경주소』본, 위의 책, 664쪽.
783 『주례·천관·별인』, 『십삼경주소』본, 위의 책, 664
784 『예기·내칙』, 『주례·천관·별인』, 『십삼경주소』본, 위의 책, 1464, 664쪽.

난장卵醬(곤어鯤魚 알로 만든 장), 물고기 알을 원료로 한다. '난장실료(卵醬實蓼)'[785]

와해蝸醢, 달팽이 살로 만든다. '와해蝸醢'[786]

이밖에도 그 종류를 헤아릴 수 없이 많다. 주周 천자의 연회에 올린 모든 해醢의 종류를 보면 그야말로 장관이다.

"왕이 제사를 거행한 후에 베푼 연회에는 60가지 음식(원문의 숄은 옹甕, 즉 조리한 음식을 말한다)의 해를 올리고, ……빈객을 접대할 때는 50가지 음식을 올린다. 무릇 일이 있을 때마다 해를 올리는 것을 책임진다."[787]

하상주 시대의 해醢는 사용되는 재료와 모양, 부위, 가공방법에 따라 종류를 구분했다. 당시 사람들이 식용하던 재료가 제한이 없었던 것을 생각하면 종류가 얼마나 많았을지 가히 상상할 수 있다. 그러나 이 또한 상상에 맡길 뿐이니 정현鄭玄이 "기록한 자들이 순서대로 기록할 수 없었으니 모두 다 들은 것이 아니다."라고 한 말이 그럴 듯하다.[788]

하, 상, 주 시대의 해醢는 이후 육장肉醬의 형태로 볼 수 있으니, 그 문

---

785 『예기·내칙』, 『십삼경주소』본, 앞의 책, 1464쪽.
786 『예기·내칙』, 위의 책, 1463쪽.
787 『주례·천관·별인鱉人』, "王擧, 則共醢六十罋……賓客之禮, 共醢五十罋. 凡事, 共醢." 위의 책, 674쪽.
788 『주례·천관·선부膳夫』, 위의 책, 659쪽.

| 성도成都의 다양한 해醢(젓갈)

화적 기원이 매우 오래됐음을 알 수 있다. 당시 해醢는 주로 정찬 음식에 올라왔으니 지금으로 말하면 안주, 반찬과 같다. 그런데 다른 불로 조리하여 뜨겁게 먹는 음식과 달리 이는 찬 음식인데다 '마실 수 있는' 유동의 형태였다. 천자와 귀족 식탁을 가득 채운 산해진미의 요리 가운데 해醢와 혜醯 등은 요리에 곁들인 반찬 정도로 맛을 돋우는 식품이었음이 분명하다.[789]

---

789 『예기·곡례상曲禮上』, 위의 책, 1242쪽.

3. 장醬

오늘날 거의 모든 중국인들이 먹고 있는 장醬은 과거의 장이 끊임없이 변화, 발전한 결과이다. 장의 초기 형태는 앞서 말한 다양한 종류의 해醢이다. 그러나 오랜 시간이 지나면서 고대의 해醢와 지금의 장은 원료, 가공, 형태에 있어 이미 크게 구분된다. 『설문해자·유부酉部』에 따르면, "장은 해醢이다. 육과 유를 따른다." 단옥재는 주에서 "육을 따르는 것은 해에 고기를 사용하지 않음이 없기 때문이다."라고 했다.

하상주 시기에 이미 '장'이란 명칭이 있었다. 동한시대 경학자 정현에 따르면, "장은 혜해醯醢라 불렸다." 청대 중기 저명한 경학가인 강영江永은 이렇게 말했다.

> "당시 장은 혜醯와 해醢의 총칭이다. 해에는 일곱 가지가 있었다. 혜해는 돼지고기로 만들었고 가정에서 자주 이를 이용했다. 또한 땅 위에서 나는 것으로 개미 알, 토끼, 매가 있고, 물에서 나는 것으로 달팽이, 조개, 물고기 등이 있는데 반드시 이 모든 것을 갖출 필요는 없었다. 『내칙內則』에는 알장卵醬도 있고 또한 물고기로 담근 해醢도 있다. ……해장醢醬이라 부르거나 그냥 해라고 부르는 것이 혜해醯醢이다. 혜장醯醬이라 말하는 것은 혜醯와 장醬이 어우러진 것을 말한다."[790]

---

790 [청] 강영江永, 『향당도고鄉黨圖考』권7, "醬者, 醯醢之總名. 醢之物有七, 醯醢, 當是豕肉作之, 家所常用者也, 又陸産之物有蚳兔鷹, 水産之物有蝸蠃魚, 或間有之, 未必皆備. 『內則』有卵醬, 亦魚醢之類……凡稱醢醬或單言醢者, 醯醢也. 言醯醬者, 以醯和醬也. 濡豚不用醬, 而三牲和用醢, 用梅漿作之者爲醯, 醯醢[主酸, 醢主咸." 『문연각사고전서』제210책, 앞의 책, 872쪽.

다시 말해 하상주 시기 주 왕조에 이르러 '장醬'은 해醢와 신맛 위주의 혜醯라는 양대 발효식품의 총칭이 되었다. 이후 학자들의 이런 해석은 하상주 삼대의 역사 사실과 부합한다. 선진시대 문헌은 주 천자의 음식제도에 대해 다음과 같이 기록하고 있다.

> "무릇 왕에게 음식을 올릴 때는 주식으로 6가지 곡물을 사용하고, 희생물로 여섯 가지 동물을 쓰며, 마실 것으로 여섯 가지 음료를 쓰고, 반찬으로는 120가지를 쓰며 진미로 여덟 가지를 쓰고 장은 120개 항아리를 사용한다."[791]

해醢와 혜醯를 구분하지 않고 통틀어 '장醬을 항아리 120개'라 하였으니 장醬이 두 가지를 모두 가리키고 있음이 분명하다. 이는 바로 주 왕실의 관직인 해인醢人과 혜인醯人이 각기 해, 혜 품목 60개씩을 항시 준비했다는 것과 완전히 숫자가 일치한다.[792]

그러나 이처럼 범용하던 습관이 주대 말기에 이르러 변화가 생긴 듯하다. "닭을 삶을 때는 해장을 넣고 닭의 뱃속을 여뀌나물로 채운다(濡雞醢醬實蓼)", "물고기를 익힐 때는 난장을 넣고 물고기 뱃속을 여뀌나물로 채운다(濡魚卵醬實蓼)." 이렇듯 이미 무슨 '장醬'이라고 구체적으로 품목 이름을 표기하고 더 이상 '해醢'나 '혜醯'의 부류에 넣지 않았다. 그

---

791 『주례·천관·선부』, "凡王之馈, 食用六谷, 膳用六牲, 飲用六淸, 羞(饈)用百有二十品, 珍用八物, 醬用百有二十瓮." 『십삼경주소』본, 앞의 책, 659쪽.
792 『주례·천관·해인』, 『십삼경주소』본, 위의 책, 675쪽.

밖에 이러한 장醬은 '여뀌나물(요蓼)'과 같은 부패 방지 또는 향을 증진하는 효용이 있는 향신료를 첨가하여 장의 양념과 풍미를 더욱 도드라지게 했다. 뿐만 아니라, '개장芥醬'도 출현했다.[793] 『설문해자·초부草部』에 따르면, "개芥는 채소다." 그러나 여기서 '개芥(겨자)'란 일반 채소가 아니고 매운 맛을 내는 신채辛菜를 말한다.[794]

선진시대 사람들은 개芥를 비린내를 없애고 입맛을 돋우어 주는 신채로 사용했다. 특히 상류층에서 가장 즐겨 먹었던 소고기, 물고기 등 동물성 원료로 생으로 무쳐내는 회에는 필수적이었다. 회의 비린내를 없애고 향을 넣어주는 채소로 개芥는 주로 가을에 사용했다. 『예기』에 따르면, "회를 먹을 경우 봄에는 파를 사용하고 가을에는 겨자를 사용한다."[795] '개장芥醬' 이외에 '구장枸醬'이란 것도 있었다.[796] '개장', '구장'의 출현을 통해 우리는 다음 두 가지 사실을 확인할 수 있다.

첫째, 고기를 재료로 하지 않은 장이 등장했다. 이는 장은 반드시 고기를 넣어야 한다는 기존의 관념에서 완전히 벗어났다는 것을 의미한다. 둘째, 장醬의 조미료 기능이 기존의 해醢보다 더욱 중시되었다.

한대 이후, 직접적으로 사용하는 식염 외에 두 번째로 중요한 짠맛 조미용 장이 점차 하상주 시기 해醢의 자리를 대체하여 이후 2천여 년 동안 계속되어 중화민족 식문화 조미료 중 특별한 위상을 차지했다.

---

793 『예기·내칙』 『십삼경주소』본, 위의 책, 1463쪽.
794 [당] 현응玄應, 『일체경음의一切經音義』권7에 인용된 『자림字林』에 나온다. 상해, 고적출판사, 1986년.
795 『예기·내칙』, "膾, 春用葱, 秋用芥." 『십삼경주소』본, 앞의 책, 1466쪽.
796 『사기·서남이열전西南夷列傳』, 앞의 책, 2994쪽.

사실, 춘추시대 이후 한대로 들어간 후 전통적인 해醢의 형태가 크게 변화했다.

첫째, 전통적인 짠맛의 해醢, 신맛의 혜醯라는 양대 조미료로 총괄되었던 장醬이 점차 주로 짠 맛을 지칭하는 독립적인 비 육류 조미료로 발전하다가 마침내 한대에 대두를 주요 원료로 하는 중국 장醬의 기반이 완성되었다.

둘째, 전통적인 육류 해醢는 품종과 수량이 계속 줄어들면서 점차 사람들의 식생활에서 사라져갔다. 다만 품종과 수량이 상대적으로 적은 두장豆醬을 짠 맛의 매개로 삼는 '육장肉醬'이란 이름은 남아 있었다.

셋째, 장醬은 이미 중화권의 식문화 지역과 사회 각 계층의 사람들이 신분에 관계없이 모두 즐기는 짠 맛 조미료의 대명사가 되었다. '무이염시혜초장蕪荑鹽豉醯酢醬'[797]이 서민 대중이 주체가 되는 중화민족 모두에게 가장 보편적이면서도 가장 중요한 조미료가 되었다는 뜻이다.[798] 이에 비하면 하상주 시기에는 비록 하층민들도 일반 음식에 넣는 식염 이외의 짠 맛 조미료가 있었을 테지만 상층사회와 같은 각종 육류 재료의 해醢는 사용하지 않았을 가능성이 크다.

하상주 후기부터 한대까지 대두大豆, 즉 콩은 주요 식량 중 하나이자 장을 만드는 기본 원료로 서민 식생활의 맛을 책임지는 중요한 단백질 원이 되었다. 역사적으로 장을 만드는 방법에 대한 적지 않은 기록이

---

797 역주: 왕두릅나무(蕪荑)는 매운 맛, 소금은 짠맛, 두시는 쓴맛, 혜醯와 초酢는 신맛이 나는 장醬이란 뜻이다.
798 『사기·서남이열전』, 앞의 책, 2884쪽.

남아 있다. 그 예를 살펴보면 다음과 같다.

"콩과 밀가루로 만들었다."[799]

"콩과 밀가루로 황黃(발효과정에서 생기는 누룩곰팡이, 황국균을 말한다)

을 만들고, 소금과 물을 넣어 장을 만들었다."[800]

"밀가루와 쌀, 보리는 모두 덮어씌워 누룩곰팡이를 만들 수 있는데,

여기에 소금을 넣고 햇볕에 쬐어 말리면 장이 된다."[801]

가사협賈思勰은 한대 이후 6세기까지 북방 사람들이 사용한 장 품목
을 작성했다. 이에 따르면 다음과 같다.

두장豆醬, 건장乾醬, 희장稀醬, 대장大醬, 청장淸醬, 맥장麥醬, 유자장榆子
醬. 소, 양, 노루, 사슴, 토끼고기 등을 원료로 하는 육장肉醬. 소, 양, 노
루, 토끼, 생선 등을 원료로 하는 졸성장卒成醬. 잉어, 고등어, 가물치,
갈치(갈치로 만든 제어장鯕魚醬도 있다), 복어 등으로 만드는 어장魚醬. 이러
한 육장이나 어장에는 모두 일정한 비율로 豆醬 성분이 들어있다. 이
런 장에는 생강, 귤피, 파, 여뀌, 술 등을 넣고 면밀하고 엄격한 가공
과정을 거쳐 각기 '향미香味'를 지니게 된다.[802] 역사 문헌에서 볼 수 있
는 전통식품 가운데 풍미장風味醬, 즉 특별한 향내가 나는 장은 만들 때

---

799 [동한] 사유史游, [당] 안사고 주, 『급취편』권2, 앞의 책, 136쪽.
800 [남송] 대동戴侗, 『육서고六書攷·공사사工事四』, "以豆麥爲黃, 投鹽與水爲醬."
801 [명말청초] 장자열張自烈, 『정자통正字通·유부酉部』, "麥麵米豆皆可罨黃, 加鹽暴之成醬."
802 [북위北魏] 가사협賈思勰, 『제민요술·작장등법제70』, 앞의 책, 421쪽.

집어넣은 재료, 가공 방식 등과 관련이 있다. 일반 서민들의 경우 임의대로 원료를 사용하여 각자의 경험에 따라 장을 만들기 때문에 그 맛이 천차만별이다. 이에 이른바 "집집마다 장맛이 다르다."는 말이 나오게 된 것이다.

길고 긴 중화민족의 식생활 역사에서 장은 전 민족의 짠 맛을 내는 조미 식품으로, 음식 영양의 생리, 음식 맛, 색과의 조화를 이루는 문화 부분에서 민족적 특성을 충분히 드러냈으며, 창의적이고 풍성한 중국인의 무한한 상상력을 반영하고 있다. 가사협 이후 많은 이들이 수없이 많이 중국인의 상상력이 담긴 음식물 내용을 기록했다. 두장豆醬, 미장米醬(쌀장), 첨장甛麪醬(단장), 면장麪醬, 육장, 어장, 날장辣醬(매운장), 의장蟻醬(개미장), 어란장魚卵醬, 일료장一料醬, 찹쌀장, 새우장, 매실장, 숙황장熟黃醬, 생황장生黃醬, 소두장小豆醬, 완두콩장, 유인장榆仁醬, 대맥장大麥醬, 선장仙醬, 급취장急就醬, 깨장, 합장合醬, 주장酒醬, 장미장, 八寶醬, 천리장千里醬 등등 그야말로 가지각색으로 그 수를 이루 다 헤아릴 수 없다. 청대 말기부터 지금까지 1세기가 넘는 동안 과학기술이 발전하고 문화가 부흥하면서 민족의 식생활, 식문화는 과거에 비해 비약적으로 발전했다.

중국의 장은 한반도로 전해졌으며, 한국인들은 그들만의 독특한 장문화를 만들었다. 장은 한민족의 음식에 가장 기본이 되는 조미료이기 때문에 예전에는 중국과 마찬가지로 모든 가정에서 장을 담그는 것이 한 해의 가장 중요한 일이었다. 한국인들은 간장, 된장, 청국장, 고추장, 즙장汁醬(짧은 기간 발효시켜 먹는 장) 등 다섯 가지 계열에 수십 가지 품종을 개발했다.[803] 이후 장은 한반도를 거쳐 일본으로 전해졌다.[804] 일본 역시 나름의 장 문화를 만들었는데, 대표적인 것이 일본식 된장문화이다. 일본인은 거의 매일 된장국(미소시루)을 먹는다. 조사 결과에 따르면, 일본인은 매년 평균 된장국 4백여 그릇을 먹으며, 6k의 장을 소비한다.[805] 20세기 중엽 이래로 일본인들은 자신들의 전통적인 된장국을 세계에 알리면서 유럽 등 많은 나라에서 '21세기 식품'이라는 찬사를 들었다.

4. 메주(시豉)

메주는 대두를 익힌 후 발효를 시켜 가공한 조미 식품이다. 장과 마찬가지로 메주 역시 상고시대 김치菹와 해醢에서 발전한 것으로 이 역시 짠 맛, 담담한 맛 두 가지로 크게 나뉜다. 그 중 짠 맛의 메주는 짠 맛 조미품에 속한다. 중국에서 메주가 처음 나온 때는 춘추시대 이전이다. 전국시대에 메주는 이미 초나라 지역의 풍미가 되었다.[806] 한대에 메주는 이미 소금, 식초, 장 등과 더불어 나라 전역에 중요한 필수 조미료, 조미 식품으로 널리 전해졌다. 그래서 "교통이 발달한 큰 도읍

---

803 [한국] 윤서석, 『한국식품사연구』, 앞의 책, 191~200쪽.
804 정대성鄭大聲, 『조선식물지朝鮮食物志』, 동경, 시전서점柴田書店, 1974년.
805 가혜훤賈蕙萱, 『일본풍토인정日本風土人情』, 북경, 북경대학출판사, 1989년, 64쪽.
806 [송] 홍흥조洪興祖, 『초사보주』, 북경, 중화서국 1983년, 207쪽

지에서는 한 해에 술 1천 독, 식초 1천 병······누룩, 소금, 메주 1천 홉 (糵曲鹽豉千答) 등을 팔았다."[807] 『석명釋名·석음식釋飲食』에 따르면, "시豉는 기嗜(좋아함)이다. 다섯 가지 맛이 조화를 이루어 발효시켜 만든다. 맛이 달고 좋다. 그래서 제나라 사람들은 시豉라고 불렀는데 발음은 기嗜와 같다." 한대에는 대강大江 남북, 황하 양안 지역이 모두 콩으로 만든 메주를 즐겼다. 가사협은 또한 문헌 및 자신이 직접 맛을 보고 목격한 메주 관련 기록을 남겼다. 원료 선택과 배합, 가공 절차, 가공 기술에서 품질과 맛까지 모든 내용이 매우 흥미진진하다. 그는 전대의 문헌에 나오는 '메주 만드는 법(作豉法)'을 인용하여 '집안에서 메주를 쑤어 먹는 법(家理食豉法)', '밀가루로 메주를 만드는 법(麥豉法)' 등을 기록했으며, 당시 통용되던 '시법豉法' 공예[808]를 기록함으로써 음식 가공 및 문화적 풍모를 있는 그대로 재현하였다.

한대 이후부터 현대까지 2천 여 년 동안 중국인은 메주를 소중하게 생각했으며 각각의 역사시기에 다양한 지역 사람들의 기호에 맞춰 풍미 가득한 품종을 발전시켰다. 위진魏晉 시대는 '강동시江東豉'[809]", 북조 시대는 북제北齊의 시豉 외에도 '향미시香美豉', '향시香豉', '유시油豉'[810] 등이 있었고, 수당 시대에는 '대두시大豆豉'[811]", 송대는 '향시香豉'[812], '주

807 『사기·화식열전』, 앞의 책, 3274쪽

808 [북위] 가사협, 『제민요술·작시법作豉法제72』, 앞의 책, 441쪽.

809 [남조 송] 유의경, 『세설신어·언어言語』, 앞의 책, 65쪽.

810 [북위] 가사협, 『제민요술·작시법제72』, 앞의 책, 441쪽.

811 [당] 손사막, 『비급천금요방備急千金要方·식치食治』, 『문연각사고전서』제735책, 앞의 책, 290쪽.

812 [송] 오석황吳錫璜, 『성제총록聖濟總錄·식치문食治門』, 상해, 문서루文瑞樓, 민국8년(1919년) 석인본石印本.

두시酒豆豉', '수두시水豆豉'[813], 원대는 '금산사두시金山寺豆豉', '함두시咸豆豉', '담두시淡豆豉', '성도부시成都府豉', '부시麩豉', '과시瓜豉'[814], '흑두시黑豆豉'[815], 명대는 '십향함시十香咸豉', '수두시水豆豉', '주두시酒豆豉'[816], 청대는 '대흑두시大黑豆豉', '대황두시大黃豆豉', '수두시水豆豉', '주두시酒豆豉', '향두시香豆豉', '숙가시熟茄豉', '조두시燥豆豉'[817], '청두시青豆豉'[818], '천향두시川香豆豉', '천수두시川水豆豉'[819], '날두판辣豆瓣', '날두시辣豆豉'[820], '금화시金華豉'[821]" 등등이 있었다. 장醬과 비교할 때 시豉는 조미 기능을 한껏 더 발휘하는 짠 맛 식품이다. 장이 일반적으로 '짠 맛을 더한다면' 시는 '향을 증강'시키는 효능이 더 크다. 장과 마찬가지로 시 역시 일찍 해외로 전파되어 중국 식문화의 사자가 되었다. 시가 일본에 전파된 시기는 늦어도 수, 당 이전이므로[822] 한반도에 알려진 것은 더욱 이른 시기였음은 의론의 여지가 없다. 시豉가 장醬보다 저장과 휴대가 편리했음을 감안하면 이는 신뢰할 만한 이야기이다.

---

813 [송] 포강오씨浦江吳氏, 『오씨중궤록吳氏中饋錄·제소制蔬』, 북경, 중국상업출판사, 1987년, 2쪽.
814 [원] 무명씨, 『거가필용사류전집居家必用事類全集·제시류制豉類』 이집巳集, 북경, 중국상업출판사 1986년, 555쪽.
815 [원] 고명賈銘, 『음식수지飲食須知·곡류穀類·흑대두黑大豆』, 『학해류편學海類編』 제105책, 상해, 함분루涵芬樓 민국 9년(1920년) 영인본, 5쪽.
816 [명] 고렴高濂, 『음찬복식전飲饌服食箋·가소류家蔬類』, 동경, 일본정부도서 천초문고淺草文庫 영인본, 170쪽.
817 [청] 왕사정王士禎, 『식헌홍비食憲鴻秘·장지속醬之屬』, 동경, 일본정부도서 천초문고 영인본, 297쪽.
818 [청] 고중顧仲, 『양소록養小錄·장지속醬之屬』, 동경, 일본정부도서 천초문고 영인본, 363쪽.
819 [청] 이조원李調元, 『성원록醒園錄』 권 상上, 동경, 일본정부도서 천초문고 영인본, 438쪽.
820 [청] 증의曾懿, 『중궤록中饋錄·제랄두판법制辣豆瓣法』, 『중궤록中饋錄·제두시법制豆豉法』, 북경, 중국상업출판사 1984년, 12, 13쪽.
821 [청] 왕사웅王士雄, 『수식거음식보隨息居飲食譜』, 북경, 인민위생출판사 1987년, 21쪽.
822 일본, 다나카 세이이치田中静一, 『일의대수一衣帶水~중국요리 전래사中國料理傳來史·대두와 두부(大豆和豆腐)』, 東京, 시전서점柴田書店, 1987년, 106~114쪽.

5. 장청醬淸과 두즙豆汁

장청醬淸은 장을 담근 후 오랜 시간이 지나 표면에 떠오르는 매우 향긋하고 붉은 기가 도는 맑은 장이다. 장에서 나온 것이며 장의 표면에 뜨기 때문에 한대에는 '청장淸醬'이란 이름을 얻었다.

"정월에는 여러 가지 장을 담그는데, 육장, 청장 등이 있다."
"5월에 장을 담는다. 상순에 콩을 볶고 중순에 삶은 다음 콩을 부수어 '말도末都(장의 일종)'를 만든다. 6월에서 7월로 넘어가는 시기에 나누어 장과藏瓜(된장에 오이를 넣어 만든 오이장아치)를 만든다. 어장이나 육장, 청장 등을 만들 수 있다."[823]

'장청醬淸' 또는 '청장淸醬'은 고대에 동일한 장을 지칭하는 것으로 보인다. 장청은 보통 대두로 만든 장의 맑은 즙을 말하기 때문에 한대 이후에는 '두장청豆醬淸'이라 부르기도 했다. 가사협이 말한 '말린 육젓 만드는 법(작조전법作燥脠法)', '생젓 만드는 법(생전법生脠法)' 등이 그 증거이다. 만드는 방법은 다음과 같다.

"양고기 2근, 돼지고기 1근을 합쳐서 삶아 익힌 후 잘게 썬다. 생강 5홉, 귤껍질 2개, 달걀 15개, 양고기 1근, 두장청豆醬淸 5홉을 준비한다.

---

823 [동한] 최식, 『사민월령』, [청] 엄가균 교집 『전상고삼대진한삼국육조문』, 앞의 책, 729~7300쪽.

먼저 익힌 고기를 시루 위에 올려놓고 증기로 열을 가하여 생고기와 반죽한다. 장청과 생강, 귤을 넣어 섞는다."

"양고기 1근, 돼지고기 4냥(10냥이 1근이다)을 두장청에 담근 후 가늘게 자른다. 생강, 달걀을 넣는데, 봄과 가을에는 차조기(蘇)나 여뀌(요蓼)를 올려놓는다."

장청은 장에서 나오지만 장을 만들 때 물의 비율을 잘 맞춰야 두즙豆汁의 농도를 적절하게 맞출 수 있다. 그래서 "뜨거운 물이 적으면 좀 더 첨가하되 절대로 끓인 물을 바꾸는 것은 삼가야 한다. 끓인 물을 바꾸면 콩의 맛이 사라져 장맛이 좋지 않다." "콩을 일어 뜨거운 물에 끓이고, 걸러낸 콩을 잘게 부숴 장을 만들면 즉시 먹을 수 있다. 하지만 대장大醬(황장)은 두즙을 사용하지 않는다."[824] 장청 또는 청장은 염도 조절, 향, 색을 맞추는데 장보다 더 편리하고, 적절한데다 조미료(조미식품이 아니라)의 특징을 더 많이 지니고 있다. 중국인은 자주 장청醬清을 중요한 조미료로 사용했으며 또한 시즙豉汁에도 마찬가지로 많은 관심을 가지고 음식의 향과 색을 맞추는데 사용했다.

다시 말해 하상주 시대부터 한대까지 중국인은 소금—해醯—장醬(醬清)—시豉(豉汁)를 이용하는 과정에서 짠 맛은 줄이고, 향을 배가시키는 방향으로 변화한 것이 분명하다. 대충 통계를 내보면 『제민요술齊

---

824 [북위] 가사협, 『제민요술·작장등법作醬等法제70』, 앞의 책, 419쪽.

民要術』제8권만 보더라도 '시즙豉汁'에 대한 기록이 50여 회, '시청豉清' 4회, '농시즙濃豉汁' 1회가 나온 것으로 볼 때 시즙이 요리의 향, 색 증진 및 비린내 제거에 확실한 역할을 했다는 사실을 알 수 있다. 또한 요리의 시각, 미각, 식감 효과를 높이기 위해 시즙은 종종 "별도의 솥에서 팔팔 끓는 물에 삶은 후 찌꺼기를 걸러내어 맑은 것을 사용했다."[825]

장청醬清과 시즙豉汁은 간장이 출현하기 전까지 향을 내고, 색을 입히고, 짠 맛을 내는데 가장 중요한 두 가지 조미료였다. 당송 시기에 이르러 요식업이 번영하면서 요리 방법이 날로 정교해지고 품종이 다양해지면서 조미료의 품질과 풍미에 대한 요구가 더욱 엄격해짐에 따라 간장이 출현했다. 현재 사람들이 일상에서 사용하는 간장은 대두(혹은 탈지 대두), 밀, 쌀껍질 등을 원료로 발효한 후 이에 소금을 첨가해서 만든 것이다.

다시 말해 간장과 장의 제작은 원료와 가공방법에 있어 엄격한 경계가 없다. 장을 만드는 방법을 알게 된 후 간장이 그 뒤를 이어 등장하였다. 고대의 장청醬清(혹은 청장清醬, 시즙을 포함)은 사실상 간장의 초급 형태라고 볼 수 있다. 북송시대에 간장은 이미 식초와 더불어 양대 조미료 가운데 하나가 되었다.[826] 양질의 간장은 그 색이 까맣고 맑으며 맛이 뛰어나고 향도 진하다. 희석해 요리에 넣으면 호박琥珀처럼 엷은 색으로 맛을 증진하고 향긋하다. 이에 명청 시대의 미식 대가인 이어李漁

825 [북위] 가사협, 『제민요술·갱학법羹臛法제67』, 앞의 책, 465쪽.
826 [북송] 소식, 『격물조담格物粗談·운차韻借』, 『총서집성초편』1344책, 앞의 책, 34쪽.

는 '채소 중의 왕(蔬中之王)'은 간장만 넣어 먹는 것이 최고라고 했다.

> "채식하는 이가 죽순을 먹을 때 만약 다른 것을 곁들이거나 향유를
> 첨가하면 다른 음식의 맛이 죽순의 신선함을 앗아가 죽순의 진정한
> 맛이 사라지고 만다. 제일 좋기로는 맹물에 익힌 후 장유(간장)를 조금
> 만 넣어 먹는 것이다. 지금까지 지극히 좋은 음식은 모두 그 자체로 독
> 립적으로 먹는 것이 이로우니 죽순이 바로 그러하다."[827]

이어는 맛 평가와 감정鑑定에 탁월한 미식가였다. 이로써 간장이 향,
색, 짠 맛을 내는 조미료로 중국인의 식탁에 얼마나 중요한 역할을 차
지했는지 알 수 있다. 원, 명대 이후 음식 관련 저서에 간장 제조법이
많이 기록되어 있다. 원료와 요리법은 한대 장醬 제조 이후 기본 규범
에 약간의 변화가 있거나 향을 내는 재료의 취사선택이 다르다. 풍토,
습관이 다르기 때문에 소주蘇州 간장, 양주揚州 간장, 황두 간장, 잠두
간장, 투유套油, 백장유白醬油, 맥장유麥醬油, 화초장유花椒醬油, 부피장유麩
皮醬油, 미장유米醬油, 소맥장유小麥醬油, 흑두장유黑豆醬油, 천리장유千里醬油
등[828] 그 수를 이루 다 헤아릴 수 없을 정도로 많다.

---

827 [청] 이어李漁, 『한정우기閒情偶寄·음찬부飮饌部·소식제일蔬食第一·순笋』, "茹齋者食笋, 若以
他物伴之, 香油和之, 則陳味奪鮮, 而笋之眞趣没矣. 白煮俟熟, 略加醬油, 從來至美之物, 皆利於
孤行, 此類是也." 『이어전집李漁全集』권11, 항주, 절강고적출판사, 1992년, 236쪽.
828 [청] 동악천童岳薦, 『조정집調鼎集·장유醬油』, 북경, 중국상업출판사, 1986년, 20~27쪽.

6. 함채鹹菜와 포채泡菜

엄격하게 말해 함채鹹菜와 포채泡菜는 조미료가 아닌 짠 맛 식품에 속한다. 그러나 고대 중국 서민들에게 다양한 함채는 변변치 않은 하루 세 끼 식사에 빠져서는 안 되는 반찬이자 염분 섭취, 짠 맛을 내는데 가장 중요한 먹을 거리였다. 고대 중국 서민들, 특히 시골 사람들은 일반적으로 쌀이나 밀 외에 밀기울이나 잡곡을 섞은 것을 주식으로 삼고, 부식으로 야채(야생이나 재배한 것)에 콩이나 곡물 부스러기를 섞은 국, 그리고 전통 장류와 채소 절임, 함채 등을 곁들여 먹었다. 소금에 절인 함채를 만드는 원료는 상당히 광범위하여 밭에서 나는 거의 모든 야채와 채집해 먹을 수 있고, 절일 수 있는 야생 식물은 모두 사용했다. 이 가운데 일상적으로 자주 사용하는 재료는 자연히 대량 생산되고 저렴한 배추, 무, 오이, 가지, 갓 등이다.

절강 영파寧波 속담에 "3일 동안 함채탕을 먹지 않으면 두 다리가 후들거린다."라는 말이 있다. 여기에서 '함채탕鹹菜湯'은 식성食聖 원매袁枚가 말한 삼복 시기의 보물인 동엄채冬腌菜[829]를 말하며 여기서 사용된 야채는 갓이다. 오랜 세월 동안 사람과 장소, 시간에 따라 각기 다양한 풍미를 지닌 유명한 함채가 등장했다. 예를 들어 사천四川의 부릉자채涪陵榨菜, 운남雲南의 매괴대두채玫瑰大頭菜, 북경의 육필거장채六必居醬菜, 천진天津의 봉밀산육蜂蜜蒜肉, 진강鎭江의 장채醬菜, 상주常州의 나복건蘿蔔

---

829 [청] 원매袁枚, 『소원식단隨園食單·수지단須知單·시절수지時節須知』, 상해, 상해문명서국上海 文明書局 소장판, 3쪽

乾, 소산蕭山의 나복건蘿蔔乾, 귀주貴州의 독산염산채獨山鹽酸菜, 요녕遼寧의 금주십금하유소채錦州什錦蝦油小菜 등이 있다.

포채泡菜는 야채를 고추, 술 등을 넣은 엷은 소금물에 담가 만든 약간 짠 맛의 반찬이다. 야채가 아삭하고 약간 신 맛을 내며 때로 매운 맛도 있어 식욕을 북돋아준다. 사천四川 포채泡菜(파오차이)는 특히 유명하다. 청대 음식관련 서적에 기록된 내용은 다음과 같다.

"염채를 담을 때는 반드시 복수단覆水壇이 있어야 한다. 복수단이란 항아리는 방한모처럼 바깥 가장자리가 있어 둥근 홈 안에 물을 담을 수 있다. 항아리 뚜껑을 물이 담긴 홈에 집어넣으면 밖의 공기가 들어가지 않아 포채가 상하지 않는다. 포채에 사용하는 물은 산초와 소금을 넣어 팔팔 끓인 다음 소주를 약간 넣는다. 각종 채소가 다 좋지만 특히 동부(강두豇豆)와 푸른 고추나 붉은 고추를 넣으면 더욱 좋고 오래 간다. 그러나 반드시 채소는 잘 말려 물기를 없앤 후에 넣어야 한다. 만약 곰팡이가 피면 소주를 좀 더 넣는다. 채소를 넣을 때마다 소금을 더 넣고 술도 약간 더 넣어야 시어지지 않는다. 항아리 입구 홈에 들어 있는 물은 하루에 한 번씩 갈아주고 절대로 마르는 일이 없도록 한다. 이런 방법에 따라 만들면 오래갈수록 맛이 있다."[830]

---

830 [청] 증의曾懿, 『중궤록中饋錄·제포염채법制泡鹽菜法』, "泡鹽菜法, 定要覆水壇. 此壇有一外沿如暖帽式, 四周內可盛水; 壇口上覆一蓋, 浸於水中, 使空氣不得入內, 則所泡之菜不得壞矣. 泡菜之水, 用花椒和鹽煮沸, 加燒酒少許. 凡各種蔬菜均宜, 尤以豇豆·青紅椒爲美, 且可經久. 然必須將菜晒干, 方可泡入. 如有霉花, 加燒酒幾許, 每加菜必加鹽少許, 并加酒, 方不變酸. 壇沿外水須隔日一換, 勿令其干. 若依法經營, 愈久愈美也." 북경, 중국상업출판사 1984년, 16쪽.

| 다양한 종류의 함채鹹菜

| 무한武漢 포채泡菜

| 태원太原 포채

| 다양한 종류의 포채

　'복수단覆水壇' 속칭 '포채단泡菜壇'은 크고 작은 도시 어디서나 볼 수 있는 소금에 절인 포채를 만들 때 쓰는 전용도구이다. 한국의 김치[831]를 한족漢族들은 '조선함채朝鮮鹹菜'라고 부르는데 이는 또 다른 소금으로 절인 음식이다. 한국인의 김치는 한국 음식문화의 여러 가지 성과 중의 하나이다. 배추, 무 등 야채를 주요 원료로 하여 여기에 마늘, 고추

831　역주: 2021년부터 한국 김치의 중국 명칭을 기존의 포채泡菜에서 신기辛奇(xīnqí)로 표준화했다.

(필수재료), 생강 등을 부재료로 하여 소금에 절여 만든다. 십 수 종류의 김치는 한국 가정에서는 매우 자연스럽게 준비하는 생활양식이다. 시장 수요를 만족시키기 위해 한국인들은 이를 대량으로 생산하고 또한 수십 심지어 백 종류가 넘는 김치 상품을 개발했다. 한국의 김치는 중국 동북, 화북 등 여러 지역에서 많은 중국인들도 좋아하는 음식인데, 장기간에 걸쳐 사천 포채와 조선 포채(한국 김치)가 장강 남북으로 구분되어 유행하는 현상이 나타나고 있다. 한국 김치를 먹고 한국 김치를 담그는 것은 이미 한반도의 한국인들만의 것이 아닌 셈이다.[832]

832 조영광, 「중국 식문화에 관한 보고(關於中國食文化的報告)」, 조영광, 『조영광 식문화 논집』, 앞의 책, 62~92쪽.

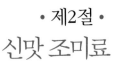

신맛 조미료

신맛은 중국인들이 짠 맛 다음으로 좋아하는 주요 맛 가운데 하나이다. 전하는 바에 따르면 상나라 무정武丁은 재상 부열傅說과 치국 방향에 대해 논하는 자리에서 국의 짜고 신 맛을 맞추며 이렇게 말했다고 한다. "만약 국에 간을 맞추고자 한다면 네가 소금과 매실이 되어다오(若作和羹, 爾惟鹽梅)."[833] 또한 원매袁枚는 「품미品味」라는 시에서 "평생 맛을 품평하는 것을 시 품평처럼 하였으니 세상이 모르는 또 다른 신맛과 짠맛이 있다네(平生品味似評詩, 別有酸鹹世不知)."[834]라고 하여 짠맛과 신맛을 나란히 두었을 뿐만 아니라 심지어 '신맛'을 '짠맛' 앞에 언급하기도 했다. 신맛 조미료는 식품의 중요한 조미료로 방부 기능을 가지

---

833 『상서·상서·설명說命』, 『십삼경주소』본, 앞의 책, 175쪽.
834 [청] 원매, 「품미品味」 3수 중 하나, 『소창산방시집小倉山房詩集』 권33, 상해, 고적출판사 1988년, 938쪽.

고 있다. 신맛은 혀 점막이 수소이온으로부터 자극을 받아 느끼는 감각이다. 용액에서 수소이온을 전리시킬 수 있는 화합물은 모두 신맛을 가지고 있다. 사람의 구강 점막이 신맛 물질이 들어있는 액체에 닿으면 신맛을 느낀다. 이런 식의 신맛은 수소이온 농도 그리고 적정도滴定度와 관련이 있다. 완충작용이 크고 적정도가 높은 물질은 미량의 수소만 전리가 되어도 신맛을 낸다. 이에 신맛은 단순히 수소이온 농도 또는 pH와 정비례되는 것이 아니다. 이외에 신맛 물질의 음이온 역시 신맛의 강도 및 식품의 풍미에 영향을 준다. 중국에서 전통적으로 가장 많이 사용하는 신맛 조미료는 식초이며 이어 레몬산, 초산, 유산, 포도당산, 사과산 등이다. 중국인이 역사적으로 신맛 조미료를 이용한 역사를 살펴보면 가장 먼저 식생활에 등장한 신맛 조미료는 식초가 아니라 자연의 신맛 과실인 매실이다.

1. 매실과 기타 신 과일

매실은 매우 오래전부터 중국에서 재배한 특산 과실이다. 3천 여 년 전부터 이미 매실은 문학작품에 만이 등장했다. 『시경』에는 모두 다섯 곳에 매실이 등장한다.

종남산에 무엇이 있는가? 산초와 매화나무가 있다.[835]

산에 아름다운 나무가 있으니 밤나무와 매화나무로다.[836]

묘문 앞에 매화나무, 올빼미 모여드네.[837]

뻐꾸기 뽕나무에 앉으니 그 새끼 매화나무에 있네.[838]

매실이 떨어지네, 남은 매실 일곱이네.……
매실이 떨어지네, 남은 매실 세 개 뿐이네.……
매실이 떨어지네, 광주리 숙여 주워 담네.[839]

　연구에 따르면 뒤쪽 세 개의 인용문에 나오는 매실은 장미과에 속하는 매실, 바로 신맛을 내는 매실이다.[840] 분포지역이나 재배가 광범위하게 이루어졌고, 사람들이 이를 좋아했기에 선진시대 문헌에 등장하는 매실은 매梅, 구杞, 남楠 등 여러 종류의 명칭이 있다.[841] 한대 이후

835 『모시·국풍·진풍秦風』, "終南何有, 有條有梅." 『십삼경주소』본, 앞의 책, 372쪽.
836 『모시·소아·사월四月』, "山有嘉卉, 侯栗侯梅." 『십삼경주소』본, 위의 책, 462쪽.
837 『모시·국풍·진풍陳風』, "墓門有梅, 有鴞萃止." 『십삼경주소』본, 위의 책, 378쪽.
838 『모시·국풍·조풍曹風』, "鳲鳩在桑, 其子在梅." 『십삼경주소』본, 위의 책, 385쪽.
839 『모시·국풍·소남召南』, "摽有梅, 其實七兮……摽有梅, 其實三兮……摽有梅, 頃筐塈之." 『십삼경주소』본, 위의 책, 291쪽.
840 신수직辛樹幟 편저, 이흡항伊欽恒 증정增訂, 『중국과수사연구中國果樹史研究』, 북경, 농업출판사, 1983년, 9~12쪽.
841 [한] 대덕戴德 찬撰, [청] 필원畢沅 고주考注, 『하소정夏小正』, 상해, 대동서국大同書局, 청 광서光緒13년(1887년) 영인본, 6쪽. 「진」 곽박郭璞, 『산해경』권1, 청 가경嘉慶9년(1804년) 각본, 8쪽.

매실의 품종 및 재배 기록이 많아지기 시작했다.

"매화는 일곱 가지이다. 주매朱梅, 자엽매紫葉梅, 자화매紫華梅, 동심매同心梅, 여기매麗枝梅, 연매燕梅, 후매猴梅."[842]
"매화나무의 열매는 조그맣고 시다. 씨에는 가는 무늬가 있다.……백매白梅(소금에 절인 매실)는 음식의 맛을 조절하거나 조미료(齏)로 사용된다."[843].

신 과일인 매실은 매우 오래 전부터 신맛 조미료로 사용되었다. 『좌전』에 보면 "화和(조화, 군주와 마음이 맞음)는 국을 끓이는 것과 같습니다. 물과 불, 혜醯(초), 해醢(장), 소금, 매실로 생선이나 고기를 조리합니다."[844]라는 구절이 나오는데, 공영달孔穎達은 이에 대해 "매화나무의 과실은 살구나무처럼 시다."라고 소疏를 달았다. 『좌전』은 노魯 소공昭公 20년 즉, 기원전 522년에 편찬되었다. 당시 매실은 혜醯, 즉 초와 함께 신맛 조미료로 이미 사용되고 있었다. 앞서 인용한 "만약 국에 간을 맞추고자 한다면 네가 소금과 매실이 되어다오."라는 문장에는 소금과 매실만 포함되어 있다. 그렇다면 지금으로부터 3,500여 년 전 중

---

842 [한] 유흠劉歆 찬, [진晉] 갈홍葛洪 집, 『서경잡기西京雜記·상림명과이목上林名果異木』, 북경, 중화서국, 1985년. 자엽매紫葉梅는 『제민요술』, 『초학기初學記』, 『어람御覽』에 '자체매紫蒂梅'로 썼음. 자화매紫華梅는 『서안부지西安府志』에 '자악매紫蕚梅'로 썼음. 여지매麗枝梅는 『초학기』, 『광후군방보(廣群芳譜)』에 '여지매麗支梅'로 썼음. 연매燕梅는 『제민요술』, 『초학기』, 『어람』에는 '연지매燕支梅'로 썼음. 후매猴梅는 『제민요술』, 『초학기』, 『어람』에는 '후매侯梅'로 썼음.
843 [북위] 가사협, 『제민요술·종매행種梅杏제36』, 앞의 책, 199쪽.
844 『춘추좌전·소공昭公23』, "和如羹焉, 水火醯醢鹽梅, 以烹魚肉."『십삼경주소』본, 앞의 책, 2093쪽.

국인이 사용한 신맛 조미료는 매실이라는 신맛 나는 야생 과실뿐이었음을 의미하는 것이 아닐까?

매실을 먹으면 시큼하고 입이 개운하며 침이 샘솟는 효과가 있다. 삼국시대 조조가 군대를 이끌 때 매실을 바라보며 갈증을 해소시켰다는 이야기는 매우 생동적이다.

> "위 무제(조조曹操)가 행군하다가 물을 긷는 곳으로 가는 길을 잃어버려 군사들이 모두 목말라하자 영을 내려 말하길, '앞에 큰 매화나무 숲에 넉넉하게 달고 신 매실이 많으니 갈증을 해소할 수 있을 것이다.'라고 했다. 병졸들이 그 말을 듣고는 입안에 침이 고였다. 그 틈을 타서 앞에 있는 수원水源에 이를 수 있었다."[845]

매실에는 탄닌산, 주석산酒石酸, 임금산林檎酸, 고미산苦味酸, 시안산, 구연산 등 여러 가지 성분이 있다. 잘 익은 신선한 매실의 탄수화합물과 단백질 함량은 각기 18.9%, 0.9%이며 이밖에 여러 종류의 비타민을 함유하고 있다. 적당량을 섭취하면 갈증을 해소하고, 입맛을 돋우며 기분전환을 할 수 있다. 매실은 탕이나 양념의 신맛 조미료로 사용하기도 한다. 이는 분명히 오랜 기간 채집생활을 하던 선조들이 그 과정에서 터득한 결과이다. 지금까지도 많은 지역에서 매실은 이러한 용도로 쓰이고 있다. 매실은 오래 전부터 식용되며 사람들로부터 큰

---

845 [남조南朝 송] 유의경, 『세설신어·가휼假譎』, 앞의 책, 442쪽.

사랑을 받았고, 중국 전통 의,약학에서도 높이 평가하여 약용으로 광범위하게 사용해왔다.

"기미氣味는 시고 성질은 평이하며 독이 없다."

"갈증을 멈추고 중초中焦(심장과 배꼽 사이)를 조절하여 가래를 없애고 학질을 치료하며, 토사곽란吐瀉癨亂(토하고 설사를 하는 증세를 보이는 급성 위장병)을 멈추게 하고 이질과 설사를 없앤다."[846]

이렇듯 매실은 양생이나 질병 치료 효용을 지녔다. 매실은 조미료로 시면서도 독하지 않고, 부드럽고 진하며 온화한데다 향긋하다. 매실은 지역 및 민족문화의 사자로 기원전 2세기 그리고 8세기에 한국, 일본으로 유입되었다.

고대 중국은 신맛 조미료로 매실만 사용했던 것이 아니다. 사실 신맛 과실로 식용이 가능한 것은 거의 모두 이용하였다. 산사자山查子도 그 중 하나이다. 산사자는 품종과 지역에 따라 구자杞子(『이아爾雅』), 계매檕梅(『이아』), 적과자赤瓜子(『당본초唐本草』), 서사鼠樝(『당본초』), 양구羊梂(『당본초』), 당구자棠球子(『도경본초圖經本草』), 후사猴樝(『세의득효방世醫得效方』), 모사茅樝(『일용본초日用本草』), 산리홍과山里紅果(『식감본초食鑒本草』) 등으로 부르기도 한다. 『이아·석목釋木』에 따르면, '구杞는 계매檕梅이다." 곽박은 "구수(杞

846 [명대] 이시진, 『본초강목·과부果部』 '매梅', '오매烏梅', '백매白梅' 등 조항이 나오는데, 인용문은 도홍경陶弘景의 말이다. 앞의 책, 1736~1737쪽.

樹, 산사나무)는 매화나무처럼 생겼는데, 과실은 손톱만하고 작은 능금처럼 붉은색이며 먹을 수 있다."라고 주를 달았다. 사실 선진시대에도 산사자는 '매실'의 한 종류로 신맛 과실로 식용되었다.

산사자는 품종이 많고, 산지도 매우 광범위하다. 산사자는 세계적으로 1천 종 이상이다. 중국 국내에는 화중華中 산사, 호북湖北 산사, 섬서陝西 산사, 계홍桂紅 산사, 운남雲南 산사, 요녕遼寧 산사, 감숙甘肅 산사, 아이태산阿爾泰山(알타이 산) 산사 등 17개의 품종이 있다. 재배되고 있는 산사 역시 유명한 품종으로 10여 개가 있다. 그 중 산사종山楂種(속칭 '대산사大山楂')이 가장 일반적이다.

산사자는 영양이 풍부하다. 북경, 하북河北 역현易縣, 산동 추현鄒縣, 감숙 백은과白銀果의 분석 평균치를 예로 들면 식용 가능 부분의 단백질, 탄수화물, 니코틴산, 아스코르빈산, 비타민E의 함량은 각각 1.55g, 21. 3g, 0. 0375g, 109g, 3. 5875g이다. 이밖에 또한 기타 여러 가지 영양 성분을 함유하고 있다.[847] 산사자는 성질이 '시고, 차고, 무독'하며 '식적을 없애고, 비장을 보호한다.'는 등의 여러 가지 양생 및 질병 치료 효과가 있다.[848] 산사자는 비린내 제거, 조미, 향 증진, 연육 작용 등 여러 가지 기능을 지닌 신맛 조미료로, 예로부터 중국 전통 요리에서 때로 매실보다 더 자주 사용되었다. 송나라 소식은 사람들의 생활을 기록하면서 다음과 같은 내용을 남겼다.

---

847 중국예방의학과학원 영양 및 식품위생연구소 『식물성분표食物成分表』(전국), 북경, 인민위생출판사 1992년, 58쪽.
848 [명] 이시진, 『본초강목·과부·산사山楂』, 앞의 책, 1774쪽.

"늙은 닭을 삶을 때 산리과山里果를 넣으면 잘 물러지며 흰 매실을 넣고 삶아도 좋다."[849]

이러한 전통은 지금까지도 여전히 지속되고 있다.

식초가 편리하고 대중적인 신맛 조미료로 사용되기 전까지 매실과 산사자는 중국인의 요리를 예술적으로 승화시키는데 그 자연적인 특성을 충분히 발휘했다. 사실 신맛 조미료로 사용된 신 과실은 매실과 산사자 뿐만이 아니다. 선조들은 숙성되거나 채 숙성이 되지 않았을 때 먹을 수 있는 신맛 과실을 매실과 산사자처럼 사용했다. 포도, 사과, 배, 앵도, 살구, 귤, 레몬, 파인애플 등도 모두 강한 신맛을 가지고 있다. 여기에는 염산, 주석산, 사과산, 인산, 레몬산 등 식용산이 포함되어 있기 때문이다. 『상서·홍범洪範』에 보면 "불은 염상炎上(불꽃은 위로 올라감)이니 (재나 숯처럼) 쓴맛을 남기고, 나무는 곡직曲直(굽거나 뻗어 나감)이니 (새싹처럼) 신맛을 만든다."라는 구절이 나온다. 당대 공영달은 소에서 "나무는 과실을 낳으니 그 맛이 매우 시다. 다섯 가지 과실의 맛은 비록 다르나 신맛은 하나이니 나무 과실의 본성이 그러하기 때문이다."[850]라고 했다. 이처럼 인식은 일반 대중의 오랜 실천적 경험에서 나온 것이다. 중국 선조들이 처음에 대자연에서 얻은 신맛 조미료는 신선한 과실, 말린 과실 외에도 신맛이 나는 또 다른 식물도 있었

---

849 [북송] 소식, 『물무류상감지物類相感志·음식飮食』, "煮老鷄, 以山里果煮就爛, 或用白梅煮亦好."
『총서집성총편』제1344책, 앞의 책, 5쪽.
850 『상서·홍범洪範』, "炎上作苦, 曲直作酸." 공영달 소, "木生子實, 其味多酸, 五果之味雖殊, 其爲
酸一也, 是木實之性然也."

을 것이다. 그러나 그 중에서도 매실의 신맛이 가장 좋고 채취가 용이했기 때문에 소금에 대응하는 대표적 신맛 조미료로 사서에 기록되었을 것이다.

2. 절임 채소(저菹), 초酢, 유즙(낙酪)

1) 저菹

『설문해자·草部』에 따르면, "저菹는 신 채소이다(酢菜). 초艸를 따르고 저沮라고 읽는다." 남당南唐시대 사람 서개徐鍇는 『설문해자계전說文解字繫傳』에서 "쌀알과 초酢를 섞어 채소에 담근다."고 했는데 청대 왕균王筠은 『설문해자구두說文解字句讀』에서 이렇게 말했다.

"초酢는 지금의 초醋이다. 예전에는 신 것을 초醋라고 불렀다. 초채酢菜는 지금의 산채酸菜이니 초를 섞은 것이 아니다. 『성류聲類』에 따르면 '저菹는 장채藏菜(저장 채소)이다.' 『석명釋名』에 따르면, 저菹는 저阻이다. 익히지 않은 채로 발효시켜 추위나 더위를 막아 부패하지 않도록 한다."

선조들은 장시간 채소를 저장하면서(또는 월동을 위해) 부패를 방지하기 위해 일찌감치 절이는 방식(저菹)을 알게 되었을 것이다. 구체적인 방법은 쌀알과 초酢를 섞어 채소를 절이는 것인데, 지금도 북방에서 채소를 절일 때 이런 방법을 사용한다. 채소를 절이면 채소나 절인 물 모두 신맛인데, 고대에는 이를 모두 식용으로 이용했다.[851] 다시 말하면 지금처럼 신채酸菜만 먹고 그 절인 물은 버리는 것과 달랐다는 뜻이다. 초酢로 절이는 행위는 아마도 한대 이후의 일로 추정된다. 초酢는 저菹보다 늦게 출현했다. 사람들은 채소를 저장하기 위해 절임을 했고, 오랜 기간 동안 절임 음식을 하는 동안 초와 쌀알로 채소를 절이는 효과적인 방법을 생각해냈다. 이는 마치 효모를 인식하고 이를 이용한 시기가 발효 빵을 먹은 시기보다 더 이후인 것과 마찬가지이다.

2) 초酢

『설문해자·유부酉部』에 따르면, "초酢는 염醶(초)이다. 유를 따르고 사乍는 소리이다." 또한 "염醶은 초장酢漿(신맛이 나는 물)이다." 이에 대해 단옥재는 다음과 같이 주를 달았다.

> "초酢는 본래 재장載漿(쌀뜨물)의 명칭이다. 여기서 인신되어 맛이 신 것을 모두 초라고 부르게 되어……지금 세간에서는 모두 초醋라고 쓴다. 여기서 수작酬酢(주객이 서로 술잔을 주고받음의 뜻이다. 이런 경우 초酢를 작으로 읽는다)이라는 글자가 나왔다."

---

851 [청] 방홍건方拱乾, 『절역기략絶域紀略·음식飮食』, 『필기소서대관筆記小說大觀』3편, 대북, 신흥서국유한공사新興書局有限公司, 1981년, 6098쪽.

단옥재는 허신許愼으로부터 약 6백 년 이후의 사람이다. 허신의 시대는 신맛 조미료로서 식용할 수 있는 '초'가 존재하지 않았던 때다. 재醝는 『설문해자·유부』에서 '초장酢漿'이라고 했다. 그러나 "무릇 맛이 신 것을 모두 초라고 부르게 되었다"고 한 것은 한나라 당시의 사회적 풍속이자 습관적인 표현일 따름이다. 서한 중기 이전 풍속문화를 반영한 아동 글자교본인 『급취편急就篇』에는 생활 상식과 기본 지식이 기록되어 있는데, 그 가운데 다음과 같은 기록이 있다. "산함초담변탁청酸鹹酢淡辨濁淸." 당대 안사고顏師古는 주에서 이렇게 말했다.

> "음식은 여러 가지가 있어 맛도 각기 다르고 맑고 탁함도 다른 것이
> 당연하다. 대산大酸(매우 신 것)은 초酢라고 하고 평박平薄(시지 않은 것)
> 은 담淡(싱거움)이라고 한다."[852]

　이른바 "산함초담변탁청"이란 산과 함, 즉 신맛과 짠맛은 평민들의 식생활에서 빼놓을 수 없는 두 가지 맛을 내는 조미료인데, 품종이 상당히 많고 또한 품질도 차이가 있기 때문에 두껍고 얇음(진하고 담백함), 맑고 탁함으로 구분할 수 있다는 뜻이다. 이렇듯 초는 고대 사람들이 음식을 조리할 때 신맛을 내게 하는 액체이니 가사협이 "초장으로 끓여 만든 국이다(以酢漿烹之爲羹也)."[853]라고 말한 바로 그 '초장'이다.

---

852 [동한] 사유史游, 당대 안사고顏師古 注, 송대 왕응린王應麟 보주補注『급취편急就篇』권3, 앞의 책, 203쪽.
853 [북위] 가사협, 『제민요술·증부법蒸魚法제77』, 북경, 농업출판사 1982년, 479

3) 유즙(낙酪)

낙酪(유즙, 식초)은 저菹나 초와 거의 동시대에 등장했으며 오랫동안 신맛 조미료로 사용되었다. '초락楚酪(초나라 낙)'은 선진시대 장강長江 중류 일대 명품으로, 귀족들의 연회나 제사에 빠지지 않고 올라왔다. 굴원은 「대초大招」에서 "신선한 바다거북과 살찐 닭고기, 초락에 섞어 먹으니 새로운 맛일세."[854]라고 읊었는데, 한대 왕일王逸은 "낙酪은 초재酢截이다."라고 주를 달았다. 초락楚酪으로 간을 맞춘 구운 거북과 살찐 닭고기 탕은 풍미가 탁월한 고급 요리이다. '낙酪'은 신맛 조미료로 선진시대 상류사회 가정에서 반드시 갖추고 있어야 할 일종의 조미료였다. 그러나 상중喪中에는 채식이 위주였기 때문에 낙酪 역시 사용을 금했다. "공최를 입었을 경우는 채소를 먹고 물이나 미음을 마시며, 소금과 낙은 사용하지 않는다."[855]

3. 혜醯(초)

『설문해자·명부皿部』에 따르면, "혜醯는 산酸이다." 또한 『설문해자·유부酉部』에 따르면 "산酸은 초酢다." 다시 말해 혜가 바로 식초라는 뜻이다. 곡물을 주원료로 하는 혜醯는 채소를 오랫동안 저장하기 위해 절이는

---

854 굴원, 「대초」. "鮮蠵甘鷄, 和楚酪只." [송] 홍흥조, 『초사보주』, 앞의 책, 219쪽.
855 『예기·잡기하雜記下』. "功衰, 食菜果, 飮水漿, 無鹽酪." 『십삼경주소』본, 앞의 책, 1563쪽.

방식, 즉 저菹 이후에 등장했을 것이다. 또한 혜醯를 만들 때 곡물을 사용하기 시작한 것 역시 상당히 오랜 기간이 지난 후에 가능했을 것이다. 주나라의 음식제도가 기록되어 있는『주례』에 보면, '혜醯'를 '해醢' 또는 '장醬'과 병렬하여 신맛, 짠 맛 두 부류의 조미료라고 했다. 당시 혜는 곡물로 만들어야 한다는 통일된 규범이 아직 존재하지 않았을 가능성이 크다.

> "혜인醯人은 오제五齊와 칠저七菹를 관장하는데, 무릇 혜로 음식의 맛을 조절한다. 제사에는 제齊와 저菹는 혜나 장醬으로 조미한 음식을 올린다. 손님을 맞이할 때도 역시 마찬가지이다. 왕이 제사를 거행한 후에 베푼 연회에는 혜로 조미한 제와 저 60가지 음식을 올리고, 황후와 태자에게는 장과 혜로 조미한 제와 저를 올리며, 빈객을 접대할 때는 혜로 조미한 50가지 음식을 올린다. 무슨 일이 있을 때도 혜로 조미한 음식을 올린다."[856]

인용문에 나오는 '혜醯'는 오제五齊와 칠저七菹를 모두 아우르는 각종 혜醯를 가리키는데, 그 품종이 60여 종에 달한다. 이를 통해 당시 '혜'는 각종 재료로 만들어진 신맛 식품, 신맛 조미료에 대한 총칭이었음을 알 수 있다. 천자나 제후의 연회에서도 마찬가지였다. "재부(요리사)

---

856 『주례·천관·혜인』, "醯人, 掌共五齊七菹, 凡醯物, 以共祭祀之齊菹, 凡醯醬之物, 賓客, 亦如之, 王擧, 則共齊菹醯物六十瓮, 共后及世子之醬齊菹, 賓客之禮, 共醯五十瓮, 凡事, 共醯." 『십삼경 주소』본, 위의 책, 675쪽.

는 동쪽에 있는 방에서 혜와 장을 받는다.”[857] 여기에 나오는 ‘혜醯’ 역시 각종 혜로 지칭되는 음식의 총칭이다.

4. 초醋

초醋는 곡물을 발효해 만든 신맛 액체의 대표적인 음식으로 대략 남북조 이후에 만들어졌다. 송대 진팽년陳彭年은 『광운廣韻·모운暮韻』에서 “초醋는 장초醬醋이다. 『설문해자』은 초酢라고 썼다.”고 했고 『정자통正字通·유부酉部』에는 “초醋는 혜醯의 별명이다.”고 했다. 그러나 초醋를 곡물을 발효시켜 만드는 방법은 한대에 이미 널리 쓰이고 있었다. 다만 당시에는 여전히 초酢라고 불렸을 뿐이다. 『제민요술』에 보면, ‘대초大酢’(3종), ‘출미신초秫米神酢’, ‘속미곡초粟米曲酢’, ‘출미초秫米酢’, ‘대맥초大麥酢’, ‘소병초燒餠酢’, ‘회주초迴酒酢’, ‘동주초動酒酢’(2종), ‘신초神酢’, ‘조강초糟糠酢’, ‘주조초酒糟酢’, ‘조초糟酢’ 등 23종의 초 제작법이 기록되어 있다. 한대 이후 곡물을 원료로 ‘초’를 제작하는 방식이 점차 일정한 틀을 갖추었고 또한 원료와 가공 기술이 세분화되면서 수많은 지역에서 식초 명품이 등장했다. 청대 중엽 장강 하류지역을 예로 들면, 신선초神仙醋(2종), 불초佛醋, 나미초糯米醋(2종), 오매초烏梅醋, 오랄초五辣醋, 오향초五香醋, 백주초白酒醋, 소흥주초紹興酒醋, 농초각濃醋脚, 이락초주二落醋糟, 초반

857 『의례·공식대부례』, “宰夫自東房授醯醬.” 『십삼경주소』본, 위의 책, 1081쪽.

초焦飯醋, 미초米醋, 극산초極酸醋, 당초餹醋, 속초粟醋, 소맥초小麥醋, 대맥초大麥醋 등이 있었다.[858] 그러나 이는 기본적으로 원료와 가공 방법에 대한 서술이지 품명이나 산지에 따른 구분이 아니다. 이에 반해 원매袁枚는 산지마다 유명한 식초에 대해 언급하고 있다.

> "진강(강소성 진강鎮江)의 식초는 빛깔이 좋으나 맛이 그리 시지 않아 식초의 본래 맛을 잃었다. 반포板浦(강소성 연운항連雲港)의 식초가 제일이고 포구의 식초가 그 다음이다."[859]

그러나 원매는 맛을 보고 눈으로 본 것에 그쳤으니 산서 지방의 유명한 식초에 대해서는 언급한 바 없다.

---

858 [청] 동악천童岳薦, 『조정집調鼎集·초醋』, 앞의 책, 27~35쪽.
859 [청] 원매袁枚, 『수원식단隨園食單·수지단須知單·작료수지作料須知』, "鎭江醋顏色雖佳, 味不甚酸, 失醋之本旨矣. 以板浦醋爲第一, 浦口醋次之." 앞의 책, 1쪽.

· 제3절 ·
단맛 조미료

단맛은 인류가 최초로 감지한 맛 가운데 하나이자 기분을 좋게 만드는데 가장 탁월한 맛이다. 단맛은 음식의 맛을 좋게 해주며 또한 대량의 열량을 제공한다. 동물성 식재료가 식단에 포함되지 않던 시절은 물론이고, 짠맛에 대한 인식이 생기기 이전에도 이미 인류의 선조들은 식물 재료에서 과실이나 야채의 단맛, 신맛, 쓴맛, 떫은 맛 등 여러 가지 맛을 느낄 수 있었다. 현재 우리는 단맛을 내는 물질을 통칭해 감미료라고 한다. 엄격하게 말해 감미료는 '식품에 단맛을 내게 하는 물질 또는 식품에 단맛을 주는 식품첨가제'이다.

전 세계적으로 사용되는 감미료는 매우 다양하고 그 수 또한 매우 많다. 감미료는 천연과 인공으로 나뉘며 또한 영양가에 따라 영양성 감미료와 비영양성 감미료, 화학구조와 성격에 따라 당류 감미료, 비당류 감미료 등으로 나뉜다.

감미료 안내도

	당류		비당류非糖類	
당	자당蔗糖(사탕수수), 포도당葡萄糖, 과당果糖, 맥아당麦芽糖, 과당시럽, 녹말시럽	**천연 감미료**	스테비아(Stevia, 국화과 허브), 감초, 글리시리진산(Glycyrrhizic Acid)일칼륨 및 삼칼륨, 글리시리진산암모늄, 테르펜글리코사이드(나한과 추출물)
당알코올	솔비톨(Sorbitol), 마니톨(Mannitol), 락티톨lactitol, 말티톨(maltitol), 자일리톨(Xylitol), 팔라티니톨(palatinitol)	**인공합성 감미료**	용성(溶性) 사카린, 시클람산나트륨(Sodium cyclamate, 치클로), 아스파탐(aspartame), 알리테임(alitame), 아세설팜칼륨(Acesulfame potassium), 수크랄로스(sucralose)

자당, 포도당, 과당, 맥아당 등 당류 감미료를 중국에서는 보통 '작당作糖'이라고 부르고, 당알콜과 비당류 감미료만 식품첨가제로 간주한다. 당알콜 감미료는 대부분 인공합성물로 당도가 자당과 비슷하거나 발열량이 낮고 포도당과 다른 대사과정을 거치기 때문에 일부 특별한 용도가 있다. 비당류 감미료는 당도가 높아 적은 용량을 쓰며, 발열량이 낮고 대부분 대사과정에 들어가지 않기 때문에 비영양성, 저발열 감미료 또는 고당도 감미료라고 부른다.

감미료는 그 영양가에 따라 크게 영양성 감미료와 비영양성 감미료로 나뉜다. 자당 등 당류 감미료는 발열량이 높아 영양성 감미료이며, 그 나머지 비당류 천연 감미료와 인공합성 감미료는 모두 저열량이거나 열량이 없기 때문에 비영양성 감미료로 구분한다. 일반 당알콜 감미료는 당도가 자당보다 낮기 때문에 저당도 감미료라 부르며, 비당류 천연 감미료와 인공감미료는 당도가 자당보다 훨씬 높기 때문에 고

당도 또는 초고당도 감미료라 부른다. 이제 중국인의 단맛에 대한 인식, 이용의 역사를 살펴보기로 한다. 대자연이 처음으로 초기 인류에게 준 가장 이상적인 단맛 식품은 꿀이다. 꿀은 당도가 높고 채취와 저장이 쉽다는 등의 여러 가지 특징을 지니고 있어 음식을 가열 조리하는 도구로 도기를 쓰기 이전부터 중국 선조들은 꿀을 음식 조미료로 이용했다.

1. 꿀(밀蜜)

물을 전열 매체로 음식을 가열하던 시대 이전에 인류가 단맛을 이용하는 방식은 아마도 식물의 괴경塊莖(덩이줄기)이나 과일을 섭취하거나 소량의 꿀을 채취하여 물에 희석해 음용하는 것이었을 터이다. 물론 괴경이나 과일은 생식할 수도, 가열을 해서 먹을 수도 있으나 그것 자체가 그리 달지는 않았을 것이다. 물론 이는 그저 우리의 추측에 불과하다. 히말라야산맥과 횡단산맥橫斷山脈은 꿀의 기원지이다. "서양 꿀은 히말라야 산맥에서 채취하기 시작한 동양 꿀에서 발전한 것이다."[860] 중국 서부 횡단산맥 남단과 히말라야 남쪽 기슭에는 수많은 종류의 벌이 서식하며 히말라야 산맥을 중심으로 유럽, 아시아, 아프리카 대륙으로 확산되었다. 또한 중국은 세계 최초로 천연 꿀을 이용한 민족 가

---

860 [미] 아크킨스(E.L.Atkins) 편저, 『벌통과 꿀벌』, 북경, 농업출판사, 1981년, 15쪽.

운데 하나이다. 『시경』에 중국 선조들이 야생 꿀을 채취했음을 말해주는 기록이 있다. "벌을 부리려다 맵게 쏘이지 않도록 하라."[861] 이는 서주 초년 성왕成王 시절의 문자기록이다. 사람은 자연계에서 꿀을 먹는 동물들(예를 들어 영장목靈長目 동물이나 곰, 개미 등등)과 동일하게 본성적으로 꿀을 먹을 줄 알았다. 그렇기 때문에 인류가 꿀을 감미료로 사용한 역사 또한 매우 오래되었다고 말할 수 있다. 8600여 년 전 중국인의 선조들은 이미 술을 빚을 때 꿀을 사용하는 방법을 알고 있었다.[862] 그렇다면 사람들은 이미 그 이전에 꿀을 조미의 수단으로 사용했을 것이다. 당시 사람들은 야생 꿀을 채집했으므로 벌집이 있던 장소에 따라 '석밀石蜜(석벽에 있는 벌집)', '목밀木蜜(나무 위 벌집)', '토밀土蜜(흙산 위 벌집)' 등으로 구분했다.

석밀石蜜은 석이石飴, 암밀巖蜜, 애밀崖蜜 등 명칭이 다양하다. 모두 벌집 위치나 산지에 따라 명칭이 다르다. 옛 사람들은 모든 꿀 가운데 석밀을 최상으로 여겼다. 이는 아마도 산속 바위에 자리하여 깨끗한 자연환경에서 생성된 석밀의 맛이 순수하고 뛰어났기 때문일 것이다. 또한 바위에 자리한 벌집은 주변에 바위 외에 별 다른 것이 없어 다른 맛이 스며들지 않았을 것이다. 『신농본초경神農本草經』은 석밀의 약효에 대해 이렇게 말하고 있다.

---

861 『모시·주송·소비小毖』, "莫予幷蜂, 自求辛螫." 『십삼경주소』본, 앞의 책, 600쪽.
862 이진속李陳續, 『중미고고학자 협력연구 보고: 중국은 8600년 전 이미 술을 주조하기 시작했다 (中美考古學家合作研究表明, 我國八千六百年前已開始釀酒)』, 『광명일보』, 2004년 12월 15일.

"석밀은 맛이 달고 평이하다. 심장과 복부의 사기邪氣, 간질이나 급작스러운 경풍驚風을 치료하는데 도움을 주며, 오장에 여러 가지 불편한 것을 편안하게 하고, 기를 도우며 중초를 보補하고, 통증을 멎게 하고 해독 작용을 한다. 여러 가지 병을 낫게 하며 온갖 약과 조화할 수 있다. 오래 복용하면 의지가 강해지고 몸이 가벼워지며, 허기가 들지 않고 늙지 않는다. 일명 석이石飴라고 하는데 산 계곡에서 나온다."[863]

2천 여 년 전 꿀을 이용한 양생, 질병 치료에 대한 사람들의 인식은 지금도 한의학의 기본 지식으로 활용되고 있다. 속담에 이르길, '배고플 때 설탕을 먹으면 그 맛이 꿀과 같다'라 했다. 사람들은 일상에서 말로 표현할 수 없을 정도로 좋은 일이 있거나 기분이 좋을 때 '꿀'이란 말을 넣어 감정을 표현한다. 그만큼 꿀이 사람의 몸과 마음에 좋다는 뜻일 터이다.

하지만 한대 이후 황하, 장강 중하류 지역의 생태환경이 생산, 생활, 전쟁 등의 이유로 훼손되면서 적지 않은 변화가 발생했다. 문헌 기록에 따르면, 이로 인해 꿀벌이 기존의 지역에서 벗어나 주로 인구가 적고, 초목이 번성한 주변지역으로 옮겨갔다. 벌꿀은 또한 중요 공물이기도 했다. 이는 문헌에서도 확인할 수 있다.

"민월왕閩越王이 서한 고조高祖에게 석밀石蜜 다섯 곡斛(50말), 밀촉蜜燭

---

863 [청] 황석黃奭 집집輯, 『신농본초경·석밀石蜜』, 앞의 책, 126쪽.

(밀납으로 만든 초) 200매, 흰 꿩(백한白鵰)과 검은 꿩(黑鵰) 각기 한 쌍씩을 보내왔다. 고조가 크게 기뻐하며 후한 보답을 하고자 사신을 파견했다.[864]

"여지와 황감黃甘(황금빛 홍귤인 황감黃柑), 한리寒梨(배의 일종)와 건진乾榛(말린 개암나무열매), 사당과 석밀 등은 모두 먼 나라에서 보내온 진귀한 것들이다."[865]

위魏 문제 조비曹丕는 서역에서 온 석밀石蜜에 대한 찬사를 아끼지 않았다.

"남방에 용안과 여지가 나지만, 서국(서역西域의 여러 나라)의 포도나 석밀과 어찌 비기랴."[866]

남방은 산이 많고 수풀이 무성하며 꽃이 많으니 천연 꿀이 생산되기에 탁월한 환경이다. 진晉나라 박물가博物家인 장화張華는 "멀리 떨어진

864 [서한] 유흠劉歆 著, [동진] 갈홍집葛洪輯抄, 향신양向新陽 등 교주校注 『서경잡기西京雜記·민월한밀閩越鵰蜜』, 상해, 고적출판사 1991년 167쪽.
865 [동한] 장형張衡, 「칠변七辯」, "荔支黃甘, 寒梨乾榛, 沙餳石蜜, 遠國儲(諸)珍." 청 엄가균嚴可均 교집校輯, 『전상고삼대진한삼국육조문』 권54, 북경, 중화서국 1958년, 775쪽.
866 [위魏] 조비曹丕, 「조군신詔群臣」, "南方有龍眼荔枝, 寧比西國蒲萄石蜜乎." 청 엄가균 교집, 『전상고삼대진한삼국육조문』 권6, 위의 책, 1082쪽. 역주: 조비가 정말로 좋아한 것은 포도와 포도주였다. 이는 여러 의사들에게 내린 조서인 「조군의詔群醫」에서 엿볼 수 있다.

여러 산촌 외떨어진 곳에 밀납이 나온다.……이것이 석밀인가?"[867]라
고 했다. 목밀이나 토밀은 야생 꿀 중에서도 흔히 볼 수 있는 것들이
다. 이시진李時珍은 목밀과 토밀에 대해 이렇게 말했다.

"목밀은 나뭇가지에 걸려 있는 것인데 색깔이 희다. 토밀은 흙에 있는
것인데 색깔이 푸른 흰색이다. 맛은 모두 시다(염臉). 민가에서 양봉한
것이나 나무 구멍에서 만든 것도 흰색인데 진하고 맛이 좋다. 지금은
진안晉安 단애檀崖에서 나오는 토밀이 가장 좋다고 한다. 동양東陽의
바닷가 여러 지역 및 강남 서쪽 지역에서는 목밀이 많이 나온다. 잠현
潛縣과 회안현懷安縣 등에는 애밀崖蜜이 많다. 또한 민간에서 양봉하는
것도 있다."

또한 그는 당대 진강기陳藏器의 『본초습유本草拾遺』의 야생 꿀에 관한
기록을 인용하여 다음과 같이 말했다.

"일반적인 꿀은 나무에 걸린 벌집이나 흙에 있는 벌집에서 나온다. 북
방은 땅이 건조하여 벌집이 흙에 많이 있고, 남방은 습기가 많아 나
무에 벌집이 많다. 풍토에 따른 것일 뿐 꿀이라는 점은 똑같다. 애밀
崖蜜은 또 별개이다. 도홍경이 남방의 벼랑 사이에 벌집이 있다고 말

---

867 [진晉] 장화張華, 『박물지博物志』, "諸遠方山郡, 幽僻處出蜜蠟……此即石蜜也." 『문연각사고전
　　서文淵閣四庫全書』제1047책, 앞의 책, 608쪽.

한 것처럼 벌집(房)이 벼랑에 걸려 있거나 토굴에 있다. 사람들이 도달하기 어려우나 장대로 찔러 벌들을 내쫓고 벌집을 취한다. 꿀이 많을 때는 서너 석石이나 되고 색깔은 청색이며, 약효는 일반 꿀보다 뛰어나다."[868]

꿀의 형태와 생물학적 특징에 대한 연구 기록에 근거할 때, 중국에서 양봉을 하기 시작한 것은 대략 한대漢代부터이다.[869] 이는 인류의 활동이 벌의 생존공간을 축소시켰고 지속적인 인구 성장이 꿀에 대한 수요를 증가시켰기 때문에 나타난 결과이다. 이런 현상은 이후에 더욱 분명해진다. 다시 이시진의 말을 들어보면 다음과 같다.

"식용 꿀에는 두 가지가 있다. 하나는 산림이나 나무에 벌집을 만드는 것이고 다른 하나는 민가에 벌통을 만들어 양봉하는 것인데, 꿀은 모두 진하고 맛있다."[870]

당시 여러 지역의 명품 꿀로 선주宣州의 '황련밀黃連蜜', 옹주雍州와 낙주洛州 사이에 '이화밀梨花蜜', 박주亳州 태청궁太淸宮의 '회화밀檜花蜜', 자성현柘城縣의 '하수오밀何首烏蜜' 및 '민밀閩蜜(복건 꿀)', '광밀廣蜜(광동 꿀)', '천

868 [명] 이시진, 『본초강목·충부虫部』, 앞의 책, 2217~2218쪽.
869 [진] 장화, 『박물지』권10, 『총서집성초편』제1342책, 앞의 책, 64쪽. [남조 송宋] 정집지鄭輯之, 『영가군기永嘉郡記』, 청 광서光緒 4년(1878년) 각본, 10쪽.
870 [명] 이시진, 『본초강목·충부虫部·봉밀蜂蜜』, 앞의 책, 2218

밀川蜜(사천 꿀)', '서밀西蜜(서역 꿀)' 등이 있다.

꿀은 조미료로 음식물의 맛을 증진시키는 조미 기능뿐만 아니라 음식의 색을 바꾸고 윤기가 나게 하는(특히 조리 과정 중에) 등의 기능도 한다. 삶고 찌는 것이 기본 조리법이었던 남북조 이전 사람들에게 꿀은 위魏 문제 조비가 "꿀을 올려놓고 먹는 것을 좋아하였으니 맛을 돕기 때문이다."[871]라고 말한 것처럼 맛을 내기 위함이었다.

2. 조棗와 율栗

대추(조棗)와 밤(율栗)은 고대 중국의 전통적인 단맛 식재료이자 조미료이다. 사탕수수를 이용해 흑설탕, 백설탕을 만들기 이전에는 비록 꿀보다 당도가 낮기는 하지만 대추와 밤이 보급이나 중요성 면에서 설탕을 능가했다. 대추와 밤은 모두 중국이 원산지이므로 중국인이 이를 식용한 역사 또한 상당히 오래되었음을 미루어 짐작할 수 있다.

믿을 만한 문자기록을 살펴보면, 주대에 이미 대추와 밤을 병칭하여 엿, 꿀과 더불어 4가지 중요한 단맛 식재료이자 양생을 위한 식품으로 간주했다.

---

871 [위] 조비, 「조군신」, "喜着飴蜜, 以助味也." 청대 엄가균 교집, 『전상고삼대진한삼국육조문』 권 6, 북경 : 중화서국 1958년, 1082쪽. 역주: 「조군신」은 여러 신하들에게 말한 내용을 모아놓은 것이지 하나의 문장이 아니다. 인용문은 원래 중국 최초의 유서類書인 당대 우세남虞世南의 『북당서초北堂書鈔』권147에 실려 있다.

"지어미가 시아비와 시어미를 섬기는 것은 부모를 섬기는 것과 같다.……드시고 싶은 것을 물어 정성스럽게 올리고, 안색을 부드럽고 따스하게 하며,……드시고 싶은 것은 대추, 밤, 엿, 꿀로 달게 만든다."[872]

대추를 음식에 넣는 것도 일상적이었다. 가사협의 『제민요술』에 실린 '닭죽 만드는 법(作鷄羹法)'에는 "대추 30알을 넣어 함께 끓인다."[873]는 요리법이 나와 있다.

하상주 삼대의 오랜 기간 동안 대추와 밤은 중국인의 식생활에서 매우 중요한 위치를 차지했으며 북방 지역의 목본 식량이었다. 전국시대에 종횡가 소진蘇秦은 연燕나라의 국력을 분석하면서 연燕나라에 대해 이렇게 말했다.

"북방은 대추와 밤으로 경제적 이익을 얻으니 백성이 비록 밭농사를 짓지 않더라도 대추와 밤으로 족히 백성들을 먹일 수 있다. 이런 곳을 일러 천부天府라고 한다."[874]

사마천은 서한시대 중엽 전국의 경제작물 분포에 대해 말하면서 '천

---

872 『예기·내칙』, 『십삼경주소』본, 앞의 책, 1461쪽
873 [북위] 가사협 『제민요술·갱학법羹臛法 제76』, 앞의 책, 464쪽
874 [서한] 유향劉向 『전국책·연一·소진장위북설연문후蘇秦將爲從北說燕文侯』, 상해 : 고적출판사 1985년 제2판, 1039쪽.

千'을 계량단위로 사용했다.

> "안읍安邑의 대추나무 천 그루, 연燕과 진秦의 밤나무 천 그루……이
> 러한 것들을 가진 사람이라면 천호千戶를 가진 제후와 같다."[875]

이렇듯 대추와 밤은 권력자들이 넓은 면적에 식재하여 부를 창출하던 과실나무이자 평소 백성들이 식용으로 재배하던 주요 식량이었다. 서주시대에 대추는 허기를 달래는 용도 이외에 술 주조에도 사용되었다.

> 팔월에 대추를 깎고 시월에 쌀을 수확하니, 이것으로 춘주春酒를 담
> 아 장수를 기원하네.[876]

당시에는 가옥 앞뒤에 약간의 밤나무를 심기도 했고 넓은 면적이 재배하기도 했다. 이를 통해 사람들은 다양한 수목의 습성과 재배 지식을 습득했다.

> 정성定星이 하늘 가운데 있으니 초구楚丘에 궁전을 짓네.
> 해 그림자로 방향을 헤아려 초구에 궁전을 짓네.
> 개암나무와 밤나무 심고

---

875 『사기·화식열전』, 북경 : 중화서국 1959년, 3272쪽.
876 『모시·국풍·빈풍豳風』, "八月剝棗, 十月獲稻. 爲此春酒, 以介眉壽." 『십삼경주소』본, 앞의 책, 391쪽.

의나무(山桐者), 오동나무, 가래나무, 옻나무 심어

훗날 베어 거문고 만들리라."[877]

동문 밖 밤나무골에 집들이 늘어서 있네."[878]

산에는 옻나무, 개간지엔 밤나무."[879]

언덕에 옻나무, 개간지에 밤나무."[880]

산에 아름다운 나무가 있으니 밤나무와 매화나무로다."[881]

『시경』에는 이렇듯 수차례 '율栗'에 대해 언급하고 있는데, 그만큼 식재 범위가 황하 유역 곳곳에 널리 퍼져있었음을 알 수 있다. 길고 긴 봉건시대에 일반 백성들도 뜰에 몇 그루의 대추나무를 심곤 했는데, 이는 당시 대추가 이미 보편적인 과실이었음을 증명한다. 『사기·왕길전王吉傳』에 보면 흥미로운 이야기가 적혀 있다.

"동쪽 이웃에 대추나무가 있을 때는 왕자양王子陽(왕길)의 부인이 내쫓겼으나 동쪽 집 대추를 다 따자 내쫓긴 부인이 되돌아왔다."[882]

---

877 『모시·국풍·용풍鄘風』, "定之方中, 作於楚宮. 揆之以日, 作於楚室. 樹之榛栗, 椅桐梓漆, 爰伐琴瑟."『십삼경주소』본, 위의 책, 315쪽.
878 『모시·국풍·정풍鄭風』, "東門之栗, 有踐家室."『십삼경주소』본, 위의 책, 344쪽.
879 『모시·국풍·당풍唐風』, "山有漆, 隰有栗."『십삼경주소』본, 위의 책, 362쪽.
880 『모시·국풍·진풍秦風』, "阪有漆, 隰有栗."『십삼경주소』본, 위의 책, 369쪽.
881 『모시·소아小雅·사월四月』, "山有嘉卉, 侯栗侯梅."『십삼경주소』본, 위의 책, 462쪽.
882 『한서·왕길전王吉傳』, 북경: 중화서국 1962년, 3066쪽. 역주: 동쪽 이웃집에 대추나무가 왕길의 집 마당 위로 가지를 늘어뜨렸다. 왕길의 부인이 대추를 따서 남편에게 먹였는데, 나중에 이런 사실을 알고 왕길이 부인을 내쫓았다. 이를 알게 된 이웃이 대추나무를 베려고 하자 여러 이웃사람들이 말리면서 왕길에게도 부인을 데려오라고 간청했다.

두보의 「다시 오랑에게 드림(又呈吳郎)」은 이를 전고로 삼아 지은 시로 매우 감동적이다.

서쪽 이웃집 아낙이 집 앞 대추 털어가도록 놔둔 것은
먹거리도 없고 자식도 없는 아낙이기 때문일세.
빈궁하지 않았다면 어찌 이런 일이 있었겠는가?
그녀 마음 속 두려움이 바뀌도록 좀 더 친하게 대하시게.[883]

대추나무가 서민생활에 이처럼 중요했기 때문에 빈민출신인 황제 주원장은 백성들에게 대추, 밤, 감, 호도 등의 과실수를 많이 재배하도록 정령을 내려 격려한 것이다. 홍무洪武 25년(1392년)에 봉양鳳陽, 저주滁州, 여주廬州, 화주和州 등 지역의 농민들에게 매 가구마다 뽕나무, 대추나무, 감나무를 각기 200그루를 심게 하고, 전국 위소衛所 둔전 군사들에게 사람 수대로 토질에 맞춰 감나무, 밤나무, 호두나무 등을 심게 했다. 홍무 27년(1394년)에는 다시 호부戶部에 명령을 내려 전국 백성에게 광범위하게 뽕나무, 대추나무, 면화를 재배하도록 했다. 이에 매 가구당 처음 해에 뽕나무, 대추나무 200그루, 이듬 해 400그루, 3년 째 되는 해에 600그루를 심도록 하고 재배법을 가르치는 한편 홍

---

883 [당] 두보, 「다시 오랑에게 드림(又呈吳郎)」, "堂前扑棗任西鄰, 無食無兒一婦人. 不爲困窮寧有此, 只緣恐懼轉須親." 『전당시』권231, 앞의 책, 2544쪽. 역주: 이 시는 자신의 친척인 오랑이 충주의 사법司法으로 부임하자 자신이 살던 초가를 그에게 내주고 다른 곳으로 이사하면서 써준 시이다. '묻'이라고 공경의 뜻을 나타냈으나 번역은 이를 따르지 않았다.

무26년(1393년) 이후 식재한 뽕나무, 대추나무는 수량에 관계없이 일률적으로 세금 징수를 면제하도록 규정했다.[884] 그가 백성에게 반포한 방문榜文은 중국 역사상 최초로 대추나무, 밤나무 등을 식재하는 목적 등을 담고 있다.

"이제 천하가 태평하여 백성들에게 조세를 징수하는 관리 외에 달리 관리를 파견하지 않을 것이다. 백성들 각자가 마음을 쓰고 이치를 따져 법에 따라 뽕나무, 삼나무, 대추나무, 감나무, 면화 등을 재배하여 매년 누에를 기르고 면사를 얻어 옷을 지어입고, 대추나무와 감나무는 풍년이 들면 시장에 내다팔아 돈으로 바꾸고 흉년이 들면 양식으로 대신할 수 있으리라. 마을의 장로들이 감독하여 위반자는 법에 따라 처리토록 하라."[885]

대추나무, 밤나무 최초의 중심 재배지는 황하 중류 위주의 광대한 지역이다. 지금도 여전히 이 지역의 야생과 재배지 사이 대추나무의 과도기적 품종 및 서안 반파半坡 지역의 신석기시대 유적지에서 출토된 밤이 보존되어 있다. 기초적인 조사 통계에 따르면 현재 전국의 대추 품종은 500~700종류이다. 이 가운데 식용으로 제공되는 밤 품종

---

884 『명태조실록明太祖實錄』권15, 권77, 권215, 권222, 권232, 권242 등, 대북, 중앙연구원 역사어언연구소, 1962년 영인본.
885 [청] 진몽뢰陳夢雷 등, 『고금도서집성古今圖書集成·경제회편經濟滙編·식화전食貨典·농상부農桑部』.

은 8개인데 그 중 중국이 원산지인 품종은 3개이다. 대추와 밤은 탄수화물 함량이 높다. 현재 수많은 품종의 표본조사에 따르면 건대추, 생대추가 각각 100g당 탄수화물 함량이 64. 25g, 27g 정도이며 생률은 44g이다.[886] 자당이 점차 주요 단맛 식재료가 된 후 단맛 조미료로 대추와 밤의 역할은 줄어들었지만 단맛 식재료 기능은 더욱 크게 발휘되고 있다. 대추, 밤은 과실로 식용되기도 하지만 이보다 찐빵의 소를 만들거나 밥을 하고 죽을 끓일 때 더 많이 사용된다. 또한 밤은 가금류의 먹이로도 사용된다.

3. 엿(이飴)

엿(이飴)은 미아米芽(쌀눈), 맥아를 끓여 만든 당액糖液이다. 『설문해자』에 따르면, "이飴는 쌀눈을 조린 것이다(米蘖煎者也)." 얼蘖은 누룩의 뜻이자 쌀눈을 뜻하기도 한다. 전煎은 바짝 조렸다는 뜻이다. 단옥재는 이에 "쌀눈을 조려서 만든 것이 엿이다(以芽米熬之爲飴)."라고 주를 달았다. 일반적으로 원시 농업보다 더 일찍 등장한 것은 아니겠지만 그렇다고 음식을 도기에 끓여먹던 시기보다 많이 늦진 않았을 것으로 보인다. 선조들은 저장이 잘 되지 않아 쌀에 싹이 난 것을 보고 예전대로 이를 끓여먹었을 것이고, 그 싹의 단맛에 곡아나 맥아로 단맛이 나는 엿

---

886 서안반파박물관 편집, 『서안반파』, 앞의 책.

을 만들 수 있겠다고 생각했을 것이다. 대개 식물은 맥아당 함량이 매우 낮다. 그러나 씨에서 싹이 날 때 효소가 전분을 분해할 때 생성되는 중간 생성물로 맥아당 함량이 비교적 많다. 맥아당의 당도는 자당의 3/1 정도이다. 자당처럼 위 점막을 자극하지 않으면서도 맛이 좋다.

엿에 대한 최초의 기록은 약 3천 년 전의 것이다. "주나라 너른 들판 비옥하여 쓰디쓴 씀바귀도 엿처럼 달다네."[887] 엿은 처음 만들어진 후로 지금까지 수천 년 동안 대중이 가장 좋아하는 단맛 음식이며 당대 이전까지 중, 상류층 사람들이 중요하게 생각하던 단맛 식품이자 조미료였다. 또한 주대부터 수, 당대 이전까지 양생, 양로의 음식이었다. 상당히 오랫동안 엿은 대추, 살구, 박과 식물, 앵도, 산자(산饊), 물엿(당餳)과 함께 단맛 식품 중 하나로 인식되었다.[888] 그 가운데 산자饊는 엿 등 단맛 액체와 찹쌀 등을 원료로 기름을 이용해 만든 식품이다. 당餳은 엿과 찹쌀가루를 끓여 만든 당糖이다.

4. 자당蔗糖(사탕수수)

자당蔗糖은 식물에 광범위하게 존재한다. 특히 과자果蔗(통칭 '사탕수수'라고 한다)와 사탕무 안에 많이 들어있다. 과자의 원산지는 중국으로 예

---

887 『모시·대아·면綿』, "周原膴膴, 菫茶如飴." 『십삼경주소』본, 앞의 책, 510쪽.
888 [동한] 사유史游, [당] 안사고 주, 『급취편』권2, 앞의 책, 140쪽.

로부터 죽자竹蔗, 건자乾蔗, 간자竿蔗 등 10여 개의 명칭이 있다. 이 밖에 당자糖蔗라고도 하는데, 과자果蔗와 당자糖蔗는 동속同屬의 이종異種 식물이다. '자蔗'라는 글자는 초기 문헌에 '자柘'라고 썼다. 중국인의 자당 이용 역사도 마찬가지로 매우 오래 되었다. 처음에는 분명 식물의 줄기를 벗겨내고 씹어 즙을 먹는 방식이었을 것이다. 이후 인력으로 착즙하다가 기계를 이용하기 시작했다. 선진 문헌에 보이는 '자장柘漿'은 인공적인 방법으로 수수에서 채취한 순수한 천연음료이다. 송옥宋玉이 「초혼招魂」에서 "자라는 삶고 양은 구워 자장으로 즙을 낸다."[889]고 한 것이 그 예이다. 현대 식품, 생태과학적 관점에서 보면 진정한 '녹색식품'이라 할 수 있다. 중국인은 수천 년 동안 이러한 착즙법을 이용해 왔다. 옛 사람들은 사탕수수 즙을 압착하는 목제 '자상榨床'을 만들어 근대까지 이용했다. 나중에는 더욱 정교하고 사용하기 편리한 수공 착즙기가 유행했다.

역사상 사탕수수 즙은 귀족들이 음주 후 해장을 위해 음용하는 고급음료였다. 예를 들면 다음과 같다.

"온갖 꽃가루 술에 섞으니 난초가 핀 듯 향기 나고, 큰 잔에 자장 즙을 부어 마시니 아침 해장이 되네."[890]

---

889 [전국말] 송옥宋玉, 「초혼招魂」, "胹鼈炮羔, 有柘漿些." [송] 홍흥조洪興祖, 『초사보주楚辭補注』, 앞의 책, 208쪽.
890 『한서·예악지·禮樂志제2』, "百末旨酒布蘭生, 泰尊柘漿析朝酲." 앞의 책, 1063쪽. 역주: 백말은 온갖 꽃의 정화를 뜻한다.

"노귤(비파枇杷)는 헛되이 여름 더위를 자랑하고, 자장은 아직 아침 해
장을 허락지 않네."[891]

또한 황가 연회에 빠지지 않는 필수 음료이기도 했다.

"청점(대나무처럼 생긴 약초인 옥죽玉竹)과 메조, 푹 삶은 자라고기를 크게
썰어 넣은 고깃국, 사탕수수 즙을 넣은 삶은 돼지고기는 매우 맛있어
마음을 즐겁게 한다."[892]

이런 종류의 사탕수수 즙은 직접 음용하는 방법 이외에 단맛 조미료
로 활용할 수 있다. 또한 오래 전부터 이런 즙은 말랑말랑한 형태나 딱
딱한 '엿(당餳)'으로 가공되었다. 삼국시대에 이미 관련 기록이 나온다.

"오주吳主(손량孫亮)가 황문黃門(황문시랑黃門侍郞, 임금의 근신)에게 뚜껑이
있는 은銀 사발에 교주交州에서 바친 사탕수수 엿(甘蔗餳)을 보관토록
했다."[893]

---

891 [남송] 주희朱熹, 「식리食梨」, "盧橘謾勞夸夏熟, 柘漿未許析朝醒." 『회암집晦庵集』권3 『문연각
　　사고전서』제1143책, 앞의 책, 66쪽.
892 [남조 양梁] 강엄江淹, 「학양왕토원부學梁王兔園賦」, "青黏黃粱, 臑鼈胾羹, 臛豚柘漿, 窮嬉極
　　娛." 청대 엄가균嚴可均 교집, 『전상고삼대진한삼국육조문』권33, 앞의 책, 3145쪽.
893 『삼국지·오지·삼사주전三嗣主傳』, 배송지裴松之 주注에 인용된 『강표전江表傳』에 나온다. 앞의
　　책, 1154쪽.

사탕수수 즙을 가공하여 만든 사탕수수 엿은 이후 '사당沙糖(사탕으로 읽기도 한다~역주)'이나 '석밀石蜜'로 부르기도 했다. 『당본초唐本草』[894]에 따르면, 사탕은 "촉땅蜀地, 서융西戎, 강동江東에서 나오는데, 사탕수수의 즙을 짜서 조려 만들며 자색紫色이다." 이시진은 "묽은 것은 자당, 딱딱하게 굳은 것은 사당, 둥근 것은 구당, 떡처럼 생긴 것은 병당이라고 한다. 사당은 돌처럼 딱딱한 것이 있는데 이를 깨뜨리면 모래처럼 되기 때문에 사당이라고 한다."[895]고 했다.

『당본초』를 쓴 학자들은[896] "석밀石蜜은 곧 유당乳糖이니 충부虫部에 속한 밀蜜(꿀)과 동일한 이름이다."고 생각했다. 그러나 이시진은 조금 다른 이야기를 하고 있다.

"석밀은 석류石類가 아니라 돌(石)의 이름을 빌렸을 뿐이다. 사실은 사탕수수 즙을 조려서 말린 것으로 돌처럼 딱딱하게 굳은 상태이나 무게는 매우 가볍다. 그래서 석밀이라고 한 것이다."

"사당沙糖을 조려서 만드는데 떡처럼 덩어리로 만들 수 있으며, 황백색이다."[897]

---

894 역주: 양梁나라 도홍경의 『본초경집주本草經集注』를 토대로 당대에 수정, 증보한 약전으로 신수본초新修本草라고 칭하기도 한다.
895 [명] 이시진, 『본초강목·과부果部·사당沙糖』, "稀者爲蔗糖, 干者爲沙糖, 球者爲球糖, 餠者爲餠糖. 沙糖中凝結如石, 破之如沙." 앞의 책, 1890쪽.
896 역주: 소경蘇敬 등 23명이 현경顯慶 4년(659년) 칙찬勅撰했다.
897 [명] 이시진 『본초강목·과부·사당』, "石蜜非石類, 假石之名也. 實乃甘蔗汁煎而曝之, 則凝如石而體甚輕, 故謂之石蜜也." "煎沙糖爲之, 可作餠块, 黄白色." 북경 : 인민위생출판사 1985년, 1890쪽.

이런 고체 형태의 자당은 주로 단맛 식품으로 직접 식용되었다. 그러나 단맛 조미료로 이용할 경우 그다지 편리하지 않았다. '당상糖霜'의 등장은 이러한 한계를 극복했다는 점에서 매우 중요하다.

중국 역사상 '당상'은 정제를 거친 결정 형태의 당으로 초기에는 중국인들이 평소 이용하는 홍당紅糖과 유사했다. 색을 기준으로 분류하면 "자주색이 으뜸이고 짙은 호박색琥珀色이 다음이며, 옅은 황색은 그 다음, 그리고 옅은 백색이 가장 하품이다."[898] 물론 이런 당상은 순수한 자당이 아니다. 순수한 자당은 무색, 투명의 단사정계單斜晶系(광물 결정계의 일종)이다. 고대 중국에서 당상의 제조는 인도의 제조방식에서 영향을 받았다. 『신당서新唐書』에 따르면, 당 태종太宗이 "(마갈타국摩揭陀國으로) 사신을 파견하여 당糖을 조리는 방법을 배워오도록 했다. 조서를 내려 양주揚州의 사탕수수를 약제처럼 짜고 가라앉혀 당을 만들도록 했는데, 그 색깔이나 맛이 서역의 당보다 훨씬 좋았다."[899] 『태평어람』 등의 전적에 보면 이에 대한 보다 상세한 기록이 실려 있다.

"서번西番의 여러 나라에서 석밀石蜜이 나오는데, 중국中國에서 이를 귀하게 여겼다. 태종이 사신을 마가타국摩伽他國으로 보내 만드는 법을

---

898 [송] 홍매洪邁(1123~1202년), 『용재오필容齋五筆·당상보糖霜譜』, 『문연각사고전서』제851책, 앞의 책, 833쪽. 역주: 홍매가 쓴 『용재수필容齋隨筆』은 총명總名이고, 『수필隨筆』, 『속필續筆』, 『삼필三筆』, 『사필四筆』, 『오필五筆』 등 다섯 부분으로 나뉜다. 그래서 『용재오필容齋五筆』이라고 부른다.

899 『신당서·서역열전西域列傳』, 앞의 책, 6239쪽. 계림선季羨林, 「인도제당법의 중국 전입에 대한 돈황 잔권(一張有關印度制糖法傳入中國的敦煌殘卷)」, 『역사연구歷史研究』 1982년 제1기, 135쪽. 계림선 「고대 인도 사탕 제조와 사용(古代印度沙糖的制造和使用)」, 『역사연구』 1984년 제1기, 36쪽.

배워오도록 하여 양주에서 사탕수수 즙을 조리고 中廚(관리들의 집안 주방)에서 스스로 만들어 먹도록 했다. 색깔이 서역에서 나오는 것보다 훨씬 뛰어났다."900

당상糖霜은 가열 가공을 거친 사탕수수 즙(이미 즙 상태임)을 원료로 만든 것이며, 이 원료를 멀리 경사의 '중주中廚'까지 옮겨 가공하도록 한 것이다. 중국인들의 당상糖霜 제조방법은 계속해서 발전하여 1백 여 년 후인 대력大曆 연간(766~779)의 상황은 이러했다.

"추鄒 화상和尚이 처음으로 소계小溪(지금의 사천 수녕현遂寧縣)의 산산傘山(사천 낭중閬中의 산자산傘子山, 일명 북암北岩, 이신암頤神岩이며 현재 이름은 산개산傘蓋山)에서 서민 황씨에게 상霜(당상)을 만드는 방법을 가르쳤다. 산산은 현의 북쪽으로 20리 떨어진 곳인데, 산 앞뒤로 사탕수수 밭이 열에 넷이고, 당상을 만드는 가구가 열에 셋이나 된다. 사탕수수는 네 가지 색이 있는데, 두자杜蔗, 서자西蔗, 초자荻蔗(본초本草에서 말하는 적자荻蔗), 홍자紅蔗(본초에서 말하는 곤륜자昆侖蔗) 등이다.……그 가운데 두자杜蔗는 자색으로 여리고 단맛이 아주 진해 당상을 만드는데 전용으로 사용했다."901

---

900 『태평어람太平御覽』 권857 『문연각사고전서』제900책, 앞의 책, 558쪽. 『당회요唐會要』권100 『문연각사고전서』제607책, 위의 책, 436쪽.
901 [송] 홍매, 『용재오필·당상보』, 『문연각사고전서』제851책, 위의 책, 833쪽.

당대에 사천四川 수녕遂寧의 사탕수수 품종, 식재 및 만드는 기술 등은 나라에서 으뜸이라 칭해졌으며, 당대 이후 오랫동안 명성을 누렸다. 소식蘇軾이 승려 원보圓寶선사에게 보내는 시 「설법하러 촉으로 돌아가는 금산의 향승을 떠나보내며(送金山鄕僧歸蜀開堂)」에도 당상에 관한 구절이 나온다.

부강이 어떠니 중령이 어떠니 말이 많고[902]
물맛이야 다 같은 것 아니냐고 말하는 이도 있지만
청자 소반(빙반氷盤)에 호박琥珀을 올려놓은들
어찌 당상糖霜처럼 아름답겠는가."

또한 황정견黃庭堅이 융주戎州에서 제주梓州 옹희장로雍熙長老가 당상糖霜을 보낸 것에 대해 답하는 시 「다시 당상을 보낸 것에 답하며(又答寄糖霜頌)」에도 당상이 나온다.

먼 곳에서 자상蔗霜을 보내 맛을 알게 되었으니
최자崔浩의 수정염水晶鹽[903]보다 낫구나.
정종正宗(전통)이 사라졌다고 누가 이야기하던가?

---

902 역주: 부강涪江은 가릉강嘉陵江의 지류, 중령中泠은 장강의 중령천을 말하는데, 모두 물맛이 좋은 곳으로 유명하다.
903 역주: 수정염水晶鹽은 북위北魏 황제 척발사拓跋嗣가 총애하는 최호에게 하사했다는 투명한 소금이다.

내 혀가 코끝까지 닿을 것만 같은데(혀로 핥아 먹는 모습을 비유함).[904]

이상 두 수의 시는 모두 수녕현의 당상_{糖霜}을 극찬한 것으로 당시 당상이 얼마나 귀한 대접을 받았는지 알 수 있다. 당대 이후 자당의 정제 기술이 계속 발전하여 송대에 이미 눈처럼 하얗고 영롱함이 "수정염_{水晶鹽}보다 더 나은" 당상, 즉 흰 설탕(白糖)이 등장했다. 이시진은 이에 대해 다음과 같이 말했다.

"만드는 방법은 서역에서 나왔다. 당 태종이 처음으로 사람을 파견하여 중국에 그 방법을 전하게 되었다. 사탕수수의 즙을 장목_{樟木}으로 만든 통에서 여과시켜 얻은 것을 조려서 만든다. 맑은 것은 자당_{蔗糖}, 단단하게 응결되어 모래와 같은 사당_{沙糖}이다. 옻칠한 항아리에 만들어 놓으니 돌이나 서리_霜, 얼음 같은 것이 있어 석밀, 당상_{糖霜}, 빙당_{冰糖}이라고 부른다."[905]

자당은 각종 당과_{糖果} 품종의 원료 이외에 각종 주식이나 부식의 조미료로 직접 사용되기도 했다. "요리사가 사용하는 조미료는 부인네

---

904 소식, 「송금산향승귀촉개당送金山鄕僧歸蜀開堂」, "涪江與中冷, 共此一味水. 氷盤薦胡珀, 何似糖霜美." 황정견黃庭堅, 「우답기당상송又答寄糖霜頌」, "遠寄蔗霜知有味, 勝於崖子水晶鹽. 正宗扫地從誰說, 我舌猶能及鼻尖. [청] 진몽뢰陳夢雷 등 『고금도서집성古今圖書集成·경제회편經濟匯編·식화전食貨典』 권301. 역주: 아마도 재인용한 듯하다.
905 [명] 이시진 『본초강목·과부·사당』, "法出西域, 唐太宗始遣人傳其法入中國. 以蔗汁過樟木槽, 取而煎成. 清者爲蔗糖, 凝者有沙者爲沙糖. 漆瓮造成, 如石,如霜,如冰者, 爲石蜜, 爲糖霜, 爲冰糖也." 앞의 책, 1890쪽.

의 의복이나 머리장식과 같다. 설사 천성적으로 아름답고 화장을 잘
했다고 할지라도 다 헤진 누더기 옷을 입는다면 제 아무리 서자西子(서
시西施)라도 자신의 미색을 드러낼 수 없을 것이다." 장醬, 식초, 술 등
여러 가지 조미료 이외에 "파, 산초, 마늘, 계피, 당糖, 소금 등은 비
록 많은 양을 사용하는 것은 아니지만 마땅히 상품上品을 선택해야 한
다."906 이렇듯 당상糖霜은 요리하는 사람에게는 반드시 필요한 '상품'
의 단맛 조미료다.

5. 감초甘草

감초는 콩과 식물의 숙근초宿根草로 중국에 널리 분포되어 있으며, 그
성분이 산지에 따라 구분된다. 감초는 중국인에게 원시농업이 이루어
지기 전 야생 채집 단계에서 이미 매우 좋아하던 단맛 식용식물이었
다. 감초라는 이름은 본초학이 널리 성행함에 따라 본초학이 발전하
기 시작한 이후 가장 중요한 약품 가운데 하나가 되었다. 감초의 여러
가지 이름 즉, 밀감蜜甘, 미초美草, 밀초蜜草, 노초露草, 포한초抱罕草, 국로
國老907, 영통靈通908 등의 이름이 이를 증명한다. 역대 본초학자 가운데

---

906 [청] 원매袁枚, 『수원식단·수지단·작료수지作料須知』, 앞의 책, 1쪽.
907 [명] 이시진, 『본초강목·초부草部·감초甘草』에 인용된 도홍경陶弘景의 『명의별록名醫別錄』에 나
   온다. 앞의 책, 691쪽.
908 [명] 이시진, 『본초강목·초부·감초』에 인용된 풍지馮贄의 『기사주記事珠』에 나온다. 위의 책,
   691쪽

감초를 지극히 중시 여긴 도홍경陶弘景은 『명의별록名醫別錄』에서 이렇게 말했다.

"이 풀은 여러 약초 가운데 주인이라 할만하다. 경방經方(의약 관련 경전의 처방)에서 사용하지 않는 경우가 드물어 마치 향 가운데 침향沈香이 으뜸인 것과 같다. 국노國老는 황제의 스승에 대한 칭호이니 비록 군주는 아니지만 군주가 으뜸으로 여기는 인물인 것과 마찬가지이다. 그렇기 때문에 감초는 풀이나 광물을 원료로 한 약재의 약효를 안배하고 조화시켜 여러 가지 독소를 해소하는 작용을 한다."

수당시대 명의였던 견권甄權 역시 감초의 효용을 중시했다.

"여러 약재 가운데 감초는 군주라 할 수 있으니 72종 유석乳石의 독을 다스리고, 1200여 종 초목의 독을 해소시켜 여러 약재를 조화롭게 하는데 공이 있는 까닭에 국노國老라는 호칭이 붙었다."

이렇듯 감초는 감칠맛과 단맛, 그리고 광범위한 해독 작용이 있어 "경방經方에서 사용하지 않는 경우가 드물며", 뜨거운 약탕을 파는 이들(이른바 화탕가貨湯家) 들 역시 이를 즐겨 이용했다.[909] 또한 술을 빚거나 절임, 또는 발효를 시킬 때도 상품의 감초를 사용하며, 각종 요리

---

909 [명] 이시진, 『본초강목·초부·감초』에 인용된 소송蘇頌의 말이다. 위의 책, 691쪽

에도 색과 향, 맛을 내는 데 사용한다. 명대 유명한 요리인 '녹견爛犬'은 감초와 백주白酒, 향백지香白芷(구릿대), 양강良薑(생강의 일종인 고량강), 관계官桂(육계의 일종), 소금, 장, 화초花椒, 축사인縮砂仁 등을 재료로 사용했다.[910] 감초는 이렇듯 그 자체의 약용 기능 이외에 서로 다른 맛의 조화를 이루기 때문에 약 처방에 매우 중요한 재료로 사용되었다.[911] 감초 단맛의 주요 성분은 글리시리진산으로, 당도가 자당의 250배이다. 감초의 단맛은 불쾌감을 유발할 수 있으나 자당과 함께 사용하면 단맛의 효능을 발휘하는데 도움이 된다.

6. 당정糖精(일명 사카린)

당정의 학명은 안식향산술파미드로 물에 조금 잘 녹는(saringly soluble) 백색의 결정체이다. 사람들이 보통 식용하는 당정은 사카린나크륨염(일명 사카린)으로 용해도가 비교적 크다. 인공 단맛 조미료 사카린은 최초의 단맛을 내는 인공합성조미료로 이미 1백 여 년 동안 사용되었다. 사카린은 근대 산업의 생산물로 중국신문화 전통과는 관련이 없으며, 더구나 중국 전통 요리와도 이렇다 할 관련이 없다. 당정은 인체 대사에 참여하지 않으며 아무런 영양가치도 없다. 과학계에서는 사카

---

910 [명] 송후宋詡, 『송씨존생부宋氏尊生部』, 『문연각사서전고』제871책, 앞의 책, 157쪽.
911 [명] 이시진, 『본초강목·초부·감초』, 앞의 책, 691쪽.

린의 사용에 대해 논쟁을 벌인 적이 있지만 유행병학연구 결과 사카린은 암과 명확한 관련이 없는 것으로 나타났다. 이에 FAO와 WHO 식품첨가제 전문가 위원회에서는 계속해서 사카린의 사용을 허용하면서 단 그 사용량과 범위에 대해서만 엄격하게 제한을 두었다.

중국 규정에 따르면 최대 0.15g/kg이며 영아식품에는 금지된다. 1960, 70년대에는 주로 당의 결핍과 당정의 당도가 대략 자당의 500~700배이며 가격이 상대적으로 저렴해지면서 일반 소비자들의 주식 또는 음료에 단맛 조미료로 사용되었다. 당정 자체는 본래 단맛이 없고 약간 쓴맛이 나지만 당정이 물에서 이온화된 후 그 음이온이 강한 단맛을 낸다. 농도가 0. 5% 초과하면 쓴맛이 나타난다. 1980년대 이후 시장의 물자공급이 날로 호전대고 대중의 소비능력이 향상되는 한편, 소비관념에 변화가 일어나는 등의 이유로 가정 내 당정의 직접 소비량이 점차 줄어들었다.

7. 사탕수수 이외의 감미료

자당류蔗糖類에 속하지 않는 감미료는 식품에 단맛을 주는 물질을 말하며 일반적으로 영양성과 비영양성 두 가지로 나눈다. 전자는 주로 각종 당류와 당알코올류로 포도당, 과당, 조청, 맥아당 등이 있다. 후자는 감초, 첨국甜菊, 개여주 열매(나한과羅漢果) 등 천연 감미료와 사카린, 시클람산나트륨, 아세설팜칼륨, 아스파탐 등 인공 합성 감미료가 있다. 인공합성 감미료는 열량이 낮아 비만, 고혈압, 당뇨병, 충치 등 환자에게 좋은 데다 효율이 높고 경제적이기에 식품 특히, 소프트드링크 산업에서 광범위하게 사용된다. 그 사용방법과 제한용량은 『식품첨가제 위생 표준』에 규정되어 있다.

시클람산나트륨은 1937년에 만들어졌다. 그 희석용액의 당도는 자당의 30~40배이다. 대다수 사람들에게 시클람산나트륨은 체내 대사代謝에 참여하지 않는다. 다만 극소수의 사람만이 대장에서 장내 미생물을 통해 이를 사이클로헥시아민으로 대사시킬 뿐이다. 시클람산나트륨은 최고의 인공합성 감미료로 평가받았던 적이 있지만 방광암의 발생과 연관이 있다하여 1969년부터 미국에서 사용이 금지되었다. 그러나 최근 연구에서 이에 대한 명확한 증거가 들어나지 않고 있으며 수많은 연구 자료에서도 시클람산나트륨의 안정성을 증명하고 있어 FAO와 WHO 첨가제 연합위원회에서 이를 계속 사용할 수 있도록 허가했다. 아세설팜칼륨은 1967년에 합성되어 1982년부터 영국, 미국, 중국 등 국가에서 연달아 사용을 허가했다. 이 희석용액의 당도는 자당의 200배로 역시 대사과정에 참여하지 않는다.

아스파탐은 1965년에 합성되었고, 이 희석용액의 당도는 자당의 180~220배이다. 아스파탐의 대사代謝 산물 가운데 페닐알라닌이 함유되어 있어 페닐케톤뇨증[912] 환자에게 좋지 않은 영향을 줄 수 있다.

---

912 역주: 페닐케톤뇨증은 선천성 아미노산 대사 이상으로 인해 지능 장애, 담갈색 모발, 피부의 색소 결핍을 유발하는 상염색체 열성 유전 질환이다.

이에 중국을 포함한 많은 국가에서 아스파탐이 들어간 식품 라벨에 반드시 페닐케톤뇨증 환자에 대한 경고문을 기입하도록 요구하고 있다. 수많은 실험에서 모두 아스파탐의 안전성이 증명되었기 때문에 아스파탐은 현재 가장 안전한 인공합성감미료로 인식되고 있다. 중국 국가표준에서는 이에 대한 사용량을 생산 수요에 따라 정할 수 있도록 하고 있어 유일하게 사용 제한량에 대한 규제가 없는 인공합성감미료이다.

현재 중국의 비 당류 감미료는 주로 '무가당' 또는 '저당' 산업식품에 이용되고 있다. 예를 들어 케이크에는 설탕 대신 자일리톨과 단백당이 대체 감미료로 사용된다. 사이다, 봉봉빙棒棒冰(우리의 쭈쭈바와 비슷한 빙과류), 단맛 우유, 아몬드유, 야자즙, 과일우유, 국화차, 레몬차, 건강음료, 각종 고체음료, 과일주, 탄산가스 들어간 과일주, 백주 등 주류의 블랜딩이나 조미 등에도 사용되고, 비스킷, 빵, 월병, 케이크, 만두, 전병, 사탕, 풍선껌, 젤리, 아이스크림 등 다양한 식품과 과립가루약, 물약, 시럽 등 약품 및 당뇨병, 심혈관 질환, 비만 환자의 전용음료, 소아 충치예방음료, 스포츠 음료 및 저(무)가당 음료 등에도 사용된다.

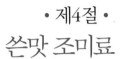

쓴맛 조미료

쓴 맛은 짠맛, 신맛, 단맛과 함께 네 가지 기본 맛으로, 중국인이 채집 생활을 하던 당시 이미 인식하기 시작한 주요 맛 가운데 하나이다. 선진시대 전적에 '쓰다(苦)'는 의미의 글자가 대거 등장하는 것을 보면 이를 알 수 있다. 옛 사람들은 입맛에 맞는지 여부를 통틀어 '달다'와 '쓰다' 두 가지로 구분했다. 사실 맛이 느껴지지 않는 음식물에는 다양한 쓴 맛이 존재한다. 대개 단순하게 쓴 맛은 맛이 있진 않지만 쓴맛 역시 결코 소홀히 다룰 수 없는 중요한 맛이다.

무엇보다도 먼저 쓴맛은 생리적으로 중요한 역할을 한다. 음식을 먹을 때 소화 과정에서 장애가 발생하면 입맛이 없어지거나 떨어진다. 쓴맛, 떫은맛 등은 강력한 느낌으로 맛이 없기 때문에 먹는 이에게 자극적인 느낌을 준다. 둘째, 맛을 조절할 때 쓴맛 성분이 있으면 풍미를 독특하게 만들기 때문에 매우 깊고 풍부한 맛을 선사한다. 일상에서 사람들이 가장 좋아하는 차, 맥주, 고과苦瓜, 커피, 코코아 등은 쓴맛이 있는 전형적인 식품이다. 쓴맛은 식물성 식재료에 폭넓게 존재한다. 용담과龍胆科, 국과菊科, 순형과脣形科, 식물 등에 쓴맛 물질이 모두 함유되어있다. 쓴맛을 형성하는 물질에는 알칼로이드, 더핀, 글루코사이드 등이 있다. 선진시대의 유명한 음식인 '유돈濡豚'을 만들 때 "쓴 채소로 돼지고기를 말아 비린내를 제거하기 위해 돼지 배에 여뀌를 집어넣는다(包苦實蓼)'[913]고 했다. 이는 중국인들이 이미 오래 전부터 쓴맛을 이용했다는 사실을 증명하는 작은 예이다. 실제로 중국인은 일찍부터 쓴맛의 양생과 조미 작용을 중요하게 생각했다.『주례周禮』에는 주周나라 왕정의 음식 제도에 대해 "여름에는 쓴맛을 많이 사용한다(夏多苦)."[914]는 중요한 원칙에 대해 명확하게 기록하고 있다. 그러나 "쓴맛을 많이 사용한다."고 했으나 마땅히 지나치거나 모자라지 않고 적당해야만 한다. 그래서『황제내경』에서 이렇게 말한 것이다.

"맛이 지나치게 쓰면 비기脾氣가 막혀 몸을 적시지 못하고 위기胃氣가 두터워져 소화불량에 걸린다."[915]

"쓴 음식을 많이 먹으면 피부가 시들고 털이 빠진다."[916]

---

913 『예기·내칙』,『십삼경주소』본, 앞의 책, 1464쪽.
914 『주례·천관·식의食醫』,『십삼경주소』본, 위의 책, 667쪽.
915 『황제내경·소문·생기통천론편生氣通天論篇』, 주봉오周鳳梧, 장찬갑張燦玾 편집,『황제내경소문어석黃帝內經素問語釋』, 제남, 산동과학기술출판사 1985년, 34쪽.
916 『황제내경·소문·오장생성편五臟生成篇』, 주봉오, 장찬갑 편집,『황제내경소문어석』, 위의 책, 34쪽.

본초학의 각도에서 보면 쓴 성질을 지닌 식재료가 매우 광범위하다. 예를 들어 다음과 같다.

"폐의 색(肺色)은 희기 때문에 쓴 것을 먹어야 한다. 보리, 양고기, 살구, 염교(薤) 등은 모두 쓴 맛이다.……쓴맛은 단단하게 굳어지도록 하며(苦堅)……각기 이로운 바가 있다."[917]

"쓴 것은 뼈로 들어가니 뼈에 병이 생기면 쓴 것을 많이 먹어서는 안된다."[918]

"쓴 것으로 기를 보양한다."[919]

고대에 식물류 이외에 쓴맛 조미료를 이용하는 주요 품목으로 술이 있었다. 술은 '다섯 가지 맛' 가운데 쓴 맛의 대표이다. "다섯 가지 맛은 혜醯(식초, 신맛), 술(쓴맛), 엿(이飴, 단맛), 꿀, 생강(매운맛), 소금(짠맛)에 속한다."[920] "술은 쓴맛이다."[921]. 주목할 만한 부분은 선진시대 동

---

917 『황제내경·소문·장기법시론편臟氣法時論篇』, 주봉오, 장찬갑 편집, 『황제내경소문어석黃帝內經素問語釋』, 위의 책, 254쪽.
918 『황제내경·소문·선명오기편宣明五氣篇』, 주봉오, 장찬갑 편집, 『황제내경소문어석黃帝內經素問語釋』, 위의 책, 254쪽.
919 『주례·천관·양의瘍醫』, 『십삼경주소』본, 앞의 책, 668쪽.
920 『주례·천관·질의疾醫』, 『십삼경주소』본, 위의 책, 667쪽.
921 『주례·천관·질의』, 『십삼경주소』본, 위의 책, 667쪽. [북위] 가사협, 『제민요술·갱학법羹臛法제76』, 앞의 책, 463~467쪽.

물의 담즙 역시 쓴맛으로 사용되었다는 것이니, "쓸개(膽)를 장에 섞기도 했다."[922]. 필자가 수년 간 각 소수민족 지역에 대한 야외답사 결과 중국에는 여전히 일부 소수민족들이 담낭으로 고기를 끓여먹는 습관이 있음을 알 수 있었다.

---

922 [송] 홍흥조, 『초사보주』, 앞의 책, 219쪽.

매운맛 조미료

봉건사회 중기 이전에 중국인은 습관적으로 다섯 가지 기본 맛 가운데 하나인 매운 맛을 자신의 이해에 따라 '신향辛香'이라 불렀다. 이는 매운 맛을 지닌 물질에 수반되는 휘발성 향미로 인한 것이다. '신辛'은 일부 식물에 함유되어 있는 휘발성 성분이지 맛이 아니다. 『설문해자·신부辛部』에 따르면, "매운맛이 심하면 눈물이 난다(辛痛即泣出)." 고대 중국인은 이러한 식물에 함유되어 있는 휘발성 성분의 자극성이 사람들을 흥분시키면서도 편안한 느낌을 준다고 여기고 이를 '다섯 가지 맛' 가운데 하나로 삼았다. 향은 미각이 아니라 후각이다. 일부 식물은 씹어야 향미를 느낄 수 있다. 옛 사람들은 향과 맛을 구분하지 못해 이를 동일시했다. 고대 중국에는 신향辛香 종류로 분류되는 조미료가 매우 많다. 대략 역사 문헌에 보이는 것들을 다음과 같이 몇 가지 종류로 정리할 수 있다.

1. 산초(초椒), 계피(계桂)

산초(초椒)는 목본과 초본 두 종류가 있다. 목본의 속명은 화초花椒이다. 화초는 "열매는 길고 둥글지 않으며 향이 짙으며 맛은 귤피 비슷하다."[923] 수천 년에 걸친 중국인의 식생활에서 화초는 음식물의 조화를 맞추는 향료, 약재로 널리 이용되었다. 당연히 선진시대 전적 여러 곳에서 산초라는 이름이 보인다. 우선『시경』의 예를 살펴보자.

산초나무 열매 무성하여 됫박에 가득하네.……
산초나무 열매 무성하여 두 손에 가득하네.[924]

촉규화처럼 웃는 그녀 나에게 산초 한 줌 건네주네.[925]

또한『초사』에도 나온다.

신초(화초)와 균계가 섞였으니.[926]

---

923 [진] 육기陸機,『모시초본조수충어소毛詩草木鳥獸蟲魚疏·초류지실椒聊之實』,『문연각사고전서』
  제70책, 앞의 책, 10쪽.
924『모시·국풍·당풍唐風』, "椒聊之實, 蕃衍盈升. 椒聊之實, 蕃衍盈掬."『십삼경주소』본, 앞의 책,
  363쪽.
925『모시·국풍·진풍陳風』, "視爾如荍, 貽我握椒."『십삼경주소』본, 위의 책, 376쪽.
926 [전국] 굴원,「이소離騷」, "雜申椒與菌桂." [송] 홍흥조,『초사보주』, 앞의 책, 7쪽.

한대 이후 화초는 조미료로 광범위하게 사용되었다. 『제민요술』에 이에 대한 기록이 많이 나온다.

계桂는 속칭 계피桂皮라고 하며, 녹나무 과(장과樟科)에 속하는 육계肉桂의 나무껍질이다. 중국인이 계피를 재료로 사용했던 시기는 대략 산초를 사용한 시기와 같다. 양자 모두 본초학의 중요한 약재이다. 약재 용도로 본다면 계피가 역시 산초보다 윗길이다. "계피나무는 강남의 나무로 백약의 우두머리이다."(『설문해자·목부木部』) 재료로 사용될 때는 계피와 산초가 같이 쓰이는 경우가 많다. 예를 들어 『초사』에 보면 "계피술과 산초술로 제사를 올린다."[927]라고 했고, 『예기』는 "계피와 생강을 가루낸다."[928]라고 했다. 앞서 인용문에 "신초와 균계가 섞였다."라고 한 것도 마찬가지이다. 여기서 '균계'는 계피나무를 말한다. 안사고는 『급취편』에서 "계桂는 균계를 말한다. 모계牡桂(계피나무)의 종류로 백약의 우두머리이다."[929]라고 주를 달았다.

호초胡椒(후추)의 용도는 화초와 비슷하여 향을 내는데 활용되며 요리에도 널리 쓰인다. 진晉나라 사람 장화張華는 『박물지博物志』에서 이렇게 말했다.

"호초(후추)를 넣어 담근 술(胡椒酒)의 약방은 이러하다. 좋은 술 다섯

---

927 굴원, 『초사楚辭·구가九歌·동황태일東皇太一』, "奠桂酒兮椒漿." [송] 홍흥조 『초사보주』위의 책, 56쪽.
928 『예기·내칙』, "屑桂與薑." 『십삼경주소』본, 앞의 책, 1468쪽.
929 [동한] 사유史游, [당] 안사고 주注, 『급취편』권4, 앞의 책, 278~279쪽.

되, 말린 생강 한두 개, 후추 70알을 잘 빻아 가루를 만들고 좋은 석류石榴 다섯 개를 짜서 즙을 낸 다음 술에 모두 붓고 불에 데워 즉시 마실 수 있으며, 차갑게 해서 마실 수도 있다."[930]

『제민요술』에 나오는 요리 방법에도 후추를 조미료로 쓴 예가 많이 나온다. 예를 들어 '호포胡炮'를 만들 때는 후추가 필수 재료이다. 『신수본초新修本草(당본초)』를 편수한 소경蘇敬은 이렇게 말했다.

"후추는 서융에서 나오는데 형체가 서리자鼠李子(갈매나무 열매)처럼 생겼으며, 음식을 조리하는데 사용하며 맛이 심히 맵다."[931]

당대 박물학자 단성식段成式은 후추에 대해 이렇게 말했다.

"마가타국摩枷陀國에서 나오는데, 그곳에서는 매리지昧履支라고 부른다.……씨앗의 형태는 한초漢椒(촉초蜀椒, 화초)처럼 생겼으며, 매우 맵다. 6월에 채취하며 지금 사람들이 호반육식胡盤肉食(서역 방식의 육식) 할 때는 언제나 이것을 사용한다."[932]

---

930 [진] 장화, 『박물지·일문逸文』, "胡椒酒方, 以好酒五升, 干薑一兩, 胡椒七十枚末, 好石榴五枚管收, 計著中下氣." 『총서집성초편』제1342책, 앞의 책, 74쪽.
931 [명] 이시진, 『본초강목·과부果部·호초胡椒』에 인용된 소경蘇敬의 말이다. 앞의 책, 1858쪽.
932 [당] 단성식段成式, 『유양잡조酉陽雜俎·목편木篇·호초胡椒』, 북경, 중화서국, 1981년, 179쪽.

후추가 일반 백성들의 식탁에 등장한 것은 14세기 중엽 이후이다. 이는 정화鄭和의 7차에 걸친 서양 원정을 통해 후추 등의 향료가 대량으로 중국에 유입되었기 때문이다.

2. 생강(강薑), 파(총葱), 마늘(산蒜)

생강은 화초花椒, 후추, 고추 등과 마찬가지로 매운 맛을 대표하는 식재료이다. 생강의 매운 맛은 생강 속 진게론과 쇼가올, 진지베롤 등의 성분에서 비롯된다. 중국에서는 일찍부터 생강을 식생활에 사용했다. 맛을 내는데 생강이 필요했고, 동물성 식재료에는 더욱 필수적이었다. 공자는 "생강 먹는 것을 그치지 않았으나 많이 드시지는 않았다."[933] 하상주 시기에는 산지가 광범위하고 품질이 차이가 있었기 때문에 "음식에 잘 어울리는 것은 양박陽朴의 생강, 초요招搖의 계피이다."[934]라고 하여 나름대로 우수한 품종을 선별했다. 촉蜀 땅에서 생산되는 생강은 이미 한대에 명성이 자자했다.

> "파巴와 촉蜀은 들판이 비옥하여 땅에서 치厄(연지臙脂의 원료가 되는 풀), 생강 등이 많이 났다."[935]

933 『논어·향당鄕黨』, "不撤薑食, 不多食." 『십삼경주소』본, 앞의 책, 2495쪽.
934 『여씨춘추呂氏春秋·효행람孝行覽·본미本味』, 『제자집성』본, 앞의 책, 142쪽.
935 『사기·화식열전貨殖列傳』, 앞의 책, 3261쪽.

"북도현炪道縣에는……여지와 생강, 구약(蒟, 필발의 열매)가 많이 났다."936

넓은 땅에 생강을 재배하는 사람은 그것으로 부를 축적할 수 있었다.

"또한 국내에서 이름을 떨치고, 1만 호가 살고 있는 도성 교외에 1무당 곡식 1종鐘(64두斗)이 나는 땅 1천 무, 또는 치자나무와 꼭두서니를 심을 수 있는 1천 무의 땅, 생강이나 부추밭 5천 이랑 등 가운데 어느 하나라도 가진 사람은 그 수입이 모두 1천 호를 가진 제후와 같다."937

동한시대 말기, 조조가 크게 연회를 열어 빈객을 접대할 때 "진귀한 음식이 거의 모두 올라왔는데" 송강松江의 농어회에 "촉에서 나는 생강"이 없자 주먹을 꽉 쥐며 "애석해했다." 당시 사람들이 음식에 생강을 많이 사용했음을 보여주는 대목이다. 『제민요술』은 백성들의 식생활 기록을 하면서 '종강種薑', 즉 생강을 재배하는 것과 관련하여 상세하게 소개했으며, 식품 가공이나 요리에 대해 논하면서 생강의 효용에 관한 내용을 적지 않게 기록했다.

대파는 중국인 특히 중국 북방사람이 즐겨먹는 매운 맛 채소인 동시에 전통적인 조미료이다. 진晉대 곽의공郭義恭은 『광지廣志』에서 "파에는

---

936 [진] 상거, 『화양국지·촉지蜀志』, 성도成都, 파촉서사巴蜀書社, 1984년, 285~286
937 『사기·화식열전』, 앞의 책, 3272쪽.

겨울에 나오는 것과 봄에 나오는 것 두 종류가 있다. 또한 호총胡葱, 목총木葱, 산총山葱이 있다."라고 했다. 한대에 파는 백성들이 대량으로 재배하던 중요한 채소 가운데 하나였다. 동한시대 최식崔寔의 『사민월령四民月令』에 따르면, "삼월三月에는 작은 파를 심고, 6월에는 큰 파를 심으며, 7월에는 크고 작은 파를 모두 심을 수 있다. 여름 파는 작은 파, 겨울 파는 큰 파라고 한다."[938] 중원, 화북 등 지역은 역사상 대파 재배와 소비의 가장 중요한 지역이다. 이러한 전통은 매우 일찍 형성되었다. 서한시대 선제宣帝 초년, 공수龔遂는 발해군(지금의 발해만 산동, 하북 일대) 태수로 있었다.

> "그는 발해 일대 옛 제나라 풍속이 사치스럽고 사람들이 하찮은 잡기를 좋아하며 농사를 짓지 않는 것을 보고 친히 앞장서서 검약을 실천하고 백성들에게 농업과 잠업에 힘쓰도록 권면했다. 그가 영을 내리길, 발해군의 모든 이들이 한 그루의 느릅나무와 염채 100개, 파 50개, 그리고 밭두둑에 50이랑의 부추를 심도록 했다. 아울러 모든 집 안에서 두 마리의 암퇘지와 다섯 마리의 닭을 기르도록 했다."[939]

이후에도 이러한 전통이 이어져 지금까지 전해지고 있다.

대파는 요리재료로 장醬과 식초 다음으로 중요하다. "그 밖에 파, 산

---

938 [북위] 가사협, 『제민요술·종총種葱제21』, 앞의 책, 143쪽.
939 『한서·공수열전龔遂列傳』, 앞의 책, 3640쪽

초, 마늘, 계피, 당糖, 소금 등은 비록 많은 양을 사용하는 것은 아니지만 마땅히 상품上品을 선택해야 한다."940『제민요술』에 보면 "파의 흰 부분(총백葱白)을 가늘게 썬다." "파 한줌(葱一虎口)", "총백의 길이 3치(葱白長三寸)", "총백 한 홉", "양파(葱頭)" 등 요리에 파를 사용하는 방법에 대해 자세하게 적혀 있다.941

마늘은 중국인이 가장 많이 사용하는 재료 가운데 하나이다. 사람들은 종종 '대파, 생강, 마늘'을 함께 입에 올린다. 그러나 상대적으로 볼 때 마늘은 냄새가 강해 장강 하류 등 일부지역에서는 그리 많이 사용하지 않기 때문에 생강, 대파에 비해 보편성이 떨어진다. 중국인의 마늘 식용, 재배 역사는 매우 오래되었다. 한대에 이미 문헌기록이 적지 않다.『광지』에 다음과 같은 기록이 나온다.

"산蒜(마늘)에는 호산胡蒜, 소산小蒜이 있다. 황산黃蒜은 싹이 길고 품류가 없으며, 애뢰哀牢(지금의 운남 보산保山)에서 나온다.……조가朝歌(지금의 하남 기현淇縣 동북쪽)의 대산大蒜은 매우 맵다.……또한 호산胡蒜과 택산澤蒜도 있다."942

한대에는 소산小蒜만 있었을 뿐이며, 대산은 장건이 서역으로 원정

---

940 [청] 원매,『수원식단·수지단·작료수지作料須知』, 앞의 책, 1쪽.
941 [북위] 가사협,『제민요술』권8「작어자作魚鮓」제74,「포납脯臘」제75,「갱학법羹臛法」제16,「증부법蒸缹法」제77,「저록菹綠」제79,「자법炙法」제80 등. 앞의 책.
942 [북위] 가사협,『제민요술·종산種蒜제19』, 북경 농업출판사 1982년, 137쪽. 역주: 이 책에 진晉대 곽의공郭義恭의『광지廣志』가 인용되어 있는 듯하다.

을 다녀온 후 중국에 들여왔다.

"장건이 서역에 사신으로 갔다고 돌아오면서 대산大蒜, 안석류安石榴(석
류), 호도胡桃, 포도蒲桃(포도), 호총胡葱(대파), 목숙苜蓿, 호수胡荽, 황람黃
藍 등을 가져왔다."[943]

"마늘은 큰 마늘과 작은 마늘이 있는데, 모두 맵고(辛) 냄새가 나는 채
소(菜)이다."[944]

중국은 예로부터 '오훈五葷', 즉 다섯 가지 냄새가 심하고 자극성이
있는 채소를 구별했는데, 마늘 역시 이에 속한다. 『급취편』에 따르면,
"파(총葱), 마늘(산蒜), 염교(해薤), 무릇(흥거興蕖, 백합과에 속하는 초본식물),
부추(구韭)는 비록 다섯 가지 냄새가 나는 채소이나 사람들이 흔히 사
용하는 것들이다."[945] 백성들은 대부분 마당에 마늘, 대파, 부추 등을
심었다. 그 중 마늘은 특히 물고기의 비린 맛을 제거하고 향을 내는
데 빠져서는 안 되는 조미료이다. 왕포王褒의 『동약僮約』에 따르면, "집
안에 손님이 있으면" 주인은 술과 고기를 사오고 "마당에서 마늘을 뽑
아"[946] 포脯나 고깃국(학臛), 회膾 등을 요리할 때 사용했다고 한다.

---

943 [진] 장화, 『박물지博物志』 권6 『총서집성초편』 제1342책, 북경 중화서국 1985년, 37쪽.
944 [동한] 사유, 당대 안사고 주 『급취편』권2, 앞의 책, 137쪽.
945 [명] 왕세무王世懋, 『학포잡소學圃雜疏·소소채소疏』 『총서집성초편』제1355책, 앞의 책, 12쪽.
946 [서한] 왕포王褒, 『동약僮約』, 청대 엄가균嚴可均 교집校輯, 『전상고삼대진한삼국육조문』권43,
    앞의 책, 359쪽.

3. 고추辣椒

고추는 가지과 고추속의 다년생 또는 일년생 작물이다. 운남雲南에서는 다년생 목본의 '고추나무'라 한다. 고추는 전형적인 매운 맛 식재료이자 조미료이다. 매운 맛은 미각이 아니고 혀, 구강, 비강 점막이 자극되어 느끼는 통증이다. 이러한 통증은 고추에 들어 있는 캡사이신(C18H27NO3) 때문이다. 고추의 원산지는 중남미 열대지역으로 멕시코에서 가장 많이 재배된다. 중국에서는 고추를 지역마다 달리 부르는데, 예를 들어 '번초番椒', '대초大椒', '해초海椒'(사천), '날자辣子'(섬서陝西), 날각辣角(귀주) 등이 그러하다. 고추가 중국에 유입된 경로 중 하나는 육상 비단길(실크로드)인데, 그 곳에 자리한 감숙甘肅, 섬서 일대에서 주로 재배했기 때문에 '진초秦椒'라고 불리기도 한다.

또 다른 경로로 동남아 바닷길, 즉 해상 비단길을 통해 광동, 광서, 운남 등지에도 고추가 뿌리를 내렸다. 지금의 서쌍판납西雙版納의 원시림에는 아직도 반半 야생의 '소미초小米椒'가 자라고 있다. 중국에 고추가 전해진 이후 최초의 문헌기록은 명대 말기이다.

"번초가 무성하게 자라니 꽃은 희고 열매는 모지랑붓 끄트머리처럼 생겼다. 맛은 맵고 색깔은 붉어 가히 볼만하다. 씨앗을 뿌려 재배한다.'947

947 [정] 신호陳淏, 『화경花鏡·초학보草花譜』, 중국농업과학원 소채蔬菜연구소 『중국소채재배학中國蔬菜栽培學』, 북경 농업출판사 1987년, 649쪽.

열매는 처음에는 초록색이었다가 점점 빨간색으로 변한다. 고추가 중국에 들어온 후 매우 빨리 보급되어 지금은 앵도초櫻桃椒, 원추초圓錐椒, 족생초簇生椒, 장각초長角椒, 첨시초甜柿椒 등 다섯 가지 변종에 속하는 품종이 나온다. 현재 양질의 고추로 대표적인 품종은 사방두첨초四方頭甜椒, 등롱초灯籠椒, 가문첨초加門甜椒, 조양각早羊角, 장사長沙 우각대초牛角大椒, 운남 대랄초大辣椒, 섬서 선초線椒, 성도 이금조二金條, 흑각초黑壳椒, 이부두二斧頭, 칠성초七星椒, 앵도랄櫻桃辣 등 12종이다.[948]

고추는 중국인이 좋아하는 식재료 가운데 하나다. 역사적으로 유명한 '생찬우生爨牛'라는 요리는 반드시 고추장을 넣어야 그 독특한 풍미를 낼 수 있다.[949] 중국 속담에 "날초辣椒(고추)는 가난뱅이의 기름", "날초는 가난뱅이의 고기"라는 말이 있다. 여기서 알 수 있다시피 오랜 세월 일반 백성들은 음식 맛을 낼 때 고추를 폭넓게 사용했다.

4. 기타

이밖에도 중국 음식에서 매운 맛을 내는 조미료에는 겨자(芥), 부추(韭), 염교(薤), 귤橘, 여뀌(蓼), 저순苴蓀, 향薌, 수유茱萸, 그리고 술 등이 포함된다.

---

948 중국농업과학소채연구소, 『중국소채재배학』, 위의 책, 651~652쪽.
949 [명] 송후宋詡, 『송씨양생부宋氏養生部·수제류膹制類·생찬우이법生爨牛二法』, 『문연각사고전서』 제871책, 앞의 책, 150쪽.

겨자芥는 일년생 식물로 줄기가 크고 가지가 많다. 씨를 갈아 분말로 만들어 조미에 사용할 수 있다. 문헌 기록에 따르면 주나라 때 이미 겨자(씨)를 조미료로 사용했다. 『예기』에 보면 "생선회에는 겨자장을 쓴다(魚膾芥醬)."[950]는 말에서 확인할 수 있다. 명나라 사람이 편찬한 『송씨존생부宋氏尊生部』「날부辣部」에 보면 '매운 겨자(辣芥)'와 '겨자 매운 것(芥辣)' 두 가지 품목이 적혀 있는데, 그 내용은 다음과 같다.

> "매운 겨자(辣芥)는 호손두초獅孫頭草를 갈아서 만드는데, 고추 씨앗이
> 기이할 정도로 맵다. 일명 석용병石龍芮이라고 한다.……겨자씨앗을
> 숫자에 구애받지 말고 깨끗하게 일어 세신細辛(족두리풀의 뿌리) 약간
> 을 넣고 백밀白蜜과 좋은 초를 함께 넣어 완전히 갈은 다음 다시 묽은
> 초를 넣고 찌꺼기를 걸어내면 매우 매운 겨자가 만들어진다."[951]

부추韭의 원산지는 중국이다. 재배 역사가 길고, 재배 지역 또한 광범위한 부추는 중국인이 매우 좋아하는 채소다. 그러나 "부추는 특히 맵고 냄새가 난다." 그래서 부추는 염교, 파, 마늘, 생강과 더불어 다섯 가지 냄새나는 채소에 포함되며, 그 중에서 으뜸이라고 할 수 있다. 부추가 반드시 들어가야 하는 유명한 요리로 '총구갱葱韭羹'[952]과 '대묘

---

950 『예기·내칙』, 『십삼경주소』본, 앞의 책, 1463쪽.
951 [명] 송후宋詡(생졸미상), 『죽서산방잡부竹嶼山房雜部·양생부養生部·날부辣部』, 『문연각사고
　　전서』 제871책, 앞의 책, 317쪽.
952 [북위] 가사협, 『제민요술·소식素食제87』, 앞의 책, 528쪽.

갱薹苗羹"[953] 등이 있다.

염교(해薤)는 백합과, 다년생 초본식물로 원산지가 동남아이며, 중국 강소, 절강 일대 산지에 야생종이 있다. 남방의 경우는 호남성, 강서성, 광서성, 귀주성에서 주로 재배했으며, 중원 지역에도 재배하는 곳이 적지 않다. 중국 염교는 일본으로 전래하여 지금도 상당히 많은 지역에서 재배되고 있다. 『옥편·구부韭部』에 따르면, "염교(藠)는 훈채葷菜(냄새나는 채소)이다. 속어로는 해薤로 쓴다." 선진시대에 이미 황하 유역을 중심으로 일상적인 식재료로 사용되어 "지방이 많은 음식에는 파를 쓰고 기름기가 있는 음식에는 염교를 쓴다."는 말이 있을 정도였다.[954] 조미 재료로서 염교는 역대 음식 관련 저작에서도 많이 볼 수 있다. 예를 들어 한위漢魏 시기의 유명한 요리인 '어회魚膾', '어갱魚羹', '손신損腎' 등은 모두 염교로 맛을 낸 요리이다.[955] 한대 이후에 많은 백성들이 밭에 염교를 재배했다.

> "땅의 기운(地氣)이 상승하니⋯⋯오이를 심을 수 있고, 표주박을 심을 수 있으며, 해바라기를 심을 수 있고, 염교와 부추, 큰 파와 작은 파, 마늘, 목숙苜蓿을 심을 수 있다."[956]

---

953 [원] 홀사혜忽思慧(생졸미상, 원대 궁정 태의太醫), 『음선정요飲膳正要·취진이찬聚珍異饌』, 북경 중국서점 1985년, 35쪽.

954 『예기·내칙』. "脂用葱, 膏用薤." 『십삼경주소』본, 앞의 책, 1466쪽.

955 [북위] 가사협, 『제민요술·갱학법羹臛法제78』. 앞의 책, 465, 467쪽.

956 [동한] 최식崔寔(103~170년쯤) 『사민월령』. 청대 엄가균 교집, 『전상고삼대진한삼국육조문』. 앞의 책, 729쪽.

굴피橘皮는 한대 이후부터 유행하기 시작한 조미 재료이다. 『제민요술』의 '압학법鴨臛法', '양제학법羊蹄臛法', '산갱법酸羹法', '양반장자해법羊盤腸雌解法', '강자법羌煮法', '난숙육爛熟肉'957, '증웅법蒸熊法', '양羊, 순肫(새의 밥통), 거위, 오리 증법蒸法', '부돈법缹豚法(돼지 삶는 법)', '부아법缹鵝法', '현숙법懸熟法'등에 모두 굴피가 들어간다.958 이렇듯 동물성 식재료를 사용하는 요리에는 거의 모두 굴피가 조미료로 이용되었다.

여뀌蓼는 여뀌과에 속하는 일부 식물에 대한 총칭으로 수료水蓼(날료辣蓼), 홍료紅蓼, 자료刺蓼 등이 있다. 중국인은 매운 맛 향료로 수료水蓼를 사용했다. 『설문해자·초부草部』에 따르면, "여뀌(蓼)는 매운 채소이며, 장우薔虞(여뀌의 별칭)라고 한다." "고기를 삶거나 구울 때는 여뀌를 사용하는데 그 매운 맛을 얻어 음식 맛을 조화롭게 할 수 있다."959 하상주 시대에 이미 여뀌를 조미료로 널리 사용했다. 『예기』를 보면 이를 확인할 수 있다.

"음식의 경우, 소라(蝸)는 젓갈을 담고 고미苽米(줄풀의 열매)로 밥을 하고 꿩으로 국을 끓이며, 보리밥일 때는 포와 말린 포를 넣은 고깃국과 닭고깃국을 곁들이고, 찹쌀밥에는 개고기와 토끼고기 국을 곁들이는데, 이런 국에는 쌀가루를 넣고 여뀌는 넣지 않는다. 돼지고기를 삶을

---

957 [북위] 가사협『제민요술·갱학법羹臛法제78』, 앞의 책, 467쪽.
958 [북위] 가사협『제민요술·갱학법 78』, 앞의 책, 478~480쪽.
959 [청], 사학행郝懿行 등, 『이아爾雅·석초釋草』, "烹魚用蓼, 取其辛能和味." 『이아·광아廣雅·방언方言·석명釋名: 청소淸疏 4종 합간합刊(색인 부록)』, 상해, 고적출판사, 1989년, 244쪽.

때는 쓴 채소로 싼 다음 여뀌로 뱃속을 채운다. 닭을 삶을 때는 해장醯醬을 쓰며 여뀌로 닭의 뱃속을 채운다. 생선을 삶을 때는 난장을 쓰며 뱃속에 여뀌를 넣는다. 자라를 삶을 때는 해장을 쓰며 여뀌로 자라의 뱃속을 채운다.……회를 먹을 때 봄에는 파를 쓰고, 가을에는 겨자를 쓴다. 돼지고기를 먹을 때 봄에는 부추를 쓰고 가을에는 여뀌를 쓴다.……메추라기국(鶉羹), 닭고깃국(鷄羹)과 세가락 메추라기 찜에는 여뀌를 사용하여 조리한다."[960]

양하(저순苴蒓)는 복조葍蒩, 양곽陽藿, 강과薑科라고도 한다. 다년생 초본식물로 뿌리가 담황색이며 매운 맛이 난다. 『초사·대초大招』에 보면, "절인 돼지고기에 개 쓸개를 한데 넣고 양하를 잘게 썰어 향내를 내네(醢豚苦狗, 膾苴蒓只)."라는 구절이 나오는데, 왕일王逸은 주에서 "저순苴蒓은 양하蘘荷이다. 육장에 찐 돼지를 먹을 때 쓸개와 장으로 맛을 내고, 개고기를 먹을 때는 회로 먹거나 구워서 먹는데 양하를 잘라 향을 내니 여러 가지 맛을 구비했음을 말한다."라고 했다.

향蘇은 자소紫蘇라고도 한다. 꿀풀과로 일년생 초본식물이다. 줄기는 방형이며 입의 양면 또는 뒷면이 자색을 띤다. 여름에 빨간 색 또는 담홍색 꽃이 핀다. 줄기, 입, 종자 모두 약용으로 쓰인다. 여린 잎은 맛을 조절하고, 종자는 기름을 짤 수 있다. 향蘇은 하상주 시기부터 조미

---

960 『예기·내칙』, "春用蔥, 秋用芥豚, 春用韭, 秋用蓼.……鶉羹, 雞羹, 駕, 釀之蓼.……食, 蝸醢而苽食雉羹, 麥食脯羹雞羹, 折稌犬羹免羹, 和糝不蓼, 濡豚包苦實蓼, 濡雞醢酱實蓼, 濡魚卵酱實蓼, 濡鼈醢酱實蓼."『십삼경주소』본, 앞의 책, 1464쪽.

료로 사용되었다. 『예기』에 당시 조미 재료로 사용될 때 원칙이 적혀있다. "병아리는 굽고, 꿩은 향薌으로 조미하며 여뀌는 쓰지 않는다." 정현은 주에서 "향은 소임蘇荏에 속한다.""961고 했다.

수유茱萸는 세 종류가 있다. 운향과蕓香科의 식수유食茱萸, 운향과의 오수유吳茱萸, 수유과茱萸科의 산수유가 있다. 조미 재료로 사용되는 종류는 식수유이다. 과실은 열과裂果이며 매운 향이 난다. 식용으로 쓰인다. 선진시대 문헌에 '의藙'라 기록되어 있는데 주로 육류 식재료의 요리 재료이다. 『예기』에 따르면, "삼생三牲(소, 돼지, 양)에는 수유(藙)를 사용한다." 정현은 "의藙는 수유를 달인 것이다(煎茱萸)""962라고 주를 달았다. 그러나 수유는 가열해서 먹을 뿐만 아니라 그냥 생으로 사용하기도 했다. 예를 들어 『제민요술』에 "건어자 만드는 방법(作乾魚鮓法)""963에 보면 수유를 날 것으로 사용하고 있다.

---

961 『예기·내칙』, 『십삼경주소』본, 위의 책, 1466쪽.
962 『예기·내칙』, 『십삼경주소』본, 위의 책, 1466쪽.
963 북위 가사협 『제민요술·갱학법 제76』, 앞의 책, 465, 467쪽.

신선한 맛 조미료

어류, 패류, 육류, 맛술, 간장 등 식품의 '선미鮮味(싱싱하고 산뜻한 맛, 또는 감칠맛)'를 내는 물질에는 호박산, 아미노산, 펩타이드, 뉴클레오티드 등이 있다. 중국인이 '선미'를 기본적인 맛의 한 유형으로 명확하게 인식한 것은 16세기 초 명말 이전이다. 이에 관한 한 미식가 이어李漁의 공헌이 특히 두드러진다. '선미'에 대한 중국인의 인식은 '선鮮'이란 글자의 변천 과정을 통해 알 수 있다. '선鮮'은 원래 물고기 이름이었다. 『설문해자·어부魚部』에 따르면, "선은 물고기 이름으로 맥국貊國(고대 동북 소수민족으로 '맥貃'이라고도 한다)에서 나온다." 이후 어류를 총칭하게 되었으니, "큰 나라를 다스리는 것은 작은 생선을 굽는 것과 같다(治大國若烹小鮮)."[964]라는 노자의 명언이 전형적이다. 이후 활어를

---

964 『도덕경道德經』 제60장 『제자집성』본, 앞의 책, 36쪽.

지칭하는 말로 한정되었다. 『예기』에서 식생활의 계절적 원칙에 대해 서술할 때 "겨울에는 생선과 기러기 고기가 적합하다(冬宜鮮羽)"라고 했는데, 이에 정현은 "선鮮은 살아 있는 물고기이다."[965]라고 주를 달았다.

'선鮮'은 또한 신선하다거나 새로운 것을 지칭한다. 그 예로 『의례儀禮』에서는 사혼례士昏禮에서 "토끼 포(臘)는 반드시 신선한 것을 써야 한다(臘必用鮮)."[966]라고 했다. 이러한 뜻은 한대 이전에도 존재했다. 물론 그 밖에 다른 의미도 있는데 그 중에는 '맛이 좋다'는 의미가 분명히 존재한다. 일단 당대 시인 권덕여權德輿(759~818년)의 「소릉을 참배하고 함양의 농막을 지나며(拜昭陵過咸陽墅)」을 보도록 하자.

시골 소반에 나열된 음식들,
닭고기며 기장이 모두 진선珍鮮일세.
예로부터 농사보다 녹봉이라 하였네만
사람은 먹는 것이 곧 하늘일세.[967]

여기에 나오는 '선鮮'은 음식물의 맛이 매우 훌륭함을 찬미하는 뜻이다. 신선한 맛에 주목하고 '선鮮'이란 글자를 이용해 '선미鮮味'한 음식물

---

965 『예기·내칙』, 『십삼경주소』본, 앞의 책, 1464쪽.
966 『의례·사혼례士昏禮』, 『십삼경주소』본, 위의 책, 970쪽.
967 [당] 권덕여權德輿, 「배소릉과하양서拜昭陵過咸陽墅」, "村盤既羅列, 鷄黍皆珍鮮. 古稱祿代耕, 人以食爲天." 『전당시』권320, 앞의 책, 3607쪽.

을 표현하는 기본적인 상황은 당대에 이루어졌다. 이는 물론 당대 요리의 발전, 종류의 다양화, 음식문화 발전의 역사 문화적 배경과 밀접한 관계가 있다.

원대 말기, 명대 초기 작품인『수호전』에 보면 이런 내용이 나온다.

"송강宋江이 생선이 싱싱한 것(魚鮮)을 보고 식탐이 생겨 많이 먹었다. 밤에 사경쯤 되었는데, 갑자기 장이 뒤틀리고 칼질을 해대는 듯이 배가 아팠다. 날이 밝자 스무 번이나 설사를 하고 말았다."[968]

인용문에 나오는 '선鮮' 역시 신선하여 맛있다는 뜻이다.

중국 음식문화사의 발전은 명대부터 민국시대까지 약 6세기 동안이 전성기였다. 그 중 15세 중엽에서 20세기 초까지 요리문화가 매우 번영하였다. 명대 중엽 이후 시민계층과 지식인 가운데 상당히 많은 이들이 봉건 윤리와 이학理學(성리학)의 속박에서 벗어나 인성 본연의 모습을 되찾고 맛에 대한 욕구를 한껏 분출하였다. 이에 미식에 대한 저서나 미식가도 대거 등장하면서 '선鮮'이라는 기본적인 맛의 유형이 명확해졌다. 대표적인 인물로 이어李漁를 들 수 있는데, 그는 예술가, 문객, 풍류 명인, 미식가라는 다양한 소양의 소유자로 "몇 번이나 천하를 돌아다니며" 권문세가, 상류층의 연회에 참여한 적이 있다. 그가 저술한『한정우기閑情偶寄』에 나오는 「음찬부飮饌部」, 「기완부器玩部」, 「이양

---

968 [원] 시내암施耐庵(1296~1370년),『수호전』, 북경 인민문학출판사 1963년, 452쪽.

부「頤養部」등 관련 내용을 살펴보면 그의 독특한 미식 이론과 사상을 엿볼 수 있다. 그는 자신의 저술을 통해 '선鮮'을 기본적인 맛으로 인정했다. 이는 중국 식문화 영역에서 그가 이루어낸 빼어난 공헌 가운데 하나다. 그 중에서 「음찬부」는 겨우 만 여 글자(10,300자)에 불과한데, 음식은 양생에 적합해야 하고(食宜養生), 옛날을 본받아 절검해야 하며(復古崇儉), 소식청담蔬食淸淡하고 요리는 참된 맛이 있어야 한다(肴精眞味)는 이어 자신의 원칙을 분명하게 언급한 바 있다. 「음찬부」에는 '선鮮'자가 모두 36번 나오는데, 그 중에서 식자재의 품질을 말할 때 9회, 기타 2회이고, 특히 맛에 대한 표현은 25회에 달한다. 과거 중국인들은 미식을 평가하면서 습관적으로 '감선甘鮮'이란 말을 사용했다. 이어는 '선'을 입에 맞는 맛을 폭넓게 표현하는 '감甘'과 분리하여 "선鮮이란 단맛이 나오는 곳이다."[969]라고 했다. 예를 들면 다음과 같다. "생선의 지극한 맛은 신선함에 있으니 생선의 지극한 맛은 처음 끓여서 솥에서 방금 나왔을 바로 그때이다."[970] "(오향면五香麵에 들어가는) 다섯 가지 향은 무엇인가? 장醬, 식초, 후추분말, 참깨가루, 그리고 죽순을 굽거나 버섯과 새우를 삶은 신선한 국물이다."[971]

이어李漁 이후 고대 중국의 '식성食聖'으로 불리는 원매袁枚의 탁월한 연구와 실천을 통해 중국인들은 더욱 명확하게 '선'을 기본적인 맛으

---

969 [청] 이어, 『한정우기·음찬부飮饌部·소식제1蔬食第一·筍』, 『이어전집李漁全集』제11권, 앞의 책, 236쪽.
970 [청] 이어, 『한정우기·음찬부·육시제3·어魚』, 위의 책, 253쪽.
971 [청] 이어, 『한정우기·음찬부·곡식穀食제2·면麵』, 위의 책, 245쪽.

로 인식하게 되었다. 고대 중국 식서食書의 최고봉이라고 불리는 『수원식단隨園食單』은 원매가 거의 반 세기동안 연구와 실천을 통해 이루어낸 빼어난 문학작품이자 식문화의 경전이다. 맛에 대해 그는 '맛 밖의 맛(味外之味)'[972]을 추구했다. 원매가 보기에 '맛 밖의 맛'은 바로 '선鮮'의 경계이자 전형이다.

"맛은 신선해야만 하고, 취미趣味는 참되야만 한다."[973]

전체 약 2만 자에 불과한 『수원식단』에 '선'자가 40회 넘게 등장한다. 그 중 원재료의 신선함을 표현한 경우는 10회, 맛에 대한 표현은 18회, 음식과 요리의 특징에 대한 뜻은 10회, 기타 5회이다. 보편적으로 좋은 맛에 대한 뜻, 확실하게 어떤 맛을 지칭한 경우는 28회로 약 7/10에 해당한다. 예를 들면 다음과 같다.

"돼지넓적다리 탕, 닭고기 탕, 죽순탕을 오랫동안 뭉근한 불로 오래 삶으면 신선한 맛이 기묘하기 이를 데 없다."[974]

"소금이 짙고 신선하면 허약증을 치료한다."[975]

---

972 [청] 원매, 『수원시화隨園詩話·9』, 북경 인민문학출판사 1982년, 71쪽.
973 [청] 원매, 『수원시화·44조』, "味欲其鮮, 趣欲其眞." 위의 책, 20쪽.
974 [청] 원매, 『수원식단·강선단江鮮單·도어2법刀魚二法』, "用火腿湯,鷄湯,笋湯煨之, 鮮妙絶倫." 위의 책, 8쪽.
975 [청] 원매, 『수원식단·우족단羽族單·황기증계치료黃芪蒸鷄治療』, "鹵濃而鮮, 可療弱症." 위의 책, 17쪽.

"닭고기 탕에 조미료를 넣고 오래 삶으면 그 맛이 신선하고 부드러워 비길 데가 없다."[976],

"거위고기가 진흙처럼 흐물흐물해질 뿐만 아니라 탕의 맛도 신선하고 아름답다."[977],

"맛은 맑고 신선해야 하지 옅고 싱거우면 안 된다……맑고 신선한 것에서 진정한 맛이 나온다."[978]

"들짐승의 맛은 신선하고 소화하기 쉽다."[979]

"항주에는 토보어가 상품인데……염장한 겨자를 넣어 탕을 끓이나 죽을 끓이면 더욱 신선하다."[980]

"휘주에 작은 물고기가 나오는데……밥솥에 놓고 쪄서 먹으면 그 맛이 최고로 신선하니 그 고기를 황고어라고 부른다."[981]

---

976 [청] 원매, 『수원식단·우족단·계신鷄腎』, "用鷄湯加作料煨之, 鮮嫩絕倫." 위의 책, 17쪽.

977 [청] 원매, 『수원식단·우족단·운림아雲林鵝』, "不但鵝爛如泥, 湯亦鮮美." 위의 책, 19쪽.

978 [청] 원매, 『수원식단·수지단·의사수지疑似須知』, "味要淸鮮, 不可淡薄……淸鮮者, 眞味出." 위의 책, 4쪽.

979 [청] 원매, 『수원식단·우족단·외마작煨麻雀』, "以野禽味鮮, 且易消化." 위의 책, 19쪽.

980 [청] 원매, 『수원식단·수족유린단水族有鱗單·토보어土步魚』, "杭州以土步魚爲上品……加腌芥作湯作羹尤鮮." 위의 책, 20쪽.

981 [청] 원매, 『수원식단·수족유린단·황고어黃姑魚』, "徽州出小魚……放飯鍋上蒸而食之, 味最鮮, 號黃姑魚." 위의 책, 21쪽.

이처럼 이어, 원매 등 미식 대가들이 오랫동안 그들만의 독특한 실천과 연구를 실천하였기에 명대 중엽부터 청대 중엽에 이르는 약 3백 년 동안 맛에 대한 중국인의 인식이 새로운 수준으로 향상될 수 있었다.[982]

---

982 원매의 미식 실천, 이론에 대한 성과 및 『수원식단』의 내용, 특징에 대해서는 조영광의 『미식가 원매와 그의 수원식단(美食家袁枚和他的隨園食單)』, 『중국음식사론』, 앞의 책, 315~328. 조영광, 「중국 고대 '식성' 원매의 미식 실천과 음식사상 논술(中國古代食聖袁枚美食實踐暨飲食思想述論)」 『조영광 식문화논집』, 앞의 책, 280~338쪽 참조.

• 제7절 •
떫은맛

떫은맛은 구강 점막의 단백질이 응고하면서 일으키는 맛이다. 떫은맛은 미뢰가 자극을 받아 생기는 감각이 아니라 주로 탄닌과 철 등 금속류나 명반, 알데하이드류, 페놀류 등의 물질이 야기하는 느낌이다. 감과 같은 덜 익은 과일의 맛이 떫은맛의 전형이다. 떫은 감의 떫은 성분은 루코안토시아를 기본 구조로 하는 배당체로 물에 잘 용해된다. 찻잎에도 탄닌과 폴리페놀이 함유되어 있다. 그러나 가공방법이 다르기 때문에 찻잎 속 탄닌과 폴리페놀의 함량이 달라 쓴맛의 정도도 각기 다양하다. 홍차는 발효과정에서 산화작용이 일어나면서 폴리페놀의 함량이 낮아지기 때문에 떫은맛이 녹차보다 덜하다. 떫은맛이 강하면 사람들에게 불쾌감을 준다. 그러나 약간의 떫은맛은 쓴맛에 가까워 다른 맛의 역할과 어울려 독특한 풍미를 낸다. 이에 그만의 조미 작용을 한다. 그러나 이 역시 적절하게 조화를 이루어야 하며 그렇지 않으면 맛을 버리게 된다. 가사협이 기록한 '봉자棒炙'라는 요리 방법에 이런 내용이 명확하게 기록되어 있다.

"큰 소는 등골뼈를 쓰고 어린 송아지는 넓적다리고기를 써도 된다. 불에 가까이 하여 한 쪽만 구워서 색이 하얗게 되면 베어 먹고 또 다른 쪽을 굽는다. 육즙이 많고 부드럽고 맛이 있다. 만약 사면을 다 익혀서 베어 먹으면 텁텁해서 맛이 없게 되니 먹기에 적합하지 않다."983

---

983 [북위] 가사협, 『제민요술·자법炙法제80』. "大牛用脊, 小犢用腳肉亦得. 逼火偏炙一面, 色白便割. 割又炙一面. 含漿滑美. 若四面俱熟然後割, 則濇惡, 不中食也." 앞의 책, 494쪽.

보편적 동양 지식인이 집대성한
중국인의 음식 문화사

: 하응백(문학평론가, 한국지역인문자원연구소장)

『중국음식 인문학』은 묵직하면서도 문화사적으로 대단히 의미 있는 저작물이다. 이 책은 아주식학논단亞洲食學論壇 주석主席이자 절강공상대학浙江工商大學 중국식음문화연구소장인 조영광趙榮光 교수의 역작이다. 조 교수는 2018년 내한하여 대한민국 식초문화 컨퍼런스에서 강연한 바도 있거니와 중국의 대표적인 음식문화사가飮食文化史家이다. 『중국음식 인문학』은 조 교수의 공력이 집대성된 책이다.

이 책은 중국민족이 중국대륙을 터전으로 문명화되기 시작하면서부터 과연 어떤 식재료를 어떻게 먹었는가 하는 문제와 더불어 그러한 행위가 문화적으로 어떤 의미가 있는지를 대단히 풍부한 자료를 제시하면서 차분하게 설명한다.

교역이 세계적이지 않았던 전통사회에서는 "산에 의지하여 산에서 사는 것을 먹고, 바다에 의지하여 바다에서 나는 것을 먹는다."는 중국 속담처럼, 인간은 특정 지역에서 산출되는 동식물에 의지하여 식생활을 했다. 그래서 중국 속담에 "그 지방의 풍토는 그 지방의 사람을 기른다."라는 말이 생겨났을 정도다. 이는 중국이나 한국이나 동일한 사정이었다.

이 책은 중국 사람이 가장 많이 먹었던 식재료인 쌀, 밀(잡곡)부터 술과 차, 콩, 식기 문화, 맛을 내는 조미료 등 전체 7장으로 나누어 중국인의 식재료와 음식 문화를 설명한다. 조 교수의 서술방식은 식물학, 역사학, 지리학, 문헌학 등의 기초적 검증을 거쳐 문화적 의미를 부여하는 총합적 접근 방식이다. 식재료의 고구考究를 통해 중국의 문화사로 나아가는 것이다. 그 바탕에는 저자의 해박한 지식과 여유 있는 대륙풍의 호방함이 자리 잡고 있으며, 그 내용은 상당히 시적詩的이다.

예컨대 저자는 중국인의 쌀 문화에는 "진주 같은 쌀 알갱이 입안이 향기롭네珍珠顆顆 齒頰香"로, 밀 문화에는 "무수한 꽃처럼 온갖 형태千姿百態如繁英"로, 술 문화에는 "술을 마신 자만이 이름을 남기네惟有飮者留其名"로, 차 문화에는 "솥 안에 빗소리, 바람소리驟雨松聲入鼎來"로 시적인 명제를 붙인다.

4장 술 문화를 보면, 먼저 중국의 술 기원을 설명하고 황주黃酒와 백주白酒의 기원과 발전을 서술한 다음, 주인酒人, 주덕酒德, 주례酒禮, 상정觴政, 주령酒令 등의 문화적 개념을 도입하는 것도 상당히 흥미로운 대목이다.

'주인酒人'은 사마천의 『사기』에서 등장한 말로, "형가가 비록 주인酒人들과 놀았으나 그 사람됨이 침착하고 책을 좋아했다荊軻雖游於酒人乎, 然其爲人沈深好書"라는 구절에서 비롯한다고 서술한다. 형가는 의협인으로 자객열전에 등장하는 인물이다. 주인이 나랏일을 어긋나게 만들며 작게는 공사公事나 개인의 집안까지 엉망으로 만든다."

이 부분에 이르면 이 책 저자의 근본적인 세계관은 공리주의적이며, 보편적 동양적 지식인의태도를 갖추고 있음을 알 수 있다. 공자의 충실한 제자인 셈이다. 동양적 합리성만 나열하였다면 자칫 재미없을 내용을 시적인 낭만주의가 결합되어 흥미롭게 진행되는 것이 이 책의 가장 큰 장점이다.

또한 이 책 곳곳에는 촌철살인의 문장들이 곳곳에 배치되어 있어 독서하는 노고를 덜어준다. 이를테면 이런 문장이다.

"곳간에 식량이 가득하고 솥에 쌀이 항상 그득하며 밥그릇에 언제나 밥이 들어있다."

이것이야말로 중국의 일반 백성들이 부지런히 일하고 애쓰는 목적이 아닐 수 없다.

이 문장의 바탕은 물론 한고조 유방劉邦의 책사인 역이기酈食其가 한 말로 전해지는 "임금은 백성을 하늘로 여기고 백성은 먹을 것을 하늘로 여긴다王者以民人爲天 而民 人以食爲天"이다. 이런 말도 재미있다.

곡식은 해마다 거두어들이고, 술은 해마다 흐른다.

술에는 반드시 시가 있고, 시에는 술이 있어야 한다.

방대한 이 책의 내용이 실용적으로도 중요한 이유는 쌀, 밀, 술, 차 등을 다룬 중국음식 문화사가 한국의 음식문화와도 일정한 영향 관계가 있기 때문이다. 한국의 음식문화와 비교하면서 한국 음식문화의 독자성과 동양적 보편성을 함께 검토해보는 것도 이 책을 읽는 소득 중의 하나일 터이다.

상당한 분량의 번역에 열정을 바친 심규호, 유소영 교수의 노고에도 찬사를 보낸다. 노작勞作이자 역작力作이라 아니할 수 없다.

『중화음식 문화사』분야의 제대로 된 책을 번역해 자부심 자오룽광 교수의 학문에 대한 열정과 노력에 경의 표한다

음식에 관한 학문에 문외한인 역자가 자오룽광趙榮光 선생의『중화음식 문화사』번역에 손댄 것은 참으로 무모한 일이었다. 오로지 중국 음식 문화에 대해 알고 싶다는 욕망과 흥취로 밀어붙였지만 때로 역부족을 절감해야만 했다. 하지만 세심하게 보듬으며 끝까지 완주했다. 이제 그 결과물이 세상에 나와 독자들과 만날 준비를 하고 있다. 출판사 대표의 극진한 관심과 격려는 새삼 말할 필요 없을 정도로 큰 도움이 되었다.

중국 음식문화에 관해 소개된 책자가 국내에 적지 않다. 특히 차나 술에 관한 책은 생각보다 많았다. 중국 음식문화에서 차와 술에 대한 관심이 그만큼 높다는 뜻일 터이다. 하지만 보다 근원적인 중요 곡물과 전통 음식의 연원과 발전, 음식과 문학, 음식의 맛, 그리고 음식과 관련된 여러 항목, 예를 들어 음식점, 간판, 조미료, 도구 등등에 대해 세세하게 논구한 책은 거의 보지 못했다. 중국 음식문화를 마치 우리에게 익숙한 또는 호기심을 자극할 만한 중국 음식의 종류나 조리법 등으로 착각하는 경우도 적지 않았다. 음식문화란 음식에 대한 소개나 이해에서 그치는 것이 아니라 음식의 배경과 연원, 음식을 소재로 한 시문과 예술, 음식과 관련한 유희, 오락, 관습, 그리고 무엇보다 사람들의 삶과의 관련성을 의미한다는 점이 오히려 도외시되고 있다는 뜻이다.

또한 중국 음식 관련 원전의 번역이 부족한데다 그나마 있는 것도 오역이 적지 않아 헷갈리는 경우가 많았다. 번역의 우선순위는 원전 번역임을 새삼 느끼는 한편 특히 인터넷에서 떠돌아다니는 중국 시문이나 원전의 어설픈 번역으로 오류가 일반화하여 악화가 양화를 구축하는 것처럼 제대로 된 번역이 묻히는 것이 안타까웠다.

본서는 이러한 몇 가지 문제를 해결하는 데 도움을 줄 수 있으리라 생각한다. 우선 중국 음식문화를 단순히 음식과 관련한 이야기에 한정시키지 않고, 보다 포괄적이고 근원적인 문제로 범위를 확대하여 선사시대부터 지금까지 음식의 연원과 변천을 구체적으로 논구하고 있다. 이를 통해 우리가 익히 알고 있는 음식물이 지닌 역사성을 확인할 수 있을 뿐만 아니라 때로 오해하고 있는 내용을 교정할 수 있다.

예를 들면 이러하다.

중국인들이 특히 단오절에 즐겨 먹는 쭝즈(종자粽子)라고 하면 굴원屈原을 제일 먼저 떠올리기 마련이다. 중국 전국시대의 정치가이자 비극적인 시인인 굴원이 멱라수에 빠져 죽자 그를 흠모하는 백성들이 물고기가 그의 시신을 뜯어 먹지 않도록 찹쌀떡을 강물에 던진 것에서 유래했다고 알고 있기 때문이다. 하지만 저자는 "선사시대 인류가 귀신에게 올렸던 가장 좋은 '건반乾飯'은 당연히 자반단이었을 것이다. 그리고 자반단을 보다 좋게 포장하면서 마침내 '각서角黍'가 등장하게 된다. 각서가 바로 오늘날의 종자의 최초 형태이다. 하지만 자반단이 각서로 발전하는 데 중요한 계기가 있었다."고 하면서 "요즘 사람들은 각서의 연원을 제대로 알지 못하고, 종자가 굴원과 관계가 있다고 굳게 믿고 있을 뿐이다. 굴원과 종자를 연계시킨 것은 한대 이후 사람들의 창조적 발상이다."라고 말하고 있다.

지난 일에 세월의 더께가 붙으면서 여러 가지 이야기가 덧붙여지면 사실과 달리 부풀어지기 마련이다. 이를 우리는 '전설'이라고 한다. 본서를 통해 이야기와 사실이 어떻게 구분되는가를 살펴보는 것도 흥미로운 일이 아닐 수 없다.

다음으로 본서는 음식문화 관련 고전 원문이나 시문을 인용하는 예가 적지 않기 때문에 특히 원문이 필요한 독자들에게 요긴하게 활용할 수 있는 자료가 될 수 있으리라 생각한다. 그래서 주석을 달아 원문의 출처와 인용 원문을 그대로 적어두었다. 물론 천학비재淺學非才한 탓에 원문 해석에 오류가 있을 수 있으니 학계와 강호의 제현들께서 언제라도 지정해주시길 바라마지 않는다.

　번역이 끝나고 초교와 재교를 보느라 두서너 번 통독하면서 본서의 체계와 내용에 만족한 것은 물론이고 중국음식문화사에 관한 한 제대로 된 책을 번역했다는 자부심을 느끼기에 충분했다. 이에 자오룽광 교수의 학문에 대한 열정과 노력에 경의를 표하는 바이다.

　책을 번역하면서 몇 번이나 느낀 것이지만, 우리나라 음식문화의 역사와 실제에 대한 관심과 애정이 점점 더 깊어졌다. 음식문화는 역사와 문학, 사상과 민속은 물론이고 자연과학과 기술 등이 복합적으로 어우러져 있는 총체적 문화 형태이다. 따라서 한국음식 문화는 한국문화를 이해하는 데 무엇보다 중요한 토대가 아닐 수 없다. 본서가 출간되면서 한국음식 문화사에 관한 관심과 학습 열기가 높아져 독자들이 쉽게 접할 수 있는 책이 많이 나오길 바라마지 않는다.

　한국과 중국은 이웃하는 나라인지라 오랜 세월 왕래하면서 주고받은 것이 적지 않다. 본서의 저자 역시 한국 학자들과 교류하면서 상호 이해하고 취득한 내용을 서술하고 있다. 저자는 한국음식 문화에 대해 나름의 식견을 지니고 있으며, 중국의 영향을 받았으되 독자적으로 변화, 발전시킨 점에 대해 각별하게 언급한 바 있다. 이렇듯 학자들 간의 학문적 교류를 통해 양국민이 양국의 음식문화에 대해 보다 정확하게 이해할 수 있기를 희망한다.

　사실 양국은 한자를 공용하면서 문화적 이질성이 언어, 문자에 의

해 감춰지는 경우가 허다하다. 그런 까닭인가? 한중간에 문화적 유사성과 관련하여 김치, 한복 등 의식衣食 관련 논쟁이 붙은 적이 있다. 예를 들어 김치의 경우가 그러한데, 한어로 김치를 파오차이(泡菜)라고 부르면서 이른바 종주국 논쟁이 벌어졌다. 파오차이는 원래 소금에 절인 채소를 바로 발효하거나 끓인 뒤 발효하는 쓰촨四川의 염장 채소를 일컫는 말이다. 이에 반해 김치는 배추나 무 등 채소를 소금에 절인 후, 절인 채소에 고춧가루, 파, 마늘, 생강 등 다양한 채소를 부재료로 양념하여 2차 발효시킨 음식이라는 점에서 크게 다르다. 김치는 지속적인 발효과정이 진행되지만, 파오차이는 살균 과정을 통해 저장기간 연장은 가능하나 더 이상 발효는 불가능하다. 이런 점에서 근자에 들어와 김치의 한자를 신기辛奇로 명기하여 그 독자성을 재확인한 것은 참으로 바람직한 일이 아닐 수 없다. 본서에 파오차이에 관한 내용이 나오니 확인할 수 있을 것이다.

이외에도 본서는 저자의 수많은 연구서 중에서도 통사적 의미를 지닌 문화사로 각별한 위상을 지닌다. 『중화음식 문화사』는 전체 3권인데, 본서는 그중에서 제2권이다. 향후 나머지 두 권을 번역하여 3권 모두 완역할 수 있기를 기대한다.

ㅡ 2023년 2월 1일 제주 소화재素華齋에서 역자

· 찾아보기 ·

(2) 인명과 서명

ㄱ

(3) 유물, 유적지

세 나라 사람이
손을 맞잡고 함께 가다(聯袂三人行)

: 자오룽광趙榮光

저는 본인이 의장을 맡고 있는 「아시아식학食學(음식학)논단(亞洲食學論壇, Asian Food Study Conference)」 연례 총회에서 매년 춘절(春節)*마다 여러 나라 음식학계 동료들에게 감사와 안부의 말씀을 전함과 동시에 지구촌 모든 이들이 새해를 맞이하여 행복하시기를, 모든 이들의 식탁이 더욱 풍성하고 아름답기를 기원하는 헌사를 올립니다. 지구촌에 함께 살고 있는 모든 사람들이 함께 맑은 날을 맞이하고 모두에게 행운이 깃들기를 기원하는 것이지요.

---

* 춘절(春節): 한국의 음력설인 음력 정월 초하룻날(음력 1월 1일)로, 중국 국경절인 궈칭제(国庆节, 중화인민공화국의 건국기념일로 매년 양력 10월 1일)와 함께 중국에서 가장 큰 명절이다. 설날에 우리가 '새해 복 많이 받으세요!'라고 인사하듯 중국에서는 춘절에 '過年好(过年好)!/新年快樂(新年快乐)!'라고 인사를 나눈다.

2023년 춘절을 앞두고 졸저『중화음식문화사』(3권)** 가운데 제2권 정중지변(鼎中之變, 솥 안의 기묘한 변화)이 대한민국에서 한글 번역판으로 곧 출간된다는 소식을 접했습니다. 길조(吉兆)가 아닐 수 없지요. HEALTH LETTER 출판사 황윤억 사장과 동료들의 혜안에 진심으로 감동하며, 역자이신 심규호 선생의 성실하고 꾸준한 노력에 감사드립니다.

중화민족은 유구하고 심후(深厚)한 음식문화의 역사적 축적물을 가지고 있습니다. 하지만 20세기 중엽 이후 음식문화 연구는 오히려 한국이나 일본에 비해 뒤처져 있습니다. 공자는 "세 사람이 길을 가면 반드시 나의 스승이 있다(三人行必有我師焉)."라고 말했는데, 한국과 일본, 중국은 동아시아 역사에서 가장 아름다운 '삼인행三人行'이며, 한국과 일본은 음식문화 연구에 앞장서서 중국과 함께 길을 가는 스승이 되었습니다.

1980년대 초부터 저는 중국에서 제일 먼저 음식사, 음식문화, 음식민속, 음식학 연구와 교학을 시작했으며, 300여 개의 음식학 영역의

** 『中华饮食文化史』(三卷),浙江教育出版社, 2016年.
『中华饮食文化史』는 조영광 교수가 40여 년 중국 음식사와 음식문화, 음식학 연구와 교학에 몰두한 결정체이다. 1권은 『선지후행(先知後行) : 중화 음식문화의 이론과 사상』, 2권은 『정중지변(鼎中之變) : 전원에서 부엌, 그리고 식탁으로』, 3권은 『형향표일(馨香飄逸) : 중화 음식문화 예절과 풍속문화, 제도와 변화』이다. 수천 년간 내려온 중국 음식문화의 변화와 발전과정을 소개하고, 나아가 쌀 문화, 밀 문화, 술 문화 등 구체적인 음식문화를 서술한 뒤, 음식문화에 대한 사상과 이론, 예절과 풍속문화, 제도 등을 깊이 있게 집필했다. 광범위한 음식학 주제를 과학적이고 독창적으로 서술해, 중국 국가중점도서(十二五)로 선정됐다. 이후 중국 음식문화 연구의 개척자로 국제적인 명성을 얻었으며, 중국 국무원의 정부 특별수당을 받는 100인 중 한 명이 됐다.

전문술어를 잇달아 제안하고 정의한 바 있습니다. 또한 한국과 일본에서 초청받은 최초의 현대 중국 음식문화학자이기도 합니다. 당시 한국과 중국은 아직 정식 수교를 하지 않아 직항로가 없었기 때문에 북경에서 홍콩을 거쳐 다시 서울(당시 중국에서는 한청漢城이라고 불림)로 향하는 항로를 택해야만 했지요. 서울에서 강연을 시작하면서 얼마 전에 타계하신 유명한 음식학자 이성우李盛雨 선생께 경의를 표했던 기억이 납니다.

이후 저는 30여 차례 한국을 방문하여 '나의 음식문화 연구', '면식麵食(분식)', '장醬', '파오차이泡菜', '죽순竹筍', '주방廚房', '청궁어선清宮御膳', 중국의 식초와 신맛문화, 신맛 기호 분석 등을 주제로 강연했고, 중국에서 한국의 여러 학자들을 초빙하여 교류했으며, '국자 속의 비밀'(MBC 다큐멘터리), '국수 로드'(KBS 다큐멘터리) 등 음식문화 프로젝트의 학술고문으로 초빙되기도 했습니다.

한국 김치의 세계 문화유산 등재를 위해 전문가로 초청받아 한국에서 의견을 제시한 바도 있지요. 실제로 저는 한국 음식학계의 여러 중요한 활동에 직접 참여할 수 있는 행운을 누렸으며, 한식에 관한 전문서(『'한류' 충격파 현상 고찰과 문화연구』, 2008년)를 저술하기도 했습니다. 40년 전 중국의 여러 요식업자들이 저에게 일식과 한식에 대해 어떻게 평가하는지 질의한 적이 있는데, 당시 저는 "중국인의 입맛 습관이나 친화도에 가장 가까운 것은 한식이다."라고 답했습니다. 또한 원매袁枚가 쓴 『수원식단隨園食單』의 한국어 번역본(신계숙申桂淑 역)을 적극 추천하기도 했지요. 대한민국 식생활문화학회의 역대 회장들도 모두 저와 의기투합하고 정의情誼가 깊은 이들입니다. 저는 한국 학계에 많은 친구가 있고, 그들 대부분은 유명한 학자들이기 때문에 많은 배움을 얻을 수 있습니다. 2017년에는 제7회 아시아 음식학 포럼을 한국 이화여자대학에서 주관하기도 했습니다.

생각건대, 국민 전체의 자신감, 자각, 자주, 자립, 자강은 대한민국이 강성하고 국제적으로 존경을 받는 원동력입니다. 이에 필연적으로 국가가 더욱 빛나는 미래로 나아가 세계에 중요한 영향력을 미치는 항구적인 역량이기도 합니다. 한국의 음식학 연구의 의의 또한 이와 같습니다. 한국 동료들을 학습하는 것은 중국은 물론이고 국제 음식학계가 응당 지녀야 할 자각이며, 저 역시 줄곧 그런 자세를 견지하고 있습니다.

이제 졸저 『중화음식문화사』가 한국에서 번역, 출간된다고 하니, 한국 학자들과 독자들의 비평을 간절히 듣고자 합니다.

- 2023년 1월 21일 항주杭州 성공재誠公齋 서재에서

중국음식 문화사

- 정중지변(鼎中之變)_곡물, 부엌에서 식탁까지

초판 1쇄 인쇄 2023년 3월 15일
초판 1쇄 발행 2023년 4월 5일

지은이 자오룽광趙榮光
옮긴이 심규호 유소영
펴낸이 황윤억

편집위원 김상보 정석태 김병철
편집 김순미 황인재 **디자인** 홍석문(엔드디자인) **경영지원** 박진주
발행처 헬스레터/(주)에이치링크 **등록** 2012년 9월 14일(제2015-225호)
주소 서울 서초구 남부순환로 333길 36(해원빌딩4층) 우편번호 06725
전화 마케팅 02)6120-0258 **편집** 02)6120-0259 **팩스** 02) 6120-0257

값은 뒤표지에 있습니다. **ISBN** 979-11-91813-09-8

先知后行 : 中华饮食文化理沦与思想
鼎中之变 : 从田园、厨房到餐桌
馨香飘逸 : 中华饮食文化礼俗、制度与流变

전자우편 gold4271@naver.com **영문명** HL(Health Letter)